D1697480

# Die Kriegs-AGs

P. W. Singer

# Die Kriegs-AGs

## Über den Aufstieg
## der privaten Militärfirmen

Aus dem Amerikanischen
von Karl Heinz Siber

Zweitausendeins

Deutsche Erstausgabe
1. Auflage, Februar 2006.

Die Originalausgabe ist 2003 unter dem Titel »Corporate Warriors.
The Rise of the Privatized Military Industry« bei Cornell University Press erschienen.
Copyright © 2003 by Cornell University Press.
This edition is a translation authorized by the original publisher,
via Dr. Rüdiger Wischenbart, consultant.

Die deutsche Ausgabe ist um ein Nachwort erweitert.

Alle Rechte für die deutsche Ausgabe und Übersetzung
Copyright © 2006 by Zweitausendeins, Postfach, D-60381 Frankfurt am Main.
www.Zweitausendeins.de

Alle Rechte vorbehalten, insbesondere das Recht der mechanischen, elektronischen
oder fotografischen Vervielfältigung, der Einspeicherung und Verarbeitung in elektronischen
Systemen, des Nachdrucks in Zeitschriften oder Zeitungen, des öffentlichen Vortrags,
der Verfilmung oder Dramatisierung, der Übertragung durch Rundfunk,
Fernsehen oder Video, auch einzelner Text- und Bildteile.
Der *gewerbliche* Weiterverkauf und der *gewerbliche* Verleih von Büchern,
CDs, CD-ROMs, DVDs, Downloads, Videos, Streamings oder anderen Sachen
aus der Zweitausendeins-Produktion bedürfen in jedem Fall der schriftlichen Genehmigung
durch die Geschäftsleitung vom Zweitausendeins Versand in Frankfurt am Main.

Redaktion: Beate Koglin, Frankfurt am Main.
Lektorat, Korrektorat, Register: Ekkehard Kunze (Büro W, Wiesbaden).
Umschlaggestaltung: Sabine Kauf, PubliContor Hamburg.
Satz und Herstellung: Dieter Kohler GmbH, Nördlingen.
Gesamtherstellung: Freiburger Graphische Betriebe.
Printed in Germany.

Dieses Buch gibt es nur bei Zweitausendeins im Versand, Postfach,
D-60381, Frankfurt am Main, Telefon 069-420 8000, Fax 069-415 003.
Internet www.Zweitausendeins.de, E-Mail Service@Zweitausendeins.de.
Oder in den Zweitausendeins-Läden in Berlin, Düsseldorf, Frankfurt am Main, Freiburg,
2 x in Hamburg, in Hannover, Köln, Mannheim, München, Nürnberg, Stuttgart.

In der Schweiz über buch 2000, Postfach 89, CH-8910 Affoltern a. A.

ISBN-10: 3-86150-758-7
ISBN-13: 978-3-86150-758-1

# Inhalt

**Teil III**

**Implikationen**

**Anhang**

# Vorwort

Mehr oder weniger zufällig wurde ich auf das Phänomen aufmerksam. Ich hatte nie davon gehört, dass Privatfirmen militärische Dienstleistungen feilbieten, bis ich 1996 an einem von den Vereinten Nationen unterstützten Forschungsprojekt mitarbeitete, dessen Zweck die Kartierung der Nachkriegssituation in Bosnien war. Wir führten Gespräche mit Kennern der regionalen Verhältnisse, mit Regierungsbeamten, vor Ort tätigen Militärbeobachtern und Angehörigen der dort eingesetzten Friedenstruppen. Sehr schnell stellte sich heraus, dass das gesamte militärische Gleichgewicht auf dem Balkan von den Aktivitäten einer kleinen, im US-Bundesstaat Virginia ansässigen Firma abhing: von Military Professional Resources Incorporated, kurz MPRI. Ich besuchte die regionale Niederlassung der Firma in einem unscheinbaren Bürogebäude in Sarajevo, von wo aus die Ausbildung und Bewaffnung der bosnischen Streitkräfte koordiniert wurde.

Die Mitarbeiter von MPRI waren höfliche und hilfsbereite Leute, doch was überhaupt nicht zusammenpasste, das war ihr Status und das, was sie in dieser Position tatsächlich taten: Sie waren Angestellte einer privaten Firma, erfüllten aber Aufgaben, die durch und durch militärischer Natur waren. Das Ganze vertrug sich einfach nicht mit unserem Verständnis von Geschäftsaktivitäten einerseits und militärischem Eingreifen andererseits. Diese Leute waren hier, um einen Job zu erledigen, doch dieser Job betraf unmittelbar die gesamte Sicherheit und das Gleichgewicht in der Region. Dieses Phänomen ließ mir keine Ruhe – ich wollte mehr darüber erfahren. Das Thema beschäftigte mich in den darauf folgenden Jahren; ich führte viele Gespräche mit Menschen, die in dieser Branche arbeiteten oder sie aufmerksam beobachteten. Ich verbrachte sogar einige Zeit im Pentagon, wo ich half, die Kontrakte einer mit militärischen Aufgaben betrauten Firma zu administrieren.

In den seither vergangenen knapp zehn Jahren ist nicht nur die Firma, deren Büros ich damals besuchte, sondern auch die gesamte Branche enorm gewachsen. MPRI wurde vor einiger Zeit von einem

*Fortune*-500-Unternehmen gekauft, und von anderen Firmen, die militärische Dienstleistungen anbieten, wurde weltweit in Zeitungen, Hörfunk- und Fernsehsendungen berichtet.[1] Der Gedanke, dass Privatfirmen ernst zu nehmende und legitime militärische Akteure sein können, hat auch Eingang in die Überlegungen von immer mehr politischen Theoretikern und Funktionsträgern aus allen Bereichen des politischen Spektrums gefunden.[2] Die Aktivitäten dieser Firmen haben die Aufmerksamkeit des Gesetzgebers in verschiedenen Ländern auf sich gezogen und zur Verabschiedung diverser auf ihre Tätigkeit bezogener Gesetze geführt.[3] Eine Konferenz afrikanischer Staatsoberhäupter empfahl den Einsatz solcher Militärdienstleister in bestimmten Krisensituationen, desgleichen der Befehlshaber des UN-Einsatzes in Sierra Leone.[4] Sogar Sir Brian Urquart, der als der Vater der UN-Friedensmissionen gilt, sprach sich dafür aus, unter bestimmten Bedingungen solche Firmen zu engagieren.[5] Ein weiteres Zeichen dafür, dass sich diese Branche am Markt etabliert hat, ist die vor einiger Zeit ins Leben gerufene International Peace Operations Association (IPOA), ein wirtschaftlicher Interessenverband, der die Aufgabe hat, Lobbyarbeit für private Militärfirmen zu machen.[6]

Diese Branche privater Militärdienstleister ist längst nicht mehr so klein oder so obskur, wie sie es zum Zeitpunkt meiner ersten Begegnung mit ihr gewesen sein mag. Doch was wir von ihr wissen, hat mit ihrem Wachstum nicht Schritt gehalten und ist äußerst lückenhaft geblieben.

### Ein unbeschriebenes Blatt...

Dass die private Militärbranche nach wie vor so etwas wie ein weißer Fleck auf der Landkarte ist, hat zum Teil damit zu tun, dass zwar zahlreiche Artikel über die Aktivitäten einiger einschlägigen Firmen veröffentlicht wurden, man dabei aber mehr Gewicht auf sensationsheischende Schlagzeilen als auf seriöse Analyse und Berichterstattung gelegt hat. In wissenschaftlicher Hinsicht sind einige wenige Aufsätze erschienen, in denen bestimmte Firmen vorgestellt und beschrieben wurden, aber ansonsten ist das ganze Feld noch unbeackert.[7] In den meisten publizierten Arbeiten finden sich eher allgemein deskriptive als integrative Ansätze. Noch kein Autor hat es unternommen, die Branche als Ganzes auszuleuchten, so dass unser Wissen über diesen Wirtschaftszweig noch bruchstückhaft und oberflächlich ist.[8]

Was bisher an Forschungen zum Thema geleistet wurde, erschöpft sich in Fallstudien über einzelne Firmen oder einzelne Konflikte, in denen diese Firmen mitmischten, und zwar meist in Afrika, wo sie zuerst auf den Plan getreten sind. Die Autoren dieser Studien neigten dazu, die Firmen, die am ehesten dem Klischee des Söldnerwesens entsprachen, als isolierte »Ministreitkräfte« zu betrachten. Die Verfasser versäumten es, sie in einen Zusammenhang mit ähnlich gearteten Unternehmen zu stellen, die militärische Dienstleistungen anderer Art anbieten. Ebenso haben sie es bisher versäumt, die in dieser Branche praktizierten Geschäftsmodelle systematisch zu analysieren. Bezeichnend für die unausgereiften Ansätze ist die nicht zutreffende Behauptung, der Kundenkreis dieser Firmen beschränke sich auf »schwache Staaten mit korrupten Führern«.[9]

Dabei herausgekommen sind: keine gesicherten Fakten und keine Analyse dieser Branche bzw. der sie ausmachenden Firmen. »Nicht einmal für die gebräuchlichsten Begriffe liegen allgemein akzeptierte Definitionen vor.«[10] Ebenso fehlt es an einem Überblick über die Diversität der Aktivitäten und Wirkungen privater Militärfirmen. Bedenklich ist auch, dass vieles, was über private Militärfirmen geschrieben worden ist, unkritisch erscheint; kaum einmal wird die Branche aus unabhängiger Warte unter die Lupe genommen. Gewiss handelt es sich um ein brisantes Thema, und sehr viel – die Existenz von Menschen, ihr guter Ruf, vielleicht sogar die Legalität oder Illegalität der ganzen Branche – hängt davon ab, welche Meinung sich Wissenschaft und Politik davon bilden. Die wenigen substanziellen Analysen, die bislang vorliegen, scheinen leider allzu oft aus extrem unterschiedlichen Perspektiven geschrieben: Entweder werden die Firmen als Heilsbringer begrüßt oder in Bausch und Bogen verdammt.[11] Die Firmen selbst bzw. ihre Gegner nutzen diese Vorurteile ihrerseits oft dazu, ihr eigenes propagandistisches Süppchen zu kochen.[12]

Bleibt also festzustellen, dass das Thema für die breite Öffentlichkeit nach wie vor ein Buch mit sieben Siegeln ist, nicht nur weil so wenig Konkretes über die Firmen und ihre Arbeitsweise bekannt ist, sondern auch weil es an erklärenden und prognosefähigen Konzepten und unabhängig erarbeiteten politischen Optionen fehlt. Mit diesem Buch will ich einige der Lücken schließen, nachholen, was bislang im Bereich der theoretischen und politologischen Analysen der neuen Branche versäumt worden ist, und helfen, die Begrenztheit bisheriger Ansätze zu überwinden.

Ich beabsichtige hier nicht, lediglich Fakten über einzelne im militärischen Bereich operierende Firmen zusammenzutragen. So wichtig es wäre, die verstreuten Informationen über die Branche an einer Stelle zusammenzufassen, so klar erscheint es mir, dass die viel entscheidendere Aufgabe darin besteht, eine umfassende »analytische Architektur« für die Auseinandersetzung mit diesem Thema zu entwickeln und einzuführen. Daher versuche ich in diesem Buch, das, was wir über die Firmen der privaten Militärbranche wissen, systematisch zu organisieren und zu integrieren und so die Voraussetzungen für die Entwicklung von Theorien zu schaffen, die uns in Zukunft den Weg weisen können.

Um zu einem objektiven und systematischen Verständnis dieser Branche und ihrer Verortung im Weltgeschehen zu gelangen, habe ich mir vorgenommen, Erkenntnisse aus so unterschiedlichen Wissensgebieten wie der Theorie der internationalen Beziehungen, der politischen Ökonomie, der vergleichenden Politologie, der Unternehmensanalyse und der Organisationssoziologie fruchtbar zu machen. Natürlich kommt auch die konzentrierte Analyse einzelner Firmen nicht zu kurz, wobei ich versucht habe, mehr Erkenntnisse durch das Aufzeigen von Parallelen sowohl zu Strukturen im militärischen Bereich als auch zu Branchen mit ähnlichen Geschäftsmodellen und mit ähnlichen Privatisierungserfahrungen zu gewinnen. Mein Ziel ist es, für ein möglichst breites und möglichst fundiertes Verständnis der privaten Militärbranche und ihrer Implikationen zu sorgen und allgemeine Aussagen zu erarbeiten, die sich durch Rückgriff auf die Geschichte konkretisieren und untermauern lassen.

Ein kurzer Exkurs über die Verfügbarkeit von Informationen scheint mir angebracht. Die private Militärbranche ist nach wie vor ein weithin unbeschriebenes Blatt, und das aus unterschiedlichsten Gründen: weil das Phänomen als solches noch verhältnismäßig neu ist, weil es sich nicht ohne weiteres in die gängigen theoretischen Schablonen einfügt, vor allem aber weil es in der Natur der Branche selbst liegt. Da die Einsätze dieser Firmen oft umstritten sind und Geheimhaltung in der Regel zu ihrem Geschäft gehört, kommt man an Informationen nur schwer heran. Zwar geben sich viele Firmen den Anschein, ganz offen über ihre Geschäfte zu reden (wenn es in ihrem eigenen Interesse liegt, um beispielsweise ihr Image aufzupolieren), aber dafür gibt es viele andere, die sich größte Mühe geben, ihre Aktivitäten vor der Öffentlichkeit zu verbergen oder sogar diejenigen zu bedrohen, die darüber schreiben. Nicht zuletzt deshalb habe ich in Fußnoten meine Quellen genannt: Der Leser soll feststellen können, woher jede einzelne Information stammt. Nicht wenige der privaten Militärdienstleister wandeln auf einem schmalen Grat der Legalität, beschäftigen Mitarbeiter mit undurchsichtiger oder krimineller Vergangenheit und machen illegale Geschäfte mit Kunden, die sich ihrerseits auch nicht an die Gesetze halten. Viele dieser Firmen stehen auch oft im Mittelpunkt verdeckter Operationen, über deren Brisanz die meisten ihrer Auftraggeber – und zu denen zählt auch die Regierung der USA – am liebsten den Mantel der Verschwiegenheit decken würden.[13] Denkt man dann noch an die Scherbengerichte, die die Presse über eine ganze Reihe dieser Firmen veranstaltet hat, so wird klar, warum viele in der Branche misstrauisch gegen neugierige Außenstehende sind und sich in der Regel nur unter dem Schutz der Anonymität zu Aussagen bereit erklären.[14] Hinzu kommt, dass für mit Privatfirmen geschlossene Kontrakte – im Unterschied zu staatlichem Handeln, das grundsätzlich der Offenlegung und Überprüfung durch die Parlamente oder gemäß Gesetzen wie dem Freedom of Information Act unterliegt – datenschutzrechtliche Einschränkungen gelten mit der Folge, dass ihre Aktivitäten in der Regel immer auch »dementierbar« sind.

Dieser Geheimhaltungsschutz kann in der Branche, um die es hier geht, von Vorteil sein und mag teilweise erklären, weshalb sie eine solche Hochkonjunktur erlebt. Die wissenschaftliche Aufarbeitung des Phänomens wird durch die Aura der Geheimhaltung natürlich nicht erleichtert; dessen sollte man sich beim Lesen dieses Buches stets bewusst sein. Ich habe mich redlich bemüht, immer zwischen Gerüchten und Tatsachen zu unterscheiden und eine objektive Analyse der Branche zu Wege zu bringen, und ich habe, wo immer es mir notwendig erschien, deutlich gemacht, was belegt ist und was ich nur vermute. Das Buch bietet somit den wohl vollständigsten Überblick über die private Militärbranche, den man derzeit aus öffentlich zugänglichen Quellen erhalten kann.

Ich habe dieses Projekt mit dem bewussten Vorsatz in Angriff genommen, mich damit an drei verschiedene Leserkreise zu wenden: Zunächst an die wissenschaftliche Welt. Ich hoffe, dass dieses Buch Menschen, die sich mit Sicherheitspolitik, internationalen Beziehungen, politischer Ökonomie oder regionalen Fragen befassen, hilft, sich einen besseren Begriff vom Phänomen der privaten Militärbranche zu machen, und zwar nicht nur von ihrem Wachstum, sondern auch von ihrer Bedeutung. Ich hoffe ferner, mit meinen Thesen dazu anregen zu können, dass meine wissenschaftlichen Leser ihre theoretischen Prämissen einmal hinterfragen. Denn wir sollten unseren Blick auch über die verstaubten Geschichtsbücher in den Bibliotheken hinaus nach draußen richten und sicherstellen, dass unser Verständnis der Welt einigermaßen Schritt hält mit der dynamischen Realität eines internationalen Systems, in dem Akteure wie diese privaten Militärfirmen in zunehmender Zahl auf den Plan treten.

Und dann möchte ich auch die politische Welt ansprechen: Tagtäglich müssen Menschen, die in Bereichen wie auswärtige Beziehungen oder Verteidigung arbeiten – sei es in den Regierungen, in den Streitkräften, in internationalen Organisationen, humanitären Gruppen oder auch in den Medien – auf Krisen und Konflikte reagieren, die immer auch den Nerv dieser neuen Branche treffen. Manche haben sogar unmittelbar mit solchen Firmen und ihrer Beauftragung zu tun. Es ist sehr bedenklich, dass tatsächliche und potenzielle Auftraggeber und auch diejenigen, denen eigentlich die Beaufsichtigung der Branche obliegt, nach wie vor in einem teilweisen Informationsvakuum und ohne die Basis einer fundierten Analyse arbeiten. Möge das vorliegende Buch denen, die politische Verantwortung tragen, als objektives Quellenwerk dienen, als ein nützlicher Leitfaden, die Komplexitäten dieser verschwiegenen Branche zu entwirren, und als eine gut verständliche Analyse, die sowohl die Möglichkeiten und Chancen als auch die Dilemmata offen legt, die sich mit dem Aufstieg der privaten Militärbranche verbinden.

Schließlich möchte ich mich an die breite Leserschaft wenden: Bei aller Ambition, ein substanzielles Werk vorzulegen, hoffe ich doch, auch auf Interesse bei denen zu stoßen, die sich bislang vielleicht keine Gedanken über die Folgen dieser neuesten Entwicklungen machen, die sicher niemals einen Kontrakt mit einer privaten Militärfirma schließen werden, aber die einfach mehr über ein wichtiges Thema erfahren möchten. Die Fülle an Geschichten, Persönlichkeiten und Möglichkeiten, die sich aus der Beschäftigung mit dieser Branche ergibt, ist wirklich atemberaubend. Politik und Krieg sind nun einmal Lieferanten aufregender Stoffe und – was vielleicht noch wichtiger ist – sie sind viel zu bedeutsam, als dass man sie ausschließlich den sogenannten Experten überlassen sollte.

* * *

Mein Dank für ihre großzügige finanzielle Unterstützung geht an das Belfer Center for Science and International Affairs (BCSIA) an der Harvard University, die Olin Foundation, die Brookings Institution und das MacArthur Transnational Security Program.

Dafür, dass sie mir während der Dauer der Arbeit mit Ratschlägen und Tipps zur Seite standen, danke ich den Mitgliedern meiner Betreuergruppe, den Professoren Sam Huntington, Bob Bates und Graham Allison von der Harvard University, sie waren nicht nur mit wertvollen Hinweisen zur Stelle, sondern ließen mir auch die Freiheit, neue Ideen auszuloten. Zu Dank verpflichtet bin ich auch anderen, die mit ihren Beiträgen zur Theorie der internationalen Beziehungen meine Arbeit immer wieder inspirierten und unterstützten, unter ihnen: Elizabeth Cousens, Michael Doyle, Martin Indyk, Iain Johnston, Oberst Greg Kaufmann, Bear McConnell und Anne Marie Slaughter. Die Unterstützung, die zwei wissenschaftliche Gemeinschaften mir gewährten, wusste und weiß ich ebenfalls sehr zu schätzen: das International Security Program am BCSIA unter der Leitung von Steve Miller und Steve Walt und die »virtuelle« Diskussionsgemeinde zum Thema, die Doug Brooks von der International Peace Operations Association (IPOA) gemeinsam mit dem südafrikanischen Institut für Internationale Angelegenheiten organisiert und die mir die Chance eröffnete, mit Dutzenden von Führungskräften, Mitarbeitern und Kritikern der Branche in Kontakt zu kommen.

Für ihre hilfreichen Vorschläge bin ich folgenden Personen zu Dank verpflichtet: Gavin Cameron, Scott Corey, Laura Donohue, Robert Fannion, Bryan Garsten, Neal Higgins, Sean Lynn-Jones, Ben Runkel, Allan Singer, David Singer, Adam Sulkowski und Jeff Wilder.

Schließlich möchte ich meinen Freunden und meiner Familie für ihre Liebe und ihre Unterstützung danken, ohne die ich diese Reise nicht hätte antreten können. Mein tiefster Dank gilt Susan Morrison-Singer nicht nur für ihre unersetzliche technische Mitarbeit, sondern auch dafür, dass sie es jahrelang ertragen hat, mich über so bezaubernde Themen wie »Rebellen in Sierra Leone« oder »Söldner in Kolumbien« dozieren zu hören. Sie ist meine beste Freundin, und ihr gehört meine ganze Liebe.

PETER WARREN SINGER
Washington, D.C.

# Teil I

# Der Aufstieg

**Kapitel 1**

# Künftig nur noch Privatarmeen?

> Natürlich schlägt niemand allen Ernstes vor, das Militär zu privatisieren. … Wenn Tod und Zerstörung in massivem Ausmaß zwangsläufig mitproduziert werden, scheint die Regel die zu sein, dass es Sache des Staates ist, diese Verantwortung wahrzunehmen.
>
> David Sichor, *Punishment for Profit*

Sierra Leone, eine ehemalige britische Kolonie in Westafrika, ein Land, nicht ganz so groß wie Österreich, ist in fast jeder Beziehung der schlimmste Ort auf Erden zum Überleben. Im Human Development Report der Vereinten Nationen, der weltweit die Lebensqualität und die Zukunftsaussichten der Nationen bewertet, nimmt Sierra Leone den allerletzten Platz ein. Die Säuglingssterblichkeit liegt hier bei 164 pro 1000 Geburten, nur 30 Prozent der Erwachsenen können lesen und schreiben, die durchschnittliche Lebenserwartung beträgt 37 Jahre.[1]

Schwerer wiegt, dass Sierra Leone ein Musterbeispiel dafür ist, in welch hoffnungsloser Lage sich Länder mit einem schwachen Staatswesen am Ende des 20. Jahrhunderts befanden. Nach dem Kalten Krieg erlebte das Land nur Konflikte und Chaos. 1991 kam es zu einer bewaffneten Rebellion, die ihren Ursprung in der Provinz hatte. Obwohl sie klein anfing, schaffte es die Regierung nicht, damit fertig zu werden. Die Kämpfe arteten rasch zu einem der grässlichsten Bürgerkriege in der Geschichte der Menschheit aus. Die Gruppierung, die den Aufstand angezettelt hatte, die Revolutionary United Front (RUF), erwarb sich den denkbar übelsten Ruf. Sie bekannte sich öffentlich dazu, Zivilisten mit Mord, Vergewaltigung und Folter zu bedrohen, und brüstete sich damit, bei ihren Überfällen Kindersoldaten einzusetzen. Ein besonders abscheuliches Markenzeichen der RUF war, dass sie Zivilisten, die in ihre Hände gerieten, die Arme abhackte.

1995 herrschte in Sierra Leone absolute Anarchie. Blutige Wegelagerei, nächtliche Überfälle auf Dörfer, bei denen die Bewohner massakriert oder ihnen Gliedmaßen mit Macheten abgeschlagen wurden, waren normale Begleiterscheinungen des täglichen Lebens. Nach vier Jahren Bürgerkrieg wurde die Lage für die Regierung kritisch. Die Diamantenminen, die den Treibstoff für die Wirtschaft des Landes geliefert hatten, waren für sie verloren. Da die Rebellen das ländliche Hinterland kontrollierten, war die Versorgung der Hauptstadt mit Lebensmitteln unterbrochen. Die Regierungsstreitkräfte befanden sich in weitgehender Auflösung, agierten erfolglos und waren drauf und dran, den Kampf zu verlieren. Viele ihrer schlecht bezahlten Soldaten waren zu den Rebellen übergelaufen oder bereicherten sich auf Kosten der Zivilbevölkerung. Sowohl Armee als auch Rebellen bestanden aus plündernden Horden und unterschieden sich kaum voneinander, so dass sich in der Bevölkerung für sie der Begriff »sobels« einbürgerte (zusammengesetzt aus »soldier« und »rebel«). Als sich die Aufständischen der Hauptstadt Freetown bis auf 20 Kilometer genähert hatten, wuchs die Sorge, der Bürgerkrieg könne zu einem allgemeinen Massaker ausarten. Die meisten Ausländer im Land bzw. deren Botschaften begannen in aller Eile ihre Zelte abzubrechen. Die Lage schien hoffnungslos.

Innerhalb kürzester Zeit kam es jedoch zu einer völligen Umkehrung der Situation. Eine modern ausgerüstete Eingreiftruppe trat auf den Plan und fügte den Rebellen mit präzisen Luft- und Artillerieschlägen schwere Verluste zu. Es folgten Angriffe aus der Luft mit Hubschraubern und Vorstöße mechanisierter Infanterieeinheiten. Die Rebellen waren vollkommen überrascht und konnten innerhalb von zwei Wochen aus der Hauptstadtregion vertrieben werden. In der Folge eroberten die für die Regierung kämpfenden Truppen dank neuartiger Taktiken und überlegener Waffen die wichtigsten Diamantenschürfgebiete zurück. Damit hatte die Regierung wieder Zugriff auf ihre dringend benötigte Einnahmequelle. Wenig später wurde die wichtigste Hochburg der Rebellen von Bodentruppen gestürmt und zerstört. Den Gnadenstoß erhielt die RUF, als die Regierungstruppen deren Hauptquartier im Dschungel lokalisierten und ausradierten. Innerhalb weniger Monate war aus den gefürchteten Rebellentruppen ein geschlagener und stark dezimierter Haufen geworden, sich in den Busch zurückziehen musste. Schließlich wurde so viel Stabilität wiederhergestellt, dass in Sierra Leone die ersten freien Wahlen seit 23 Jahren stattfinden konnten, durch die eine von Zivilisten geführte demokratische Regierung an die Macht kam.

Die Rebellen hatten anfangs keinen Schimmer, wer hier auf den Kriegsschauplatz getreten war, um die Regierung von Sierra Leone zu retten. Auf den Hubschraubern und gepanzerten Fahrzeugen, von denen sie angegriffen wurden, prangten keine Nationalfarben oder Insignien. Viele der Angreifer hatten ihr Gesicht mit Farbe geschwärzt, um ihre Identität zu verbergen. Eigentlich gab es niemanden, von dem ohne weiteres Hilfe für die Regierung von Sierra Leone zu erwarten gewesen wäre. In der Region hatte sie keine engen Verbündeten; keine Großmacht interessierte sich für diesen afrikanischen Kleinstaat; die überforderte UNO wäre nicht in der Lage gewesen zu intervenieren, selbst wenn sie es gewollt hätte. Aber schließlich war es kein Geheimnis mehr, dass die Soldaten und Piloten, die das Kriegsglück gewendet hatten, keiner nationalen Streitkraft angehörten; sie standen vielmehr im Sold einer in Südafrika ansässigen privaten Firma namens Executive Outcomes.

Um dieselbe Zeit ging der Krieg im ehemaligen Jugoslawien in sein viertes Jahr. Kroatien und Bosnien-Herzegowina, früher jugoslawische Teilrepubliken, hatten sich nach dem Kalten Krieg von Jugoslawien losgesagt, aber ihr Kampf um nationale Unabhängigkeit sollte kein Kinderspiel werden. In beiden Gebieten gab es eine serbische Minderheit, die sich mit Waffengewalt für die Rückkehr in den jugoslawischen Bundesstaat einsetzte, in dem inzwischen die Serbische Nationalpartei unter Slobodan Milosevic die politische Macht innehatte.

Die Streitkräfte, die der kroatischen und der bosnischen Regierung zur Verfügung standen, hatten sich aus lokalen Milizen, Polizeikräften und paramilitärischen Verbänden gebildet und ließen sich bestenfalls als Amateure bezeichnen. Es fehlte ihnen an Waffen, Ausbildung und stabilen Institutionen, und der Krieg hatte für sie mit einer Serie demoralisierender Niederlagen begonnen. Es brauchte nicht lange, und ein großer Teil ihres Gebiets befand sich in den Händen der jeweiligen serbischen Minderheit, die auf die Unterstützung der professionellen jugoslawischen Streitkräfte zählen konnte. Die Gräuel, die sich in den von den Serben eroberten Gebieten – und oft auch auf den Fernsehschirmen in aller Welt – abspielten, liefen unter der düsteren Überschrift »ethnische Säuberung«. Unter den Augen einer untätigen internationalen Gemeinschaft wurden mehr als 200.000 Menschen getötet und rund 3 Millionen aus ihrer Heimat vertrieben.

Nach anfänglich stark fluktuierendem Kampfgeschehen fuhr sich die Kriegslage bald fest – das zahlenmäßige Übergewicht der Kroaten und der bosnischen Moslems machten die Serben durch ihre bessere Bewaffnung und Ausbildung wett. 1995 kam in Kroatien ein vorläufiger Waffenstillstand zustande. In Bosnien gingen die Kämpfe weiter.

Im Frühjahr 1995 änderte sich alles. Die Kroaten starteten mit der »Operation Sturm« einen Überraschungsangriff. Sie taten das mit einer professionell auftretenden Streitmacht, die die Serben auf dem falschen Fuß erwischte. Die anfangs bunt zusammengewürfelte kroatische Miliz hatte sich binnen weniger Jahre unversehens in eine moderne Armee westlichen Stils verwandelt.

Militärbeobachter beschrieben die kroatische Offensive als eine Operation wie aus dem Lehrbuch – aus dem NATO-Lehrbuch – und erklärten, die Planer dieser Operation hätten dafür an jeder Militärakademie der NATO die Note »Eins plus« erhalten.[2] Ein Journalist schrieb:

> Die fünfkrallige Blitzoffensive unter integriertem Einsatz von Luftstreitkräften, Artillerie und schnell vorstoßender Infanterie, und angelegt auf konzentrierte Manöver zur Ausschaltung der serbischen Kommando- und Kommunikationsstrukturen, wies viele Ähnlichkeiten mit der Angriffsdoktrin der US-Armee auf.[3]

Die Offensive war indes nicht nur von der Planung, sondern auch von der Durchführung her beispielhaft. Nach Aussagen europäischer Offiziere, die das Geschehen beobachteten, war die Flussüberquerung, die den Auftakt zu der kroatischen Offensive bildete, geradezu ein klassisches Beispiel »aus dem Lehrbuch der US-Streitkräfte für Flussüberquerungen; der einzige Unterschied bestand darin, dass es kroatische Truppen waren«.[4]

Dieser spektakuläre Auftritt der neuen kroatischen Armee war der Wendepunkt im gesamten Krieg. Die Serben, bis dahin kaum in die Defensive geraten, waren perplex angesichts der unerwarteten Koordiniertheit und Effektivität der kroatischen Truppen. Die Offensive eroberte die Widerstandsnester auf kroatischem Boden und fiel anschließend in den Westen Bosniens ein, die ungeschützte Flanke der bosnischen Serben aufrollend. Nach wenigen Wochen war der Krieg im Großen und Ganzen entschieden, sowohl in Kroatien als auch in Bosnien. Der Umschwung auf dem Schlachtfeld hatte, zusammen mit den wieder aufgenommenen Luftangriffen der NATO, die Serben an den Verhandlungstisch gezwungen, nachdem die Politik dies zuvor vier Jahre lang vergeblich versucht hatte.

Die scheinbare Mühelosigkeit, mit der die Kroaten es schafften, die Machtverhältnisse auf dem Balkan umzukehren, wird bis heute kontrovers diskutiert. Dabei steht im Zentrum der Debatte keineswegs die Frage, welche Bedeutung die Unterstützung einer fremden Macht oder irgendwelcher anderen Institutionen dabei hatte. Das strittige Thema ist vielmehr: Welche Rolle spielte dabei ein privates Unternehmen mit Sitz in Alexandria (Virginia), das als Military Professional Resources Incorporated (MPRI) firmiert und von dem man weiß, dass es in der fraglichen Zeit die kroatischen Streitkräfte beriet. In der Region selbst geht man davon aus, dass die Hilfsdienste, die diese Firma den kroatischen Streitkräften in den Bereichen Ausbildung und moderne Feldzugsplanung gewährte, einen erheblichen Beitrag leisteten. Während die Firma selbst ironischerweise bestreitet, in irgendeiner Weise am Erfolg der »Operation Sturm« beteiligt gewesen zu sein, zeigten sich die Kroaten ganz offen als zufriedene Kunden und schrieben der Firma das Verdienst am Erfolg ihrer Operation zu. Auch einzelne MPRI-Mitarbeiter räumten ein, die Firma habe zum Erfolg des kroatischen Vorstoßes beigetragen.[5] Tatsache ist, dass auf der nachfolgenden Friedenskonferenz in Dayton die bosnischen Moslems ihre Unterschrift mit der Bedingung verknüpften, künftig Unterstützung von derselben Gruppe zu bekommen, die den Kroaten offenkundig so gute Dienste geleistet hatte. Andernfalls wären sie nicht bereit gewesen, das Friedensabkommen zu unterzeichnen.[6]

Wenige Jahre später kam es auf dem Balkan erneut zu Kriegshandlungen. Der Frust über jahrzehntelange serbische Schikanen in der überwiegend von Albanern bewohnten Provinz Kosovo entlud sich in einem Aufstand der Kosovaren. Dieser Bürgerkrieg nahm bald hässliche Züge an, es kam zu Massakern, und viele fürchteten, ein neuer Völkermord stehe bevor. Dieses Mal gelobten jedoch die westlichen Länder, nicht untätig zuzuschauen. Im Frühjahr 1999 begann die NATO mit Luftangriffen, um das Milosevic-Regime an den Verhandlungstisch zu bomben.[7]

Trotz des guten Zwecks hielt sich in den USA die Zustimmung zu dem militärischen Eingreifen in Grenzen. Der US-Öffentlichkeit waren innenpolitische Anliegen wesentlich wichtiger als ein weiterer Balkankrieg, und das machte die Einberufung von Reservisten zu einem politisch heiklen Unterfangen. Für das ohnehin schon überstrapazierte US-Militär hätte es eine starke Belastung bedeutet, eine solche Operation zu unterstützen. Die Lage wurde noch schwieriger, als die

Truppen Milosevics mit ethnischen Säuberungen begannen und Hunderttausende Kosovaren ins benachbarte Ausland trieben in der Absicht, diese Flüchtlinge als Druckmittel gegen die westlichen Staaten zu benutzen. Die internationalen Hilfsorganisationen waren auf solche Flüchtlingsmassen nicht vorbereitet: Wer sollte sie unterbringen und verköstigen?

Es war eine vertrackte Situation. Wie sollte das US-Militär es anstellen, die Logistik für den Einsatz seiner Truppen aufzubieten, ohne Reservisten einzuberufen oder Teile der Nationalgarde einzusetzen, und sich gleichzeitig an der Bewältigung der humanitären Krise zu beteiligen, die der Krieg heraufbeschworen hatte?

Es fand sich eine relativ einfache Lösung für das Problem: Das US-Militär übertrug die Aufgabe jemand anderem, genauer gesagt einer texanischen Firma für Bau- und Ingenieursdienstleistungen. Statt schätzungsweise 9000 Reservisten einberufen zu müssen, kaufte man einfach die Dienste der Firma Brown & Root Services (BRS). Diese erhielt den Auftrag, zum einen eine Reihe provisorischer Unterkünfte für Hunderttausende Kosovaren aufzubauen und zum anderen den gesamten Nachschub für die in der Region eingesetzten US-Truppen zu organisieren, die Soldaten zu verpflegen, ihre Basen zu errichten und die Wartung ihrer Fahrzeuge und Waffensysteme zu übernehmen.

Diese privatwirtschaftlich erbrachten Dienstleistungen gehörten zu den stillen Triumphen des Balkankrieges. Die befürchtete humanitäre Katastrophe konnte abgewendet werden, und die US-Truppen konnten in der Folge die Serben zurückdrängen und später im Kosovo für Frieden sorgen. Während der ganzen Aktion wurden sie von Brown & Root ernährt, untergebracht und auf vielfache Weise unterstützt. General Dennis Reimer, der damalige Stabschef der US-Armee, dankte persönlich der Firma im Namen der Truppe für die Erfüllung dieser schwierigen Aufgabe:

> Einer der Gründe für diese Fortschritte [bei der Aufrechterhaltung des Friedens] ist die Unterstützung durch Brown & Root. Überall, wo ich hinkam, sah ich die Ergebnisse ihrer Bemühungen. Ich wollte einfach eine Anerkennung aussprechen für alles, was sie getan haben, und für die Beiträge der bei Brown & Root beschäftigten Leute. In meinen Augen ist dies eine grandiose Erfolgsgeschichte, und Brown & Root hat eine Schlüsselrolle dabei gespielt.[8]

Diese drei Beispiele sind eben mehr als nur Belege dafür, dass nach dem Kalten Krieg die bewaffneten Konflikte wieder aufgeflammt sind, vielmehr zeigen sie die tiefgreifenden Veränderungen in der Art und Weise, wie heute Sicherheit konzipiert und praktiziert wird. In jedem der genannten Krisengebiete war ein entscheidender Faktor für die Wende im Kriegsverlauf eine private Firma, die für militärische Dienstleistungen unter Vertrag genommen wurde – und das ist mit den traditionellen Mitteln, einen Krieg für sich zu entscheiden, kaum noch zu vergleichen.

Um die Bedeutung dieser Entwicklung richtig einschätzen zu können, sollte man sich einige grundsätzliche Gedanken über die Aufgaben und Pflichten eines Staatswesens machen. Üblicherweise erbringt der Staat für seine Bürger bestimmte Dienstleistungen, im Allgemeinen als Gegenleistung für die vom Bürger entrichteten Steuern. Diese Dienstleistungen sind im öffentlichen Sektor angesiedelt. Das Pendant zu diesem ist der private Sektor; hier erwerben einzelne Bürger, die so genannten Verbraucher, auf dem freien Markt Güter und Dienstleistungen, die sie benötigen und die sie aus ihrem verfügbaren Einkommen bezahlen. Die Leistungen auf diesem Markt werden von gewinnorientierten Privatunternehmen angeboten. Im Wesentlichen unterscheiden sich die beiden Sektoren hinsichtlich ihrer Finanzierungsquelle, des Verhältnisses zwischen Anbieter und Verbraucher sowie des rechtlichen Status des Anbieters.[9]

Die Unterteilung der Welt in einen öffentlichen und einen privaten Bereich stand im Mittelpunkt einer langen Debatte über die Funktion des Staates. Seit im 17. Jahrhundert die Fürstenherrschaft vom bürokratischen Staat abgelöst wurde, gab es ein Geben und Nehmen zwischen dem öffentlichen und dem privaten Sektor, wobei die Trennlinie zwischen beiden immer im Fluss war. Die Debatte darüber, wo diese Linie verlaufen sollte, ist in der Tat als »eine der großen Kontroversen im westlichen politischen Denken« bezeichnet worden.[10]

Immer wieder gab es Zeiten, in denen Staaten es praktisch fanden, bestimmte öffentliche Aufgaben dem privaten Sektor zu übertragen. Dies mochte aus Kosten-, Qualitäts- oder Effizienzgründen geschehen oder weil sich die Auffassungen über die Aufgaben des Staates geändert hatten. Gesundheitswesen, Strafvollzug, Polizei, Müllabfuhr, Steuererhebung, Schulwesen, Energieversorgung oder Post, all dies sind Bereiche, die mal als genuin staatliche Aufgaben betrachtet, mal den Kräften des privaten Marktes überlassen wurden.[11] Die Begriffe »Outsourcing« und »Privatisierung« werden mehr oder weniger wie Synonyme zur Charakterisierung dieses Verlagerungsprozesses verwendet, und dies häufig in einem Atemzug.[12] Sie bezeichnen eine Praxis, die im Zusammenhang mit der »Verschlankung« des Staates gegenwärtig breite Zustimmung genießt; die dahinter stehende Wirtschaftsphilosophie lässt sich freilich bis zum Begründer der Volkswirtschaftslehre, Adam Smith, zurückverfolgen, dessen Werke im späten 18. Jahrhundert erschienen.[13]

Ein Bereich, der in die Debatte über die Möglichkeit der Privatisierung öffentlicher Aufgaben nie einbezogen wurde, war die Landesverteidigung. Die Herstellung des Kriegsgeräts wurde schon vor Zeiten dem Markt überantwortet, doch spätestens nachdem sich ein Konsens darüber gebildet hatte, dass vornehmlich dem Staat die Regulierung des gesellschaftlichen Lebens zukomme, galt es als selbstverständlich, dass Landesverteidigung und Kriegführung die exklusive Domäne des Staates waren.[14] Für die Sicherheit der Nation und damit auch der Bürger zu sorgen war in der Tat eine der grundlegenden Aufgaben des Staates. Es war, wie Max Weber sagte, geradezu der Inbegriff dessen, was den Daseinszweck des Staates ausmachte.[15]

Aus diesem Grunde blieben die Streitkräfte lange Zeit der einzige Bereich der Gesellschaft, bei dem ein Ausgliedern oder Privatisieren staatlicher Aufgaben niemals auch nur in Erwägung gezogen wurde. Selbst die radikalsten Staatsgegner, die am liebsten alles den Kräften des Marktes überlassen würden, nehmen den Militärbereich aus. Alle sehen die Landesverteidigung als eine Aufgabe, die am besten von einem aus Steuern finanzierten, vom Staat kontrollierten Machtapparat erledigt wird.[16] Das Soldatenmetier galt, so gesehen, zumindest in den vergangenen zwei Jahrhunderten als ein mit keinem anderen vergleichbarer Bereich der Gesellschaft.

> Das Militär unterscheidet sich stark von allen anderen Berufsgruppen und ist insbesondere deshalb einzigartig, weil sich in ihm Fachleute für die Kriegführung und für die organisierte Anwendung von Gewalt finden. Als Berufssoldaten fühlen sich Offiziere an einen Moralkodex gebunden, stehen im Dienst eines höheren Zwecks und erfüllen eine gesellschaftliche Notwendigkeit. Sie unterscheiden sich von anderen Berufsgruppen schon insofern, als die Anwendung militärischer Gewalt mit keiner anderen käuflichen Dienstleistung vergleichbar ist. Berufssoldaten betreiben ein Geschäft auf Leben

und Tod, und mit der Erfüllung ihrer Aufgaben können sie unter Umständen über den Aufstieg oder Untergang von Staaten und Regierungen entscheiden.[17]

Seit also im 17. Jahrhundert organisierte Staaten an die Stelle der Fürstenherrschaft getreten sind, haben diese Staaten die militärischen Funktionsträger in der politischen Sphäre unter der Kontrolle des öffentlichen Sektors gehalten. Einer der großen Politikwissenschaftler unserer Zeit, Samuel Huntington, hat diesen Sachverhalt wie folgt zusammengefasst:

> Die Gesellschaft hat ein direktes, fortdauerndes und allgemeines Interesse an der Nutzung dieser Fähigkeiten [der soldatischen Zunft] für die Verbesserung der eigenen militärischen Sicherheit. Zwar unterliegen alle Berufsgruppen bis zu einem gewissen Grad staatlicher Aufsicht, doch ist das militärische Metier vom Staat geradezu monopolisiert.[18]

### ... und die privatwirtschaftlichen Militärfirmen

Das ist jedoch nicht das Ende der Geschichte. Wir erleben vielmehr heute eine Aufweichung des staatlichen Gewaltmonopols, und diese Entwicklung ist Gegenstand des vorliegenden Buches. Die Bedeutung der drei hier genannten Beispiele liegt darin, dass sie illustrieren, wie die bislang unantastbar erscheinende Dichotomie staatlich/privat in Bezug auf die Ausübung des Kriegshandwerks ins Wanken geraten ist. Die an diesen Operationen beteiligten Unternehmen spielen insofern eine Pionierrolle, als ihre Geschäftstätigkeit auf einem Ausmaß an Outsourcing und Privatisierung beruht, das man bis dahin nicht für denkbar gehalten hat. Die Diskussion über die Aufgabenteilung zwischen öffentlichem und privatem Sektor ist weiter vorgedrungen als je zuvor – und bezieht auch das Militär mit ein.

Die in den drei genannten Krisengebieten agierenden Firmen repräsentieren eine neue Branche der »Privatized Military Firms«, für die sich das Kürzel PMF eingebürgert hat. Es handelt sich um Unternehmen, die auf dem Markt professionelle Dienste anbieten, die sehr eng mit der Kriegführung zusammenhängen. Diese Firmen haben sich auf militärische Dienstleistungen spezialisiert, die von der Erarbeitung strategischer Pläne und nachrichtendienstlicher Operationen bis hin zur Durchführung von Kampfeinsätzen reichen; sie bieten auch Risikoabschätzung, operative Unterstützung, militärische Ausbildung und technisches Know-how an.[19] Indem sie solche Funktionen erfüllen, greifen sie in einen Aufgabenbereich ein, der bislang Sache des Staates war. PMFs sind also private Wirtschaftsunternehmen, die ein breites Spektrum von Militär- und Sicherheitsdienstleistungen anbieten, von denen man früher annahm, sie gehörten selbstverständlich und ausschließlich in die Hände des Staates.

Die Vorstellung, private Unternehmen könnten militärische Aufgaben erfüllen, klingt abenteuerlich genug. Die Firma MPRI brüstet sich in ihrer Eigenwerbung damit, über die »weltweit größte militärische Erfahrung in privatwirtschaftlicher Hand« zu verfügen. Noch vor wenigen Jahren wäre es geradezu absurd erschienen, einen solchen Anspruch, der eine Vermischung staatlicher Verteidigungsaufgaben mit der Geschäftstätigkeit eines modernen Privatunternehmens beinhaltet, in Erwägung zu ziehen. Doch in der Zeit nach dem Kalten Krieg ist diese Verbindung von unternehmerischem Handeln und militärischen Aufgaben Realität geworden. Ein neuer globaler Industriezweig hat sich etabliert, er ist das Ergebnis von Outsourcing und Privatisierung im neuen großen Stil des 21. Jahrhunderts und er verändert viele der alten Regeln der internationalen Politik und Kriegführung.

## Global agierende PMFs

Dass diese neue Branche privater Militärfirmen überhaupt entstanden ist, wäre schon eklatant genug; noch bestürzender ist jedoch ihre globale Stellung, sowohl in Bezug auf ihren Aktionsradius als auch auf ihr Geschäftsvolumen. Schon seit den 90er Jahren betätigten sich PMFs in Konflikt- und Umbruchsregionen in der ganzen Welt. In mehreren Konflikten waren sie maßgebliche, oft sogar entscheidende Akteure. Ihre Einsatzorte reichten von Albanien nach Zaire, und häufig nahmen sie maßgeblichen Einfluss auf den Verlauf und den Ausgang der Konflikte. Wie aus nebenstehender Abbildung hervorgeht, beschränkten sich ihre Einsätze nicht auf bestimmte Regionen oder Länder. PMFs haben sich auf allen Kontinenten außer der Antarktis betätigt, an relativ entlegenen Schauplätzen ebenso wie in strategischen Schlüsselzonen, wo früher die Supermächte um Einfluss rangen. Ihre Operationen sind zudem Bestandteil der Friedenssicherungssysteme in reichen wie in armen Ländern geworden. Zu ihrer Kundschaft gehören »ge-

wissenlose Diktatoren, moralisch verkommene Rebellen und Drogenkartelle« ebenso wie »legitime souveräne Staaten, angesehene multinationale Konzerne und humanitäre Nichtregierungsorganisationen«
(NGOs).[20]

Viele mag das Wachstum dieser Branche erschrecken. Vielleicht ist
ein schneller Rundgang um den Globus angebracht, um das Ausmaß
der PMF-Aktivitäten ermessen zu können.

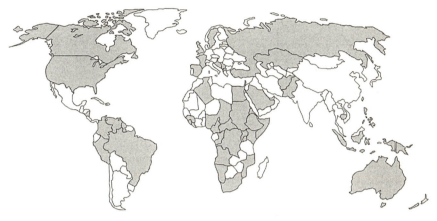

**Weltweite Aktivitäten der privaten Militärbranche 1991–2002**
Länder, in denen Militärfirmen ansässig sind oder operiert haben, sind grau eingefärbt.

*Afrika*

Auf diesem Erdteil, wo schwache Staatswesen in Verbindung mit einer
Tradition des fast ununterbrochenen Bürgerkriegs ein Klima völliger
Unsicherheit schaffen, sind PMFs fast allgegenwärtig.

Bestes Beispiel ist der Krieg in Angola. Mehr als 80 Firmen, die
militärische Dienste anbieten, waren zu wechselnden Zeiten und in
unterschiedlichen Funktionen in den Konflikt verwickelt.[21] Fast alle
Mitarbeiter dieser Firmen sind ehemalige Soldaten aus aller Herren
Länder: ausgemusterte US-Marineinfanteristen, französische Frem-
denlegionäre, südafrikanische Fallschirmjäger, ukrainische Piloten und
Gurkha-Kämpfer[22] aus Nepal. Die Firma Executive Outcomes (vgl.
Kapitel 8) gehörte zu den ersten PMFs in Angola, wo sie 1993 zunächst
für die Schulung angolanischer Truppen engagiert wurde und diese
schließlich in den Kampf schickte. Firmenmitarbeiter flogen auch die
Maschinen der angolanischen Luftwaffe und leiteten Kommandounter-

nehmen gegen Stützpunkte der Rebellenbewegung UNITA (Nationale Union für die vollständige Unabhängigkeit Angolas). Eine andere Firma, International Defence and Security (IDAS), leistete der angolanischen Regierung besonders nützliche Dienste bei der Verteidigung privat ausgebeuteter Diamantenfelder und bei der Sperrung der für die Rebellen wichtigsten Nachschubroute.[23] Neben direkten militärischen Kampfeinsätzen und Ausbildungsaufgaben haben PMFs ein breites Spektrum militärischer Dienstleistungen erbracht, unter anderem in den Bereichen Luftaufklärung und nachrichtendienstliche Aufklärung (Airscan) sowie beim Minenräumen (Ronco DSL).[24] Auf der anderen Seite haben auch Rebellen die Dienste von privaten Unternehmen in Anspruch genommen, wenn dies militärische Vorteile versprach. Experten von Privatfirmen haben Aufgaben im Bereich der taktischen Ausbildung übernommen und Spezialisten für die Bedienung von Artillerie- und Panzerwaffen dieser oder jener Rebellentruppe abgestellt. Es heißt, ukrainische Firmen hätten als Gegenleistung für Ölbohrkonzessionen die UNITA mit einer kleinen Luftflotte aus MiG-27- und MiG-21-Düsenjägern und Mi-24-Kampfhubschraubern ausgerüstet.[25]

Auch während der Kämpfe in der Demokratischen Republik Kongo (ehemals Zaire) erfüllten PMFs eine Vielzahl von Aufgaben für alle Kriegsparteien. Der langjährige Regierungschef Zaires, Mobutu Sese-Seko, nahm Mitte der 90er Jahre Verhandlungen mit den Firmen MPRI und Executive Outcomes (EO) auf, um sich deren Unterstützung im Kampf gegen die von Laurent Désiré Kabila angeführte Rebellion zu sichern. Keine der beiden Firmen nahm den Auftrag an, da das Regime auf dem letzten Loch zu pfeifen und kaum in der Lage zu sein schien, die Zeche zu bezahlen. Schließlich fand sich die Firma Geolink, die sich dem Regime andiente, doch diese hatte keinen Erfolg.[26] Mobutu stürzte, und Kabila, von dem es hieß, er werde von der US-Firma Bechtel unterstützt, übernahm die Macht.[27]

Kabilas neue Regierung sah sich umgehend von einer umgeschichteten Koalition aus Rebellenverbänden bedroht. Zu seinen Gegnern gehörten ehemalige Anhänger Mobutus, die sich die Dienste der Firma Stabilco eingekauft hatten, ferner die staatlichen Streitkräfte von Ruanda und Uganda, die die Hilfe einer in Johannesburg ansässigen, auf militärische Aufklärung spezialisierten Firma in Anspruch nahmen, und angolanische UNITA-Rebellen, die wiederum von eigenen Söldnern und PMFs unterstützt wurden.[28] Der nach jedem Strohhalm greifende Kabila heuerte die Firma EO an, die seinem Regime Luftunterstützung, Hilfe bei der elektronischen Kriegführung und bewaffnete Schutztruppen zur Verfügung stellte.[29] Andere an dem Krieg beteiligte Staaten wie Simbabwe wurden von Luftfahrtfirmen wie Avient unterstützt, die dem Vernehmen nach für ihre Kunden auch Kampfjets und Kampfhubschrauber einsetzten.[30]

Angola und der Kongo sind keine Einzelfälle. Im Gegenteil, private militärische Betätigung ist auf dem Schwarzen Kontinent allgegenwärtig. Äthiopien mietete in seinem Krieg gegen Eritrea ein ganzes Jagdfliegergeschwader von der Firma Suchoi, einschließlich der Piloten, die die Maschinen flogen, der Mechaniker, die sie warteten, und der Kommandeure, die ihre Einsätze planten.[31] Im Sudan soll die Firma Airscan im Verein mit mindestens zwei weiteren Firmen mitgeholfen haben, Ölfelder vor Rebellenangriffen zu schützen.[32] Andere Unternehmen, darunter Tochterfirmen von EO, erfüllen ähnliche Aufgaben in Algerien, Elfenbeinküste, Kenia und Uganda. In Liberia stellten die Firmen International Charter Inc. (ICI) und Pacific Architects and Engineers (PAE) der Friedenssicherungstruppe ECOMOG logistische und Luftunterstützung zur Verfügung.[33] Als die Regierung der Republik Elfenbeinküste sich Ende 2002 mit meuternden Streitkräften konfrontiert sah, soll sie Gerüchten zufolge das Unternehmen Sandline angeheuert haben, um die Revolte niederzuschlagen.[34] Die Regierungen von Kamerun, Nigeria, Äquatorialguinea und Kongo-Brazzaville haben allesamt Verträge mit Privatfirmen geschlossen, die ihnen helfen sollen, ihre Streitkräfte zu reorganisieren und auszubilden. Anderswo haben die Firmen Mechem, MineTech und SCS (Southern Cross Security) die gefährliche, aber wichtige Aufgabe übernommen, in Nachkriegsstaaten wie Mosambik Minenräumoperationen durchzuführen.[35]

In Afrika sind es nicht nur Regierungen und multinationale Konzerne, die auf die Dienste von PMFs zurückgreifen. Berichten zufolge haben Rebellenbewegungen im Senegal, in Namibia und Angola Privatfirmen für die militärische Ausbildung ihrer Kämpfer angeheuert. In Burundi sollen südafrikanische PMFs, darunter die Firma Spoornet, Hutu-Rebellen bewaffnet, ausgebildet und operativ unterstützt haben, und im Sudan bedient sich die Koalition der Aufständischen der logistischen Unterstützung der Firma DynCorp. Der (von der internationalen Gemeinschaft nicht anerkannte) Möchtegernstaat Puntland, hervorgegangen aus den Trümmern Somalias, hat die Bewachung seiner Küste der Hart Group übertragen.[36] Auch NGOs sind auf diesen Zug aufgesprungen, so der Worldwide Fund for Nature (WWF), der sich angesichts des von der Ausrottung bedrohten nördlichen weißen Nashorns im Kongo ein Angebot der Firma Saracen für eine paramilitärische Bewachung der Nashorn-Schutzgebiete machen ließ; die Hilfsorganisationen Internationales Komitee von Roten Kreuz (IKRK) und World Vision[37] beauftragten die Firma Lifeguard mit der Bewachung ihrer Einrichtungen und ihres Personals in Sierra Leone.[38]

*Europa*

Die hohe Dichte von PMF-Einsätzen auf dem afrikanischen Kontinent sollte nicht zu dem Fehlschluss verleiten, diese Branche sei lediglich ein regionales Phänomen. Die Firma MPRI hatte neben den bereits erwähnten Einsätzen in Kroatien und Bosnien ein militärisches Aufbauprogramm ähnlicher Art in Mazedonien laufen. Was in den dortigen militärischen Ausbildungszentren geschah, beeinflusste nicht zuletzt auch den Kosovokonflikt in unmittelbarer Nachbarschaft. Der Kommandeur der Kosovo-Befreiungsarmee (UÇK), General Çeku, hatte in seiner früheren Funktion als Offizier der kroatischen Streitkräfte an Ausbildungslehrgängen von MPRI teilgenommen. Angeblich sollen auch viele seiner Soldaten die MPRI-Ausbildungszentren in Bosnien durchlaufen haben. Es heißt, die Firma stehe Gewehr bei Fuß, um ihre Dienste im Kosovo anzubieten, sobald der UÇK der Status einer offiziellen Verteidigungsstreitmacht eines autonomen Kosovo zuerkannt wird.[39]

Der Aktionsradius der privaten Militärbranche beschränkt sich jedoch nicht auf den Balkan. In England und Frankreich sind etliche Militärfirmen auf den Plan getreten (Eric SA, Iris, Secrets, Sandline u.a.), und London ist eines der inoffiziellen Drehkreuze der Branche geworden. Weitere Wettbewerber auf dem europäischen Kontinent sind Cubic, das den ungarischen Streitkräften hilft, auf NATO-Standard zu kommen, oder die International Business Company (IBC), die ihren Sitz in Deutschland hat und Waffen und die Ausbildung von Truppen anbietet.

In Europa sind es die britischen Streitkräfte, die derzeit den Trend zum militärischen Outsourcing bestimmen und für die Etablierung der privaten Militärbranche auf dem europäischen Markt sorgen. Schon heute erbringen Privatfirmen zahlreiche sensible Dienstleistungen für die britischen Streitkräfte, und zwar oft in Bereichen, in denen man nicht damit rechnen würde, ein privates Unternehmen mit der Verantwortung betraut zu sehen. Zum Beispiel hat etwa eine private Firma die Ausbildung der Royal Navy für Betrieb und Wartung ihrer neuesten atomgetriebenen U-Boote bereits übernommen.[40]

2001 kündigte das britische Verteidigungsministerium eine Initiative an, die die Privatisierung des Militärbereichs in eine neue Dimension zu führen verspricht. Der Plan läuft unter der Überschrift »sponsored reserves« (geförderte Reserven) und sieht die vollständige Übertragung wesentlicher militärischer Aufgaben an private Unternehmen vor; betroffen sind unter anderem die Flugzeugwartung der Royal Navy, die Panzertransporteinheiten der Royal Army und die Auftankflotte der Royal Air Force, durchweg Spezialverbände, die sowohl 1998 im Kosovokonflikt als auch 2001 im Afghanistankrieg eine wichtige Rolle spielten. Allein der Vertrag für das Auftanken hat ein Volumen von mindestens 15 Milliarden Dollar.[41] Im Anlaufen ist auch schon die Privatisierung der Defence Evaluation and Research Agency, die, ähnlich wie das Bundesamt für Wehrbeschaffung in Deutschland, für die Entwicklung und Beurteilung neuer Militärtechnik verantwortlich ist.[42] Die Regierung Blair denkt sogar daran, künftige britische Kontingente für UN-Friedenstruppen zu privatisieren.[43]

## Die Länder der ehemaligen Sowjetunion und des Nahen Ostens

Der Fall der Berliner Mauer hat im Osten die private militärische Geschäftstätigkeit geradezu explodieren lassen. Der Zerfall staatlicher Ordnung im postsowjetischen Russland illustriert dies auf dramatische Weise.[44] Neben den privaten Sicherheitsfirmen, die mit zusammen fast 150.000 Mitarbeitern in Russland operieren, sind einige neue Unternehmen auf den Plan getreten, die auf dem internationalen Markt mit militärischem Know-how hausieren gehen. Die Folge ist, dass Tausende ehemaliger Sowjetsoldaten heute in der PMF-Branche tätig sind. Bemerkenswertestes Beispiel ist die Firma Alpha in Moskau, gegründet von Veteranen der gleichnamigen ehemaligen Elitetruppe des sowjetischen Geheimdienstes KGB. Zwischen Alpha und der international operierenden Firma ArmorGroup bestehen enge geschäftliche Verbindungen.[45] Vertragssöldner waren und sind auch in Tschetschenien (wo sie an der Seite regulärer Truppen kämpften) und in Aserbeidschan, Armenien und Kasachstan unterwegs, wo sie unter anderem bei der Bewachung strategischer Anlagen eingesetzt werden.[46]

Angesichts der prekären Sicherheitslage in Mittelasien und der Pläne mehrerer multinationaler Konzerne, die Ausbeutung der dortigen Ölreserven voranzutreiben, spricht vieles dafür, dass die private Militärbranche in diese Region hinein expandieren wird. Die für die Verkehrsanbindung dieser Ölfelder erforderlichen Pipelines sollen durch einige der konfliktträchtigsten Gebiete der Erde geführt werden, beispielsweise durch Tschetschenien und Georgien. Auch durch afghanisches Territorium ist eine Pipelinetrasse geplant. Das Zusammentreffen von äußerst schwachen staatlichen Strukturen, von Korruption, hochwertigen Bodenschätzen, unberechenbaren lokalen Kampfverbänden und der Fähigkeit westlicher Firmen, für die Bewachung von Pipelines und anderen Wirtschaftsgütern modernste, in Afrika und Lateinamerika erprobte Techniken einzusetzen (wo ihre Auftraggeber zum Teil genau dieselben multinationalen Konzerne waren und sind), lässt mit Sicherheit einen expandierenden Markt für die private Militärbranche in Zentralasien erwarten.

Auch im Nahen Osten sind viele Aktivitäten privater Militärfirmen zu beobachten. Einige führende Unternehmen dieser Branche haben ihren Sitz in Israel, wie beispielsweise Levdan, ein Unternehmen, das im Kongo aktiv war, die Ango-Segu Ltd., von der es heißt, sie sei in Angola tätig gewesen, oder die Firma Silver Shadows, die in Kolumbien operiert hat. Vielleicht noch bezeichnender ist, dass einige Staaten am Persischen Golf sich fast ausschließlich auf Privatfirmen stützen. Bestes Beispiel ist Saudi-Arabien, dessen Streitkräfte weitgehend in der Hand privater Militärfirmen sind.[47] Die Firma Vinnell schult und berät die saudische Nationalgarde, die praktisch die Aufgabe einer Prätorianergarde für das Regime hat und strategisch wichtige Einrichtungen schützt. Mehr als 1400 Vinnell-Mitarbeiter befinden sich in Saudi-Arabien; viele sind ehemalige Angehörige von US-Spezialtruppen. Der Auftragswert des Vinnell-Kontrakts wird auf über 800 Millionen Dollar jährlich geschätzt.[48] Vinnell ist jedoch nicht die einzige PMF in Saudi-Arabien: Die Firma BDM unterstützt die saudische Armee und Luftwaffe mit Dienstleistungen in den Bereichen Logistik, Ausbildung und Aufklärung und mit einem umfassenden Paket beratender und operativer Dienstleistungen; die Firma Booz-Allen Hamilton betreibt die militärische Stabsakademie Saudi-Arabiens, ein Unternehmen namens SAIC berät die saudische Kriegsmarine und Luftabwehr; O'Gara sorgt für den Schutz der königlichen Familie und bildet die örtlichen Sicherheitskräfte aus; und die Firma Cable and Wireless führt Lehrgänge zu

Terrorismusbekämpfung und Häuserkampf durch.[49] Ähnlich liegen die Verhältnisse in den anderen Golfstaaten, vor allem in Kuwait, wo Dyn-Corp die Luftwaffe managt und MPRI ein Ausbildungszentrum betreibt.[50]

## Asien

Ein erhebliches Maß an privater militärischer Geschäftstätigkeit hat sich auch in Asien entfaltet. Das Eingreifen der Firma Sandline in den Papua-Neuguinea-Konflikt 1997, das eine Meuterei bei den einheimischen Streitkräften zur Folge hatte, ist nur das bekannteste Beispiel. PMFs waren und sind auch in vielen anderen asiatischen Ländern aktiv. So haben die taiwanesischen Streitkräfte Beratungsleistungen von MPRI und anderen Firmen in Anspruch genommen. In Nepal haben ehemalige Gurkha-Soldaten, die früher als Söldner unter dem Kommando der britischen oder indischen Streitkräfte kämpften, eigene PMFs gegründet, etwa die Firma Gurkha Security Guards. In Kambodscha betreibt die französische Firma Compagnie française d'assistance spécialisée (COFRAS) Minenräumung auf kommerzieller Basis.[51] In Burma sollen die französischen Unternehmen ABAC, OGS und PHL Consultants mit der Ausbildung einheimischer Truppen befasst gewesen sein und sie bei Operationen gegen Rebellen unterstützt haben. Auf den Philippinen führt die Firma Grayworks Security im Auftrag der Regierung militärische Ausbildungslehrgänge durch und hilft bei der Terrorismusbekämpfung.

Indonesien, eine bedeutende Regionalmacht in Südostasien, verfügt ebenfalls über ausgiebige Erfahrungen mit PMFs. Im Auftrag der indonesischen Regierung führte die Firma EO Kommandooperationen durch, und zahlreiche andere Unternehmen wurden für die internationale Intervention im einst von Indonesien besetzten Osttimor herangezogen.[52] Es waren darunter von den Vereinten Nationen beauftragte Aufklärungs- und Sicherheitsfirmen wie DynCorp, die Hubschrauber und Satellitenkommunikation zur Verfügung stellten. Die indonesische Regierung kontrahierte auch die Firma Strategic Communication Laboratories, die auf psychologische Kriegführung spezialisiert ist und mithelfen sollte, die richtige Antwort auf sezessionistische und religiöse Gewalt zu finden.[53] Auf See haben Überfälle auf Handelsschiffe in jüngerer Zeit zugenommen, vor allem im Südchinesischen Meer. Privatunternehmen wie Trident haben daraufhin auch die Piratenbekämpfung ins Programm genommen.

Eine Vorreiterrolle beim Einsatz von PMFs im asiatischen Raum hat Australien, das im Verlauf des UN-Einsatzes in Osttimor das Outsourcen logistischer Aufgaben vorexerzierte. Ähnlich wie Großbritannien hat auch Australien seine Absicht verkündet, ganze militärische Aufgabenbereiche an Privatfirmen zu vergeben.[54] Vielleicht noch interessanter ist das australische Vorhaben, den militärischen Rekrutierungsprozess zu privatisieren. Leistungsfähige Streitkräfte auf die Beine zu stellen war für viele Staaten schon immer Glückssache. Aus dieser Kenntnis heraus hat das australische Militär eine »Managemententscheidung [getroffen], die Carl von Clausewitz, den preußischen Militärtheoretiker des 19. Jahrhunderts, sicherlich sprachlos machen würde«, nämlich die Rekrutierung seiner Truppen durch die private US-amerikanische Personalvermittlungsagentur Manpower.[55] Nach Ansicht von Experten gehört dieser Form der Rekrutierung die Zukunft. Und in der Tat haben sowohl Großbritannien als auch die USA die Rekrutierung ihres militärischen Nachwuchses privaten Firmen übertragen.[56]

## Nord- und Südamerika

Auch auf dem amerikanischen Kontinent waren größere PMF-Aktivitäten zu beobachten. Mindestens sieben in den USA ansässige Militärfirmen mischen in dem nicht enden wollenden Konflikt in Kolumbien mit.[57] Private Auftragnehmer wie DynCorp oder EAST Inc., die nach offizieller Lesart vom US-Außenministerium angeheuert wurden, um bei der Drogenbekämpfung mitzuhelfen, tun, wie man weiß, weit mehr, indem sie sich zum Beispiel im Auftrag der Regierung auch am Kampf gegen die Rebellen beteiligen.[58] Andererseits, und das ist die Kehrseite der kolumbianischen Medaille, hat die israelische Firma Spearhead Ltd. angeblich den Drogenkartellen und regierungsfeindlichen Milizen mit Kampftraining und anderen Dienstleistungen zur Seite gestanden.[59] Selbst Großunternehmer und Großgrundbesitzer heuern zum Schutz ihres Eigentums vor den Unbilden des Bürgerkriegs Privattruppen an.[60] British Petroleum (BP) nahm sogar unmittelbar ein Bataillon der regulären kolumbianischen Streitkräfte unter Vertrag, gecoacht von der Militärfirma ArmorGroup.[61]

Auch in anderen Ländern der westlichen Hemisphäre hat sich die Branche etabliert. Die kanadischen Streitkräfte haben ähnliche Schritte zum Outsourcen ihrer Logistik eingeleitet wie ihre Kollegen in Australien und Großbritannien. Kanada hat zivile Firmen mit der Durchführung von Ausbildungsübungen zur elektronischen Kriegführung und mit der Erbringung diverser anderer Dienstleistungen im Bereich der Luftkriegunterstützung beauftragt.[62] Auf Haiti verdingen sich ehemalige Angehörige regulärer Streitkräfte neuerdings als Privatsöldner bei den tonangebenden Familien, die das politische System des Inselstaates beherrschen, und DynCorp hat die Ausbildung und Aufstellung der neuen haitianischen Nationalpolizei übernommen. DynCorp soll eine Liste abrufbereiter Mitarbeiter mit Spanischkenntnissen für den Fall besitzen, dass der Firma einmal in einem künftigen Kuba nach Castro personalintensive Aufgaben übertragen werden sollten.[63] Ein tragischer Vorfall, in den PMFs verwickelt waren, machte im Mai 2001 Schlagzeilen: Ein Überwachungsflugzeug der CIA dirigierte Jagdflugzeuge der peruanischen Luftwaffe zu einem verdächtigen Passagierflugzeug, um es zu attackieren. In ihm befanden sich jedoch amerikanische Missionare. Das Team, das zu diesem Zeitpunkt die Überwachungssysteme bediente, bestand aus Mitarbeitern der Firma Aviation Development Corp., die von der CIA für diese Aufgabe unter Vertrag genommen worden war.[64]

Auch in Mexiko gibt es Drogenkartelle, von denen man weiß, dass sie sich der Hilfe privater Militärfirmen bedienen. Kein Geheimnis ist, dass sich die Kartelle seit einiger Zeit von Experten in militärischen Kampftechniken und in Methoden der Spionageabwehr unterweisen lassen, um die Aktivitäten von Ermittlern und Strafverfolgern zu überwachen und zu unterlaufen und auch um sich rivalisierende Banden vom Leib zu halten. Amerikanische Nachrichtendienste haben mindestens ein privates militärisches Ausbildungslager in Mexiko ausgemacht, in dem die Organisation Arellano Felix ihre Fußtruppen an verschiedenen Waffensystemen ausbilden ließ, von Granatwerfern mit Raketenantrieb über schwere Maschinengewehre bis zu Nachtsichtgeräten, Funkabhörsystemen und Verschlüsselungstechniken.[65] In Mexiko haben mehrere Konzerne eigene Privatarmeen rekrutiert; bekanntestes Beispiel ist die Tequila-Brennerei José Cuervo, die aus Frustration über den unzureichenden staatlichen Schutz vor professionell operierenden Räuberbanden eine 125 Mann starke, militärisch ausgerüstete Schutztruppe für die Bewachung ihrer Agavenfelder aufgestellt hat.[66]

Merkwürdigerweise sind es offenbar die Vereinigten Staaten, die sich weitestgehend der Dienste privater Militärfirmen bedienen, obwohl sie als stärkste Weltmacht über genügend große reguläre Streitkräfte verfügen. Das US-Verteidigungsministerium schloss zwischen 1994 und

2002 mehr als 3000 Verträge mit US-Firmen mit einem geschätzten Auftragsvolumen von über 300 Milliarden Dollar.[67] Zu den outgesourcten Aufgaben gehören nicht nur nachrangige Dienstleistungen wie die Truppenverpflegung (wobei allein 2001 in den Reihen des U.S. Marine Corps 1100 Küchenmeisterstellen privatisiert wurden), sondern auch solche, die in den sensiblen Aufgabenbereich der US-Streitkräfte hineinreichen.[68] In einer Situation, in der Personalausdünnung und eine zunehmend weltweite Truppenpräsenz zu einer starken Strapazierung der amerikanischen Truppenkapazitäten geführt haben, sind es Privatunternehmen, die mit einem großen Spektrum an Dienstleistungen in die Bresche gesprungen sind: Sicherheit, militärische Beratung, Ausbildung, logistische Unterstützung, Bewachungsdienste, technische Unterstützung, Ermittlungs- und Aufklärungsarbeit. Das US-Verteidigungsministerium hat in den letzten Jahren alles Mögliche an Privatfirmen delegiert, von der Unterhaltung von Depots und Stützpunkten bis zur Pilotenausbildung (70 Prozent outgesourct). Privatisiert wurden auch die Wartung und Administrierung einiger strategischer Waffensysteme: Stealth-Bomber B-2, Stealth-Düsenjäger F-117, Betankungsflugzeug KC-10, Spionageflugzeug U-2 sowie zahlreiche Überwasserschiffe der US-Marine.[69]

Dass im Umfeld der US-Streitkräfte einschlägige Firmen operieren, ist zu einem allgegenwärtigen Phänomen geworden: Als das russische Atom-U-Boot *Kursk* explodierte, war es ein im Auftrag der USA fahrendes Überwachungsschiff, das die Havarie zuerst bemerkte.[70] Die Firma Airscan bewacht alle Einrichtungen der U.S. Air Force und der NASA, während BDM Schulungen in den Bereichen Infokrieg, Sondereinsätze und Aufklärung erbringt und außerdem Dolmetscher und Übersetzer für die US-Streitkräfte bei deren Einsätzen in Somalia, Bosnien, Zentralasien, am Persischen Golf und auf Haiti zur Verfügung stellte. Betac ist mit dem Special Operations Command der US-Streitkräfte in Verbindung gebracht worden und hat offenbar Hilfsdienste bei Geheimeinsätzen in aller Welt geleistet.[71] MPRI betreibt für die US-Armee Stationierungsmanagement, berät das Training and Doctrine Command (TRADOC) bei der Entwicklung von Kampfdoktrinen und zeichnet, was vielleicht am meisten überrascht, für das ROTC-Programm (Reserve Officers Training Corps) an fast 220 Universitäten verantwortlich.[72] Wie die britischen Streitkräfte haben auch die US-Marine und das Marine-Corps begonnen, die Möglichkeiten einer Privatisierung der Luftbetankung (Auftragnehmer: Omega Air

Inc.) zu ventilieren. Sowohl die Navy als auch die Air Force haben die Firma Air Transport Association of Canada (ATAC) beauftragt, bei ihren Manövern die »Feindflugzeuge« zur Verfügung zu stellen und zu fliegen.[73] Sogar die Computer- und Kommunikationstechnik am Sitz des North American Aerospace Defense Command (NORAD) im Cheyenne Mountain, wo die nuklearen Gegenschläge der USA koordiniert werden, sind privatisiert worden (Auftragnehmer: OAO Corp.)[74]

Outgesourct hat das Pentagon auch einen großen Teil seiner militärischen Auslandshilfeprogramme, wobei MPRI, DFI International und Logicon den Löwenanteil der Aufträge bekommen haben. Die USA haben vor kurzem ein African Center for Strategic Studies (ACSS) gegründet, das afrikanischen Staaten helfen soll, ihre Verteidigungsplanung und ihren Verteidigungshaushalt besser in den Griff zu bekommen. Zielsetzungen und Lehrinhalte ähneln denen der vergleichbaren US-Institutionen für Europa, Asien und Amerika. Anders jedoch als diese, die von den US-Streitkräften betrieben werden, liegt beim ACSS die Entwicklung und Umsetzung des Curriculums in den Händen der Firma MPRI.

Unter dem Strich kann man sagen, dass es Vertragsfirmen im Umfeld der US-Streitkräfte zwar seit langem gibt, aber die Privatisierung im Bereich der militärischen Dienstleistungen in den letzten fünfzehn Jahren ein nie dagewesenes Ausmaß erreicht hat. Im Golfkrieg waren Mitarbeiter von Privatunternehmen in begrenztem Ausmaß an der Front präsent. Seit diesem Zeitpunkt hat jedoch der Personalabbau bei den Streitkräften im Zusammenwirken mit hohen Einsatzanforderungen und der geringen gesellschaftlichen Bereitschaft zu einer vollen Mobilmachung dazu geführt, dass die Inspruchnahme von Leistungen Dritter exponentiell zugenommen hat. Das Volumen der outgesourcten Leistungen hat sich in diesen fünfzehn Jahren verfünffacht.[75]

Jede größere Operation der US-Streitkräfte nach dem Kalten Krieg ging mit einem erheblichen Maß von Unterstützungsleistungen und Aktivitäten privater Unternehmen einher, die Aufgaben abdeckten, welche früher vom amerikanischen Militärapparat selbst geleistet worden waren.[76] Die US-Einsätze im Kosovo illustrieren diesen Trend. Vor Ausbruch des Konflikts stellte DynCorp militärische Beobachter zur Verfügung, die den amerikanischen Beitrag zur internationalen Verifizierungsmission erbrachten. Mit Beginn des Luftkrieges lieferten Privatfirmen neben logistischer und technischer Unterstützung einen großen Teil dessen, was in die Führung des so genannten Informationskrieges einging.[77] Im Rahmen der nachfolgenden Friedenssicherungseinsätze der KFOR-Truppen erfüllten und erfüllen Private nach wie vor diese Aufgaben und stellen darüber hinaus Personal für die internationale Friedensüberwachung. Als die US-Streitkräfte auf dem Balkan einmal wegen mangelnder Überwachungsflugzeuge ihrer wichtigen »Augen am Himmel« beraubt waren, privatisierten sie sogar einen Teil ihrer Luftaufklärungsmission. Die US-Armee sicherte sich die Dienste der Firma Airscan aus Florida, die ähnliche Aufträge in Kolumbien, Angola und im Sudan erfüllt.[78]

Wenn es eine Mission gegeben hätte, die einzig und allein Sache des Militärs hätte sein müssen, dann wäre es die Antwort der USA auf die Terrorangriffe vom 11. September 2001 gewesen. Doch obwohl die Militärs damals in der amerikanischen Öffentlichkeit breite Unterstützung genossen und alle bis dahin geäußerten Bedenken hinsichtlich zu hoher Verluste vom Tisch waren, hatten Mitarbeiter privater Firmen auch im Afghanistankrieg verschiedene nicht unwichtige Funktionen. Sie rückten gemeinsam mit den US-Truppen vor, waren auch in den von der CIA eingesetzten paramilitärischen Einheiten präsent, die Seite an Seite mit den afghanischen Verbündeten der USA kämpften, warteten Kampfmittel, leisteten logistische Unterstützung und nahmen routinemäßig an Überwachungsflügen und Bombereinsätzen teil. Sogar die viel diskutierten Global Hawks, die modernsten unbemannten Überwachungsflugzeuge der Air Force, wurden von Mitarbeitern von Privatfirmen kontrolliert.[79] Bei den anschließenden Einsätzen und Missionen zur Friedenserhaltung in Afghanistan ist die Militärbranche in diesen Bereichen und auch darüber hinaus tätig geblieben. So wurden zum Beispiel die europäischen Truppenkontingente für die International Security Assistance Force (ISAF) in aus Russland stammenden militärischen Transportflugzeugen befördert, die von einer Londoner Firma gechartert waren. Der afghanische Präsident Hamid Karzai wird von einem Sicherungskommando der Firma DynCorp beschützt, das aus rund 40 ehemaligen Angehörigen von US-Spezialtruppen besteht.[80]

In den Antiterroroperationen, die nach dem September 2001 weltweit stattfanden, spielten PMFs eine ähnliche Rolle. Anfang 2002 entsandten die USA ein militärisches Ausbildungskontingent in die frühere Sowjetrepublik Georgien; sein Auftrag war, an der Ausschaltung radikal-islamischer Terroristen mitzuwirken, die in einem Teil des Landes die Macht übernommen hatten. Während der Kommandeur des Kontingents ein Offizier der US-Armee war, bestand der Rest der

Truppe aus Mitarbeitern privater Militärfirmen.[81] Diejenigen aus den Reihen der Taliban und von Al Qaida, die in Afghanistan geschnappt wurden, durften sich darauf gefasst machen, die nächsten Jahre im Militärgefängnis Guantánamo zu verbringen, das nicht von US-Soldaten errichtet worden ist, sondern von der Firma Brown & Root, die dafür 45 Millionen Dollar in Rechnung stellte.[82]

Die in diesem kurzen Streifzug aufgeführten Beispiele – von denen viele noch ausführlicher behandelt werden – werfen nur ein erstes Schlaglicht auf die expandierende private Militärbranche. Damit soll lediglich das Ausmaß dieser Entwicklung angedeutet werden, ohne Anspruch auf Vollständigkeit. Ein verblüffender Aspekt ist der, dass ein noch viel größerer Geschäftsumfang für die privaten Militärfirmen möglich gewesen wäre, wenn man die sehr konkreten Auftragsausschreibungen einbezöge, aus denen nichts wurde. So gibt es zum Beispiel Berichte, denen zufolge nigerianische Dissidenten der Firma Executive Outcomes 100 Millionen Dollar anboten für fachmännische Unterstützung bei der Schulung von Kämpfern und der Durchführung eines Aufstands gegen das Abacha-Regime.[83] Angeblich sollen sich auch die Rebellen im Kosovo bei Sandline um ähnliche Dienstleistungen bemüht haben. Und die mexikanische Regierung verhandelte mit Executive Outcomes über eine Zusammenarbeit bei der Niederschlagung des Aufstandes in der Provinz Chiapas. Die Liste ließe sich beliebig fortschreiben. Diese Beispiele für nicht zustande gekommene Kontrakte mögen verdeutlichen, wie tiefgreifend sich die Gepflogenheiten in Bezug auf die Beschaffung militärischer Kapazitäten verändert haben.

### Die Bilanz und der Rest der Geschichte

Die Gewährleistung von Sicherheit galt lange Zeit als die wichtigste Aufgabe des Staates. Die alleinige Verfügungsgewalt des Staates über die Mittel militärischer Gewaltanwendung setzte sich im Verlauf eines Prozesses durch, der sich über Jahrhunderte erstreckte und zu Beginn des 20. Jahrhunderts im Wesentlichen abgeschlossen war.[84] Heute zeigt sich freilich, dass diese »Kartellierung« staatlicher Macht, deren Durchsetzung so viel Zeit gebraucht hat, eine kurzlebige Errungenschaft gewesen ist.

Weltweit zeichnet sich ein homogenes Muster ab: Einzelpersonen, Unternehmen, Staaten und internationale Organisationen greifen zunehmend auf militärische Dienstleistungen zurück, die nicht von staatlichen Hoheitsträgern erbracht werden, sondern von privaten Marktteilnehmern. Aus dieser Entwicklung werden Veränderungen resultieren, die die Welt erschüttern könnten. Der Vormarsch einer privatisierten Militärbranche dürfte dem Krieg der Zukunft ein neues, geschäftliches Antlitz verleihen.

Ich vertrete nicht die These, dass der Staat oder die von ihm unterhaltenen Militärapparate eines Tages verschwinden werden. Die Dinge sind viel komplizierter. In vielen Regionen sind PMFs durchaus für die Verteidigung etablierter Staatsinteressen eingesetzt worden. Der springende Punkt ist jedoch der, dass mit der Aufhebung des absoluten Gewaltmonopols des Staates und dem Outsourcen militärischer Aufgaben an private Firmen die Kontrolle des Staates über die Ausübung militärischer Gewalt ausgehebelt ist.[85] Das Wachstum der globalen privaten Militärbranche läuft auf eine Aushöhlung der Funktionen des Staates im Sicherheitsbereich hinaus, analog zum Verlust staatlicher Kontrollmacht auf anderen internationalen Gebieten wie Handel und Finanzwesen. Mit Anbruch des 21. Jahrhunderts erleben wir eine schleichende Zersetzung des von Max Weber postulierten staatlichen Gewaltmonopols.[86]

Was diese Branche zu einem lohnenden Untersuchungsgegenstand macht, ist nicht allein die Tatsache, dass Privatunternehmen die Arena betreten haben, sondern in welchem Umfang und an welchen Stellen dies geschehen ist und welche Rolle sie für den Ausgang militärischer Auseinandersetzungen gespielt haben. Niemals in den vergangenen zwei Jahrhunderten haben Konfliktparteien in einem solchen Ausmaß auf private Söldnertruppen zurückgegriffen zur Erledigung von Aufgaben, die sich unmittelbar auf den taktischen und strategischen Erfolg eines militärischen Engagements auswirken.

Es kündigen sich also radikale Veränderungen im militärischen Bereich an, die eine grundlegende Neueinschätzung der Situation erfordern. Die Entstehung einer neuen Industrie aus privaten Militärfirmen versetzt Staaten, Institutionen, Organisationen, Unternehmen und sogar Einzelpersonen in die Lage, auf dem Weltmarkt jederzeit militärische Leistungen und Kapazitäten erster Güte einzukaufen. Das erschließt, wie wir in den nachfolgenden Kapiteln sehen werden, eine Fülle neuer Möglichkeiten sowohl für die Politik als auch für die soziologische Theoriebildung. Und das macht diese neue Branche so bedeutsam und so faszinierend.

**Kapitel 2**

# Privatisierte Kriegführung in der Geschichte

> Um Handelsbeziehungen zu betreiben und aufrecht-
> zuerhalten, bedarf es des Schutzes und der Gunst der
> eigenen Waffen. ... Der Handel ist nicht möglich ohne
> Krieg und Krieg nicht ohne Handel.
>
> Jan Coen, Mitbegründer der Vereinigten
> Ost-indischen Kompanie, Generalgouverneur
> von Niederländisch-Indien

Das Anheuern von Dritten, um sie in die Schlacht zu schicken, ist so alt wie der Krieg selbst. Fast jedes Großreich in der Geschichte, von den alten Ägyptern bis zu den viktorianischen Briten, füllte seine Streitkräfte mit ausländischen Kontingenten auf. Die Unterhaltungsliteratur und das volkstümliche Liedgut aller Zeitalter ist reich an Geschichten über diese Legionäre.[1] Es gab Zeiten, in denen ausländische Söldner in der Regel Einzelkämpfer waren, die bei derjenigen Kriegspartei anheuerten, die ihnen am meisten bezahlte. Zu anderen Zeiten wurden sie als gut organisierte Truppen unter Vertrag genommen. So oder so war das entscheidende Kriterium ihr Motiv, mit der Ausübung des Kriegshandwerks ihren Lebensunterhalt oder mehr zu verdienen.

In diesem Kapitel geht es um die Geschichte der Söldner oder Söldnertruppen in der Kriegführung; damit soll die Voraussetzung für ein besseres Verständnis der PMF-Branche von heute geschaffen werden. Wir beschäftigen uns mit der Tätigkeit der Söldner, ihrer Bedeutung und den Bedingungen, unter denen sie ihrem Gewerbe nachgingen. Von speziellem Interesse ist dabei, dass die Söldner und ihre Organisationen in vielen Fällen zivile Entwicklungen in Handel und Gewerbe, die sich in der Folge in der Gesellschaft durchsetzten, widerspiegelten oder sogar zum Durchbruch verhalfen: der Firma als Vehikel wirtschaftlicher Betätigung, dem schriftlich aufgesetzten Vertrag, dem nach Gewinn strebenden Einzelunternehmer, dem Einsammeln von Risikokapital usw.

Eine wichtige Erkenntnis, die sich aus dieser Betrachtung der Militärgeschichte aus der Perspektive der Privatisierung ergibt, ist die verblüffend konstante Präsenz solcher Akteure in allen Zeitaltern. Wir neigen in Bezug auf den Krieg zu der Auffassung, er werde im Wesentlichen von staatlich kontrollierten Truppen geführt, die für die Interessen ihrer Gemeinschaft kämpfen. Das ist eine idealisierte Vorstellung. Sehr oft in der Geschichte gehörten zu den Hauptakteuren des Krieges private Individuen oder Gruppen, die auf Gewinn aus waren und keineswegs einer Regierung loyal ergeben waren.

Das militärische Gewaltmonopol des Staates ist denn auch in der Geschichte der Menschheit eher die Ausnahme als die Regel.[2] Wie Jeffrey Herbst schreibt: »Die private Bereitstellung von Gewalt gehörte vor dem 20. Jahrhundert zur Routine in internationalen Beziehungen.«[3] Nichtstaatliche Gewalt beherrschte über lange Zeit die Welt und wurde in einem hohen Grad durch Marktkräfte gesteuert. In der Geschichte der Menschheit ist der »Staat« eine ziemlich neue Errungenschaft, die sich erst in den vergangenen 400 Jahren herausgebildet hat. Ganz abgesehen davon, dass der Staat aus dem Markt der privaten Militärangebote schöpfte, um sein eigenes Gewaltpotenzial aufzubauen.

Blütezeiten erlebten private Militärorganisationen immer in Zeiten des Systemwandels: Wenn die Regierungen in den Staaten geschwächt waren, boten sich auf dem freien Markt militärische Potenziale an, die irgendwelchen einheimischen Streitkräften häufig überlegen waren. Transnationale Unternehmen waren in solchen Situationen oft die am besten organisierten und leistungsfähigsten Akteure. Vieles, was wir im internationalen Geschehen der Gegenwart beobachten können, knüpft nahtlos an die Geschichte des privaten Militärwesens an.

### Privatkrieger in der Antike

Spezialisten für das Kriegshandwerk waren vermutlich schon das Ergebnis der frühesten Phasen der Arbeitsteilung in der Menschheitsgeschichte.[4] Da Konflikte in jeder Gesellschaft an der Tagesordnung waren, konnten diese Spezialisten ihren Lebensunterhalt verdienen, indem sie ihre besonderen Fertigkeiten im Umgang mit Gewalt auf dem Markt anboten. Sie konnten dies entweder in ihrem ursprünglichen Wirkungskreis tun oder anderswo nach besseren Angeboten suchen. Jedenfalls wurde in der Folge der für seine Dienste bezahlte Söldner zu einem fast allgegenwärtigen Bestanteil der sozialen und politischen Geschichte der organisierten Kriegführung.[5]

Schon sehr früh schlossen sich Söldner zu größeren Einheiten zusammen, um die damit verbundenen Effizienzvorteile nutzen zu können.[6] Die Struktur militärischer Verbände variierte in der Antike zwar je nach Ort und Zeit, folgte aber im typischen Fall plutokratischen Prinzipien, war also geldgesteuert. In den frühesten städtischen Zivilisationen waren Kriegswaffen in den Händen bestimmter Gruppen konzentriert, deren Kennzeichen ihre wirtschaftliche Stellung war. Nur die wenigsten Staatswesen jener Zeit waren in der Lage, reguläre Streitkräfte zu unterhalten, wenn sie überhaupt arbeitsteilige Verwaltungsstrukturen entwickelten.[7] Ausgebildete Soldaten waren eine kostbare Ressource, und demzufolge wurden ausländische Legionen, von deren Know-how auch die eigenen Truppen profitieren konnten, hoch geschätzt. Wie bei anderen geschäftlichen Unternehmungen in dieser frühen Periode erfolgte auch bei diesen ersten Söldnerverbänden die Rekrutierung im Allgemeinen nach Gesichtspunkten verwandtschaftlicher oder kultureller Zusammengehörigkeit.

In den ältesten überlieferten Berichten über Kriegshandlungen finden sich zahlreiche Hinweise auf auswärtige Söldnertruppen, die im Dienst dieses oder jenes antiken Herrschers kämpften. Die erste urkundliche Erwähnung dieser Art bezieht sich auf Söldner, die in der Streitmacht des Königs Schulgi von Ur (ca. 2094–2047 v. Chr.) kämpften. Die Schlacht von Kadesch (1294 v. Chr.) ist die erste größere Schlacht der Geschichte, über die uns ein ausführlicher Bericht vorliegt. Bei diesem Waffengang der Ägypter gegen die Hethiter kämpften in der Armee des Pharao Ramses II. bezahlte numidische Söldner.[8]

In der antiken Geschichtsschreibung der folgenden Jahrhunderte wimmelt es von Hinweisen auf gedungene ausländische Truppen. Auch die Bibel erzählt derlei Geschichten. Der Pharao verjagte die Israeliten aus Ägypten mit einem Heer, dem ausländische Söldner angehörten, und David und seine Männer konnten sich, als sie vor Saul auf der Flucht waren, im Heer des Philisterkönigs Achisch verdingen.

Während einige Stadtstaaten im antiken Griechenland, zum Beispiel Sparta, ganz auf Bürgertruppen setzten, überwog in der damaligen griechischen Welt die Praxis, die eigenen Streitkräfte von Fall zu Fall mit angeheuerten Spezialisten von auswärts zu verstärken. Zu den allseits bekannten Spezialtruppen gehörten Schleuderer aus Kreta, Hopliten aus Syrakus und berittene Kämpfer aus Thessalien.[9] Auch Marineeinheiten waren häufig privat aufgestellt, so etwa Teile der Flotte, auf die sich Athen in seinen Perserkriegen stützte. Die berühmten »Zehntausend« von Xenophon bestanden aus arbeitslosen griechischen Soldaten, die als Söldner für einen Bürgerkrieg in Persien (401–00 v. Chr.) angeworben wurden. Als ihr Arbeitgeber, ein persischer Thronanwärter, gleich in der ersten Schlacht zu Tode kam, saßen sie ohne Sold auf dem Trockenen und mussten sich quer durch Kleinasien in die Heimat durchschlagen. Ihre Geschichte ist Thema einer Schrift, die als einer der ersten Romane der Menschheit gilt, einer ganz neuartigen literarischen Gattung.[10]

Die Mazedonier perfektionierten ihre Kriegskunst, indem sie im Verlauf des Peloponnesischen Krieges (431–404 v. Chr.) auf der Seite diverser griechischer Stadtstaaten kämpften. In den darauf folgenden Kriegen besiegten sie unter der Führung ihres Königs Philipp II. ihre ehemaligen Auftraggeber. Dessen Sohn, Alexander der Große, befehligte nach der Eroberung des Perserreiches (336 v. Chr.) eine Streitmacht, die sich aus einer weitgehend mazedonischen Truppe zu einer multinationalen, ganz überwiegend aus angeheuerten Söldnern bestehenden Armee ausgewachsen hatte. Alexander mietete von den Phöniziern eine Kriegsflotte von 224 Schiffen. Die nachfolgenden hellenischen Reiche rekrutierten für ihre Verteidigung denn auch lieber auswärtige Söldnertruppen, als sich auf einheimische Kämpfer zu verlassen.

Später stützte sich Karthago fast ausschließlich auf Söldnertruppen – und lernte nicht nur die Vorteile, sondern auch die Nachteile dieser Strategie kennen: Am Ende des Ersten Punischen Krieges (264–241 v. Chr.) kam es in der Söldnertruppe, die kein Geld bekommen hatte und der die Auflösung drohte, zur Meuterei; sie führte einen Krieg auf eigene Faust, der als der »Söldnerkrieg« in die Geschichte eingegangen ist. Erst mit Hilfe anderer bezahlter Söldnertruppen konnte Karthago die Revolte niederschlagen. Doch auch in ihrem nächsten Krieg stützten sich die Karthager wieder auf Söldnertruppen, dieses Mal mit großem Erfolg. Hannibals Streitmacht aus erfahrenen Söldnern überquerte die Alpen und beherrschte im Zweiten Punischen Krieg (218–202 v. Chr.) das römische Bürgerheer nach Belieben. Hannibals Armee wurde nie auf dem Schlachtfeld besiegt, scheiterte aber letztlich an der deutlich schlechteren materiellen und logistischen Stellung Karthagos. Der Krieg war im Grunde in dem Moment entschieden, als Rom die karthagischen Silberbergwerke in Spanien eroberte und damit dem Stadtstaat die Mittel für die weitere Finanzierung seiner großen Söldnerstreitmacht raubte.[11]

Rom hatte anfangs zwar eine Bürgerarmee, stützte sich aber auch auf Söldner. Schon in der Periode der Republik griff man bei der Aufstellung von Spezialverbänden wie Bogenschützen oder Kavallerie auf Söldner zurück. Gewöhnlich wurden diese aus wirtschaftlich rückständigen Regionen angeworben. So rekrutierte Rom beispielsweise während der Punischen Kriege Numidier, Balearen, Gallier, Iberer und Kreter. In dem Maß, wie das Reich wuchs, nahm der Umfang dieser Söldnertruppen zu, zumal es immer schwieriger wurde, römische Bürger zu finden, die zum Kriegsdienst bereit waren. Am Ende des 3. Jahrhunderts n. Chr. dienten in der kaiserlichen Armee mehr Germanen als Römer.[12] In ähnlicher Weise sahen sich auch die Machthaber des byzantinischen Nachfolgereichs immer häufiger auf ausländische Söldner für ihre Kriege angewiesen. Eine dieser Söldnertruppen war die berühmte Warägergarde, die Elitetruppe des Oströmischen Reichs schlechthin, die aus Männern skandinavischer Herkunft bestand.[13] Die islamischen Widersacher von Byzanz griffen ihrerseits ebenso auf Söldnerverbände zurück, darunter die Mamelucken, die später in Ägypten und anderswo die Herrschaft übernahmen.[14]

## Das Mittelalter und die Rückkehr zum freien Militärmarkt

Nach dem Zusammenbruch des Römischen Reichs versank Westeuropa ins finstere Mittelalter, und damit geriet auch jede auf Geld basierende Wirtschaftstätigkeit ins Stocken. In einer Welt, in der es kaum noch oder gar keine zentralen Machtinstanzen mehr gab, entstanden die Armeen des Feudalismus, eines Systems gestaffelter Lehensrechte und Lehenspflichten, das den Kriegsdienst mit einschloss.

Doch schon in dieser feudalen Grundstruktur waren angeheuerte Söldner ein integraler Bestandteil jeder mittelalterlichen Streitmacht. Sie waren häufig für die technischen Aufgaben zuständig, die von den nur kurzzeitig zur Verfügung stehenden einheimischen Truppen eines Feudalherrn meist nicht bewältigt werden konnten. Die ersten privaten Militärorganisationen, die in dieser Zeit auftauchten, waren organisierte Gruppen spezialisierter Handwerker, die ihre Dienste demjenigen zur Verfügung stellten, der am besten bezahlte. Oft waren sie auf Herstellung und Bedienung bestimmter Waffen spezialisiert, etwa der Armbrust, die damals als eines Ritters oder Edelmanns unwürdig galt, die aber für bäuerliche Untertanen zu schwierig zu handhaben war.[15] Ähnliches galt für die ersten Feuerwaffen und Kanonen, die im späten Mittelalter aufkamen. Artilleristen und Kanoniere gründeten internationale Zünfte oder Gilden, die sich einen eigenen Schutzheiligen erkoren und eifersüchtig ihre Berufsgeheimnisse hüteten.

Das Problem des feudalen Militärwesens bestand darin, dass das ganze System sehr ineffizient war: Den Landesherren standen nur zahlenmäßig begrenzte, unspezialisierte Truppen zur Verfügung, die sie jedes Jahr für kurze Zeiträume zu den Waffen rufen konnten. Noch schwerer fiel ins Gewicht, dass sie als Lehnsherren oft darauf angewiesen waren, bei ihren Lehensmännern Truppen auszuheben – und nicht selten waren gerade diese Lehensmänner ihre Gegner, mit denen sie einen Strauß auszufechten hatten. Der Feudalismus mit seinen strukturellen Beschränkungen des Militärdienstes lieferte den Territorialherren somit gute Gründe, auf verlässlichere Söldnertruppen zu setzen.

Als sich im 13. Jahrhundert in Teilen Europas wieder ein städtisches Wirtschaftsleben zu regen begann, gelangte Geld in Umlauf und in die Taschen der Menschen. Von besonderer Bedeutung war die Entwicklung des Bankwesens. Handelsgesellschaften traten in dieser Zeit auf den Plan, und in Italien übertrugen mehrere Städte ihre Regierungsgeschäfte privaten Investoren.[16] Im Rahmen dieses Paradigmenwechsels erlebte das *Condotta*–System seine erste Blütezeit. Dieses Arrangement, das das vertragliche Outsourcen militärischer Dienstleistungen an Vertragspartner *(Condottieri)* beinhaltete, wurde anfänglich von den Kaufmannsgilden vorangetrieben, die es für vernünftig und wirtschaftlich hielten, weil es eine allgemeine Mobilmachung vermeiden half und die wertvollsten Glieder der Gesellschaft (nämlich sie selbst) von der Notwendigkeit befreite, ihr Leben im Krieg zu verschwenden.[17] Unterstützt wurde der Rückgriff auf Söldnerverbände auch vom Adel, der die Macht bewaffneter eigener Untertanen fürchtete und daher Söldner bevorzugte.

Wie bei fast allen gesellschaftlichen Neuerungen im Mittelalter hatten auch bei der Wiedereinführung des Söldnertums die italienischen Städte die Vorreiterrolle. Venedig begann schon während der Kreuzzüge (1095–1270) bezahlte Ruderersoldaten für seine Kriegsschiffe anzuheuern; das Anwerben bezahlter Fußtruppen war dann nur noch eine Frage der Zeit. Die Stadt entwickelte binnen kurzer Zeit ein ausgetüfteltes System, um zu verhindern, dass die eingekauften Söldnertruppen zu viel Macht erlangten. Mögliche Aspiranten auf die Macht wurden systematisch in Schach gehalten, indem militärische Verträge stets mit mehreren konkurrierenden *Condottieri* geschlossen wurden. Erfolgreiche und loyale Truppenführer belohnte man mit Auszeichnungen und nahm sie in die Reihen des venezianischen Adels auf, das heißt, sie wurden in die bestehenden politischen Verhältnisse integriert.

Florenz, ansonsten eine der fortschrittlichsten Städte Italiens, fiel insofern aus dem Rahmen, als es dem allgemeinen Trend zur Privatisierung des Militärbereichs hinterherhinkte. Seine humanistisch gebildeten Stadtoberen, unter ihnen auch Machiavelli, favorisierten die Institutionen der Römischen Republik.[18] Sie hielten der Tradition die Treue, stellten Bürgermilizen auf und setzten somit die militärische Schlagkraft aufs Spiel. Als die Bürgermilizen selbst gegen kleinere Söldnerheere ständig unterlagen, verpflichtete auch Florenz Söldnertruppen.[19]

Diese Entwicklung blieb nicht auf Italien beschränkt. Für die Kriegführung in dieser Zeit waren Ausbildung und Ausrüstung der Soldaten viel ausschlaggebender als deren bloße Anzahl.[20] Überall in Europa trieben nun Herrscher von ihren Hintersassen »Schildgeld« ein (*scutagium*, die für die Ausstattung eines Soldaten erforderliche Summe), anstatt die Gestellung eines feudalen Truppenaufgebots zu verlangen. Mit diesem Geld wurden dann Söldner angemietet. Gegen Ende des 14. Jahrhunderts hatten privat organisierte Kampfverbände ihre feudalen Vorgänger weitgehend von den Schlachtfeldern verdrängt. Wer jetzt eine Streitmacht aufstellen wollte, beauftragte einen privaten Militärunternehmer, der die gewünschte Truppe zu rekrutieren, auszurüsten, einzukleiden, zu drillen und zu führen hatte. Als Gegenleistung erhielt der Söldnerführer eine vereinbarte Zahlung und einen erfolgsabhängigen Anteil an der Beute.[21] Viele Feldzüge, die in dieser Zeit in Aquitanien, in der Bretagne und in der Normandie geführt wurden, waren im Grunde frühkapitalistische Geschäftsprojekte, bei denen in Erwartung künftiger Gewinne private Gelder investiert wurden.[22]

Unter den Bedingungen eines expandierenden Marktes für käufliche Söldnertruppen kam es fast zwangsläufig zu einer relativen Häufung kriegerischer Auseinandersetzungen.[23] So waren Italien, Spanien und Frankreich im 14. Jahrhundert Schauplatz ständiger Konflikte, und der Krieg durchdrang alle Aspekte des Lebens.[24]

## Die ersten Kompanien

Die Proliferation privater Söldnerheere ging Hand in Hand mit zunehmender politischer Instabilität: In der ständischen Ordnung gab es radikale Umwälzungen, nach den Kriegen lösten sich die stehenden Heere weitgehend auf. Solche Situationen gab es während des Hundertjährigen Krieges (1337–1453) besonders häufig. Infolge der in dieser Zeit immer wieder aufflammenden Kriegshandlungen gerieten ehedem festgefügte gesellschaftliche Ordnungen aus den Fugen.

Das Fehlen zentralen Machtinstanzen schuf optimale Bedingungen für den auf eigene Rechnung kämpfenden Söldner. In Krisensituationen konnte die Nachfrage nach Söldnern so groß sein, dass viele, die ihre Dienste als »Einzelkämpfer« feilboten, unter Vertrag genommen wurden. Aber jeder Feldzug ging früher oder später einmal zu Ende oder dem Auftraggeber ging irgendwann das Geld aus. Dann standen die Söldner ohne Arbeit und Brot da. Viele hatten weder einen Beruf und noch ein Zuhause, wohin sie hätten zurückkehren können, und schlossen sich deshalb zu »Kompanien« zusammen (Kompanie leitet sich von »cum pane« her, gemeinsames Brot). Diese Organisationen verfolgten das Ziel, entweder als Gruppe Beschäftigung zu finden oder zumindest den eigenen Mitgliedern Schutz und Lebensunterhalt zu gewähren. Eine Kompanie pflegte sich als Gruppe zu verdingen, wobei ihre Arbeit in der Regel die Teilnahme an einem neuen Feldzug bedeutete. Notzeiten überbrückten die Kompanien damit, dass sie von Städten oder Dörfern Lösegelder erpressten.

Der Begriff »freie Kompanie« bedeutete ursprünglich eine Provokation.[25] Im Feudalismus war allen Bevölkerungsgruppen ein fester Platz in der strikt hierarchisch gegliederten Ordnung zugewiesen. In dieser Zeit aber bildete sich eine militärische Gruppe, die so groß war, dass sie weder von den Kriegen noch von der Landwirtschaft leben konnte. Führte der eigene Landesherr gerade keinen Krieg, zogen die verarmten Soldaten unter Bruch ihrer feudalen Gefolgspflichten von dannen, um anderswo ihren Lebensunterhalt zu suchen, indem sie mit ihren Waffen demjenigen dienten, der ihnen das beste Angebot machte.[26] Die freien Kompanien trugen also zur weiteren Destabilisierung des Feudalsystems und letztendlich zum Zusammenbruch der mittelalterlichen Ständeordnung bei. Die Tatsache, dass die dominanten militärischen Akteure in dieser Zeit private Kompanien freischaffender Söldner waren, brachte die Säulen des Feudalismus ins Wanken: das Ideal des

Geburtsadels und des Grundbesitzes als Basis weltlicher Autorität, der Kirche als eines unverrückbaren Felsens und der Gefolgstreue und persönlichen Ehre als den einzig legitimen Beweggründen für den Kampf.[27]

Aus kurzlebigen Gruppierungen und marodierenden Horden von Soldaten, die Städte und Dörfer brandschatzten und denen es ansonsten nur ums eigene Überleben ging, entwickelten sich die freien Kompanien zu dauerhaften Organisationen mit militärischen und wirtschaftlichen Strukturen, finanziert durch Dotationen einer oder mehrerer Territorialherrschaften.[28] Die Verträge, die sie mit ihren Auftraggebern abschlossen, wurden mit der Zeit immer detaillierter; sie enthielten Angaben über Dauer und Modalitäten der Verpflichtung, über die Anzahl der aufzubietenden Männer und ihre Besoldung. Die Condotta war ein kompliziertes Vertragswerk, das mit Sorgfalt aufgesetzt wurde von einem Fachmann, den man mit dem heutigen Rechtsanwalt vergleichen kann.[29]

Die Kompanien betrieben Marketing, indem sie gezielt Geschichten über ihre Härte und Grausamkeit streuten. Das Kalkül war, sich einen »Markennamen« zu machen, der potenzielle Auftraggeber überzeugen und mögliche Gegner abschrecken sollte. So ließ sich der Hauptmann einer solchen Kompanie auf seinen Brustschild den Ehrentitel »Herr der großen Kompanie, Feind Gottes, des Mitleids und der Gnade« eingravieren. Und ein anderer, heißt es, soll einmal einen Streit zwischen zwei seiner Männer um eine junge Nonne dadurch geschlichtet haben, dass er seinem salomonischen Urteil: »Jeder die Hälfte« gemäß die Frau in zwei Teile hieb.[30]

Die Männer einer Kompanie waren im Allgemeinen loyal, doch galt ihre Loyalität nur den eigenen Leuten und nicht ihrem Herkunftsland oder ihrem Auftraggeber. Anders als man es sich gemeinhin vorstellt, waren sie keine Barbaren, die um des Tötens willen mordeten. In der Mehrzahl hielten sie sich im Kampf an die üblichen Bräuche und Gesetze der Kriegführung. Sie wollten vor allem Geld verdienen und konzentrierten sich deshalb darauf, Gefangene zu machen, in der Hoffnung auf Lösegelder. Daher ging man die Kämpfe oft vorsichtig an, die sich dann in die Länge zogen. In ihrer vollendeten Form war die Schlacht zwischen freien Kompanien gleichsam eine Art Kunst mit subtilsten Mitteln: mit blitzschnellen Angriffen und Ausweichmanövern, mit Finten und Überraschungseffekten, wobei man die eigene Hauptstreitmacht bis zum entscheidenden Augenblick in Deckung hielt. Die Kompanieführer agierten mit Vorsicht und Umsicht, hatten sie doch oft erhebliche eigene Mittel in ihre Truppen investiert.

Auch wenn die freien Kompanien primär wirtschaftliche Ziele verfolgten, entspricht Machiavellis höhnischer Vorwurf, die Söldnertruppen hätten nur »unblutige Schlachten« geschlagen, nicht den Tatsachen.[31] Von den zahlreichen blutigen Schlachten des Hundertjährigen Krieges wurden die meisten von Kompanien entschieden. Aber wenn die Söldner zwischen zwei Kriegen ohne Auftrag dastanden, zogen sie auf eigene Faust kreuz und quer durch Frankreich, brandschatzten Städte und Dörfer, und wenn eine Ortschaft nicht in der Lage oder willens war, sich durch Geld freizukaufen, wurde sie geplündert und niedergebrannt.

In Frankreich wagte es der König einmal, die freien Kompanien auszuschalten: Die bedrängten Söldnertruppen schlossen sich zu einer großen Streitmacht zusammen und schlugen in der Schlacht von Brignais (1362) das Aufgebot des Königs vernichtend.[32] Diese Niederlage war für die Monarchie ein Schock, und im gesamten Land fragten sich die verängstigten Menschen, was die verbündeten Kompanien als Nächstes tun würden. Aber diese waren über ihren Sieg selber überrascht, und da sie kein politisches Programm hatten, löste sich ihr Zweckbündnis rasch wieder auf. Jede Kompanie begab sich erneut auf die Suche nach Auftraggebern und Beschäftigung. Schließlich führte Frankreich Kriege gegen Spanien und Ungarn – nicht zuletzt um die Söldnerkompanien zu beschäftigen und sie zugleich aus dem Land zu bekommen.

In der zweiten Hälfte des 14. Jahrhunderts überquerten immer mehr freie Kompanien die Alpen, um in Italien dauerhaftere Beschäftigung zu finden. Dass Italien in dieser Zeit zum Hauptbetätigungsfeld für Söldner wurde, hat zwei Gründe: Es gab hier eine große Zahl miteinander verfeindeter Kleinstaaten und ungewöhnlichen Wohlstand. Obwohl flächenmäßig relativ klein, waren die italienischen Staaten die eigentlichen Großmächte ihrer Zeit. Sie horteten enormen Reichtum, und der springende Punkt war, dass dieser nicht Grundbesitz, sondern Handelskapital war. Das lag vor allem daran, dass die gesellschaftliche Struktur der italienischen Staaten von den blühenden Handelsstädten bestimmt wurde, was andererseits bedeutete, dass die städtische Bevölkerung als die produktive Klasse galt, die man nicht auf die Schlachtfelder schickte.[33]

Es dauerte nicht lange, und die Kompanien beherrschten die Schlachtfelder Italiens. Wie gewohnt, stellten sie ihre Waffen in den

Dienst desjenigen, der dafür bezahlte, und machten denen, die dazu nicht bereit waren, das Leben zur Hölle. Die berüchtigtste Söldnertruppe war die Große Kompanie mit ihren fast 10.000 Mann. Von 1338 bis 1354 organisierte sie in ganz Italien ein wahres Imperium der Schutzgelderpressung. Zu den bekannten Kompanien zählten ferner die vorwiegend aus Engländern bestehende Weiße Kompanie (der Sir Arthur Conan Doyle in seinem gleichnamigen Roman ein Denkmal gesetzt hat) und die Große Katalanische Kompanie, die später nach Griechenland zog und über 60 Jahre lang Athen beherrschte.[34]

Die Erfolge, die ausländische Kompanien feierten, veranlassten gegen Ende des 14. Jahrhunderts etliche italienische Adlige dazu, ihnen nachzueifern. Nach und nach büßten die ausländischen Kompanien ihre führende Stellung ein und wurden von einheimischen Organisationen verdrängt, die den Heimvorteil für sich nutzten. Für dieses neue Metier bürgerte sich in Italien die Bezeichnung Condottieri ein, abgeleitet von dem Wort für die »Verträge«, die sie mit anderen schlossen. Condottiere-Kompanien gab es in jeder Größe, von kleinen Söldnerhorden bis zu den großen Privatarmeen mächtiger Geschlechter wie den Gonzaga oder den Colonna. Condottieri-Dynastien wie die Visconti oder die Sforza gewannen in den Städten, die ihre Dienste in Anspruch nahmen, die politische Vorherrschaft und verdrängten schließlich ihre Auftraggeber von den Schalthebeln der Macht.[35]

In Frankreich, dem Ursprungsland vieler Kompanien, mischten etliche von ihnen noch in den Grenzkriegen mit, die sich während dieser ganzen Epoche hinzogen. Ihre Vormachtstellung konnte erst gebrochen werden, als es König Karl VII. gelang, den Ärger, den sie dem französischen Bürgertum bereiteten, gegen sie zu wenden. 1445 konnte er das erstarkende Großbürgertum dazu bewegen, in die Erhebung einer Sondersteuer einzuwilligen. Aus diesen Mitteln stellte er einige Kompanien gegen regulären Sold auf, mit denen die anderen in Frankreich herumvagabundierenden freien Kompanien zerschlagen wurden. Seinen eigenen Kompanien gewährte er anschließend dauerhaften Sold (statt sie wie früher nur für die Dauer eines Feldzugs zu besolden) und schuf somit das erste stehende Heer in Europa seit Beginn des Mittelalters. Die französischen Armeen der Neuzeit sind also aus deutschen, schottischen und italienischen Söldnern der freien Kompanien hervorgegangen.[36] Der mächtigste Rivale des französischen Königs, Herzog Karl der Kühne von Burgund, hatte vor dem stehenden Heer seines Widersachers so großen Respekt, dass er dessen Modell kopierte und damit einen Prozess in Gang setzte, der ganz Europa erfasste. Sein Pech war, dass er seine eigene stehende Armee in einem Expeditionskrieg gegen die Schweizer Kantone verschwendete, die wütend ihre Unabhängigkeit verteidigenden.

## Schweizer Söldner und Landsknechte: mehr als nur Geschäftskonkurrenten

Das nächste Kapitel in der Geschichte der privaten Militärdienstleister begann ironischerweise als Kampf um politische Freiheit. Im Jahr 1291 schlossen sich die Schweizer Waldkantone Uri. Schwyz und Unterwalden zu einer Eidgenossenschaft zusammen, um sich der Einflussnahme fremder Mächte besser erwehren zu können. Jede Stadt in diesen von einem unbändigen Unabhängigkeitsgeist beseelten Kantonen stellte dem Bund eine Art Bürgermiliz zur Verfügung. Die Schweizer Milizen bestanden aus mit Piken und Hellebarden bewaffneten Kampfverbänden. Diese »Gevierthaufen«, die in vielerlei Hinsicht der griechischen Phalanx ähnelten, setzten der Dominanz des zu Pferde kämpfenden Ritters auf den Schlachtfeldern Europas ein Ende. Mit über fünf Meter langen Piken bewaffnet und in kompakter Vierecksformation angreifend, konnten die Haufen einen Kavallerieangriff aufhalten und jeden feindlichen Reiter- oder Infanterieverband niederrennen. Die Effizienz der Gevierthaufen hing ab von ihrer Disziplin, ihrer Koordiniertheit und einer gehörigen Portion Selbstvertrauen; von alldem besaßen die hartgesottenen Schweizer Bergbewohner mehr als genug.

In den Schlachten von Sempach (1386) und Näfels (1388) errangen die Schweizer große Siege gegen österreichische Invasoren. Besonders Sempach sandte Schockwellen durch ganz Europa, da hier nur 1600 Schweizer Pikeniere eine 6000-köpfige österreichische Streitmacht geschlagen hatten. Diese Schlachten versetzten der Adelsherrschaft einen erheblichen Schlag, zeigten sie doch, dass die Zeit der Ritter abgelaufen war. Die Schweizer ließen diesen Triumphen weitere Siege folgen: 1446 über den Habsburger König Friedrich III. und 1476 in der Schlacht von Murten über Karl den Kühnen.

Ein Jahrhundert lang wurde das Söldnermetier für die Schweizer zu so etwas wie einem nationalen Exportschlager. Ihre erfolgreiche Innovation bestand nicht allein im taktischen Einsatz des Gevierthaufens, der die Schlachtfelder Europas eroberte, sondern auch in der Fähigkeit, ihre besonderen Qualitäten als Krieger im Ausland zu vermarkten. Sie verstanden es, ihre Kampferfahrung (die sie ohne Extrakosten für ihre Auftraggeber gesammelt hatten) aus ihrer armen, unfruchtbaren und übervölkerten Gebirgsheimat in wohlhabendere Konfliktzonen zu transferieren.[37] Sie handelten dabei nach einem recht einfachen System: Männer aus einem bestimmten Tal oder Dorf wanderten als Gruppe aus – präziser gesagt als gut organisierte, eng verbundene Kampfeinheit – und stellten sich in die Dienste eines jeden, der ihnen einen guten Sold zahlte.[38] Wie die freien Kompanien vor ihnen entschieden sich die ersten Schweizer Verbände für Italien, wo es ständig Kriege gab und reiche Beute zu machen war; ihrem Beispiel folgten andere. Die Regierungen der Schweizer Kantone versuchten Regeln für dieses Geschäft vorzugeben, doch reduzierten sich diese letztlich auf ein einziges Gebot: dass Schweizer Regimenter nicht gegeneinander kämpfen dürften. Sollten sie auf einem Schlachtfeld aufeinander treffen, durfte die Gruppe, die den älteren Kontrakt hatte, bleiben; die andere musste abziehen. Ihr Auftraggeber hatte dann im wahrsten Sinn des Wortes das Nachsehen.

Die Schweizer Söldnertruppen waren berühmt wegen ihres Geschicks und ihres Muts im Kampf, und noch jahrhundertelang verdingten sich eidgenössische Krieger an ausländische Kriegsherren. Über einen langen Zeitraum bestand eine besondere Geschäftsbeziehung zwischen den Schweizern und der französischen Krone. Der französische König besetzte große Teile seiner Infanterie und persönlichen Schutzgarde mit Schweizern. Schweizer Regimenter bildeten bis unmittelbar nach den Napoleonischen Kriegen einen festen Bestandteil der französischen Streitkräfte. Die Schweizer Söldnertradition lebt im Grunde immer noch fort, denn die Päpste lassen sich bis heute von der Schweizergarde schützen, deren Geschichte auf ein Regiment zurückgeht, das 1506 zur Verstärkung der Truppen von Papst Julius II. angeheuert wurde.

Ähnlich wie heute waren auch damals die Anforderungen an jemanden, der eine Söldnertruppe organisieren wollte, nicht besonders hoch, und natürlich galt seit jeher, dass erfolgreiche Unternehmungen schnell und von vielen kopiert wurden. Besonders rührige Nachahmer fanden sich in Süddeutschland und Österreich. Angestachelt vom Erfolg ihrer Schweizer Nachbarn, organisierten sich dort ähnliche Söldnerfirmen, oft mit dem Segen der habsburgischen Herrscher. Für sie bürgerte sich die Bezeichnung »Landsknechte« ein.

Auf den Schlachtfeldern standen die Landsknechte meist schweizerischen Söldnerverbänden gegenüber. Die Schweizer betrachteten die Landsknechte als zweitklassige Nachahmer, die ihnen im Grunde ihr Geschäftsmodell gestohlen hatten, und verachteten sie dementsprechend. Anders als in den meisten Waffengängen zwischen professionellen Söldnerheeren wurde, wenn Schweizer auf Landsknechte trafen, kein Pardon gegeben. Der Hauptunterschied zwischen den Landsknechten und den Schweizern bestand darin, dass Erstere gesellschaftlich heterogener waren. Bei ihrer Rekrutierung spielte im Allgemeinen die Herkunft aus einer bestimmten Region oder einer sozialen Gruppe keine Rolle. Dazu kam, dass deutsche Adlige nicht nur Landsknechtshaufen rekrutierten und organisierten, sondern auch keine Bedenken hatten, selbst in ihren Reihen mitzukämpfen. »Den Spieß zu tragen«, wurde für Blaublütige in Deutschland (und später auch in England) zu einer vollkommen akzeptablen Tätigkeit.[39]

Die Landsknechte mochten anfangs Krieger zweiter Güte gewesen sein, doch gegen Ende der hier beleuchteten Periode begannen sie ihre Schweizer Erzrivalen auszustechen. Für die Landsknechte war Krieg eine rein geschäftliche Angelegenheit ohne Bezug zu den gesellschaftlichen Verhältnissen in ihrem Heimatland. Es fiel ihnen deshalb leichter, sich an die allfällig wechselnden Erfordernisse des Krieges anzupassen. Während die Schweizer hochgradig spezialisiert blieben und nur mit Pike und Hellebarde kämpften, fand innerhalb der Landsknechttruppen eine Diversifizierung statt: Es kamen Artillerieverbände hinzu und später Infanteristen mit Schusswaffen. Die Vorherrschaft der Schweizer auf dem Söldnermarkt ging in der Schlacht bei Bicocca (1522) endgültig zu Ende. Eine zahlenmäßig klar unterlegene Truppe von Landsknechten tötete über 3000 Schweizer Söldner. Die Landsknechte arbeiteten mit Erdwällen, Zermürbungstaktiken und den neu entwickelten Arkebusen. Dank ihrer Flexibilität konnten sich manche Landsknechtkompanien bis in die Zeit des Dreißigjährigen Krieges und darüber hinaus halten.[40]

## Militärunternehmer und der Dreißigjährige Krieg

Anfang des 17. Jahrhunderts war die militärische Gewaltanwendung zu einem kapitalistischen Wirtschaftsunternehmen geworden, das sich im Grundsatz kaum von anderen Wirtschaftszweigen unterschied, ja mit

ihnen eng verwoben war. Der Krieg war in der Tat zum »bedeutend-
sten Gewerbe in Europa« geworden.[41] Wohlstand und militärische
Schlagkraft gingen folglich Hand in Hand, oder, wie die Franzosen es
ausdrückten: »Pas d'argent, pas de Suisses.«[42]

Die europäischen Armeen dieser Zeit waren oft nicht viel mehr als
zusammengewürfelte Söldnerkompanien, die jeweils auf eine Waffen-
gattung oder Kampfweise spezialisiert waren. »Albaner« (ein Ober-
begriff für Osteuropäer und Griechen) waren als leichte Kavallerie
geschätzt. Schotten und Gascogner wurden häufig als Infanteristen
eingesetzt. (Die Gascogner waren traditionell gute Armbrustschützen,
denen die Umstellung auf Feuerwaffen nicht schwer fiel.) Die Schweizer Pikeniere, auch wenn sie keine dominierende Rolle mehr spielten,
blieben ebenso im Geschäft wie die deutschen und österreichischen
Landsknechte und Reiter. Für die meisten einfachen Soldaten dieser
Epoche hatte der Begriff »Patriotismus« keine Bedeutung.

Das auffälligste Phänomen im Geschäft mit dem Krieg war ein neuer
Typus des Militärunternehmers. Es handelte sich um teils bürgerliche,
teils adlige Männer, die auf eigene Rechnung Truppen rekrutierten und
ausrüsteten und diese dann vermieteten. Dass Staaten bzw. Herrscher
auf private Militärdienstleister zurückgreifen konnten, versetzte sie
in die Lage, größere Kriege zu führen, ohne dafür ihre Verwaltung
und ihr Finanzwesen strapazieren oder gar umstellen zu müssen. Zu
den prominentesten Militärunternehmern gehörten Louis de Geer aus
Amsterdam, der der schwedischen Regierung eine komplette Kriegsflotte einschließlich Matrosen und Kapitänen zur Verfügung stellte;
Graf Ernst von Mansfeld, der 1618 für das Herrscherhaus der Kurpfalz
eine Armee aufstellte, um sie anschließend an den Höchstbietenden zu
verhökern; Herzog Bernhard von Sachsen-Weimar, der zunächst für
Schweden und danach für Frankreich Kriegsheere aufstellte; und der
berühmteste von allen, Albrecht von Wallenstein, der als Militärunternehmer zum wohlhabendsten Mann Europas wurde.[43]

Wallenstein verwandelte seine Ländereien in einen riesigen Komplex
aus Arsenalen und Rüstungsmanufakturen, und seine Streitmacht eroberte binnen kurzer Zeit den größten Teil des Gebiets, das heute
Deutschland und die Tschechische Republik umfasst. Die Armeen
Wallensteins waren nicht nur ein erheblicher Machtfaktor, sondern
auch »das größte und am besten organisierte Privatunternehmen, das es
in Europa vor dem 20. Jahrhundert gab. ... In seiner Struktur spiegelte
sich die Struktur der damaligen Gesellschaft wider«.[44] Ähnlich wie bei

einem modernen Großkonzern waren alle hochrangigen Offiziere finanziell am Unternehmen beteiligt und arbeiteten auf eine reiche Verzinsung ihres eingesetzten Kapitals hin.

Die Vorstellung, dass lange Zeit einzelne Finanziers das Gewerbe des Krieges beherrschten, will nicht so recht zu unserem heutigen Bild von nationalen Streitkräften passen, doch Tatsache ist, dass der »Staat« ein eher neues Phänomen im langen Strom der Menschheitsgeschichte ist. Erst im 17. Jahrhundert wurde es in Europa üblich, staatliche Streitkräfte einzusetzen, deren Loyalität der Nation als ganzer und nicht nur einem bestimmten Herrscherhaus oder einem anderen Auftraggeber galt. Der Dreißigjährige Krieg (1618–1648) war in vielerlei Hinsicht der Katalysator, der diese historische Wende herbeiführte.

In diesem Krieg bestanden »die Streitkräfte eines jeden beteiligten Landes im Großen und Ganzen aus Söldnertruppen«, und fast alle Schlachten wurden ausschließlich von angeheuerten Heeren ausgefochten.[45] Die Kosten des Krieges beschränkten sich für die Kontrahenten denn auch im Wesentlichen auf die »Solde«, die sie den Söldnerführern zahlten, die mit diesen Einnahmen wiederum die Einkleidung und Verpflegung der Truppen und den Kauf von Waffen und Pulver finanzierten.[46] Auch in der Armee des Schwedenkönigs Gustav Adolf, der die Kriegführung im Bereich des Manövrierens revolutionierte, stellten angeheuerte Ausländer 90 Prozent der kämpfenden Truppe.

Diese Truppen saugten das Land aus und ließen es zugrunde gerichtet zurück. Das System funktionierte am besten, wenn man die Söldnertruppen für Angriffsoperationen auf fremdem Territorium einsetzte; andernfalls wurden die Einsparungen für die Staatskasse, die durch das Outsourcen erzielt werden konnten, durch die wirtschaftlichen Belastungen, die die Truppen der eigenen Bevölkerung bereiteten, mehr als aufgewogen.[47] Die Kriegsherren taten also ihr Möglichstes, um Söldnertruppen von ihrem eigenen Territorium fernzuhalten.[48]

Im Endergebnis führte der Dreißigjährige Krieg dazu, dass das Prinzip der Souveränität sich gegen das Prinzip des Kaisertums durchsetzte. Die Macht der Habsburger Dynastie, die die Herrschaft über ein durch die Person des Kaisers definiertes Reich am reinsten verkörpert hatte, bröckelte ab, und mehrere national definierte Einheiten begannen sich in ihrem Herrschaftsbereich breit zu machen. Die Verheerungen, die dieser Krieg angerichtet hatte, waren so groß, dass die einzig vorstellbare Konsequenz darin bestand, jedes Volk selbst über seine künftige innere Ordnung entscheiden zu lassen. Der 1648 geschlossene Westfälische Friede förderte die Tendenz zur Bildung von Staaten, indem er die nationale Souveränität in Bezug auf die inneren Angelegenheiten der Völker stärkte.

## Der Staat übernimmt den Markt für Militärdienstleistungen

Vor diesem Hintergrund ist die allmähliche Verdrängung der aus Ausländern bestehenden Söldnerheeren durch stehende Heere zu sehen, die aus der einheimischen Bevölkerung rekrutiert wurden. Ihre Vollendung erfuhr diese Entwicklung in den Napoleonischen Kriegen. Davor, im 18. Jahrhundert, kämpften auf den Schlachtfeldern zwar noch angeheuerte Söldnertruppen, aber die Kriege der Könige verwandelten sich während dieser Zeit allmählich in Kriege der Nationen.

Waren in früheren Zeiten die kriegerischen Fertigkeiten des einzelnen Soldaten wichtiger gewesen als die numerische Überlegenheit der Armeen, so änderte sich dies, als neue Kampftechniken möglich wurden, die »Rationalisierungsvorteile« bei massiertem Einsatz von Menschen und Material mit sich brachten. Ein wesentlicher Faktor war der, dass dank einer kontinuierlichen technischen Weiterentwicklung der Feuerwaffen die notwendigen Ausbildungszeiten für Soldaten immer kürzer wurden. Hatte die Beherrschung der Armbrust oder der ersten Handfeuerwaffen wie etwa der Arkebuse noch jahrelange Übung vorausgesetzt, konnte man jetzt aus einem Rekruten innerhalb ziemlich kurzer Zeit einen tüchtigen Musketier machen.[49] So wurde es möglich, eine große Zahl von Soldaten leichter und schneller aus der Bevölkerung zu rekrutieren, als sie über Söldnerführer von außen zu beschaffen. Die Muskete wurde zur dominierenden Waffe auf dem Schlachtfeld. Mit ihr konnten mehr Soldaten kostengünstig ausgerüstet und ins Feld geschickt werden, und sie erwies sich als überlegene Waffe beim Einsatz massierter Infanterieverbände. In der Folge »fiel der Niedergang des Söldnerkrieges mit dem Aufkommen großer Armeen zusammen, und die Dimension der Kriegführung begann sich auszuweiten«.[50]

Die Massenheere, die in der Folge auf den Plan traten, beeinflussten die Organisationsform der Staaten ebenso, wie sie eine Konsequenz aus diesen waren. Zahlenmäßige Überlegenheit fiel jetzt stärker ins Gewicht mit der Folge, dass Staaten, die über ein großes stehendes Heer verfügten, territorial expandieren und dadurch ihre Macht vergrößern konnten. Die Ausdehnung des Staatsgebiets und der Unterhalt der größer gewordenen Streitkräfte setzten Geldmittel voraus, die die Staaten auf möglichst effiziente und nachhaltige Weise aufbringen mussten. Die Lösung für dieses Problem war die Einführung von Steuern.[51] Dies wiederum erforderte eine dramatische Zunahme der Größe und Macht zentralisierter Staatsapparate. Kleine Königreiche und andere politische Gebilde ohne nennenswertes Staatsgebiet, wie der Vatikan oder viele deutsche Duodezfürstentümer, konnten militärisch einfach nicht mithalten; sie verschwanden von der Landkarte oder fristeten eine marginale nichtmilitärische Existenz.

Ein entscheidender wirtschaftlicher Faktor war auch der Umstand, dass die Demobilisierung und spätere Neuaufstellung angemieteter Söldnertruppen unkalkulierbar hohe Kosten verursachen konnten; hinzu kam das politische Risiko, auf die Dienste Dritter zurückgreifen zu müssen, deren Loyalität man sich nie sicher sein konnte. In den kampflosen Zeiten suchten sich ausländische Söldner oft andere, wenig zuträgliche Mittel und Wege zur Bestreitung ihres Lebensunterhalts. Früher hatten sie die Ressourcen irgendwelcher ländlichen Lehen angezapft, die den Herrscher wirtschaftlich nicht tangiert hatten. Doch unter den Bedingungen eines modernen Staatswesens schädigten Söldner, die sich vom Land ernährten, den Wohlstand derer, auf deren Steuerkraft sich ihr Auftraggeber stützte.[52]

Die Abkehr vom Einsatz privater Truppen war nicht zuletzt auch eine Antwort auf internationale Forderungen sowohl strategischer als auch normativer Art. Nach den Siegen französischer Revolutionsheere gegen die Söldnertruppen Österreichs und Preußens erkannten diese Staaten, dass sie nicht mehr an ihrem alten, militärisch untauglichen System festhalten konnten, selbst wenn es bedeutete, dass man ein Stück staatlicher Macht einbüßte. Nach dem Schock der Niederlage in der Doppelschlacht von Jena und Auerstedt (1806) und der anschließenden französischen Besatzung krempelte Preußen seine Streitkräfte vollständig in eine Bürgerarmee um und war danach in der Lage, sofort wieder in den Krieg einzutreten und an der Besiegung der französischen Invasoren teilzunehmen. Der preußische Weg wurde international zum Vorbild und lieferte den neuen Standard für den Aufbau moderner Streitkräfte, in denen nur noch einheimische Bürger dienten.[53] Auch wenn die damit verbundene teilweise Abtretung von Macht im Inneren ein Risiko für den Fortbestand ihrer Herrschaft war, galt der Übergang zu einem Bürgerheer überall als der beste Weg zur Sicherung des eigenen Staats.[54]

Natürlich wandelte sich die Praxis der Kriegführung auch infolge eines veränderten Verständnisses des Nationalstaats und seiner Identität.[55] In dem Maß, wie die Aufklärung sich durchsetzte, beförderten neue Ideen – wie das Konzept des Gesellschaftsvertrages, der Respekt vor der Naturwissenschaft und die Philosophie des Rationalismus – ein neues Nachdenken über das Verhältnis des Staates zum Soldatentum und des Bürgers zum Militärdienst. Anders als in früheren Jahrhunderten, in denen zunächst feudale Dienstverhältnisse und dann Vertragsverhältnisse mit militärischen Kompanien vorgeherrscht hatten, waren die Menschen jetzt eher bereit zu kämpfen, je mehr sie sich als Staatsbürger und nicht mehr als Untertanen verstanden. Denjenigen, die aus Gewinnstreben anstatt aus Patriotismus in den Krieg zogen, wurde im Zeichen dieser neuen Auffassungen jede Legitimität entzogen.

Im Zuge dieser Neubestimmung der Aufgaben des Staates begannen auch schwächere Nationen Ansprüche, wie den auf Unverletzlichkeit ihrer Grenzen, geltend zu machen. Doch so sehr sie darauf pochen mochten, dass ihre nationale Souveränität auf festerem Grund stehe als in der Vergangenheit und niemand das Recht habe, sich in ihre inneren Angelegenheiten einzumischen, so wenig waren sie in der Lage, wie früher eine Armee oder eine Kriegsflotte auf dem internationalen Militärmarkt zu kaufen.[56] Sie mussten zeigen, dass sie ihre Souveränität verteidigen konnten, ohne auf militärische Hilfe von außen zurückgreifen zu müssen.

Das neu definierte Verhältnis zwischen Bürger und Staat bedeutete auch, dass Bürger eines Landes als Repräsentanten dieses Landes angesehen wurden. Als nationale Bürgerheere zunehmend zur neuen Norm wurden, begannen immer mehr Staaten Neutralitätsgesetze zu erlassen, die ihren Bürgern das Dienen in ausländischen Armeen untersagten. Hinter dem Erfolg der Institution »Neutralität« stand nicht zuletzt das Interesse der Staatsführungen an einer möglichst großen Kontrollmacht über die Gesellschaft. Die Kehrseite ihres Monopolanspruchs auf Truppenaufstellung war, dass sie die Verantwortung für jede von ihrem Hoheitsgebiet ausgehende Gewalt übernehmen mussten. Das trug dazu bei, den Nachschub an privaten ausländischen Söldnertruppen auszutrocknen, da die Herrschenden sich schlechterdings nicht von Kriegshandlungen ihrer Bürger distanzieren und gleichzeitig ihre Neutralität beteuern konnten.[57]

Im Verlauf des 18. Jahrhunderts hatte sich also die ganze Struktur der Kriegführung in Richtung des unpersönlichen, bürokratischen Staats entwickelt. Hatte Königin Elisabeth I. noch mit einzelnen ihrer Untertanen geschäftliche Verträge abschließen müssen, um die Flotte aufbieten zu können, die 1588 die spanische Armada besiegte, so wäre eine solche Konstellation hundert Jahre später nicht mehr vorstellbar gewesen. Schon vor der Wende zum 18. Jahrhundert begann sich die Überzeugung auszubreiten, dass Herrscher, die aus persönlichem Gewinnstreben in den Krieg zogen, kaum besser wären als gewöhnliche Verbrecher.[58] Die zunehmende Monopolisierung des Krieges durch den Staat machte sich auch in Übersee bemerkbar. Früher war es möglich gewesen, dass zwei Staaten in Europa Krieg gegeneinander führten, ihre kolonialen Ableger aber den Frieden bewahrten – oder umgekehrt. Um die Mitte des 18. Jahrhunderts hatte sich das gründlich geändert, auch dies ein Ergebnis der zunehmenden Macht des Staates.

Beispielhaft für den Fortschritt von der privaten zur staatlichen Kriegführung war die Behandlung, die man Kriegsgefangenen angedeihen ließ. Einst hatten gefangen genommene gegnerische Soldaten als Privateigentum des Kriegsherrn gegolten, und die für ihre Freilassung ausgehandelten Lösegelder waren eines der wirtschaftlichen Motive für militärische Unternehmungen gewesen. Im Siebenjährigen Krieg (1756–1763) war diese Praxis, die in früheren Kriegen die Kampftaktik beeinflusst hatte, kein Thema mehr.[59]

Die Französische Revolution und die auf sie folgenden Kriege signalisierten das Ende der gemieteten Söldnertruppen – oder jedenfalls das Ende ihrer ernst zu nehmenden Rolle im kriegerischen Geschehen, mindestens für die nächsten beiden Jahrhunderte. Der Aufstand der Bürger und die jahrzehntelangen Kriege, die vom nachrevolutionären Frankreich ausgingen, läuteten eine neue Ära in der Militär-, Politik- und Sozialgeschichte ein. Der Nationalismus und die Macht einer wehrhaften Gesellschaft erwiesen sich als überwältigende Kräfte, erst recht in der Hand fähiger Generäle wie Napoleon und Blücher. Wichtiger noch war, dass der Staatsapparat sich endlich anschickte, zu einem effizienten und zweckdienlichen Mittel des Regierens zu werden; das schwächte die Position und Handlungsfähigkeit jedweder außerhalb der staatlichen Kontrollmacht agierenden Parteien.

## Söldner im Zeitalter der Aufklärung

Der Abschied von den privaten Söldnerkompanien verlief schrittweise und unvollständig und erstreckte sich bis weit ins 19. Jahrhundert und in die europäische Friedensperiode nach dem Wiener Kongress hinein. Viele Berufsarmeen waren und blieben der Gesellschaft, deren militärischer Schutzschild sie waren, hochgradig entfremdet. So kämpften zum Beispiel in dem Heer, das der englische Befehlshaber Wellington zur Schlacht von Waterloo aufmarschieren ließ, viele angeheuerte Legionen aus deutschen Kleinstaaten, und noch 1853 im Krimkrieg setzten die Briten 16.000 schweizerische und deutsche Soldaten ein.[60] In Regionen, die nicht dem europäischen Staatensystem angehörten, spielten zur selben Zeit private Militärunternehmer mit ihren Truppen noch eine bedeutende Rolle, zum Beispiel in den Kämpfen, die mit dem Zusammenbruch des Kaiserreichs in China einhergingen.[61]

Die typischen europäischen Streitkräfte des 18. Jahrhunderts reflektierten diese Mixtur und waren multinationale Heere im wahrsten Wortsinn. Angemietete ausländische Legionen machten 25 bis 60 Prozent aller Landstreitkräfte aus. Der Venezianer Marino Sanuto bezeichnete in seinem Tagebuch die Armeen seiner Zeit als »Arche-Noah-Streitkräfte«, weil sie mindestens zwei von jeder Art enthielten. Auch in den Kriegsflotten jener Epoche tummelten sich Seeleute aus aller Herren Länder. So bestand das Personal der holländischen Kriegsmarine zu einem Drittel aus Franzosen; in der Marine von Genua gab es mehr Franzosen als Italiener; in Russland waren nur zehn Prozent aller Marineoffiziere Russen, und sogar das Personal der britischen Royal Navy bestand bis in die spätviktorianische Zeit fast zur Hälfte aus Nichtbriten.[62]

Sich als Söldner zu verdingen war für manche Soldaten in dieser Zeit eine wirtschaftliche Notwendigkeit. Nach der »Glorreichen Revolution« von 1688 in England, in der der Protestant Wilhelm von Oranien den Katholiken Jakob II. entthront hatte, waren viele von Jakobs Mannschaften nach Frankreich geflohen und hatten sich zu englischen Einheiten innerhalb der französischen Streitkräfte zusammengeschlossen. Ähnliches vollzog sich nach gescheiterten Rebellionen in Irland und Schottland; am meisten von sich reden machte von all diesen Exillegionen eine Truppe, die sich das Regiment Irish Wild Geese (»Irische Wildgänse«) nannte und für das französische und das spanische Königshaus kämpfte.[63]

Die angesehenste Streitmacht dieser Epoche, das preußische Heer, gab ein Musterbeispiel für die nach wie vor dominierende Rolle von Söldnerlegionen ab. Noch zur Regierungszeit Friedrichs des Großen in den 1780er Jahren waren über die Hälfte der Soldaten des preußischen Heers (das zu der Zeit über 200.000 Mann zählt) Ausländer. Das galt auch für die Elitetruppe der »Langen Kerls«, für die in ganz Europa Anwärter gesucht wurden, bei denen es nur auf die Körpergröße, nicht auf die Nationalität ankam.[64] Dass die Einnahmen der Krone zu mehr als 80 Prozent in die Finanzierung dieser überdimensionierten Legionärsarmee flossen, veranlasste den Marquis de Mirabeau zu seinem oft zitierten Ausspruch:

> Preußen ist kein Staat mit einer Armee, vielmehr eine Armee, die einen Staat besitzt.

Eine neue Entwicklung auf dem Militärmarkt des 18. Jahrhunderts bestand darin, dass Staaten als Anbieter militärischer Dienstleistungen auftraten. Viele der wirtschaftlich schwächsten Fürstentümer suchten in dieser Zeit irgendwie ihre Staatseinnahmen zu erhöhen, und manche kamen auf den Gedanken, ihre eigenen Truppen anderen Staaten zu vermieten. Bekanntestes Beispiel in Deutschland war Hessen-Kassel, ein Fürstentum, das sich fast zur Gänze aus der Vermietung seiner Truppen an die Niederlande, Venedig und England finanzierte.

Nach Ausbruch des amerikanischen Unabhängigkeitskrieges verfügte die britische Regierung nicht über genügend Truppen, um sowohl die weltweite koloniale Präsenz des Empire zu sichern als auch die zahlenmäßig starken Truppen der amerikanischen Patrioten zu besiegen. Die Verbündeten Großbritanniens, zum Beispiel Russland, lehnten es ab, für die Niederschlagung eines internen Bauernaufstandes (als solchen betrachteten sie den amerikanischen Unabhängigkeitskampf) Truppen zur Verfügung zu stellen. So tat sich Großbritannien auf dem internationalen Markt um und wurde hauptsächlich bei den deutschen Fürsten fündig. Insgesamt 29.875 deutsche Legionäre überquerten den Atlantik. Etwa zwei Drittel von ihnen stammten aus Hessen-Kassel, was zur Folge hatte, dass die Amerikaner alle deutschen Söldner »Hessians« nannten. (Einige herausragende Figuren auf der amerikanischen Seite waren freilich ebenfalls Ausländer, zum Beispiel der General Friedrich Wilhelm von Steuben aus Magdeburg, von dem es heißt, erst durch den harten militärischen Drill, den er der amerikanischen Kontinentalarmee in Valley Forge verabreichte, sei diese zu einer wirklich kampffähigen Truppe geworden.)[65]

Der Versuch mit den »Hessen« ging, wie die Geschichtsbücher erzählen, nicht gemäß den Vorstellungen der britischen Befehlshaber aus. Die Nachricht von den »Lieferverträgen«, die die Briten mit deutschen Staaten geschlossen hatten, verfehlte ihre einschüchternde Wirkung auf die amerikanischen Rebellen und trug sogar zur Unabhängigkeitserklärung der dreizehn Kolonien mit bei.[66] Als sie im Staat New York erstmals in die Kämpfe eingriffen, gingen die Hessen mit großer Brutalität vor und brachten auf diese Weise die bis dahin unschlüssigen Kolonisten gegen die Briten auf. Als dann George Washington und seine Soldaten 1776 bei Trenton und Princeton hessische Kontingente besiegten, gab das der Sache der Unabhängigkeit Auftrieb. Im Übrigen kamen viele der hessischen Soldaten zu der Einschätzung, das Leben als Einwanderer in Amerika nehme sich im Vergleich zu dem in Deutschland recht vorteilhaft aus; rund ein Drittel der deutschen Söldner desertierte bei Kriegsende.

Das Söldnergewerbe, auch wenn die historische Entwicklung gegen es arbeitete, blieb bis weit ins 18. Jahrhundert hinein Bestandteil des militärischen Alltags. Insofern war der militärische »Arbeitsmarkt« internationalisiert. Alle Staaten bedienten sich angeheuerter Legionen in der einen oder anderen Form, viele stützten sich ausschließlich auf sie. Das System war derart »globalisiert«, dass der Graf Wilhelm zu Schaumburg-Lippe-Bückeburg sogar eine internationale Militärakademie ins Leben rief, an der Offiziere jeder Nationalität militärische Lehrgänge absolvieren, Erfahrungen miteinander austauschen und ihr Know-how an die nächste Generation weitergeben konnten.[67]

Aber in dieser Zeit überdauerten Söldnerarmeen nicht etwa wegen besonders hoher militärischer Effizienz, sondern aus Gründen der politischen Opportunität. Friedrich der Große war, auch wenn sein Militärapparat hochgradig auf ausländische Söldner angewiesen war, der Meinung, diese besäßen »weder Mut noch Loyalität, noch Korpsgeist, noch Opferbereitschaft, noch Selbstvertrauen«.[68] Jede aus patriotischen Bürgern bestehende Armee würde effektiver kämpfen und billiger zu unterhalten sein als die seine. Wie die anderen europäischen Herrscher war auch Friedrich II. nicht bereit, die Umverteilung der politischen Macht in Kauf zu nehmen, die bei Umstellung auf eine Wehrpflichtigenarmee zu befürchten war.

## Das geschäftliche Spielbein:
## Kriegsgeschäfte jenseits des Staats

Ein Vehikel, das es privaten Unternehmen erlaubte, sich in einem gleichsam staatsfreien Raum militärische Rollen anzueignen, war das System der konzessionierten Unternehmen. Innerhalb dieses Systems wurden bestimmten Handelsgesellschaften Monopole für den gesamten Handel mit einer bestimmten Region verliehen, im typischen Fall mit einem von europäischen Seefahrern neu entdeckten Land oder Archipel. Solche Monopole wurden nicht nur aus politischen Gründen gewährt (etwa als Belohnung für geleistete Hilfsdienste oder um nationalen Unternehmen einen Wettbewerbsvorteil gegenüber ausländischen Konkurrenten zu verschaffen), sondern auch weil man glaubte, ein solches Privileg sei eine notwendige Kompensation für das unternehmerische Risiko, das mit groß angelegten wirtschaftlichen Operationen in anderen Erdteilen verbunden war.

Die bekanntesten Gesellschaften dieses Typs waren die holländische Ostindien-Kompanie und die englische Ostindische Kompanie. Die holländische Firma wurde 1602 gegründet und erhielt die Zusicherung, dass kein außerhalb dieser Kompanie operierender holländischer Bürger mit Ländern aus der Region des Indischen Ozeans Handel treiben durfte. Die englische Ostindische Kompanie startete 1599 mit der Ausgabe von Aktien. Sie bekam von der englischen Krone das Monopol für den Handel mit Ostindien verliehen.[69]

Die konzessionierten Handelsgesellschaften unterstanden nominell dem Staat, der ihnen ihr Monopol verliehen hatte, doch in ihrem Operationsgebiet entwickelten sie sich schnell zu völlig unabhängigen Akteuren. Sie beherrschten nicht nur die Handels- und Geschäftstätigkeit (mit einem absoluten Monopol auf den Handel mit Gewürzen wie Muskat, Nelken, Zimt und Pfeffer sowie mit Tee, Seide, chinesischem Porzellan, Gold und Opium), sondern sorgten auch selbstständig für ihre militärische Sicherheit.[70]

Nicht selten schmückten sich private konzessionierte Kompanien mit den Hoheitsattributen eines Staates. Sie wurden zu eigentümlichen Institutionen, bei denen systematische Unterscheidungen wie die zwischen Wirtschaft und Politik, nichtstaatlich und staatlich, Eigentumsrechten und Hoheitsrechten oder zwischen öffentlicher und privater Sphäre hinfällig wurden.[71] Die Charta der holländischen Ostindien-Kompanie räumte der Firma ausdrücklich weitgehende Kriegsvollmachten und andere Hoheitsrechte ein.[72] In einem Universalwörterbuch von 1751 wurde die Kompanie folgendermaßen beschrieben:

> Einer der Gründe, weshalb die holländische Ostindien-Kompanie floriert und unter allen uns bekannten die reichste und mächtigste geworden ist, ist, dass sie … mit so etwas wie Souveränität und Staatlichkeit betraut worden ist. … Sie schließt Frieden und führt Krieg nach eigenem Ermessen und aus eigener Machtvollkommenheit; übt Rechtsprechung gegenüber jedermann; … besiedelt Kolonien, baut Befestigungen, hebt Truppen aus, unterhält zahlreiche Armeen und Garnisonen, rüstet Flotten aus und prägt Geld.[73]

Solche Firmen verdienten nicht nur enorm viel Geld, indem sie den Handel zwischen Ost und West kontrollierten, sondern verfügten auch über bewaffnete Kräfte und Territorien, die die ihres Herkunftslandes in den Schatten stellten. Im Sold der englischen Ostindischen Kompanie stand eine bunte Mischung aus britischen, deutschen und Schweizer Söldnern, dazu kamen örtliche Sepoy-Einheiten. Im Jahr 1782 unterhielt die Kompanie eine Streitmacht von über 100.000 Mann, das war erheblich mehr als die Personalstärke der britischen Armee zur selben Zeit. Auch die holländische Kompanie entwickelte sich aus bescheidenen Anfängen bald zu beachtlicher Größe, nannte mindestens 140 Schiffe ihr Eigen und hielt 25.000 Mann ständig unter Waffen, darunter viele japanische Söldner und angeheuerte deutsche Legionen.

Der springende Punkt war, dass die Regionen, in denen die konzessionierten Unternehmen als militärische Hoheitsträger auftraten, außerhalb der hergebrachten Ordnung des europäischen Staatensystems angesiedelt waren. Die Machtentfaltung der Handelskompanien fiel zeitlich mit dem Kollaps staatlicher Strukturen und Ordnungssysteme in den damaligen Kolonialgebieten zusammen (man denke an den Untergang des Mogulreiches). Die Kompanien trafen, als sie in diese Regionen vordrangen, auf chaotische Zustände, und sie verfügten über eine überlegene Technik und Organisation (was zu Vergleichen mit den heutigen privaten Militärfirmen einlädt). Die Schritte, die sie taten, um ihren eigenen Sicherheitsinteressen zu genügen – Bau von Festungsanlagen, Errichtung von Märkten, Rekrutierung lokaler Söldnertruppen –, führten alsbald dazu, dass sie die politische Herrschaft über den gesamten indischen Subkontinent erlangten.[74]

Vom ersten Tag ihres Bestehens an nutzten die Handelskompanien ihre militärische Macht, um Konkurrenten aus dem Markt zu drängen.[75] Die englische Kompanie gewann erstmals Zugang zum indischen Markt, indem sie mit ihren Schiffen dem Mogulkaiser gegen die Portugiesen zu Hilfe eilte. Schiffe der Kompanie versenkten den größten Teil der in der Region operierenden portugiesischen Handelsflotte. Damit sicherte sie sich die Loyalität des Moguls – und nebenbei exklusive Handelsprivilegien. Später praktizierte sie dieselbe Taktik in der Golfregion. Das einzige Problem bestand darin, dass die Aktivitäten der Kompanie im direkten Gegensatz zu den diplomatischen Zielen der englischen Regierung in London standen. König Jakob I. hatte der Kompanie unmissverständlich eingeschärft, sie solle Angriffe auf die Portugiesen unterlassen, da er diese als Verbündete benötige. Die Kompanie entschied sich jedoch gegen die Diplomatie und für den Profit. Ihre holländische Konkurrentin setzte ähnliche Prioritäten. Sie schaltete die portugiesische und spanische Konkurrenz militärisch aus und nahm neue Zielgebiete ins Visier, vor allem das heutige Indonesien. Wenn lokale Herrscher es ablehnten, mit ihr Handel zu treiben, folgten als Strafe Artilleriebeschuss und Invasion.

Militärische Operationen bildeten einen wichtigen Teil der Geschäftstätigkeit der Handelskompanien, halfen sie doch, die Gewinne zu steigern. Als ihre Truppen immer größer wurden und die neuen Märkte erschlossen waren, prallten die beiden Kompanien immer häufiger aufeinander, namentlich auf dem indischen Subkontinent. 1757 schickte sich die englische Kompanie an, den gesamten indischen Handel mit Gewalt an sich zu reißen; Auslöser für ihr Vorgehen war die Affäre um das »Schwarze Loch von Kalkutta«: Nachdem ein lokaler Bengalenführer, der mit der französischen Ostindien-Kompanie im Bunde war, das Handelsfort der britischen Kompanie in Kalkutta erobert hatte, wurden 63 Mitarbeiter der Kompanie in eine vier Meter breite und fünf Meter lange Gefängniszelle eingepfercht, wo sie alle zugrunde gingen. Die Engländer besiegten die holländische Kompanie 1759 in einer Schlacht zu Lande und zu Wasser und konnten 1761 auch die Franzosen aus dem Feld schlagen. Die französische Kompanie löste sich auf, während die holländische noch für ein weiteres halbes Jahrhundert Bestand hatte und die regionalen Märkte in Java und Borneo beherrschte.

Dass die englische Ostindische Kompanie Krieg führen musste, wirkte sich überraschenderweise nicht negativ auf ihre Gewinne aus, sondern erwies sich im Gegenteil als ziemlich lohnend. Als die Nachricht von der Eroberung des französischen Forts Chandernagore durch

Truppen der englischen Kompanie 1757 Europa erreichte, schnellte der Aktienkurs der Kompanie an der Londoner Börse um 12 Prozent nach oben.[76] Die überseeischen Geschäfte, die die Firma sich dank ihrer militärischen Überlegenheit sichern konnte, waren sehr profitabel. Nach 1634 bezahlte die holländische Kompanie regelmäßig eine jährliche Dividende, die sich zwischen 12 und 50 Prozent des ursprünglich eingesetzten Kapitals bewegte.[77]

Die Übertragung von Handelsprivilegien an private Unternehmen zog freilich unbeabsichtigte Folgen nach sich, vor allem weil die Firmen sich oft auf Aktivitäten einließen, die den Interessen ihres eigenen Landes zuwiderliefen. Das Beispiel des Angriffes der englischen Ostindischen Kompanie auf portugiesische Garnisonen in Indien trotz unmissverständlicher gegenteiliger Weisungen Londons wurde bereits genannt. In ähnlicher Weise verwickelte die holländische Westindische Kompanie die eigene Regierung in einen unklugen und langwierigen Landkrieg gegen Portugal in Brasilien. Als die Portugiesen Friedensangebote machten, setzte die Kompanie alle Hebel in Bewegung, um eine Einigung zu hintertreiben. Ihre Direktoren vertraten den Standpunkt, die Kompanie habe von dem Krieg bestens profitiert, daher müsse er fortgeführt werden.[78] Wirtschaftliche Rivalität in Indien war auch eines der erstrangigen Motive für die holländisch-englischen Kriege der 1660er Jahre.

Letzten Endes geriet die Macht der Handelskompanien in dem Maß ins Wanken, wie sich die politische Großlage stabilisierte. Die Zeiten änderten sich, und die Firmen wurden Opfer ihres eigenen Erfolges. Wie ein englischer Politiker jener Epoche es ausdrückte: »Die Angelegenheiten dieser Firma waren offensichtlich viel zu groß, um von einem Kaufmannsgremium geleitet zu werden.«[79] Als den Kompanien die Konkurrenz abhanden kam und es immer weniger regionale Machthaber gab, die einer ständigen militärischen Abschreckung bedurften, zahlten sich die hohen militärischen Investitionen, die die Firmen tätigten, nicht mehr aus. Am Ende musste die holländische Ostindien-Kompanie 50 bis 70 Prozent ihrer Erträge aufwenden, nur um ihre eigenen Festungen, Truppen und andere militärischen Ressourcen finanzieren zu können.[80]

Spätestens ab 1799 machte die holländische Ostindienkompanie Verluste; in den Wirren der Napoleonischen Kriege löste sie sich schließlich auf. Die englische Ostindische Kompanie hatte zwar länger Bestand, doch in den 1830er Jahren hob die britische Regierung ihr

Monopol auf den Handel mit Indien auf. Daraufhin wurde die Kompanie zahlungsunfähig, doch die britische Krone erhielt sie am Leben, um sie als Regierung ihrer Kolonie Indien benutzen zu können. Dahinter stand der simple Grund, dass man sich nicht darüber einigen konnte, welche andere Ordnungsmacht an die Stelle der Kompanie treten könnte. Das Provisorium hielt bis 1857; in diesem Jahr stattete die Kompanie ihre Streitkräfte mit den neuen Enfield-Gewehren aus. (Deren Patronen steckten in Papphülsen, die vor dem Laden aufgebissen werden mussten. Um die Patronen vor Feuchtigkeit zu schützen, wurden die Hülsen mit Fett imprägniert.) Es verbreitete sich das Gerücht, die Papphülsen seien mit einer Mischung aus Rindertalg und Schweinefett eingerieben – eine Provokation für Hindus und Moslems gleichermaßen. Die Folge war, dass die indischen Regimenter der Kompanie meuterten. 11.000 Europäer wurden im Zuge der »Sepoy-Meuterei«[81] umgebracht. In dieser Situation war die Kompanie derart geschwächt, dass sie sich gezwungen sah, reguläre britische Streitkräfte zu Hilfe zu rufen. Die schockierte britische Öffentlichkeit knöpfte sich die Kompanie als Sündenbock vor. 1858 forderte die britische Regierung die Rückzahlung der Verbindlichkeiten der Firma in Höhe von 100 Millionen Pfund. Sie beschlagnahmte die Territorien der Kompanie als Sicherheit. Somit erwarb England eine seiner wertvollsten Kolonien im Zuge eines Konkursverfahrens.

Die lange Lebensdauer der konzessionierten Kompanien erscheint erstaunlich, vor allem wenn man sie mit der Existenzdauer vieler Staaten vergleicht. Die holländische Ostindien-Kompanie bestand 194 Jahre, die Hudson's Bay Company 200 Jahre, die englische Ostindische Kompanie 258 Jahre. Die geschichtliche Tradition privat organisierter, militärisch aufgerüsteter Kompanien dauerte in nicht staatlich gegliederten Regionen wie dem mittleren Afrika sogar fort. Während des Kautschukbooms in Belgisch-Kongo um die Wende zum 20. Jahrhundert herrschte dort eine ganz und gar militarisierte Ordnung – jede Kautschukfirma verfügte über eigene Vertragsstreitkräfte.[82] In Rhodesien herrschte bis 1924 eine private Firma, und große Teile Mosambiks waren bis in die 1930er Jahre hinein fest in der Hand der Niassa-Kompanie und der Mosambik-Kompanie.

## Die Individualisierung des privaten Militärmarkts

Im 20. Jahrhundert waren die konzessionierten Kompanien weitgehend verschwunden; die auf Nationalstaaten und dem Konzept der Souveränität beruhende Ordnung hatte sich über den Erdball verbreitet. Damit einher ging eine zunehmend entschiedenere Distanzierung vom Privatsoldatentum. War der Markt für private Militärdienstleistungen vordem noch von großen Allroundanbietern beherrscht gewesen, so wurde jetzt der individuelle Exsoldat zum vorherrschenden Akteur dieser Sphäre – der Söldner, wie wir ihn aus der Geschichte kennen. Typischerweise verdingten sich die Vertreter dieses Metiers auf informelle Weise an Rebellengruppen oder Geschäftsleute, die in Zonen schwacher Staatlichkeit wie Lateinamerika, China und später Afrika operierten. Viele waren Glücksritter im Stil einer längst vergangenen Ära, mehr an einem Leben voller Abenteuer interessiert als an irgendwelchen beständigen Resultaten. Mit Beginn des 20. Jahrhunderts wurde das internationale Gewerbe der Militärdienstleister, das einst im Mittelpunkt des kriegerischen Geschehens gestanden hatte, marginalisiert und weitgehend in den Untergrund gedrängt.

Ihre Blütezeit erlebten die übrig gebliebenen Söldner des Glücksrittertyps in der Ära der Entkolonisierung, also in den 1950er und 1960er Jahren. Die deutlichsten Spuren hinterließen sie im Kongokrieg (1960–1964), in dem private, von Bergbaukonzernen angeheuerte Kampfverbände die Sezessionsbewegung in der Provinz Katanga unterstützten. Diese Gruppen hatten sich Les Affreux (»die Schrecklichen«) genannt, und in ihren Reihen tummelten sich so berüchtigte Typen wie der aus Irland gebürtige »Mad Mike« Hoare[83] oder der Franzose Bob Denard. Denard trat in den 70er Jahren und später als Rädelsführer einer Reihe gewaltsamer Aufstände auf den Komoren und den Seychellen in Erscheinung; seinen letzten Putschversuch unternahm er 1995.[84]

Wirtschaftliche Interessengruppen, die auf ihren alten kolonialen Tummelplätzen weiterhin Macht ausüben wollten, zahlten für die Dienste dieser Söldner. Viele dieser Kräfte unterhielten auch enge Verbindungen zum südafrikanischen Apartheidregime. Das Anheuern von Söldnern wurde so zu einem Symbol jenes Rassismus, der es den neuen Staaten so schwer machte, ihre Selbstbestimmung zu erlangen, ein Umstand, der das Bild des privaten Söldners in den Augen der Weltöffentlichkeit nur noch weiter verdüsterte.[85]

Das ändert nichts daran, dass der individuelle Söldner ein Akteur des Kriegsgeschehens geblieben ist, sogar bis heute. In den diversen Kriegen auf dem Boden der ehemaligen Sowjetunion haben zum Beispiel mehr als 30.000 russische Söldner gekämpft, im ehemaligen Jugoslawien immerhin noch mehr als 2000.[86]

Es gibt Regierungen, die nach wie vor in begrenztem Maß ausländische Söldner anwerben. Die französische Regierung unterhält ihre traditionsreiche Fremdenlegion und betrachtet sie als eine ihrer Elitetruppen, und Gurkha-Regimenter, die aus Nepalesen bestehen, finden sich im Dienst sowohl des britischen als auch des indischen Staates.[87] Die Vereinigten Arabischen Emirate stützen sich fast ausschließlich auf angeheuerte Soldaten aus Oman, dem Jemen, Jordanien, Pakistan und Großbritannien.[88] In ähnlicher Weise halten sich die Salomoninseln Kampfverbände von den Fidschiinseln und aus Großbritannien.[89] Das Söldnergewerbe spielt zwar keine beherrschende Rolle mehr, ist aber sicherlich noch vorhanden.

### Das Fazit aus der Geschichte

Analysiert man die Geschichte des privaten Unternehmertums in der Kriegführung, kristallisieren sich einige typische Formen heraus. Da ist zunächst einmal die Beobachtung, dass ein Zusammenhang bestand und besteht zwischen der Nachfrage nach Söldnertruppen und den zur betreffenden Zeit vorherrschenden Methoden der Kriegführung. In Zeiten, in denen es mehr auf Qualität als auf Quantität ankam, spielten Söldner in der Regel eine aktivere und bedeutendere Rolle; das lag in erster Linie daran, dass erfahrene Berufskämpfer schlecht ausgebildeten Wehrpflichtigen überlegen waren. In Zeiten, in denen die Quantität das Entscheidende war und mit Wehrpflichtigen unter Umständen genauso viel Wirkung erzielt werden konnte, büßten Söldnertruppen an Bedeutung ein.[90]

Hinzu kommt der komplementäre Zusammenhang zwischen einer militärischen Demobilisierung großen Stils in einem Gebiet und neu ausbrechenden Kriegen in anderen Zonen mit schwach ausgeprägter Staatlichkeit. Letztere gehören in aller Regel zu den Gebieten, in denen sich militärische Qualität normalerweise stärker bemerkbar macht. Das führt zu einer Angebots- und Nachfragedynamik, die sich in Zeiten des Krieges immer wieder durchgesetzt hat.[91] An den Ortswechseln von Offizieren demobilisierter oder besiegter Armeen lässt sich die örtliche und zeitliche Abfolge von Konflikten plastisch ablesen. Das funktioniert bis zurück in die Zeit des Peloponnesischen Krieges und der raschen Abfolge weiterer Kriege, die im Anschluss daran die damalige mediterrane Welt heimsuchten.[92] Die spanischen Eroberungszüge in Amerika und Italien bezogen ihre Antriebsenergie aus dem Soldatenüberschuss, der nach Abschluss der Reconquista herrschte.[93] Im Wesentlichen waren es um ihren Lohn gebrachte, besiegte Truppen, die diesen Überschuss ausmachten. Gegen Ende des 18. Jahrhunderts kämpften viele Polen, die sich zuvor an niedergeschlagenen Umsturzversuchen beteiligt hatten, als Söldner für die USA, Frankreich und sogar Haiti. Impulsgeber der Kämpfe für die Unabhängigkeit Lateinamerikas von Spanien waren internationale Veteranen der Napoleonischen Kriege. Die Streitkräfte der Nordstaaten profitierten im amerikanischen Bürgerkrieg von Offizieren, die nach den fehlgeschlagenen Aufständen von 1848 aus Europa geflohen waren. Nach dem Ersten Weltkrieg fanden sich Veteranen als Söldner auf den Schlachtfeldern Chinas und später Spaniens ein, ebenso wie nach dem Zweiten Weltkrieg sehr viele Deutsche in den Streitkräften ihrer ehemaligen Kriegsgegner unterkamen und deren postkoloniale Kriege mitmachten. (Mehr als 80.000 Deutsche, vor allem einstige Mitglieder der Waffen-SS, dienten bei den französischen Kolonialtruppen in Vietnam und Algerien.)[94]

Eine dritte Erfahrungsregel besagt, dass private Militärdienstleister vor allem in Gebieten mit schwach ausgeprägter Staatlichkeit florieren. Solche Regionen können dadurch charakterisiert sein, dass eine relativ große Zahl von Staaten in enger Nachbarschaft zueinander liegen, es aber nicht schaffen, ihr Territorium militärisch zu sichern, oder wenn ein großes, aber hinfälliges Reich über keine effektive Zentralgewalt verfügt und von politischen und ethnischen Konflikten zerrissen wird.[95] In solchen Situationen zeigt sich, dass private militärische Verbände, insbesondere solche, die eine rationelle privatwirtschaftliche Organisationsstruktur aufweisen, in der Lage sind, zu wichtigen Akteuren zu werden, die bewaffnete Konflikte am Laufen halten und von ihnen profitieren.

Ein letztes Merkmal ist der häufig zutage tretende Zusammenhang zwischen privaten Militärorganisationen und anderen geschäftlichen Unternehmungen. Es gab Zeiten, in denen die Grenze zwischen beiden bis zur Unkenntlichkeit verwischt war, und andere, in denen eine klare Trennung zwischen beiden herrschte. Welche konkrete Form eine geschäftliche Zusammenarbeit auch haben mochte, sie führte fast immer zu Synergieeffekten, indem sie sowohl militärische Erfolge als auch erhöhten Gewinn brachte. Solche »Mehrwert«-Konstellationen traten bis ins frühe 20. Jahrhundert hinein auf, wiederum in erster Linie in Gebieten mit schwach ausgeprägter Staatlichkeit.[96]

Eine weitere wichtige Schlussfolgerung können wir aus der Geschichte des privaten Kriegsunternehmertums ziehen: Die »gegenwärtige Organisation des globalen Kriegswesens ist weder zeitlos noch natürlich«.[97] In zahlreichen geschichtlichen Perioden verfügten Staaten bzw. Herrscher auch nicht annähernd über ein Monopol auf die Anwendung militärischer Gewalt. Sie waren vielmehr häufig darauf angewiesen, kriegerische Dienstleistungen privater Militärunternehmer in Anspruch zu nehmen. Private Akteure wie freie Kompanien, freiberufliche Söldnerführer, Militärunternehmer und konzessionierte Handelsgesellschaften spielten eine Schlüsselrolle bei der Staatenbildung und holten häufig für die Regierungen die Kohlen aus dem Feuer. Diese Organisationen bargen freilich die Tendenz in sich, eigenständige Machtfaktoren zu werden, und häufig erlangten sie sogar eine Macht, die die der politischen Institutionen in der betreffenden Region in den Schatten stellte, vor allem in Gebieten mit schwachen staatlichen Strukturen.

Die Grenzlinien zwischen Wirtschaft und Kriegführung waren nie klar gezogen. Aus übergeordneter geschichtlicher Warte betrachtet, erscheint ein Monopol des Staates auf sowohl innere als auch äußere Gewaltanwendung als geschichtliche Anomalie. Von daher haben wir keinen Grund anzunehmen, dass in Zukunft organisierte Gewalt ausschließlich Sache des staatlichen Sektors sein wird.

## Kapitel 3

# Die private Militärbranche im Detail

> Diese Ära, die Ära von Mad Mike Hoare, Black Jacques
> Schramme und Bob Denard, ist vorbei. ... »Wir sind ein
> internationales Unternehmen wie jedes andere«, erklärte uns
> ein ganz und gar harmlos aussehender Firmenvorstand mit
> Nadelstreifen und Brille. ... »Wir gehen dorthin, wo man
> uns haben will und wo man unsere Honorare zahlen kann.«
> »Glücksritter – der Söldner als Firmenmanager«,
> *African Business*, Dezember 1997

Auch wenn es viele Analogien gibt zwischen den privaten Militärorganisationen der Vergangenheit und den heutigen Formen des Söldnertums, zeichnen sich die privaten Militärfirmen, die den gegenwärtigen Markt für Militärdienstleistungen konstituieren, durch einige grundlegende Eigenarten aus. Im Kielwasser der Globalisierung und nach Beendigung des Kalten Krieges hat der private Militärmarkt eine Größe erreicht, wie wir es seit dem 18. Jahrhundert nicht mehr gesehen haben. Das Metier hat auch eine gewisse Legitimation wiedergewonnen, zumindest so weit, dass es seine Dienste relativ offen anbieten kann.

Der wesentliche Unterschied zu früheren Erscheinungsformen besteht in der betriebswirtschaftlichen Struktur der Militärdienstleister: PMFs sind zuallererst Wirtschaftsunternehmen und treten wie solche auf. Häufig sind sie über komplex vernetzte Beziehungen mit anderen Firmen inner- oder außerhalb der Militärbranche verbunden. Viele der aktivsten PMFs, wie ArmorGroup oder Vinnell, gehören zu größeren multinationalen Konzernen.[1]

## Der Söldner: ein Idealtypus
## mit Schönheitsfehlern

Noch ist es nicht gelungen, eine allseits akzeptierte Definition des Söldners zu formulieren. Das Bild, das die Öffentlichkeit sich von ihnen macht, ist geprägt von Filmen wie *Die Wildgänse kommen* oder von

Romanen wie *Die Hunde des Krieges* – freiberufliche Soldaten ohne feste Heimat, die sich fürstlich dafür bezahlen lassen, für eine fragwürdige Sache zu kämpfen. Das Wort »Söldner« hat sicher für die meisten Menschen einen negativen Klang, und das gängige Vorurteil gegenüber »Söldnern« ist wohl das, dass sie gewissenlose Glücksritter seien.[2]

Dieses Vorurteil liefert natürlich keine brauchbare Definition für das Geschäft derer, die militärische Dienstleistungen feilbieten. Das Brockhaus-Lexikon benutzt eine sachlichere Formulierung, indem es den Söldner als einen »Krieger, der nicht für seine Nation, sondern gegen Geld für fremde Interessen kämpft«, definiert.[3] Diese Charakterisierung erscheint allerdings als zu pauschal; sie würde auch ausländische Kampfverbände, die in eine nationale Armee integriert sind, einschließen wie etwa die französische Fremdenlegion oder die Gurkha-Einheiten der britischen Streitkräfte oder etwa auch alle, die als Freiwillige für die Sache einer Nation oder Bevölkerungsgruppe, die nicht ihre eigene ist, kämpfen, wie die internationale Brigade, die im Spanischen Bürgerkrieg die republikanische Seite unterstützte. Man tut sich schwer, Legionäre dieser Art in einen Topf mit denen zu werfen, die etwa in den frühen Ausgaben der Branchenzeitschrift *Soldier of Fortune* als »Les Affreux« bejubelt wurden (und die dem idealtypischen Söldner, wenn es diesen denn je gab, vermutlich am nächsten kamen).

Die vielleicht beste Definition liefern die Genfer Konventionen, die einen Söldner als eine an »Feindseligkeiten« beteiligte Person definiert, die nicht den Streitkräften einer am Konflikt beteiligten Partei angehört, die zu dem »besonderen Zweck angeworben ist, in einem bewaffneten Konflikt zu kämpfen«, und die vor allem vom »Streben nach persönlichem Gewinn« geleitet ist. Die Kriterien, auf denen diese völkerrechtliche Definition basiert, sind freilich nicht ohne Mängel. Aus Rücksicht auf die Bedürfnisse der Unterzeichnerstaaten wurden im Nachhinein konkrete Definitionsmerkmale hinzugefügt, die das Verständnis davon, was ein Söldner ist, einschränkten. So einigte man sich darauf, als Söldner nur Kämpfer zu bezeichnen, die an internationalen Konflikten teilnehmen; dabei liegt es auf der Hand, dass angeworbene Ausländer auch in inneren Konflikten eingesetzt werden können.[4]

Für unsere Zwecke benötigen wir eine analytisch fundiertere und ausgewogenere Definition des Söldners, die mehrere entscheidende Facetten einschließen muss. Es besteht allgemeine Einigkeit darüber, dass Söldner Personen sind, deren Auftraggeber nicht die Regierung ihres eigenen Landes ist. Ebenso wichtig ist der Umstand, dass sie in erster Linie um eines wirtschaftlichen Vorteils willen kämpfen. Dieser »Geldnexus« unterscheidet einen Söldner von einem normalen Kriegsfreiwilligen.[5] Der Sprachwissenschaftler Y. Garland definierte, hierauf aufbauend, einen Söldner als einen Berufssoldaten, dessen Tun und Lassen nicht von der Zugehörigkeit zu einer politischen Gemeinschaft bestimmt ist, sondern vor allem von Gewinnstreben.[6] Die Loyalität des Söldners gehört nur seinem Auftraggeber, nicht irgendeiner größeren oder dauerhaften Sache oder Pflicht. Anders als andere Soldaten dienen Söldner weder ihrem Land noch schützen sie ihre Familie oder ihre Heimat, noch kämpfen sie für eine höhere Macht, an die sie glauben; wenn sie eine Berufung empfinden, dann die für den Krieg als Lebensinhalt.[7] Ihr gewählter Beruf beinhaltet eine gewisse Hingebung an das Handwerk des Krieges als solches, und der Krieg ist der Nährboden für den Erfolg ihres Gewerbes. Während Soldaten oft Kriege verhindern, sind Söldner Soldaten, die den Krieg *brauchen*, was fast zwangsläufig zur Folge hat, dass sie kein moralisches, sondern nur ein praktisches Verhältnis zum Krieg haben.

Eine Konsequenz dieser divergierenden Motivlage ist, dass Söldner sich von anderen Soldaten – auch von klassischen Fremdenlegionären – durch ihre Unabhängigkeit unterscheiden. Für sie gibt es keinen »soldatischen Dienst« im Sinne einer Bereitschaft zur Unterordnung und Selbstaufopferung, wie der Dichter in Uniform, Alfred Comte de Vigny, sie als einen wesentlichen Bestandteil des Berufssoldatentums definiert hat.[8] Söldner kennen keine andere Loyalität als die gegenüber ihrem eigenen wirtschaftlichen Vorteil. Anders als Soldaten, die in nationalen Streitkräften dienen, steht es Söldnern frei, den Soldatenberuf jederzeit zu quittieren. Ihre Bindung an die Sache, für die sie kämpfen, entspricht der eines Arbeit- oder Auftragnehmers. Dies unterscheidet Söldner von den stärker integrierten Legionärstruppen wie den Gurkhas oder der französischen Fremdenlegion, die Bestandteil einer nationalen Armee sind und als solche dem militärischen Dienstrecht unterstehen.

Die Art und Weise, wie Söldnertruppen rekrutiert und dann organisiert werden, liefert uns ein weiteres brauchbares Kriterium. Das Söldnergewerbe operiert außerhalb vorgegebener Rechtsnormen. Die Rekrutierung für die Söldnerheere unserer Zeit findet in einer Grauzone statt. Als Mike Hoare in den 1960er Jahren eine Söldnertruppe für militärische Operationen im Kongo aufstellte, fand er seine Kämpfer mittels unschwer entschlüsselbarer Kleinanzeigen in Tageszeitungen.[9]

Diese unsystematische Methode der Rekrutierung erbringt in aller Regel eine abenteuerliche Mischung von Bewerbern. Hoare beklagte sich seinerzeit offen darüber, dass sich in seiner Söldnertruppe »ein hoher Anteil von Alkoholikern, Trunkenbolden, trunksüchtigen Künstlern, Pennern und Taugenichtsen« zusammengefunden habe, Leute, »die sich schwer taten, irgendwo einen Job zu kriegen, und hierin eine vom Himmel geschickte Gelegenheit sahen, leichtes Geld zu verdienen«.[10]

Angesichts dessen leuchtet es ein, dass in den Fällen, in denen Söldner zu militärischen Kampfverbänden zusammengefasst werden, deren organisatorische Struktur ad hoc festgelegt wird. Man muss davon ausgehen, dass nur die wenigsten Söldner ein Gruppentraining absolviert haben oder in militärischer Doktrin oder taktischer Koordination geschult sind. Söldnertruppen operieren meist in kleinen, locker strukturierten Einheiten. Sie sind weder an rechtliche Normen noch an detaillierte vertragliche Vorschriften gebunden und kennen allenfalls flache und einfache Hierarchien. Dies bedingt eine schwache Kommandostruktur, denn man kann sich vorstellen, dass ein Befehlshaber gegenüber einer Truppe, die nur mäßige und kurzfristige Verpflichtungen anerkennt, lediglich eine geringe Kontrollgewalt ausüben kann.

Das alles führt dazu, dass die Einsatzmöglichkeiten moderner Söldnerverbände begrenzt sind. Die meisten sind nicht in der Lage, mehr zu leisten als direkte Kampfunterstützung auf der Ebene kleiner Einheiten und auf der Basis einer beschränkten militärischen Grundausbildung. Mit Sicherheit haben sie nicht die Fertigkeiten, das Kapital und die bewährten Methoden und Potenziale, um komplizierte Operationen zu fahren, wie dies PMFs können. Auch militärische Hilfsleistungen wie logistische oder technische Unterstützung liegen außerhalb ihrer Möglichkeiten; dasselbe gilt für jedwede umfassende oder langfristige Ausbildungs- oder Beratungstätigkeit. Söldnertruppen sind auch keine diversifizierten Organisationen. Sie sind in der Regel nicht fähig, an mehr als einem Ort gleichzeitig zu operieren oder für mehr als einen Kunden zu arbeiten. Dem entspricht eine hochgradige Abhängigkeit von der militärischen Umgebung, in die sie eingebettet sind, was Logistik und Nachschub betrifft. Das alles mündet in der Feststellung, dass Söldner einige rudimentäre Bedingungen für das Outsourcen von Militärleistungen erfüllen, aber sich gewiss nicht für jene vollständige Übertragung von Verantwortung eignen, die mit der Privatisierung des Krieges einhergeht.

## Söldner heute

Der Markt für private Militärdienstleistungen war spätestens gegen Ende des 19. Jahrhunderts stigmatisiert, sowohl aus moralischen als auch aus materiellen Gründen (vgl. Kapitel 2). Die Praxis des Anheuerns ausländischer Kämpfer wurde weltweit verurteilt und teilweise rechtlich geächtet; diese Entwicklung kulminierte in den Genfer Konventionen, die Söldnern einen großen Teil des rechtlichen Schutzes verweigerten, den sie regulären Soldaten gewährten. Die Entwicklung lief im Grunde darauf hinaus, dass das Söldnergewerbe kriminalisiert wurde. Viele freischaffende Söldner und soldatische Glücksritter, die in der Vergangenheit ungehindert hatten operieren können, mussten feststellen, dass sie in ihrem Herkunftsland beruflich behindert oder sogar rechtlich verfolgt wurden.

Das bedeutete jedoch keineswegs, dass das private Soldatentum verschwunden wäre (vgl. Kapitel 2). Das Söldnergewerbe erwies sich nämlich als recht zählebig. Es verlagerte seine Aktivität einfach auf die individuelle Ebene und in den Untergrund. Trotz aller gesetzlichen Verbote waren und blieben Söldner auch in den Kriegen des 20. Jahrhunderts als Kombattanten aktiv, vor allem in Regionen, die für die

---

### Was macht einen Söldner aus?
Durch sechs wesentliche Merkmale unterscheiden sich moderne Söldner von anderen Kombattanten und Angehörigen militärischer Organisationen:

*Staatsangehörigkeit:* Söldner sind in der Regel keine Bürger oder Bewohner des Landes, in dem sie kämpfen.

*Unabhängigkeit:* Söldner sind durch keine dauerhafte Zugehörigkeit mit irgendwelchen nationalen Streitkräften oder Truppen verbunden; sie haben vielmehr den Status von Angestellten auf Zeit.

*Motivation:* Söldnern geht es um individuelle und kurzfristige wirtschaftliche Vorteile, sie kämpfen nicht für politische oder religiöse Ziele.

*Rekrutierung:* Söldner werden auf verschlungenen und verdeckten Wegen angeworben und bleiben möglichst anonym, um die Gefahr strafrechtlicher Verfolgung zu minimieren.

*Organisation:* Söldnertruppen sind temporäre, ad hoc zusammengestellte Gruppen von Einzelkämpfern.

*Leistungsumfang:* Da Söldner immer erst unmittelbar vor Beginn einer Operation rekrutiert werden, beschränkt sich ihre Dienstleistung auf Kampfeinsätze für den jeweiligen Auftraggeber.

---

führenden Mächte keine vorrangige Bedeutung hatten. Ihr Einfluss auf den Verlauf dieser Konflikte war jedoch, sieht man einmal von kurzlebigen Zwischenerfolgen im Kongo der 60er Jahre ab, vernachlässigbar klein, und keine reguläre Armee eines anerkannten Staates nahm ihre Unterstützung in Anspruch.

Bis heute wirken Söldner an kriegerischen Operationen mit, obwohl sich ihre Erfolge in engen Grenzen gehalten haben. Der einfache Grund für den Fortbestand ihrer Aktivität ist der, dass in vielen Regionen staatliche und rechtliche Strukturen zusammengebrochen sind, wodurch sich sowohl Freiräume für unternehmungslustige Exsoldaten als auch eine Nachfrage nach ihren einschlägigen Qualifikationen ergeben haben. Im Kosovokrieg soll das Standardhonorar für Berufssöldner, die bereit waren, in den Reihen der Kosovo-Befreiungsarmee UÇK mitzukämpfen, 4000 Dollar pro Monat betragen haben. Söldner, die auf der Seite Serbiens eingriffen, erhielten angeblich freie Hand, Land und Leute auszuplündern; viele nahmen lastwagenweise gestohlene Konsumgüter mit. Gerüchte wollen wissen, dass lateinamerikanische Drogenkartelle ebenfalls fürstliche Preise für erfahrene Soldaten zahlen, die bereit sind, für sie zu arbeiten.[11] Tatsächlich ist der Grad der Mitwirkung von Söldnertruppen an bewaffneten Konflikten heute so hoch wie zu jedem Zeitpunkt des 20. Jahrhunderts, übertroffen allenfalls noch von Ausmaß und Intensität der Söldneraktivitäten in der Ära der Entkolonisierung in den 60er Jahren.[12] Die heutigen Söldner operieren weltweit und sind in vielen Ländern zu Hause. Um nur ein Beispiel zu nennen: Ukrainische Söldner betätigten sich dem Vernehmen nach in den letzten Jahren in Abchasien, Algerien, Angola, Bosnien, Tschetschenien, Kroatien, Guinea, Liberia, Berg-Karabach, Sierra Leone, Tadschikistan, Zaire und im Kosovo. Auf vielen dieser Kriegsschauplätze waren sie auf beiden Seiten der Front zu finden.[13]

Die Wirkung, die diese als Einzelkämpfer agierenden Söldner in den kriegerischen Konflikten der jüngsten Vergangenheit erzielt haben, lässt sich bestenfalls als eine begrenzte bezeichnen. Nur wenigen kann man bescheinigen, dass sie einen spürbaren Einfluss auf den Verlauf oder Ausgang der Kämpfe ausübten, an denen sie teilnahmen. Obwohl Söldner in sehr vielen Kriegen mitgemischt haben, ist kein Fall bekannt geworden, in dem eine der beteiligten regulären Streitkräfte von den Diensten der Söldner abhängig geworden wäre.

Eine Episode aus der Endphase des Mobutu-Regimes in Zaire illustriert recht plastisch die Grenzen dessen, was als Einzelkämpfer agierende Söldner bewirken können und was sie von dem Potenzial organisierter PMFs unterscheidet. Als Mobutu 1996 mit einer um sich greifenden Aufstandswelle konfrontiert war, griff er auf einen Notbehelf zurück, der im Grunde ein Überbleibsel afrikanischer Vergangenheit war: Er heuerte eine bunte Schar nicht sehr qualifizierter weißer Söldner an, in der Mehrheit serbische Veteranen aus Bosnien, rechtsradikale Franzosen und ukrainische Piloten. Die Truppe wurde als die »Weiße Legion« bekannt und von vielen derjenigen Getreuen befehligt, die schon in den 60er Jahren für Mobutu gekämpft hatten und jetzt 30 Jahre älter waren. Aber diese Wiederauflage von »Les Affreux« taumelte von Niederlage zu Niederlage.

Die Gegner, mit denen man es jetzt zu tun hatte, waren ganz andere als die oppositionellen Kräfte der 60er Jahre. Die Aufständischen der 90er Jahre waren zahlreicher, stärker bewaffnet und neigten nicht dazu, beim ersten Schuss, der in ihre Richtung gefeuert wurde, davonzulaufen. Die zusammengewürfelten Söldnereinheiten agierten sehr unprofessionell (die Serben in ihren Reihen waren ständig betrunken, den Franzosen fehlte es an jeglicher militärischer Erfahrung) und lösten sich auf, wenn sie ein wenig unter Druck gerieten. Das Mobutu-Regime stürzte bald darauf.[14] Militärische Operationen können nur dann erfolgreich verlaufen, wenn ihnen die Professionalität und Wucht innewohnen, die das Ergebnis vorab geleisteter organisatorischer und taktischer Schulungsarbeit ist. Voraussetzung dafür ist auch bei privat organisierten Militärfirmen der Zugang sowohl zum Fundus militärischer Erfahrungen aus der Vergangenheit als auch zu großen Wirtschaftsunternehmen.

### Die private Militärbranche: mehr als nur ein Aufgebot von Söldnern

Wenn als Einzelkämpfer agierende Söldner bis heute weltweit tätig sind, worin unterscheiden sich dann die Firmen der neuen privaten Militärbranche von ihnen? Manche Kritiker dieser Branche behaupten, die Unterschiede seien vernachlässigbar. Einer der namhaftesten diese Kritiker, Abdel-Fatau Musah, ging so weit zu behaupten: »Die privaten Militärfirmen sind nichts anderes als der alte Wein vagabundierender Söldner in neuen Designerschläuchen.«[15] Kritiker der PMFs schießen sich gern auf die wirtschaftlichen Beweggründe ein, die das Handeln sowohl der Söldner als auch privater Militärfirmen bestimmen. Auch andere haben allenfalls sekundäre Unterschiede gefunden. Die Vereinten Nationen haben einen Sonderberichterstatter ernannt, der die Aufgabe hat, Söldneraktivitäten zu beobachten. Dieser Experte behauptet, der einzige wesentliche Unterschied zwischen Söldnern und PMFs bestehe darin, dass die Firmen von regulären Regierungen engagiert werden.[16]

Das Problem ist, dass es sich bei solchen Charakterisierungen nicht um analytische Bewertungen, sondern um normative Urteile handelt, die noch dazu nicht sehr stichhaltig sind. Diese Urteile sind aus einem engen Blickwinkel heraus gefällt worden und geprägt von dem Wunsch, der PMF-Branche entweder den Garaus zu machen oder sie mit Hilfe einschlägiger Gesetze zu regulieren. Dazu kommt, dass keine der angeführten Beschreibungen der Realität gerecht wird. Mag sein, dass sowohl einzelne Söldner als auch PMFs wirtschaftlichen Motiven gehorchen, doch gibt es entscheidende Unterschiede anderer Art, aus denen sich sowohl Divergenzen hinsichtlich des Modus Operandi als auch hinsichtlich der Art und Weise ergeben, wie sich die Beweggründe manifestieren. Die Behauptung, der einzige Unterschied bestehe in der Anmietung und Beauftragung der PMFs durch Regierungen, ist nachweislich falsch; sie missachtet sowohl den Umstand, dass auch Söldner in der Vergangenheit von Regierungen angeworben worden sind (und dies zum Teil auch in der Gegenwart noch werden), als auch die Tatsache, dass die private Militärbranche neben Regierungen auch einer ganzen Reihe anderer, unterschiedlichster Auftraggeber zu Diensten ist.

Man kann die PMFs von heute weder mit den Einzelkämpfersöldnern der 60er Jahre gleichsetzen noch mit den freischaffenden Söldnern von heute. Sie weisen zwar gewisse Ähnlichkeiten mit den anmietbaren Truppen vergangener Jahrhunderte auf, wie den Schweizer oder den hessischen Legionen, vielleicht sogar mit den konzessionierten Handelskompanien, aber die Unterschiede sind doch unübersehbar. Die PMFs verkörpern einen neuen Schritt in der Evolution der privaten Militärdienstleister, einer Evolution, die parallel zu den Entwicklungen in der modernen Unternehmenswelt verläuft. Eine analytisch umfassendere, weniger normative Einschätzung des Phänomens führt zu dem Ergebnis, dass eine »Konzernbildung« der militärischen Dienstleistungsbranche stattfindet und dass dies das qualitativ Neue ist.

Die modernsten, wegweisenden Vertreter der privaten Militärwirtschaft sind zunächst und vor allem gewinnorientierte Unternehmen.

Sie sind hierarchisch organisiert und in eingetragene Firmen untergliedert, die auf dem offenen Markt agieren und konkurrieren (jedenfalls zum größten Teil) und in das globale Marktgeschehen vertikal integriert sind. Sie decken Marktnischen ab, indem sie Leistungspakete anbieten, die eine breite Vielfalt militärischer Fähigkeiten und Potenziale umfassen. Allein die Tatsache, dass sich mittlerweile eine aus diesen Firmen bestehende Wirtschaftsbranche gebildet hat, spricht für sich.

Aus dieser »Konzernbildung« der Branche ergeben sich mehrere spezifische Charakteristika. In einem gewissen Sinn laufen sie alle auf wirtschaftliche Vorteile hinaus, was mit erklären hilft, weshalb das am Vorbild der Privatwirtschaft orientierte Organisationsmodell heute so im Trend liegt. Die Orientierung an den Organisationsstrukturen der Privatwirtschaft steht im Gegensatz sowohl zum improvisierten Charakter der Tätigkeit von Einzelkämpfersöldnern, die allenfalls lose Verbände bildeten, wie auch zur Demografie der meisten früheren Söldnerheere (wie etwa der schweizerischen Regimenter, die kaum etwas anderes waren als lokale Milizen, die ihre Dienste im Ausland verkauften). PMFs sind privaten Wirtschaftsunternehmen nachempfunden und verfügen gewöhnlich wie diese über eine hierarchische Verwaltungsstruktur einschließlich Managern, Vorständen und Aktionären. Dies gewährleistet eine effiziente, bewährte und auf Dauer angelegte Struktur, die auf dem globalen Markt konkurrieren und überleben kann.

Eine zweite Implikation ist die, dass die Unternehmen dieses neuen privaten Militärsektors vom Streben nach Unternehmensgewinn und nicht nach individuellem Gewinn geprägt sind. Sie funktionieren als eingetragene Wirtschaftsunternehmen, nicht als persönliche Schwarzmarktoperationen um des individuellen Vorteils oder Abenteuers willen. Als Unternehmen sind sie in der Lage, Operationen aus verzweigten Quellen vorzufinanzieren, wobei ihre Finanzierungsinstrumente von der Aktienemission bis zu lukrativen Handelsgeschäften reichen, was bedeutet, dass ihr Handlungsspielraum für Geschäfts- und Vertragsabschlüsse breiter ist. Söldner verlassen sich aus gutem Grund ausschließlich auf Zahlungen in bar, und entsprechend ist auf ihre Loyalität immer nur bis zum nächsten Zahltag Verlass.

Der springende Punkt ist, dass bei den privaten Militärfirmen nicht die Person der entscheidende Faktor ist, sondern die Struktur, in die die Personen eingebunden sind. Viele Mitarbeiter von PMFs waren vor Beginn ihres Anstellungsverhältnisses Söldner, und viele werden es auch anschließend wieder, aber solange sie in eine PMF integriert sind, wird ihre Tätigkeit sich durch vollkommen andere Abläufe, Beziehungen und Auswirkungen auf den Fortgang lokaler Konflikte auszeichnen.

Ein drittes Unterscheidungsmerkmal der privaten Militärbranche ist, dass der Schauplatz, auf dem die Firmen miteinander konkurrieren, der offene globale Markt ist. Anders als die an früherer Stelle erwähnte »Weiße Legion« oder ähnliche Söldnertrupps sind PMFs als legale Körperschaften anerkannt und ihren Auftraggebern durch einklagbare Verträge verbunden. In vielen Fällen sind sie, zumindest nominell, auch in das Wirtschafts- und Rechtssystem ihrer Länder eingebunden, etwa durch Rechtsvorschriften, die sie verpflichten, sich registrieren zu lassen, regelmäßige Geschäftsberichte zu veröffentlichen und Verträge mit ausländischen Auftraggebern genehmigen zu lassen.[17] PMFs verleugnen ihre eigene Existenz nicht, sondern sind als Unternehmen im Handelsregister eingetragen und werben oft sogar öffentlich für ihre Leistungsangebote – viele sind mit Websites im Internet vertreten.[18] Hierin unterscheiden sie sich nicht nur von Söldnern, die sich in der Regel in der Illegalität bewegten, sondern auch von den konzessionierten Kompanien der Vergangenheit, die sich nicht innerhalb eines bestehenden Rechtssystems bewegten, sondern anderswo ihre eigenen Gesetze machten.

Die neuen Militärfirmen bieten ein sehr viel breiteres Spektrum von Dienstleistungen an, als es Einzelkämpfersöldnern je möglich wäre, und wenden sich auch an ein sehr viel breiteres Spektrum potenzieller Auftraggeber. Der Vorstandsvorsitzende von Sandline wies einmal stolz darauf hin, dass die Firmen der privaten Militärbranche »strukturierte Organisationen« mit professionellen Unternehmenshierarchien sind. Wir decken das gesamte Spektrum ab – Ausbildung, Logistik, Unterstützung, operative Hilfe, Konfliktlösung«.[19] Das liefert uns ein weiteres Kriterium, worin PMFs sich von den privaten Militärorganisationen der Vergangenheit unterscheiden: Der Geschäftszweck der PMFs ist der Verkauf von Dienstleistungen, nicht der Handel mit Gütern – ein entscheidender Unterschied zu den konzessionierten Kompanien. Manche Firmen bieten zwar ausschließlich Kampfzonendienste an, genau wie Vertragslegionäre und kommerzielle Söldnerführer, aber der generelle Trend geht dahin, dass PMFs zunehmend auch Leistungen außerhalb der taktischen Sphäre im Portfolio haben. Viele sind diversifiziert genug, um mehrere Auftraggeber zugleich (und auch Kunden unterschiedlicher Art) auf unterschiedlichen Märkten und an unterschiedlichen Schauplätzen zu bedienen – keiner der privaten Militärdienstleister alten Typs war dazu in der Lage. Wie schon erwähnt, sind unter denen, die die Dienste von PMFs in Anspruch nehmen, auch multinationale Konzerne; dazu kommen Regierungen (fremde wie die eigene), internationale Organisationen und sogar Nichtregierungsorganisationen.

Die Anwendung effizienter betriebswirtschaftlicher Methoden und der Umstand, dass die Unternehmen offen agieren, gewährleisten eine zweckmäßigere Rekrutierungspraxis. Im Gegensatz zu den zwielichtigen Rekrutierungsmethoden früherer Zeit – Kleinanzeigen mit halb verschlüsselten Texten, die rüden Marktschreier, die als Werber für die Landsknechte durch die Dörfer zogen, oder die »Seelenverkäufer«, die *zielverkoopers*, die für ein Kopfgeld unwissende Bauernjungs für die Truppen der konzessionierten Kompanien anwarben – setzen die meisten PMFs auf einen öffentlichen und transparenten Anwerbeprozess; sie arbeiten mit überprüften Datenbanken, die einen ausgewählten Bestand von verfügbaren Aspiranten enthalten.[20] Bewerber werden daraufhin geprüft, ob sie über die für wichtig erachteten Qualifikationen verfügen; die Auswahl erfolgt nach den spezifischen Anforderungen der jeweils zu erfüllenden Aufgabe. Dieser Prozess ist nicht nur effizienter, sondern führt gewöhnlich auch zu qualitativ besseren Ergebnissen. Während Söldnertruppen wenig mehr als eine Ansammlung von Individuen darstellen, organisieren PMFs ihr Personal gemäß den vordefinierten Strukturen eines Wirtschaftsunternehmens. Sie werden zu funktionsfähigen Gruppen zusammengestellt, die entsprechend einer vordefinierten Doktrin eingesetzt werden, was die Disziplin und die Kohärenz des eigenen Tuns erhöht.[21]

---

**Was ist das historisch Neue an privaten Militärfirmen?**

| | |
|---|---|
| *Organisationsform:* | vorrangig Unternehmensstrukturen, Konzernbildung |
| *Motivation:* | Gewinnorientierung (weniger auf individueller als auf Firmenebene) |
| *offener Markt:* | Gesetzeskonformität, Rechenschaftspflicht |
| *Leistungsspektrum:* | breite Leistungspalette, heterogene Kundenstruktur |
| *Mitarbeiterrekrutierung:* | öffentlich |
| *Einbettung:* | Verflechtungen mit Holdinggesellschaften und Finanzmärkten |

---

Die PMFs unterscheiden sich schließlich von ihren Vorläufern dadurch, dass sie auch Beziehungen außerhalb der eigenen Branche unterhalten. Viele arbeiten oder hängen eng mit größeren Finanz- und Unternehmensgruppen zusammen. Entweder sind sie an der Börse notiert, so dass sie von institutionellen Anlegern kontrolliert werden, oder sie sind Bestandteil eines größeren Wirtschaftsgefüges mit einem breiten Spektrum von Dienstleistungsangeboten. Vinnell zum Beispiel begann als Baufirma, die in Los Angeles am Bau der Freeways und des Dodger-Stadions beteiligt war; inzwischen hat sich die Firma jedoch fast ausschließlich dem Bereich der militärischen Dienstleistungen verschrieben und steht beispielsweise dem saudischen Regime mit Rat und Tat zur Seite. Wichtiger noch ist, dass Vinnell nur ein Geschäftsbereich innerhalb der sehr viel größeren Unternehmensgruppe BDM ist. BDM wiederum gehörte zeitweise der Carlyle Group, einer Investmentfirma, in deren Vorstand so prominente Figuren sitzen wie der ehemalige Außenminister der USA, James Baker, und der frühere Verteidigungsminister Frank Carlucci.

Aus solchen Einbettungen erwachsen den PMFs ganz neue Dimensionen der Seriosität und der Vernetzung. Die Firmen können leichter Zugang zu Finanzierungsquellen gewinnen und haben auch Zugriff auf andere wirtschaftliche Ressourcen. Die einzigen unter ihren historischen Vorläufern, denen annähernd eine solche Fülle an Ressourcen zu Gebote stand, waren die konzessionierten Kompanien. Ihr eigentliches Anliegen war jedoch, wie bereits festgestellt, der Handel mit Gütern, nicht das Geschäft mit militärischen Dienstleistungen. Außerdem agierten diese Kompanien in einem von staatlicher Kontrolle freien Raum, statt mit Staaten zusammenzuarbeiten.

### Alles nur Tarnung?

Natürlich kann man den Vergleich zwischen Söldnern und PMFs auch unter umgekehrten Vorzeichen betrachten, wie das schon getan wurde. Manche behaupten, diese Firmen seien im Grunde gar keine privaten Unternehmen, sondern lediglich Tarnfirmen der Weltmächte, also verdeckte staatliche Einrichtungen, die keine wirtschaftlichen, sondern politische Ziele verfolgen.[22] Solche Tarnfirmen hat es in der Vergangenheit gegeben, man denke an die berüchtigten Unternehmen, die die CIA in den 60er Jahren unterhielt: Air America, Civil Air Transport,

Intermountain, Air Asia und Southern Air Transport.[23] Man kann davon ausgehen, dass es viele Tarnfirmen dieser Art heute noch gibt.

Jedoch folgt aus der Annahme, dass solche Firmen nach wie vor existieren, nicht zwangsläufig, dass jede PMF eine Tarnfirma für verdeckte Operationen ist. Bei vielen PMFs handelt es sich um börsennotierte Unternehmen, deren Aktien sich im Besitz von Finanzinstituten und einzelnen Aktionären befinden. Diese Eigentumsverhältnisse schaffen eine Transparenz, wie sie bei den Tarnfirmen der Vergangenheit nicht vorhanden war. Die große Bandbreite ihrer Kundschaft und ihrer Aufträge illustriert, dass die PMFs von heute darauf aus sind, einen gewinnbringenden Nutzen aus ungleich verteilten militärischen Potenzialen zu ziehen, anstatt sich von rein strategischen Gesichtspunkten leiten zu lassen, wie man es Firmen, die verdeckt für eine Regierung arbeiten, unterstellen müsste. Viele der Dienstleistungen, die die Branche anbietet, etwa Logistik, liegen nicht im sensiblen Bereich, als dass sie ein verdecktes Operieren erforderten. Während die Tarnfirmen der Vergangenheit für ihre Regierungen nur in bestimmten Krisenregionen tätig wurden, arbeiten die Unternehmen der privaten Militärbranche an allen möglichen Schauplätzen für alle erdenklichen Kunden und übernehmen manchmal Aufträge, die den Wünschen ihrer eigenen Regierung widersprechen. Schließlich findet man auf dem Markt für private Militärdienstleistungen auch Preisstrukturen und Wettbewerbspraktiken, die für Tarnfirmen nie typisch waren. Außerdem haben sich manche PMFs im Bewusstsein ihrer finanziellen Unabhängigkeit mit ihren eigenen wirtschaftlichen Interessen über die staatlichen Interessen hinweggesetzt. Das würde eine Tarnfirma, hinter der eine staatliche Behörde steckt, wohl kaum tun.[24]

Andererseits unterhalten zahlreiche PMFs enge Beziehungen zur Regierung ihres Stammlandes, nicht zuletzt wegen der damit verbundenen geschäftlichen Vorteile. Vinnell, Betacls, DynCorp und andere sollen in staatlichem Auftrag an verdeckten Operationen teilgenommen haben. Daher wird der Verdacht auf Komplizenschaft immer bestehen. Gäbe es solche Verquickungen, würden die Beteiligten sicher versuchen, sie geheim zu halten. Wichtig ist jedoch, sich zu vergegenwärtigen, dass eine Firma nicht schon deshalb, weil ein Auftraggeber ihre Dienste kauft, mit diesem auch unter einer Decke steckt. In der Tat könnte ein Grund für den geschäftlichen Erfolg vieler dieser Firmen darin bestehen, dass sie bereit sind, einschlägige Aufträge auszuführen und zugleich ihre Unabhängigkeit von der betreffenden Regierung zu bewahren.

Aus staatlicher Sicht haben PMFs somit den Vorteil, dass sie einen zusätzlichen Schutzschild gegen öffentliche Neugier und parlamentarische Kontrolle bieten. In einem gewissen Sinn haben bestimmte Vertreter der PMF-Branche den Staat der Notwendigkeit enthoben, Tarnfirmen zu unterhalten.[25]

## Kapitel 4

# Warum die Sicherheit privatisiert wurde

> Die besten Köpfe sind nicht in der Regierung. Wenn
> welche da wären, würde die Wirtschaft sie stehlen.
>
> Ronald Reagan

Die private Militärbranche ist keineswegs bloß eine Wiederauflage ihrer historischen Vorläufer, und dass sie entstanden ist, hat keineswegs nur eine Ursache. Die PMFs sind vielmehr Ausdruck der veränderten globalen Sicherheitslage und der wirtschaftlichen Verhältnisse am Beginn des 21. Jahrhunderts. Außerdem hängt ihr Aufkommen sehr eng mit dem Ende des Kalten Krieges zusammen. Die waffenstarrende Pattsituation zwischen den beiden Supermächten strukturierte ein halbes Jahrhundert lang die internationale Politik. Als die Berliner Mauer fiel, stürzte fast über Nacht die Ordnung, die die Welt im Gleichgewicht gehalten hatte, in sich zusammen. So entstanden Lücken in der Versorgung mit militärischer Sicherheit, Lücken, für deren Schließung sich rasch ein privatwirtschaftlicher Sektor bildete.

Für den Aufstieg der Militärbranche waren aber noch zwei weitere Voraussetzungen notwendig. Bei beiden handelt es sich um langfristige Trends; sie sorgten dafür, dass militärische Dienstleistungen an private Unternehmen übertragen wurden und dass sich der Markt wieder öffnete. Da sind zuerst die tiefgreifenden Veränderungen zu nennen, die sich im Bereich der Kriegführung als solcher vollzogen haben und weiterhin vollziehen und aus denen sich neue Anforderungen und neue Marktchancen für PMFs ergeben haben, und zweitens die »Privatisierungsrevolution«, die auf theoretischer Ebene den Boden für das Eindringen von Marktkräften in bis dahin hoheitliche Bereiche des Staats bereitete. Das zeitliche Zusammenfallen dieser folgenschweren dynamischen Entwicklungen begründete und beschleunigte die Entwicklung der privaten Militärbranche.

## Die Lücke im Sicherheitsmarkt:
## Veränderungen der Angebots- und Nachfragedynamik
## nach dem Kalten Krieg

Das Ende des Kalten Krieges ließ im Markt für militärische Sicherheit ein Vakuum entstehen, das sich auf vielfache Weise manifestierte und das Wirkungen sowohl auf der Angebots- als auch auf der Nachfrageseite zeitigte. Die globale Bedrohung wurde immer vielfältiger, komplexer und gefährlicher, während zugleich die traditionellen Maßnahmen gegen Unsicherheit und Konflikte immer wirkungsloser wurden. Diese Transformation trat in Wechselwirkung mit dem übergeordneten Phänomen des Zerfalls staatlicher Ordnungen, was dazu führte, dass neue Gebiete der Instabilität entstanden. Da zugleich eine massive militärische Demobilisierung stattfand, stand der PMF-Branche unvermittelt ein großes Reservoir an Fachkräften und preiswertem Kriegsgerät aller Art zur Verfügung.[1]

Die Firmen dieser Branche legen großen Wert darauf, sich als seriöse Akteure in einer Marktnische darzustellen, die im Zuge der Genese der neuen, vielfach komplizierteren Weltordnung auf gleichsam natürliche Weise entstanden sei. Nach Darstellung von Oberst Tim Spicer, einem hochrangigen Manager der Branche, arbeiten PMFs gezielt daran, das nach dem Kalten Krieg entstandene Sicherheitsvakuum zu füllen:

> Durch das Ende des Kalten Krieges konnten Konflikte, die lange Zeit von den Supermächten unterdrückt oder manipuliert worden waren, wieder ausbrechen. Gleichzeitig haben die meisten Staaten ihre Streitkräfte verkleinert, und die Liveberichterstattung auf CNN über die Tötung US-amerikanischer Soldaten in Somalia hatte ungeahnte Auswirkungen auf die Bereitschaft der Regierungen, in Konflikte im Ausland einzugreifen. Wir füllen diese Lücke.[2]

### Der Wiederausbruch von Konflikten

Das erste Treibmittel, das die Privatisierung militärischer Dienstleistungen beschleunigt hat, war die massive weltweite Zunahme bewaffneter Konflikte seit Ende des Kalten Krieges. Diese Gewaltausbrüche waren zumindest teilweise die Folge eines Machtvakuums, wie es für Perioden des Übergangs in der Geschichte typisch ist. In der Zeit davor hatten die beiden Supermächte für Ordnung und Stabilität gesorgt und Konfliktzonen unter ihrer Kontrolle gehalten. Gewiss kam es dennoch zu bewaffneten Auseinandersetzungen, doch immer wenn sie sich auszuweiten drohten, wurden sie eingedämmt, und innerstaatliche Unruhen wurden entweder im Keim erstickt oder schnell niedergeschlagen. Das passiert gegenwärtig nicht mehr.

Viele hofften nach 1989 auf eine »neue Weltordnung«, und zwar eine von weltweitem Frieden geprägte Ordnung. Was dann tatsächlich kam, war »Friede im Westen, Krieg im Rest der Welt«.[3] Besonders auffällig war die dramatische Zunahme der innerstaatlichen Konflikte oder Bürgerkriege. Ihre Zahl verdoppelte sich nach dem Kalten Krieg und stieg bis Mitte der 90er Jahre sogar auf das Fünffache dessen, was in der mittleren Phase des Kalten Krieges zu verzeichnen war. Die Zahl der Konfliktzonen (d. h. der Länder oder Provinzen weltweit, in denen Krieg herrscht) hat sich in etwa verdoppelt.[4]

Diese Expansion der weltweiten Gewalt folgt drei unterscheidbaren Verlaufsmustern. Das erste könnte man als »Implosion von Staaten« bezeichnen. Gegen Ende des Kalten Krieges standen viele Länder, insbesondere subventionierte oder postkoloniale Staaten, vor dem finanziellen Kollaps; sie kannten keinen verantwortlichen Umgang mit öffentlichen Finanzen und waren in höchstem Maß auf Hilfe von außen angewiesen.[5] Als mit dem Rückzug der Supermächte auch deren Unterstützung wegfiel, zeigte sich, dass viele Machthaber unfähig waren, auf sich allein gestellt ihr Land zu regieren, was dazu führte, dass der Staatsapparat einfach nicht mehr funktionierte. Länder, denen es an robusten staatlichen Einrichtungen und an Infrastruktur fehlte – zum Beispiel Somalia und Sierra Leone, um nur zwei der schwächsten Staaten zu nennen –, lösten sich von innen heraus auf. Andere – etwa die Balkanstaaten  litten unter den latenten ethnischen Spannungen, die zuvor rigoros von oben unterdrückt worden waren, die aber nach dem Zusammenbruch der Sowjetunion offen aufbrachen.[6]

Die Folge dieses Wegfalls von Kräften der Ordnung waren bewaffnete Konflikte und eine Neugliederung des Staatensystems, beides Phänomene, die privaten Militärfirmen neue Spielräume erschlossen. Internationale Verbrechersyndikate, Wirtschaftskriminelle, profitorientierte Söldnerführer, organisierte Kindersoldaten und brutalisierte Zivilisten sind Erscheinungen, die man in diesen Hochburgen des Bürgerkriegs und der Gesetzlosigkeit findet.[7] Das weitgehende Fehlen staatlicher Behörden und Ordnungskräfte bedeutet auch, dass viele politische Funktionen, selbst im Sicherheitsbereich, die normalerweise dem Staat und seinen Amtsträgern vorbehalten sind, von Außenstehenden übernommen werden.[8] Die Welt kann sich aus solchen Krisengebieten nicht einfach heraushalten, weil es immer dritte Staaten gibt, die dort politisch und wirtschaftlich engagiert sind, und weil von solchen chaotischen Regionen Gefahren ausgehen können. Aus diesen Gründen wenden sich auch außenstehende Länder häufig an private Firmen und übertragen ihnen Sicherheitsaufgaben, weil auf die eigentlich zuständige Regierung kein Verlass ist.

Dazu kommt, dass viele Staaten wieder begonnen haben, den Krieg nach außen zu tragen, man denke nur an den Kongo, Äthiopien und Eritrea. Auch hier war die Ursache das Fehlen des ehedem von den Supermächten aufrechterhaltenen Sicherheitsgleichgewichts. Viele kleine Potentaten lassen sich, was ihre Außenpolitik betrifft, heute keine Zügel mehr anlegen; sie fühlen sich stark genug, ihre Angelegenheiten selbst in die Hand zu nehmen.[9] Wenn sie jedoch militärisch nicht gut gerüstet sind und keine Schutzmacht von außen haben, schauen auch sie sich zwecks Auffüllung ihrer Kapazitäten auf dem privaten Militärmarkt um. Die meisten Länder, die in den Konflikt in der Demokratischen Republik Kongo eingriffen, brauchten die Unterstützung von PMFs, um ihre Truppen in Stellung bringen zu können.

Ein dritter Faktor ist der enorme Bedeutungszuwachs des Weltmarktes aufgrund der volkswirtschaftlichen Öffnung nach dem Kalten Krieg. Die »Globalisierung« hat zwar viele reicher gemacht, aber keineswegs eine homogene Weltwirtschaft oder Weltkultur hervorgebracht. Sie hat im Gegenteil viele auf der Strecke gelassen.[10] Angesichts der 1,3 Milliarden Menschen, die in Armut leben, und der 800 Millionen, die hungern, kommt man um die Erkenntnis nicht herum, dass die Unsicherheit, die derzeit auf der Welt herrscht, in jeder Beziehung gefährliche Dimensionen erreicht hat.[11]

Diese gesellschaftlichen Probleme treffen mit größter Wucht auf die jüngsten Bevölkerungsgruppen, die heute auch die Masse der einfachen Soldaten für die globalen Kriege stellen.[12] Von den Kindern weltweit hat ein beträchtlicher Teil keine Schulbildung, ist unterernährt, an den Rand gedrängt und leidet unter einem Mangel an Zuwendung. Diese Ausgeschlossenen sind ein unerschöpfliches Reservoir für das organisierte Verbrechen, für kriminelle Geschäfte und bewaffnete Konflikte. Wenn die Weltbevölkerung von gegenwärtig 6 Milliarden auf 9 Milliarden Menschen im Jahr 2025 anwächst, wird sich der Kampf um die immer knapper werdenden Ressourcen noch verschärfen und die heute schon schlimme Lage wird sich weiter verschlimmern.[13]

Nach dem Kalten Krieg gingen wir der Kontrolle über die Schärfe der Konflikte verlustig; die latenten Spannungen brachen offen aus und schufen neue Repressionen mit der Folge, dass wir seither eine massive Zunahme von Instabilität erleben.

## Die Stunde nichtstaatlicher Gewalt

Der rapide Paradigmenwechsel im Bereich der internationalen Sicherheit hat zusammen mit der Öffnung der Weltwirtschaft und der Entstehung neuer, quasi staatenloser Zonen neue Konfliktteilnehmer auf den Plan treten lassen, die in keinem engeren Verhältnis zu irgendeinem Staat stehen.

Stand früher außer Frage, dass der Krieg allein Sache der Regierungen und ihrer Streitkräfte sei, so gilt das neuerdings nicht mehr. Gefahren drohen heute von Seiten ganz unterschiedlicher Kräfte, jedenfalls nicht nur von den regulären Armeen aggressiver Staaten. Heute lässt sich zwischen Zivilisten, Soldaten, Guerillakämpfern, Terroristen und Verbrechern nicht mehr so präzise unterscheiden wie früher; und heute kann von einer kleinen Personengruppe eine größere Bedrohung ausgehen als von einer ganzen Armee. Vielleicht gibt es kein schlagenderes Beispiel für diese Entwicklung als den jüngsten Krieg der USA gegen den Terrorismus, ausgerufen, nachdem das mächtigste Land, das die Menschheitsgeschichte je gekannt hat, von einem amorphen Terrornetzwerk angegriffen wurde, das keinem bestimmten Staat zugerechnet werden kann. Das Neue, das Osama Bin Laden in den Terrorismus einführte, war dessen Privatisierung, denn im Grunde übernahm er die Rolle eines Risikokapitalgebers für Terrorzellen in dem Augenblick, als deren staatliche Finanzierung austrocknete.[14]

Die neuen Akteure auf dem internationalen Markt für Gewalt reichen von Terrororganisationen wie Al Qaida bis zu länderübergreifenden Drogenkartellen. Auch das immer mehr Grenzen aufgebende »Weltsystem« hat hier eine Rolle gespielt. Es mag gut für das reibungslose Funktionieren des Welthandels sein, hat aber die negative Folge, dass kriminelle Geld- und Gütertransaktionen zunehmend leichter zu bewerkstelligen sind, was den Schmuggel erleichtert und damit bewaffnete Konflikte fördert. Viele interne Konflikte, die seit Ende des Kalten Krieges aufgeflammt sind, waren bei genauerem Hinsehen verbrecherische Anschläge auf die Staatsmacht, verübt von nichtstaatlichen Akteuren (zum Beispiel in Kolumbien, Liberia, Sierra Leone und Tadschikistan). Zonen der »Staatslosigkeit« bieten nicht nur einen Nährboden für schwerere Konflikte, sondern bringen auch lokale Akteure hervor, deren Lebenselixier die Gewalt ist.[15]

Ein erstaunlicher Aspekt der nichtstaatlichen Konfliktbeteiligten ist ihr Zuwachs an eigenständiger Macht. In Kolumbien verfügen weder die Drogenkartelle noch die Revolutionäre Volksarmee (FARC) über ausländische Gönner, und doch haben es die Drogenbarone und Rebellen fertig gebracht, sich nennenswerte militärische Kapazitäten zuzulegen.[16] Die regulären kolumbianischen Streitkräfte sind nicht in der Lage, in ihrem eigenen Land die Militärhoheit zurückzugewinnen.

Es gibt keine Anzeichen dafür, dass der Machtzuwachs dieser nichtstaatlichen Konfliktparteien gebremst werden kann; die Aktivitäten dieser Gruppen haben den PMFs Marktchancen eröffnet, sowohl auf der Angebots- als auch auf der Nachfrageseite. Manche Firmen arbeiten bereits für nichtstaatliche Konfliktbeteiligte, indem sie diese bei ihrem Streben nach mehr und besserer militärischer Ausrüstung unterstützen. Rebellengruppen in Angola, Sierra Leone und der Demokratischen Republik Kongo haben Unterstützung seitens privater Unternehmen erfahren, ebenso wie internationale Verbrechenssyndikate; die Firmen haben ihr militärisches Know-how zur Verfügung gestellt, etwa ihre Kenntnisse in der Anwendung fortgeschrittener Technologien.[17] Die bekämpften Regierungen haben ihrerseits ebenfalls die Dienste von PMFs in Anspruch genommen.

Wie im vorherigen Abschnitt erwähnt, profitiert die private Militärbranche von den geschäftlichen Möglichkeiten, die sich infolge der Aktivitäten dieser neuen Konfliktparteien eröffnen. Trotz aller Gefahren, die von Konfliktzonen ausgehen, verstärken die multinationalen Konzerne ihr Engagement in solchen Gebieten, insbesondere in den Bereichen Bodenschätze und Produktion. Außerdem lässt sich beobachten, dass ihre Neigung zunimmt, zur Absicherung ihrer Investitionen die Hilfe privater Militärfirmen in Anspruch zu nehmen.[18] Die Nachfrage nach den Diensten der PMFs wird also doppelt stimuliert: einmal durch das Aufkommen nichtstaatlicher Konfliktparteien, zum anderen durch die Passivität der Weltgemeinschaft, die diese Gruppen gewähren lässt.

*Arbeitskräfte: eine Flut von Soldaten*

Eine andere wichtige neue Entwicklung auf dem internationalen Sicherheitsmarkt war die Freisetzung unzähliger Soldaten infolge von Truppenreduzierungen und der Schrumpfung von Staaten nach dem Ende des Kalten Krieges. Das Reservoir, aus dem sowohl Konfliktparteien als auch private Militärfirmen schöpfen konnten, vergrößerte und verbilligte sich.

Das halbe Jahrhundert des Kalten Krieges war eine Epoche der Hypermilitarisierung. Nach ihrem Ende setzte eine globale Kettenreaktion des Rüstungsabbaus ein, und heute dienen in den regulären Streitkräften der Staaten dieser Welt rund 7 Millionen Soldaten weniger als noch 1989. Besonders heftig fiel die Verschlankung in den Staaten des ehemaligen Ostblocks aus, wo die Sowjetunion als Staat praktisch unterging und viele Armeen ihrer ehemaligen Satellitenstaaten weitgehend von der Bildfläche verschwanden. Auch die meisten westlichen Länder haben den Umfang ihrer Streitkräfte drastisch vermindert. Die USA haben ein Drittel weniger aktive Soldaten als in der Blütezeit des Kalten Krieges, und die britischen Streitkräfte sind zahlenmäßig auf einem so niedrigen Stand angelangt wie seit fast 200 Jahren nicht mehr.[19] Der Untergang des Apartheidregimes in Südafrika und die gleichzeitigen Reformen in benachbarten Staaten führten ebenfalls zu schrumpfenden militärischen Strukturen.

Diese massive Demobilisierung produzierte ein Überangebot an ungebundenen militärischen Fachkräften. Ganze Truppeneinheiten wurden eingespart, wobei einige der besten Eliteeinheiten (wie das 32. Aufklärungsbataillon der südafrikanischen Streitkräfte oder die sowjetische Alpha-Einheit) informell weiter bestanden und sich als Privatfirmen neu konstituierten. Das Schrumpfen staatlicher Streitkräfte ging einher mit einer Verschlechterung der Aufstiegs- und Beförderungschancen innerhalb der Armeen; die Staaten bauten ja nicht nur die Mannschaften ab, sondern auch das Offizierskorps. Die Folge war eine starke Zunahme der militärischen Fachkompetenz, die dem privaten Sektor zur Verfügung stand.[20] Ferner ist zu bedenken, dass insbesondere in der ehemaligen Sowjetunion auch der gesamte Apparat für die innere Sicherheit in sich zusammenbrach; es waren also nicht nur militärische Ränge, die freigesetzt wurden, sondern Geheimpolizisten und andere Sicherheitsbeamte. Nach Schätzungen stehen heute fast 70 Prozent aller früheren KGB-Agenten dem privaten Arbeitsmarkt zur Verfügung.[21]

Ein weiterer wichtiger Aspekt der Einschnitte in den staatlichen Militärapparat hat mit den Funktionsbereichen zu tun, in denen diese Einschnitte stattfanden. Ein großer Teil der Einsparungen erfolgte auf

Kosten technischer und administrativer Bereiche. So wurde zum Beispiel die Beschaffungs- und Materialprüfungsbehörde der US-Armee um 60 Prozent abgebaut.[22] Da jedoch die Häufigkeit krisenbedingter Einsätze in aller Welt sehr viel stärker als erwartet zunahm, tat sich eine Lücke in der Fähigkeit der US-Streitkräfte auf, ihre schnellen Eingreiftruppen an deren zahlreichen Einsatzorten adäquat zu versorgen.[23] Diese Lücke ist eine der wesentlichen Ursachen für die Entstehung eines milliardenschweren Marktes für privatisierte militärische Logistikdienstleistungen.

## Werkzeuge: eine Waffenschwemme

Der Abbau militärischer Kapazitäten bedeutet, dass nicht nur gut ausgebildete militärische Fachkräfte den Weltmarkt überschwemmen, sondern auch alle anderen Ressourcen und Instrumente, die man zur Kriegführung braucht; sie alle sind für private Akteure jeder Couleur beschaffbar geworden. Massive Waffenbestände können heute auf dem freien Markt gekauft werden. Maschinengewehre, Panzer, selbst Jagdflugzeuge sind auf Bestellung lieferbar.

Die verbreitetsten und preisgünstigsten Waffen auf dem Markt sind in der Regel aus sowjetischer Produktion; sie werden entweder direkt durch russische Agenturen verkauft oder kommen aus Satellitenstaaten, die untergegangen oder verkleinert worden sind oder die ihre Streitkräfte nach westlichem Standard umgerüstet haben. Ein exemplarisches Beispiel war die Versteigerung des Inventars der früheren DDR-Volksarmee nach der Wiedervereinigung 1990.[24] Das wiedervereinigte Deutschland wollte die alten DDR-Waffen nicht und entschied sich, den gesamten Bestand auf den Markt zu werfen. Das war ein gigantischer Flohmarkt, bei dem fast alle Waffen aus dem DDR-Arsenal verhökert wurden, die meisten zu Schleuderpreisen an private Aufkäufer. Schiffe mit Vorrichtungen zum Abfeuern von Raketen gingen für 200.000 Dollar weg, leichte Maschinengewehre für 60 Dollar.[25] In dem Maß, wie Dutzende anderer Länder dem deutschen Beispiel folgten, überschwemmten auch technisch anspruchsvolle Waffensysteme den Markt. Die Folge ist, dass jeder, der über genügend Bargeld verfügt, heute jemanden finden kann, der ihm Rüstungsgüter und Waffen fast jeden Typs zu Schnäppchenpreisen liefern kann.[26] In Afrika bekommt man einen Panzer vom Typ T-55, nachgerüstet mit modernster reaktiver Panzerung, um 40.000 Dollar, das ist weniger, als ein gelände-

gängiges Freizeitauto kostet.[27] In Kolumbien hat die FARC ihre Kokain-
gewinne zum Aufkauf ganzer Waffenarsenale verwendet und diese sich
in Großraumtransportflugzeugen vom Typ IL-76 aus den Beständen
der sowjetischen Luftwaffe frei Haus liefern lassen.[28]

Nicht nur der Markt für militärische Dienstleistungen geriet in Bewegung, sondern auch das Gleichgewicht zwischen Staat und Gesellschaft; es hat sich grundlegend verschoben. Bis zum Ausgang des
20. Jahrhunderts konnte man es für gegeben halten, dass selbst schwächere Staaten in der Lage waren, die innere Ordnung in ihrem Land
aufrechtzuerhalten, denn sie hatten die Kontrolle über das Arsenal der
Gewalt. Heute haben viele Privatunternehmen die neusten Waffensysteme zu ihrer Verfügung, einschließlich Jagdflugzeugen und modernster Artillerie, so dass sie sich auch gegen staatliche Streitkräfte behaupten können.

Ein damit zusammenhängender Trend, der zur Hochkonjunktur von
gewaltsamen Konflikten beigetragen hat, ist das große Angebot preisgünstiger leichter Waffen. Globale Bedrohungsanalysen beschäftigen
sich typischerweise mit den komplexesten und teuersten Systemen,
doch tatsächlich sind es gerade die leichten Waffen (dazu gehören Ge-
wehre, Granaten, Maschinengewehre, leichte Mörser, Landminen und
anderes tragbares Kriegsgerät), die in den Kriegen der Gegenwart am
häufigsten eingesetzt werden. Auf ihr Konto gingen in den 90er Jahren
90 Prozent aller Verluste, wobei die meisten Opfer Zivilisten waren.[29]
Allein in Westafrika wurden in den 90er Jahren zwei Millionen Menschen durch leichte Waffen getötet.[30]

Nach 1989 wurden Millionen solcher Waffen ausgemustert und auf
dem Weltmarkt verscherbelt. Die meisten dieser Bestände landeten bei
Vermittlern und Waffenschmugglern, die sich keine Gedanken darüber
machen, wo die Waffen letztlich hingehen und wofür sie eingesetzt
werden.[31] Zugleich ist die Waffenproduktion zügig weitergelaufen.
Weltweit sind schätzungsweise 550 Millionen leichte Waffen im Umlauf, das heißt, überall und jeder Zeit kommt man billig und problemlos an sie heran. In Uganda zum Beispiel bekommt man eine Kalasch-
nikow AK-47 für den Preis eines Hühnchens. In Kenia kostet sie so
viel wie eine Ziege.[32]

Die Konsequenz daraus ist, dass die Regierungen keine Kontrolle
mehr über das primäre Kriegsgerät haben, aber diese Kontrolle war
einst ein wesentliches Element bei der Entstehung von Staaten.[33] Heute
haben private Konfliktparteien ein sehr viel größeres Bedrohungs-

potenzial. Andererseits können auch Privatfirmen denselben Waffenmarkt anzapfen und sich ihr eigenes Arsenal zusammenstellen, was sie oft in direkter Reaktion auf die Wünsche ihrer Auftraggeber tun.

## Der Niedergang staatlicher Ordnungen

Die leichte Verfügbarkeit sowohl fortgeschrittener Waffensysteme als auch preisgünstiger leichter Waffen ist ein Symptom des allgemeinen Niedergangs staatlicher Macht in vielen Teilen der Welt.[34] Seit dem 17. Jahrhundert war der bürokratische Staat die wichtigste und zeittypischste aller politischen Institutionen der Neuzeit. An der Wende zum 21. Jahrhundert müssen wir jedoch erleben, dass die meisten Staaten auf der Welt sich entweder zu größeren Regionalverbänden zusammenschließen oder im Inneren zerfallen.[35]

Die wesentliche Ursache dafür ist, dass viele Staaten einfach nicht in der Lage waren oder sind, ihre eigenen Souveränitätsansprüche durchzusetzen. Ihre Grenzen sind unsicherer geworden, ihr nationaler Markt unwichtiger, und zentrale bürokratische Strukturen von der Justiz bis zur Finanzwelt schaffen es nicht, von innen her die Kontrolle zu behalten und zugleich auf internationaler Ebene konkurrenzfähig zu bleiben. Die Faktoren, die dahinter stecken, sind vielgestaltig. Um ein Beispiel zu nennen: Die Technik, die den Aufbau von Staatswesen nach Ende des Mittelalters so stark begünstigt hat, hat heute auch andere Organisationen stark gemacht, die keinerlei Hoheitsrechte besitzen.[36]

In den Entwicklungsländern war der Rückgang der Hilfsgelder, die schwachen Staaten von außen zuflossen, ein wichtiger Katalysator in diesem Prozess. Staaten, die auf sowjetische Wirtschaftshilfe und Unterstützung angewiesen waren, mussten feststellen, dass diese Quelle von einem Tag auf den anderen vollständig versiegte. Auch die vom Westen gewährte Entwicklungshilfe ging nach Ende des Kalten Krieges zurück.[37] Schließlich entfalteten sich weltweit neue makroökonomische politische Strategien, die eine katastrophale Wirkung auf die Staatsmacht zeitigten. Insbesondere führten strukturelle Anpassungen dazu, dass die Geberländer zunehmend das Mikromanagement übernahmen und Verwaltungsstrukturen durchsetzten, die einen Großteil der Entscheidungsprozesse nach draußen verlagerten.

Das Ergebnis ist die auffällige Schwäche, die man der Mehrzahl der Staaten in der heutigen Weltordnung attestieren muss. Sie als souveräne Akteure auf der Weltbühne zu bezeichnen wäre einfach falsch. Die meisten von ihnen sind so geschwächt, dass sie nicht mehr in der Lage sind, auch nur grundlegende staatliche Aufgaben zu erfüllen. Viele von ihnen haben ein Bruttoinlandsprodukt, das nicht an die Bilanzsummen großer Aktiengesellschaften, ja nicht einmal an den Haushalt einer Großstadt oder einer Universität in den Vereinigten Staaten heranreicht. Große Teile Angolas, Afghanistans, des Sudan oder des Kongo haben im Grunde nie der Kontrolle einer zentralen Staatsmacht unterstanden. In anderen Ländern, zum Beispiel in Liberia, geht die einzige halbwegs politische Autorität von denen aus, die an den Grundfesten des Staates sägen.

Man kann ohne große Übertreibung sagen, dass in großen Teilen der Dritten Welt die Sicherheitslage durch eine eklatante Schwäche des Staates bestimmt wird. Die Grenzen sind dort meist durchlässig, eine Kontrolle der sie passierenden Menschen- und Güterströme findet allenfalls sporadisch und ohne Nachdruck statt. Dadurch verschwimmen die Grenzen zwischen äußeren und inneren Sicherheitsproblemen.[38] Solche hinfälligen Staaten sind der ideale Ort für Instabilität, Gesetzlosigkeit, für ethnische und religiöse Konflikte und nicht zuletzt der beste Zufluchtsort für Terroristen und Kriminelle. Die größten Gefahren gehen heute nicht von den größten Staaten und ihren militärischen Machtapparaten aus, sondern von schwachen oder hinfälligen Staaten mit ihrer Instabilität. Nicht von ungefähr suchten Bin Laden und seine Al-Qaida-Terroristen Unterschlupf in Regionen, in denen es keine staatliche Kontrolle mehr gab.

Viele Staaten sind heute weniger denn je willens oder in der Lage, ihre eigene Souveränität und Autonomie zu behaupten. In zunehmendem Ausmaß haben sie die Aufgabe, das Leben und das Eigentum ihrer Bürger zu schützen, an andere Organisationen delegiert, nicht zuletzt an private Militärfirmen.[39] Dieser neue Trend ist genau die Umkehrung der Prozesse, die einmal zur Herausbildung des modernen Staates geführt haben. Heute muss ein Regime, um sich militärische Sicherheit zu verschaffen, nicht mehr unbedingt den traditionellen Weg des Aufbaus einer Volkswirtschaft oder rationeller staatlicher Einrichtungen beschreiten, um genügend Steuermittel für den Unterhalt von Truppen zu bekommen; es muss einfach nur eine kurzfristige Einkommensquelle auftun, etwa indem es Schürfrechte gewährt, und kann dann die Dienste einer privaten Militärfirma kaufen.[40]

*Der Verlust der Fähigkeit zur militärischen Antwort*

Ein spezifisches Symptom staatlicher Schwäche ist die armselige Verfassung, in der sich die meisten Streitkräfte der Entwicklungsländer befinden, namentlich in Afrika. Viele nationale Streitkräfte sind schlecht trainiert, schlecht ausgerüstet und an vielen Stellen unterbesetzt. Die Folge ist, dass sie sich häufig als unfähig erwiesen haben, die Sicherheit ihres Landes zu gewährleisten.

> Die wichtigsten Kräfte der Ordnung sind in vielen Ländern in Unordnung geraten, und das zu einem Zeitpunkt, da die Autorität der Zentralregierung (und manchmal des Staates selbst) in Frage gestellt ist.[41]

Die Ursachen für den schlechten Zustand der Streitkräfte in den Entwicklungsländern sind vielfältig. Zwei der Hauptgründe sind die Unreife der Truppen und die Neigung korrupter Machthaber, das Militär für Unterdrückungszwecke im Inneren einzusetzen oder in ihm einen potenziell bedrohlichen Rivalen zu sehen, den es systematisch zu schwächen gilt.[42] In vielen Entwicklungsländern sind die Streitkräfte in Abhängigkeit von Sicherheitsgarantien der Supermächte geraten, statt sich auf die Entwicklung ihres eigenen Potenzials und ihrer eigenen Ressourcen zu verlegen. Wenn die von außen kommende Militärhilfe dann versiegte, waren die einheimischen Truppen nicht mehr handlungsfähig.[43]

Nur wenige Streitkräfte in der Dritten Welt genügen professionellen Ansprüchen; bei vielen beeinträchtigen Führungs- und Verwaltungsmängel, fehlende zivile Kontrolle und eine übermäßige Politisierung ihre Funktionsfähigkeit. Wie für andere staatliche Institutionen in diesen Ländern gilt auch für die Streitkräfte, dass ihre Moral oft durch Korruption und ethnische Bevorzugungen verdorben ist.[44] Viele Staaten missbrauchen das Militär als Arbeitsbeschaffungsmaschine, um einen Teil ihrer Problemjugendlichen unterzubringen. Der Ausbildungsstandard ist generell sehr niedrig.

> In den meisten afrikanischen Streitkräften haben Disziplinlosigkeit, wirtschaftliche Probleme und eine lasche Aufsicht die Ausbildung in den Hintergrund gedrängt. Nicht selten trifft man auf ganze Brigaden, die nach ihrer Grundausbildung nie mehr einen Gewehrschuss abgefeuert haben.[45]

Das bedeutet, dass viele Entwicklungsländer, selbst wenn sie über die Mittel verfügen, moderne Rüstungsgüter zu kaufen, in ihren Streitkräften einfach nicht das geschulte Personal haben, das erforderlich wäre, um diese Waffensysteme zu bedienen und zu warten. Wenn man ihre tatsächliche Kampfkraft beurteilt, werden die nackten Zahlen, die den Umfang ihres Waffenarsenals beschreiben, bedeutungslos. Mosambik verfügt zum Beispiel über 43 Jagdflugzeuge, 6 Kampfhubschrauber und 12 Kriegsschiffe, wartet seine Bestände aber so schlecht, dass seine Streitkräfte über »kein einziges Schiff, das auslaufen kann, und kein einziges Flugzeug, das fliegt«, verfügen.[46] Streitkräfte wie die von Mosambik sind aufgeschmissen ohne auswärtige Spezialisten, die ihre Waffensysteme für sie warten und betreiben. In der Regel fehlt ihnen auch die Fähigkeit zu kontinuierlichen strategischen Bewegungen; nur die wenigsten verfügen über moderne Kommando- und Steuertechniken, Aufklärung, Luftraum- und Seeüberwachung oder unterstützende Logistiksysteme.[47] Alle diese Mängel werden zum fatalen Handikap, wann immer sich diese Länder einer komplexen Bedrohung ihrer nationalen Sicherheit gegenübersehen, und zwingen sie, auf die Hilfe privater Militärfirmen zurückzugreifen.

Nigeria steht in dem Ruf, über eine der kampfstärksten Armeen in Afrika zu verfügen, und die USA haben dem Land die Rolle einer regionalen Ordnungsmacht zugedacht und es entsprechend ausgestattet. Jahrzehnte der Korruption haben jedoch die nigerianischen Streitkräfte so verkommen lassen, dass nicht einmal das Verteidigungsministerium weiß, wie viele Truppen dem Land tatsächlich zur Verfügung stehen. Das Gehalt der Kommandeure richtet sich danach, wieviel Personal sie befehligen; viele melden daher überhöhte Truppenstärken, um sich zu bereichern.[48] Das ist nur die Spitze eines Eisbergs von Problemen. Die nigerianische Marine zählt 19 Admiräle und 34 Kommodores, hat aber nur 9 einsatzbereite Schiffe. Eine externe »Betriebsprüfung« bei den nigerianischen Streitkräften (interessanterweise von MPRI durchgeführt) kam zu dem Ergebnis, dass 75 Prozent des Waffenarsenals defekt oder nicht einsatzfähig waren.[49] Vielen Soldaten fehlte es an grundlegenden Ausrüstungsteilen wie Helmen, Feldbechern und Schutzbrillen. Es fand auch kaum oder gar kein aktives Training statt.[50] Über die Streitkräfte von Südafrika sagen Schätzungen, sie verfügten über nur 3000 wirklich kampfbereite Soldaten und 4 fahrbereite Panzer.[51]

Zu diesen Schwächen gesellt sich eine wachsende Gefahr, die außerordentlich heimtückisch und zerstörerisch werden könnte: Aids. 2005 sollen weltweit mehr als 100 Millionen Menschen mit dem Aidsvirus infiziert sein. Aids ist offenkundig ein ernstes Problem für die öffentliche Gesundheitsvorsorge, aber es ist auch ein wichtiges Thema für die Streitkräfte.[52] Das US-Außenministerium spricht in einem Bericht davon, dass die Aidsseuche »die Fähigkeit von Streitkräften, die eigene Nation zu verteidigen und die innere Ordnung aufrechtzuerhalten, nach und nach schwächt«.[53] Besonders hohe Infektionsraten finden sich bei jüngeren Soldaten in den Entwicklungsländern mit der Folge, dass ganze nationale Streitkräfte von innen her ausbluten. Den Anteil der an Aids Infizierten in den Reihen afrikanischer Streitkräfte schätzen Experten derzeit wie folgt ein: Im Kongo und in Angola 50 Prozent, in Uganda 66, in Malawi 75 und in Simbabwe 80 Prozent.[54]

Die Folge ist ein allmählicher innerer Zerfall staatlicher Armeen in den Entwicklungsländern. Angesichts dieser Entwicklung und der anderen beschriebenen Unzulänglichkeiten im Bereich der Verteidigungs- und Sicherheitskräfte sowie sich verschärfender Herausforderungen ist es keine Überraschung, dass die Spitzen von Politik und Wirtschaft auf die Idee verfallen, sich von außen Unterstützung ins Land zu holen, von wo auch immer, und notfalls eben von Privatfirmen.[55]

### Sinkende Interventionsbereitschaft: der Unwille der Großmächte

Ein anderer wichtiger Faktor, der die Öffnung des Markts für private Militärdienstleistungen vorantreibt, ist die nachlassende Bereitschaft ausländischer Mächte, in die immer zahlreicher werdenden bewaffneten Konflikte in den Krisenregionen einzugreifen. In der zweiten Hälfte des 20. Jahrhunderts fielen schwach ausgeprägte Staatsapparate nicht so sehr ins Gewicht, weil sowohl die Supermächte als auch die ehemaligen Kolonialländer aktiven Anteil an der Entwicklung der betreffenden Länder nahmen. Sie sahen in der Peripherie eine strategische Arena und intervenierten häufig, um einem ihrer Schützlinge zu Hilfe zu kommen. Heute jedoch passen viele der globalen Konfliktzonen nicht mehr ins strategische Konzept der Großmächte.[56]

Drei allgemeine Faktoren haben die »klimatischen« Voraussetzungen, nach denen die USA und andere wichtige Industrieländer ihre Entscheidungen über eventuelle Interventionen in unterentwickelten Regionen treffen, verändert.[57] Bei der großen Mehrzahl der Fälle, in denen eine Intervention in Frage kommt, handelt es sich für die interventionsbereiten Mächte nicht um eine Lebensfrage, das heißt, sie können nach Opportunität entscheiden. Zum Zweiten sind die Streitkräfte der westlichen Welt noch weitgehend auf die Führung großer Kriege ausgelegt und für begrenzte Eingreifoperationen nicht besonders gut gerüstet. Zum Dritten haben viele dieser Mächte aus unterschiedlichsten Gründen einen ausgeprägten Widerwillen dagegen entwickelt, in bewaffneten Konflikten, in denen es nicht gerade um das nationale Sein oder Nichtsein geht, Verluste zu riskieren.[58] Die amerikanische Öffentlichkeit war und ist bereit, eigene Verluste in Afghanistan und im Irak in Kauf zu nehmen, weil sie die Feldzüge dort als notwendig einstuft; aber das galt und gilt nicht unbedingt für Operationen anderswo wie in Somalia oder auf dem Balkan, wo die Interventionsgründe nicht so klar auf der Hand lagen. Um den ehemaligen ranghohen US-Diplomaten Dennis Jett zu zitieren:

> Seit Somalia ist es nie mehr eine Option gewesen, US-Truppen Gefahren auszusetzen. ... Die Kritik an amerikanischen Menschenverlusten in einem afrikanischen Bürgerkrieg wird wesentlich schärfer ausfallen als die Kritik, die zu erwarten ist, wenn man sich gegen die Entsendung von Truppen an so einen Krisenherd entscheidet.[59]

Innerhalb der neuen Regierung Bush hat sich die Neigung, militärische Engagements nach Möglichkeit zu unterlassen, eher weiter verstärkt.

Aus diesen Gegebenheiten lässt sich auch folgern, dass bei der Mobilisierung von Reservisten mehr denn je Rücksicht auf politische Empfindlichkeiten genommen wird. Das bedeutet konkret, dass selbst dann, wenn Truppen bereitgestellt werden, Unterstützungsaufgaben, die herkömmlicherweise von Reserveeinheiten geleistet wurden, in zunehmendem Maß privaten Firmen übertragen werden müssen.[60] Um ein Fazit zu ziehen: Wenn Terroristen einen direkten Schlag gegen die USA führen, tut sich die Regierung leicht, die Unterstützung der Öffentlichkeit für die Entsendung von Truppen zu gewinnen; wenn hingegen ein kleiner afrikanischer Staat im Chaos versinkt, ist die öffentliche Bereitschaft, eine militärische Intervention zu unterstützen, einfach nicht vorhanden.

Man muss sich klar machen, dass dieser Rückzug nicht nur ein amerikanisches Phänomen ist, sondern auch das Verhalten ehemaliger Kolonialmächte charakterisiert, die in der Vergangenheit noch regelmäßig in Afrika und Asien interveniert hatten. So ist zum Beispiel

Frankreich heute weit davon entfernt, seine Rolle als selbst ernannter »Gendarm Afrikas« wie in früheren Zeiten zu spielen. Die Zahl in Afrika stationierter französischer Soldaten ging in den 90er Jahren um mehr als 40 Prozent zurück und dürfte in den nächsten Jahren um weitere 75 Prozent schrumpfen.[61] Wie ein französischer General dazu meinte: »Die postkoloniale Ära ist vorbei.«[62]

Jede ernst gemeinte Intervention schließt die Bereitschaft ein, notfalls Opfer zu bringen, doch diese Bereitschaft ist nicht mehr in jedem Fall gegeben; und das eröffnet privaten Militärfirmen neue und größere Spielräume. Wie die Natur scheut auch der Sicherheitsmarkt das Vakuum.[63]

*Sinkende Interventionsbereitschaft:*
*die Unfähigkeit der UN*

Nach Ende des Kalten Krieges glaubten viele begeistert, die Vereinten Nationen würden nunmehr die Rolle des für Ordnung sorgenden Weltpolizisten von den Supermächten übernehmen. Diese Hoffnungen und Willensbekundungen erreichten ihren Höhepunkt mit dem vom UN-Generalsekretär 1992 veröffentlichten Manifest *Eine Agenda für den Frieden.* Dann folgten jedoch Einsätze mit enttäuschenden Ergebnissen in Bosnien, Somalia und Ruanda, die dem Ehrgeiz der Vereinten Nationen einen Dämpfer verpassten. Befanden sich 1993 noch 82.000 UN-Friedenstruppen im Einsatz, so waren es 1995 noch 8000 und 1999 nur noch 1000.[64] Heute versuchen die UN gar nicht mehr, friedenserhaltende oder friedenschaffende Missionen auf die Beine zu stellen. Dass im UN-Sicherheitsrat stets die Westmächte das Sagen hatten, heißt auch, dass bestimmte Konflikte wie der in Bosnien tendenziell stärkere Beachtung fanden als Krisen außerhalb der westlichen Interessensphäre wie etwa in Liberia.

Mehrere Faktoren hindern die Vereinten Nationen daran, die Rolle eines Weltpolizisten spielen zu können. Zunächst einmal sind da die alten Finanzprobleme, die vor allem auch daher rühren, dass einzelne Mitgliedsstaaten ihre Beiträge nicht entrichten. Die Außenstände, darunter auch über zwei Milliarden Dollar an Zahlungsrückständen, die auf das Konto der USA gingen, nahmen in derselben Zeit zu, in der die Kosten für Friedenseinsätze auf das Fünfzehnfache anstiegen, eine Diskrepanz, die die Handlungsspielräume sehr schnell wesentlich einschränkte.[65]

Außerdem sind die UN zweifellos keine Organisation, die zur Kriegführung geschaffen wurde. Die Abteilung mit der Zuständigkeit für militärische Einsätze ist unterfinanziert, unterbesetzt (mit 400 Mitarbeitern ist sie gerade einmal halb so groß wie die UN-Abteilung für Öffentlichkeitsarbeit) und in hohem Maße politisiert. Die Bedingungen, unter denen sie ihre Mitarbeiter rekrutiert, führen systembedingt dazu, dass kaum echte Berufssoldaten angeworben werden können, die mit dem Aufgabenbereich vertraut sind. Darunter leiden die Entscheidungsabläufe, wenn es darum geht, Operationen in Krisengebieten zu definieren, zu planen, zu organisieren, in Gang zu setzen und zu unterstützen. Der Umstand, dass die Vereinten Nationen eine auf Freiwilligkeit basierende Organisation sind, wirkt ebenfalls wie eine Zwangsjacke. Es ist in der Regel schwierig, Staaten zu finden, die bereit sind, Truppen in Konfliktzonen zu entsenden. Daher kommen bei UN-Missionen zu oft Truppen zum Einsatz, die dazu weder über die Ausbildung noch die Ausrüstung, noch den Willen verfügen.[66]

Die Freiwilligkeit bedeutet schließlich auch, dass die Aufstellung und Entsendung einer Truppe zu einem ineffizienten und quälend langwierigen Prozess wird. So vergingen nach dem Beschluss des UN-Sicherheitsrats, Friedenstruppen nach Sierra Leone zu entsenden, sechs Monate, bis wenigstens ein Teil der Blauhelme dort eintraf.[67] Hinzu kommt, dass bei einer solchen »Koalition der Willigen« Truppen aus Dutzenden von Staaten zusammengewürfelt werden, die sich nach Ausbildungsstand und Fähigkeiten stark unterscheiden.[68] Und was eine solche Friedenstruppe bewirkt, entspricht oft ihrem kleinsten gemeinsamen Nenner. Manchmal treten interne Rivalitäten und Spannungen offen zutage. Im Verlauf einer Operation in Sierra Leone verweigerte zum Beispiel der stellvertretende Befehlshaber der Truppe, ein Nigerianer, zweimal den unmissverständlichen Befehl seines indischen Vorgesetzten, mit seinen Truppen einzugreifen.[69]

Die Fähigkeit der Vereinten Nationen, durch zweckmäßiges Eingreifen Konflikte zu verhindern oder zu schlichten und Krisengebiete zu befrieden, ist ziemlich beschränkt, und daraus ergeben sich wiederum Marktchancen für die PMF-Branche. Kritiker haben die Stellung der UN mit der des mittelalterlichen Papsttums insofern verglichen, als sie zwar nach wie vor moralische Autorität besitzen, aber ansonsten von einer Finanzkrise in die andere schlittern und endlose Verhandlungen mit Mitgliedsstaaten führen, die ihre Schulden nicht zahlen wollen oder können.[70] (In Kapitel 11 werden wir der Frage nachgehen, ob die Möglichkeit besteht, dass die Vereinten Nationen, wie damals der Heilige Stuhl, militärische Aufgaben an Privatunternehmen vergeben.)

## Sinkende Interventionsbereitschaft: das Versagen regionaler Organisationen

»Regionalisierung« gehört heute zu den wichtigsten Trends in der Entwicklung der internationalen Beziehungen.[71] Daher sind viele der Meinung, regionale Organisationen hätten das Zeug, die Rolle der UN zu übernehmen, indem sie Staaten die Möglichkeit bieten, mit vereinten Kräften für Ordnung in ihrem Teil der Welt zu sorgen. Wie die jüngeren Vorgänge in Liberia, Osttimor und im Kosovo gezeigt haben, übertragen die UN in der Tat in zunehmendem Maß Aufgaben der Friedenserhaltung an regionale Organisationen.

Solche Organisationen haben gewiss das Potenzial, mit Konflikten und Instabilitäten besser fertig zu werden, aber mit dem Delegieren von Aufgaben an regionale Körperschaften sind auch Probleme verbunden. Wie der Krieg im Kongo illustriert, haben die Mitglieder regionaler Organisationen bei lokalen Konflikten eigene Interessen. Elf afrikanische Staaten beteiligten sich an den Kämpfen im Kongo; von keinem von ihnen war zu erwarten, dass er sich nach Kriegsende neutral verhalten würde. Genau wie die UN selbst, reflektieren regionale Gruppierungen die Stärken und Schwächen ihrer Mitgliedsstaaten. Manche, allen voran die NATO, bestehen aus wohlhabenden Ländern mit gut bewaffneten und hervorragend ausgebildeten Streitkräften. Die Übrigen erfüllen oft nicht einmal die Minimalanforderungen für ein effektives Konfliktmanagement, aber gerade sie sitzen in der Regel in Regionen, wo ein solches Management am dringendsten benötigt wird. So ist zu erklären, weshalb für den Kosovo 50.000 exzellent ausgerüstete Friedenssicherer bereitgestellt werden, während das siebenmal größere Sierra Leone sich mit einem schlecht ausgerüsteten Kontingent von 9000 Mann bescheiden musste. Den meisten regionalen Truppen fehlt es außerdem an den nötigen Transport- und Logistikkapazitäten für die dauerhafte Absicherung ihrer Operationen, was dazu führt, dass sie, wenn es tatsächlich zu einem Truppeneinsatz kommt, die fehlenden Kapazitäten bei privaten Militärfirmen einkaufen.

In den späten 90er Jahren gab es Versuche, bestimmten regionalen Organisationen verbesserte Fähigkeiten für die Durchführung von Friedensmissionen zu verleihen. Einer dieser Versuche war die African

Crisis Response Initiative (ACRI), ein von der US-Regierung finanziertes, vor Ort von der Firma MPRI umgesetztes Programm, in dessen Rahmen die Truppen bestimmter afrikanischer Staaten eine einschlägige Ausbildung erhielten.[72] Programme wie die ACRI waren bislang freilich in ihrer Wirksamkeit begrenzt, zum einen wegen der kleinen Zahl der Einheiten, die in den Genuss der Ausbildung kommen, zum anderen wegen gewisser institutioneller Probleme, die noch ungelöst sind.

## Veränderungen in der Kriegführung

Trotz der Marktöffnung, die durch diese neuen Angebots- und Nachfragekonstellationen entstanden ist, wäre die Privatisierung militärischer Dienstleistungen wahrscheinlich nicht eingetreten oder hätte nicht in diesem Ausmaß um sich greifen können, wenn nicht zwei tiefer greifende Trends sie begünstigt hätten. Der erste hat mit dem Umstand zu tun, dass die Technik der Kriegführung selbst einen revolutionären Wandel durchläuft. Früher bedurfte es massierter Truppen und eines enormen Arsenals an Kriegsgerät und Geld, um die Werkzeuge des Krieges gewinnbringend einsetzen zu können. Man kann sogar sagen, dass diese Notwendigkeit die tiefste Ursache für den Siegeszug des Staates war.[73] Die Fortschritte in der Waffentechnik haben jedoch dazu geführt, dass heute kleinste Gruppen über die Fähigkeit verfügen, massive Feuerkraft zu entfalten. Die Folge:

> Die stetige Konzentration von Macht in den Händen von Staaten, die 1648 mit dem Westfälischen Frieden einsetzte, ist vorbei, mindestens für eine Weile.[74]

Das hohe Intensitätsniveau, das bewaffnete Konflikte kennzeichnet, hat im Zeichen einer hoch technisierten Kriegführung zu einem dramatischen Anstieg der Nachfrage nach Spezialisten, die diese Technik beherrschen, geführt, und häufig müssen diese Spezialisten dem privaten Sektor abgeworben werden. Der Rückseite dieser Medaille ist die, dass offenbar auch die Motivation derjenigen, die das Kriegshandwerk ausüben, einen Wandel erfährt, der wiederum auf die Rolle und das Selbstverständnis des Militärs zurückwirkt. Bei Konflikten, die auf niedrigem Intensitätsniveau schwelen – man findet sie in erster Linie in Ländern oder Regionen, die im Umbruch begriffen sind –, gehen die ursprünglichen ideologischen Beweggründe oft verloren und werden durch kriminelle Antriebe ersetzt. Die Kriegführung durchläuft in unserer Zeit mehrere folgenschwere Metamorphosen: Diversifizierung, Technologisierung, Zivilisierung und Kriminalisierung lauten die wichtigsten Stichworte. Jeder dieser Vorgänge verschafft den Unternehmen der privaten Militärbranche Chancen, ihr Betätigungsfeld auszuweiten.

## Machtverlagerung weg vom Staat

Der erste zu konstatierende Wandel in der Kriegführung betrifft die Diversifizierung militärischer Handlungsfähigkeit vom Staat weg. Vom Aufstieg nichtstaatlicher Gruppen, die militärische Gewalt anwenden können, war hier schon die Rede. Der springende Punkt ist jedoch der, dass die zunehmende Macht nichtstaatlicher Gruppen, insbesondere in Relation zum Machtverlust zahlreicher staatlichen Streitkräfte, massive Veränderungen in der Dynamik der Kriegführung nach sich ziehen wird.

Einer der Faktoren, die den Nationalstaat zur effektivsten Organisationsform für die Kriegführung im industriellen Zeitalter gemacht haben, war der Umstand, dass der Einsatz einer überlegenen Masse an Truppen, Waffen und Nachschub den Ausschlag gab. Nur Kriegsherren, die in der Lage waren, sehr viel Geld, Blut und Material in die Waagschale zu werfen, konnten mit Erfolg Krieg führen, und der Staat nutzte diese Chance, um sich allmählich aller seiner institutionellen Konkurrenten zu entledigen.[75]

Entwicklungen auf technischem und finanziellem Gebiet haben es möglich gemacht, dass auch kleinere Einheiten Krieg führen können. Angesichts der Möglichkeiten, die der freie Militärmarkt bietet, ist die Finanzierung oft der einzige einschränkende Faktor; abgesehen davon, können private Organisationen aller Art, seien sie kommerziell oder kriminell tätig, heute Mittel und Wege finden, staatlichen Armeen Paroli zu bieten. Als die angolanischen Rebellenbewegung UNITA nach dem Kalten Krieg ihre staatlichen Geldgeber verlor, konnte sie den Aufbau und Unterhalt einer ganzen mechanisierten Armee privat finanzieren, und zwar durch Diamantengeschäfte im Umfang von knapp zwei Milliarden Dollar jährlich.[76] Gut situierte Akteure haben also die Möglichkeit, modernste Kriegstechnik samt Personal zu kaufen und sich dadurch einen Vorteil zu verschaffen. Indem sie ihre Kriegführung outsourcen, verringern sie auch ihr persönliches Risiko.[77]

Es ist wichtig, sich zu vergegenwärtigen, dass das militärische Erstarken nichtstaatlicher Akteure nicht nur auf dem Gebiet der Bewaffnung stattfindet, sondern das gesamte Spektrum der Kriegführung umfasst. In vielen Bereichen – Mikroelektronik, Softwareentwicklung, Biotechnologie – hat der zivile Sektor den militärischen bereits überholt. Technisches Wissen von einer Qualität, wie es früher nur staatlichen Behörden zur Verfügung gestellt wurde, ist in zunehmendem Maß auf dem freien Markt erhältlich. So gibt es kommerzielle Anbieter, die hochauflösende Satellitenbilder im Angebot haben, bis vor kurzem noch die exklusive Domäne von Nachrichtendiensten der Supermächte und der Industriestaaten.[78] Militärische Schlüsseltechniken wie GPS und FLIR sind ebenfalls auf dem freien Markt verfügbar.

Bemerkenswert ist der immer wichtiger werdende Bereich der informationellen Kriegführung, zu dem so unterschiedliche Aktivitäten gehören wie die psychologische Kriegführung, die militärische Täuschung, die elektronische Kriegführung oder der (physische oder virtuelle) »Cyberkrieg«, mit dem man Kontrahenten austricksen, aber auch in die Knie zwingen kann. Die informationelle Kriegführung ist, weil sie viel Hightech, aber wenig Personal erfordert, maßgeschneidert für nichtstaatliche Organisationen, erst recht wenn sie Staaten den Kampf angesagt haben. Man kennt heute fast hundert nichtstaatliche Gruppierungen, die sich ein Potenzial für informationelle Kriegführung zugelegt haben. Es gibt ebenso viele individuelle Informationskrieger, die, wenn nur der Preis stimmt, bereit und fähig sind, für Auftraggeber aller Art informationelle Attacken zu starten.[79]

Das Resultat ist eine Verkomplizierung des Konfliktes selbst. Manche Analytiker prognostizieren bereits, dass in den komplexesten Kriegen des 21. Jahrhunderts netzwerkartig organisierte private Akteure gegen Staaten antreten werden, die sich ihrerseits auf private Dienstleister stützen werden.[80] Die Vorstellung, dass der Kriegsgegner ein Staatswesen mit einer einzigen Kommandozentrale ist – wie etwa bei Clausewitz vorausgesetzt –, ist von gestern. Heute hingegen sieht es so aus, schreibt Michael Mandelbaum, als würden bald »Guerillas, Terroristen, Mitglieder privater Milizen – ja sogar bösartige Computerhacker – den ausgebildeten, gut ausgerüsteten, öffentlich finanzierten Soldaten verdrängen«.[81]

## Technologische Anforderungen

Diejenigen, die an der Spitze des militärischen Fortschritts bleiben wollen, stehen unter dem wachsenden Zwang, sich technisches Expertenwissen anzueignen, und dieses Wissen kommt zunehmend aus privaten Quellen. Ein neuer Aspekt in der Kriegführung des 21. Jahrhunderts ist die Strategie der informationellen Dominanz, und diese erfordert die stärkere Inanspruchnahme privater Dienstleister. Dies ist ein Anklang an frühere Entwicklungsstufen der Kriegführung (vgl. Kapitel 2), an Perioden, in denen es auf Qualität mehr ankam als auf Quantität. Die Nachfrage nach privaten Militärexperten kündet davon, dass heute wieder Ähnliches gilt.

In allen Perioden der Geschichte waren technische Fortschritte sowohl militärischer als auch nichtmilitärischer Art wichtig für die Kriegführung.[82] Die moderne Technik unterscheidet sich jedoch von früheren technischen Weiterentwicklungen durch ihre Janusköpfigkeit.[83] Waren militärtechnische Neuerungen früher nur wirksam, wenn sie innerhalb eines großen Systems zur Anwendung kamen, das unter staatlicher Kontrolle stand (wie Eisenbahnen oder die Artillerie), gilt für neue Technologien wie das Internet oder die Telekommunikation insgesamt, dass sie ihren vollen Wirkungsgrad nur erreichen, solange sie dezentral und grenzüberschreitend angelegt sind.

»Revolution in Military Affairs« (RMA) ist der allgemein akzeptierte Ausdruck, der diesen Trend innerhalb der modernen Kriegführung beschreibt. Die These von der RMA besagt, durch die neue Technologie, insbesondere die Integration der Informationstechnologien, würde es zu einem exponentiellen Anwachsen der Beweglichkeit und Tödlichkeit von Waffen und Munition kommen.[84] Während große Staaten sehr großen Nutzen aus der RMA ziehen können, wie der Erfolg der US-Truppen gegen die stammesmäßig organisierten Taliban in Afghanistan zeigt, können dieselben technologischen Entwicklungen auch einige der Vorteile zunichte machen, die staatliche Akteure bei bewaffneten Konflikten herkömmlicherweise hatten. So ist zum Beispiel denkbar, dass ein strategischer Informationskrieg für die Vereinigten Staaten (als dem »vernetztesten« Land der Welt mit dementsprechend hoher Abhängigkeit von seiner Informationsinfrastruktur) besonders problematisch wäre.[85] Nichtstaatliche Gruppen könnten herkömmlichen Armeen auf diesem Feld überlegen sein, weil sie dezentral operieren. Sie könnten sogar über die bessere technische Ausstattung verfügen. Wie der

Chef der National Security Agency (NSA) vor kurzem einräumte, haben nichtstaatliche Gruppen häufig Zugang zu moderneren Technologien als die Organe der US-Regierung, weil sie dank ihrer Flexibilität mit dem hohen Tempo der industriellen Entwicklung besser Schritt halten können.[86] Tatsächlich haben schon in mehreren Manövern der US-Streitkräfte kleine Einheiten, rekrutiert aus der Hackerszene, die Fähigkeit bewiesen, sich in sensibelste militärische Computersysteme einzuschleichen und ganze militärische Operationen zu sabotieren.[87]

Die strategische informationelle Kriegführung ist eine besonders wichtige Säule der PMF-Branche, gerade weil der private Sektor in den Schlüsseltechniken dieses Bereichs nachweislich besser gerüstet ist als die regulären Streitkräfte.[88] Abgesehen von der potenziellen Fähigkeit privater Firmen, den staatlichen Militärapparaten in dieser neuen Sphäre der Kriegführung den Rang abzulaufen, tätigen sie bereits heute lukrative Geschäfte damit.[89] Wirtschaftsanalytiker sagen voraus, dass die Ausgaben für das Arsenal der informationellen Kriegführung weiterhin anwachsen werden und dass Firmen, die dieses Feld beackern, an der »süßesten Stelle« des Marktes sitzen.[90]

## Privatisierung und Zivilisierung

Diese Veränderungen führen direkt zu den nächsten bedeutsamen Neuerungen auf dem Gebiet der Kriegführung, nämlich dass viele militärische Aufgaben zivilen Spezialisten übertragen werden. In dem Maß, wie Zivilisten eine zunehmend wichtigere Funktionen im Krieg übernehmen, wird es immer schwieriger, eine klare Trennlinie zwischen militärischen und nichtmilitärischen Berufen zu ziehen.[91]

Die meisten der Informationssysteme, die von den modernen Streitkräften der Welt verwendet werden, sind von Zivilisten vorwiegend für zivile Anwendungen erdacht, entwickelt und installiert worden und machen ausgiebigen Gebrauch von der zivilen Informationsinfrastruktur.[92] Das hat Folgen, wie ein amerikanischer Analytiker festgestellt hat:

> Die US-Armee ist zu dem Schluss gelangt, dass sie in Zukunft ziviles Vertragspersonal brauchen wird, um das Funktionieren ihrer modernsten Systeme zu gewährleisten, und zwar auch in Kampfzonen. Das gilt insbesondere für informationelle Systeme. Es ist durchaus möglich, dass die informationelle Kriegführung künftig zu einer Domäne von Söldnern wird.[93]

Der Autor eines Beitrags in einer Armee-Fachzeitschrift hat den US-Streitkräften bereits den Rat erteilt, »für spezifische, offensive Informationskampagnen spezialisierte PMFs anzuheuern; auf diese Weise könne man bei Bedarf Spitzen-Kow-how nutzen, anstatt in der regulären Truppe Experten mit technologischen Fähigkeiten, die himmelweit von den Hauptaktivitäten der Truppe entfernt sind, für den sporadischen Einsatz vorzuhalten.«[94]

Wie große Manöver der US-Streitkräfte in Fort Hood und Fort Irwin gezeigt haben, wird die »Armee der Zukunft« auf dem Schlachtfeld jede Menge Unterstützung seitens privater Firmen brauchen. Damit diese Manöver überhaupt stattfinden konnten, mussten Unternehmen wie Hughes und TRW Hunderte ihrer Mitarbeiter abordnen, die als Ausbilder, Techniker, Troubleshooter, Programmierer und Händchenhalter den Soldaten beistanden. James Adams, ein Branchenfachmann, schreibt:

> Das Programmierwunderkind könnte zum Ersatzkrieger der Zukunft werden.[95]

Dieses Thema stellt sich jedoch nicht nur im Hinblick auf den Informationskrieg oder die Unterstützung auf dem Schlachtfeld. In so unterschiedlichen Bereichen wie dem Testen von Waffensystemen, der Luftbetankung oder der technisch höchst anspruchsvollen Wartung der Stealth-Bomber F-117 und B-2 sind heute ausschließlich Privatfirmen tätig. Die einfache Tatsache ist die, dass die Waffensysteme, die man heute braucht, um auf höchstem Niveau Krieg führen zu können, so komplex geworden sind, dass in vielen Fällen eine einzige US-amerikanische Truppeneinheit die Unterstützung von bis zu fünf verschiedenen Firmen benötigt, um ihre Einsätze durchführen zu können.[96] Mit den Worten eines Wehranalytikers:

> Wir bedienen uns der fortschrittlichsten Technologie in der Geschichte der Menschheit, um Kriege zu führen, und manchmal sind die Leute, die die Waffen gebaut haben, die einzigen, die sie reparieren können.[97]

Diese »Zivilisierung« des Krieges führt die herkömmlichen Gesetze der Kriegführung ad absurdum. Traditionell galten Zivilisten als Nichtkombattanten und sollten daher nach Möglichkeit nicht bekämpft werden. Diese Schonung beruhte jedoch auf der Prämisse, dass sie als Zivilisten nicht unmittelbar an militärischen Operationen beteiligt seien.

Das digitalisierte Schlachtfeld und die neuen »Ersatzkrieger« untergraben das Gebot der Schonung von Zivilisten.[98]

## Die Kriminalisierung von Konflikten

Die Wandlungen, denen das soldatische Ethos unterliegt, sind ein weiteres Kapitel in der Transformation der Kriegführung; manche Leute sprechen bereits von einem Niedergang der »Soldatenehre«.[99] Groß angelegte militärische Operationen, wie die Westmächte sie im Kriegsfall praktizieren, beinhalten eine »hoch intensive Kriegführung«, ein Schlachtfeldgeschehen, das zunehmend mehr von Technik und Zivilisten dominiert wird. Dagegen ist in der Mehrzahl der in der Dritten Welt ausgetragenen Konflikte die Kriegführung immer schmutziger und krimineller geworden. Interessanterweise haben beide Kriegstypen etwas gemeinsam: Sie beruhen darauf, dass die Kriegführung nicht mehr die exklusive Domäne staatlicher Streitkräfte ist.

In vielen Kriegen unserer Tage gelten die gewohnten Legitimations- und Beweggründe, die hinter dem Ausbruch und der Fortsetzung eines Krieges standen, nur noch eingeschränkt oder werden in Frage gestellt. Das Gewinnstreben ist zu einem entscheidenden Motiv geworden, ebenso wichtig oder noch wichtiger als politische, ideologische und religiöse Beweggründe.[100] Mit den Worten eines Militäranalytikers:

> Mit genug Geld kann jedermann eine schlagkräftige militärische Truppe auf die Beine stellen. Und fast jeder kann genug Geld auftreiben, wenn er nur bereit ist, kriminelle Mittel einzusetzen.[101]

Wirtschaftliche Interessen haben in Konflikten immer eine Rolle gespielt, aber das späte 20. Jahrhundert erlebte eine Kriegführung neuen Typs, in der profitorientierte Unternehmen eine zentrale Rolle spielten. Gewiss, es handelte sich immer noch um organisierte Massengewalt, aber von der Sorte, die zugleich die herkömmlichen Unterscheidungen zwischen Krieg (den Clausewitz als Gewaltanwendung zwischen Staaten oder organisierten Gruppen zu politischen Zwecken definierte), organisierter Kriminalität (Gewaltanwendung privater organisierter Gruppen zur Durchsetzung privater, meist finanzieller Interessen) und Menschenrechtsverletzungen verwischte.[102] Private Truppen waren auch früher schon an Kriegen beteiligt (vgl. Kapitel 2), doch bei den Konflikten, in die sie sich einklinkten, ging es in der Regel um höher oder weiter gesteckte Ziele. Der Kriegsunternehmer Wallenstein mag durchaus von persönlichem Bereicherungsstreben geleitet gewesen sein, aber im Dreißigjährigen Krieg, in dem er mitmischte, wurde um weiterreichende religiöse und politische Ziele gekämpft. In vielen der heutigen Konflikte geht es nicht um solche weiterreichende Anliegen; an ihre Stelle ist die eindimensionale Logik des Ressourcenraubs getreten: von der Aneignung von Bodenschätzen über die Absicherung des Drogenhandels bis zu frechen Beutezügen. Diese neue, kriminelle Spielart des Krieges findet sich in so unterschiedlichen Regionen wie Tadschikistan und Kolumbien. In Sierra Leone war die entscheidende Frage, um die ein zehnjähriger Krieg geführt wurde, nicht die, wer die Hauptstadt beherrschen, sondern wer die Kontrolle über die Diamantengruben des Landes erringen würde. Ähnliches gilt für den Kongo, wo alle Kriegsparteien letztlich um die Diamanten- und Coltanvorkommen kämpften. Wie ein lokaler Beobachter notierte:

> Die Menschen kämpfen um Geld. Alles was geschieht, geschieht des Geldes wegen.[103]

Gewiss werden viele Kriege von neuen Kriegsunternehmern und lokalen Warlords angeheizt, aber einen gewissen Anteil an diesem Wandel hatte auch das Ende des Kalten Krieges. Als die Hilfsgelder der Supermächte ausblieben, orientierten sich bestehende Guerilla- und Oppositionsgruppen in ihrem Finanzgebaren notgedrungen mehr in Richtung Markt. Sie stellten nicht etwa ihren Kampf ein, sondern erkannten vielmehr, dass ihre Kriegsfinanzierung sich ändern musste und dass sie nicht umhin kamen, sich neue Geldquellen zu erschließen.[104] Wenn sie als Gruppen überleben wollten, war die Erzielung regelmäßiger Einnahmen (sei es durch Raub und Plünderung, durch Rohstoffgewinnung, durch illegalen Handel oder Ähnliches) unabdingbar. Als ein für Kriegsparteien besonders lukratives Geschäft hat sich der internationale Drogenhandel erwiesen. In Tadschikistan zum Beispiel erzielen die dort aktiven Oppositionsgruppen 70 Prozent ihrer Einkünfte aus dem Drogengeschäft, und in Kolumbien setzen Guerillabewegungen schätzungsweise 800 Millionen Dollar pro Jahr um.[105] Unter solchen Bedingungen hört der Krieg auf, etwas Irrationales oder die Folge eines Systemversagens zu sein, und wird von einem Mittel zu einem Selbstzweck, einem »alternativen System des Profits und der Macht«.[106] Viele dieser Gruppierungen setzen ihre kriegerischen Aktivitäten fort, auch wenn die ursprünglichen Beweggründe, derentwegen sie einst angetreten sind, längst weggefallen sind.[107]

Diese Kriminalisierung des Krieges bringt eine neue Dynamik hervor, die ihrerseits einen Beitrag zur Konjunktur der privaten Militärfirmen leistet. Sie führt nämlich dazu, dass sich das Verhalten dieser Kämpfer erheblich ändert, und zwar oft in einer Weise, die völlig dem widerspricht, was eine konventionelle Militärdoktrin vorschreiben würde. So kommt es zum Beispiel bei vielen kriegerischen Konflikten zu einem hohen Maß von Zusammenarbeit zwischen nominell gegnerischen Kriegsparteien. In Sierra Leone zum Beispiel erhielt die RUF einen großen Teil ihrer Waffen von der Regierung und den ECOMOG-Truppen, die eigentlich ihre Gegner waren.[108] Die Fixierung auf den eigenen Gewinn verleitet kämpfende Gruppierungen auch zu Verhaltensweisen, die, an konventionellen Maßstäben gemessen, strategisch unklug sind. So ist zum Beispiel zu beobachten, dass Rebellen in solchen kriegerischen Konflikten dazu neigen, ihre Angriffe nicht gegen militärische Einrichtungen oder strategische Schwachstellen des Gegners wie Flughäfen und Hafenanlagen zu richten, sondern lieber Ziele angreifen, bei denen es etwas zu plündern gibt.[109] Die Kombination aus diesen kriminellen Antrieben und der Entwicklung hin zu immer unprofessionelleren »Truppen ohne Soldaten« resultiert auch in einem Wechsel der Strategie gegenüber Zivilisten. Anders als noch in der klassischen Aufstandsstrategie Maos dargelegt, praktizieren diese neuen oder umgepolten Gruppen vorsätzlich eine Politik des Terrors und der Plünderungen gegenüber der Bevölkerung, anstatt zu versuchen, die Herzen und Köpfe der Menschen zu gewinnen.

Alle diese Faktoren machen den kriminalisierten Krieg schmutziger und unberechenbarer. Sie sorgen auch dafür, dass andere profitorientierte Akteure wie etwa PMFs einen Einstieg bekommen. Je häufiger es zu solch schmutzigen Kriegen kommt, desto schwieriger wird es, die Mitwirkung privater Firmen in diesen Kriegen zu verurteilen, steht doch ihre Professionalität in scharfem Kontrast zur Disziplinlosigkeit lokaler militanter Gruppen, mit denen sie allerdings das Gewinnstreben gemein haben.

## Die Macht der Privatisierung und die Privatisierung der Macht

Die Einstiegsmöglichkeiten, die sich privaten Akteuren unter den Bedingungen der Marktöffnung nach Ende des Kalten Krieges und der Umwälzungen in der Technik der Kriegführung boten, wurden durch einen dritten wichtigen Trend ergänzt: die neue Macht der Privatisierung.

Waren vor nicht allzu langer Zeit noch der Keynesianismus und der Sozialstaat die Grundprinzipien nationaler Wirtschaftspolitik, so vollzog sich ausgangs des 20. Jahrhunderts ein schrittweiser Wandel hin zu der Überzeugung, der Markt sei besser als der Staat in der Lage, die Bedürfnisse von Interessengruppen wie auch die der Gesellschaft insgesamt zu befriedigen. Der Erfolg von Privatisierungsprogrammen in Europa, Lateinamerika und den Vereinigten Staaten sowie der überraschende Kollaps der Kommandowirtschaft im sowjetischen Block verliehen diesem Paradigmenwechsel zusätzlichen Rückenwind. In derselben Zeit griff die unternehmerische Strategie des Outsourcens um sich und erwies sich als wichtiger Motor für die Verjüngung diverser Wirtschaftsbranchen.

Dieser Saldo von Erfolgen und Fehlschlägen lieferte wichtige Vorbedingungen für das Anwachsen der privaten Militärbranche. Er sorgte dafür, dass nicht nur wirtschaftliche Machtverschiebungen stattfanden, festgefügte Meinungen ins Wanken gerieten und Weltanschauungen zerbröselten, sondern öffnete auch wichtige Wege für die Neubewertung früherer Praktiken.[110] Die Auffassung, der Markt werde die Lösung aller Probleme bringen, wurde nicht nur salonfähig, sondern verfestigte sich praktisch zur neuen internationalen Norm für eine effiziente Staats- und Wirtschaftsverfassung. Wenn politische Führungen mit neuen Herausforderungen konfrontiert wurden und über Möglichkeiten eines besseren Funktionierens nachdachten, sei es im Bereich der Müllabfuhr, des Strafvollzugs oder im militärischen Bereich, begannen sie über eine Entstaatlichung nachzudenken.

> Wenn je eine Wirtschaftspolitik von sich behaupten konnte, populär zu sein, zumindest bei den Eliten dieser Welt, dann war das sicher die Lehre von der Privatisierung.[111]

Wenn Staaten zunehmend mehr Aufgaben an Dritte delegierten, erschien ihnen irgendwann der Gedanke nicht mehr abwegig, dies auch im militärischen Bereich zu probieren.

## Die Privatisierungsrevolution

Das Outsourcen staatlicher Aufgaben liegt zweifellos auf breiter Front im Trend. Die letzten Jahrzehnte des 20. Jahrhunderts waren geprägt durch eine fortschreitende Auslagerung ehemals staatlicher Funktionen, die weltweit stattfand.

Die seismischen Wellen der Privatisierung nahmen ihren Ausgang in Großbritannien, nachdem dort 1979 Margaret Thatcher zur Premierministerin gewählt worden war. Die Regierung Thatcher zog ein gnadenloses und umfassendes Entstaatlichungsprogramm durch und privatisierte zahlreiche bis dahin staatlich geführte Betriebe. Sie rief damit anfänglich zwar erhebliche Widerstände und Unmutsbekundungen hervor, doch bald wurde ihr Vorgehen als ein durchschlagender Erfolg gewertet, der der gesamten britischen Wirtschaft half, wieder auf die Beine zu kommen.[112]

Das britische Vorgehen diente anderen Ländern als Vorbild, die ebenfalls ihre Wirtschaft voranbringen wollten, und so folgten in den 80er und 90er Jahren viele dem britischen Beispiel. Wie eine Art Heilslehre verbreitete sich das Privatisierungskonzept um den Globus.[113] Internationale Finanzinstitutionen wie die Weltbank oder der Internationale Währungsfonds trugen entscheidend dazu bei, diese Ideologie in eine normative Realität umzusetzen. In den Augen dieser beiden Kreditgeber und der sie finanzierenden Staaten steht Privatisierung für die Bereitschaft von Regierungen und Machthabern, das Erbe des paternalistischen Staates abzuschütteln.

Nach dem Zerfall des sowjetischen Blocks schafften fast alle in die Freiheit entlassenen Staaten den Übergang zur Demokratie und zugleich, indem sie ihre großen Staatsunternehmen privatisierten, die Umstellung auf marktwirtschaftliche Strukturen. Für postkommunistische Länder signalisierte die Privatisierung von Staatsbetrieben das Ende einer sozialistischen Selbsttäuschung und den ersten Schritt in Richtung einer liberalen politischen Demokratie. Tatsächlich ist in der westlichen Ideenwelt das politische Ideal der Demokratie inzwischen aufs Engste mit dem Konzept einer privatisierten Wirtschaft verknüpft.[114]

Die 90er Jahre brachten einen nie zuvor dagewesenen Grad an Privatisierung,[115] und 1998 hatte die Privatisierung ein so hohes Tempo erreicht, dass sich das Volumen der privatisierten Werte jährlich in etwa verdoppelte.[116] Diese »Privatisierungsrevolution« ging Hand in Hand mit der Globalisierung, und beide Entwicklungen beruhten auf dem Glauben daran, dass Markt und Wettbewerb zu maximaler Effizienz und Produktivität führen.[117]

In vielen Ländern führte dieser Glaube zu einem veränderten Verhalten der Eliten, nämlich zu einer tendenziellen Abkehr von dem Gedanken, Mitverantwortung für das Gemeinwohl zu tragen. Stattdessen konzentrierten sie sich stärker auf die Absicherung der eigenen Vermögenswerte und Firmenreiche und leisteten damit dem Outsourcingtrend zusätzlich Vorschub.[118] Indonesien, Liberia, Sierra Leone und der Kongo sind Beispiele für hinfällig gewordene Staaten, die sogar die Aufgabe der Steuererhebung an private Firmen delegiert haben.[119] Das übergreifende Ergebnis ist, dass in immer mehr Ländern der Erde immer mehr öffentliche Aufgaben an private, häufig ausländische Unternehmen übertragen werden. In jüngster Zeit hat diese Entwicklung die Dynamik einer Lawine erreicht mit dem Ergebnis, dass vielerorts staatliche Verwaltungsstrukturen vollständig verschwunden sind. Das gilt insbesondere für die Entwicklungsländer. In einer Reihe dieser Staaten werden nahezu alle öffentlichen Aufgaben, die früher Sache des Staates waren, inzwischen von nichtstaatlichen Firmen oder Organisationen wahrgenommen, vom Gesundheitswesen bis zur Überwachung der Einhaltung der Menschenrechte.[120]

Die Auswirkungen dieser Privatisierungswelle machen sich sowohl in der Tiefe als auch in der Breite bemerkbar. Eine wachsende Zahl öffentlicher Dienstleistungen, die lange als unantastbare Domänen des Staates galten, vom Strafvollzug bis zum Postdienst, sind privatisiert worden. In den USA wanderten in den 90er Jahren bis dahin von staatlichen Behörden erbrachte Dienstleistungen im Umfang von 100 Milliarden Dollar in die Hände privater Firmen. Vorangetrieben wurde diese Entwicklung sowohl von links, von der »National Performance Review« der Regierung Clinton, als auch von rechts, nämlich von der republikanischen Mehrheit im Kongress, die Privatisierungen ohnehin befürwortete.[121]

Dass ein politisch gewollter Trend zur Privatisierung früher oder später auch den Sicherheits- und Verteidigungsbereich erreichen würde, sollte angesichts dieser Entwicklung nicht allzu sehr verwundern, zumal staatliche Rüstungsunternehmen schon von Anfang an im Visier der Privatisierer gewesen waren. In einer Zeit, in der die Gelder für die Rüstungsbeschaffung gekürzt wurden und gleichzeitig die Ausgaben für Forschung und Entwicklung sprunghaft anstiegen, suchten etliche Regierungen ihr Heil in dem Versuch, den wichtigsten Teilen ihrer Rüstungswirtschaft durch marktwirtschaftliche Öffnung ein Überleben zu ermöglichen. Beispielhaft für diese Strategie stehen Thomson-CSF und Aerospatiale in Frankreich und British Aerospace und Rolls-Royce in Großbritannien. Das Resultat war eine Privatisie-

rung und Globalisierung der Rüstungswirtschaft und der Rüstungs-
produktion.[122]

Es dauerte nicht lange, bis auch der Sicherheits- und Verteidigungsbereich von dieser Expansion marktorientierter Lösungen erfasst wurde,
womit wir wieder bei den PMFs angelangt wären. Mark Duffield
schreibt:

> Wo immer sich Muster der Privatisierung herausgebildet haben, haben
> sie auch eine Nachfrage nach privaten Sicherheitsangeboten geschaf-
> fen. Wenn es ein Phänomen gibt, das wie kein anderes die Expansion
> globaler Märkte in instabile Regionen hinein charakterisiert, dann
> ist es die zunehmende Nutzung von immer raffinierteren privaten
> Sicherheitsdiensten für den Schutz von Vermögenswerten.[123]

## Die Outsourcer

Der globale Trend zum Outsourcing hielt auch in Großunternehmen
Einzug. In einer Phase, in der die Wirtschaft sich bemühte, ihre Strukturen den Herausforderungen des globalen Informationszeitalters anzupassen, wurde das Outsourcing zu einer anerkannten unternehmerischen Strategie, was den PMFs half, an Legitimität zu gewinnen und
ihre Umsätze zu steigern. In einer Mitteilung eines Branchenverbandes
hieß es:

> Outsourcing ist das neue Geschäftsmodell. Die Veränderungen, die
> sich hier vollziehen, haben tektonische Ausmaße.[124]

Eine Abstammungslinie, auf die sich der Trend zum Outsourcing in
den Vereinigten Staaten zurückführen lässt, war die in den 80er Jahren
heftig geführte Diskussion über die als bedrohlich empfundene Herausforderung durch die »Japan AG«. Angesichts dieser Gefahr versuchten viele Unternehmen, ihre Wettbewerbsfähigkeit durch Konzentration auf »Kernkompetenzen« wiederherzustellen. Dreh- und
Angelpunkt dieser Strategie war das Outsourcen von Prozessen und
Aktivitäten, die nicht zum Kernbestand des eigentlichen Unterneh-
menszwecks gehörten.[125] Dieses Konzept erwies sich als erfolgreich,
und viele sind sich sicher, dass es wesentlich dazu beitrug, dass Unternehmen wie IBM, AT&T oder Chrysler, die als Dinosaurier der Wirtschaft galten, so schnell wieder profitabel gemacht werden konnten.[126]
Die Lehre daraus schien die zu sein, dass Outsourcing die Zauber-
formel schlechthin war, mit der man ein Unternehmen revitalisieren
und auf Wachstumskurs bringen konnte.

Outsourcing wurde bald zu einer gefragten Unternehmensstrategie und mauserte sich zu einer regelrechten Wirtschaftsbranche. Weltweit überstiegen die Aufwendungen für Outsourcing-Restrukturierungen 2001 die Schwelle von einer Billion Dollar, was einer Verdoppelung innerhalb von drei Jahren entsprach.[127] Was die Popularität des Outsourcens zusätzlich förderte, war der Umstand, dass viele der erfolgreichsten Unternehmen der »New Economy« sich dieser Strategie bedienten. Von den 300 größten internationalen Unternehmen gaben 93 Prozent an, den einen oder anderen Bereich ausgelagert zu haben.[128]

Viele Topmanager von Rüstungsunternehmen verwiesen auf die guten Erfahrungen anderer Industrien mit dem Outsourcen und setzten sich dafür ein, diese Strategie auch im Rüstungssektor anzuwenden. Anfangs geschah das vorwiegend in Bereichen, in denen das Militär ohnehin nur Techniken oder Produkte anwendete, die in der Privatwirtschaft bereits gang und gäbe waren, etwa in der elektronischen Datenverarbeitung oder bei der ärztlichen Versorgung.[129] Mit der Zeit brach sich jedoch die Überzeugung Bahn, dass beim Streben nach höherer Effizienz kein Bereich ausgeklammert werden dürfe.[130]

## Analogie im Kleinen und Inneren: private Sicherheit

In vielerlei Hinsicht ist die Privatisierung militärischer Leistungen nicht viel mehr als ein gleichsam aggressiverer Aspekt des allgemeinen gesellschaftlichen Privatisierungstrends. Es geht im Wesentlichen darum, dass der Staat sich aus etlichen seiner Kommandopositionen zurückzieht. Gerade bei seinen typischsten Einrichtungen manifestiert sich der Niedergang des Staates am stärksten: Wirtschaftsunternehmen, soziale Sicherungssysteme, Justiz, Bildungswesen – und neuerdings eben auch innere und äußere Sicherheit.[131]

Und tatsächlich zeigte sich die Parallele zum Outsourcen militärischer Aufgaben bereits in der Entstehung eines Marktes für innere Sicherheit. Die private Sicherheitswirtschaft ist weltweit »eine Wachstumsindustrie par excellence«, in vielen Ländern sogar der am schnellsten wachsende Wirtschaftssektor.[132] Wie für die PMF–Branche gilt auch für die private Sicherheitsbranche, dass ihr Anwachsen unmittelbar mit der Reduzierung staatlicher Sicherheitskräfte und deren Rückzug aus einem Teil ihrer bisherigen Aufgabenbereiche zusammenhängt. Staat und Behörden selbst haben allerdings auch nicht unerheblich zur Hochkonjunktur privater Sicherheitsfirmen beigetragen. In den Vereinigten Staaten zum Beispiel arbeitet fast ein Drittel des gesamten privaten Sicherheitspersonals für die Regierung.[133]

Seit 1990 ist in der US-amerikanischen Sicherheitsbranche ein dramatisches Wachstum zu beobachten. Privatleute und Firmen geben für Sicherheitsdienste 73 Prozent mehr Geld aus als die öffentliche Hand, und private Sicherheitsfirmen beschäftigen dreimal so viele Mitarbeiter wie die Polizei und die anderen staatlichen Sicherheitsbehörden.[134] Eng mit diesem Trend hängt die Tatsache zusammen, dass eingezäunte Wohngebiete in den USA mittlerweile zum Normalfall im Städtebau geworden sind. Es gibt heute in den USA über 20.000 dieser Siedlungen, und vier von fünf Neubauvierteln sind eingezäunt und werden von privaten Sicherheitsdiensten bewacht.[135] Wie ein Verteidigungsexperte mit trockenem Humor kommentiert:

> Wir erleben, wie immer mehr Leute private Sicherheitsfirmen engagieren, um die Dritte Welt von den Vorstädten Amerikas fern zu halten.[136]

Neben Bewachungs- und Sicherungsaufgaben übernehmen private Sicherheitsfirmen auch immer mehr andere Funktionen im Bereich der inneren Sicherheit, die früher Sache des Staates waren. Die Firma Wackenhut zum Beispiel, Marktführerin der Sicherheitsbranche, betreibt in dreizehn US-Staaten und in vier anderen Ländern Gefängnisse. Sie stellt auch Sondereingreifteams (SWAT-Teams), die in South Carolina und Nevada Atomwaffenarsenale vor terroristischer Bedrohung schützen.[137]

Diese Trends sind überall auf der Welt anzutreffen. In Südafrika liegt das Verhältnis zwischen der Zahl privater Sicherheitsleute und der Zahl uniformierter Polizeibeamten bei ungefähr 4:1. In Großbritannien und Australien beträgt das Verhältnis 2:1.[138] In Großbritannien ist die Mitarbeiterzahl privater Sicherheitsfirmen mit rund 250.000 größer als die Zahl der Soldaten in der Armee. In Teilen Asiens ist die private Sicherheitsbranche um 20 bis 30 Prozent pro Jahr gewachsen. Selbst im kommunistischen China gibt es eine private Sicherheitsbranche, die rund 250.000 Mitarbeiter beschäftigt.[139] Zu der vielleicht größten Personalaufblähung im privaten Sicherheitsbereich ist es infolge des fast völligen Ausfalls der staatlichen Sicherheitsbehörden im postkommunistischen Russland gekommen, wo seit 1989 über 10.000 neue Sicherheitsfirmen gegründet worden sind.[140]

Letzten Endes läuft all dies darauf hinaus, dass der Staat nicht mehr erste Wahl ist, wenn es um Lösungen für öffentliche Probleme geht. Manche geben zwar zu bedenken, der Privatisierungstrend sei Bestandteil eines übergeordneten Trends zur Zersplitterung der Gesellschaft als Folge nachlassender gesellschaftlicher Bindungen, aber es erscheint mir treffender, die Entwicklung als einen normativen Wandel im weltanschaulichen Bereich zu bezeichnen.[141] Da auf der einen Seite staatliche Leistungen hinter den Erwartungen zurückblieben und auf der anderen eine Reihe scheinbar erfolgreicher Privatisierungs- und Outsourcingstrategien zu verzeichnen waren, lag es nahe, das etablierte Staatsverständnis in Frage zu stellen. Es wurden nicht nur die Schwächen des Staates zunehmend genauer unter die Lupe genommen, sondern die Gesellschaft begann auch, es als legitim zu betrachten, dass private Akteure beauftragt wurden. In der Folge sind die Konzepte Privatisierung und Outsourcing zu diskutierbaren Optionen geworden, sogar bezogen auf den Sicherheitsbereich. In vielen Fällen haben sich die Verhältnisse so gestaltet, dass an dieser Privatisierung kein Weg mehr vorbei führt.[142]

Ein verblüffender Aspekt dieses weltanschaulichen Wandels ist die Bedeutungsveränderung des Wortes »öffentlich«. Im antiken Griechenland, wo die begriffliche Unterscheidung zwischen öffentlich und privat sich erstmals entwickelte, galt die größte Hochachtung dem öffentlichen Bereich. Das griechische Wort für »privat«, *ideos*, ist in der Tat die etymologische Quelle für die Bezeichnung »Idiot«.[143] Heute erleben wir eine gründliche Umwertung der Begriffe. In Ausdrücken wie »öffentliches Schulwesen«, »öffentlicher Wohnungsbau« oder »öffentlicher Nahverkehr« bekommt das Wort »öffentlich« einen eher negativen Klang und wird für viele zu einem Synonym für »zweitklassig« oder »billig«. Damit Hand in Hand geht eine Abwertung des Beamtentums. Im öffentlichen Bewusstsein gilt die Privatwirtschaft als der Bereich, in dem mehr geleistet wird und der mehr Respekt verdient.[144]

Für die moderne Gesellschaftslehre ist die Überlegenheit marktorientierter Lösungen also ein fast absoluter Glaubensartikel. Barry McCaffrey, US-General und in den 90er Jahren der »Drogenbekämpfungszar« der Nation, brachte die vorherrschende Stimmungslage vielleicht am treffendsten auf den Punkt. Als er gefragt wurde, was er von der Beauftragung von PMFs in Kolumbien halte, antwortete er:

Ich bin ein ungenierter Bewunderer des Outsourcing. ... Es gibt nur ganz wenige Dinge im Leben, die man nicht outsourcen kann.[145]

Eine private Militärbranche wäre, so gesehen, nichts anderes als der nächste logische Schritt im Rahmen eines globalen Trends zu Privatisierung und Outsourcing.[146] Es handelt sich schlicht um eine etwas aggressivere Variante des Eindringens marktwirtschaftlicher Konzepte in bislang vom Staat dominierte Bereiche. Wie ein Beobachter feststellte:

Wenn Privatisierung der Trend unserer Zeit ist, muss die Frage erlaubt sein: Warum nicht auch den Krieg privatisieren?[147]

# Teil II

# Organisation und Operation

## Kapitel 5

# Die militärische Dienstleistungsbranche: eine global operierende Industrie

> Heute verlangt die Zeit von euch, dass ihr euren allgemeinen Geschäften mit dem Schwert in der Hand nachgeht.
> Der Direktor der Ostindischen Kompanie
> zu seinen Angestellten

D as Markenzeichen der privaten Militärbranche ist, dass sie Dienstleistungen anbietet, die herkömmlicherweise in den Aufgabenbereich staatlicher Streitkräfte fallen: Kampfeinsätze, strategische Planung, soldatische Ausbildung, Aufklärung, militärische Logistik, informationelle Kriegführung. Während einige Firmen, zum Beispiel Sandline und MPRI, nur zu gerne ihre soldatische Angebotspalette herausstellen, geben viele andere, was durchaus verständlich ist, nicht offen zu erkennen, dass sie auch Kampfaufträge annehmen. Manche Firmen – wie Vinnell oder Booz Allen – führen ein relativ unauffälliges Dasein als Teil einer größeren Firmengruppe oder eines Konzerns. Andere, zum Beispiel ArmorGroup, siedeln ihr offizielles Tätigkeitsfeld im nichtmilitärischen Bereich an, indem sie sich das harmloser klingende Attribut »private Sicherheitsfirma« zulegen. Sie erwecken den Eindruck, nur passive Sicherungsaufgaben für Privatkunden zu erledigen, sind jedoch von ganz anderem Kaliber als die Wach- und Schließfirmen, die sich nachts um Bürogebäude oder Einkaufszentren kümmern. Unter denen, die sich »private Sicherheitsfirma« nennen, sind etliche, deren Aktivitäten man kaum als passiv bezeichnen kann und die in einem Milieu operieren, das man weder als friedlich noch auch nur als zivil charakterisieren kann. Insoweit, als sie beispielsweise Lehrgänge für Kampftechniken von Spezialeinheiten und Eingreiftruppen anbieten oder bewaffnete Kommandos für die Abwehr von Guerillaangriffen zur Verfügung stellen, besteht kein Zweifel daran, dass sie militärische Dienstleistungen anbieten und militärische Wirkungen erzielen.

Da es sich bei den Anbietern dieser Dienstleistungen um Wirtschaftsunternehmen handelt, spricht nichts dagegen, sie mit denselben analytischen Methoden zu untersuchen, die auf andere, harmloser erscheinende Wirtschaftsbranchen angewendet werden, um wirtschaftliche Zusammenhänge und Strukturen zu erhellen. Für die private Militärbranche insgesamt ist das bis jetzt noch nicht geleistet worden. Der Wert einer solchen ökonomischen Analyse würde nicht nur darin bestehen, die Funktion des privaten Militärmarkts und der ihn konstituierenden Firmen zu ergründen, sondern würde auch Rückschlüsse auf ihre voraussichtliche Weiterentwicklung erlauben.

## Branchenstruktur

Die private Militärbranche ist kein kapitalintensiver Wirtschaftssektor, erst recht nicht im Vergleich zu traditionellen Fertigungsindustrien oder, einschlägiger, einer vom Staat unterhaltenen Armee; das ist ein sehr wichtiges Kennzeichen dieser Branche. Wer in den Markt für militärische Dienstleistungen einsteigen will, muss keine besonders hohe Schwelle überwinden; besondere Effizienzvorteile durch Größe bestehen nicht. Im Gegensatz zu nationalen Streitkräften, deren Unterhalt erhebliche und regelmäßige Kosten verursacht, muss eine PMF der einfachen Kategorie nur ein Minimum an finanziellem und geistigem Kapital aufbieten.

PMFs, die Kampfeinsätze machen, können sich die dafür erforderlichen Werkzeuge unschwer – und oft zu Schleuderpreisen – auf dem internationalen Waffenbasar besorgen. Viele Verträge sind so gestaltet, dass der Auftraggeber verpflichtet ist, die Waffen zu beschaffen und andere logistische Bedürfnisse der Firma zu erfüllen; die PMF stellt lediglich das Personal zur Verfügung. In Fällen, in denen das nicht so ist, haben Firmen es verstanden, zusätzliches Geld zu verdienen, indem sie Waffenkäufe im Namen des Auftraggebers abwickeln. Damit erhöhen sie ihre ohnehin beträchtlichen Gewinne.[1]

Der Schlüssel zum Verständnis der Marktstruktur in der privaten Militärbranche ist die relativ große und preiswerte Verfügbarkeit von Personal, sowohl auf internationalen als auch auf einheimischen Märkten. Ein Faktor, der dem Personalreservoir immer wieder neuen Nachschub liefert, ist das vergleichsweise geringe Entgelt und Prestige, das der Soldatenberuf in vielen staatliche Armeen abwirft. Angestellte von PMFs verdienen in der Regel das Doppelte bis Zehnfache eines vom Rang her vergleichbaren Soldaten oder Polizisten. Viele der besten und agilsten Angehörigen staatlicher Streitkräfte folgen dem Lockruf des

Geldes. In Entwicklungsländern kommt hinzu, dass die dortigen Militärbehörden oft nicht regelmäßig zahlen.

In den wohlhabenderen Regionen lockt viele Exsoldaten die Aussicht, ihre staatliche Pension um ein volles privates Salär aufstocken zu können. Die Aussicht auf stetige Beschäftigung und auf Prämien, die in der Privatwirtschaft gewährt werden (bis hin zu Aktienoptionen bei den gediegeneren Firmen), sind weitere Pluspunkte.

Ihr ganzes Potenzial können private Militärfirmen aber nur dann wirklich ausschöpfen, wenn sie in einen Konzern oder eine größere Firmengruppe eingebettet sind; ohne eine solche Anbindung können sie ihren Auftraggebern längst nicht so viel Mehrwert bieten. In jedem Fall profitieren sie davon, dass ihre Leute bereits eine Ausbildung an staatlichen Einrichtungen durchlaufen haben, dass also die Ausbildungskosten von der Gesellschaft getragen werden. Während eine staatliche Armee womöglich sechsstellige Beträge in die Rekrutierung, Ausbildung und Weiterbildung jedes einzelnen ihrer Soldaten investiert, können PMFs dieselben Qualifikationen im Handumdrehen für einen Bruchteil der Kosten auf dem offenen Markt rekrutieren. Das bedeutet, dass die Branche, auch wenn sie oft recht personalintensiv sein kann – bei manchen Operationen können immerhin Hunderte oder sogar Tausende Kämpfer zum Einsatz kommen –, an jedem einzelnen ihrer Mitarbeiter gutes Geld verdient.

Dieser Mix aus Kapital und Arbeit birgt eine zusätzliche Implikation: Da die Eintrittsschwelle so niedrig ist, sind Imagepflege und ein guter Ruf die Schlüssel zum Aufstieg in eine marktbeherrschende Position. Diese Voraussetzungen kann man sich schaffen, indem man etwa den guten Ruf vermarktet, den die eigenen Mitarbeiter aufgrund früher geernteter militärischer Lorbeeren genießen. So preist die Firma MPRI ihre Dienste unter Berufung auf vergangene Schlachtfeldmeriten an, die ihre Mitarbeiter als Soldaten in den US-Streitkräften gesammelt haben. Eine gute Reputation kann natürlich auch aus den Erfolgen der Firma selbst und einer daraus resultierenden hohen Kundentreue herrühren wie bei AmorGroup.

### Virtuelle Firmen

Ein interessanter Aspekt der aufblühenden privaten Militärbranche ist der, dass viele dieser Unternehmen als »virtuelle Firmen« operieren.

Ähnlich wie Firmen der E-Commerce- oder der Zeitarbeitsbranche, die Kosten sparen, indem sie vorwiegend in fixes Kapital wie Immobilien investieren, halten auch diese Firmen keine festen Mitarbeiter in größerer Zahl vor (keine »stehenden Heere«, um in der Militärsprache zu bleiben). Sie arbeiten vielmehr mit in Datenbanken erfassten Listen qualifizierter Kräfte und spezialisierter Subunternehmer.[2] Wenn ein Auftrag hereinkommt, werden aus dem Pool freiberuflicher Mitarbeiter die jeweils benötigten Teams zusammengestellt. Die erforderliche Hardware (in diesem Fall typischerweise Waffensysteme und anderes Rüstungsmaterial) wird ebenfalls nicht vorrätig gehalten, sondern je nach Bedarf auf dem internationalen Markt gekauft oder geleast. Wie die Einkäufer ziviler Wirtschaftsunternehmen entwickeln die PMF-Manager Kompetenzen und Insiderwissen in Sachen weltweiter Ressourcenbeschaffung und lernen, ihr Geschäft mit wenig Reibungsverlusten zu betreiben. Im Vergleich zu staatlichen Streitkräften sind PMFs flexibler, haben einen geringeren Verwaltungsaufwand und können einen höheren Anteil ihrer Manpower für unmittelbar auftragsbezogene Tätigkeiten und für die Kommunikation mit ihren Auftraggebern verwenden, was ebenfalls der Effizienz zugute kommt.

Ein weiterer Vorteil, der aus den niedrigen Fixkosten erwächst, besteht darin, dass die Firmen standortunabhängig agieren können. Es mag zwar von Vorteil sein, den Firmensitz in einer Region zu haben, in der sich möglichst viele potenzielle Auftraggeber oder Mitarbeiter befinden (wie MPRI und Vinnell, deren Hauptquartiere nicht weit vom Pentagon entfernt liegen), aber zwingend erforderlich ist es nicht. In unserer elektronisch vernetzten Welt kann man unabhängig vom eigenen Standort alle möglichen Interessenten kontaktieren und rekrutieren; Datenbanken und Auftragsunterlagen lassen sich über das Web verwalten und abfragen. Ähnlich wie es in der Welt der Finanzdienstleister üblich ist, unterhalten die Firmen Büros in Metropolen wie London und Washington (beispielsweise Sandline), während sich ihr Firmensitz in einem unternehmerfreundlicheren Biotop befindet, bevorzugt in Steueroasen wie den Bahamas oder den Cayman-Inseln.

Die Verlagerung von Geschäftsabläufen auf die virtuelle Ebene schafft darüber hinaus die Voraussetzungen für kurze und profitable Lebensspannen der betreffenden Firmen. Sie können sich relativ schnell und unkompliziert auflösen und neu konstituieren, wann immer das nötig erscheint (sei es, um sich staatlichen Auflagen oder juristischer Verfolgung zu entziehen, sei es auch nur, um einen schlecht gewählten

Firmennamen los zu werden). Das »Verschwinden« der Firma Executive Outcomes im Dezember 1998 liefert ein anschauliches Beispiel hierfür. Die ursprünglich in Südafrika ansässige Firma spaltete sich, als die dortige Regierung sich anschickte, regulierend einzugreifen, in mehrere neue Unternehmen mit Sitz im Ausland auf. Das virtuelle Geschäftsmodell bedeutet, dass ein Unternehmen, dem der Boden in seinem angestammten Land zu heiß wird, einfach weiterziehen kann.

Diese große Beweglichkeit ist einer der Gründe dafür, dass so viele, die sich für die private Militärbranche stark machen, glaubhaft versichern, eine PMF tue in der Regel nichts gegen die Interessen ihres Heimatstaats.[3] Diese Behauptung lässt sich zwar sehr wohl hinterfragen (wie in späteren Kapiteln deutlich wird), aber Tatsache ist und bleibt, dass eine Firma, die sich entschließt, ihren Hauptsitz im Land X zu nehmen, wahrscheinlich vorher geprüft hat, wie hoch bzw. niedrig die Wahrscheinlichkeit ist, von den Behörden dieses Landes mit Auflagen oder restriktiven Vorschriften behelligt zu werden.[4] Und eine Firma, die einen Auftrag annimmt, der gegen die Interessen ihres Heimatstaates verstößt, so dass sie mit Maßnahmen der Regierung rechnen muss, wird clever genug sein, rechtzeitig in ein anderes Land umzuziehen.

## Das Mitarbeiterreservoir: das berufliche Präfix »Ex«

Die typischen Mitarbeiter, die von PMFs rekrutiert werden, sind eine so bunte Mischung wie die Leistungsangebote der Firmen selbst. Die Menschen kommen aus allen Teilen der Welt – aus Angola, Kanada, Israel, Nepal, der Ukraine, den Vereinigten Staaten, Großbritannien, Simbabwe – und können Spezialisten für alles Mögliche sein, für Spionage, Luftlandeoperationen, Logistikmanagement ebenso wie für die Ausbildung von Minenspürhunden. Das Spektrum reicht von Dschungelkämpfern mit über 20 Jahren Kampferfahrung bis zu »Deskjockeys«, die nur über Schreibtischerfahrung verfügen. Doch eines haben nahezu alle, die als Rekruten für die PMF-Branche in Frage kommen, gemein: Sie waren in ihrem früheren Leben Soldaten. Es ist dies vielleicht die einzige Branche, in der der frühere Beruf eine wesentliche Einstellungsvoraussetzung für den neuen Job ist. Das Präfix »Ex« – wie in Exfallschirmjäger, Exgeneral, Exledernacken usw. – ist das Markenzeichen derer, die den Mitarbeiterstamm der privaten Militärbranche ausmachen.

Alle PMFs bevorzugen bei der Mitarbeiterrekrutierung Leute, die früher bei nationalen Streitkräften gedient haben. Manche wie MPRI nehmen grundsätzlich nur Veteranen der eigenen nationalen Streitkräfte, während andere wie AmorGroup aus einem wahrhaft multinationalen Reservoir schöpfen. PMF-Mitarbeiter können in ihrer früheren Militärkarriere alles Mögliche gewesen sein, vom rangniedrigsten Unteroffizier bis zum hochdekorierten Kommandeur. Einige wenige Firmen rekrutieren auch Exmitglieder nichtstaatlicher Organisationen oder oppositioneller Gruppen. (Executive Outcomes zum Beispiel heuerte Veteranen des Afrikanischen Nationalkongresses an). Das Gros des in der Branche beschäftigten Personals hat jedoch mehr oder weniger lange in einer regulären Armee gedient. Es ist denkbar, dass diese Einstellungsvoraussetzung nicht mehr durchgängig geltend gemacht wird, weil die Bedeutung der informationellen und elektronischen Kriegführung zunimmt und in diesem Bereich Computerfähigkeiten wichtiger sind als eine rein militärische Laufbahn.

Eine Rolle spielt in diesem Zusammenhang, dass die PMF-Branche Leuten, die vor nicht langer Zeit aus dem Militärdienst ausgeschieden sind, eine relativ verlockende Übergangszeit zum späteren Ruhestand bietet. Ein Mitarbeiter einer PMF mit Sitz in London schilderte seine Beweggründe für den Einstieg in die Firma so:

> Mit 18 trat ich in die Army ein, mit 42 schied ich aus. Was hätte ich anderes machen können, als weiterhin Soldat zu sein? ... Welche Alternative habe ich?[5]

Man sollte daraus nicht schließen, dass das Mitarbeiterreservoir der PMF-Branche überwiegend aus zwangspensionierten Exsoldaten in fortgeschrittenem Alter besteht. Tatsächlich ist es bei Soldaten, die typischerweise in sehr jungen Jahren in den Militärdienst eintreten, nicht selten so, dass einer nach über 20 Jahren im Soldatenberuf zum Zeitpunkt seines Ausscheidens vielleicht erst 38 Jahre alt ist. Viele Soldaten in aller Welt quittieren den Dienst vor Erreichen des regulären Pensionsalters, vielleicht weil sie mit ihrer Situation unzufrieden sind oder weil ihre Truppe aus politischen Gründen verkleinert wurde. Viele PMF-Mitarbeiter sind denn auch noch keine 35 Jahre alt. Selbst »Graubärte« (als einen solchen charakterisierte sich einer meiner Gesprächspartner), die in Pension gegangen sind, weil sie für den Militärdienst zu alt geworden waren, können dank ihrer Erfahrung noch wertvolle Arbeit leisten, etwa bei der Beratung oder Ausbildung von Truppen, die militärische Schulungs- und Führungsdefizite haben.

Aus der Tatsache, dass die private Militärbranche ihre Mitarbeiter weitgehend aus der Gruppe derjenigen rekrutiert, die aus regulären Streitkräften ausgeschieden sind, lässt sich keineswegs folgern, dass die Firmen weniger qualifizierte Leute beschäftigen. Es könnte sogar gerade das Gegenteil zutreffen. In unserem Zeitalter des Truppenabbaus, der vergleichsweise schlechten Besoldung und des nachlassenden Prestiges, das mit dem Tragen einer Uniform verbunden ist, haben private Militärfirmen durchaus die Möglichkeit, sich die Rosinen herauszupicken; mitunter werben sie staatlichen Streitkräften sogar die besten Köpfe ab. Die Branche kann sich, wie man so sagt, als »Wilderer« betätigen (um einen Ausdruck aus dem Wörterbuch der Personalagenturen zu benutzen) und sich aussuchen, wen sie braucht und haben will. Ein PMF-Mitarbeiter im soldatischen Tätigkeitsbereich kann durchaus an einem einzigen Arbeitstag so viel verdienen, wie er früher bei seinen Streitkräften in einem Monat verdient hat, solche Extras wie Aktienoptionen oder die vom Arbeitgeber abgeschlossenen Versicherungen gar nicht gerechnet; wenn das kein Anreiz ist.[6] Die Special Forces der britischen Armee haben vor kurzem eine Rekrutierungskampagne gestartet, wie es sie noch nie gab. Der Grund: Viele ihrer Soldaten werden von privaten Militärfirmen abgeworben, die den Männern mehr als das Doppelte ihrer aktuellen Bezüge bieten.[7]

Dass fast jeder in dieser Branche ein »Ex« ist, bietet einen doppelten Vorteil: Die Leute sind bereits ausgebildet, die Kosten dafür spart die Firma, da der Staat sie getragen hat. Die Rede ist hier unter Umständen von hoch spezialisierten militärischen Fachleuten, deren Ausbildung Jahre gedauert und fünfstellige Beträge an Steuergeldern gekostet hat. Die Früchte dieser Ausbildung ernten die PMFs praktisch gratis. Das ist ein wesentlicher Wettbewerbsvorteil gegenüber den staatlichen Armeen. Was die weiteren laufenden Kosten für die Mitarbeiterschulung betrifft, so muss die Firma lediglich dafür sorgen, dass die einschlägigen Fähigkeiten erhalten und fortgebildet werden, und sie muss die Leute dort einsetzen, wo ihre Qualifikationen den größten Erfolg versprechen.

Die Firmen können außerdem bei der Rekrutierung neuer Mitarbeiter auf bereits vorliegende Auswahlkriterien zurückgreifen, die von den staatlichen Streitkräften gratis geliefert werden. Aus den dienstlichen

Beurteilungen und den Beförderungspapieren der Bewerber geht hervor, wo ihre besonderen Stärken liegen, und auch die veröffentlichten Einstellungsvoraussetzungen der Einheiten und Waffengattungen, bei denen sie gedient haben, erlauben wertvolle Rückschlüsse. Staatliche Streitkräfte müssen demgegenüber relativ blind rekrutieren und hoffen, dass der Aufwand, den sie für Ausbildung und Schulung treiben, sich zumindest bei einem Teil der Rekruten auszahlen wird. Hierin liegt einer der Gründe dafür, weshalb manche Firmen wie MPRI nur Veteranen der US-Streitkräfte anwerben – diese können sie nämlich am besten einschätzen. Es ist dies auch der Grund dafür, dass ehemalige Angehörige von Spezialeinheiten oder anderen gut beleumundeten Truppen wie den Gurkhas immer wieder im Personalreservoir privater Militärfirmen auftauchen. Abgesehen davon, dass diese Ex-soldaten möglicherweise eine psychologische Prädisposition aufweisen, die sie zu dieser anspruchsvollen und abenteuerlichen Berufstätigkeit hinzieht, werden sie mit offenen Armen aufgenommen, weil sie den schwersten aller denkbaren Eignungstests bereits bestanden haben.[8]

Die Militärlaufbahn, die ein Mitarbeiter einer privaten Militärfirma zuvor durchlaufen hat, besitzt zudem einen potenziellen Werbeeffekt für die Firma. In deren Werbebroschüren und auf ihren Websites findet sich oft ebenso viel Information über die reguläre militärische Laufbahn ihrer Angestellten wie darüber, was die Firma an vergangenen Erfolgen aufzuweisen hat. Aus der Struktur der Branche folgt, dass der eigentliche »Mehrwertdienst«, den eine PMF für ihren Auftraggeber erbringen kann, ihr Aufgebot an qualifizierten Mitarbeitern ist; Waffen lassen sich immer und aus vielen Quellen beschaffen, aber soldatisches Können ist nicht ohne weiteres erhältlich. Firmen legen bei der Rekrutierung eines neuen Mitarbeiters deshalb größten Wert auf dessen persönliche Referenzen bzw. auf den Ruf des Truppenteils, in dem er früher gedient hat; meistens zahlt sich Sorgfalt bei der Auswahl des Personals später für die Firma aus.

Für die Besetzung der auf der Kommandoebene zu vergebenden Posten erstellen manche Firmen ein regelrechtes »Who's who« der pensionierten und ausgeschiedenen Offiziere der Streitkräfte ihrer bevorzugten Länder. MPRI mit ihrer »Starparade« ist das klassische Beispiel (vgl. Kapitel 8), sie ist aber gewiss nicht die einzige Firma, die auf den »Sterneneffekt« setzt. Levdan entsandte einen Mann als Befehlshaber in den Kongo, der früher General bei der israelischen Armee gewesen war; unter den Spitzenleuten bei Levdan waren ferner ein Abteilungsleiter des israelischen Geheimdiensts und der Sohn eines Stabschefs der israelischen Streitkräfte.

Das Aufbieten von Prominenten ist nicht nur gut für die Eigenwerbung, sondern bietet noch einen weiteren, im Verborgenen blühenden Vorteil. Ausländische Auftraggeber neigen dazu, solchen bekannten Größen in Uniform mehr Vertrauen und Respekt entgegenzubringen, und im eigenen Land können diese Leute auf ein Netz von Kontakten zurückgreifen, das ihnen privilegierten Zugang zu Informationen und potenziellen Auftraggebern gewährt.[9]

## Marktstrukturen: Größe und Umsätze

Dass die militärische Dienstleistungsbranche eine Wachstumsindustrie ist, steht außer Zweifel. Seit über einem Jahrzehnt verläuft die Expansion des Sektors unabhängig von Konjunkturzyklen, die Umsatzkurve zeigt stetig nach oben. Anders gesagt, wirtschaftliche und politische Krisen tragen von außen Nachfrage in die Branche hinein. Als ein Wirtschaftssektor, der noch in den Kinderschuhen steckt, hat die PMF-Branche einige wirtschaftstypische Verläufe erst noch vor sich: das Erreichen eines Reifeplateaus, vielleicht auch Phasen der Rezession, wie sie in den meisten Wirtschaftszweigen vorkommen. Bislang aber boomt die Branche weltweit und in Anpassung an die sich wandelnde Natur des Krieges.

Da die Branche nicht sehr transparent ist, stehen für sie unglücklicherweise keine absolut verlässlichen Daten zur Verfügung. Nach den besten verfügbaren Schätzungen setzt die Branche zur Zeit jährlich an die 100 Milliarden Dollar um, scheint also ein robuster und mächtiger Wirtschaftszweig zu sein.[10] Bis 2010 erwartet man zumindest eine Verdoppelung des Branchenumsatzes.[11]

Die Hochkonjunktur, die die PMF-Branche gegenwärtig erlebt, hat einen selbstverstärkenden Effekt. Erfolgreiche Operationen werden oft öffentlich verkündet mit der Folge, dass bei denen, die noch nicht in den Genuss von Leistungen privater Militärfirmen gekommen sind, sich das Gefühl breit macht, sie gerieten ins Hintertreffen. Das Ergebnis ist, dass die Nachfrage nach den Diensten der PMFs weiter zunimmt. Die Machthaber in Sierra Leone schlossen einen Vertrag mit Executive Outcomes, nachdem sie aus den Medien von den erfolgreichen Operationen der Firma in Angola erfahren hatten. Ein strukturelles Merkmal, von dem die PMFs profitieren, ist der Umstand, dass die Abhängigkeit der Auftraggeber von den Firmen ihres Vertrauens in dem Maß zunimmt, wie sie weitere Aufgaben outsourcen oder privatisieren. In immer mehr Bereichen büßt der Auftraggeber eigene Kompetenzen und Fähigkeiten ein und muss sich immer mehr auf die PMFs verlassen. Das ist eine der Ursachen für die starke Umsatzstabilität, die in der Branche herrscht.[12]

Es verwundert nicht, dass mit Investitionen in die PMF-Branche gigantische Summen verdient worden sind. Im Verlauf der 90er Jahre wuchsen die Umsätze der an den Börsen gehandelten PMFs in etwa doppelt so schnell wie der Dow-Jones-Aktienindex.[13] Die Umsatzrenditen erreichen in der PMF-Branche zwar nicht jene schwindelerregenden Höhen, wie sie bei den heißesten Start-up-Firmen der New Economy registriert wurden (von denen allerdings viele abstürzten), waren aber in vielen Fällen höchst imposant – und das ohne eine nervenaufreibend hohe Volatilität. Wer als Investor irgendwann in den 90er Jahren Aktien von Armor Holdings kaufte, konnte Kursgewinne verbuchen, die etwa um den Faktor zehn über dem Wertzuwachs eines dem S & P 500 nachgebildeten Indexfonds lagen.[14]

Während große Teile des militärisch-industriellen Komplexes im Produktionsbereich unter dem Rüstungsabbau und den Konsolidierungen nach Ende des Kalten Krieges zu leiden hatten, florierte die militärische Dienstleistungsbranche. Dies bot großen Konzernen, die im Rüstungsbereich engagiert sind, wie TRW oder Northrop Grumman (mit seinem Geschäftsbereich Logicon Services) die Chance, trotz schrumpfender staatlicher Aufträge profitabel zu bleiben. Das mittelständische Unternehmen L-3 schaffte es, indem es sich den militärischen Sektor als neues Geschäftsfeld erschloss, zur Nr. 23 unter den größten Rüstungskonzernen der Welt aufzusteigen.[15] In ähnlicher Weise konnte der Halliburton-Konzern dank der milliardenschweren Aufträge, die seine Tochterunternehmen von den US-Streitkräften erhielten, die Umsatzrückgänge im Geschäft mit Ölbohrausrüstungen, die um die Mitte der 90er Jahre einsetzten, kompensieren.

Die genaue Zahl der PMFs, die den einschlägigen Markt bevölkern, lässt sich, weil sich noch keine allgemein akzeptierte Methode für ihre Erfassung und Klassifizierung etabliert hat, nur schwer feststellen, wobei ziemlich klar ist, dass in der Branche eine starke und anhaltende Fluktuation besteht. Die Gesamtzahl liegt nach Schätzungen im mittleren dreistelligen Bereich. Allein in London haben mindestens zehn

Unternehmen ihren Sitz, die für ausländische Kunden ein Auftragsvolumen von mehr als 100 Millionen Pfund (ca. 150 Millionen Euro) abwickeln. Diese Firmen beschäftigen zusammen mehr als 8000 britische Exsoldaten. Mindestens mehrere Dutzend in den USA ansässige Firmen haben sich auf militärische Dienstleistungen in den Bereichen Taktik, Schulung und Beratung spezialisiert.[16] Weitere 60 Firmen betätigen sich auf dem Subsektor des Minenräumens.[17] Wenn man das Suchraster verbreitert und auch Unternehmen berücksichtigt, die unterstützende Dienstleistungen im vormilitärischen Bereich erbringen, vervielfacht sich die Zahl.

Die Zahl kleinerer Unternehmen, die vorwiegend außerhalb der USA operieren, wird noch um einiges höher geschätzt, aber genauere Daten sind hier kaum zu bekommen. Viele solcher Firmen sind in Steuerparadiesen in aller Welt registriert, und ihr Inventar umfasst oft kaum mehr als Briefpapier, eine E-Mail-Adresse, einen Rolodex oder eine Datenbank mit den Kontaktdaten potenziell rekrutierbarer Mitarbeiter. Allein in Afrika fluktuieren an die 100 solcher Kleinfirmen. Sie haben Namen wie Omega Support, Southern Cross Security, Panasac, Bridge Resources, Corporate Trading International, Longreach PTY Ltd. oder Strategic Concepts.[18]

Weil die PMF-Branche so jung ist, bietet sie offenbar noch beträchtliche Marktchancen für Neulinge. Auf dem amerikanischen Markt für militärische Schulungskurse tummeln sich zur Zeit rund 250 Firmen. Marktführer, gemessen an den Umsätzen, ist Lockheed Martin mit einem Marktanteil von 18 Prozent. Danach folgen L-3/MPRI mit 10 und CAE Electronics mit 8 Prozent.[19] Obwohl alle drei zwischen 1997 und 2000 Umsatzzuwächse verzeichneten, ging ihr kumulierter Marktanteil in dieser Zeit um 8 Prozent zurück, ein Anzeichen dafür, dass die Zahl der Anbieter und der Konkurrenzdruck zugenommen haben.

Es sieht also so aus, als stecke die private Militärbranche noch in den Kinderschuhen; andererseits deutet vieles darauf hin, dass ihre eigentliche Boomzeit kurz bevorsteht. Dieser Einschätzung liegt die Beobachtung zugrunde, dass die Branche gerade erst begonnen hat, ihr Kundenreservoir auszuschöpfen, und dass der Markt noch keineswegs gesättigt erscheint.

## Konjunkturlokomotiven: lukrative Aufträge
## und wachsende Kundenzahlen

Die Auftragsvolumina bewegen sich in der militärischen Dienstleistungsbranche zwischen unter einer Million und 100 Millionen Dollar oder mehr. Geschäftsbeziehungen beinhalten in dieser Branche zudem häufig zusätzliche verdeckte Verdienstmöglichkeiten durch Neben- und Zusatzgeschäfte oder durch Nachfolgeaufträge, so dass für die betreffende Firma unter dem Strich das Vier- oder Fünffache der ursprünglich garantierten Auftragssumme herauskommen kann.[20]

Die größten und lukrativsten Aufträge sind die, die im Zusammenhang mit militärischen Operationen der führenden Industrieländer bzw. ihrer Streitkräfte vergeben werden. Brown & Root hat mit Aufträgen und Nachfolgeaufträgen der US-Armee auf dem Balkan über 2 Milliarden Dollar Umsatz gemacht. BDM verzeichnete allein für das Jahr 1996 Militärkontrakte im Wert von über 1,5 Milliarden Dollar. Vom Gesamtjahresumsatz von SAIC (rund 1 Milliarde Dollar) entfielen 45 Prozent auf Kontrakte mit den US-Streitkräften im Bereich der nationalen Sicherheit.[21] Man muss sich vergegenwärtigen, dass dieses Geld nicht mit dem Verkauf von Waffensystemen verdient wird, wie man es angesichts der herkömmlichen Beziehungen zwischen Wirtschaft und Militär vermuten könnte, sondern mit Dienstleistungen im Bereich der Entwicklung, Unterstützung und Wartung rüstungsnaher Systeme.

Die kleineren Fische im Teich, die oft auch am »virtuellsten« operieren, konkurrieren um Aufträge, die sich normalerweise eher am unteren Ende des Spektrums bewegen, im Bereich von einigen 100.000 Dollar. Onix International, eine Firma, die Veteranen der neuseeländischen Eliteeinheit SAS ins Rennen schickt, befreite für 220.000 Dollar in Osttimor einen Geschäftsmann aus der Geiselhaft.[22] Andere PMFs, die man von der Größe her dem Börsensegment »Micro Caps«[23] zuordnen müsste, sind Stabilco, Secrets, Security Advisory Services Ltd. und Special Projects Services Ltd.[24]

Zwar waren und bleiben Staaten und deren Streitkräfte die Auftraggeber erster Wahl für die PMF-Branche, doch gesellen sich neue Kundengruppen dazu: multinationale Unternehmen, die UN, Nichtregierungsorganisationen und andere regionale und supranationale Organisationen. Diese Kunden repräsentieren noch nicht erschlossene Märkte und könnten für die Branche die nächsten Konjunkturlokomotiven sein.

In früheren Jahrzehnten war die größte Gefahr, die multinationalen Unternehmen in armen Ländern drohte, die Verstaatlichung unter gleichzeitiger Enteignung ihrer Vermögenswerte. Die Ölmultis BP und Exxon zum Beispiel büßten auf diese Weise in den 60er und 70er Jahren Ölfelder in Venezuela und Iran ein, das Unternehmen Anglo-American wurde seine Minen in Sambia los.[25] In jüngerer Zeit sind solche förmlichen Enteignungen allerdings selten geworden.

Zu einer größeren Gefahr für Vermögenswerte westlicher Unternehmen in Entwicklungsländern sind inzwischen gewalttätige Übergriffe auf ihre Mitarbeiter oder ihre Anlagen geworden. Das US-Außenministerium hat 74 Länder aufgelistet, in denen die physische Sicherheit ein Problem ist, darunter 34, in denen Bürgerkrieg herrscht oder Aufstände im Gang sind. In vielen dieser Länder stehen Anlagen oder Verwaltungszentren von internationalen Unternehmen im Zentrum der Konflikte. So stehen zum Beispiel Raffinerien und Pipelines im Brennpunkt bewaffneter Auseinandersetzungen in diversen Ländern, von Algerien bis Aserbeidschan; und im Kongo, in Sierra Leone und Angola wurden und werden Sitze von Bergbauunternehmen belagert.

Für Firmen, die in solchen Regionen operieren, sind die Risiken recht hoch. In Kolumbien attackierten Rebellen Pipelines und andere Anlagen der Ölindustrie nicht weniger als 985 Mal in elf Jahren (1986–1996); die 770 Kilometer lange Limon-Covenaqs-Pipeline wurde allein im Jahr 2001 170 Mal bombardiert.[26] Nach dem 11. September haben sich die Risiken für Firmen, die in der arabischen Welt operieren, auf ein ähnliches Level erhöht.[27] Die Folge ist, dass unternehmerische Tätigkeit in Konfliktzonen oft als ein Hasardspiel betrachtet wird. Oder, wie der *Economist* schreibt: »Aus der Vorstandsetage betrachtet stellt sich die Welt als garstiger Ort dar.«[28]

Die bequemere Lösung bestände für diese multinationalen Unternehmen darin, sich aus Hochrisikogebieten zurückzuziehen und ihre Geschäftätigkeit auf sicherere Gefilde zu beschränken. Damit würden sie allerdings nicht nur bereits getätigte Investitionen in den Wind schießen, sondern auch potenzielle investive Goldadern aufgeben. Politisch instabile Regionen mit hohem Risikopotenzial gehören zu den letzten noch erschließbaren Zukunftsmärkten; es ist eben so, dass die besten geschäftlichen Möglichkeiten sich oft an den ungemütlichsten

Orten eröffnen.[29] Daher kommt es, dass ausländische Unternehmen trotz unter Umständen zunehmender Gefahren riesige Summe in Konfliktgebieten investieren und enorme Gewinne einstreichen. Besonders Bodenschätze wie Erdöl, Erdgas, Diamanten, Gold und Bauxit werden, wo immer sie in lohnenden Mengen vorhanden sind, zu Tage gefördert, gleich ob die Vorkommen sich in einem stabilen Land oder in einer Kriegszone befinden.

Die ungezügelte Investitionstätigkeit in den gefährlichsten Zonen der Erde hat eine wachsende Nachfrage nach den Dienstleistungen der PMF-Branche erzeugt. Der geschäftsführende Direktor der Firma Sterling Lines, Hugh Brazier, stellte fest:

> Unternehmen verlassen sich heute viel stärker auf eigene Sicherheitsvorkehrungen, weil sie sich nicht darauf verlassen können, dass ausländische Regierungen sie beschützen.[30]

PMFs bieten praktische und erreichbare Abhilfe für Unternehmen, die keinen eigenen Sicherheitsdienst unterhalten, aber die politischen Risiken, die sie im Ausland eingehen müssen, kontrollieren wollen.

Insofern sind PMFs gleichsam »Investitionsermöglicher«; sie bieten ihren Auftraggebern jene robuste Sicherheit, durch die eine Geschäftstätigkeit, die andernfalls mit extremen Risiken verbunden wäre, so weit abgesichert werden kann, dass sie wirtschaftlich vertretbar ist. Mitten in Konfliktregionen schaffen PMFs Inseln der Stabilität, verhindern Verluste und erhöhen den Wert von Investitionen. Die Firma Halliburton erhielt über 200 Millionen Dollar für die Entwicklung von Ölförderanlagen in der von Aufständen gebeutelten angolanischen Enklave Cambinda. Ohne den Schutz vor Übergriffen und Anschlägen von Rebellen, den die private Militärfirma Airscan zusammen mit lokalen Partnerfirmen gewährleistete, wäre dieser Auftrag für Halliburton wertlos gewesen.[31] Ohne die Aussicht auf hinreichenden Schutz durch die PMF wäre Halliburton nicht bereit gewesen, das Risiko einzugehen.

Multinationale Unternehmen wie Halliburton geben für die Dienste von PMFs enorme Geldsummen aus. In Algerien, wo islamistische Terroristen der Regierung den Kampf angesagt hatten, gaben Ölgesellschaften jahrelang bis zu neun Prozent ihrer operativen Kosten für die quasimilitärische Sicherung ihrer Anlagen aus. Ähnliche Verhältnisse herrschen in Kolumbien, wo die Notwendigkeit, sich linke Guerillas, drogenfinanzierte Terroristen und paramilitärische Rebellen vom Leibe zu halten, die Sicherheitskosten der multinationalen Unternehmen auf rund sechs Prozent hat ansteigen lassen.³² Dabei decken die Dienstleistungen, die die multinationalen Unternehmen in Anspruch nehmen, das ganze Spektrum dessen ab, wofür sonst Polizei und Militär zuständig sind. PMFs haben ihren Auftraggebern das volle Programm aufgetischt, von bewaffneten Kommandoeinheiten bis zum Logistikmanagement. Air Partner, eine britische Firma, kam vor kurzem sogar mit einem »globalen Evakuierungsservice« auf den Markt.³³ Dahinter verbirgt sich das Angebot, in Konflikt- und Krisenfällen Mitarbeiter multinationaler Unternehmen in Sicherheit zu bringen; konkret bedeutet das, dass ausländische Zivilisten, wenn sich die Lage in ihrem Gastland kritisch zuspitzt, nicht mehr allein darauf angewiesen sind, dass rechtzeitig die US-Marines vor der Küste aufkreuzen.

## Humanitäre Operationen:
### NGOs und supranationale Organisationen

Ein weiterer für PMFs sehr attraktiver Markt, auf dem lohnende Aufträge zu ergattern sind, ist das Tätigkeitsfeld von Organisationen mit humanitärer Zielsetzung; hier sind vor allem die Vereinten Nationen zu nennen, aber auch die großen NGOs, die Nichtregierungsorganisationen.³⁴

Schon heute leisten PMFs wertvolle Dienste im Rahmen humanitärer Operationen. Es war zum Beispiel erst das Erstarken von NGOs und supranationalen Institutionen, das die Minenräumung zu einem äußerst lukrativen Geschäftsfeld machte. Aufträge zur Beseitigung von Minen wurden und werden im Rahmen fast aller UN–Einsätze an Spezialfirmen vergeben; das weltweite Marktvolumen hat mittlerweile 400 Millionen Dollar jährlich erreicht.³⁵ MineTech und Saracen, eine Tochterfirma von Executive Outcomes, haben in Angola solche Aufträge ausgeführt. Des Weiteren sind im Rahmen von UN-Friedensmissionen Teilfunktionen im polizeilichen und logistischen Bereich an Firmen wie DynCorp vergeben worden. NGOs, die auf humanitäre Hilfe spezialisiert sind, sehen sich oft mit extrem katastrophalen Situationen konfrontiert, etwa mit der Notwendigkeit, Hunderttausende Flüchtlinge zu ernähren und unterzubringen, wie auf dem Höhepunkt der Krisen im Kosovo und in Osttimor. In diesen Extremsituationen wandten auch sie sich an die PMF-Branche, um kurzfristige Bedarfsspitzen beim Aufbau von Versorgungs- und technischen Infrastrukturen zu decken.

Unter Umständen besteht für PMFs aber auch die Chance, militärische Sicherheit für solche Operationen zu liefern. NGOs, die humanitäre Hilfe leisten, müssen sich in der Regel in Gefahrenzonen begeben. Die PMF-Branche bietet dem gemeinnützigen Sektor eine kostengünstige Möglichkeit zur Reduzierung seiner Sicherheitsrisiken. So haben World Vision in Sierra Leone und die Flüchtlingshilfe der Vereinten Nationen (UNHCR) entlang der afghanischen Grenze PMFs zu ihrem Schutz und als Sicherheitsberater angeheuert.[36] In gewissem Sinn bauen die Firmen hier ein Gegengewicht zu ihren Einsätzen für multinationale Unternehmen auf, indem sie sich als »Ermöglicher von Hilfe« betätigen, wie man es nennen könnte. Alles spricht dafür, dass dieses Geschäftsfeld in sehr naher Zukunft einen starken Aufschwung nehmen wird. So wollen die Vereinten Nationen angesichts der zunehmenden Gefahr von Überfällen und Anschlägen ihre jährlichen Ausgaben für die Sicherheit ihrer humanitären Einsätze um 300 Prozent erhöhen.[37]

Es wäre für die private Militärbranche sicher ein Schritt nach vorne, wenn sie die Vereinten Nationen und andere humanitäre Organisationen in ihre Kundenkartei aufnehmen könnte. In der Vergangenheit bestand ein grundlegendes Problem darin, dass viele der Kunden, die das größte Interesse an der Beauftragung von PMFs hatten, nämlich schwache Staaten, zugleich diejenigen mit der schlechtesten Zahlungsmoral waren. Wenn jetzt vermehrt NGOs und supranationale Organisationen die Dienste der PMF-Branche in Anspruch nähmen, würde dies dazu beitragen, die Einnahmen der Firmen auf eine breitere und festere Basis zu stellen. Ein weiterer Vorteil bestünde darin, dass humanitäre Operationen in der Regel auf längere Fristen angelegt sind, was auf Verträge mit längeren Laufzeiten und damit auch besserer Rentabilität hinauslaufen würde.

Eine Voraussetzung dafür, dass NGOs und supranationale Organisationen verstärkt auf die Dienste von PMFs zurückgreifen, wäre natürlich ein besseres und glaubwürdigeres öffentliches Image der Branche. Diese Organisationen, denen die Inanspruchnahme privater militärischer Leistungen sicher nicht ganz geheuer ist, würden ihre Gunst, wenn überhaupt, nur den angesehensten Firmen schenken, zumal sie auf das Wohlwollen ihrer Unterstützer angewiesen sind. Firmen, die sich zur Elite der PMF-Branche rechnen und sich das Wohlwollen dieser potenziellen Auftraggeber sichern möchten, tun unter Umständen gut daran, ihre Zusammenarbeit mit fragwürdigen Kunden, etwa diktatorischen Regimen, zu beenden oder neue Geschäftsfelder zu erschließen, um nach außen hin mit sauberen Händen dazustehen.

Blue Sky ist eine Firma, die Sicherheitsberatung anbietet und sich dadurch von der Konkurrenz abzuheben versucht, dass sie behauptet, nur ethisch einwandfreie Aufträge anzunehmen. Dass ArmorGroup ihre Geschäftstätigkeit neuerdings in den unverfänglichen Sektor der Minenbeseitigung ausgeweitet hat, ist in den Augen mancher Beobachter ein Schachzug mit dem Ziel, sich bei der internationalen Gemeinschaft mehr Glaubwürdigkeit zu verschaffen und das eigene Image weiter aufzupolieren.[38] Man muss sich aber klar machen, dass eine Abkehr dieser Firmen von der Zusammenarbeit mit unseriösen Kunden lediglich eine Marktlücke auftun würde. Die Nachfrage seitens solcher Kunden würde natürlich weiter bestehen, und es würden Firmen in die Bresche springen, die sich weniger Gedanken um ihre Reputation machen.

## Markttrends: Globalisierung, Konsolidierung, Normalisierung

Der gesamte Markt für militärische Dienstleistungen entwickelt sich dynamisch. Während es noch Mitte der 90er Jahre keine Unternehmen gab, die wirklich global agierten, scheint die Entwicklung heute just in diese Richtung zu laufen.[39] Eine Branche, die noch vor kurzem aus einer überschaubaren Zahl von Firmen mit einem begrenzten und spezialisierten Leistungsangebot bestand, ist im Begriff, zu einem Wirtschaftszweig zu expandieren, der eine breite Vielfalt modernster Dienstleistungen anbietet.

In Reaktion auf die Anforderungen des Marktes vollzieht sich eine rasante Konsolidierung hin zu diversifizierten transnationalen Unternehmen. Dabei bedienen sich PMFs im Wesentlichen derselben standardisierten Unternehmens- und Marketingstrategien wie Firmen aus anderen Bereichen. Viele fusionieren entweder mit gleich starken Wettbewerbern oder übernehmen kleinere Marktteilnehmer, die sich durch Beherrschung einer Marktnische oder durch technisches Spezialistentum auszeichnen. Hinter dieser Konsolidierung stecken Strategien der Markenpflege und der Besetzung von Spezialmärkten, und die Firmen schaffen damit notwendige Voraussetzungen, um auf dem Weltmarkt bestehen zu können. Besser aufgestellte Firmen können eher jenes breite Spektrum von Dienstleistungen anbieten, das als notwendig für die Beherrschung komplexer Sicherheitslagen erachtet wird. Die größeren internationalen Unternehmen, die bereits ein Markenprofil entwickelt haben, das soziales Kapital und vorzeigbare Erfolge einschließt, können mittels Diversifizierung ihren Marktanteil unter Umständen sprunghaft steigern. Das geht natürlich auf Kosten kleinerer, spezialisierter oder lokaler Firmen.

Die Fusion zwischen den britischen Firmen Defense Service Limited (DSL) und Armor Holdings war exemplarisch für den Trend zu Konsolidierung und Diversifizierung. DSL mit seinem vorwiegend aus SAS-Veteranen bestehenden Personal hatte ursprünglich ein auf Regierungen und in Konfliktzonen operierende multinationale Unternehmen abzielendes Leistungspaket aus Sicherheitstraining und -beratung im Angebot; die Firma übernahm Aufgaben wie die Bewachung von Botschaften oder Erdöl- und Bergbauanlagen in Angola (wo DSL über 1000 Mitarbeiter beschäftigte) oder die Ausbildung von Spezialeinheiten in Indonesien, Jordanien, Mosambik, den Philippinen und Uganda. Die Firma expandierte durch Übernahme kleinerer Wettbewerber wie Intersec und Falconstar, die ebenfalls SAS-Veteranen beschäftigten.[40] 1996 wurde DSL von Armor Holdings übernommen, einer US-Firma, die als Herstellerin von Schutzkleidung begonnen hatte. Darauf bedacht, ihren Geschäftsbereich »Risikomanagement-Services« im Rahmen einer Strategie des Wachsens durch Akquisitionen auszubauen, schuf das Unternehmen unter dem Namen ArmorGroup einen neuen, um die Kernkompetenzen von DSL gruppierten Dienstleister. Danach wurde das Servicespektrum gezielt ausgeweitet. Im Lauf der letzten vier Jahre hat Armor Holdings 20 weitere Firmen übernommen und sich damit eine Reihe militärnaher Kompetenzen gesichert, von der Minenräumung bis zur Spionage.

In der Erkenntnis, dass das Internet eine riesige, kaum staatlich regulierte und kontrollierte Domäne und daher ein reifer Markt ist, hat Armor auch begonnen, sein Angebot an »virtueller Sicherheit« zu erweitern. So übernahm Armor vor kurzem sowohl IBNet, eine Firma, die das Internet auswertet und systematisch Informationen sammelt, als auch NIT, ein mit Veteranen der U.S. Air Force bestücktes Unternehmen, das sowohl Behörden als auch Weltkonzerne wie CNN, Yahoo und eBay in Sachen Computersicherheit und Informationsbeschaffung berät und unterstützt. Angesichts der Tatsache, dass die Risiken durch Internetkriminalität und Cyberterrorismus weiterhin exponentiell zunehmen, wird sich das Engagement von Armor Holdings im Bereich der virtuellen Sicherheit wahrscheinlich als eine lohnende Investition erweisen.[41]

Eine der von Armor getätigten Übernahmen betraf die Moskauer Firma Alpha. Alpha ist im Grunde nichts anderes als ein privatisierter Zweig der sowjetischen Eliteeinheit gleichen Namens, die ein Gegenstück zur US-amerikanischen Delta Force[42] ist. Alpha war zu Sowjetzeiten als die »Speznas aller Speznase«[43] bekannt, weil sie ihre Leute aus der Crème der anderen sowjetischen Eliteeinheiten rekrutierte.[44] Dass die ArmorGroup sich das Kompetenzkapital dieser legendären Einheit sichern konnte, bedeutete für sie einen signifikanten Zugewinn an Image und Fähigkeiten, namentlich für Operationen in den Staaten des ehemaligen Sowjetblocks.

Strategische Allianzen und Übernahmen dieser Art erlauben es der ArmorGroup, eine wahrhaft globale Präsenz zu etablieren und aufrechtzuerhalten. Das Unternehmen beschäftigt in seinen mehr als 40 Firmen, die Stützpunkte in über 50 Ländern unterhalten, mehr als 5000 Mitarbeiter. Eine der Tochterfirmen heißt Defense Systems Colombia (DSC), gehörte früher zur DSL-Gruppe und ist heute Teil von ArmorGroup Latin America. DSC beschäftigt über 350 Personen, überwiegend Veteranen der kolumbianischen Streitkräfte; ihr Generaldirektor ist ein früherer Oberbefehlshaber der kolumbianischen Armee. Die Firma bietet ihren Kunden in Kolumbien – vorwiegend multinationalen Unternehmen, die im Land Einrichtungen unterhalten – Schutz vor Anschlägen und Angriffen von Rebellen.[45]

Dass die Übernahmestrategie der ArmorGroup Erfolge zeitigte, zeigte sich, als die Zeitschrift *Fortune* sie in den Jahren 1999 und 2000 unter die 100 am schnellsten wachsenden Unternehmen der Welt einreihte.[46] Der Umsatz der gesamten ArmorGroup ist in den letzten vier Jahren um etwa 400 Prozent gewachsen, wobei die Aufträge fast ausschließlich durch Empfehlungen zufriedener Kunden zustande kamen. Einige Unternehmenssparten haben sogar noch besser abgeschnitten (wie DSC mit einem Wachstum von 750 Prozent über den Zeitraum 1997 bis 2000).[47] Ein Finanzanalyst meinte zu Armor:

> Sie haben sich als sehr fähig in der Kunst erwiesen, die von ihnen übernommenen Unternehmen zu integrieren. ... Der Markt, auf dem sie tätig sind, ist unglaublich zersplittert, so dass ein Ende der Übernahmegelegenheiten nicht abzusehen ist.[48]

Armor ist nur ein Beispiel für das Übernahmefieber, das in der PMF-Branche um sich gegriffen hat, aber als Marktführerin hat diese Firma mit ihrer strategischen Vision die Maßstäbe gesetzt. Zu den bedeutenderen Zusammenschlüssen der letzten Jahre zählt auch der von Securicor und Gray Security. Zu Gray gehört wiederum die mittelgroße PMF Teleservices, die im Angolakonflikt mitmischt.[49] Group 4 Falck ist eine dänische Firma, die sich auf Einkaufstour begeben und vor kurzem die Firma Wackenhut übernommen hat. Im Sommer 2000 wurde MPRI von L-3 Communications übernommen, einem auf Kommunikations- und Sicherheitsdienstleistungen spezialisierten Unternehmen. L-3 entstand 1997 durch die Zusammenlegung mehrerer aus den Rüstungskonzernen Loral und Lockheed Martin ausgegliederter Geschäftsbereiche.[50]

Solche Übernahmen und Fusionen sind wichtig, weil sie offensichtlich Bestandteil eines »Normalisierungsprozesses« sind, der darauf hinausläuft, dass die private Militärbranche als ein Wirtschaftszweig wie jeder andere betrachtet wird. Als L-3, ein an der New Yorker Börse notiertes Unternehmen, mit MPRI eine der bekanntesten PMFs übernahm, löste dies keinerlei Kontroverse aus, auch keinen Aufschrei seitens einzelner Aktionäre oder institutioneller Anleger, die die Aktienmehrheit kontrollieren. Ein Vorstandsmitglied von MPRI meinte scherzhaft: Vermutlich hat jeder, der private Altersvorsorge … betreibt, über seinen Pensionsfonds auch in unserem Unternehmen investiert.[51]

### Spezialisierung und Reputation: die Grenzen der Konsolidierung und Globalisierung

Die Entwicklung hin zu diversifizierten privaten Militärkonzernen ist zwar in vollem Gang, doch gibt es in der Branche noch viele hoch spezialisierte Einzelfirmen. Das hat nicht zuletzt etwas mit Imagefragen zu tun. Etliche Unternehmen, die ihr Geld mit humanitären Operationen wie der Beseitigung von Minen verdienen, etwa Ronco oder Mine-Tech, beschränken ihre Tätigkeit bewusst auf dieses eine Spezialgebiet, rekrutieren möglicherweise jedoch ihre Mitarbeiter aus demselben Pool von Exsoldaten wie die größeren, stärker diversifizierten Firmen.[52] Obwohl das Minenräumen ins militärische Fach fällt, genießt es weit größere gesellschaftliche Anerkennung als beispielsweise Häuserkampftraining oder Strategieschulung, weil es mit der Beseitigung von Waffen zu tun hat und nicht mit ihrem Einsatz. Viele Minenräumfirmen sind bemüht, sich von der übrigen PMF-Branche zu distanzieren, um das Etikett des »Söldners« nicht angeklebt zu bekommen und um sich ihre humanitär orientierten Auftraggeber nicht zu vergraulen. Wie es mit diesen Firmen weitergeht, wenn die diversifizierten PMF-Konglomerate in ihr Geschäftsfeld eindringen, bleibt abzuwarten.

Gesellschaftliche Rücksichtnahmen bremsen auch in umgekehrter Hinsicht die Konsolidierung der Branche. Neben den global agierenden Unternehmen bleibt auf dem Markt Platz für aggressivere kleinere Firmen, die sich die Freiheit nehmen können, informelle Vereinbarungen abzuschließen, die sich für die großen internationalen Unternehmen verbieten. Solche Nischenfirmen brauchen weniger Rücksicht auf ihr Image zu nehmen und können sich daher eher in den politischen Orbit zwielichtiger Regime einklinken. Sie können auch eher ein auf Gegenleistungen beruhendes Vergütungssystem akzeptieren als Großunternehmen, deren Bücher sorgfältig geprüft werden. Unter solchen PMFs findet man am ehesten die »schwarzen Schafe« der Branche (mit denen wir uns in Kapitel 14 näher beschäftigen werden).

Manche international operierenden Firmen versuchen das eine zu tun, ohne das andere zu lassen. Sie treten global mit einer Premiummarke in Erscheinung, versuchen aber auch, die Wettbewerbsvorteile, die eine unabhängige kleine Firma hat, zu realisieren, indem sie Tochterfirmen gründen, sobald sie Zugang zu einem lokalen Markt gefunden haben. Das Firmennetzwerk, das sich um Executive Outcomes herum bildete, war exemplarisch für diese Strategie: Kaum hatte sich die Firma in einem Land in Stellung gebracht, da baute sie gleichsam wie durch Zellteilung ein verschachteltes System kleiner lokaler Firmen auf. Diese von Exangestellten des Mutterkonzerns geführten Tochterunternehmen waren auf jeweils besondere Dienstleistungen spezialisiert, die von Bewachung und Personenschutz bis zur Durchführung von Evakuierungen aus der Luft reichten. Manche dieser Tochterfirmen kehrten der PMF-Branche den Rücken und in den Schoß der zivilen Wirtschaft zurück, etwa ins Telekommunikations- oder sogar ins Tourismusgeschäft. Wenn solche zivilen Ablegerfirmen auf einem lokalen Markt Fuß fassen, kann es gut sein, dass sie an Ort und Stelle bleiben, selbst wenn die PMF-Mission, von der sie »abstammen«, offiziell beendet ist. In Angola gehörten zu den Firmen, die angeblich mit Executive Outcomes verbandelt waren und Wurzeln schlugen, Shibita Security, Stuart Mills, Saracen und Alpha 5.

Das Ergebnis dieses Zusammenspiels von lokaler Spezialisierung und internationaler Markenpflege ist ein flexibles Netzwerk, in dessen Rahmen jeder neu erschlossene Markt in loser Form in eine konzernähnliche Unternehmensstruktur eingebunden wird. Dieses System bietet drei wichtige Vorteile: Erstens engt es die ohnehin schon begrenzten Möglichkeiten von Aufsichtsbehörden im Stammland der Muttergesellschaft, deren Tätigkeit zu überwachen, ein. Zweitens birgt das Netzwerk aus Firmen mit jeweils ähnlichem Tätigkeitsprofil für die PMF-Mitarbeiter die Chance, zusätzliche Verdienstmöglichkeiten anzuzapfen. Drittens können die internationalen Mutterfirmen das gesamte Netzwerk mobilisieren, wann immer sie für große Operationen an einer Stelle kurzfristige Bedarfsspitzen abdecken müssen.[53] Diese moderne Unternehmensstruktur entspricht in etwa dem, was der Wirtschaftshistoriker Frederick Lane in seiner Theorie über »differenzierte Unternehmen« in Kolonialgebieten beschrieben hat, wo das Ende des militärischen Engagements eines Unternehmens Geschäftsmöglichkeiten für seine anderen Firmeneinheiten eröffnete.[54]

Es ist jedoch nicht unbedingt damit zu rechnen, dass die heutige PMF-Branche genau dieselbe Entwicklung nehmen wird wie seinerzeit die Schrittmacher des Kolonialismus. So besteht zum Beispiel eine neuartige Marktentwicklung darin, dass seit kurzem auch PMFs aus Entwicklungsländern auf den Plan treten. Auf die Beseitigung von Minen spezialisierte Firmen mit Sitz in Afrika gewinnen allmählich größere Marktanteile in diesem Sektor auf Kosten von Wettbewerbern aus reicheren Staaten. Die Firma MineTech in Simbabwe ist binnen kürzester Zeit zu einem der führenden Unternehmen dieses Sektors geworden und hat weltweit bereits über 130 Aufträge mit einem Gesamtvolumen von über eine Milliarde Dollar an sich gezogen. Es mag makaber klingen, aber eine Firma, die ihren Sitz in einer kürzlich vom Krieg heimgesuchten Region hat, dürfte sogar einen Wettbewerbsvorteil haben, weil der Krieg einerseits für billigere Arbeitskräfte, andererseits für aktuelles Erfahrungswissen sorgt.

Man wird abwarten müssen, wie sich alle diese Firmen entwickeln. Sie sind in der Lage, relativ kostengünstig militärische Dienstleistungen anzubieten und damit etablierte Firmen aus dem Westen auszustechen.[55] Da möglicherweise bei vielen Auftraggebern die finanziellen Spielräume enger werden, können Preisunterschiede zwischen den konkurrierenden PMFs den Ausschlag dafür geben, wer Aufträge erhält und wer nicht.

Von daher ist es denkbar, dass die künftigen Kunden der PMF-Branche eher noch aus einem breiteren Angebotsspektrum wählen können. Billiganbieter aus Entwicklungsländern könnten gegen Firmen aus dem Westen, die mit neuester Technik aufwarten, antreten. Man kann freilich annehmen, dass der größere Erfolg eher den Firmen zuteil werden wird, die ein breites und integriertes Produktportfolio anzubieten haben und nicht nur einen günstigen Preis oder die reine Hightech-Kompetenz. Anders gesagt: Am wettbewerbsfähigsten werden diejenigen sein, denen es am besten gelingt, Kosteneffizienz mit Qualität zu verbinden.

Noch etwas anderes lässt sich absehen. Analog zu dem, was in anderen Aufbruchsbranchen passiert ist, muss man auch in der PMF-Branche damit rechnen, dass kleinere personengeführte Firmen schon in ihrer »embryonalen« Lebensphase aufgekauft werden, bevor sie zur Bedrohung für die großen internationalen Konglomerate werden können. Die immanente Dynamik des Marktes läuft offenbar auf eine Konsolidierung zu, und die großen internationalen Unternehmen werden in der Lage sein, den besten Start-up-Firmen ziemlich attraktive Übernahmeangebote zu machen. Die ArmorGroup hat ein Franchisesystem auf die Beine gestellt, das zum Schrittmacher für das künftige Unternehmenswachstum in diesem Sektor werden könnte.

## Kapitel 6

# Die private Militärbranche
# und die Geheimhaltung

> Die Palette der Dienstleistungen verweigert sich der Ge-
> heimhaltung, aber sie alle implizieren auf die eine oder an-
> dere Weise den Export privater militäischer Kompetenz.
> Juan Carlos Zarate, *»The Emergence
> of a New Dog of War«*

D ie Unternehmen der privaten Militärbranche sind keineswegs alle
gleich und bedienen nicht einmal denselben Markt. Sie unterscheiden sich nach Marktkapitalisierung, Mitarbeiterzahl, Firmenge-
schichte, Konzernverflechtungen, Erfahrung und Profil der Mitarbeiter
sowie danach, wo sie ihren Stammsitz und ihre Einsatzgebiete haben.
Der eine Faktor, der ihre Einheit und Zusammengehörigkeit begrün-
det, ist der, dass sie alle Dienstleistungen anbieten, die mit dem militärischen Bereich zu tun haben. Doch auch innerhalb dieses Bereichs
herrscht eine ziemliche Vielfalt. Während Firmen wie Executive Outcomes (EO) und Sandline Truppen für »blutige« Einsätze anbieten,
begnügen sich Saladin Security und ArmorGroup mit Ausbildungs-,
Schulungs- und Unterstützungsangeboten vorwiegend abseits des
Schlachtfeldes. Levdan bietet Hilfe bei der Waffenbeschaffung an, MPRI
Beratungsleistungen und strategische Analysen (z. B. zu der Frage, wie
ein Waffensystem am effektivsten einsetzbar ist). Asmara und Network
Security Management haben Dienstleistungen auf dem geheimnisum-
witterten Gebiet der Aufklärung und Informationsbeschaffung im Angebot; Brown & Root wiederum betätigt sich auf dem unverfängliche-
ren Gebiet der militärischen Logistik.[1]

Ein echtes Problem für denjenigen, der sich einen Überblick über
die private Militärbranche verschaffen und ihre Geheimnisse ergründen möchte, besteht darin, dass diese innere Variationsbreite weitgehend unerforscht ist. Zwischen den Autoren der bereits erschienenen
Arbeiten über PMFs scheint ein Konsens darüber zu bestehen, dass es
keine saubere Methode gibt, mit der man die Branche in ihre konstitu-
tiven Bestandteile zerlegen kann.[2] Eine theoretische Durchdringung

der privaten Militärbranche wird darüber hinaus sehr durch den Umstand erschwert, dass es kaum eine allgemein akzeptierte Definition gibt, und sei es auch nur eine ungefähre.[3] Eine neue Taxonomie dieser Branche tut Not, und sie sollte tunlichst nicht nur logisch einleuchten, sondern auch der einzigartigen militärisch-wirtschaftlichen Zwitternatur gerecht werden, die diese Branche auszeichnet.

## Definitorisch vage:
## die Taxonomie der PMFs

Ein paar Versuche sind unternommen worden, die PMF-Branche nach Gruppen zu kategorisieren, anstatt sie nur als eine Ansammlung einzelner Firmen zu sehen. Ein typischer analytischer Ansatz bestand dabei darin, die Unternehmen nach ihrem Aktivitätsniveau zu klassifizieren. Demgemäß werden die einen als »passiv« und die anderen als »aktiv« eingeordnet. Nicht nur manche Analytiker, sondern auch einige Firmen selbst verwenden diese Kategorisierung.[4] Firmen, die »blutige« Aufträge ausführen, also kämpfen oder Gelände erobern wie EO, werden in die Kategorie »aktiv« einsortiert, andere, die Gelände bewachen und verteidigen oder Schulungs- und Beratungsleistungen anbieten wie MPRI, landen in der Rubrik »passiv«.

Leider hat sich dieses Klassifizierungsschema sowohl aus analytischer als auch aus theoretischer Sicht als untauglich erwiesen. Die Einteilung in »passive« und »aktive« Firmen wurde anfänglich wohl einfach aus Bequemlichkeit (und in Anlehnung an sicher nicht objektive Selbsteinschätzungen betroffener Firmen) vorgenommen und war weit entfernt von einer wissenschaftlichen Taxonomie mit der Möglichkeit für Erklärungen und Voraussagen. So kam es, dass die Theoriebildung stecken blieb, dass keine klaren Vorgaben für die Politik und keine neuen Erkenntnisse gewonnen und keine neuen Forschungsfragen aufgeworfen wurden.

Das eigentliche Problem dabei ist, dass »passive« und »aktive« Firmen begrifflich ebenso austauschbar sind wie die Ergebnisse ihrer Tätigkeit. Gleich ob eine Firma des einen oder des anderen Typs angeheuert wird, ihr Einsatz kann jederzeit gewichtige strategische Wirkungen zeitigen und etwa den Verlauf eines Krieges grundlegend verändern, unabhängig davon, ob sie sich als aktiv oder passiv einschätzt. Firmen innerhalb dieses Aktiv/Passiv-Rasters korrekt einzuordnen gelingt in vielen Fällen auch mit noch so viel Scharfsinn nicht, und zudem hängt die Einordnung von der Perspektive des Einzelnen ab. Was für den einen eine aktive Firma ist, ist für den anderen eine passive.

So werden zum Beispiel Firmen wie ArmorGroup oder Southern Cross Security, die die Verteidigung von Territorien und die Bewachung von Einrichtungen in Konfliktzonen anbieten, oft als »passiv« eingestuft. Gewiss, statt feindliche Truppen anzugreifen oder Gelände zu erobern, stecken sie einfach eine Sicherheitszone rund um die zu bewachende Einrichtung ab und sorgen dort für Sicherheit. Allein, sowohl ihre konkreten Operationen als auch der Einfluss, den ihre Mitwirkung auf den Ausgang des betreffenden Konflikts hat, lassen sich sehr wohl als »aktive« Faktoren verstehen. Solche Firmen tun nicht den Job einfacher Wachleute, wie wir sie aus dem Zivilleben kennen. Sie stecken ein Territorium ab, übernehmen die Kontrolle über es und wehren militärische Angriffe auf das Gebiet ab, wobei sie unter Umständen militärische Gewalt einsetzen. Aus der Natur der meisten inneren Konflikte und Bürgerkriege folgt, dass die Einrichtungen, deren Bewachung solchen Firmen anvertraut wird, oft von zentraler strategischer Bedeutung sind. Manche Firmen bewachen zum Beispiel Unternehmenssitze, von denen bekannt ist, dass sie die wichtigsten Quellen für die Finanzierung dieser oder jener Bürgerkriegspartei sind, oder über die wichtige Kommunikationswege laufen, wie es etwa bei der belgischen Firma IDAS in Angola der Fall war.[5] In Fällen wie diesen empfindet die Gegenseite das Anheuern einer solchen Firma für die Verteidigung von Einrichtungen vielleicht als einen aggressiven Akt der anderen Seite.

Manche Analytiker versuchen diese Schwierigkeit dadurch zu umgehen, dass sie den aktiven oder passiven Status einer Firma danach beurteilen, ob deren Mitarbeiter bewaffnet oder unbewaffnet sind. Dieses Kriterium dient oft als Unterscheidungsmerkmal zwischen »privaten Militärfirmen« und »privaten Sicherheitsfirmen«. Damit ist zwar eine klarere Linie gezogen, aber das ändert nichts daran, dass die Passiv/Aktiv-Dichotomie noch immer den analytischen Kern bildet – und noch immer nicht funktioniert. Viele Firmen, die sich selbst als »Sicherheitsunternehmen« bezeichnen, treten des Öfteren auch in militärischen Rollen auf und werden in militärische Weiterungen verwickelt.[6]

Die Unterscheidung zwischen aktiv und passiv beruht auf fragwürdigen Prämissen. Schließlich ist die Gegenüberstellung von »bewaffnet« und »unbewaffnet« überholt in einer Zeit, in der jemand mit dem

Druck auf eine Computertaste genauso viel Unheil anrichten kann wie einer, der den Abzug eines Gewehrs betätigt. Und auch die Frage, ob die Mitarbeiter einer Firma eine Waffe tragen oder nicht, sagt wenig darüber aus, welche Rolle diese Firma in einem Konflikt spielt oder welchen Einfluss sie auf dessen Verlauf hat. Sowohl in Kroatien als auch in Äthiopien waren Beratung und Ausbildung durch Privatfirmen entscheidende Einflussfaktoren für erfolgreiche, kriegsentscheidende militärische Offensiven. Und doch müsste man die Firmen, die diese Leistungen erbrachten, als passiv definieren, nur weil ihre Mitarbeiter unbewaffnet und zu qualifiziert waren, um auf dem Schlachtfeld geopfert zu werden. Die Unterscheidung nach passiv und aktiv wirft auch Firmen, die beispielsweise Stabsoffiziere gegen Entgelt zur Verfügung stellen oder in Schulungen offensive Militärdoktrinen vermitteln, in einen Topf mit Unternehmen, die Logistikdienste oder Nachschubmanagement anbieten. Hier bestehen augenscheinlich qualitative Unterschiede, die jedoch von der schematischen Unterscheidung zwischen aktiv und passiv nicht erfasst werden.

Im Grunde besteht das Problem darin, dass Unterscheidungen wie »aktiv«, »passiv«, »Sicherheitsfirma« und »Militärfirma« normative Festsetzungen innerhalb einer wirtschaftlich motivierten Dynamik sind. Keine andere Branche benutzt solche normativen Bezeichnungen, um ihre Sektoren zu definieren, und das aus gutem Grund. Diese Kategorisierung läuft nämlich auf eine tendenziöse Unterscheidung zwischen »guten«, sprich passiven privaten Sicherheitsfirmen und »bösen«, sprich aktiven privaten Militärfirmen hinaus. Natürlich beteuern die meisten Firmen aus offenkundigen Gründen, sie gehörten zu der passiven Sorte. Sie bewegen sich dann auf legitimem Boden und haben weniger Grund, behördliche Überprüfungen fürchten zu müssen.

Bei anderen Versuchen, die Branche zu rubrizieren, wurde auf Unterscheidungskriterien zurückgegriffen, die aus dem politikwissenschaftlichen Lehrbuch stammen. Eine der vorgeschlagenen Definitionen orientierte sich daran, ob eine Firma nur national oder aber international ausgerichtet war.[7] In der globalisierten Welt von heute erscheint diese Abgrenzung künstlich und überholt. Sie ignoriert nicht nur den durch und durch multinationalen Charakter der Branche (deren Geschäftssitze und Einsatzgebiete über die ganze Welt verstreut sind), sondern auch die Tatsache, dass die Firmen ohne großen Aufwand ihre Zelte abbrechen und sie in einem anderen Land wieder aufbauen können. Ein Unternehmen, das heute noch als international gilt, könnte morgen den Betrieb einstellen und übermorgen anderswo »nationale« Niederlassungen eröffnen, so wie EO es vorexerziert hat. Da die meisten Kriege heutzutage eigentlich Bürgerkriege sind, ist ohnehin nicht einsichtig, was mit der Klassifizierung nach national bzw. international gewonnen wäre.

Eine andere Rubrizierung hebt auf die theoretische Unterscheidung zwischen »offensiv« und »defensiv« ab, oder anders gesagt auf die Frage, ob die Tätigkeit einer Firma Aggression eher fördert oder verhindert.[8] Auch bei diesem Ansatz stößt man rasch auf dieselben Probleme, die sich schon bei der Unterscheidung nach »aktiv« und »passiv« gezeigt haben.[9] Ebenso wie fast alle Waffensysteme oder Militärdoktrinen sich sowohl offensiv als auch defensiv einsetzen lassen, gilt das auch für Firmen, die Waffen oder Doktrinen im Angebot haben. Als zusätzliches Problem, das diese Klassifizierungsweise aufwirft, kommt hinzu, dass sie das entscheidende Kriterium für die Einstufung einer Firma auf eine Ebene außerhalb der Branche verlagert: Denn in welche der beiden Kategorien eine Firma gehört, würde in diesem Fall nicht mehr von irgendwelchen intrinsischen Merkmalen der Firma selbst abhängen, sondern von den Beweggründen und Absichten des Auftraggebers, der sie mit einer bestimmten Aufgabe betraut.

### »Speerspitzen«-Typologie

Ein Ausweg aus diesem Dilemma besteht darin, anzuerkennen, dass die private Militärbranche einen unaufhebbaren Doppelcharakter hat. In Gang gehalten wird diese Industrie von zwei grundlegenden Triebkräften, einer militärischen und einer wirtschaftlichen. Eine taugliche Typologie der PMF-Branche und der sie konstituierenden Bestandteile muss diese beiden Elemente von vornherein einbeziehen. Im militärischen Bereich lässt sich die Branche am besten anhand der Frage strukturieren, welches Spektrum von Dienstleistungen eine Firma anbietet und welchen Grad von Gewalt sie anzuwenden in der Lage ist. Eine brauchbare Analogie aus dem militärischen Denken ist die Metapher von der »Speerspitze«. Traditionell unterscheidet man Truppenteile innerhalb regulärer Streitkräfte danach, wie nahe sie dem Kampfgeschehen an der Front sind, denn dies hat viel zu tun mit ihrem Ausbildungsniveau, ihrem Prestige als Truppeneinheit, ihrer Rolle im Kampfgeschehen, ihrer unmittelbaren Exponiertheit und anderen Dingen. Ein Soldat, der

**Frontlinie**

| Gefechtsraum | | |
|---|---|---|
| Militärdienstleister | | Umsetzung/Kommando (Sandline, EO) |
| militärische Beraterfirmen | | Beratung und Schulung (MPRI, Vinnell, DynCorp) |
| militärnahe Dienstleister | | »unblutige« unterstützende Dienstleistungen aller Art (Brown & Root, SAIC) |

**»Speerspitzen«-Typologie**
Rubrizierung der Firmen nach Dienstleistungsspektrum und Nähe zum Gefechtsfeld

in einer direkt an der Front (d.h. als »Speerspitze«) eingesetzten Einheit dient, verfügt normalerweise über eine völlig andere Ausbildung – und hat auch andere Karriereperspektiven – als einer, der in einem Stabshauptquartier oder bei einer Logistikeinheit dient.

Wendet man diesen Ansatz an, so zerfallen militärische Organisationen in drei Haupttypen, definiert durch ihre relative Position auf dem bzw. zum Schlachtfeld: solche, die innerhalb des gesamten Kriegsgebiets operieren; solche, die im Aufmarschgebiet der Front operieren, und solche, die in den eigentlichen Gefechtszonen, das heißt auf den taktischen Schlachtfeldern, eingesetzt sind.[10]

Wenn man Firmen der privaten Militärbranche danach kategorisiert, welchem der drei genannten Grundtypen sie am ehesten entsprechen, kommt interessanterweise ein Schema heraus, wie wir es ganz ähnlich von der zivilen Wirtschaft kennen. Denn je nach dem Typus der Dienstleistung, den eine Firma anbietet, und nach dem Platz dieser Dienstleistung in der Organisation des Auftraggebers werden herkömmlicherweise die Firmen der Outsourcing-Branche klassifiziert. Die drei Grundtypen, die man in diesem Bereich unterscheidet, sind Dienstleister, Beratungsfirmen und Anbieter peripherer Dienstleistungen. Das

»Speerspitzen«-Kriterium – die Einstufung einer militärischen Einheit nach ihrem Operationsort – entspricht der Klassifizierung von Outsourcing-Dienstleistern gemäß der Stelle, an der sie in die geschäftlichen Abläufe eingreifen. Das unterstreicht noch einmal die Nützlichkeit einer Typologie, die aus beiden Kontexten schöpft, denn nur dann lassen sich Parallelen zwischen beiden ziehen und Erkenntnisse gewinnen.

Wir können also sagen, dass die private Militärbranche sich in drei Hauptbestandteile gliedert: Militärdienstleister, militärische Beratungsfirmen und Anbieter militärnaher Hilfsdienste. Diese Typologie bietet den Vorteil, dass wir mit ihr nicht nur die Typenvielfalt innerhalb der Branche ausloten, sondern auch die Unterschiede zwischen den Firmen in puncto Organisation, Arbeitsweise und Wirksamkeit sichtbar machen können. Wir können allgemeinere Feststellungen über eine bestimmte Typenklasse von Firmen treffen, anstatt uns lediglich auf Aussagen, die nur für eine bestimmte Firma gelten würden, verlassen zu müssen. Das Ergebnis ist ein Klassifizierungssystem, das nicht nur den einzigartigen Charakter der privaten Militärbranche widerspiegelt, sondern letzten Endes auch theoretisch begründete Erkenntnisse liefert, die sowohl die politischen wie auch die wirtschaftlichen Bereiche umfassen.

Jede Typologie dieser Art ist freilich mit Vorsicht zu genießen, denn sie bietet lediglich ein begriffliches Grundgerüst und liefert keine verbindliche Definition dessen, was jede einzelne diesem oder jenem Typus entsprechende Firma ist oder tut. Manche Firmen gehören eindeutig in eine der Typenklassen, andere Firmen sind Grenzfälle oder bieten ein

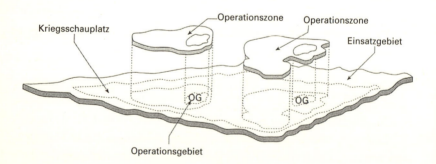

**Organisationsebenen in militärischen Einsatzgebieten**
Quelle: Heeresministerium der USA, Handbuch 100-10-2 vom 15. April 1999 für den Einsatz von Vertragsfirmen auf dem Schlachtfeld

sich über mehrere Typenklassen erstreckendes Spektrum von Dienstleistungen an. Angesichts der anhaltenden Konsolidierung der Branche, die zu immer größeren multinationalen PMFs führt, ist mit einer zunehmenden Zahl von Unternehmensgruppen wie ArmorGroup zu rechnen, die sektorübergreifend tätig sind. Trotz dieser Vorbehalte bleibt das Gerüst tragfähig. Sektorübergreifende Unternehmen sind normalerweise in Geschäftsbereiche oder Abteilungen gegliedert, die sauber in die definierten Typenklassen fallen. Man kann, wie in einigen der folgenden Kapitel näher ausgeführt wird, die erwartbaren Resultate eines Auftrags danach abschätzen, welchem Sektor er zuzuordnen ist.

## Militärdienstleister

Militärdienstleister sind nach unserer Definition Firmen, die vorwiegend im taktischen Bereich operieren. Sie wickeln ihre Dienstleistungen an der vordersten Front des Kampfgebiets ab, das heißt, sie beteiligen sich an Kämpfen, indem sie entweder Bodentruppen oder Spezialisten (z. B. Kampfpiloten) ins Gefecht schicken oder das unmittelbare Kommando über kämpfende Einheiten übernehmen. »Dienstleister« ist ein Begriff aus der zivilen Wirtschaft. Damit werden Firmen bezeichnet, die ihren Kunden technische Einrichtungen, Kapazitäten und Dienstleistungen zur Verfügung stellen, die diese für die Ausübung ihres Kerngeschäfts brauchen. Oft kommt der Dienstleister dabei in unmittelbaren Kontakt mit den Endkunden seines Auftraggebers.[11]

EO, Sandline, SCI und NFD sind klassische Vertreter dieser Spezies privater Militärdienstleister; sie alle haben schon blutige Schlachtfeldoperationen durchgeführt, sei es in Angola, Sierra Leone, Papua-Neuguinea, Indonesien oder anderswo. In diese Kategorie gehören auch Firmen, die militärische Spezialaufgaben auf dem Gefechtsfeld wahrnehmen, wie Airscan, deren Piloten und Techniker Luftaufklärungsmissionen für die amerikanische, kolumbianische und angolanische Regierung absolviert haben, oder Sukhoi, die ihre Jagdfliegergeschwader an die Regierung von Äthiopien vermietet hat. Andere Firmen dieser Kategorie arbeiten eng mit Beschaffungsagenturen wie Advantage Crown oder Kelly Clark zusammen, die so etwas wie die ausgelagerten Verkaufsabteilungen einer ganzen Gruppe von Rüstungsproduzenten sind, ferner auch mit Spezialfirmen, die binnen kurzer Zeit maßgeschneiderte Computersoftware liefern können.

Der typische Kundenkreis der Militärdienstleister umfasst jene, die, ohne selbst über nennenswerte militärische Kapazitäten zu verfügen, einer akut bedrohlichen Situation ausgesetzt sind. Die in diesem Bereich tätigen Firmen bieten ihren Auftraggebern in der Regel zwei Arten von Verträgen an. Der Kunde hat die Wahl zwischen einem »Rundumpaket« und ausgewählten »Schlagkraftverstärkern«. Im ersten Fall stellt die Firma eine Truppeneinheit zur Verfügung, die selbstständig agieren kann. Der Normalfall ist der, dass es sich um kleine Kommandoeinheiten handelt, aber in manchen Fällen stellen die Dienstleisterfirmen durchaus auch größere, mehrere Waffengattungen umfassende Verbände auf die Beine, die notfalls alleine in die Schlacht ziehen können. EO bot in Sierra Leone eine Bodentruppe in Bataillonsgröße auf, unterstützt von Artillerie, Transport- und Kampfhubschraubern, Jagd- und Transportflugzeugen, einem Transportschiff und einem Unterstützungstross aus Spezialisten aller Art (wie Notfallmedizinern und Administratoren). In Situationen dieser Art liefert die Firma nicht eine Verstärkung für die Streitkräfte des Auftraggebers, sondern setzt ihre eigene Truppe an deren Stelle. Manche Firmen haben einen ähnlichen Schritt getan wie einzelne Unternehmen der Computerindustrie (z. B. Dell in den späten 90er Jahren): Anstatt dem Kunden nur die »Hardware« zu verkaufen, liefern sie ein anwendungsbereites Gesamtpaket, das alle Elemente enthält, die der Kunde braucht, um die darin enthaltene moderne Militärtechnik wirksam einsetzen zu können: Hardware, Software, Personal, Implementierung, Personalschulung.[12]

Zwar sind die von den Firmen dieser Kategorie aufgebotenen Einheiten zahlenmäßig oft viel kleiner als die Truppen, gegen die sie kämpfen sollen, aber ihre Effektivität hängt nicht von ihrer Mannstärke ab, sondern von ihrem Ausbildungsniveau, ihrer Erfahrung und ihrer »Schlachtfeldintelligenz«, und das alles sind Qualitäten, die auf den chaotischen Schlachtfeldern des letzten Jahrzehnts Seltenheitswert hatten.[13] Die Stärke dieser Firmen besteht darin, dass sie durch schnelle und koordinierte Bewegung und einen intelligenten Einsatz von Feuerkraft im richtigen Moment an der richtigen Stelle auftauchen. Es ist eine grundlegende Tatsache moderner Kriegführung, dass in vielen Fällen kleine taktische Einheiten strategische Durchbrüche erreichen können.[14] Man darf nicht vergessen, dass die Gegner, mit denen sie es zu tun haben, oft ein Defizit an militärischer Schulung haben und dass ihr harter Kern an disziplinierten Truppen möglicherweise auch nicht sehr zahlreich ist. Charles Taylor in Liberia trat zu seinem Aufstand mit nur einigen Dutzend Männern an, ähnlich wie Sankoh in Sierra Leone und Kabila in Zaire. Eine ebenso kleine Gruppe militärischer Topleute auf der Gegenseite hätte, wenn sie rechtzeitig zur Stelle gewesen wäre, vielleicht in jedem dieser Fälle die Rebellion in einem frühen Stadium ersticken können.[15]

Der häufigere Fall ist der, dass Militärdienstleister »Schlagkraftverstärkungen« anbieten. Die Mitarbeiter der Firma übernehmen in solchen Fällen aktive Rollen an der Seite der Soldaten ihres Auftraggebers mit dem Ziel, die Kampfkraft von dessen Streitkräften zu erhöhen. Im typischen Fall stellen die Firmen spezielle Fähigkeiten zur Verfügung, deren Anschaffung und Implementierung für die lokalen Streitkräfte zu teuer wäre, zum Beispiel moderne Jagdflugzeuge oder Steuersysteme für die Artillerie. Oder Mitarbeiter der Firma werden auf alle Einheiten der Streitkräfte des Auftraggebers verteilt, um ihre Führungsqualitäten und ihre Erfahrung dort einzubringen und an eine größere Zahl von Offizieren weiterzugeben. Im ersten Fall können die einheimischen Streitkräfte durch die von einer beauftragten Firma eingebrachten Spezialitäten die Fähigkeit zu einer kombinierten Kriegführung erlangen, die ihnen andernfalls gefehlt hätte, oder in einem wichtigen Bereich des Kampfgeschehens einen Vorteil erlangen, etwa die Luftherrschaft. Es ist wichtig, sich zu vergegenwärtigen, dass selbst ein Staat mit relativ starken Streitkräften unter Umständen von der Möglichkeit Gebrauch macht, sich durch Hinzuziehung privater Spezialisten gezielt zu verstärken, um jede denkbare Herausforderung bestehen zu können.[16]

Im zweiten Fall, beim Einsatz spezieller »Schlagkraftverstärker«, geht es ebenfalls nicht um numerische Stärke, sondern um die Verbesserung der Qualität in Bereichen wie Gefechtsfeldanalyse, Truppenmanagement und Koordinierung. Auf der taktischen Ebene können Mitarbeiter von Dienstleisterfirmen als »Minigeneräle« agieren und eine militärische Sachkunde einbringen, die den einheimischen Streitkräften oft abgeht.[17] Da die Truppen des Auftraggebers oft unzureichend ausgebildet und wenig diszipliniert sind, wirkt das Einbringen einer Hand voll hochqualifizierter Soldaten oft Wunder, wenn es diesen gelingt, die Truppe »aufzurichten«, ähnlich wie es bei den Kolonialheeren der Vergangenheit der Fall war, bei denen rekrutierte Stammeskrieger von ausgebildeten Offizieren befehligt wurden.[18] Ein Beispiel aus jüngerer Zeit war die Verbesserung der Kampfkraft der Truppen der Nordallianz in Afghanistan unter dem Einfluss einer relativ gerin-

gen Zahl von Offizieren und Mannschaften US-amerikanischer Spezialeinheiten, die gezielt den einheimischen Verbänden zugeteilt wurden.

Abschließend muss über Firmen dieses Typs noch etwas gesagt werden: Es handelt sich hier um den umstrittensten Sektor der privaten
Militärbranche, ein Punkt, auf den wir später noch eingehen werden.
Firmen vom Typ des Militärdienstleisters gehören in der Regel zu
denen mit der ausgeprägtesten »virtuellen« Struktur, was den Vorteil
bietet, dass sie im Handumdrehen ihre Identität und ihren Standort
wechseln können. Sie ziehen die meiste negative Publicity auf sich und
laufen mehr als alle anderen Gefahr, durch behördliche Auflagen in
ihrer Geschäftstätigkeit eingeschränkt zu werden.

Aus diesem Grund dementieren die meisten Firmen dieses Sektors
verständlicherweise, dass sie »blutige« Dienstleistungen erbringen; oft
beteuern sie, nur in beratender Funktion tätig zu sein (wobei man
sich an die Charakterisierung der Rolle der US-Militärs in den frühen
Jahren des Vietnamkriegs erinnert fühlt). In vielen Fällen halten solche
Aussagen einer realistischen Überprüfung nicht stand. Wie ein ehemaliger Major des britischen Fallschirmjägerregiments, der gegenwärtig
für eine Firma dieses Typs arbeitet, einräumt:

> Wenn wir in einem Bürgerkrieg aktiv werden, sind wir als »Berater«
> oder »Ausbilder« präsent. Aber natürlich sind wir an vorderster
> Front dabei, unter dem Vorwand, dass wir dort sehen können, ob
> unsere Ausbildung anschlägt.[19]

Andere behaupten, sie sorgten lediglich für »Sicherheit« oder für die
»Bewachung der Einrichtungen«. Doch auch solche Bewachungsdienste erfordern oft eine militärische Ausrüstung und Arbeitsweise,
wenn etwa Einrichtungen mitten im Kriegsgebiet liegen und militärisch bedroht sind. Das alles hat zur Folge, dass es oft sehr knifflig ist,
Firmen dieses Typs zu identifizieren. Dabei kann kein Zweifel daran
bestehen, dass es so lange, wie eine Nachfrage nach Militärdienstleistern
besteht, immer wieder PMFs geben wird, die bereit sind, Gefechtsein-
sätze durchzuführen.[20]

## Militärische Beratungsfirmen

Firmen, die Beratungs- und Schulungsleistungen erbringen, die unmittelbar der Restrukturierung oder Qualitätsverbesserung der Streitkräfte

des Auftraggebers dienen, konstituieren die zweite Typenklasse innerhalb der privaten Militärbranche. Zu ihrem Sortiment gehören strategische, operative und Organisationsanalysen. Sie interagieren mit dem Auftraggeber auf allen Ebenen, außer in dem Bereich, der im zivilen Wirtschaftsleben als »Kundenkontakte« umschrieben wird. Das heißt in diesem Fall, dass sie nicht in das Geschehen auf dem Schlachtfeld selbst eingreifen. Ihre Mitwirkung kann zwar die strategische und taktische Situation nachhaltig verändern, doch ist es der Auftraggeber, der letzten Endes das Gefechtsrisiko trägt. Darin unterscheiden sich diese Firmen grundlegend von den Militärdienstleistern. Das heißt nicht, dass der Einfluss, den Beratungsfirmen ausüben können, geringer sein muss als der von Firmen des anderen Typs. Ihre Mitarbeiter greifen vielleicht nicht direkt in das Geschehen auf dem Schlachtfeld ein, aber in der modernen Kriegführung ist ein hoher Wissens- und Ausbildungsstand oft genauso wichtig wie die Feuerkraft, die man aufbieten kann.[21]

Zu den bekannteren Firmen dieses Sektors gehören Levdan, Vinnell und MPRI. Vergleichbar ist ihre Rolle am ehesten mit der von Unternehmensberatern, und sie untergliedern sich auch in ähnliche Spezialdisziplinen wie diese. Bei manchen zivilen Beratungsunternehmen wie McKinsey oder Bain liegt der Schwerpunkt auf höchstinstanzlichen strategischen Überlegungen, wie MPRI sie im Hinblick auf militärische Probleme anstellen würde. Andere Unternehmensberater wie Ernst & Young dagegen verlegen sich eher auf technische Aspekte, ähnlich wie DynCorp es für den militärischen Bereich tut.[22]

Der typische Auftraggeber einer militärischen Beratungsfirma befindet sich gerade in der Phase einer Umstrukturierung seiner militärischen Kapazitäten oder plant eine drastische Vergrößerung derselben. Er steht meist nicht so stark unter Zeitdruck wie diejenigen, die sich um die Dienste eines Militärdienstleisters bemühen; dafür sind die Vertragslaufzeiten oft länger und die Verdienstmöglichkeiten für den Auftragnehmer besser.

Der wichtigste Vorteil für den, der sich die Dienste einer militärischen Beratungsfirma sichert, besteht darin, dass er damit Zugriff auf einen größeren Fundus an Erfahrung und Expertenwissen erhält, als die meisten stehenden Heere der Welt ihn besitzen. MPRI zum Beispiel kann mit den Erfahrungen und Fähigkeiten von Tausenden Exoffizieren wuchern, bis hin zum Vier-Sterne-General. Wenn eine Armee, gleich welche, einen so großen Batzen Kompetenz in die Waagschale geworfen bekommt, kann das ein entscheidender militärischer Vorteil sein.

Die Quintessenz dessen, worum es im Metier der militärischen Beratung geht, ist eine fachmännische Einschätzung der Lage und der Handlungsmöglichkeiten. Was der Kunde will, ist eine Handlungsanleitung, unterbreitet von den Militärexperten der Firma. Der typische Beratungsauftrag beschreibt eine Situation, mit der der Auftraggeber konfrontiert ist – sei es eine von Rebellen besetzte Provinz, die zurückerobert, oder sei es eine veraltete Heeresstruktur, die reformiert werden soll. Die Firma analysiert dann, welches Vorgehen am wahrscheinlichsten zur Lösung der Probleme führen könnte.[23]

Eine wichtige Unterscheidung innerhalb des Sektors ist die zwischen Firmen, die sich auf die reine Analyse der Lage und der Handlungsmöglichkeiten beschränken, und denen, die weitergehende Beratungs- und Schulungsangebote im Hinblick auf die Umsetzung ihrer Empfehlungen bieten (aber keine aktive Mitwirkung an der Umsetzung der Empfehlungen – das unterscheidet sie von den Dienstleistern). Idealerweise würde eine Beratungsfirma in ihrer Lageeinschätzung eine möglichst objektive Analyse anfertigen. Da jedoch oft die Perspektive eines Anschlussauftrags besteht, ist bei vielen militärischen Beratungsfirmen die Versuchung groß, Empfehlungen so zu formulieren, dass sie einer weiteren Zusammenarbeit dienen. In der zivilen Wirtschaft würde man sagen, dass die Beratungsfirma versucht, den Kunden durch »Anfüttern« an sich zu binden. Das Ziel ist, dass ein Auftrag den anderen nach sich zieht.[24]

Ironischerweise kann es passieren, dass derjenige, der sich mit einer Beratungsfirma einlässt und dies ursprünglich in der Absicht tut, sich beim Aufbau einer Armee helfen zu lassen, die danach auf eigenen Beinen stehen kann, oft das genaue Gegenteil davon erreicht. Indem der Kunde wichtige Funktionen an einen Dritten abtritt, kann er die Fähigkeit einbüßen, eigene, autonome Entscheidungsstrukturen aufzubauen. Er hört auf, aus seinen eigenen Erfahrungen und Aktivitäten Schlüsse zu ziehen, und verlässt sich zunehmend mehr auf die Fachkompetenz der Firma. Mit zunehmender Vertrautheit wächst auch das Zutrauen zu der Beratungsfirma und ihrer Rolle als vermeintlich ehrlichem Makler. Das kann durchaus eine positive Entwicklung sein, es erhöht aber auf jeden Fall die Chancen der Firma, den Kunden zur Erteilung von Nachfolgeaufträgen zu bewegen.[25] Diese Nachfolgeaufträge mögen geboten sein oder auch nicht, aber ein Kunde, der sich in Abhängigkeit von seiner Beraterfirma begeben hat, wird nicht mehr in der Lage sein, dies aus eigenem Ermessen zu beurteilen.

Eine Reihe von Firmen aus dem Lager der Militärdienstleister, beispielsweise Sandline, haben öffentlich die Absicht geäußert, künftig nur noch als Beraterfirma tätig zu sein, weil in diesem Bereich die gesellschaftliche Akzeptanz größer und die Gewinnspannen höher seien.[26] Die Trennlinie zwischen Beratung und tatkräftiger Unterstützung bei der Umsetzung von Empfehlungen kann freilich oft verschwimmen. Für einen gelernten Soldaten, der als Berater verpflichtet wird, ist es häufig schwierig, abseits stehen zu bleiben, wenn sich die Gelegenheit bietet, die Dinge, die er seinem Kunden gepredigt hat, in die Tat umzusetzen.[27] Während des Golfkrieges begleiteten Mitarbeiter von Vinnell die von ihnen geschulten Einheiten der saudischen Nationalgarde in die Schlacht von Khafji.[28] Daraus kann man folgern, dass Firmen, die sich selbst als militärische Beratungsunternehmen bezeichnen, unter Umständen mehr sind als das und dass es geboten sein könnte, aufmerksam zu beobachten, was genau sie tun.

### Die militärnahen Dienstleister

Firmen, die ergänzende militärnahe Dienstleistungen erbringen, bilden den dritten Sektor der Branche. Zu ihren Aufgaben gehören »unblutige« Hilfsdienste in den Bereichen Logistik, Aufklärung, Technik, Nachschub und Transport. Das Outsourcen von Aufgaben in diesen Bereichen, das sich in ähnlicher Weise auch schon beim Supply-Chain-Management in der Privatwirtschaft bewährt hat, bietet Vorteile, weil damit Firmen betraut werden, die in Bereichen, die außerhalb der Kernkompetenz des Auftraggebers liegen, absolute Spezialisten sind. Sie sind in der Lage, die jeweils benötigten Kapazitäten bereitzustellen und effizient zu nutzen, wie der militärische Kunde selbst es nicht könnte. Dieser wiederum wird dadurch in die Lage versetzt, sich auf seine primäre Aufgabe, das Kämpfen, zu konzentrieren. Kunden dieser privaten Anbieter militärnaher Dienstleistungen sind in den allermeisten Fällen Armeen, die in akute und zugleich langwierige Kämpfe oder Engagements verwickelt sind und in der Lage sein müssen, auch unerwartet auftretende Bedarfsspitzen zu decken.

Der Sektor der militärnahen Dienstleistungen ist nicht nur der am breitesten aufgestellte und umsatzstärkste, sondern auch der strukturell differenzierteste. Interessanterweise ist dieser Sektor der vergleichsweise am wenigsten erforschte Teilbereich der privaten Militärbranche.

In vielen Analysen der privaten Militärbranche tauchen die Firmen dieses dritten Sektors wohl deswegen nicht auf, weil sie häufig fälschlicherweise als »Lieferanten« im traditionellen Sinn gesehen werden. Das liegt einfach daran, dass sie ein überwiegend zivil wirkendes Geschäft betreiben, das äußerlich nichts von Söldnertum an sich hat. Es gilt jedoch für sie wie für die herkömmlichen militärischen Nachschub- und Unterstützungseinheiten, deren Funktion sie ersetzen, dass sie, obwohl sie an der Planung und Durchführung von Kampfeinsätzen nicht direkt beteiligt sind, doch Aufgaben erfüllen, ohne die diese Einsätze nicht mit Aussicht auf Erfolg durchgeführt werden könnten. Demgemäß sind die Leute, die in diesem Sektor arbeiten, grundsätzlich immer der Gefahr ausgesetzt, in Kampfhandlungen verwickelt zu werden. Was für die eine Seite der »rückwärtige Raum« ist, kann für die Gegenseite durchaus ein lohnendes Angriffsziel sein.[29] Anders als heute war es in der Vergangenheit die Regel, dass »Lieferanten«, sobald ihre Dienstleistungen zu einem dauerhaften und integralen Bestandteil der militärischen Abläufe wurden, ihren zivilen Status verloren und in reguläre militärische Verbände eingegliedert oder umgewandelt wurden; so geschehen etwa im Fall der Seabees, der Pionierbataillone der US-Marine im Zweiten Weltkrieg.[30]

Bei den militärnahen Dienstleistern handelt es sich oft um Firmen, die in ihrer Struktur herkömmlichen multinationalen Unternehmen ähneln.[31] Viele von ihnen sind entweder in den Markt für militärnahe Dienstleistungen hineingewachsen, nachdem sie auf ihren ursprünglichen Geschäftsfeldern das Marktpotenzial weitgehend ausgeschöpft hatten, oder sie entdeckten diesen Markt auf der Suche nach einem Geschäftsfeld, auf dem sie ihre im zivilen Bereich erworbenen Kapazitäten und Kompetenzen gewinnbringend nutzen konnten. Ronco zum Beispiel war ursprünglich in der Entwicklungshilfe tätig und tat von dort aus den Schritt in die Minenbeseitigung. BRS fing als Bauunternehmen an, das zivile Großprojekte abwickelte, hat aber mittlerweile ein einträgliches Standbein im Bereich der militärischen Bereitstellung und Logistik entwickelt, wo die Firma ihren angestammten Fundus an Fachkompetenz und Ressourcen profitabel verwerten kann. BRS unterstützte die Einsätze von US-Truppen in Somalia, Haiti, Ruanda und Bosnien und sicherte sich zuletzt einen Auftrag im Wert von einer Milliarde Dollar für die Unterstützung der KFOR-Mission im Kosovo.[32] Der letztgenannte Betrag deutet darauf hin, dass wir es hier mit einem Sektor zu tun haben, in dem es um hohe Auftragssummen geht.

Andere Firmen dieses Sektors sind Boeing Services, Holmes oder Narver. Sie sind weitgehend vergleichbar mit privaten Großprojektdienstleistern wie Marriott-Sodexho, die auf das Management institutioneller Großimmobilien spezialisiert sind, und natürlich auch mit den führenden Unternehmen der Supply-Chain-Management-Branche, die für viele Anbieter militärnaher Dienstleistungen Modell gestanden haben.

Nach allgemeiner Auffassung besteht die Kernaufgabe einer Armee darin zu kämpfen; daher ist es nicht verwunderlich, dass private Dienstleister sich hauptsächlich im Vorfeld und im Rückraum des eigentlichen militärischen Geschehens betätigen. Ein Aufgabenbereich, von dem man früher glaubte, er eigne sich nicht für die Vergabe an Privatfirmen, nämlich die Militärlogistik – das Verfrachten von Truppen und allem, was sie benötigen, ins Kriegsgebiet und zum Schlachtfeld –, ist zum Schrittmacher für die Privatisierung militärischer Aufgaben geworden. Das liegt teilweise daran, dass immer mehr multinationale Unternehmen (die sich auch in ihren zivilen Geschäftsbereichen mit dem Problem der von Land zu Land verschiedenen Ausrüstungs- und Verfahrensstandards auseinandersetzen müssen) in Regionen mit schwacher lokaler Infrastruktur operieren. Eine weitere Ursache ist die Verkleinerung oder Abschaffung ganzer Truppeneinheiten, die für die Erledigung logistischer Aufgaben zuständig waren, im Rahmen von Reformen, die der organisatorischen Verschlankung der Streitkräfte dienen.[33] Schon im ersten Golfkrieg wurden Logistik- und Wartungsdienste für die saudischen Streitkräfte fast zur Gänze von amerikanischen Privatfirmen geleistet.[34] Auch die Streitkräfte der USA, Großbritanniens, Frankreichs, Kanadas und Australiens haben bei ihren seitherigen Auslandseinsatzen einen mehr oder weniger großen Teil ihrer Logistik an private Militärfirmen outgesourct.[35] Die kanadischen Streitkräfte haben vor einiger Zeit sogar ihr gesamtes Supply-Chain-Management, einschließlich des Transports und der Wartung ihrer Waffensysteme, an die Firma Tibbett & Britten ausgelagert. Zu den privaten Kunden dieser Firma gehören Wal-Mart und The Gap, was Kritiker zu der Wortschöpfung »War-Mart« für die Privatisierung der Militärlogistik animiert hat.[36]

Es wäre indes ein Fehler, aus der zunehmenden Privatisierung der Militärlogistik den Schluss zu ziehen, sie sei womöglich nur von sekundärer Bedeutung für das Funktionieren des Militärs insgesamt. In keiner geringeren Quelle als der amtlichen amerikanischen Militärdoktrin findet sich die Aussage:

Seit der Frühzeit der Militärgeschichte haben logistische Kapazitäten über den Umfang, das Tempo und die Effektivität militärischer Operationen entschieden. ... Logistische Kapazitäten müssen so angelegt sein, dass sie aufrechterhalten werden und funktionieren können, auch wenn sie angegriffen werden; das heißt, sie müssen auf Funktionsfähigkeit im Kriegsfall, nicht in Friedenszeiten, angelegt sein.[37]

Die Logistik ist indes nicht der einzige Bereich militärnaher Leistungen, der zunehmend privatisiert worden ist. Man findet in diesem Spektrum Firmen mit so unterschiedlichen Spezialfähigkeiten wie der Beseitigung von Landminen (Ronco und Special Clearance Services) oder der Planung psychologischer Kampagnen (Strategic Communications Lab). Wie in anderen Sektoren der Branche hat auch hier die stürmische Entwicklung im Bereich der Informationstechnologie die Auftragslage für private Firmen verbessert.

Zu den interessantesten Sektoren innerhalb der privaten Militärbranche gehört die militärische Informationsbeschaffung und Spionageabwehr. Auf allen Ebenen des militärischen Geschehens ist dieser Tätigkeitsbereich, bei dem es darum geht, möglichst viel Wissen über den Gegner zu erhalten und gleichzeitig zu verhindern, dass der Gegner verwertbares Wissen erlangt, entscheidend für den Erfolg militärischer Operationen. Aus diesem Grund sind damit traditionell immer nur staatliche Institutionen, die höchstes Vertrauen genossen, betraut worden. Heute gibt es jedoch immer mehr private Firmen, die Dienstleistungen in diesem Bereich anbieten. Viele von ihnen sind von ehemaligen Geheimdienstlern gegründet worden, die nach dem Kalten Krieg beschäftigungslos wurden. Es mag zunächst unglaublich klingen, dass private Firmen solche Aufgaben übernehmen können, aber es hat Ähnliches in der Vergangenheit durchaus gegeben. So fungierte zum Beispiel während des amerikanischen Bürgerkriegs die private Detektei Pinkerton (die heute als Tochter der Firma Securitas A. B. fortbesteht) als primäre Informationsbeschaffungseinheit für die Armee der Nordstaaten, jedenfalls bis diese zu der Erkenntnis kam, dass dieser Bereich wichtig genug war, um ihn durch einen eigenen Geheimdienst abzudecken.[38]

Hinter der Privatisierung in diesem Bereich steckt nicht zuletzt die Überlegung, dass geheimdienstliche Mittel und Fähigkeiten, die noch vor nicht allzu langer Zeit den Supermächten vorbehalten waren, aufgrund der Kommerzialisierung der Mikroelektronik heute jedem zahlungskräftigen Interessenten zur Verfügung stehen. Früher arbeiteten Spione mit Ablichtungen von Dokumenten, die unter Gefahr für Leib und Leben über streng kontrollierte Grenzen geschmuggelt werden mussten; heute dagegen können Informationen aller Art problemlos über das Internet versandt oder abgerufen werden, ganz zu schweigen von einem reichen Fundus statistischer Daten, auf den früher fast ausschließlich nationale Nachrichtendienste Zugriff hatten. Viele private Informationsbeschaffungsfirmen bereiten solches statistisches Material zu leicht abrufbaren Datenbanken auf und bieten sie auf dem freien Markt an.

Dass die in solchen Datensammlungen enthaltenen Informationen zum großen Teil aus veröffentlichten Quellen stammen, vermindert ihren Nutzen keineswegs. Nach Angaben des ehemaligen CIA-Direktors James Woolsey stammen rund 95 Prozent aller Geheimdienstinformationen aus öffentlich zugänglichen Medien; nur die restlichen 5 Prozent kommen aus geheimen Quellen, im Fall der USA überwiegend aus der technischen Aufklärung durch Spionagesatelliten.[39] Doch selbst im letztgenannten Bereich finden wir eine zunehmende Zahl ziviler Erdbeobachtungssatelliten; zusammen mit den Fortschritten in der Technik der Bildauswertung bedeutet dies, dass der private Markt auf dem besten Weg ist, das einstige Monopol der Großmächte auf diese Informationsquelle auszuhöhlen.[40] Nach den Terroranschlägen vom 11. September begannen die CIA und die US-Luftwaffe damit, die Auswertung ihrer Satellitenfotos im Hinblick auf den geplanten Einmarsch in Afghanistan zwei in Colorado ansässigen Hightechfirmen, Space Imaging und Digital Globe, zu übertragen.[41]

Vieles deutet darauf hin, dass der Sektor der privaten Nachrichtenbeschaffung (im Sinne einer technischen Erlangung und Auswertung von Informationen über einen aktuellen oder potenziellen Kriegsgegner oder eine bestimmte Weltregion) an der Schwelle zu einem ungeheuren Boom steht. Viele Länder und politische Akteure haben bereits begonnen, wesentliche Teile ihres nachrichtendienstlichen Geschäfts an private Firmen und Berater auszulagern.[42] In Australien trifft schon heute die Entscheidung darüber, welche staatlichen Funktionsträger Zugang zu Informationen der diversen Geheimhaltungsstufen erhalten, die private Firma Business Risk Services.[43] Es ist denkbar, dass dies zu einer überraschenden Verbesserung der Effizienz in diesem Bereich führt. Die CIA veranstaltete 1995 einen öffentlichen Wettbewerb, um herauszufinden, wer im Rahmen eines vorgegebenen politischen Szenarios (in diesem Fall einer potenziellen militärischen Intervention in Burundi) am schnellsten Informationen beschaffen und die besten Schlüsse daraus ziehen konnte. Es siegte nicht etwa ein Team aus einem der diversen Geheim- und Nachrichtendienste des amerikanischen Staats, sondern die in Washington ansässige Firma Open Source Solutions; das von der CIA selbst ins Rennen geschickte Team belegte übrigens den letzten Platz.[44]

Ein weiterer fruchtbarer Boden für private Firmen ist der Bereich des sogenannten Informationskrieges. Es sind zwar vor allem Regierungen, die im Bereich politisch motivierter »Informationsfeldzüge« tätig werden (bzw. zur Zielscheibe solcher Feldzüge werden), aber zunehmend mischen auch private Unternehmen auf diesem neuen Kriegsschauplatz mit, dessen Arena der von niemandem kontrollierbare Cyberspace ist. Die Einsätze, um die es hier geht, sind keineswegs gering, und wir werden heute bereits Zeugen eines beginnenden Informationskrieges innerhalb der Privatwirtschaft.[45] Den 1000 führenden Unternehmen der Welt (laut *Fortune*-Liste) entstanden allein im Jahr 1999 Verluste in Höhe von mehr als 45 Milliarden Dollar dadurch, dass Hacker, vermutlich im Auftrag von Konkurrenten, ihre Firmengeheimnisse ausspionierten; man spricht hier von »Cyberkriminalität« oder »Netzspionage«.[46]

Diese Entwicklung führte zur Entstehung einer neuen Gattung von Dienstleistern, bestehend aus Firmen, die die Aufgabe haben, Kommunikationskanäle spionagesicher zu machen.[47] Die Mittel, mit denen sie dies tun, sind vorwiegend technischer Natur, doch daneben werden immer wieder auch spezielle Methoden aus dem militärischen Bereich eingesetzt, so dass viele der führenden Unternehmen dieses Sektors militärisches Know-how und militärische Mentalität einbringen. Die Firma I-Defense hat für das US-amerikanische und das britische Verteidigungsministerium ebenso gearbeitet wie für die US-Geheimdienste NSA und CIA. Einer der führenden Männer bei I-Defense ist James Adams, der eine führende Rolle in der Diskussion über den Krieg der Zukunft spielt. Sir Michael Rose, ein pensionierter britischer General, der in seiner aktiven Zeit Kommandeur des 22. SAS-Regiments war und später die UNPROFOR-Operation in Bosnien leitete, gehört dem Vorstand der Firma ebenso an wie Kurt Campbell, ehemals stellvertretender US-Verteidigungsminister.[48] I-Defense hat bereits Verträge mit Großunternehmen wie Microsoft, Citigroup und Itochu geschlossen, ein Indiz dafür, dass die Verflechtungen zwischen PMFs und ziviler Wirtschaft künftig noch enger werden könnten.[49]

**Kapitel 7**

# Der Militärdienstleister EO

> Nach dem Kalten Krieg tat sich ein riesiges Vakuum
> auf, und ich entdeckte eine Nische im Markt.
> Eben Barlow, EO-Gründer

Executive Outcomes (EO) ist das vielleicht bekannteste Unternehmen der privaten Militärbranche. Angesichts all dessen, was der Firma anhaftet – von der düsteren Apartheidvergangenheit ihrer Gründer bis zur Hochglanzästhetik ihrer Eigenwerbung –, scheint es keine Übertreibung, EO als das Vorzeigebeispiel schlechthin für das Phänomen der privatisierten Kriegführung zu bezeichnen. Die Firma ist im Übrigen auch Marktführerin auf dem Sektor der »blutigen« Implementierung und bekennt sich offen zu ihrer Beteiligung an militärischen Operationen in aller Welt. So gesehen verkörpert EO wesentliche Teile dessen, was die Definition eines Militärdienstleisters einschließt. Angesichts von so viel Berühmtheit erscheint es paradox, dass die Firma schon 1999 offiziell ihren Betrieb einstellte und seither keine Aufträge mehr annimmt (mehr dazu weiter unten).

Über ihre direkte militärische Beteiligung an zahlreichen Kriegen hinaus waren es ihre verzweigten politischen und geschäftlichen Verbindungen, die EO zu einer ernst zu nehmenden Macht in Afrika und darüber hinaus machten. Ihr Geschäftszweck unterschied sich zwar kaum von dem anderer PMFs, doch wies sie Besonderheiten auf, die mit ihrer Verwurzelung in den Elitetruppen des südafrikanischen Apartheidregimes und mit ihren engen Beziehungen zu Bergbau- und Erdölkonzernen zu tun hatten. Ihren Erfolg verdankte sie mindestens zum Teil dieser Einbettung in ein größeres Unternehmensgeflecht. Dies versetzte beide (EO und die Firmen der mit ihr verbundenen Gruppe) in die Lage, überall dort einzugreifen, wo Regierungen und andere Firmen fürchteten, sich die Finger zu verbrennen.

Dank ihrer Fähigkeit, innerhalb weniger Tage eine kampffähige Elitetruppe zu organisieren und in Stellung zu bringen, verkörperte EO nicht nur das Paradebeispiel eines Militärdienstleisters, sondern war auch, wie selbst ihre schärfsten Kritiker zugaben, eine der fähigsten Firmen auf dem Markt. In ihrer Geschichte spiegeln sich exemplarisch die Dilemmata und Vertracktheiten, unter denen der Sektor der Militärdienstleister leidet. Während EO auf der einen Seite beschuldigt wurde, eine »Söldnertruppe von rassistischen Killern« zu sein, statteten fast zur gleichen Zeit humanitäre Gruppen wie die in Sierra Leone tätige Organisation »Children Associated with the War« der Firma ihren förmlichen Dank für ihr Wirken ab.[1]

## Organisatorische Merkmale

Executive Outcomes wurde 1989 von Eben Barlow gegründet, der zuvor stellvertretender Befehlshaber des 32. Bataillons der südafrikanischen Streitkräfte (SADF) und danach Mitarbeiter beim südafrikanischen Civil Corporation Bureau (CCB) gewesen war. Solche unverfänglichen Namen von Truppenteilen und Dienststellen lassen nicht ohne weiteres erkennen, dass das 32. Bataillon zu den angesehensten Eliteeinheiten gehörte, die Südafrika gegen seine Nachbarn in den Buschkriegen der 70er und 80er Jahre einsetzte. Von denen, die auf der gegnerischen Seite standen, »die Schrecklichen« genannt, zeichnete sich das 32. Bataillon seinerzeit durch die höchste »Tötungsquote« aller Einheiten der SADF aus, wurde allerdings später von den Rechercheuren der südafrikanischen Wahrheitskommission grausiger Menschenrechtsverletzungen bezichtigt.[2]

Das CCB war ebenfalls alles andere als eine gutmütige zivile Organisation. Wie 1990 herauskam, fungierte es als Aushängeschild, hinter dem sich eine auf verdeckte Auftragsmorde und Spionage spezialisierte Truppe verbarg, die auf Gegner des Apartheidregimes im Ausland angesetzt wurde. Während seiner Zeit im CCB war Barlow, den man daran erkennt, dass er ein grünes und ein blaues Auge hat, für Westeuropa zuständig. Zu seinen Aufgaben gehörte es, dort Desinformationen über Nelson Mandelas Afrikanischen Nationalkongress (ANC) zu verbreiten. So wurde zum Beispiel in England die Behauptung gestreut, der ANC arbeite mit Terroristen der Irisch-Republikanischen Armee (IRA) zusammen. Barlow war auch maßgeblich an der Einrichtung von Tarnfirmen beteiligt, die unter Umgehung der internationalen Sanktionen südafrikanische Waffen im Ausland verkauften. Man nimmt an, dass er in dieser Zeit viele der geschäftlichen Kontakte aufbaute, die er später zum Vorteil von EO nutzen sollte. Die Raffinesse, mit der er seine Firma in ein komplexes Gewebe multinationaler Holdinggesellschaften einflocht – dessen Hauptzweck offenbar darin bestand, ihre Geschäftstätigkeit und die Mitwirkung der Partnerfirmen daran undurchschaubar zu machen –, war wohl ebenfalls eine Frucht der Erfahrungen, die er bei CCB gesammelt hatte. In vielerlei Hinsicht war Barlow somit eine Art moderner Nachfahre des Albrecht Wallenstein – ein Soldat mit innovativen Ideen, dessen Genialität darin lag, dass er geschäftliche Chancen erkannte und einen neuen organisatorischen Ansatz für das Führen von Kriegen fand.

Die meisten Mitarbeiter, die Barlow für EO anwarb, teilten mit ihm die Herkunft aus den Spezialtruppen der SADF, von einigen Spezialisten wie zum Beispiel Piloten aus der Ukraine einmal abgesehen.[3] Sie kamen aus Eliteeinheiten wie der Fallschirmbrigade, den Aufklärungskommandos und dem 32. Bataillon. Diese Einheiten waren die maßgeblichen Werkzeuge, mit denen Südafrika versucht hatte, seine Nachbarländer niederzuhalten, etwa durch die Inszenierung subversiver verdeckter Operationen in Mosambik, in Namibia und Angola. Andere EO-Mitarbeiter hatten angeblich früher bei der Koevoet gedient, einer Spezialeinheit der Polizei für die Oppositionsbekämpfung, von der bekannt ist, dass sie im Namibiakrieg zahlreiche Gräueltaten beging, die Folterung und Ermordung von Gefangenen inbegriffen.[4] Als das Apartheidregime abdankte, wurden die meisten dieser Einheiten aufgelöst und Tausende ihrer Veteranen dem Arbeitsmarkt zugeführt (insgesamt setzten die SADF fast 60.000 Soldaten frei).

Diese Veteranen bildeten den Grundstock für das EO-Personal. Viele schlossen sich der Firma aus finanziellen Gründen an, zahlte sie doch attraktive Gehälter zwischen 2000 und 13.000 Dollar pro Monat (abhängig von Erfahrung und Ausbildungsniveau). Der monatliche Durchschnittslohn lag bei rund 3500 Dollar für Soldaten, 4000 Dollar für Offiziere und 7500 Dollar für das fliegende Personal, wobei auch nicht unwichtig war, dass das Geld in der vergleichsweise stabilen US-Währung ausbezahlt wurde.[5] Diese Gehälter waren sehr verlockend, betrugen sie doch ungefähr das Fünffache dessen, was man in den südafrikanischen Streitkräften, und das Zehnfache dessen, was Soldaten in Armeen anderer afrikanischer Staaten verdienen konnten (wenn sie überhaupt bezahlt wurden, was selten genug vorkam). Innovativ war EO auch insofern, als die Firma eine der ersten in der PMF-Branche war, die für alle ihre Beschäftigten standardmäßig eine Lebensversicherung und eine alle erdenklichen Fälle abdeckende medizinische Versorgung bereitstellte.[6]

Neben diesen finanziellen Anreizen gaben viele EO-Mitarbeiter auch psychologische Beweggründe für den Eintritt in die Firma an. Als sie, die die »schmutzigen Kriege« des Apartheidregimes hatten führen helfen, nach Hause zurückkehrten, wurden sie von der südafrikanischen Übergangsregierung nach ihrem Empfinden zu schlecht behandelt. Waren ihre Leistungen einst belobigt worden, so waren sie dem neuen südafrikanischen Staat jetzt eher peinlich. Dass man ihre Heldentaten plötzlich nicht mehr würdigte und ihre gefallenen Kameraden nicht mehr ehrte, kränkte diese Soldaten. Sie sahen sich schließlich nicht als Bösewichter, sondern empfanden die Grenzkriege, an denen sie mitgewirkt hatten, nach wie vor als Dienst an ihrer Nation. Freilich war die südafrikanische »Nation« inzwischen eine andere, umfassendere geworden.

So war es nicht zuletzt auch ein Bedürfnis nach Rehabilitierung, das die SADF-Veteranen zu Executive Outcomes hinzog.[7] EO-Mitarbeiter waren stolz darauf, in ihrem neuen Job genau die Fertigkeiten und Tricks anzuwenden, die sie bei den SADF gelernt hatten, jetzt jedoch zum Schutz der Zivilbevölkerung, auf die sie in ihrer früheren Tätigkeit das eine oder andere Mal geschossen hatten. Während ihres Einsatzes in Sierra Leone wurden sie von der lokalen Zivilbevölkerung behandelt, als seien sie Helden. Wenn sie in eine Stadt einmarschierten, versammelten sich Menschenmengen und begannen zu singen und zu jubeln. Ein Ausspruch aus dem Mund einer einheimischen Frau bringt die Ehrerbietung zum Ausdruck, die die Leute den EO-Männern entgegenbrachten. »Sie haben uns gerettet. Sie sind Heilige!«[8] Das war für die früheren Wächter des Apartheidstaates – eines der stigmatisiertesten politischen Systeme aller Zeiten – eine neuartige Erfahrung.[9]

Die Rekrutierung von SADF-Veteranen hatte für die Firma mehrere Vorteile. Sie stellte einen vergleichbaren Ausbildungsstand ebenso sicher wie eine bereits vordefinierte Hierarchie und jede Menge Gefechtserfahrung im »Krieg auf kleiner Flamme« und in der Bekämpfung von Aufständischen. Stolz brüstete sich die Firma damit, dass in ihren Reihen über 5000 Jahre Kampferfahrung versammelt seien, weitaus mehr als jede reguläre Armee es von sich behaupten kann.

Die Dienste ihrer aus diesem Veteranenreservoir geschöpften Mitarbeiter sicherte sich EO durch Zeitverträge. Die Auswahl von Neulingen erfolgte hauptsächlich auf persönliche Empfehlung hin, und das war schon ein erster Qualitätsfilter. Das einzige dauerhaft bei der Firma angestellte Team war das Personal im Hauptquartier in Pretoria, das als Kommandozentrale diente und dessen Funkgeräte rund um die Uhr besetzt waren. EO unterhielt keine »stehenden Truppen« in Kasernen, sondern führte die Kontaktadressen jederzeit verfügbarer freier Mitarbeiter in einer Datenbank. Die Firma behauptete, über 2000 Mann binnen kürzester Frist rekrutieren zu können. Bemerkenswerterweise waren die EO-Mitarbeiter zu rund 70 Prozent farbige Afrikaner, was die verbreitete Annahme Lügen straft, EO sei eine weiße Söldnerkompanie. Im 32. Bataillon, aus dem die Firma viele ihrer Mitarbeiter rekrutierte, dienten in der Tat nicht wenige Namibier und Angolaner, die sich bei ihrer Rückkehr in ihre Heimat nach den dortigen Regimewechseln ebenfalls mit großen Problemen konfrontiert sahen. Kritiker wiesen allerdings mit Recht darauf hin, dass auf der Offiziersebene bei EO vorwiegend Weiße anzutreffen waren.

In ihrer Eigenwerbung propagierte die Firma fünf Gruppen von Dienstleistungen, die ihre Kunden in Anspruch nehmen konnten: strategische und taktische militärische Beratung, ein Bündel fortgeschrittener militärischer Schulungspakete in Sachen Boden-, See- und Luftkriegführung; Durchführung von Friedens- oder »Überredungs«-Missionen; Beratung von Streitkräften hinsichtlich der Auswahl und Beschaffung von Waffen; paramilitärische Leistungen.[10] Die Schulungspakete deckten das gesamte Spektrum militärischer Operationen ab, von Grundausbildungskursen für Infanteristen über die Besonderheiten der Panzerkriegführung bis hin zum Üben von Luftlandeoperationen.

### Das Netzwerk der EO-Partnerfirmen

Executive Outcomes mit Sitz in Pretoria war offiziell nur eine Firma von vielen unter dem Schirm einer südafrikanischen Holdinggesellschaft und Risikokapitalgeberin namens Strategic Resources Corporation (SRC). Die EO-Vorstände saßen allerdings auch im SRC-Vorstand, ein Indiz dafür, dass ihr Einfluss innerhalb der Unternehmensgruppe als ganzer nicht unerheblich gewesen sein kann. Neben EO gehörten SRC, wie verlautete, rund 20 weitere Firmen, die mehr oder weniger in die Geschäftstätigkeit von EO eingebunden waren, darunter die PMFs Lifeguard und Teleservices, die ihr Geld mit der Bewachung von Bergbauanlagen verdienten, und Saracen, eine in Uganda und Angola tätige Sicherheitsfirma.[11] Diese Unternehmen sind mit der Bewachung nicht-militärischer Vermögenswerte befasst. Die meisten von ihnen traten erst auf den Plan, als Executive Outcomes bereits abgetreten war, allerdings in zeitlicher Nähe zum Markteintritt des Bergbaukonzerns Branch-Heritage. Diese Firmen stellten etliche bisherige EO-Mitarbeiter ein, die willens waren, im Land zu bleiben. Somit konnte EO öffentlich verkünden, es habe seine militärische Geschäftstätigkeit eingestellt und sei in dem betreffenden Land nicht mehr aktiv – dabei hielt es eine indirekte lokale Präsenz aufrecht. Ingenieur- und Logistikfirmen wie Falconeer und Bridge International (die auch für Organisationen aus dem Umfeld der UN arbeiteten) bewegten sich ebenfalls im SRC-Orbit.

Hinter der SRC-Holding verbarg sich allerdings ein noch weitaus dichter gewobenes Firmennetzwerk, bestanden doch offensichtlich sehr enge (wenn auch offiziell abgestrittene) Beziehungen zwischen SRC in Südafrika und der Branch-Heritage Group, einer Finanzholding mit offiziellem Geschäftssitz im Gebäude Plaza 107 in London. 1993 war auch Executive Outcomes in England registriert (wo die Gesetze, die die Tätigkeit von Söldnern regeln, viel durchlässiger waren als in Süd-afrika). Der Vorstandsvorsitzende der Branch-Heritage Group war Anthony Buckingham, ein charismatischer Geschäftsmann und eben-falls ein SAS-Veteran, der in Afrika als ein Mann mit einflussreichen Verbindungen gilt. Buckingham spielte eine maßgebliche Rolle bei der Erteilung des ersten großen Auftrages an EO (für einen Einsatz in Angola) und auch bei der Gründung der Firma Sandline.[12]

Zur Branch-Heritage Group gehören einige Bergbau- und Erdöl-firmen in aller Welt, und es überrascht kaum, dass die Firma Beteili-gungen in fast all den Regionen hält, in denen Executive Outcomes größere Einsätze gefahren hat. Einige Töchter der Firmengruppe be-auftragten Sicherheitsfirmen aus dem Umfeld von SRC mit der Be-wachung ihrer Anlagen. Dem Vernehmen nach ist Branch-Heritage auch geschäftlich mit der Firma Jupiter Mining in Guinea verbunden.[13] Eine Dachgesellschaft namens Diamondworks diente offenbar als Hol-ding für alle Firmen der Branch-Heritage Group. Diamondworks ließ sich als Aktiengesellschaft an der kanadische Börse registrieren, wo die Papiere der Firma öffentlich gehandelt werden. Ein weiteres Indiz für das Vorliegen eines Netzwerks ist die Tatsache, dass viele aus der Chef-etage von Branch-Heritage, Executive Outcomes und Sandline auch in verschiedenen Funktionen für Diamondworks tätig waren, auch auf Vorstandsebene.

Verträge, die EO mit finanziell klammen Ländern schließt, sollen angeblich Klauseln über die Erteilung von Schürfrechten an EO-Partnerfirmen enthalten. Jedenfalls wurden nationale Bodenschätze privatisiert und an teilweise staatseigene, teilweise zu Branch-Heritage gehörende Firmen abgegeben, die dann wiederum für teures Geld die Sicherheitsdienste von EO oder von deren Tochterfirmen in Anspruch nahmen. Die Firmen bestreiten dies und behaupten, zwischen den Firmen der SRC-Holding und denen der Branch-Heritage Group bestünden lediglich »freundschaftliche« Beziehungen.[14] Branch-Heritage hatte jedoch zweifellos in den Regionen, in denen EO operierte, eine privilegierte Stellung inne; so ist die Rede davon, dass der Firma vielerorts eine Art Vorkaufsrecht auf lukrative Schürfrechte eingeräumt wurde, ferner gab es in den Vorstandsetagen einer ganzen Reihe angeblich separater Firmen jede Menge personeller Überschneidungen.[15]

Noch undurchsichtiger wurde die Sache dadurch, dass die Branch-Heritage Group in London auch die Mutterfirma der beiden PMFs Sandline International und Ibis Air ist. Sandline besteht zwar formell erst seit 1996 und ist auf den Bahamas registriert, ist aber aus einer Firma namens Plaza 107 Ltd. hervorgegangen; ihr Londoner Hauptquartier befindet sich im selben Gebäude wie die Büros der anderen in der Londoner SRC-Holding zusammengefassten Firmen. (Einmal benutzte Sandline, so wird kolportiert, irrtümlich sogar das Briefpapier von Branch-Heritage.)[16] Sandlines erster Direktor war Timothy Spicer, pensionierter Oberst der Scots Guards und zeitweilig Sprecher der UN-Schutztruppe in Bosnien. Sandline unterhielt auch ein Büro in Washington, geleitet von Oberst Bernard McCabe, einem Exmitglied der Green Berets. Zeitweilig war es schwer, die Geschäftstätigkeit von Sandline und die der anderen Firmen der SRC-Holding auseinander zu halten. Überwiegend dasselbe Personal und dieselbe Ausrüstung kamen sowohl in Papua-Neuguinea (wo Sandline nach eigener Darstellung mit ausgeliehenen EO-Mitarbeitern operierte) und im Rahmen der friedenserhaltenden Einsätze der ECOMOG in Sierra Leone zum Einsatz (wo die Firmen Piloten für nigerianische Alpha-Jets sowie eigene Kampfhubschrauber beisteuerten).[17] Sandline hat öffentlich eingeräumt, für eine Intervention zugunsten seiner »Partnerfirma« Lifeguard (die ebenfalls zur SRC-Holding gehört) eine »Sicherungseinheit« zur Verfügung gestellt zu haben.[18]

Eine weitere Firma, die in der Lebensgeschichte von EO eine wiederkehrende Rolle spielt, ist Ibis Air, die man im Grunde als die private EO-Luftwaffe beschreiben könnte. Formell war Ibis Air ein selbstständiger Bestandteil der Holding, doch ihr Verhältnis zu EO war so eng, dass die beiden Firmen für Außenstehende kaum unterscheidbar waren. Ibis Air begleitete EO auf einigen bedeutsamen Einsätzen, wobei sie in der Regel gemäß einem separaten Vertrag an EO oder an den Kunden bzw. Staat, der EO angeheuert hatte, ausgeliehen wurde. Zu ihren Direktoren gehörte Lafras Luitingh, der frühere Rekrutierungschef des Aufklärungskommandos der SADF, der später die gleiche Funktion bei EO bekleidete.

Dank der Partnerschaft mit Ibis Air erlangte EO den Vorteil, in aller Welt Kampfverbände aus- und einfliegen zu können. Die meisten regulären Streitkräfte verfügen nicht über diese Fähigkeit. Zu den Flugzeugen, die Ibis Air besitzt, gehören dem Vernehmen nach mindestens zwei militärische Transporter vom Typ Andover, zwei oder drei gebrauchte Passagierjets vom Typ Boeing 727 (gekauft für insgesamt 550.000 Dollar von American Airlines), etliche russische Transporthubschrauber vom Typ Mi-17, Lastenhubschrauber vom Typ Mi-8, Kampfhubschrauber vom Typ Mi-24, eine Schwadron aus der Schweiz stammender Pilatus-Schulungsflugzeuge, bestückt mit nachgerüsteten Luft-Boden-Raketen, und moderne düsengetriebene Jagdbomber vom Typ MiG-23. Ibis verfügt auch über die Fähigkeit, Jagd- und Kampfflugzeuge eines jeden auf dem Weltmarkt erhältlichen Typs zu leasen und einzusetzen, und war deswegen in der Lage, Kampfplätze notfalls blitzschnell zu räumen. Auf dem Höhepunkt der Operationen in Angola und Sierra Leone 1995 setzten EO und Ibis Air Berichten zufolge rund 20 Hubschrauber ein.[19] Piloten beider Firmen haben auch schon Bomber des Typs Su-25 und Tiefflugjäger vom Typ MiG-27 geflogen, die die angolanische Luftwaffe an sie ausgeliehen hatte. Die Angolaner hatten die Maschinen von ihren früheren sowjetischen Vormündern bekommen, verfügten aber nicht über Piloten, die gut genug ausgebildet waren, um die Maschinen funktionsgerecht einzusetzen.

Dass EO jederzeit auf die Kapazitäten von Ibis Air zurückgreifen konnte, brachte der Firma auf dem Schlachtfeld einen entscheidenden Vorteil. Sie machte es sich zur Regel, dass bei allen ihren Operationen mindestens ein Kampfhubschrauber und ein Krankentransportflugzeug auf Abruf bereitstanden – sicher keine Strategie aus dem Lehrbuch für Spitzenmanager, aber wohl ein kluger Zug angesichts der Natur ihres Geschäfts.

Wie aus dem Maschinenbestand von Ibis Air deutlich wird, hatte EO eine Vorliebe für Waffen aus dem sowjetischen Arsenal; oft kaufte der jeweilige Auftraggeber das Gerät nach einer von EO erstellten Wunschliste ein. Diese Waffen waren billig, weil während des Kalten Krieges so viele davon produziert worden waren, und leicht zu beschaffen, gewöhnlich mit Hilfe osteuropäischer Händler. Der sowjetische »Hind«-Kampfhubschrauber vom Typ Mi-24, mit Titan gepanzert und mit vierrohrigen Gatling-Kanonen und einem Granatwerfer vom Kaliber 40 mm bestückt, war eine der wirksamsten und furchteinflößendsten Waffen, die die Firma bei ihren Einsätzen aufbot. Zusätzlich zu MiGs und Hinds setzte EO bei motorisierten Bodeneinsätzen auch sowjetische Panzerfahrzeuge ein, darunter Infanteriekampfwagen vom Typ BMP-2 und gepanzerte Mannschaftswagen vom Typ BTR-60. EO marschierte zwar normalerweise mit leichtem Gepäck, zeichnete sich jedoch vor anderen PMFs durch die Fähigkeit aus, nötigenfalls auch schwere Ausrüstung der beschriebenen Art ins Feld zu schicken. Während ihrer Operation in Sierra Leone hatte die Firma sogar einen Frachter vor dem Hafen von Freetown liegen.[20]

## Größere Operationen

Als sich der politische Wind in Südafrika drehte, nahm Barlow seinen Abschied aus den dortigen Streitkräften, und 1989 gründete er Executive Outcomes, zunächst als Beraterfirma für Spionageabwehr. Die Firma war in Südafrika registriert und führte in ihrem Wappen den Springer (die Schachfigur) aus der amerikanischen TV-Serie *Have Gun, Will Travel* (über einen freiberuflich tätigen Revolvermann im Wilden Westen). Ihre ersten Aufträge bestanden darin, den Spezialeinheiten der SADF Geheimkurse in Sachen Spionage zu geben; sehr bald gewann sie auch Kunden aus der Wirtschaft wie zum Beispiel die Diamantenfirma DeBeers, bei der sie nicht nur für Sicherheit sorgte, sondern auch einschlägige Schulungen durchführte, »marktbezogene Informationen« sammelte und »Marketingkriege« führte.[21]

Sehr schnell merkte die Firma EO, dass sie eine Wachstumsbranche aufgetan hatte. Es sprach sich herum, wie gut sie arbeitete, und spätestens ab 1991 führte sie auch Einsätze außerhalb Südafrikas durch. In diesen ersten Jahren handelte es sich um Aufgaben wie die Sicherung von Bergwerken, die Infiltrierung und Durchdringung organisierter krimineller Schmuggelsyndikate und um Einsätze für einen südamerikanischen Staat (dem Vernehmen nach Kolumbien), für den EO verdeckte Antidrogenrazzien veranstaltete, die firmenintern als »Kriegführung nach Ermessen« bezeichnet wurden.[22] Der Auftrag, der EO zu einer der führenden Firmen der Branche machen sollte, kam jedoch aus Angola, ausgerechnet dem Land, in dem viele EO-Mitarbeiter in den verflossenen zehn Jahren Krieg geführt hatten.

## Angola: eine Privatfirma zeigt ihre Macht

Angola ist ein mit Bodenschätzen gesegnetes Land und müsste von daher eigentlich über eine blühende Wirtschaft verfügen. Es ist Afrikas zweitgrößter Erdölförderer nach Nigeria und könnte angesichts jüngst entdeckter weiterer Vorkommen bald zum größten aufsteigen. Unter den Ländern, aus denen die USA Rohöl importieren, steht Angola an sechster Stelle.[23] Das Tragische ist, dass das Land von diesem Wohlstand nicht hat profitieren können, weil es in den letzten drei Jahrzehnten ununterbrochen von Kriegen gebeutelt wurde. Angola nimmt unter den Ländern der Erde den 160. Platz ein, was seine Lebensqualität angeht.[24]

Der Beginn des Krieges in Angola lässt sich ziemlich exakt auf das Jahr 1975 datieren, in dem das Land abrupt aus der portugiesischen Kolonialherrschaft entlassen wurde. Mehrere hunderttausend Portugiesen – praktisch der gesamte gebildete Teil der Bevölkerung – verließen damals das Land, nicht ohne alles mitzunehmen, was irgendeinen Wert hatte – das ging in manchen Fällen bis zu den Türklinken.[25] Die neue angolanische Nation stand somit fast ohne Bürger da, die in der Lage gewesen wären, den Staat, die Wirtschaft oder die Landwirtschaft zu führen; dafür gab es umso mehr kampfwillige Kriegerhorden. Über weite Teile des nachfolgenden Vierteljahrhunderts hinweg hielten die Supermächte, ihre Stellvertreter und weiße Minderheitsregierungen in der Region den Konflikt am Lodern, indem sie Geld, Waffen und Soldaten ins Land schleusten. Die Sowjetunion und ihre Verbündeten unterstützten die kommunistische Volksbewegung zur Befreiung Angolas (MPLA), der es gelang, die Macht an sich zu reißen; dagegen finanzierten die USA und Südafrika die Nationale Union für die vollständige Unabhängigkeit Angolas (UNITA) von Jonas Savimbi, die aus dem Hinterland den Aufstand probte. Der Krieg zeigte zu unterschiedlichen Zeiten ein eher konventionelles oder ein eher paramilitärisches Gesicht, und die Initiative und die Oberhand wechselten zwischen den Streitkräften des Regimes, den Forças Armadas Angolanas (FAA), und Savimbis UNITA-Truppen.

Viele spätere EO-Mitarbeiter mischten in den späten 80er Jahren, damals noch als Soldaten der SADF, im Angolakonflikt mit. Wiederholt intervenierten die SADF, um die drohende Niederlage der UNITA abzuwenden und auch um Angola dafür zu bestrafen, dass es die bewaffnete Opposition gegen das Apartheidregime in Namibia und Südafrika unterstützte. Als später EO in den Angolakonflikt hineingezogen wurde, hatte sich das Kriegsglück bereits gedreht. Nach dem Kalten Krieg stand die angolanische Regierung ohne Hilfe von außen da, denn viele ihrer bisherigen Bündnispartner aus dem Sowjetblock waren nicht mehr mit von der Partie.

1993 hatte die UNITA das Land von ihren Stützpunkten im Inneren her aufgerollt und bedrohte die Hochburgen der Regierung an der Küste. Das Regime stand mit dem Rücken zur Wand.

Die entscheidende Wende kam im März 1993, als die UNITA die Erdölanlagen in der Küstenstadt Soyo besetzte. Diese Ölförderzonen waren in zweifacher Weise wichtig: Die Ölvorkommen waren eine grundlegende Finanzierungsquelle des Staates, und die Fördereinrichtungen gehörten der staatlichen Ölgesellschaft Sonogal und der Firma Branch-Heritage Oil, die ein Teil der Unternehmensgruppe des Tony Buckingham war. Die UNITA ließ nicht zu, dass die Firmen ihre Förder- und Verladeeinrichtungen abtransportierten, für die sie 20.000 Dollar Miete pro Tag bekamen, und die FAA hatte nicht die militärischen Machtmittel, um Soyo zurückzuerobern, ohne dabei die wertvollen Industrieanlagen in die Luft zu jagen.[26]

Das war der Moment, in dem Executive Outcomes zum ersten Mal dem Angolakonflikt ihren Stempel aufdrückte. Die Firma erhielt von den angolanischen Streitkräften den Auftrag, die Stadt Soyo (einschließlich der wertvollen Besitztümer von Sonogal und Branch-Heritage Oil) zurückzuerobern. Ein aus etwa 80 Mann bestehendes EO-Kommando unternahm einen Überraschungsangriff und konnte den UNITA-Rebellen nach heftigem Kampf die Erdölanlagen entreißen.

Mit der »Operation Soyo« demonstrierte EO zum ersten Mal ihre Gefechtstüchtigkeit. Die UNITA behauptete – nicht wissend, dass die Kommandos aus Exangehörigen der SADF bestanden, die vor einigen

Jahren noch ihre Waffenbrüder gewesen waren –, weiße Söldner kämpften für die Regierung. Dem hielten die Ölgesellschaften anfänglich entgegen, bei den EO-Mitarbeitern handle es sich lediglich um »Sicherheitskräfte«, die die Industrieanlagen schützten – eine ziemlich abenteuerliche Behauptung angesichts der Tatsache, dass die UNITA zu der Zeit die Kontrolle über die Anlagen hatte. Die Wahrheit über die Operation kam jedoch rasch heraus, und EO bekannte sich öffentlich dazu.

Die Operation Soyo und die Tatsache, dass EO kein Geheimnis aus ihrer Beteiligung an dem Gefecht machte, sandten eine Schockwelle durch die Region. Beobachter zeigten sich verblüfft sowohl über die Schlagkraft der Firma als auch darüber, dass sie plötzlich an der Seite der angolanischen Regierung kämpfte, die der erklärte Erzfeind dieser Söldner gewesen war, als sie noch die Uniform der südafrikanischen Streitkräfte getragen hatten. Unmut und Verdächtigungen machten sich breit. Viele Soldaten, die noch in Südafrika dienten, empfanden es als Treulosigkeit. Auf der anderen Seite traute die angolanische Armee ihren neuen Bündnisgenossen nicht. Und die UNITA fühlte sich von ihren früheren südafrikanischen Kampfesbrüdern verraten.

Die Bedeutung der Schlacht von Soyo lag darin, dass sie demonstrierte, dass eine Privatfirma in einem bewaffneten Konflikt eine integrale Rolle spielen konnte, indem sie ihre militärische Schlagkraft demjenigen zur Verfügung stellte, der dafür bezahlte. Mit einem Ausrufezeichen wurde diese Erkenntnis versehen, als die UNITA Soyo von der angolanischen Armee zurückeroberte, kaum dass EO ihre Männer von dort abgezogen hatte. Ohne die private Militärfirma hieß es für die angolanische Regierung: zurück auf Los.

Angesichts dessen und weiterer Rückschläge, die die FAA einsteckten, erhielt EO im September 1993 den mit 40 Millionen Dollar dotierten Auftrag, an der Schulung der staatlichen Streitkräfte mitzuwirken und auch Kampfeinsätze durchzuführen. Dies geschah zu einer Zeit, als die meisten Beobachter den Eindruck hatten, die angolanische Regierung stehe am Rand des Abgrunds. Angeblich spielten Buckingham und Simon Mann (ein britischer Exoffizier, der damals im Bergbau tätig war) eine Schlüsselrolle beim Zustandekommen des Kontrakts, für den sich der angolanische Präsident persönlich eingesetzt hatte.[27] Bezahlt wurde EO dem Vernehmen nach mit staatlichen Geldern, die der Regierung ursprünglich aus den Kassen der Firma Ranger zugeflossen waren, einer mit Buckingham liierten kanadischen Bergbaugesellschaft. Die Firma soll dafür mit Erdöl- und Bergbaukonzessionen entschädigt worden sein.[28]

Unter der Anleitung von EO bauten die Angolaner ihre 16. Brigade wieder auf, die in den 80er Jahren ausgerechnet von südafrikanischen Truppen zerschlagen worden war. Die 5000 Mann und 30 Piloten der Brigade wurden in neuen Kampftaktiken und -techniken geschult, lernten etwa, sich als motorisierte Infanterie zu bewegen, mit Technik zu arbeiten und Artillerie einzusetzen. Dass die angolanischen Truppen und ihre südafrikanischen Instrukteure aus gemeinsamen vergangenen Kampferfahrungen schöpfen konnten (auch wenn sie sich dabei als Feinde gegenübergestanden hatten), kam ihnen jetzt zugute, weil sie damals begangene Fehler diskutieren und Lehren daraus ziehen konnten.[29] Das EO-Kontingent, das insgesamt rund 500 Mann umfasste, zog später an der Seite der Angolaner in die Kämpfe und hatte die operative Führung inne. Zusätzlich zu ihrer Waffenbrüderschaft mit der 16. Brigade stellte EO auch Flugzeugbesatzungen zur Verfügung, die Kampfjets der angolanischen Luftwaffe flogen, sowie Spezialeinheiten, die Kommandooperationen gegen UNITA-Stützpunkte durchführten.[30]

Mit taktischer Unterstützung dieser EO-Speerspitzen, die Truppenkonzentrationen der UNITA angriffen und mit kleinen Überfallkommandos überall im Land zuschlugen, konnte die FAA im Verbund mit ihren EO-Vorturnern eine Gegenoffensive ins Rollen bringen, die höchst erfolgreich verlief, so dass letztlich alle größeren Städte Angolas und die meisten Fördergebiete für die Regierung zurückerobert werden konnten. Die UNITA wurde aus ihren Stützpunkten im Nordwesten vertrieben und vom Waffen- und Versorgungsnachschub abgeschnitten. Am Ende sicherten sich EO und FAA den gesamten ölreichen Teil Angolas und den größten Teil der Diamantenschürfgebiete. Dieser Erfolg versetzte die Regierung in die Lage, auf dem Weltmarkt Waffen einzukaufen, eine Schlüsselvoraussetzung für die Revitalisierung ihrer Streitkräfte.

Die UNITA-Rebellen wurden von den neuen Kampftaktiken ihrer Gegner – unter anderem tief gestaffelte Luft-Boden-Angriffe und nächtliche Überfälle, wie sie bis dahin in diesem Konflikt nie dagewesen waren – so kalt erwischt, dass sie, völlig in die Enge getrieben, im November 1994 einem Friedensabkommen beitraten, das in Lusaka unterzeichnet wurde. Allerdings knüpfte die UNITA ihre Unterschrift an die Vorbedingung, dass EO das Land verlassen müsse, was als indirektes Kompliment für die militärische Effektivität der Firma gewertet werden konnte. (Savimbi hatte schon früher gedroht, jeden gefangen genommenen EO-»Söldner« hinzurichten, hatte aber nie die Gelegenheit dazu bekommen.) Weil Zweifel an der Haltbarkeit des Friedensabkommens bestanden, verlängerte die angolanische Regierung ihren Vertrag mit EO um ein weiteres Jahr. Im Dezember 1995 ließ sie ihn dann, auch aufgrund persönlicher Fürsprache durch US-Präsident Clinton, auslaufen.[31]

Danach wurde eine UN-Friedenstruppe in Angola stationiert, der es jedoch nicht gelang, den Frieden zu wahren. Die Kämpfe flammten wieder auf (eine Erfahrung, die EO immer wieder machen sollte) und mündeten in einen neuen Dauerkrieg, der sich über mehrere Jahre hinzog, bis nach dem Tod Savimbis ein neuer Friedensvertrag unterzeichnet wurde. Die Regierung war und blieb jedoch die ganze Zeit über in der stärkeren Position, da sie die an Bodenschätzen reichen Teile des Landes kontrollierte, die sie mit Hilfe von EO zurückerobert hatte.

Manche Kritiker meinen zwar, das Wirken von EO in Angola sei überschätzt worden, doch dass die Firma zumindest an einem Punkt des Bürgerkrieges eine entscheidende Rolle spielte, steht außer Zweifel. Das Eingreifen von EO zog unmittelbar eine Wende im Kriegsgeschehen zu Gunsten der Regierung nach sich. Die Firma brachte nicht nur frontferne Leistungen wie Schulung und taktische Beratung ein, sondern spielte auch eine entscheidende aktive Rolle in den Operationen, die die Schwächen der UNITA bloßlegten und deren Kampfmoral zermürbten. EO vermittelte den angolanischen Streitkräften einen dringend benötigten Fundus an militärischer Kompetenz, aus dem eine entscheidende Überlegenheit im Kampf gegen die Rebellen resultierte.[32] Wie ein UNITA-Kämpfer in dieser Zeit erklärte:

> Wir waren daran gewöhnt, dass wir nachts gut schlafen konnten. In diesem jüngsten Krieg führten neue Taktiken dazu, dass die ganze Nacht hindurch weitergekämpft wurde und dass leichte Infanterieeinheiten unter Führung dieser Burschen von Executive Outcomes weit hinter unseren Linien auftauchten. Es gab keine Ruhe mehr für uns, und das schwächte uns sehr. Die neuen Taktiken, die sie der FAA beibrachten, machten den Unterschied aus. Sie führten in Angola eine neue Art der Kriegführung ein. Wir waren daran nicht gewöhnt.[33]

Militärexperten stimmten mit dem Urteil dieses Soldaten überein und bescheinigten EO, den maßgeblichen Beitrag dazu geleistet zu haben, dass die angolanischen Streitkräfte wieder zu Kräften kamen und das Kriegsblatt wenden konnten.[34] Auch die Forderung Savimbis, EO müsse das Land verlassen, und das Wiederaufflammen des Krieges nach ihrem Abzug lassen sich als Indizien dafür deuten, welchen maßgeblichen Beitrag die Firma zur Dynamisierung des Krieges leistete.

## Sierra Leone: eine Firma schützt diesen Staat

Ungefähr um dieselbe Zeit, als der Einsatz von Executive Outcomes in Angola sich seinem Ende neigte, begann der Regierung in Sierra Leone die Lage aus den Händen zu gleiten.

Ähnlich wie für Angola gilt auch für Sierra Leone die paradoxe Aussage, dass dieser krisengeschüttelte Staat eigentlich eines der reichsten Länder Afrikas sein müsste. Sierra Leone ist mit reichen Vorkommen der weltweit hochwertigsten Diamanten gesegnet, eingebettet in unterirdische Kimberliten.[35] Kinder, die aufs Geratewohl loszogen, haben hier schon Diamanten von bis zu 103 Karat gefunden; manche Minen können bis zu 200.000 Karat pro Jahr ausspucken, auch die, für deren Abtretung an die Firma Diamondworks EO später sorgte.

Doch von diesem Reichtum Sierra Leones ist bei der Bevölkerung bislang nichts angekommen. Die postkolonialen Machthaber, angeführt von Siaka Stevens, entpuppten sich schnell als eine Einparteienkleptokratie. Stevens schwächte absichtlich seine regulären Streitkräfte, damit sie ihm und seiner Clique nicht gefährlich werden konnten, während sie den enormen Reichtum des Landes für sich abschöpften und die eigene Bevölkerung darbte.[36] In den 90er Jahren rangierte das Land hinsichtlich seiner Lebensqualität auf dem letzten Platz laut UN-Bericht über den Fortschritt der Menschheit (vgl. Kapitel 1).[37] Die Hauptursachen dafür waren Unterentwicklung, Korruption in Politik und Staat und ein schrecklicher Bürgerkrieg als deren Folge.

Die bewaffneten Auseinandersetzungen in Sierra Leone begannen im März 1991, als eine kleine Gruppe von Kämpfern unter Führung von Foday Sankoh aus Liberia ins Land eindrang und als »Revolutionary United Front« (RUF) zum Aufstand blies. Gegründet hatten die RUF ursprünglich Studenten, die wegen ihrer Opposition gegen die Herrschaft von Stevens ins Exil gehen mussten. Sankoh, ein kaum ausgebildeter, verbitterter, aber charismatischer Exfeldwebel der Armee von Sierra Leone, hatte das Soldatenhandwerk in den 50er Jahren in Großbritannien gelernt. Nach seinem Ausschluss aus der Armee wegen des Verdachts der Beteiligung an einem versuchten Staatsstreich verdiente er sein Geld als Fotograf. Als der berufliche Erfolg in diesem Metier ausblieb, schloss er sich der RUF an und übernahm bald die Führung ihres militärischen Arms. Nicht lange, und er hatte die politisch denkenden studentischen Führer der Bewegung hinausgedrängt.

In den 80er Jahren knüpfte Sankoh während Schulungskursen in einem libyschen Revolutionscamp wichtige Verbindungen.[38] Er schloss Bekanntschaft mit Charles Taylor, einem aus einem Gefängnis in Plymouth (Massachusetts) entflohenen Sträfling, der im benachbarten Liberia Karriere als Rebellenführer machen wollte. Aber diese geriet 1991 ins Stocken, als die internationale Interventionstruppe ECOMOG unter Führung Nigerias in Liberia einschritt. Die Regierung von Sierra Leone unterstützte diese Operation bezeichnenderweise und ließ sogar zu, dass Freetown als Stützpunkt genutzt wurde. Daraufhin stellte Taylor seinem alten Freund Sankoh und der RUF Geld, Waffen und Söldner für einen Feldzug ins benachbarte Sierra Leone zur Verfügung, mit dem das dortige Regime destabilisiert werden sollte.

Die Angriffe Sankohs zeitigten einen durchschlagenden Erfolg: Seine Rebellen demonstrierten ihre Brutalität, indem sie im Grenzgebiet Stammesälteste enthaupteten und die abgeschlagenen Köpfe auf Pfähle steckten. Es fehlte ihnen zwar an einem konkreten politischen Programm, aber ihre Gewaltbereitschaft fiel auf den fruchtbaren Boden der erbitterten Konflikte, die es in Sierra Leone gab – zwischen Stadt und Land sowie zwischen der Elite aus repatriierten Sklaven und alteingesessenen Stämmen. Die Radikalität der RUF verfing bei denen, die unter dem völligen Versagen der postkolonialen Regime in Sierra Leone am meisten gelitten hatten. Die RUF füllte ihre Reihen auch mit Kindersoldaten auf, die zwangsrekrutiert und zum Töten abgerichtet wurden.[39] Bald pflügte diese Truppe eine Schneise des Terrors durch das Land, wobei sie ihre Duftmarken in Form abgeschlagener Gliedmaßen ihrer Opfer hinterließ.[40]

Dass die Regierung es nicht schaffte, der RUF Einhalt zu gebieten, lag an ihrer eigenen Korruptheit. Ihre Streitkräfte taugten im Wesentlichen nur für Paraden; sie waren vollkommen unprofessionell und aus denselben dem Staat entfremdeten Jugendlichen rekrutiert wie die der RUF. Sie leisteten denn auch kaum Widerstand, so dass Dörfer und Städte prompt an die Rebellen fielen.

Die Streitkräfte reagierten darauf mit einem ziemlich unklug ins Werk gesetzten Versuch, ihre Truppen aufzustocken, indem sie in aller

Eile Kriminelle und Straßenkinder (viele nicht älter als zwölf) zwangsverpflichteten. Die tägliche Dosis an Marihuana und Rum, die den Rekruten verabreicht wurde, war wohl kaum sehr hilfreich, und so degenerierten die staatlichen Streitkräfte sehr bald zu einem marodierenden Mob, der es eher auf die Zivilbevölkerung als auf die Rebellen abgesehen hatte. Angeblich brachten die Soldaten sogar etliche ihrer eigenen Offiziere um, als diese ihnen nach erlittenen Niederlagen die Leviten lasen.[41]

> Es gab keine durchgehenden Frontlinien, keine politischen Anliegen
> und für die terrorisierte Bevölkerung keinen sicheren Ort. Was als
> Bürgerkrieg begonnen hatte, war zum Chaos ausgeartet.[42]

In ihrer Not engagierte die Regierung die auf den britischen Kanalinseln registrierte Firma Gurkha Security Guards (GSG); sie sollte die staatlichen Streitkräfte trainieren und ihnen ein Minimum an Disziplin beibringen. Die GSG bestand hauptsächlich aus ehemaligen Gurkha-Kämpfern und hatte in den Bürgerkriegen in Mosambik und Angola bereits Erfahrungen mit der Bewachung von Wirtschaftsobjekten gesammelt. Allein, noch ehe die Firma viel bewirken konnte, geriet sie im Februar 1995 in einen Hinterhalt der Rebellen und erlitt schwere Verluste. Noch schwerer wog, dass dabei ihr lokaler Kommandeur getötet wurde, ein amerikanischer Vietnamveteran namens Bob McKenzie, der auch in Rhodesien und Kroatien gekämpft hatte. Augenzeugenberichten zufolge entmannten die Rebellen den toten McKenzie und aßen sein Fleisch als Warnung an die Adresse aller anderen potenziellen Eindringlinge. Nach diesem Schuss vor den Bug kehrte GSG Sierra Leone unter Bruch ihres Vertrages mit der Regierung den Rücken.[43]

Im April 1995 näherten sich Truppen der RUF der Hauptstadt. Angesichts des voraussehbaren Blutbades kam eine Untergangsstimmung auf, die die ausländischen Botschaften veranlasste, ihr Personal zu evakuieren. Nachdem die Vereinten Nationen, Großbritannien und die Vereinigten Staaten die verzweifelte Bitte der Regierung um ein Eingreifen abgelehnt hatten, wandte sich das bedrängte Regime an Executive Outcomes. Die Firma erhielt einen Auftrag, der mit rund 15 Millionen Dollar dotiert war und vorsah, dass sie die RUF aus der Umgebung der Hauptstadt und aus mehreren wichtigen Industriestandorten vertreiben sollte.

Der damalige Regierungschef von Sierra Leone, Valentine Strasser, ein 26-jähriger Hauptmann des Heeres, der die Herrschaft übernommen hatte, nachdem der vorige Präsident aus dem Land geflohen war, hatte in den Zeitschriften *Newsweek* und *Soldier of Fortune* etwas über EO gelesen – wie daraus zu ersehen ist, zahlte sich die »Öffentlichkeitsarbeit«, die diese Firma betrieb, für sie aus. Wahrscheinlich ist aber, dass EO den Auftrag auch einer Empfehlung des allgegenwärtigen Anthony Buckingham verdankte, dessen Bergbaugesellschaft Branch-Heritage auch über Konzessionen in Sierra Leone verfügte. Da die Regierung von Sierra Leone nicht das Geld hatte, um EO das vereinbarte »Antrittsgeld« zu bezahlen, erklärte sich Buckingham bereit, die ganze Operation im Vorgriff auf künftige Diamantenschürfrechte in der Region Kono vorzufinanzieren, ein kalkuliertes Risiko, denn zu der Zeit befand sich die Region in der Hand der Rebellen.[44]

Der zunächst auf ein Jahr abgeschlossene Kontrakt sah vor, dass insgesamt 160 EO-Mitarbeiter ins Land kommen sollten. Später kamen Zusatzverträge über die Stationierung weiterer Einheiten hinzu, was die Auftragssumme auf insgesamt 35 Millionen Dollar steigen ließ – das waren rund 1,5 Millionen in jedem der 21 Monate der Anwesenheit der Firma in Sierra Leone. Bedenkt man, dass die Firma sich verpflichtete, der Regierung wieder zur Herrschaft über die wirtschaftlich produktiven Teile des Landes zu verhelfen, und dass die 35 Millionen Dollar nur einen Bruchteil des gesamten Militärbudgets des Landes ausmachten, so hat es den Anschein, als sei der Vertrag ein gutes Geschäft für die Regierung gewesen.[45]

EO marschierte noch im selben Monat auf, wobei die meisten Mitarbeiter direkt aus Angola eingeflogen wurden (ohne dass sie Pässe oder Visa gebraucht hätten). Die Truppe brachte eigene Flugzeuge mit und wurde von der Regierung von Sierra Leone mit Uniformen, Waffen und gepanzerten Fahrzeugen ausgestattet. Innerhalb von neun Tagen hatte EO den Vormarsch der Rebellen nicht nur zum Stillstand gebracht, sondern sie weit über 100 Kilometer ins Dschungelinnere zurückgedrängt, hauptsächlich durch den geschickten Einsatz von Kampfhubschraubern, wie sie bis dahin in diesem Konflikt noch nicht zum Einsatz gekommen waren. Die Rebellen hatten zunächst keine Ahnung, was oder wer über sie hereingebrochen war – die EO-Mitarbeiter hatten ihre Gesichter geschwärzt, und ihre Ausrüstung war nicht markiert. Als die Rebellen jedoch herausfanden, dass hinter der überraschenden Wende eine südafrikanische Firma steckte, wurde eine Belohnung von 75.000 Dollar (in Diamanten) ausgesetzt für jeden, der es schaffen würde, einen EO-Hubschrauber abzuschießen.

EO war mit dem Plan angetreten, den Krieg innerhalb von drei Monaten zu gewinnen, doch zu ihrer eigenen Überraschung konnten sie die RUF-Kämpfer, die keine guten Soldaten waren, leichter als erwartet in die Flucht schlagen. Von EO-Männern, die an diesem Feldzug beteiligt waren, hörte man später: Während es in Angola nicht ganz einfach gewesen sei, gegen die UNITA zu obsiegen, sei der Kampf gegen die RUF »ein Kinderspiel« gewesen.[46] Gleich im Zuge der ersten Operation, der Befreiung der Hauptstadt, verloren die Rebellen mehrere hundert Mann durch Tod und über tausend durch Fahnenflucht.[47]

Die EO-Soldaten stellten aus Angehörigen der Regierungsstreitkräfte eine besondere Einheit zusammen und drillten diese so lange, bis sie an ihrer Seite kämpfen konnte. Sie organisierten und schulten auch Einheiten einer lokalen Stammesmiliz, die als die »Kamajors« bekannt waren (was im Dialekt der Mende »Jäger« bedeutet). Diese Männer waren professionelle Jäger, die sich im Dschungel bestens auskannten. Da sie abergläubisch waren, glaubten sie an Voodoo-Fetische, etwa an die magische Fähigkeit bestimmter Hemden, Gewehrkugeln abzuwehren. Unter den Kamajors gibt es einige, die Kannibalismus praktizieren, indem sie die Köpfe und Herzen im Kampf getöteter Feinde verzehren.[48] Die militärische Schulung der Kamajors sollte später eine besondere Bedeutung bekommen, weil dadurch in Sierra Leone eine zusätzliche Streitmacht entstand, die nicht an die Regierung gebunden war. Dass die Kamajors zu einer Macht im Land geworden sind, hat seither zu einer Verkomplizierung der innenpolitischen Lage in Sierra Leone geführt und liefert auch ein anschauliches Beispiel für die unbeabsichtigten Folgen, die das Eingreifen einer PMF in einen Konflikt zeitigen kann.

Nachdem die EO-Truppen die Hauptstadt und ihre Umgebung gesäubert hatten, wandten sie sich der Diamantenregion Kono im Osten von Sierra Leone zu, für deren Einnahme sie nur zwei Tage brauchten und die eine ganz wichtige Trophäe war, weil nur ihre Eroberung die Bezahlung des Einsatzes sicherstellte. Im Anschluss daran wurde die Hochburg der RUF in den Kangari-Bergen eingenommen. Ihre Eroberung gelang im Zuge eines Bodenangriffs, an dem sich zur Verstärkung 200 zusätzlich aus Südafrika eingeflogene EO-Mitarbeiter beteiligten. Die Bezahlung dieser eigens für diese Operation engagierten Spezialisten wurde in einem Zusatzvertrag geregelt.

Vor dem Eingreifen von EO war in Sierra Leone eine Kriegführung gepflegt worden, die im Wesentlichen daraus bestand, dass Kommandos an Straßen Hinterhalte legten und nach erfolgtem Anschlag schnell das Weite suchten. Die Strategie von EO war, die Rebellen, wo immer und wann immer man sie antraf, konsequent zu verfolgen und zu bestrafen. Im Rahmen dieser Strategie wurden Flugzeuge und Artillerie eingesetzt mit dem Ziel, die RUF in frontale Schlachten zu zwingen, was die Rebellen nicht mochten. Die Firma konnte die RUF schließlich in die Grenzregionen zurückdrängen. Praktisch am Boden zerstört, fanden sich die Rebellen erstmals zu Verhandlungen mit der Regierung bereit.

Im Februar 1996 war ein Grad an Stabilität erreicht, der ausreichte, um in Sierra Leone die Wahl eines zivilen Präsidenten unter Beteiligung mehrerer Parteien ansetzen zu können. (In der Zwischenzeit hatte ein neuer Mann, General Julius Bio, dem EO den Vorzug vor Strasser gab, die Schalthebel der Macht in Sierra Leone übernommen. Die Firma führte den Machtwechsel nicht selbst herbei, billigte ihn aber, weil sie Bio für einen berechenbaren Mann hielt.) Die Wahl, die von der Opposition boykottiert wurde, brachte Ahmed Tejan Kabbah an die Macht, einen früheren UN-Bürokraten. Als die RUF im Oktober das Friedensabkommen einseitig aufkündigte, kehrte EO in die Arena zurück und zerstörte das RUF-Hauptquartier im Südosten des Landes. Im November unterzeichnete die RUF-Führung ein weiteres Friedensabkommen, dessen Inkrafttreten, ähnlich wie zuvor in Angola, vom Abzug der EO-Truppen abhängig gemacht wurde.

Nach der Unterzeichnung dieses Abkommens erklärte Sankoh, dass er, »wenn EO nicht eingegriffen hätte, Freetown erobert und den Krieg gewonnen hätte«.[49] Für einen Gesamtpreis von 35 Millionen Dollar (was nur einem Drittel des jährlichen Verteidigungshaushalts von Sierra Leone entsprach) hatte EO den Bürgerkrieg in Sierra Leone beendet und über einer Million Flüchtlingen und Vertriebenen die Möglichkeit gegeben, nach Hause zurückzukehren. Bei eigenen Verlusten von weniger als zwanzig Mann (unfall- und krankheitsbedingte Todesfälle eingerechnet) hatte eine private Firma zwei Ländern, in denen blutige Konflikte lange Zeit der Normalzustand gewesen waren, zu erheblich mehr Stabilität verholfen.

Diese Stabilität war allerdings nicht von Dauer. Unter dem Druck der internationalen Gemeinschaft, die dem Regime die Zusammenarbeit mit EO verübelte und sich für die Stationierung einer UN-Friedenstruppe stark machte, kündigte Präsident Kabbah seinen Kontrakt mit der Firma frühzeitig auf. EO verließ das Land im Januar 1997. Weil sich keine Geberländer fanden, die bereit gewesen wären, die erforderlichen 47 Millionen Dollar bereitzustellen, klappte es mit der Stationierung einer UN-Truppe nicht; statt dessen kam ein internationales ECOMOG-Kontingent unter nigerianischer Führung ins Land. Um die gleiche Zeit begannen die Streitkräfte von Sierra Leone gegen die Reformpolitik der Regierung aufzumucken.

EO hatte Kabbah gewarnt, ein vorzeitiger Abzug der Firma werde einem neuen Putschversuch Tür und Tor öffnen, und hatte vorausgesagt, dass es innerhalb von 100 Tagen zu einem solchen kommen werde. (Mindestens zwei vorausgegangene Putschversuche waren dank der Aufmerksamkeit des firmeneigenen Nachrichtendienstes vereitelt worden.) Die Firma bot dem Präsidenten einen neuen Kontrakt an, der die Ausrüstung einer 500 Mann starken paramilitärischen Truppe und die Aufstellung einer privaten Aufklärungs- und Schutzeinheit für das zivile Kabinett vorsah. Kabbah würdigte das Angebot nie einer Antwort, sei es, dass er Vertrauen in die Leistungsfähigkeit des ECOMOG-Kontingents setzte, sei es, dass er den von EO genannten Preis zu hoch fand, oder sei es, dass er sich einfach nicht entscheiden konnte.[50]

> Das erwies sich als ein Fehler, der das militärische Gleichgewicht [im Land] entscheidend veränderte und jegliche Grundlage für eine politische Einigung, die bis dahin bestanden hatte, über den Haufen warf.[51]

Das, wovor EO gewarnt hatte, trat ein: Die Putschisten schlugen im Mai 1997 zu, am 95. Tag nach dem Abzug der Firma. Unter Führung von Armeeoffizieren mittleren Ranges, die heimlich mit den Rebellen zusammengearbeitet hatten, stürzten sie die zivile Regierung Kabbah in einem blutigen Handstreich. Die Koalition aus eidbrüchigen Soldaten und RUF-Kämpfern terrorisierte anschließend die Hauptstadt Freetown; in einer Aktion, die sie »Operation Selbstbedienung« nannten, plünderten sie Privathäuser und Geschäfte.[52] Willkürliches Morden und allgemeines Chaos kehrten zurück. Das ECOMOG-Kontingent zog sich in seine Stützpunkte zurück, Regierungs- und UN-Beamte suchten Schutz in den Bürogebäuden von mit EO kooperierenden Sicherheitsfirmen wie Lifeguard, die im Land geblieben waren, um Bergwerksbetriebe zu bewachen. Die breite Bevölkerung war dem Mob jedoch schutzlos preisgegeben.

Unter dem Eindruck dieser Erfahrung heuerte Kabbah einige Monate später die Firma Sandline International an, die ihm helfen sollte, sein Regime wieder an die Macht zu bringen. Sandline übernahm viele von EO entwickelte Taktiken, um das illegale Militärregime, das sich an die Macht geputscht hatte, zu destabilisieren; wieder wurden Kamajor-Einheiten ausgebildet und ausgerüstet, um gegen die Putschisten vorzugehen. Sandline leistete auch taktische Unterstützung und Beratung für die Interventionstruppe, die unter nigerianischer Führung im März 1998 antrat, die Putschisten aus der Hauptstadt zu vertreiben.

Sandline hatte angeblich die Zusage, 10 Millionen Dollar dafür zu bekommen, dass sie Kabbah bei seinem Gegenputsch unterstützte und die Kamajor-Milizen wieder kampffähig machte, letztes unter anderem mit Hilfe von über 300 Tonnen Waffen, die eingeflogen wurden. Vorfinanziert wurde die Operation dieses Mal von Rakesh Saxena, einem aus Thailand stammenden Bankier. Saxena stand zu diesem Zeitpunkt in Kanada unter Hausarrest, ihm drohte die Auslieferung wegen seiner Beteiligung an der Ausplünderung der BCCI-Bank. (Außerdem hatte er angeblich die Nationalbank von Thailand um 100 Millionen Dollar erleichtert.) Saxena hatte Investitionen in Afrika getätigt und hoffte, als Gegenleistung für die Unterstützung Kabbahs Diamantenschürfrechte in der Region Kono zu erhalten.[53] Es ist unklar, weshalb Kabbah sich nicht wieder an EO wandte; möglicherweise lag es nur an der getrübten Beziehung zwischen den beiden Expartnern, denkbar ist aber auch, dass die westlichen Staaten, die unter der Hand Kabbahs Vorhaben eines Gegenputschs gebilligt hatten, Einwände gegen die Beauftragung der international bekannten Firma hatten. Wie auch immer, unter dem Strich sollten als Nutznießer auch dieses Mal die Anteilseigner desselben Firmengeflechts aus Branch-Heritage, SRC und EO stehen.

Die Operationen, die Sandline zur Unterstützung des Gegenputsches durchführte, waren von Erfolg gekrönt: Das Rebellenregime wurde aus der Hauptstadt vertrieben. Doch was danach kam, erwies sich als peinlich für die Westmächte. Die Einfuhr von Waffen durch Sandline wurde als Verstoß gegen das UN-Waffenembargo gewertet. Der britische Zoll leitete rechtliche Schritte ein und durchsuchte die Räumlichkeiten der Firma. Sandline gab zu Protokoll, die ganze Operation sei mit voller Kenntnis des britischen Außenministeriums abgelaufen. Dies wurde aus London anfänglich dementiert, stellte sich aber später als zutreffend heraus. Die »Sandline-Affäre«, die sich daraus entwickelte, hätte den britischen Außenminister Robin Cook, der sich zu der Zeit immer wieder für eine »ethische Außenpolitik« aussprach, um ein Haar den Job gekostet.

Ein Jahrzehnt nachdem die Regierung von Sierra Leone ihren Vertrag mit EO gekündigt hat, hat sich das Land noch immer nicht erholt. Nach dem Gegenputsch von 1998 wurde außerhalb der Hauptstadt noch längere Zeit weitergekämpft, bis die RUF unter dem gemeinsamen Druck der wieder auf Vordermann gebrachten Streitkräfte von Sierra Leone, der grenzüberschreitend operierenden Streitkräfte von Guinea und der Operationen einer wiedererstarkten UN-Friedenstruppe in die Knie ging. Im Jahr 2002 fanden schließlich erneut Wahlen statt. In der Zwischenzeit hatten allerdings noch 10.000 Zivilisten den Tod gefunden, umgebracht von derselben RUF, die ein verhältnismäßig kleines, von Executive Outcomes organisiertes Truppenkontingent sechs Jahre zuvor so rasch und vernichtend aus dem Feld geschlagen hatte.

## EOs Erfolgsgeheimnis: Fähigkeiten und Spin-offs

Executive Outcomes operierte in Uganda, Kenia, Südafrika, Indonesien, dem Kongo und einer Anzahl weiterer Länder. Doch mit ihren Einsätzen in Angola und Sierra Leone statuierte die Firma das schlagendste Beispiel dafür, welchen Einfluss ein Militärdienstleister auf den Verlauf und Ausgang eines bewaffneten Konflikts nehmen kann. Die Hauptgründe dafür, dass EO in diesen Ländern mit so außergewöhnlich großem Erfolg operierte, sind in der Erfahrung und Kompetenz dieser Firma im Antiguerillakrieg und in ihrer Zugehörigkeit zu einer größeren Unternehmensgruppe zu sehen.

Bei allen ihren größeren Einsätzen hatte die Firma es mit einem zahlenmäßig überlegenen Gegner zu tun. Doch stets fand sie Mittel und Wege, ihren Gegner zu schlagen, und zwar durch taktisch klug angelegte Operationen, die die Schwächen der anderen Seite ausnützten. Die einzige gescheiterte Operation von EO, von der wir wissen, war die im Kongo; dort wurde die Firma allerdings nicht auf dem Schlachtfeld besiegt, sondern von der Regierung, die sie unter Vertrag genommen hatte, im Stich gelassen.[54]

EO verfügte über einen einzigartigen Erfahrungsschatz, was Bürger- und Kleinkriege von niedriger Intensität betraf, geschöpft aus dem soldatischen Wissensschatz ihrer Mitarbeiter. Die Firma wusste, dass das Konzept einer Front in solchen Kriegen nichts bedeutet, und legte es darauf an, die gegnerischen Kämpfer unter konstanten Druck zu setzen, wo immer sie sich befanden. Überraschende Hubschrauberangriffe auf

Ziele tief im feindlichen Territorium, unterstützt von Düsenjägern mit Luft-Boden-Waffen, wurden zu einem Markenzeichen aller EO-Operationen, ebenso wie die Festnagelung gegnerischer Überfallkommandos durch gezieltes einkesselndes Mörserfeuer mit anschließender konsequenter Verfolgung. Die Firma war auch innovativ und passte sich an wechselnde Lagen an, indem sie Ad-hoc-Taktiken anwandte, die nicht im Lehrbuch standen, eine Möglichkeit, die bei staatlichen Streitkräften so vielleicht nicht besteht.

Weitere Schlüssel zum Erfolg waren die straffe Disziplin der Truppe und das Zusammengehörigkeitsgefühl, das sie zu bewahren verstand, auch und gerade bei Operationen in Chaosgebieten. Das ist umso bemerkenswerter angesichts der Tatsache, dass es sich um eine Söldnertruppe mit einem zeitlich begrenzten Auftrag handelte. Ein Faktor, der für Zusammenhalt sorgte, war die Tatsache, dass sie alle dieselbe Sprache sprachen und einen ähnlichen Lebenshintergrund hatten – sämtliche EO-Mitarbeiter sprachen Afrikaans, auch die schwarzen Namibier und Angolaner, die früher Seite an Seite mit den südafrikanischen Streitkräften gekämpft hatten. Die ungewöhnliche Sprache sorgte auch dafür, dass die Gegner, wenn sie einmal Nachrichten oder Meldungen der Firma abfingen, diese oft nicht verstanden.

In der Regel verfügte EO nicht über eine große waffenmäßige Überlegenheit im Vergleich zu ihren Widersachern. Die Firma stattete sich mit Waffen aus, die auf dem Markt erhältlich waren und auf die auch ihre Gegner Zugriff hatten. Wie andere Militärdienstleister verschaffte sie sich jedoch Vorteile dadurch, dass sie sich neue technische Finessen einfallen ließ oder alte, eingeführte Kampfmittel auf neuartige Weise einsetzte.[55] Die Firma initiierte Nachtangriffe und setzte in diesem Konflikt zum ersten Mal seit ihrer Gründung infrarotempfindliche Nachtsichtgeräte ein. EO machte auch einen verheerenden Gebrauch von Napalm, Streubomben und Fuel-Air-Explosives (FAE).[56] FAE sind Bomben, bei deren Detonation eine riesige Feuerkugel entsteht, die im Umkreis von 400 Meter allen Sauerstoff aufsaugt und alles Leben erstickt; bekannt wurden diese Bomben vor kurzem durch ihren Einsatz in Afghanistan gegen Höhlenkomplexe der Taliban.

Nach Ansicht vieler Beobachter war das größte Plus, das EO in die Waagschale warf, jedoch der große Vorsprung auf dem Gebiet der militärischen Aufklärung. Die Firma erstellte vor jedem Einsatz ein Profil feindlicher Bewegungen und Operationen und durchkreuzte diese dann durch gezielte Luftschläge und Hubschrauberangriffe. Um Erkenntnisse zu gewinnen, wurden sowohl Funk- als auch Luftaufklärung betrieben. In Angola wurde die Aufgabe, sich in den Feind hineinzudenken, dadurch erleichtert, dass viele EO-Mitarbeiter früher an der Seite der UNITA gekämpft hatten; in Sierra Leone halfen die als Späher eingesetzten Kamajors.

Was die Firma ihren Gegnern ebenfalls voraushatte, war ihre Einbettung in ein ausgedehntes Firmengeflecht, ein Vorteil, den EO geschickt nutzte. Als »Sprössling« einer etablierten Sicherheitsbranche verfügte die Firma über Verbindungen und Fähigkeiten, die ihr einen Vorsprung vor der Konkurrenz verschafften, insbesondere was ihre Erfahrung in der Durchführung verdeckter Operationen, in der Nutzung von Untergrundnetzwerken und Tarnfirmen und in der Umgehung von Sanktionen betraf.[57] Von rund 80 Unternehmen ist die Rede, die in irgendeiner geschäftlichen Beziehung zu EO stehen und dieser Firma von Nutzen gewesen sein sollen.[58]

Ein einzigartiges Vermächtnis der EO-Operationen waren die Ablegerfirmen, die die Firma hinterließ und die auch nach Ablauf ihres Kontrakts fortbestanden. Wie bereits erwähnt, wurde EO dem Vernehmen nach nicht mit Geld entlohnt, sondern mit Schürfrechten, die die Firma an andere Unternehmen, mit denen sie liiert war, weiterverkaufte. Diese heuerten dann einen Teil der ursprünglichen EO-Truppe für lokale Sicherheits- und Bewachungsaufgaben an – ein Mittel, um treue Mitarbeiter zu belohnen und um im Notfall eine einsetzbare militärische Truppe abrufbereit zu haben. In Sierra Leone blieben rund 100 von 285 EO-Mitarbeitern – darunter der Mann, der den EO-Einsatz befehligt hatte – nach Auftragsende im Land und heuerten bei Lifeguard an, einer Schwesterfirma aus der SRC-Holding.[59] Viele Angestellte dieser Firma verblieben in der Mitarbeiterdatei von EO und konnten im Bedarfsfall unverzüglich mobilisiert werden, was der Firma eine Bedarfsspitzenkapazität verlieh, mit der sie bei ihren Kunden punkten konnte.[60]

Dieser auf die Vorhaltung eines Sicherheitspotenzials angelegte Aspekt ihrer Personalpolitik verschaffte der Branch-Heritage Group im Bergbaugeschäft und bei der Erlangung von Diamantenschürfrechten einen Wettbewerbsvorteil gegenüber Konkurrenten wie etwa der Weltfirma DeBeers.[61] EO war sich bewusst, dass die scheinbare Proliferation von Tochterfirmen Kritik provozierte; die Standardantwort der Firma hierauf lautete, sie liefere eben zwei Artikel, die in Afrika selten und gesucht seien: physische Sicherheit und wirtschaftliche Kompetenz.[62]

Um ihr Söldnerimage aufzubessern und ihre wirtschaftliche Reichweite zu erhöhen, bemühte sich die Firma EO nach Kräften, ihr ziviles Standbein zu verbreitern; in diesem Zusammenhang entstanden Pläne für den Betrieb eines Touristenhotels in Angola und sogar für den Aufbau eines Mobiltelefonnetzes. Andere Firmen aus der Holding boten medizinische Dienstleistungen, Ingenieurleistungen, Wasseraufbereitungsanlagen und den Bau von Krankenhäusern an. EO selbst baute in Angola und Sierra Leone ein System von Wasserfilteranlagen auf, organisierte die kostenlose Ausgabe von Medikamenten und verteilte Bibeln an die Einheimischen.[63]

### Ende und Zukunft von EO

Am 1. Januar 1999 löste sich Executive Outcomes auf. In ihrer Pressemitteilung versuchte die Firma ihrem Abschied einen positiven Dreh zu geben: »Afrikanische Länder sind fleißig dabei, Lösungen [für afrikanische Probleme] auszuarbeiten. ... Wir wollen ihnen eine Chance geben.« Die Firma wies ferner auf die »Festigung von Recht und Ordnung quer durch den afrikanischen Kontinent« hin und bezeichnete dies als einen weiteren Grund dafür, dass EO nicht mehr gebraucht werde.[64] Allein, angesichts der vielen bewaffneten Konflikte, die noch in vielen Ländern Afrikas loderten, klangen alle diese Erklärungen ein wenig hohl.

Trotz aller Bemühungen der Firma, ihr Image aufzupolieren, holte ihre Vergangenheit sie immer wieder ein. Es gelang ihr nicht, ihre engen Bande zur Apartheidvergangenheit ihrer Gründer abzuschütteln; vielen Kunden fiel es leichter, sich für eine ihrer Wettbewerberinnen zu entscheiden, bei denen nicht so viel negative Publicity zu erwarten war, und sei es auch eine der von EO selbst gepflanzten Ablegerfirmen. Man konnte dort dieselben Leistungen beziehen, abzüglich der Komplikationen. Da EO nun einmal das Geschäft von Leuten war, die früher das Apartheidregime beschützt hatten (und da die Namen vieler ihrer Mitarbeiter bzw. die Namen ihrer früheren Armeeeinheiten in den öffentlichen Erörterungen der Wahrheits- und Versöhnungskommissionen oft genannt wurden), waren der neuen südafrikanischen Regierung die Aktivitäten der Firma unangenehm. Infolgedessen wurden 1997 neue Gesetze ausgearbeitet, die eine staatliche Regulierung des neuen privaten Militärgewerbes gewährleisten sollten. Nach den

Bestimmungen des »Gesetzes über die Regulierung militärischer Auslandshilfe« würde eine Firma wie EO künftig gezwungen sein, sich vor Annahme eines jeden Auftrags eine staatliche Genehmigung zu holen.[65] Obwohl das Gesetz in wesentlichen Teilen nicht durchsetzbar und mit problematischen Definitionen hinsichtlich seines Geltungsbereichs behaftet war, kam die Geschäftsführung von EO offenbar zu dem Schluss, dass ein Verbleiben in Südafrika nicht dafür stand. Gerüchte besagten außerdem, es habe Unstimmigkeiten innerhalb des Vorstands gegeben.[66]

Als Konsequenz aus allen diesen Faktoren entschied sich EO – die Firma, die als Pionier auf dem Sektor der Militärdienstleister Maßstäbe gesetzt hatte –, den Betrieb einzustellen. Viele Experten meinten, das als Beleg dafür deuten zu können, dass Firmen des Dienstleistertyps, die also praktische militärische Dienstleistungen bis hin zum Gefechtseinsatz anboten, nicht mehr lebensfähig seien.[67] Sie könnten gar nicht falscher liegen.

Denn tatsächlich sieht es so aus, als habe das Unternehmen, anstatt seine Geschäftstätigkeit einzustellen, diese einfach fragmentiert, vielleicht eine gute Illustration des inhärenten Vorteils, den private Firmen hier haben, sozusagen auch noch postum. Es gab nichts, das die Firma, die sich Executive Outcomes nannte, an einen bestimmten Standort gefesselt hätte – oder auch nur an ihren Namen. Dass sie ihre Räumlichkeiten in Pretoria dicht machte, bedeutete nicht, dass auch ihre Ableger oder »Töchter« den Betrieb eingestellt hätten. Eine Reihe von Unternehmen, die bis dahin enge Beziehungen zu EO unterhalten hatten, zum Beispiel Sandline, Lifeguard, Alpha 5, Saracen oder Cape International, sind bis heute im Sektor der Militärdienstleister tätig, haben allerdings ihren Sitz in Ländern genommen, die ihrer Branche freundlicher gesinnt sind. Damit nicht genug, sind seit dem Ende von EO einige neue Dienstleister auf dem Markt aufgetaucht, geführt von und bestückt mit ehemaligen EO-Mitarbeitern: Southern Cross und NFD Ltd. sind zwei davon. Dem Vernehmen nach nutzen andere Firmen alte EO-Verbindungen für die Rekrutierung von Mitarbeitern.[68] Im Endeffekt läuft das alles darauf hinaus, dass Executive Outcomes zwar offiziell aufgehört hat zu existieren, auf einer anderen Ebene sich aber einfach nur globalisiert hat.

Aus historischer Warte betrachtet, war EO ein echter Schrittmacher der privaten Militärbranche und lieferte den Beweis dafür, wie effektiv und lukrativ es sein kann, private Firmen für militärische Aufgaben einzusetzen. Der Name »Executive Outcomes« mag der Vergangenheit angehören, das Geschäft mit der Bereitstellung taktischer militärischer Dienstleistungen ist quicklebendig. Die Nachfrage nach solchen Dienstleistungen bleibt bestehen und somit auch das Angebot. Und auch der Ruf der Firma lebt und wirkt weiter. Von einem Vorstandsmitglied einer privaten Militärfirma ist die Aussage überliefert:

> Gäbe es EO heute noch und würde die Firma heute Abend die Parole ausgeben, dass sie einen Auftrag für 3000 Mann bekommen hat, so wäre, auch wenn keine weiteren Einzelheiten bekannt wären, Pomfret [die südafrikanische Garnisonsstadt, in der EO das Gros ihrer Mitarbeiter rekrutierte] morgen eine Geisterstadt.[69]

## Kapitel 8

# Die militärische Beratungsfirma MPRI

> Wir haben hier mehr Generäle pro Quadratmeter als im Pentagon.
> General i. R. Harry E. Soyster, Vorstandsmitglied von MPRI

**M**ilitary Professional Resources Incorporated (MPRI) ist eines der bekanntesten Unternehmen auf dem Markt für militärisches Consulting und zugleich auch eine der namhaftesten Firmen der privaten Militärbranche. Die Prominenz dieser Firma ist vor allem ihren Einsätzen im ehemaligen Jugoslawien geschuldet, wo sie mithalf, den Verlauf des Krieges zu verändern.

Die besondere Eigenart von MPRI ist, dass sie ihren Mitarbeiterpool aus pensionierten Offizieren der US-Streitkräfte rekrutiert. Der kollektive Erfahrungsschatz dieser Männer sorgt dafür, dass den MPRI-Kunden sowohl ein Fundus strategischen Wissens zur Verfügung gestellt werden kann als auch beste Verbindungen in die amerikanische Politik hinein. Ursprünglich wollte MPRI den amerikanischen Markt für Militärdienstleistungen anzapfen, der entstand, als das Pentagon nach dem Kalten Krieg Kapazitäten abbaute. Unter den Bedingungen eines expandierenden globalen Markts für militärische Dienstleistungen hat die Firma jedoch eine wachsende Palette internationaler Aufträge übernommen und ist an vielen Orten präsent, die für die US-Streitkräfte tabu sind.

Es wird zwar mit generellem Unbehagen registriert, dass pensionierte Angehörige der US-Streitkräfte Fähigkeiten und Verbindungen kommerziell verwerten, die sie im Zuge ihres von der öffentlichen Hand finanzierten Militärdienstes erworben haben, doch dem halten MPRI-Insider entgegen, die Firma zeichne sich nicht nur durch Professionalität aus, sondern auch durch Loyalität zu den außenpolitischen Zielen der USA.[1] MPRI versucht auch, durch den konkreten Vergleich ihrer Rolle mit der anderer im gleichen Metier tätiger Firmen deutlich zu machen, welchen Ort sie innerhalb dieses Marktsektors einnimmt:

EO hat unmittelbar an Gefechten mitgewirkt. MPRI behauptet, nur eine ausbildende Funktion zu erfüllen. Ein ranghoher MPRI-Mitarbeiter verglich die beiden Unternehmen im Juli 1997: »Wenn ein Feuer ausbricht, wird eine Regierung vielleicht EO zu Hilfe rufen. Wenn das Feuer dann jedoch gelöscht ist, … installieren wir die notwendigen Vorkehrungen, um sicherzustellen, dass keines mehr ausbricht.« Andere glauben nicht, dass die Trennlinie so sauber verläuft. Ein Beamter des US-Außenministeriums bemerkte dazu: »Der einzige Unterschied ist der, dass MPRI bis jetzt nicht geschossen hat – noch nicht.«[2]

## Organisatorische Merkmale

MPRI wurde 1987 gegründet; acht ehemalige ranghohe Offiziere der US-Streitkräfte ließen die Firma ins Handelsregister des gründerfreundlichen US-Staats Delaware eintragen. Die Firmenzentrale residiert jedoch in einem Bürogebäude in Alexandria, Virginia, nur einen Katzensprung vom Pentagon entfernt, wie das Unternehmen in seinen Broschüren ausdrücklich hervorhebt, wohl um damit eine fortdauernd enge Zusammenarbeit zu suggerieren. Im Jahr 2002 waren in der Firmenzentrale rund 40 Mitarbeiter mit administrativen Aufgaben und mit der Ausarbeitung von Angeboten und Verträgen befasst, während 800 weitere Mitarbeiter »draußen« tätig waren. Der Jahresumsatz der Firma lag zu dieser Zeit im Bereich von 100 Millionen Dollar.

Der bestgehütete Schatz der Firma ist (ähnlich wie bei EO) eine penibel auf dem Laufenden gehaltene Datenbank mit den Kontaktdaten pensionierter Militärangehörigen. Das sichert der Firma den Zugriff auf einen Fundus, der alle Facetten militärischen Handelns umfasst. 2002 hatte sie etwa 12.500 Personen in ihrer Datei, und die Zahl wächst Jahr für Jahr um mehrere Hundert. Die Rekrutierung der freien Mitarbeiter wird bei MPRI systematischer betrieben als bei EO, hauptsächlich durch die Platzierung von Anzeigen in Fachzeitschriften sowie über die firmeneigene Website. Zu ungefähr 95 Prozent besteht der Mitarbeiterpool aus ehemaligem Personal der US-Armee, was die Vereinheitlichung der Verfahrensabläufe erleichtert.[3] Man geht davon aus, dass ungefähr die Hälfte der in der MPRI-Datenbank erfassten Offiziere über Gefechtserfahrung und/oder akademische Titel verfügt.[4] So wenig wie EO unterhält MPRI eine »stehende Truppe«; die Personalauswahl wird von Fall zu Fall nach den Anforderungen eines Auftrags vorgenommen.

Der erste Vorstandsvorsitzende von MPRI war Vernon Lewis, ein ehemaliger Generalmajor der US-Armee, der zuvor schon die Firma Cypress International gegründet hatte (deren Geschäft die Lieferung von Rüstungsgütern war). Der Vorstand besteht aus 14 weiteren Personen, in der Mehrzahl pensionierte Generäle und Admiräle. Die 23 Angestellten der ersten Stunde hatten zusammen über 700 Jahre militärischer Erfahrung auf dem Buckel. Vor wenigen Jahren übernahm Carl Vuono, ein pensionierter Vier-Sterne-General, der im Golfkrieg als Stabschef der US-Armee amtierte, bei MPRI den Vorstandsvorsitz.

Die MPRI-Firmenhierarchie spiegelt allem Anschein nach im Großen und Ganzen die Rangordnung der Mitarbeiter in ihrem früheren Leben als Militärangehörige wider, wie das auch bei anderen Firmen der Branche der Fall ist. Namhafte Vertreter der internationalen Abteilung von MPRI sind Crosby »Butch« Saint, ein ehemaliger Oberbefehlshaber der US-Armee in Europa, und Harry »Ed« Soyster, ein pensionierter Generalleutnant, der zuvor Chef der Defense Intelligence Agency (DIA) war. Soyster fungiert auch als (inoffizieller) Sprecher des Unternehmens. Jared L. Bates, ein pensionierter Drei-Sterne-General, leitet die nationale Abteilung, die sich um Operationen im Inland kümmert. Der Rest der MPRI-Belegschaft setzt sich zusammen aus weiteren ehemaligen Berufssoldaten aller Rangstufen, darunter eine ganze Menge ehemaliger Unteroffiziere mit langjähriger Berufserfahrung, wie sie das Rückgrat jeder Armee bilden. In dieser Kategorie beschäftigt MPRI über 200 pensionierte Oberfeldwebel, die zu den angesehensten Belegschaftsmitgliedern überhaupt zählen.

Eine Besonderheit, die MPRI seinen Konkurrenten und auch EO voraus hat, besteht darin, dass die Firma es verstanden hat, sich ein enges Verhältnis zur Regierung ihres Stammlandes zu bewahren. Der Umstand, dass MPRI ausschließlich pensionierte US-Soldaten beschäftigt, macht sie offensichtlich in den Augen der US-Regierung ganz besonders vertrauenswürdig. Die Firma tut ihrerseits ihr Möglichstes, um diese Beziehungen zu pflegen und sie auch zum Vorteil ihrer Kunden zu nutzen. Vorstände und Manager der Firma halten engen Kontakt mit ihren in den Streitkräften verbliebenen Exkameraden, unter denen viele sind, die früher ihre Untergebenen waren. Diese Beziehungen bescheren der Firma einen ständigen Strom von Tipps, Empfehlungen und Informationen, die zu Aufträgen führen können.

Für MPRI erwächst daraus ein beträchtlicher Wettbewerbsvorteil. Eine ganze Anzahl internationaler Aufträge kam durch direkte Vermittlung amerikanischer Politiker oder Beamter zustande. Die kolumbianische Regierung entschied sich für MPRI, nachdem Brian Sheridan, Stellvertretender US-Außenminister mit Zuständigkeit für Sondereinsätze und Konflikte niedriger Intensität, die Dienste der Firma dem kolumbianischen Verteidigungsminister anempfohlen hatte.[5] Ähnlich lief es, wie man weiß, in Kroatien, Bosnien und Nigeria. Die Firma hatte und hat, wie sie selbst zugegeben hat, häufig die Möglichkeit, Einblick in »äußerst hochkarätige« amerikanische Geheimdienstberichte zu nehmen.[6]

Das Bedenkliche an solchen Verbindungen ist jedoch, dass sie womöglich gerade den Wettbewerb aushebeln, der den privaten Dienstleistern eigentlich zum Vorteil gereichen sollte.[7] Die extrem engen Beziehungen, die MPRI zum amerikanischen Militärestablishment unterhält, mögen zwar von großem Nutzen sein, haben aber auch die Frage provoziert, ob MPRI nicht einfach nur ein pseudoprivater Ableger der US-Streitkräfte sei. In die Amtszeit Soysters als DIA-Direktor fiel die Entscheidung, amerikanische Schützlinge im Ausland wie die Contras in Nicaragua oder die Mudschaheddin in Afghanistan auf dem Umweg über private Waffenhändler mit Kriegsmaterial auszurüsten. Und in der Zeit, in der MPRI mit den kroatischen Streitkräften zusammenarbeitete, machten eben jene besagten Händler Geschäfte mit der kroatischen Armee und belieferten sie unter Verstoß gegen das UN-Waffenembargo mit Kriegsgerät.[8] Offiziere der anderen in Bosnien stationierten europäischen NATO-Kontingente stellten angesichts dessen die Frage, wie man entscheiden könne, ob ein MPRI-Mitarbeiter wirklich ein pensionierter Exoffizier sei oder aber ein als solcher getarnter DIA-Agent – und ob das unter dem Strich einen Unterschied ausmache.[9]

Viele haben darüber hinaus das Gefühl, MPRI sei vielleicht einfach nur ein weiteres Vehikel zur »Belohnung der alten Herren« nach ihrer Pensionierung. So waren unter den Topleuten der Firma, die sich auf dem Balkan tummelten, ein ehemaliger Generalleutnant namens James Chambers, der schon früher amerikanische Einsätze in Bosnien kommandiert hatte, und ein weiterer Exgeneral namens John Sewall, den man auf dem Balkan als Sonderberater des Pentagon bei der Bosnisch-Kroatischen Föderation kennen gelernt hatte.[10] Dass Chambers und Sewall im Rahmen ihrer privaten Tätigkeit dasselbe Einsatzgebiet beackerten, für das sie früher als aktive Offiziere zuständig gewesen waren, ließ viele regionale Beobachter die Stirn runzeln. MPRI dementiert jegliche Ungehörigkeit und zieht sich auf das Argument zurück, man mache doch nur Gebrauch von einer vorhandenen Ressource, nämlich den kumulierten Erfahrungen pensionierter US-Soldaten. Dieser Erfahrungsschatz versetze sie, so behauptet die Firma, in die Lage, »jede Aufgabe zu erfüllen und jede Mission durchzuführen, die militärische Fähigkeiten (bzw. durch den Dienst bei den Streitkräften erlangte allgemeine Fähigkeiten) erfordert, mit Ausnahme direkter Gefechtsoperationen«.[11]

In den USA hat MPRI zahlreiche Aufträge für die US-Streitkräfte ausgeführt, von der Erstellung von Analysen über die Durchführung von Simulationen und strategischen Manövern bis hin zur organisatorischen Mitwirkung an Kursprogrammen des Reserve Officers Training Corps (ROTC) und der Stabsakademien der einzelnen Waffengattungen. Dass die Regierung solche Aufgaben, die früher Sache der Streitkräfte selbst waren, einer Privatfirma anvertraut, zeigt, welches außerordentlich hohe Vertrauen diese genießen muss.

Was die internationale Arena betrifft, so beeilt sich MPRI, darauf hinzuweisen, dass sie nur solche Aufträge annimmt, die von der US-Regierung gebilligt werden. Das hat die interessante Konsequenz, dass im Grunde die Unwägbarkeiten der amerikanischen Außenpolitik in der Ära nach dem Kalten Krieg darüber entscheiden, mit welchen Kunden MPRI ins Geschäft kommt. 1995 bemühte sich die Firma um einen Auftrag des Diktators von Zaire, des langjährigen US-Verbündeten Mobutu, doch das US-Außenministerium sprach sich wegen geänderter politischer Ausrichtungen dagegen aus, woraus sich ersehen lässt, dass die Interessen der Privatfirma MPRI sich nicht immer mit denen aller Zweige der US-Regierung decken. Später im gleichen Jahr unternahm die Firma mehrere Anläufe zu einer Zusammenarbeit mit den angolanischen Streitkräften. Viele in der Region sahen darin eine Bestätigung dafür, dass die Vereinigten Staaten nun auch offiziell ihre Unterstützung den UNITA-Rebellen (die im Kalten Krieg von der CIA bewaffnet worden waren) entzogen hatten und neuerdings der Regierung Angolas den Rücken stärkten (die inzwischen die Unterstützung westlicher Ölgesellschaften erlangt hatte).

War MPRI bei seiner Firmengründung noch allein auf den amerikanischen Binnenmarkt ausgerichtet gewesen, so ist inzwischen das internationale Geschäftsfeld zum Motor des Umsatzwachstums geworden.

Die Beackerung des internationalen Feldes begann damit, dass MPRI sich mit mehreren Rüstungsproduzenten konventionellen Typs zusammentat, um ausländischen Regierungen bei der Beschaffung und Integration neuer Waffensysteme zu helfen. Doch es waren die Ausbildungs- und Beraterverträge mit anderen Regierungen, die bald die meiste Aufmerksamkeit erregten. Zu den Themenbereichen, in denen MPRI solche Leistungen anbietet, gehören die Entwicklung militärischer Doktrinen, die Restrukturierung von Verteidigungsministerien, die Durchführung moderner Kriegsspiele, Schulungskurse an Waffensystemen aller Art und militärische Unterweisungen bis hinunter auf die Ebene kleinster Kampfeinheiten. Die ranghöchsten MPRI-Mitarbeiter, etwa ehemalige Oberbefehlshaber oder Armeeführer, stehen auch für Seminare über militärische Führungsmethoden zur Verfügung, wobei die Zielgruppe hierfür höhere Offiziersdienstgrade ausländischer Streitkräfte sind.

Die Pakete, die MPRI anbietet, erlauben den grundlegenden Umbau nationaler Streitkräfte im Sinne einer Angleichung an NATO-Standards. Die Schulungen entsprechen in allen Aspekten exakt den Lehrgängen, die die jetzigen MPRI-Mitarbeiter in ihrer Zeit als aktive US-Armeeangehörige veranstalteten. Das hat zur Folge, dass die Streitkräfte anderer Länder auf den »amerikanischen Stil der Kriegführung« getrimmt werden, was nichts anderes bedeutet, als dass die Firma in den militärischen Bereich dieselbe Dynamik einbringt, die in anderen Bereichen der Weltwirtschaft bereits am Werk ist, nämlich den systematischen Transfer von Wissenskapital aus Zonen hoher in Zonen geringer Marktsättigung.

Die militärischen Fähigkeiten und Kompetenzen, die das Unternehmen seinen Kunden vermitteln kann, gelten unter Fachleuten als äußerst hochwertig und werden daher stark nachgefragt. Die Erfolgsbilanz von MPRI zeigt, dass die Firma in der Lage ist, durch Beratung und Schulung aus einer drittklassigen Miliz eine moderne, effektiv kämpfende Streitmacht zu machen, und zwar in relativ kurzer Zeit. Der bosnische Premierminister Muhammed Sacirbey soll erklärt haben, die Zusammenarbeit mit MPRI sei für sein Land »die zweitbeste Sache« nach einer offiziellen US-Militärbeihilfe gewesen.[12]

Bei all dem muss jedoch auch gesagt werden, dass in der Welt der führenden militärischen Beratungsfirma nicht alles zum Besten steht. MPRI ist das einzige Unternehmen der privaten Militärbranche, dessen Name in einem Kriegsverbrechertribunal erwähnt wurde. Die Rolle, die die Firma in Kroatien spielte, wurde als so bedenklich empfunden, dass das Internationale Kriegsverbrechertribunal in Den Haag beim Pentagon Informationen über MPRI anforderte.[13] Und auf einer Internetseite gab es einige Einträge (auch solche, die von aktuellen oder früheren Mitarbeitern der Firma stammen), die den Standardvorwurf erheben, MPRI sei mehr am Hereinholen von Anschlussaufträgen interessiert als an effektiver Auftragserfüllung; in anderen Beiträgen wurde behauptet, bei Operationen im Ausland hätten MPRI-Kontingente sowohl gegen Gesetze des betreffenden Landes als auch gegen arbeitsrechtliche Vorschriften der USA verstoßen. (Berichtet wurde über Fälle von sexueller Belästigung, über willkürliche Entlassungen und Ähnliches.)[14]

### Größere Operationen

Nach ihrer Gründung operierte MPRI, wie bereits erwähnt, zunächst ausschließlich innerhalb der Vereinigten Staaten und war bald an militärischen Einrichtungen in allen Ecken der USA im Einsatz. Zu MPRIs ersten Aufträgen gehörte es, aktive amerikanische Soldaten und Reservisten im Umgang mit neuem Kriegsgerät zu schulen. (So erfolgte zum Beispiel die Einführung der neuen Bradley-Kampfwagen M2/M3 bei der Heeresnationalgarde unter der Regie von MPRI.) Dazu kamen Seminare an diversen Stabs- und Kriegsakademien. Seitdem hat das Unternehmen seine Tätigkeit so stark ausgeweitet, dass es heute zu den wichtigsten privaten Consulting-Firmen der US-Streitkräfte gehört, wobei seine Tätigkeit in den meisten Fällen in Bereichen stattfindet, die nie zuvor privat vergeben worden sind.

Zwei Inlandsaufträge sind besonderer Erwähnung wert. 1996 begann die US-Armee mit der Privatisierung des Reserve Officer Training Corps (ROTC). Im Rahmen dieses einzig dastehenden Programms durfte MPRI aus pensionierten Soldaten der US-Armee Leute auswählen, die an Hochschulen als Professoren für Militärwissenschaft lehren bzw. als Verwaltungskräfte im Unteroffiziersrang dienen sollten, alles Funktionen, die bis dahin von aktiven Soldaten ausgefüllt worden waren. Die Firma zog zunächst an 15 Universitäten ein Pilotprogramm durch und übernahm dann nach und nach an insgesamt mehr als 200 Hochschulen den ROTC-Bereich. Die hier tätigen MPRI-Instruktoren werden als Angestellte der Privatwirtschaft geführt, ob-

## Inländische Kontrakte der Firma MPRI mit den US-Streitkräften

- Organisatorische Unterstützung der Force Management School der US-Armee.
- Schulungspersonal für die Combined Arms and Services Staff School der US-Armee in Fort Leavenworth, die Nachwuchsoffiziere im Rahmen ihrer militärischen Ausbildung besuchen.
- Schulungspersonal für das Command and Senior Staff College, dessen Besuch für alle höheren Offiziersdienstgrade verbindlich ist.
- Unterstützung des Combined Arms Support Command bei Taktikschulung und Kriegsspielen. Erstellung von Organisations- und Planungsgutachten für diverse Dienst- und Stabsstellen der US-Armee wie die Space and Missile Defense oder das Office of the Director of Information Systems for Command, Control, Communications and Computers, sowie für das Joint Forces Command und das Büro des Verteidigungsministers.
- Entwicklung und Unterstützung von Simulationstechniken für die Defense Advanced Research Projects Agency.
- Bereitstellung von Mentoren und Experten sowie Durchführung von Seminaren für Führungspersonal für einzelne Einheiten der US-Armee und für andere Dienststellen des Verteidigungsministeriums.
- Unterstützung in den Aufgabenbereichen strategische Planung und Personalqualifizierung für das Material Command der US-Armee, das George C. Marshall Center, das Joint Warfighting Assessment Center, das Operations and Critical Asset Assurance Program des Stellv. Stabschefs der US-Armee und für das Joint Program Office.
- Unterstützung in Fragen der Doktrinenentwicklung für das Training and Doctrine Command der US-Armee, Mitarbeit an der Entwicklung des Information Superiority Concepts Joint Venture Program (Force XXI) und des Army Experimentation Campaign Plan sowie Mitarbeit an der Quadrennial Defense Review.
- Logistische Planung als wichtigster Subunternehmer im LOGCAP-Prozess.

wohl sie nach wie vor Uniform tragen.[15] Man kann darin einen Versuch sehen, die vollzogene Privatisierung zu verdecken, was jedoch nichts an dem Paradoxon ändert, dass die nächste Generation amerikanischer Militärführer von einer Privatfirma in das Militärwesen eingeführt worden sein wird. Da vor kurzem ein weiteres Pilotprogramm gestartet worden ist, das das Outsourcen des gesamten militärischen Rekrutierungswesens an die Firmen MPRI und Resources Consulting Inc. vorsieht, wird Ähnliches vielleicht bald auch für die anderen Waffengattungen der US-Streitkräfte gelten.[16]

Der zweite Inlandsauftrag, der es wert ist, beleuchtet zu werden, wurde MPRI 1997 vom Training and Doctrine Command (TRADOC) erteilt. MPRI fiel in diesem Fall die Aufgabe zu, die Feldhandbücher der US-Armee zu verfassen, in denen stand, wie Streitkräfte unter den Bedingungen des Krieges Lieferanten und Vertragspartner akquirieren und mit ihnen umgehen können. Was dabei herauskam, waren zwei Handbücher: Field Manual (FM) 100-10-2: »Wie man Schlachtfeldunterstützung einkauft«, und FM 100-21: »Lieferanten auf dem Schlachtfeld«. Beide informieren über Taktiken, Techniken und Verfahrensweisen für den Umgang mit konventionellen Anbietern operativ-militärischer Unterstützungsleistungen.[17] Im Grunde entwarf eine Privatfirma die Regeln, die von da an das Verhalten der US-Armee gegenüber anderen Firmen derselben Branche bestimmen sollten. Obwohl (oder vielleicht gerade weil) diese Handbücher von einer Firma aus der privaten Militärbranche geschrieben wurden, loten sie die Implikationen der neuen Privatisierungspraktiken, die sich auf dem Militärsektor entwickelt haben, nicht voll aus. Sie befassen sich eigentlich nur mit den Lieferanten und Vertragspartnern herkömmlicher Art und ignorieren die neuen politischen und rechtlichen Fragen, die das Aufkommen von PMFs wie MPRI aufgeworfen hat.

## Wie man zur »Operation Sturm« auf den internationalen Markt bläst

Auf dem US-Markt für militärische Dienstleistungen war MPRI beim Akquirieren von Aufträgen offenbar recht erfolgreich. Ihre Berühmtheit und ihr Aufstieg zu einem der größten Unternehmen in der militärischen Consulting-Branche verdankt die Firma freilich ihrer erfolgreichen Expansion in den globalen Markt hinein. Die ersten internationalen Aufträge, die sie erhielt, betrafen Seminare über die Lehren aus dem Golfkrieg, die sie selbst ausarbeitete und 1991 mit Militärangehörigen in Taiwan und Schweden durchführte. Ein kleinerer Kontrakt in Liberia schloss sich an; dort schulte die Firma das nigerianische Kontingent zur ECOMOG-Friedenstruppe in der Wartung und im Umgang mit von der US-Regierung zur Verfügung gestellten Militärfahrzeugen. Im Rahmen eines auf fünf Jahre befristeten Vertrages mit dem US-Außenministerium überwachte und vollzog die Firma ferner die Lieferung von Medizingeräten, Medikamenten und Nahrungsmitteln im Wert von über 900 Millionen Dollar in Staaten der ehemaligen Sowjetunion.

Berühmt und als »Marke« bekannt wurde MPRI jedoch durch ihre Aktivitäten im ehemaligen Jugoslawien. Im Rahmen eines vom US-Außenministerium erteilten Auftrags stellte MPRI in den Jahren 1994/95 45 Mann, die als Grenzbeobachter die Einhaltung der UN-Sanktionen gegen Serbien überwachten. Noch wichtiger für die Firma war, dass sie in dieser Phase von Kroatien den Auftrag erhielt, die Transformation ihrer Milizen in eine Berufsarmee zu begleiten.

Kroatien war 1991 eine der ersten jugoslawischen Teilrepubliken, die sich von Belgrad lossagten. Als jedoch die serbische Minderheit in Kroatien mit tatkräftiger Unterstützung der jugoslawischen Streitkräfte aufbegehrte und die serbische Krajina zur autonomen Region ausrief, konnten die unzulänglich ausgerüsteten kroatischen Miliztruppen diesen schweren Rückschlag für die neue Republik nicht verhindern. Zu dem Zeitpunkt, als der Auftrag an MPRI erging, war zwischen den kroatischen Truppen und den Krajina-Serben eine von den Vereinten Nationen überwachte Waffenstillstandslinie gezogen worden. Diese gab den Serben die Kontrolle über einen breiten Gebietsstreifen, durch dessen Mitte die wichtigsten innerkroatischen Kommunikationswege verliefen.

Die USA machten es zum Hauptziel ihrer Politik in dieser Region, eine militärische Entscheidung herbeizuführen. Ihr Konzept sah vor, dass die Kroaten für die USA die Rolle eines Wachhundes auf dem Balkan übernehmen sollten. Sie sollten zu diesem Zweck stark genug gemacht werden, um im Bündnis mit den Bosniern der Macht der Serben Paroli bieten zu können.[18] Dieses Konzept wurde 1994 im Washingtoner Abkommen festgeschrieben, das die widerstreitenden moslemischen und kroatischen Elemente in Bosnien zusammenführte. Wenn das Konzept jedoch eine Chance auf praktische Durchsetzung besitzen sollte, mussten die Feierabendarmeen der Republiken, mit denen sich die USA verbündet hatten, aufgepäppelt werden. Es war klar, dass dies eine schwierige Aufgabe sein würde, weil seit 1991 ein von den Vereinten Nationen verhängtes Waffenembargo bestand, das die Lieferung von Waffen an jedwede kriegführende Partei untersagte.[19] Dieses Embargo, das sich auch auf militärische Schulungs- und Beratungsleistungen erstreckte, war mit der Stimme der USA im UN-Sicherheitsrat beschlossen worden.

In dieser Situation verwies das Pentagon den kroatischen Verteidigungsminister an MPRI.[20] Kaum hatte das Washingtoner Abkommen die Tür zu einer Lizenzerteilung durch das US-Außenministerium geöffnet (im September 1994), da schloss die kroatische Regierung auch schon zwei Verträge mit MPRI. Der erste betraf ein langfristiges Managementprogramm, das darauf abzielte, das kroatische Verteidigungsministerium mit »langfristigen strategischen Fähigkeiten« auszustatten. Zum Leiter dieses Projekts wurde der eben gerade pensionierte Generalmajor John Sewall ausersehen, der kurz vorher noch als Statthalter des Pentagon in der Region fungiert hatte.[21] Ein zweiter Vertrag sah den Aufbau eines »Hilfsprogramms für den Übergang zur Demokratie« vor, das offiziell im April 1995 anlief. Gesteuert wurde und wird dieses Programm aus der Militärakademie »Petar Zrinski« in Zagreb, und es beinhaltet nach offiziellen Angaben Vorlesungen und Seminare über demokratische Grundsätze und das Verhältnis zwischen Zivilgesellschaft und Militär. Zielgruppe des Programms sind Offiziere, die bis dahin nur das sowjetische Modell der Militärorganisation gekannt hatten.[22] Nach Angaben von MPRI beinhaltet keiner dieser Verträge irgendeine weitergehende Form der militärischen Ausbildung.

Hinter diesen Kontrakten stand das erklärte Ziel, die kroatischen Streitkräfte in eine professionellere, NATO-taugliche Truppe zu verwandeln, die für die Mitwirkung an dem Programm »Partnerschaft für den Frieden« in Frage kommen würde. Doch dann starteten die Kroaten im August 1995 die Überraschungsoffensive »Operation Sturm«, deren Massivität und Durchdachtheit allgemeine Verblüffung in der ganzen Region hervorriefen. Auf geradezu schockierende Weise zeigte die kroatische Armee, dass sie sich aus einem lumpigen Milizhaufen tatsächlich in eine hochprofessionelle Streitmacht verwandelt hatte. Der Widerstand der Krajina-Serben brach zusammen, und nach einer Woche hatten die Kroaten das gesamte Territorium besetzt.

Die US-Regierung, die diese Entwicklung insgeheim begrüßte, spielte den Umstand herunter, dass die kroatische Offensive den von den Vereinten Nationen vermittelten Waffenstillstand verletzt und für 170.000 neue Flüchtlinge gesorgt hatte. Dazu kam, dass in den Tagen und Wochen nach der Offensive zahlreiche Berichte über Menschenrechtsverletzungen bekannt wurden, bis hin zu dem Vorwurf, ältere Serben, die in ihren Dörfern geblieben waren, seien reihenweise ermordet worden.[23] In der Folge wurden die Befehlshaber der kroatischen Offensive (die möglicherweise Instruktionen und Ratschläge von militärischen Planungsexperten der Firma MPRI oder des Pentagon erhalten hatten) vor dem Internationalen Kriegsverbrechertribunal angeklagt.[24]

Die »Operation Sturm« fügte nicht nur den Serben die erste schwere Niederlage seit dem Zerfall Jugoslawiens zu, sondern sollte sich als entscheidender Wendepunkt des Krieges zwischen den Erben des jugoslawischen Staates erweisen. Die bosnischen Serben verloren ihren letzten aktiven Bündnispartner, und die kroatische Armee konnte sich in der Folge mit den Truppen der bosnischen Regierung zusammentun und die westliche Flanke ihres Gegners bedrohen. Im weiteren Verlauf der Offensive eroberten die Kroaten ihr Staatsgebiet zu 96 Prozent zurück und besetzten zusätzlich 20 Prozent von Bosnien. Die in die Enge getriebenen Serben willigten in einen Waffenstillstand ein, und im November 1995 wurde das Abkommen von Dayton unterzeichnet. Beobachter, die die Verhandlungen in Dayton verfolgten, berichteten, die bosnische Regierung habe ihre Unterschrift an eine wichtige Vorbedingung geknüpft: die Zusage, dass ihrer Armee ein ähnliches Schulungsprogramm und eine ähnliche Ausrüstungsbeihilfe gewährt würden wie den kroatischen Streitkräften.[25]

MPRI bestreitet zwar kategorisch jede Beteiligung an der »Operation Sturm« oder an Schulungen und Vorbereitungen darauf, doch wenn man bedenkt, in wie kurzer Zeit die Kroaten ihre strategischen und taktischen Fähigkeiten drastisch verbesserten, ist man versucht, zu anderen Schlüssen zu gelangen. Wie ein Analytiker geschrieben hat:

> Kein Land schafft den Durchmarsch von einer zusammengewürfelten Miliz zu einer professionellen militärischen Offensive ohne irgendwelche Hilfe. Die Kroaten zeigten eine gute Koordination von Panzerwaffen, Artillerie und Infanterie. Das ist nicht etwas, das man in einer Unterrichtseinheit über demokratische Werte lernt.[26]

Die MPRI-Spitze konterte zwar mit der Bemerkung, die Kroaten hätten sich »einen Schlachtplan ebenso gut von der Georgetown-Universität wie von MPRI besorgen können«, aber die markant »westlichen« Charakteristika, die die eminent erfolgreiche »Operation Sturm« aufwies, legen doch die Vermutung nahe, dass MPRI die Finger im Spiel hatte.[27] Bemerkenswert war insbesondere die Raffinesse, mit der die Kroaten die serbischen Befehls- und Steuerungsnetze zerstörten. Sie bedienten sich dabei modernster Techniken, die sich himmelweit von den veralteten Warschauer-Pakt-Taktiken unterschieden, die sie noch in einem früheren Stadium des Krieges angewandt hatten, und die stark an die »Air-Land-2000«-Doktrin der US-Armee erinnerten, mit der sich MPRI bestens auskannte.

Die militärischen Beobachter erteilten der Firma sehr gute Noten für das, was sie nach allgemeiner Unterstellung den kroatischen Streitkräften beigebracht hatte. Ein britischer Oberst, der zu der Zeit das Kontingent von UN-Beobachtern in der serbischen Krajina leitete, erklärte:

> Es war eine Operation aus dem Lehrbuch, allerdings nicht aus dem der JNA [der jugoslawischen Streitkräfte]. Wer immer es war, der diesen Angriffsplan entworfen hat, er könnte damit zu jeder NATO-Führungsakademie in Nordamerika oder Westeuropa gehen und sich die Note 1 plus abholen.[28]

Ein anderer Militärbeobachter führte die dramatische Qualitätsverbesserung der kroatischen Streitkräfte direkt auf deren Schulung durch MPRI zurück, indem er der Firma bescheinigte, sie sei ein »entscheidendes Element für die Verschiebung des politischen Kräfteverhältnisses zwischen den kriegführenden Parteien in Kroatien und Bosnien« gewesen.[29]

Tatsächlich herrscht ein breiter Konsens darüber, dass MPRI in Kroatien nicht erst im Januar 1995, sondern schon im Oktober 1994 tätig wurde und die kroatischen Streitkräfte nicht nur mit demokratischen Grundsätzen vertraut machte, sondern auch mit grundlegenden Infanterietaktiken und Erfolgsrezepten für Strategie und Koordinierung.[30] Die Vermutung, dass die Firma an den Planungen für die Operation beteiligt war, erhielt neue Nahrung, als ein kroatischer Verbindungsoffizier später der Presse gegenüber kundtat, in den Wochen vor Beginn der Offensive habe auf der der kroatischen Küste vorgelagerten Insel Brioni ein Geheimtreffen zwischen General Vuono, dem Vorstandsvorsitzenden von MPRI, und General Varimar Cervenko stattgefunden, dem kroatischen Offizier, der als Vater des Feldzugsplanes galt. Lokale Zeitungen hatten zu der Zeit tatsächlich berichtet, Vuono und seine Leute hätten in den fünf Tagen vor Beginn der Offensive mindestens zehn Unterredungen mit kroatischen Offizieren geführt, die an der Operation beteiligt waren.[31] Man kann davon ausgehen, dass die Offiziere zu diesem Zeitpunkt nicht die Muße hatten, Seminare über demokratische Werte zu absolvieren.

Während über das Ausmaß der Beteiligung von MPRI noch gestritten wird, herrscht, was das Resultat betrifft, Klarheit. Eine Offensive der Art, wie die kroatischen Streitkräfte sie im Rahmen der »Operation Sturm« durchführten, lag, bevor MPRI ins Spiel kam, außerhalb ihrer Möglichkeiten.[32] Selbst wenn MPRI-Leute nicht direkt ins militärische Geschehen eingriffen, sprechen alle Indizien dafür, dass Übungen und Planspiele, die MPRI mit den Kroaten veranstaltete, genau auf einen solchen Feldzug ausgerichtet waren. Und zumindest lässt sich sagen, dass Führungsmethoden und Grundsätze der militärischen Organisation aus dem Lehrbuch des US-Militärs, wie MPRI sie den kroatischen Truppenführern nach eigenem Eingeständnis nahe brachte, den Kroaten halfen, ihre Offensive ins Ziel zu bringen. Nach Anlaufen der MPRI-Schulungen vollzog sich innerhalb der kroatischen Streitkräfte eine dramatische Veränderung der Organisationsstrukturen und Einstellungen; Moral und Disziplin der Soldaten verbesserten sich entscheidend.[33] Um einen MPRI-Mitarbeiter zu zitieren:

> Wir waren nicht sehr lange dort. Hätte der serbisch-kroatische Krieg erst 1999 stattgefunden, er wäre mit unseren Fingerabdrücken übersät gewesen. Aber auch so bewirkten wir in der kurzen Zeit, die wir dort waren, etwas, und sei es nur durch das Selbstvertrauen, das wir in ihnen erweckten.[34]

Im Kielwasser dieses Erfolges konnte MPRI sich seinen nächsten prestigeträchtigen Auftrag sichern: die Betreuung des vom Geist von Dayton inspirierten Programms »Train and Equip«, das auf den Aufbau einer integrierten Armee der Bosnischen Föderation abzielte. Nach einer 17 Wochen dauernden Phase der Angebotsprüfung – neben MPRI waren zwei größere amerikanische Konkurrenzfirmen aus der Beratungsbranche (SAIC und BDM) im Rennen – ging der Auftrag im Mai 1996 an MPRI. Diese offizielle Version ist allerdings mit Vorsicht zu genießen, denn schon im Dezember 1995 pfiffen die Spatzen von den Dächern, dass MPRI mit der Durchführung von »Train and Equip« betraut würde, und tatsächlich begann die Firma schon vor Mai 1996 mit vorbereitenden Arbeiten.[35]

Der Kontrakt war mit insgesamt rund 50 Millionen Dollar dotiert und enthielt die Option auf eine Verlängerung um jeweils ein Jahr. Von den Verträgen, die die Kroaten mit MPRI geschlossen hatten, unterschied sich der Kontrakt mit Bosnien unter anderem dadurch, dass er ganz offiziell auch Gefechtstraining vorsah. Das Programm war gekoppelt mit Waffenlieferungen im Wert von 100 Millionen Dollar aus Überschussbeständen und sollte dazu beitragen, in Bosnien ein inneres Gleichgewicht der Kräfte zu schaffen in der Hoffnung, dass dies künftige Übergriffe der Serben verhindern würde.

An der Art und Weise, wie sich MPRI ihre Dienste im Rahmen des Programms »Train and Equip« in Bosnien vergüten ließ, zeigt sich anschaulich die Komplexität der von der Firma übernommenen Rolle. Der Vertrag wurde zwar direkt zwischen MPRI und der bosnischen Regierung geschlossen, doch das Geld dafür stammte aus Hilfszahlungen gemäßigter islamischer Länder wie Saudi-Arabien, Kuwait, Brunei, den Vereinigten Arabischen Emiraten und Malaysia. Offiziell verantwortlich für die Abwicklung des Programms und für die Verwaltung der Kasse, in die die Hilfsgelder der islamischen Länder flossen, war wiederum ein hoher Beamter des US-Außenministeriums (anfänglich James Pardew, US-Botschafter in Bosnien). Mir ist kein anderes Beispiel aus dem Kontext der Privatisierung bekannt – sei es auf Bundes-, Länder- oder kommunaler Ebene –, wo die Rollen des Käufers, des Dienstleisters, der Vertragspartner und des Finanzkontrolleurs von so vielen verschiedenen Akteuren übernommen wurden.

Der erste Programm-Manager für die MPRI-Aktivitäten in Bosnien war der pensionierte Generalmajor William Boice. Seine einschlägige Qualifikation für die Mission in Bosnien bestand darin, dass er früher die 1. Gepanzerte Division der US-Armee kommandiert hatte, die jetzt, 1996, den Kern jener NATO-Friedenstruppe bildete, die mit der Aufrechterhaltung von Sicherheit und Ordnung in Bosnien betraut war. Boice bescherte dieser Umstand sicherlich erfreuliche Begegnungen mit Angehörigen seiner ehemaligen Einheit. Die MPRI-Truppe in Bosnien, die ihr Hauptquartier im zweiten Stock eines unscheinbaren ehemaligen Universitätsgebäudes im Zentrum von Sarajevo bezog, bestand aus ungefähr 175 Mitarbeitern; sie zogen ein umfangreiches, selbst entwickeltes Schulungs- und Beratungspensum durch, von dem Boice sagte, es sei ein »in der Geschichte der Vereinigten Staaten einzigartiges Projekt«.[36]

Die Aufgaben, die MPRI vertragsgemäß zu erfüllen hatte, waren breitbandig, zahlreich und rührten an den Kern des militärischen Potenzials der bosnischen Streitkräfte. Wie Botschafter Pardew zu der Zeit ausführte:

> Sie [die Fachleute von MPRI] werden beim Aufbau des Verteidigungsministeriums und des gemeinsamen Oberkommandos mithelfen. Sie werden eine Aufgabenanalyse und eine Truppenstrukturreform erarbeiten. Sie werden an der Auswahl von Waffensystemen und an deren Integration in die Streitkräfte der Föderation mitwirken. Sie werden ein integriertes Logistiksystem entwickeln, Hilfe-

stellung in Sachen Kommando und Kontrolle geben, an der Entwicklung eines Ausbildungskonzepts und an der Ausbildung von Einheiten mitwirken. Sie werden ein Zentrum für Gefechtstraining oder ein zentrales Schulungszentrum für alle Waffengattungen einrichten. Sie werden individuelle Schulungsprogramme entwickeln, ein Simulationszentrum für die Stabsausbildung errichten. Sie werden an der Entwicklung eines Schulungsprogramms für Personalmanagement und Streitkräfteentwicklung mitwirken und werden die operative Planung und die Erarbeitung strategischer Konzepte zur Verteidigung der Föderation unterstützen.[37]

Im Rahmen dieses Programms wurden zuerst die Umstrukturierung des bosnischen Verteidigungsministeriums und der Aufbau eines kombinierten Logistiksystems in Angriff genommen. Diese Aufgaben waren hier weitaus schwerer zu lösen als in Kroatien, weil die Herausforderung im Grunde darin bestand, zwei bis dahin selbstständig gewesene Streitkräfte (nämlich die der bosnischen Moslems und die der bosnischen Kroaten) in ein einheitliches organisatorisches Korsett einzugliedern. Die daraus resultierende Dynamik warf dem Programm immer wieder Stolpersteine in den Weg, und auch fünf Jahre später waren diese Probleme noch nicht gelöst. Parallel zu dieser Reorganisation der Streitkräfte errichtete MPRI bei Hadzici ein Schulungszentrum und eine Anlage für Computersimulationen, dazu bei Livno ein Zentrum für Gefechtssimulationen, das so angelegt war, dass es in seiner Ausstattung den Truppenübungsplätzen in den USA entsprach. Dieses Manövergelände misst 60 auf 18 Kilometer und erlaubt besonders realistische Manöver, weil darin noch verwaiste Dörfer liegen, die von ihren serbischen Bewohnern während der vorausgegangenen Kämpfe verlassen wurden.[38] MPRI arbeitet grundsätzlich nach der »Stein-ins-Wasser«-Methode, das heißt, die Firma geht davon aus, dass diejenigen, die ihr Schulungsprogramm durchlaufen haben, das Gelernte weitergeben, so dass es sich wie eine Welle innerhalb der bosnischen Streitkräfte fortpflanzt.

An die Beratungstätigkeit von MPRI knüpft sich die Erwartung, dass die bosnische Armee insgesamt ihre militärische Leistungskraft erheblich steigern wird. Die Schulungen und noch mehr die Simulationszentren werden den bosnischen Soldaten sicherlich helfen, ihre individuellen Fähigkeiten zu verbessern. Wenn sich dazu eine dank MPRI professionell geschulte Führung gesellt, sollte das Zusammenwirken dieser beiden Faktoren zu einer Potenzierung der Effektivität der bosnischen Streitkräfte führen, sowohl auf der Ebene einzelner Truppenteile als auch im Ganzen. Die von MPRI praktizierten Schulungsmethoden haben sich in der Balkanregion bewährt, und die Erfolgsbilanz der Firma könnte durch die Beteiligung ihrer Experten an der strategischen Neuausrichtung der bosnischen Streitkräfte ein weiteres Glanzlicht erhalten.

Es gibt freilich auch die Sorge, dass das Projekt allzu gut funktionieren könnte. Die europäischen Verbündeten der USA hatten starke Vorbehalte sowohl gegen das Programm »Train and Equip« als auch gegen die Einschaltung von MPRI und verurteilten beide Entscheidungen öffentlich. Was die in Bosnien stationierten europäischen Truppenkontingente von der Entwicklung in Bosnien hielten, brachte ein norwegischer Friedenshüter in Sarajevo auf den Punkt, indem er erklärte, er finde das ganze Konzept »widerwärtig«.[39]

Die Kritik machte sich an zwei Dingen fest: Zum einen an der Tatsache, dass hier eine Seite aufgerüstet wurde, was für das Klima der Ausgeglichenheit, das man für die Umsetzung der internationalen Friedensbemühungen so dringend brauche, Gift sei; zum anderen, dass die Bosnier in Versuchung geraten würden, ihre neuen Waffen und militärischen Fähigkeiten für die Rückeroberung verlorenen Terrains einzusetzen, anstatt der serbischen Macht nur passiv Paroli zu bieten.[40] Nach verbreiteter Einschätzung hätten die bosnischen Moslems das stärkste Motiv, erneut in den Krieg zu ziehen, dieses Mal aus eigenem Entschluss, um sich zurückzuholen, was ihnen weggenommen wurde. Viele Beobachter in der Region befürchten, dass die Bosnier, falls die NATO ihre Truppen abzöge, die Uneinigkeit im serbischen Lager ausnutzen und die Hand nach den von beiden Seiten beanspruchten Territorien ausstrecken würden. MPRI kontert diese Bedenken mit dem Hinweis, man schule die Bosnier nur in Defensivstrategien und Taktiken der begrenzten Gegenoffensive. Der Übergang von letzterer zur Offensive ist freilich fließend. Wie ein bosnischer Offizier während eines Manövers auf dem Truppenübungsplatz Livno erklärte:

Den Rest können wir lernen, indem wir zwischen den Zeilen lesen.[41]


## MPRI expandiert um den Globus

MPRI ist nach wie vor auf dem Balkan aktiv. Nach Auslaufen der Verträge mit Bosnien richtete die Firma ein kleiner dimensioniertes Programm für die Streitkräfte und Grenztruppen des neuen mazedonischen Staates ein. Als nicht weit davon entfernt der Kosovokrieg entbrannte, erwiesen sich die regionalen Verbindungen der Firma als recht nützlich für die US-Politik. Obwohl MPRI in den Kosovokonflikt nicht direkt verwickelt war, beeinflusste die Firma den Gang der Dinge durch die Schulungsprogramme, die sie anderswo in der Region unterhielt. Sowohl der Befehlshaber der Kosovo-Befreiungsarmee UÇK als auch eine Reihe ihrer Offiziere hatten MPRI-Schulungen mitgemacht (vgl. Kapitel 1), entweder im Rahmen der kroatischen oder der bosnischen Kontrakte. Die Firma steht sicherlich in den Startlöchern, der neuen Armee des Kosovo dieselbe Art von beratender Starthilfe zu leisten wie zuvor den Kroaten und den Bosniern, sollte die Provinz jemals den Status eines unabhängigen Staates erringen.[42] Der Kontrakt der Firma mit Mazedonien geriet in der Folge ins Kreuzfeuer der Kritik, als unter der albanischen Minderheit ein lokaler Aufstand losbrach. Es hieß, einige der Anführer dieser Rebellen, die jetzt gegen die von MPRI beratene staatliche Armee Mazedoniens kämpften, hätten an MPRI-Schulungsprogrammen in Kroatien teilgenommen.[43]

Nachdem die Firma sich auf dem Balkan einen so guten Ruf erworben hatte, ging sie aggressiv daran, ihre internationale Geschäftstätigkeit auszuweiten. Einer ihrer ersten Aufträge im Nahen Osten betraf die Mithilfe bei der Integration der saudi-arabischen Streitkräfte. Dies schloss eine Bedrohungsanalyse ebenso ein wie Nachhilfe in Sachen Truppenmanagement, Aufbau und Gestaltung von Einheiten, Beschaffung, Ressourcenmanagement, Doktrinenentwicklung, Heranziehung von Führungskräften, Logistik und Stabsorganisation. Seit 1999 ist MPRI auch in Kuwait aktiv; dort veranstaltet die Firma Gefechtsschulungen auf Kompanie-, Bataillons- und Kommandoebene.

1996 war erstmals die Rede davon, dass MPRI Gespräche mit der Regierung von Sri Lanka geführt habe, die damals in Kämpfe gegen die tamilischen »Tiger« verwickelt war. Bei den Verhandlungen ging es dem Vernehmen nach um einen Auftrag für die Schulung und Unterstützung staatlicher Sondereinsatzkräfte.[44] Ein amerikanischer Offizier, der kurz vor seinem Ausscheiden aus der Eliteeinheit Delta Force stand, war angeblich dazu ausersehen, die Operationen zu leiten. Dann jedoch brach die Regierung von Sri Lanka aus unbekannten Gründen die Verhandlungen ab.[45] Das Interessante ist, dass das US-Außenministerium der Firma widerstrebend grünes Licht für die Verhandlungen gegeben hatte, entgegen erster Signale der Ablehnung, die damit zu tun hatten, dass den Streitkräften Sri Lankas Menschenrechtsverletzungen vorgeworfen wurden (mit der Folge, dass das Land offiziell vom Empfang amerikanischer Militärhilfe ausgeschlossen worden war).

Zu dieser Zeit hatte die Firma MPRI auch ihre Fühler auf dem afrikanischen Markt ausgestreckt. 1996 erhielt sie von der angolanischen Regierung einen mit 60 Millionen Dollar dotierten Vertrag über die Schulung ihrer Streitkräfte und ihrer Polizei. Auch EO hatte sich um diesen Auftrag bemüht, war aber nicht zum Zuge gekommen, obwohl die südafrikanische Firma nach Ansicht vieler Beobachter weitaus bessere Voraussetzungen mitbrachte, um mit der Konfliktsituation in Angola umgehen zu können.[46] Die NATO-Maßstäbe, die MPRI verinnerlicht hat, sind nach Expertenansicht in Afrika nur von begrenztem Nutzen (vor allem im Vergleich zu der bewährten Vorgehensweise von EO).

Sucht man nach den Gründen dafür, dass MPRI mit Angola ins Geschäft kam, so muss man zwei Dinge bedenken: Die USA hatten Interesse daran, größeren Einfluss auf die dortige Entwicklung zu bekommen, und der Regierung von Angola ging es darum, die USA enger an sich zu binden und die UNITA, die angolanische Rebellenbewegung, weiter in die Isolation zu treiben. Politischer Opportunismus war wohl die treibende Kraft hinter dem Deal und nicht so sehr die Qualität der von MPRI angebotenen Schulungsprogramme und Beratungsleistungen.[47]

Der Kontrakt trug jedoch zunächst einmal keine Früchte, was eine ganze Reihe von Gründen hatte. Am Anfang gab es Meinungsverschiedenheiten über Vertragslaufzeit und Dotierung. Dann sorgten neu aufflammende Kämpfe zwischen der Regierung und den UNITA-Rebellen für erschwerte Verhältnisse. Berichten zufolge wurden sich MPRI und Regierung im November 1999 endlich einig. Doch schon ein Jahr später lag wieder alles in Scherben. Wenn man den Gerüchten Glauben schenkt, waren es nicht Zahlen und Daten, die den Sand im Getriebe bildeten, sondern die in die Vertragsverhandlungen eingebundenen Offiziere der angolanischen Armee, die es übel nahmen, dass ihnen keine »Sonderboni«, sprich Schmiergelder, angeboten wurden.[48]

MPRI fand schließlich doch Zugang zum afrikanischen Markt, und zwar auf dem Umweg über zwei regionale Programme. Eines davon war die African Crisis Response Initiative (ACRI), ein Schulungsprogramm, das 1996 von sieben Ländern mit dem Ziel ins Leben gerufen wurde, schnell einsetzbare Kontingente von Friedenstruppen aufzubauen. Der Grundgedanke war, eine homogene afrikanische Truppe aufzustellen, die, durch entsprechende Schulung auf amerikanisches Niveau getrimmt, zu gemeinsamen Einsätzen würde ausrücken können, sei es im Fall einer humanitären Krise oder sei es zu einer traditionellen friedenstiftenden Operation. Mehr als 5500 afrikanische Soldaten sind bislang im Rahmen dieses Programms ausgebildet worden, zu dem MPRI die administrative Arbeit und einen großen Teil der Schulungen beisteuert.[49]

Ähnliche Dienste leistete MPRI auch für das African Center for Strategic Studies (ACSS), eine von der US-Regierung getragene Initiative für die Ausbildung afrikanischer Offiziere und Zivilverteidigungsbeamte mit den Schwerpunkten nationale Sicherheit und Verhältnis zwischen ziviler und militärischer Macht. Von seiner Struktur her entspricht das ACSS den Regionalprogrammen des George C. Marshall Center in Deutschland und des Asia-Pacific Center auf Hawaii; es ist allerdings das einzige seiner Art, das von einer Privatfirma gemanagt wird.[50]

In jüngerer Zeit ist MPRI auch in Nigeria und Äquatorialguinea ins Geschäft gekommen. In der Zeit vor den Wahlen von 1999 hatte in Nigeria die meiste Zeit eine Clique von Generälen im Turnus die Macht ausgeübt. Diebstahl und Korruption blühten in dieser Periode und erreichten einen Höhepunkt unter der Herrschaft des Generals Sani Abacha, der die nigerianische Staatskasse in den 90er Jahre um über 2 Milliarden Dollar erleichterte. Das MPRI-Programm beinhaltet eine Umstrukturierung der nigerianischen Streitkräfte im Sinne der neuen Verantwortung des Landes für die Stabilität in der Region und im Interesse einer stärkeren Kontrolle des Militärs durch die Zivilregierung. In der ersten Phase des Projekts wurde MPRI von der U.S. Agency for International Development (USAID) dafür bezahlt, durch eine Erhebung herauszufinden, was erforderlich wäre, um die nigerianischen Streitkräfte zu »reprofessionalisieren«.[51] Nachdem die Firma die Situation analysiert und Empfehlungen vorgelegt hatte, erhielt sie den Auftrag, diese Empfehlungen selbst in die Tat umzusetzen, ein Mechanismus, den man aus der zivilen Beraterbranche kennt. Der Nachteil dieser Vergabepraxis ist natürlich der, dass Konkurrenzfirmen, die vielleicht bessere Ideen gehabt hätten, gar nicht erst gefragt wurden. Doch wie auch immer, MPRI erhielt im April 2000 den mit etwas über 7 Millionen Dollar dotierten Auftrag, in die nächste Phase einzutreten. (Nigeria und die USA teilten sich die Kosten.)

Im Juli 2000 kam die Firma ins Gespräch mit der Regierung von Äquatorialguinea, der sie die Ausarbeitung eines Planes zur Verbesserung der nationalen Sicherheit und zum Aufbau einer militärischen Küstenwache vorgeschlagen hatte. Zwei Abteilungen des US-Außenministeriums lehnten diesen Kontrakt zu Beginn unabhängig voneinander ab und verzögerten seine Unterzeichnung um zwei Jahre.[52]

Dem State Department bereitete der Umstand Kopfzerbrechen, dass Äquatorialguinea, das im Wesentlichen aus einem Küstenstreifen und einer Insel im Golf von Guinea besteht, eine der am hermetischsten abgeschlossenen und repressivsten Gesellschaften ist, die das Ende des Kalten Krieges überdauert haben. Das Regime ist eine Militärdiktatur reinsten Wassers, mit Obiang Nguema an der Spitze, der 1979 die Macht an sich riss, indem er seinen Onkel absetzte und ermordete. Dieser neue Kunde von MPRI war ein Menschenrechtsverletzer der übelsten Art, dem politische Morde, Wahlbetrug und fragwürdige Devisengeschäfte vorgeworfen wurden. Jede Ansammlung, die aus zehn oder mehr Menschen besteht, gilt in Äquatorialguinea als illegal, und Menschen sind dort für so nichtige Vergehen wie den Besitz fotokopierter Artikel aus ausländischen Zeitungen ins Gefängnis geworfen und gefoltert worden.[53] Die Regierung versuchte einmal sogar, den US-Botschafter mit Morddrohungen einzuschüchtern, nachdem er sich bemüht hatte, einigen politischen Gefangenen zu helfen.

Es bestand und besteht die Sorge, ein Kontrakt mit MPRI könne diesem Regime helfen, seine Macht weiter zu festigen. Die beiden engsten Verbündeten dieses neuen Kunden der Firma sind Nordkorea und Kuba. Das bedeutet, dass, von Menschenrechtsgesichtspunkten einmal ganz abgesehen, die Unterstützung dieses Regimes, womit auch immer, vermutlich nicht im besten strategischen Interesse der Vereinigten Staaten liegen würde. Trotzdem wurde der Kontrakt durchgewinkt, nachdem MPRI an höchster Stelle Stimmung dafür gemacht und einflussreiche US-Politiker davon überzeugt hatte, dass – wenn man der Firma nicht gestatte, den Auftrag anzunehmen – eine andere, ausländische (in diesem Fall französische) Militärfirma in die Bresche springen würde.[54]

Um dieselbe Zeit bekam MPRI auch in Südamerika einen Fuß in die Tür, und zwar als offizieller Partner beim Vollzug des »Kolumbien-Plans«, eines mit 7,5 Milliarden Dollar bezuschussten Projekts, das der kolumbianischen Kokainwirtschaft den Garaus machen sollte. Wie in Nigeria, war MPRI auch hier in die erste, analytische Phase der Arbeit eingebunden (mit einem Honorar von 850.000 Dollar) und unterstützte die kolumbianische Regierung bei der Erarbeitung eines dreistufigen Aktionsplans, der in die Tat umgesetzt werden sollte, sobald die Finanzierung stand. Auch hier hatte sich die Firma in Stellung gebracht, um sich den lukrativeren Folgeauftrag zu sichern.[55] Dies gelang ihr auch, und so bezog ein größeres MPRI-Team im Sommer 2000 im Rahmen eines ersten Kontrakts über 6 Millionen Dollar Quartier in Kolumbien.

Das Projekt, dessen Leitung ein pensionierter Generalmajor der US-Armee übernahm, sollte nicht zuletzt auch eine Reform der kolumbianischen Streitkräfte vorantreiben. Das offiziell verkündete Ziel des Projekts bestand darin, die Umsetzung der kolumbianischen Antidrogenpolitik zu unterstützen, aber ein gewollter Nebeneffekt war sicher eine Höherqualifizierung der kolumbianischen Sicherheitsorgane für den Antiguerillakampf. Zusammen mit den Streitkräften und der Staatspolizei Kolumbiens erarbeitete MPRI Konzepte für Einsatzplanung, Operationen (einschließlich psychologischer Kriegführung), soldatische Ausbildung, Logistik, Nachrichtenbeschaffung und Personalmanagement.[56] Ähnlich wie in Bosnien erhielt die Firma ihr Geld auch hier aus einer Kasse, in die internationale Auslandshilfegelder flossen. So undurchsichtig waren sowohl die Geldflüsse als auch die genauen Parameter der Arbeit, die MPRI in Kolumbien leistete, dass es im US-Außenministerium zu einer langwierigen Debatte darüber kam, wer in diesem Fall eigentlich der Auftraggeber der Firma war.[57]

Anders als auf dem Balkan konnte MPRI seine Arbeit in Kolumbien nicht mit einer positiven Bilanz abschließen. Der Kontrakt wurde im Mai 2001 vorzeitig gelöst, nachdem aus den Reihen des kolumbianischen Militärs heftige Klagen darüber gekommen waren, dass die Firma ihr Büro in Bogotá mit Leuten besetzt hatte, die nicht Spanisch konnten, und den Streitkräften Berater zugeteilt hatte, die über wenig Erfahrung mit der Art von Kriegführung verfügten, in die die Truppen hier verwickelt waren. (Eine immer wiederkehrende Beschwerde, die darauf hindeutet, dass das, was MPRI zu bieten hat, möglicherweise besser für die Vorbereitung auf konventionelle Kriege geeignet ist.)

> Die kolumbianischen Offiziere fühlten sich von pensionierten amerikanischen Generälen bevormundet, die seit Jahren keinen Pulverdampf mehr geschnuppert hatten.[58]

Das vereinbarte Honorar wurde der Firma jedoch trotzdem bezahlt.

## Die Zukunft von MPRI: Wie börsenfähig
## kann eine Militärfirma werden?

Das Beispiel MPRI veranschaulicht, dass die Privatisierung militärischer Dienstleistungen dem Staat in vielerlei Hinsicht zum Vorteil gereichen kann. Als private Firma konnte MPRI in Konflikte eingreifen, in denen reguläre amerikanische Truppen fehl am Platz gewesen wären, und konnte so außenpolitische Anliegen der USA mit vorantreiben. Die US-Regierung freilich konnte eine direkte Beteiligung dementieren, und es gab keine parlamentarische Kontrolle oder öffentliche Debatte, die die Handlungsmöglichkeiten eingeschränkt hätte. Das Fazit lautet: MPRI hat das Potenzial, ein privates Vehikel für die Umsetzung von Politik zu geringeren Kosten und mit geringeren politischen Risiken zu sein.

Von diesen Vorteilen hat MPRI profitiert und sich in der militärischen Beratungsbranche fest etabliert. Dabei hat die Firma außerdem eine Menge Geld verdient. Als Beleg dafür, wie profitabel dieses Geschäft sein muss, kann die Tatsache dienen, dass sehr bald andere Firmen auf den Plan traten, die ein Stück von dem Kuchen abhaben wollten. Im Juli 2000 übernahm das an der Börse notierte Unternehmen L-3 Communications (unter dem Kürzel LLL an der New Yorker Börse gelistet) die auf dem Kapitalmarkt erhältlichen Anteile an MPRI. Abgesehen von der Erklärung, es handle sich um eine rein finanztechnische Übernahme, wurde nichts Näheres über die Modalitäten der Transaktion mitgeteilt.[59]

L-3, ein Ableger der Firmen Loral und Lockheed, gehört zu den führenden Anbietern militärischen Schulungsinventars, sicherer Kommunikationsdienste und -produkte, luftfahrttechnischer Produkte sowie von Mikrowellenkomponenten, Mikrowellentelemetrie, Messtechnik, Raumfahrttechnik und Funktechnik. Die wichtigsten Kunden des Unternehmens sind dieselben wie die von MPRI: das US-Verteidigungsministerium und diverse Nachrichtendienste. Daneben beliefert L-3 aber auch die Luftfahrtindustrie (so fabriziert die Firma beispielsweise die berühmten »black boxes«, die Flugdaten aufzeichnen), Telekommunikationsfirmen und Mobilfunk-Endkunden. Frank Lanza, Vorstandsvorsitzender von L-3, erklärte die Überlegungen, die zur Übernahme von MPRI führten:

> MPRI ist ein Wachstumsunternehmen mit einer guten Gewinnspanne und mit einem Vorsprung gegenüber der Konkurrenz, den

kein anderes Beratungsunternehmen einholen kann, und seine Dienstleistungen ergänzen unsere Produktpalette. Dazu kommt, dass die Firma an der Spitze zweier dynamischer Entwicklungen in der Verteidigungsbranche marschiert. Die US-Streitkräfte privatisieren viele Aufgaben, um ihre anschwellenden Budgets für Operationen und Wartung zu reduzieren und damit sich die Schere zwischen weiter zunehmenden Verpflichtungen im Bereich der nationalen Sicherheit und abnehmender Personalstärke nicht weiter öffnet. MPRI ist auch an der internationalen Front aktiv, wo ein verändertes politisches Klima zu einer Erhöhung der Nachfrage nach bestimmten Dienstleistungen geführt hat. ... Diese Programme werden wohl weiter zunehmen und zusätzliche Geschäftschancen eröffnen.[60]

Für L-3 verkörpert die Übernahme von MPRI einen großen Schritt nach vorne, einmal in Bezug auf die Entwicklung des Unternehmens, aber auch weil es auf diese Weise im Markt für militärisches Consulting Fuß gefasst hat. Öffentlich agierende Investorengruppen halfen mit, die Übernahme zu finanzieren, und seither ist MPRI Teil einer Unternehmensgruppe, deren Aktien an der Börse gehandelt werden. Für die Firma ist das so etwas wie ein Attest, das ihren Geschäften eine gewisse Legitimität bescheinigt, derer sie sich nie sicher sein konnte, solange sie ein nicht rechenschaftspflichtiges Privatunternehmen war.

Die andere Seite der Medaille ist, dass MPRI sich jetzt neuartigen Zwängen und einer stärkeren öffentlichen Kontrolle ausgesetzt sieht. Zum einen steht die Firma jetzt wohl weniger unter der Fuchtel der US-Regierung, da sie sich mehrheitlich im Besitz institutioneller Investoren (zum Teil auch ausländischer) befindet, die sich mehr um das Jahresergebnis sorgen als um die strategischen Interessen der USA. Ein besonderes Anliegen ist die Notwendigkeit, ständig weiterzuwachsen, um die gegenwärtige, hohe Bewertung der L-3-Aktie zu rechtfertigen. Andererseits bemüht sich MPRI, dass die Firma weiterhin ihre Rolle als bevorzugte Beraterfirma der US-Streitkräfte bewahrt; daraus könnten sich zusätzliche Spannungen ergeben, nicht unähnlich den widerstreitenden Motiven, die in Äquatorialguinea das Verhältnis zwischen der Firma und der Regierung belasteten.

Nun, da MPRI einen etablierten Platz in der Welt der börsennotierten Unternehmen erreicht hat, kann man damit rechnen, dass es zu Veränderungen in Bezug auf die Milieus, in denen die Firma operiert, und auf ihre Arbeitsweise kommen könnte. Anhaltender Wachstumsdruck könnte bedeuten, dass der Dienstgrad, den einer in seiner Militärzeit hatte, künftig nicht mehr so entscheidend für seine Stellung in der Firmenhierarchie sein wird. Das Bedürfnis, ein breiteres Spektrum von Kunden zu gewinnen, vor allem aus der Wirtschaft, dürfte dazu führen, dass die Firma neue Dienstleistungsbereiche erschließt. Diese setzen nicht so viel militärische Kompetenz voraus, dafür aber eine bessere Öffentlichkeitsarbeit und neue Leistungsangebote, beispielsweise im Bereich der privaten Prävention und der Bekämpfung von Kriminalität.

Die Abteilung Öffentlichkeitsarbeit bietet Schulungen und Beratungen für Kunden aller Art an, vom US-Verteidigungsministerium bis zum Olympischen Komitee. Ein Spezialservice ist die Begutachtung von Hollywood-Drehbüchern für Filme, in denen es auf die Glaubwürdigkeit militärischer Darstellungen ankommt. Die Abteilung für Kriminalitätsbekämpfung, die sich »Alexandria Group« nennt, wird von einem pensionierten Stellvertretenden FBI-Direktor geleitet; sie arbeitet mit Polizeibehörden auf nationaler, regionaler und lokaler Ebene zusammen und stellt zahlenden Kunden, seien es Behörden oder Private, ausgewählte Ermittlungsinstrumente zur Verfügung. Dieser Bereich ist unter dem Eindruck des 11. September zu einem Wachstumssektor geworden, der von der Erhöhung des Budgets für innere Sicherheit profitiert.[61] In dem Maß, wie die Aufträge in diesem Geschäftsbereich zunehmen, werden zivile Kräfte bei MPRI an Einfluss gewinnen.

Die Übernahme durch L-3 dürfte zusammen mit der Erschließung der genannten neuen Dienstleistungsbereiche MPRI weitere profitable Geschäftsfelder eröffnen. Gleichzeitig könnten derartige Veränderungen die Entwicklung der Firma in eine interessante neue Richtung lenken. Sie könnten den Anfang einer »Zivilisierung« der privaten Militärbranche markieren. Wie auch immer die Entwicklung verlaufen wird, MPRI scheint eine glänzende Zukunft zu haben.

## Kapitel 9

# Der militärnahe Dienstleister BRS

> Halte Schritt mit allem Neuen, sonst machst du dich
> selbst überflüssig, bevor du es merkst. Die leichten Dinge
> kann jeder machen. Kümmere dich um die schwierigeren
> Jobs, wenn du in Führung bleiben willst.
>
> Herman Brown, Mitbegründer
> von Brown & Root Services

**B**rown & Root Services (BRS) gehört zu den führenden Unternehmen im Bereich der militärnahen Dienstleistungen. Der Name der Firma ist zu einem Synonym für die Ad-hoc-Operationen geworden, die seit Ende des Kalten Krieges die Kapazitäten der US-Streitkräfte überstrapaziert haben. Seit 1992 hat die Firma ihre Teams praktisch überall: in Afghanistan, Albanien, Bosnien, Griechenland, Haiti, Italien, Kosovo, Kroatien, Kuwait, Mazedonien, Saudi-Arabien, Somalia, Türkei, Ungarn, Usbekistan, Zaire. Es ist keine Übertreibung zu sagen: Wo US-Truppen hingehen, geht auch Brown & Root hin. Wie Vizepräsident Dick Cheney, ein früherer Vorstandsvorsitzender des Unternehmens, in einem Interview sagte:

> Der erste Mensch, der unsere Soldaten begrüßt, wenn sie auf dem Balkan ankommen, und der letzte, der ihnen beim Abschied zuwinkt, ist einer unserer Mitarbeiter.[1]

Unter den Friedenssoldaten der US-Armee im Kosovo geht der Scherz um, sie müssten eigentlich mit einem Aufnäher auf der Uniform herumlaufen, auf dem steht: »Sponsored by Brown and Root«.[2]

Wie viele andere Firmen des Logistikgewerbes wandte sich die Firma BRS dem Markt für militärische Dienstleistungen erst zu, nachdem sie sich ein Standbein in anderen Bereichen geschaffen hatte, insbesondere im Bauwesen und in der Versorgungsinfrastruktur. BRS ist eindeutig ein ziviles Unternehmen, das in den militärischen Bereich hinein expandiert ist und nicht umgekehrt. Im Vergleich zu den bisher beleuchteten Firmen aus der Branche der Militärdienstleister oder aus dem Beratungssektor ist BRS sehr viel breiter aufgestellt, beschäftigt sehr viel mehr Mitarbeiter und macht erheblich mehr Umsatz. Die Beschäftigtenzahl von BRS dürfte bei 20.000, der Jahresumsatz des gesamten Unternehmens bei 6 Milliarden Dollar liegen.

Abgesehen davon hat BRS viele wichtige Merkmale mit EO und MPRI gemein. Alle drei erschlossen sich den Militärmarkt ungefähr um dieselbe Zeit – offenbar erspürten sie gleichzeitig, welche geschäftlichen Möglichkeiten sich infolge des Streitkräfteabbaus und der gleichzeitig zunehmenden Zahl militärischer Interventionen und anderer kurzfristig veranlasster Operationen eröffneten. Wie in der gesamten Branche üblich, bedient sich auch BRS bei der Personalrekrutierung vorwiegend aus dem Reservoir pensionierter Offiziere. In der Geschichte von Brown & Root finden sich Anklänge an jenen Fusionstrend, den wir auf dem Sektor der Militärdienstleister und der militärischen Beratungsfirmen registriert haben. Und tatsächlich ist auch BRS nur noch Teil einer großen Unternehmensgruppe, in diesem Fall des Halliburton-Konzerns, eines global operierenden Unternehmens, das sein Geld mit Großprojekten im Baubereich und mit Anlagen für die Förderung von Energieträgern verdient, einen Jahresumsatz von rund 16 Milliarden Dollar macht und in 100 Ländern über 100.000 Mitarbeiter beschäftigt. Wenn eine Firma wie BRS sich den Trend zum Outsourcen logistischer Aufgaben zunutze macht und in diesen Markt hinein expandiert, tut sie das nur, wenn sie glaubt, dass in diesem Marktsektor ein enormes Potenzial steckt.

Logistik ist der Bereich militärischer Operationen, der mit der Beschaffung, Wartung und Beförderung von Kriegsmaterial, Anlagen und Personal zu tun hat, kurz mit allem, was die kämpfende Truppe zu ihrer Unterstützung benötigt. Das Geschäft, das solche Firmen betreiben, zeugt auch von einem grundlegenden Wandel in der Arbeitsweise moderner Streitkräfte. Die unter dem Begriff »Logistik« zusammengefassten Aufgaben werden zwar oft als lediglich »unterstützend« und damit sekundär empfunden, aber tatsächlich ist ihre Erledigung entscheidend für den letztendlichen Erfolg auf dem Schlachtfeld. Die Geschichte hat gezeigt, dass »Logistik der Lebensnerv des Krieges auf operativer und strategischer Ebene ist«.[3]

In einem gewissen Sinn sind die Firmen, die dem Sektor der militärnahen Dienstleister angehören, zu privaten Wegbereitern der regulären, sprich staatlichen, Streitkräfte geworden. Ganz ähnlich wie die Militärdienstleister ermöglichen auch Firmen wie BRS die Aufstellung und den Einsatz kämpfender Truppen. So grundlegend wichtig ist ihre Mitwirkung inzwischen geworden, dass amerikanische Militärplaner sich heute gar nicht mehr vorstellen können oder wollen, dass eine groß angelegte Intervention stattfinden könnte, ohne dass BRS oder eine ihrer Konkurrenzfirmen die Logistik dafür bereitstellt.

## Organisatorische Merkmale

Die Geschichte der Firma BRS und des Unternehmens Halliburton beginnt 1919, also in einem geschichtsträchtigen Jahr, denn der Anfang 1919 unterzeichnete Versailler Vertrag gestaltete die europäische Landkarte um und legte das Fundament für eine weitere Epoche der Kriege. In dem Städtchen Wilson in Oklahoma gründete Erle P. Halliburton in seiner Einzimmerwohnung die New Method Oil Well Cementing Company. Im Nachbarstaat Texas eröffneten die Brüder George und Herman Brown mit finanzieller Unterstützung ihres Schwagers Dan Root die Brown & Root Construction and Engineering Company. Nicht lange, und die Firma erhielt ihren ersten Auftrag, nämlich einige Straßen im texanischen San Marcos mit einer Fahrbahndecke zu versehen.[4]

Im Lauf der nächsten 50 Jahre florierten und wuchsen die zwei Firmen, und beide erlangten internationale Bekanntheit. Die Firma von Erle Halliburton revolutionierte mit ihrem neuartigen, patentierten Zementmischer »Cement Jet« den Bau von Ölförderanlagen. 1957, als ihr Gründer starb, unterhielt die Firma Vertretungen in fast 20 Ländern.

Auch Brown & Root hatte den Unbilden der Weltwirtschaftskrise getrotzt. Die Überlebensstrategie der Firma hatte darin bestanden, riskante Projekte zu übernehmen, von denen viele andere Unternehmen lieber die Finger ließen, so etwa die Errichtung der ersten Offshore-Ölbohrplattformen oder den Bau des Mansfield-Staudamms bei Austin in Texas. Der Zweite Weltkrieg brachte eine Flut von Aufträgen, unter anderem für den Bau des Marinefliegerstützpunkts in Corpus Christi und mehrerer Kriegsschiffe für die US-Marine. Während des anhaltenden Wirtschaftsbooms der Nachkriegszeit und der 50er Jahre verzeichnete die Firma weiterhin hohe Wachstumsraten im Bauwesen und im technischen Anlagenbau.

Nach dem Tod seines Bruders Herman 1963 verkaufte George Brown die Firma für 36,7 Millionen Dollar an Halliburton. Die nachfolgenden

Jahrzehnte standen im Zeichen verblüffender Wachstumserfolge der jetzt miteinander verbundenen Unternehmen, aber es gab zeitweise auch dramatische finanzielle Verluste zu verbuchen. Als unter der Nordsee und im Nahen Osten einige der reichsten Erdölvorkommen der Erde entdeckt wurden, erlebte Halliburton dank seiner Leistungsfähigkeit in der Ölbohrtechnik eine Periode spektakulären Wachstums. Zugleich rangierte Brown & Root unter den größten Anlagenbauern und Baufirmen der Vereinigten Staaten. Auch in den Weltraumprogrammen der NASA spielte Brown & Root eine entscheidende Rolle, etwa indem sie die genial improvisierte Methode zur Absaugung von Kohlendioxid beisteuerte, die der Besatzung von Apollo 13 das Leben rettete. Bis 1979 wuchs Brown & Root zu einer Firma mit 80.000 Mitarbeitern heran, während Halliburton sogar 100.000 Leute beschäftigte.

Gegen Ende der 70er Jahre bereiteten jedoch eine lang anhaltende Rezession und Flaute auf dem Ölmarkt beiden Firmen schwere Probleme. Die Umsätze brachen ein, und beide Unternehmen bauten Personal ab. In dieser Phase konsolidierten sich die zwei Firmen zu einer homogeneren wirtschaftlichen Einheit und machten ihre zwei Jahrzehnte zuvor vollzogene Fusion endlich produktiv. 1986 gliederten sie im Rahmen ihrer Bemühungen um Diversifizierung und Abdeckung von Nischenmärkten einen Geschäftsbereich aus, der sich um die Betreuung staatlicher und militärischer Operationen kümmern sollte, und nannten die neue Tochterfirma Brown & Root Services.

1990 war das Mutterunternehmen wieder auf dem Damm und in aller Welt mit über 100 Tochterfirmen vertreten. Wieder, wie schon früher in der Geschichte der Firma, spielte der Krieg eine wichtige Rolle für die Dynamisierung der Umsätze. Nach dem Golfkrieg wurden Halliburton-Teams angeheuert, um 320 in Brand gesetzte Ölförderstellen unter Kontrolle zu bringen, und BRS erhielt den Auftrag, alle beschädigten öffentlichen Gebäude in Kuwait instand zu setzen.

Wenig später tat BRS den entscheidenden Schritt in den Markt für militärische Dienstleistungen. 1992 erhielt die Firma einen Auftrag von der US-Armee, der die Verbesserung der Planung für die Logistik von Ad-hoc-Operationen in Zusammenarbeit mit den Streitkräften beinhaltete. Es war das erste Mal überhaupt, dass die US-Streitkräfte eine so globale Organisationsaufgabe einer Privatfirma übertragen hatten.

Im Verlauf des anschließenden Jahrzehnts dehnte Halliburton seine Geschäftstätigkeit weiter aus und reformierte auch die eigene Unternehmensstruktur. 1995 kam der frühere US-Verteidigungsminister Dick

Cheney als Präsident und Vorstandsvorsitzender zu Halliburton. 1996 zeigte das Unternehmen trotz eines schwachen Ölmarkts seine beste finanzielle Performance seit über einem Jahrzehnt. Zumindest teilweise verdankte BRS diesen Erfolg seinen lukrativen militärischen Kontrakten, die der Firma zusätzlichen Umsatz in Höhe von fast einer Milliarde Dollar bescherten.

Ende 2001 wies Halliburton eine Marktkapitalisierung von fast 21 Milliarden Dollar auf, wobei fast 80 Prozent der Anteile im Besitz institutioneller Anleger waren.[5] Die für Bauten und technischen Anlagenbau zuständige Sparte (die unter dem Namen Kellogg, Brown & Root oder KBR läuft), die die militärnahen Dienstleistungen der BRS-Gruppe abwickelt, trug zum Gesamtumsatz rund 40 Prozent bei. Zusätzlich zu Staatsaufträgen erledigt diese Geschäftssparte ein breites Spektrum von Aufgaben in diversen Märkten, unter anderem im Raffineriebereich, in der Chemie und im produzierenden Gewerbe. Die traditionelle Managementstruktur von BRS steht im Gegensatz zu den eher militärisch anmutenden hierarchischen Strukturen in anderen Sektoren der privaten Militärbranche.

Aus dem BRS-Geschäftsbericht geht nicht hervor, welcher Prozentsatz des Jahresumsatzes aus militärnahen Dienstleistungen resultiert; doch wenn man die Beträge herausrechnet, die nach firmeneigenen Angaben auf Kunden aus der Erdöl- und Erdgaswirtschaft entfallen, kann man davon ausgehen, dass die Firma jährlich rund 1,7 Milliarden Dollar, also etwa ein Drittel ihres Gesamtumsatzes von 5 Milliarden Dollar, im Militärgeschäft umsetzt. Von Bedeutung ist, dass in diesem Bereich ein Wachstum zu verzeichnen war, während zugleich die Umsätze im Geschäft mit Ölbohrausrüstungen zurückgingen, worunter die Wettbewerber von BRS zu leiden hatten. In den drei Jahren nach Anlaufen der großen Unterstützungseinsätze für das US-Militär auf dem Balkan erzielten die Aktien von Brown & Root jeweils eine um 20 Prozent bessere Wertsteigerung als der Durchschnitt der Erdöl-Service-Branche.[6] Die Firma erklärte selbst, die Zunahme der Aufträge im militärnahen Bereich habe den Rückgang der Erträge im angestammten Geschäft teilweise wettgemacht. Am Ende des Jahrzehnts hatte sich Halliburton dank der positiven Entwicklung im Militärlogistikgeschäft zum fünftgrößten Rüstungslieferanten der USA gemausert.[7]

Die Vielfalt der Bereiche, in denen BRS tätig ist, mutet erstaunlich an. Die Firma bietet nicht nur Dienstleistungen im militärnahen Bereich, sondern sie hat auch schon an 150 US-Botschaften in aller Welt

Sicherheitsüberprüfungen und -einstufungen für das Botschaftsperso-
nal durchgeführt (nach der Bombardierung der Botschaften in Kenia
und Tansania), in Melbourne eine Formel-1-Rennstrecke gebaut, die
als die beste der Welt bezeichnet wurde, oder das Projektmanagement
für einige der Sportanlagen der Olympiade 2000 in Sydney gemacht,
unter anderem für das Olympische Dorf und für das Stadium Australia.

Innerhalb von 80 Jahren entwickelte sich BRS von einem kleinen
Straßenbaubetrieb zu einem der weltweit größten Dienstleister für Bau,
Unterhalt und Verwaltung von Großanlagen, Infrastrukturen, Gemein-
schaftsanlagen und technischen Bauten. Die Firma hat eine Marktnische erobert, indem sie ihren Kunden aus dem staatlichen und privaten Sektor die Aussicht auf besseren, schnelleren und kostengünstige-
ren Service im versorgungstechnischen Bereich eröffnete, so dass diese
sich darum nicht mehr zu kümmern brauchten, sondern sich auf die
Tätigkeiten konzentrieren konnten, die ihre Stärke ausmachten.

## Geschäft und Politik:
## Kandidaten aus dem Hause BRS

Ein konstanter Faktor, der den geschäftlichen Aufstieg von Brown &
Root begleitete, war die innige Verflechtung der Firma mit der politischen Welt. Diese spielte eine große Rolle bei einem der ersten Groß-
aufträge, die die Firma erhielt, einem Projekt, das nicht nur den Fortbestand von BRS sicherte, sondern auch die politische Karriere des
späteren US-Präsidenten Lyndon B. Johnson in die Wege leitete. 1937,
auf dem Höhepunkt der Weltwirtschaftskrise, begann die Firma mit
der Arbeit am Mansfield-Staudamm. Ein großes Problem dabei war,
dass der Kongress die Finanzierung des Zehn-Millionen-Dollar-Pro-
jekts noch nicht verabschiedet hatte und das Gelände, auf dem der
Damm errichtet werden sollte, dem Staat noch gar nicht gehörte. Trotzdem begann die Firma mit den Bauarbeiten, darauf setzend, dass der
neue Kongressabgeordnete für Texas in Washington die nötigen Entscheidungen für das Dammprojekt herbeiführen würde. Johnson ließ
sich dafür gut bezahlen (überwiegend in bar, wie er später eingestand)
und schaffte es tatsächlich, die Genehmigung und Finanzierung des
Projekts durchzusetzen. Der hohe und riskante Einsatz auf das Mans-
field-Projekt zahlte sich aus und sicherte der Firma die Zukunft. Dem
jungen Kongressabgeordneten Johnson eröffnete dieser Erfolg den Zugang zu Wirtschaftskreisen, deren Unterstützung sich als wichtig für

seine politische Zukunft erweisen sollte. So hätte er ohne die Zuwendungen von Brown & Root kaum mit Aussicht auf Erfolg für den Senat kandidieren können.[8] Wie sein Biograph Ronnie Dugger schreibt:

> Brown & Root wurde reich, Johnson erlangte Macht und Reichtümer.[9]

Die Verflechtungen zwischen Brown & Root und der Politik gerieten erneut ins Blickfeld der Öffentlichkeit, nachdem der frühere US-Verteidigungsminister Dick Cheney 1995 zum Vorstandsvorsitzenden von Halliburton berufen wurde. Cheney tat nach außen hin alles, um auf die zunehmende Zusammenarbeit der Halliburton-Tochter BRS mit den US-Streitkräften keinen Einfluss zu nehmen, damit erst gar nicht der Anschein entstand, er verschaffe der Firma durch seine Verwurzelung in der Politik Wettbewerbsvorteile. Mehrmals schlug Cheney Einladungen der US-Armee aus, die Operationsgebiete von BRS auf dem Balkan zu besuchen.[10] Man darf trotzdem davon ausgehen, dass die Firma von der Vergangenheit Cheneys profitiert hat. Zumindest dürfte der Name Cheney bewirkt haben, dass Entscheidungsträger in der US-Regierung der Firma bereitwilliger ihr Vertrauen schenkten. In den fünf Jahren, bevor Cheney in das Unternehmen eintrat, erhielt es staatliche Kreditbürgschaften in Höhe von 100 Millionen Dollar. In der Zeit, in der Cheney die Firma leitete, stieg die Summe auf 1,5 Milliarden Dollar. Um Bob Peebler, den Vizepräsidenten von Halliburton, zu zitieren:

> Dass Dick Halliburton gewisse Vorteile einbrachte, ist unbestreitbar. Der Respekt vor Dick Cheney ist groß, sowohl in den USA als auch in aller Welt. Es zeigte sich, dass schon manche Tür aufging.[11]

Im Sommer 2000 zog Cheney sich aus dem Unternehmen zurück, nachdem George W. Bush ihn in sein Schattenkabinett berufen hatte. Dabei machte der Umstand Schlagzeilen, dass der Vorstand des Unternehmens ihm ein großzügiges Pensionspaket im Wert von mehr als 33,7 Millionen Dollar auf den Weg gab.[12] Im Wahlkampf warf er der Regierung Clinton vor, sie habe zu viele amerikanische Truppen auf den Balkan entsandt. Das war insofern etwas frivol, als gerade dieses hohe Aufkommen an US-Truppen im Zusammenwirken mit der zunehmenden Beauftragung von Privatfirmen wie Halliburton durch das Pentagon dem Unternehmen zu der hohen Profitabilität verholfen hatte, deren Früchte Cheney nun verdientermaßen erntete.

*Ad-hoc-Kontrakte: Kosten unbekannt,*
*Gewinne sicher*

Ein besonders interessanter Aspekt der militärnahen Unterstützungseinsätze von BRS ist die Vertragsgestaltung, die man sich hat einfallen
lassen, um die Einsätze möglich zu machen. Für Verträge dieses Typs
hat sich die Attribuierung »auf Basis von Kostenerstattung und unbe-
stimmter Erfüllung/unbestimmter Menge« eingebürgert.[13] Ein Vertrag
dieses Typs garantiert der beauftragten Firma die Erstattung aller Kosten, die ihr für die Durchführung der Operation entstehen. Zusätzlich
zu diesem Kostenersatz wird eine Prämie vereinbart, die aus Sicht der
Firma ihr Gewinn ist. Garantiert wird hier normalerweise ein Prozent,
möglich sind aber auch bis zu neun Prozent, je nach Bewertung der ge-
leisteten Arbeit. Dieser Vertragstypus kommt zur Anwendung, wenn
zum Zeitpunkt des Vertragsabschlusses nicht bekannt ist, wie umfang-
reich und zeitaufwendig die betreffende militärische Operation sein
oder wo genau sie stattfinden wird. Der Auftraggeber kann in diesem
Fall den Umfang der von der Firma zu erbringenden Dienstleistung
nicht im Vorhinein angeben. Um zu verhindern, dass die beauftragte
Firma einen Rückzieher macht, kann der Auftraggeber eine bestimmte
Mindestsumme, die er zahlen wird, garantieren.[14]

Der Grund dafür, weshalb bei der Beauftragung privater Militärdienstleister häufig diese Vertragsform gewählt wird, liegt auf der
Hand: Sie bietet die erforderliche Flexibilität im Falle von Einsätzen,
bei denen mit sich ständig verändernden Anforderungen gerechnet
werden muss. Das Pentagon lag zum Beispiel mit seiner ursprünglichen
Einschätzung der Truppenstärke, für welche BRS in Bosnien Logistik
und Infrastruktur bereitstellen sollte, um über 5000 Mann daneben.
Dazu kommt, dass Verträge typischerweise so gestaltet werden, dass
man ihre Geltung auf andere Einsätze in derselben Region ausweiten
kann, die sich später als notwendig erweisen mögen. Dass dies eine
nützliche Eigenschaft von Verträgen ist, zeigte sich 1999, als BRC
kurzfristig gebeten wurde, ihre Tätigkeit über Bosnien hinaus in den
benachbarten Kosovo auszuweiten, wo zusätzlich neue militärische
Operationen durchgeführt wurden.

Der Nachteil eines Kostenersatzvertrages liegt darin, dass er als Auftragnehmer eine solvente Firma mit globaler Präsenz voraussetzt. Das
Unternehmen muss in der Lage sein, auf unvorhergesehene oder plötz-
liche neue Anforderungen unverzüglich zu reagieren und die im Vertrag

definierten Aufgaben möglichst aus eigenen Kräften zu bewältigen. Ferner muss es in der Lage sein, unabhängig von den Streitkräften, denen es zuarbeitet, Kommunikations- und Nachschublinien einzurichten, denn normalerweise sind die Transportkapazitäten der Streitkräfte mit der Verlegung und Versorgung ihrer Truppen voll ausgelastet. Schließlich muss die Firma in der Lage sein, ihren möglicherweise massiven Personal- und Materialeinsatz für bis zu 60 Tage vorzufinanzieren, denn so lange kann es dauern, bis erste Zahlungen des Auftraggebers eingehen. Im Hinblick auf jeden dieser Aspekte erwies und erweist sich die Eingebundenheit von BRS in eine größere Unternehmensgruppe als überaus wichtig. Als es zum Beispiel um die Unterstützung der amerikanischen Truppen in Afghanistan ging, waren die bereits bestehenden Geschäftsverbindungen des Halliburton-Konzerns in Zentralasien hilfreich, da BRS sie nutzen konnte, um schwierige logistische Probleme und knifflige Verhandlungen mit einheimischen Funktionsträgern schnell zu einem guten Ende zu führen.[15]

## Die Kehrseite der Medaille

Brown & Root Services hat die abgeschlossenen Verträge dieses Typs in den meisten Fällen mit gutem Erfolg erfüllt. Die Sprecherin der US-amerikanischen Pioniereinheit, die den BRS-Einsatz auf dem Balkan begutachtete, erklärte:

> Ihre Leistungen wurden im Allgemeinen als sehr gut bis hervorragend bewertet.[16]

Auch befragte US-Soldaten haben sich über die Leistungen der Firma vor Ort im Großen und Ganzen positiv geäußert.[17]

Andererseits ist in den letzten Jahren nicht alles, was die Firma in Angriff nahm, glatt gegangen. So kam es während der Balkaneinsätze (wie in Kapitel 11 noch erörtert wird) zu Problemen mit ausufernden Kosten, so dass sich das General Accounting Office, das Rechnungsprüfungsorgan des Kongresses, zu einer Revision veranlasst sah. Im Abschlussbericht wurde der Firma vorgeworfen, ihr Personal aufgebläht und der US-Armee überhöhte Kosten in Rechnung gestellt zu haben. Zur Vergrößerung des Schadens trug offenbar bei, dass die Aufgaben und die Einsatzgebiete der Armee so schnell erweitert wurden, dass in der ersten Zeit eine Kontrolle des Geschäftsgebarens von BRS unterblieb.[18] Von ehemaligen Mitarbeitern ist die Firma darüber hinaus bei der Gleichstellungsbehörde der USA angezeigt worden, weil sie angeblich nichts gegen Diskriminierungen und sexuelle Belästigungen unternahm.

Ein konkreter Vorwurf lautete, das Unternehmen habe ausländische Mitarbeiter schlecht behandelt. So wurde behauptet, am Sitz der BRS-Teams, das die Balkaneinsätze leitete, habe es nach Nationalitäten getrennte Toiletten gegeben und Wachleute hätten nichtamerikanische Mitarbeiter am Betreten der »nur für US-Bürger« bestimmten Toiletten gehindert.[19] Ein Fall von angeblicher Benachteiligung eines ausländischen Mitarbeiters fand eine dramatische Zuspitzung, als der Betreffende genau einen Monat vor Erreichen der Beschäftigungsdauer, die ihm zu einer Pensionsberechtigung verholfen hätte, entlassen wurde und er daraufhin einen Computervirus in die Firma einschleuste, wodurch Schäden von knapp 200.000 Dollar entstanden.[20] Ein anderer »Nestbeschmutzer« sagte aus, die Firma habe die Kosten von mindestens 224 Einzelprojekten betrügerisch nach oben korrigiert. Dieser Vorwurf veranlasste das US-Justizministerium, ein Ermittlungsverfahren einzuleiten.[21]

Halliburton ist unter anderem auch eine wichtige Säule der amerikanischen Asbestindustrie und ist wegen früherer Fahrlässigkeiten in diesem Bereich von über 237.000 Personen verklagt worden.[22] Unter dem Eindruck der Finanzskandale um die Unternehmen Enron und Worldcom geriet auch Halliburton wegen des Verdachts, in der Ära des Vorstandsvorsitzenden Cheney Bilanzfälschungen begangen zu haben, ins Visier der amerikanischen Börsenaufsichtsbehörde SEC.[23]

Angesichts der engen politischen Verbindungen, die Halliburton pflegt, registriert man mit Überraschung, dass gegen den Konzern und seine Tochter Brown & Root Vorwürfe wegen angeblicher Sabotierung außenpolitischer Ziele der USA erhoben worden sind. Einige Tochterfirmen des Konzerns haben ihren Sitz außerhalb der Vereinigten Staaten und operieren in Ländern, die nicht zu allen Zeiten Verbündete der USA gewesen sind, zum Beispiel in Angola, Libyen und Algerien; in manchen Fällen agierten diese Firmen unter Verstoß gegen von der US-Regierung verhängte Sanktionen. So musste BRS 1995 3,8 Millionen Dollar Strafe bezahlen, weil sie über eine ausländische Tochtergesellschaft amerikanische Produkte an das »Schurkenregime« des Obersts Gaddhafi in Libyen geliefert hatte.[24] In Angola war die Firma offenbar an der Finanzierung des von der Regierung geführten Krieges beteiligt und vielleicht sogar an illegalen Waffengeschäften.[25]

Aus diesen Episoden lässt sich unschwer die Schlussfolgerung ableiten: Auch wenn die Firma es sich sicher nicht zum Ziel gesetzt hat,
den Intentionen der amerikanischen Außenpolitik entgegenzuarbeiten,
so hat die Aussicht auf lukrative Geschäfte gelegentlich zu unternehmerischen Entscheidungen geführt, die im politischen Sinn nicht unbedingt astrein waren.

### Größere Operationen

Nutznießerin des Outsourcens militärischer Dienstleistungen wurde
Brown & Root erstmals 1992, als das US-Verteidigungsministerium der
Firma den 3,9 Millionen Dollar schweren Auftrag erteilte, einen Ge-
heimbericht darüber zu erstellen, ob und wie Privatfirmen (wie BRS
selbst) amerikanische Truppen, die in potenzielle Konfliktzonen in aller
Welt entsandt wurden, logistisch unterstützen könnten. Die Firma sollte
dem ursprünglichen Auftragstext zufolge einen »weltweiten Manage-
mentplan« für die privatwirtschaftlich bereitgestellte logistische Unterstützung militärischer Operationen erarbeiten. 37 Firmen bewarben
sich um den Auftrag, doch BRS bekam den Zuschlag.[26] Die Vergangenheit von Brown & Root und die einzigartige Kompetenz, über die
diese Firma verfügte, ließen sie als besonders qualifiziert für ein Projekt dieser Bedeutung erscheinen. Insbesondere ihre Erfahrung in der
logistischen Bewältigung von Ölfelderschließungen weitab der Vereinigten Staaten halfen ihr, den Auftrag zu ergattern.

Der ursprünglichen Ausschreibung zufolge sollte BRS darstellen,
wie eine Privatfirma eine Eingreiftruppe, die in eine Region entsandt
würde, in der es weder bereits bestehende US-Stützpunkte noch eine
vom Gastgeberland zur Verfügung gestellte Infrastruktur gab, aus dem
Stand heraus mit allem Notwendigen versorgen könnte. Vorausgesetzt
wurde, dass insgesamt 20.000 Soldaten in fünf zentralen Stützpunkten
über eine Spanne von 180 Tagen hinweg versorgt werden mussten, mit
der zusätzlichen Option einer Aufstockung der Streitmacht auf bis zu
70.000 Mann.

Einige Monate später erhielt BRS vom Pentagon weitere 5 Millionen
Dollar, um den Bericht auf spezifischere Vorgaben hin umzuarbeiten.[27]
Um dieselbe Zeit sicherte sich die Firma einen Auftrag des Pionier-
korps der US-Armee mit fünfjähriger Laufzeit, in dessen Rahmen sie
die von ihr selbst vorgelegten Empfehlungen in die Tat umsetzen sollte.

Die Firmenleitung war überrascht, dass dieser Auftrag so postwendend, nämlich noch im Dezember 1992, einging. Es handelte sich um die logistische Unterstützung der bevorstehenden Operation »Restore Hope«, mit der die humanitäre Krise, die sich in Somalia zusammenbraute, beendet werden sollte. Die ersten BRS-Mitarbeiter trafen nur 24 Stunden nach den ersten amerikanischen Truppenteilen in Mogadischu ein, und sie blieben bis zum bitteren Ende im März 1995, als die letzten BRS-Angestellten zusammen mit den letzten US-Marines das Land verließen.[28]

Während der Dauer der Operation in Somalia unterstützte die Firma die vor Ort stationierten US-Truppen mit einer Reihe von Dienstleistungen, vom Flotthalten der Nachschubwege für Soldaten und Material bis zur Verköstigung der Truppen. Die Firma engagierte einheimische Frauen, die den US-Truppen die Kleider von Hand wuschen, weil das billiger war, als Waschmaschinen einzufliegen, und holte einen Leichenbestatter ins Land, der die Leichen getöteter US-Friedenswächter herausputzte, bevor sie in ihre Heimat geflogen wurden.[29] Zeitweise war BRS mit einer einheimischen Belegschaft von 2500 Leuten der größte Arbeitgeber in Somalia.

Während der Einsatz in Somalia noch andauerte, wickelte die Firma mit kleineren Mitarbeiterkontingenten unterstützende Arbeiten für amerikanische Truppen ab, die in Ruanda an der Operation »Support Hope« teilnahmen, die zugunsten ruandischer Flüchtlinge durchgeführt wurde, ebenso auf Haiti (hier im Rahmen der Operation »Uphold Democracy«, die den Übergang zu einer zivilen haitianischen Regierung begleitete) und in Kuwait (wo im Rahmen der Operation »Vigilant Warrior« ein Gegengewicht als Reaktion auf den irakischen Truppenaufbau entlang der kuwaitischen Grenze geschaffen wurde). Bei diesen Einsätzen spielte BRS eine zunehmend wichtigere Rolle als Logistikdienstleister, wobei Umfang und Ausmaß der Aufgaben jeweils mit zunehmender Operationsdauer anwuchsen. Denn die US-Truppen wurden sukzessive abgezogen, und immer mehr ihrer operativen Aufgaben gingen in die Hände der Firma über.

## Goldgrube Balkan

Einen kräftigen Schub erhielten die Geschäfte von BRS, ähnlich wie die von MPRI, durch die Krisenentwicklung im ehemaligen Jugoslawien. Ihren ersten Fuß in die Region setzte die Firma Anfang 1995, als sie dort ein Team stationierte, das die Operation »Deny Flight« unterstützte, in deren Rahmen die US-Luftwaffe die über Bosnien eingerichtete Flugverbotszone überwachte. BRS wurde beauftragt, die vom Luftstützpunkt Aviano in Italien aus operierenden US-Truppen zu unterstützen, ein Auftrag, der sich auf insgesamt 6,3 Millionen Dollar belief.[30]

Ihren bis dahin höchstdotierten Kontrakt erhielt BRS später im gleichen Jahr, als im Rahmen der von der NATO organisierten IFOR-Friedensmission über 20.000 US-Soldaten in der Region stationiert wurden. Die US-Armee bezahlte BRS 546 Millionen Dollar für die logistische Absicherung der Mission. Ursprünglich sah der Kontrakt nur die Unterstützung des US-Kontingents vor, doch als sich bei Kontingenten verbündeter Staaten, die Aufgaben innerhalb des von den USA betreuten Sektors zugewiesen bekamen, Unzulänglichkeiten zeigten, kam BRS des Öfteren in die Lage, auch für IFOR-Truppen anderer Länder tätig zu werden. Die Stationierungszonen, in denen BRS operierte, lagen neben Bosnien auch in Kroatien und Ungarn, weil dort US-Truppen stationiert waren.[31] Ursprünglich lief der Balkanvertrag als Ergänzung im Rahmen des bereits bestehenden LOGCAP-Programms, doch diesen Großkontrakt erhielt BRS nicht verlängert (er ging 1997 an den Mitbewerber DynCorp). Im Interesse einer bruchlosen Fortführung der Balkanoperationen wurden diese daraufhin aus dem LOGCAP-Rahmen herausgelöst, und BRS erhielt einen neu abgefassten spezifischen Vertrag über 405 Millionen Dollar, unter dem die Firma ihre Logistikdienste in Bosnien fortführte. 1999 sicherte sich BRS die Verlängerung dieses Auftrags (für eine Laufzeit von diesmal fünf Jahren) gegen einen Wettbewerber. Nach damaligen Schätzungen bedeutete dieser Auftrag für die Firma einen Umsatz von 180 Millionen Dollar pro Jahr.[32]

Ein weiteres Mal kam der Firma BRS der Wind des Krieges zu Hilfe und blähte ihre Segel: Wenige Monate nach Erneuerung ihres Auftrags brach der Krieg im Kosovo aus und sorgte für zusätzlichen Bedarf an den Dienstleistungen der Firma. Mit Einsetzen der Luftoperationen der NATO gingen BRS-Teams unmittelbar entlang den Außengrenzen des Kosovo in Stellung, leisteten logistische Unterstützung für die in Albanien und Mazedonien stationierten US-Einheiten und errichteten und betrieben Lager für die Hunderttausende Kosovo-Albaner, die aus ihrer Heimat vertrieben worden waren.

Traditionelle humanitäre Organisationen wie das Rote Kreuz waren nicht im Geringsten auf den Massenexodus aus dem Kosovo vorbereitet und folglich auch nicht auf die humanitäre Katastrophe, die drohte, falls es nicht gelang, diese Flüchtlinge zu ernähren und unterzubringen. Da sie selbst nicht über die Fähigkeit verfügten, die entsprechende Infrastruktur unverzüglich vor Ort zu bringen, aufzubauen und zu betreiben, wandten sie sich mit der Bitte an die NATO, ihnen beim Bau und bei der Verwaltung der ausgedehnten Lager zu helfen, die für die Unterbringung dieser großen Masse von Flüchtlingen erforderlich sein würden. Die Streitkräfte vergaben den Auftrag wiederum an BRS. Interessanterweise nahmen NATO-Sprecher gerne das Verdienst an der Flüchtlingshilfeoperation und die damit verbundene positive Publicity für sich in Anspruch, dabei war es in Wirklichkeit die Firma BRS, die diese humanitären Maßnahmen maßgeblich in die Tat umsetzte.

Als der Krieg im Juni 1999 zu Ende war, verlegten die USA einen Teil ihrer bosnischen Kontingente ins Kosovo, als Teil der KFOR-Friedenstruppe. Das US-Kontingent stellte rund ein Fünftel dieser multinationalen Truppe und machte sich zunehmend stärker von den technischen und logistischen Dienstleistungen von BRS abhängig. Die Auftragssumme erreichte ein Vielfaches der ursprünglich nur für die Einsätze in Bosnien veranschlagten 180 Millionen Dollar. Die tatsächlichen Kosten für das Jahr 1999 bewegten sich knapp unterhalb einer Milliarde Dollar, das war fast so viel wie die ursprünglich für die gesamte Laufzeit von fünf Jahren vereinbarte Vergütung. Ein großer Teil des Geldes floss in die sehr aufwendigen Unterstützungsoperationen im Kosovo und in seinen Nachbarländern, ein kleinerer Teil in die Stationierung von US Truppen anderswo in der Region.[33]

Die Aktivitäten, die BRS im Kosovo entfaltete, waren nach Ausmaß und Größenordnung verblüffend. Die Firma errichtete und bewirtschaftete zwei große Militärstützpunkte, beide ungefähr von der Größe einer kleineren Stadt. Diese Stützpunkte wurden von Grund auf neu erbaut, und das innerhalb weniger Monate auf der grünen Wiese. Der größere der beiden, das Camp Bondsteel, beherbergt 5000 Soldaten und erforderte die Errichtung einer Infrastruktur aus Straßen, Abwassersystemen und Stromversorgung, den Bau von Wohnungen und militärischen Anlagen, Hubschrauberlandeplätzen und eines Haft- und Verhörzentrums; dazu kamen alle möglichen Maßnahmen und Einrichtungen zum Schutz des Stützpunktes, von Wachtürmen bis zu vorgelagerten Kontrollpunkten.

**Von BRS im Kosovo übernommene Aufgaben
im Bereich der militärischen Logistik**

- Ingenieursarbeiten
- Baumaßnahmen
- Betrieb und Instandhaltung von Stützpunkten
- Gebäudewartung
- Transportdienstleistungen
- Straßenpflege und Fahrzeugwartung
- Wartung militärischer Ausrüstung
- Speditions- und Bahnfrachtdienste
- Wasseraufbereitung und -verteilung
- Verpflegung
- Betrieb von Wäschereien
- Stromerzeugung
- Kraftstoffversorgung
- Umgang mit Gefahrgut und Umweltschutzmaßnahmen
- Bereitstellungs- und Verlagerungsoperationen
- Brandbekämpfung
- Postdienste

In den ersten drei Monaten ihrer Anwesenheit im Kosovo baute die Firma BRS 192 Kasernen für über 7000 Soldaten, 13 Hubschrauberlandeplätze, 2 Anlagen zur Flugzeugwartung und 37 provisorische Sanitäranlagen. Parallel zu dieser intensiven Bautätigkeit versorgte die Firma die im Land stationierten US-Truppen mit dem gesamten Spektrum notwendiger Logistikdienstleistungen: Lieferung von 1.134.182 hochwertigen Mahlzeiten, 200 Millionen Liter Wasser und 1,4 Millionen Liter Dieseltreibstoff. 671 Latrinen wurden insgesamt 31.037 Mal gewartet, 89.228 Kubikmeter Müll wurden entsorgt und 4229 Container be- und entladen.[34]

Diese Zahlen sind lediglich ein Ausschnitt der von BRS für das US-Militär erbrachten Dienstleistungen, deren gesamter Umfang ganz andere Dimensionen hat. Im Grunde war die Firma eine kombinierte Nachschub- und Pioniereinheit der US-Armee, eingegliedert in einen Konzerngeschäftsbereich. BRS versorgte die US-Truppen auf dem Balkan mit ihrem gesamten Lebensmittelbedarf, mit allem Wartungspersonal und sämtlichen Wartungseinrichtungen für taktische und nicht-taktische Fahrzeuge, mit allen Spezialisten und Einrichtungen für den Umgang mit gefährlichen Materialien, mit 90 Prozent ihres Wasserbedarfs, 80 Prozent ihrer Brenn- und Treibstoffe und 75 Prozent der

Logistik für die Errichtung von Gebäuden und für den Transport schwerer Ausrüstung.[35]

Auch wenn BRS nicht unmittelbar auf dem Schlachtfeld in Erscheinung trat, wie Militärdienstleister es in der Regel tun, oder die Truppenführer beriet, wie es eine militärische Beratungsfirma typischerweise tut, ist es nicht übertrieben zu sagen, die Dienstleistungen von BRS seien für die Mission der US-Armee im Kosovo von entscheidender Bedeutung gewesen. Der gesamte Lebenszyklus der Operation, von der Bereitstellung von Mahlzeiten und Betten bis zum reibungslosen Umgang mit Waffensystemen und Fahrzeugen, wurde von privater Seite bereitgestellt und gewährleistet.

Dass es BRS gelang, schnell und professionell Logistik und Ingenieurleistungen bereitzustellen, schuf offensichtlich gute Voraussetzungen für spätere militärische Interventionen. Ein nicht weniger entscheidender Aspekt der Privatisierung dieser Unterstützungsaufgaben ist, dass sie neben den potenziellen finanziellen Vorteilen noch weitere Vorzüge bietet. Durch die Beauftragung der Firma reduzierte sich der Bedarf an regulären US-Truppen um schätzungsweise 8900 Mann, wodurch das Eingreifen auf dem Balkan politisch leichter durchsetzbar war.[36] Aufgrund der von der Firma übernommenen Aufgaben wurden Militärangehörige, die schon vor Ort waren, frei für die zentralen Aufgaben der eigentlichen Mission.

## Die Zukunft von BRS:
## Planung für alle Eventualitäten

Trotz ihrer Erfolge auf dem Balkan büßte die Firma 1997 ihre bisherige Monopolstellung im Bereich militärischer Ad-hoc-Einsätze ein. BRS hatte diesen Sektor bis dahin praktisch unangefochten beherrscht, doch dann konnte sich das Konkurrenzunternehmen DynCorp aus Reston, Virginia, überraschenderweise den Zuschlag für die nächsten fünf Jahre des LOGCAP-Auftrags für die globale logistische Unterstützung der US-Armee sichern. Wie dieser Überraschungscoup zustande kam, ist unbekannt. Manche sagen, BRS habe zu hoch gepokert, so dass DynCorp ein günstigeres Angebot machen konnte, nicht zuletzt dank extensiver Einbindung von Subunternehmern.[37]

Der Kontrakt für die Unterstützung der US-Kontingente auf dem Balkan wurde anschließend jedoch aus dem LOGCAP-Rahmen herausgelöst, so dass das lukrativste Segment des Programms bei BRS verblieb. Die Begründung dafür lautete, Die Firma BRS sei mit Land und Leuten bereits vertraut und habe bewiesen, dass sie die sich dort stellenden Aufgaben bewältigen könne. Ein Wechsel des Auftragnehmers mitten in der Mission hätte nicht nur die Kontinuität der Arbeit gestört, sondern zusätzliche Kosten produziert, etwa für die Personalverdoppelung in der Übergabephase.[38] Der Auftragswert der zunächst bis Mai 2004 befristeten Balkanmission wurde auf rund 1,2 Milliarden Dollar geschätzt.

2001 holte sich BRS den LOGCAP-Kontrakt wieder zurück, was Umsätze und Gewinne wieder reichlicher sprudeln ließ. Im Gefolge der Terroranschläge vom 11. September erwies sich dieser Kontrakt erneut als Goldader. Die Firma war mit von der Partie, als es um die Logistik und Einrichtung von Stützpunkten für die in der Operation »Enduring Freedom« in Zentralasien eingesetzten US-Truppen ging. Die Firma war auch am Bau des Internierungslagers an der Guantánamo Bay auf Kuba beteiligt.[39] Der Auftragswert dieser Missionen betrug einige hundert Millionen Dollar. Wie es in *Newsday* hieß:

> Die Firma und ihr Mutterunternehmen Halliburton scheffeln das große Geld … in Afghanistan, Usbekistan, Guantánamo und praktisch überall dort, wo der Krieg gegen den Terrorismus geführt wird.[40]

Doch obwohl die Firma mit ihren Dienstleistungen im Rahmen dieser Ad-hoc-Operationen sehr viel Geld verdiente, erscheint die Zukunft dieses Geschäftszweiges durchaus unsicher. Zwei widerstreitende Entwicklungen werden über das weitere Wachstumspotenzial von BRS entscheiden. Auf der einen Seite die Tatsache, dass man die US-Streitkräfte mit guten Gründen als überstrapaziert und unterfinanziert bezeichnen kann.[41] Man kann daher davon ausgehen, dass immer dann, wenn die USA irgendwo Truppen einsetzen, vorausgegangene Kürzungen im Logistik- und Pionierbereich geradezu gebieterisch den Einsatz militärischer Dienstleister wie Brown & Root erfordern werden.

Auf der anderen Seite sorgen just diese Faktoren dafür, dass in der Branche eine große Abhängigkeit von wechselnden politischen Winden besteht. Ein Sprecher der US-Armee sagte über BRS: »Die Regierung [Clinton] ebnete ihnen den Weg für den Aufbau des Geschäfts. Vor fünf Jahren gab es noch kein Bosnien und keinen Kosovo.«[42] Die Regierung Bush/Cheney machte hingegen gleich nach ihrer Amtsübernahme deutlich, dass in ihren Augen ein Zuviel an weltweiter militärischer

Präsenz der USA bestehe und dass die US-Kontingente auf dem Balkan verschlankt werden müssten. Das könnte zu einem Rückgang der Umsätze führen, die die Firma mit ihren Kontrakten in dieser Region macht. Überhaupt ist es wenig wahrscheinlich, dass BRS einen solchen Schub wie in den frühen 90er Jahren noch einmal erleben wird, zumal neue Mitbewerber in der globalen Arena erschienen sind, etwa DynCorp oder die kanadische Firma AT Frontec.

## Gewinnsteigerung durch Diversifizierung

Bei Brown & Root scheint man sich klar darüber zu sein, welche Risiken das Geschäft mit Ad-hoc-Kontrakten in sich birgt. Auf die Fluktuationen des Marktes hat die Firma mit einem Grundrezept aus dem Lehrbuch der Ökonomie reagiert: Diversifizierung.

In den zurückliegenden Jahren hat das Unternehmen begonnen, seine Marktpräsenz sowohl seitwärts als auch vertikal auszudehnen. War früher die US-Armee sein einziger Kunde im Bereich der Militärlogistik, so schickt es sich nun an, das Spektrum der Dienstleistungen auszuweiten, die es der US-Regierung anbieten kann. Schon im Juni 2000 sicherte sich BRS einen weltweiten Kontrakt für die US-Marine, der für einen Umsatz von mindestens 300 Millionen Dollar gut ist. In der Folge entdeckte die Firma auch Behörden und Institutionen außerhalb des militärischen Bereichs als potenzielle Kunden. So sicherte sie sich beispielsweise einen Auftrag über 100 Millionen Dollar zur Erhöhung der Sicherheit an US-Botschaften oder einen Auftrag über 40 Millionen Dollar zur Betreuung von Laboratorien der National Institutes of Health.[43] Nach Einschätzung der Firma selbst wird der Markt für militärnahe Dienstleistungen weiterhin beschleunigt wachsen; die Ausgaben der US-Regierung für Outsourcing in diesem Sektor werden im Verlauf des kommenden Jahrzehnts auf zig Milliarden Dollar ansteigen.[44]

Gleichzeitig sieht die Firma BRS die Chance zur Diversifizierung und Ausweitung ihres Kundenstamms über die Vereinigten Staaten hinaus; sie erbringt schon ähnliche militärnahe Dienstleistungen für NATO-Länder und andere enge Verbündete der USA. Ein Beispiel aus jüngerer Zeit ist der Auftrag, für die britische Royal Air Force (RAF) den Luftstützpunkt Valley in Nordwales zu betreiben, wo deren Jagdpiloten ausgebildet werden. BRS kümmert sich um Flugzeugwartung, technische Betreuung bei Waffen und Fluggeräten sowie um allgemeine

Aufgaben des Anlagenmanagements. Weitere internationale Aufträge betreffen den Betrieb militärischer Dock- und Werftanlagen für die Royal Navy und die Bereitstellung von Kommunikationssystemen für die australischen Streitkräfte. Mit dem Bau und der Unterhaltung der Flüchtlingslager im Kosovo hat die Firma eine Qualifikation unter Beweis gestellt, die auch humanitäre Organisationen zu potenziellen Kunden machen könnte. Eine weitere Perspektive wären Logistik-dienstleistungen für multinationale Friedenseinsätze. Der Wettbewerber DynCorp hat solche Dienstleistungen bereits im Rahmen etlicher UN-Missionen erbracht.

Die eingeleitete Diversifizierung und Internationalisierung bringen es freilich mit sich, dass die Firma hin und wieder auch mit über-raschender Kundschaft aufwartet. So erteilte im Oktober 2000 die rus-sische Marine einer Tochtergesellschaft von BRS den Auftrag, bei der Bergung des gesunkenen Atom-U-Boots Kursk zu helfen. Nach Schät-zungen belief sich die Vertragssumme auf rund 9 Millionen Dollar, und der Kontrakt war eines der ersten Beispiele dafür, dass auch die Russen begonnen haben, sich an die private Militärbranche zu wenden, um Defizite bei den eigenen Streitkräften wettzumachen.[45] Im November 2000 band die US-amerikanische Defense Threat Reduction Agency (DTRA) die Firma in ein mit 283 Millionen Dollar budgetiertes Pro-jekt ein, bei dem es darum geht, die russische Regierung beim Abbau ihrer Interkontinentalraketen gemäß den Bestimmungen des START-Abkommens zu unterstützen. Es handelte sich zwar offensichtlich um einen Auftrag aus dem Bereich der Rüstungskontrolle, der aber doch insoweit bemerkenswert war, als er einen der ersten Vorstöße der Pri-vatwirtschaft in die Welt der Atomwaffen markierte.

Wohin diese Strategie der Diversifizierung letzten Endes führt, wird sich nicht so schnell zeigen, aber die Geschäftsaussichten scheinen recht solide zu sein. Gewiss könnte die Volatilität der Erdölpreise hin und wieder die Ertragssituation in energieintensiven Geschäftsbereichen verdüstern, doch auf lange Sicht dürfte die Entwicklung im Bereich der logistischen und anderen militärnahen Dienstleistungen sich zu einem stetigen und damit außerordentlich werthaltigen Wachstumsfaktor für BRS (und damit für Halliburton) mausern. Die Synergie zwischen militärischen und nichtmilitärischen Sektoren dürfte dem Mutterkon-zern helfen, auch unter ungünstigeren politischen und wirtschaftlichen Vorzeichen profitabel zu bleiben.

# Teil III

# Implikationen

**Kapitel 10**

# Vertragsrechtliche Unwägbarkeiten

> Der Versuch, aus einem Menschen einen Soldaten und
> einen Kaufmann zu machen, wird vergeblich sein.
> Admiral Cornelius Metelieff, 1608

Wenn man im normalen Leben einen Auftrag vergibt, sei es an einen Installateur oder an einen Anwalt, gibt es dies und das zu bedenken: Wird der Auftrag ordentlich und entsprechend den Anweisungen ausgeführt? Wie lässt sich das überprüfen? Wird die Rechnung vielleicht zu hoch sein? Eine Auftragsvergabe an private Militärfirmen ist nicht nur viel komplizierter, sondern in vielen Punkten auch viel weniger kalkulierbar.

In der PMF-Branche geht es um die ungewöhnliche Synthese von wirtschaftlichen Interessen einerseits und politischen sowie militärischen Belangen andererseits. Die Auftraggeber von PMFs wissen, dass die Dienstleistungen, die sie einkaufen, auch über ihre eigene Sicherheit und Zukunft entscheiden können. Eines von vielen Problemen, mit denen sich selbst mächtige Staaten befassen müssen, ist zum Beispiel die Frage, ob für die beauftragte Firma, falls diese ihre vertraglichen Verpflichtungen nicht erfüllt, schneller Ersatz gefunden werden kann.

Die PMF-Branche bringt viele vertragsrechtliche Unwägbarkeiten in den Bereich der internationalen Sicherheit. Politische Loyalitäten und wirtschaftliche Ziele lassen sich immer weniger miteinander in Einklang bringen. Bei jeder Art von Auftrag gibt es einen »Auftraggeber« und einen »Auftragnehmer«, wobei Letzterer im Namen und auf Rechnung des Ersteren tätig wird. Die Interessen beider Parteien werden sich selten genau decken, und keine Partei kann letztendlich sicher sein, die eigentlichen Ziele der anderen Seite zu durchschauen.

Da sich der Auftraggeber mit einem Vertragspartner zusammentun muss, der eigene Interessen verfolgt, wird das Vertragsverhältnis ziemlich kompliziert.[1] Beim Anmieten militärischer Dienstleistungen sind die Sicherheitsinteressen des Auftraggebers oft unvereinbar mit den wirtschaftlichen Interessen der beauftragten Firma, die ihre Gewinne maximieren will. Aus Regierungssicht stehen sich Allgemeinwohl und Wohl einer Privatfirma unvereinbar gegenüber. Ein Auftragnehmer mag zwar versichern, er handle ausschließlich im besten Interesse seines Auftraggebers und beschäftige nur verlässliche und vertrauenswürdige Leute (z. B. vorwiegend pensionierte Offiziere), doch die Entscheidungen über das militärische Vorgehen werden letztendlich von der jeweiligen Interessenlage bestimmt. Für den Auftraggeber geht es um die Ausführung von Plänen, die über seine eigene Sicherheit entscheiden. Der Auftragnehmer aber will in erster Linie Gewinn machen und handelt nicht nach guten oder ehrbaren Vorsätzen. Hinzu kommt, dass Aufträge dieser Art meist angesichts drohender oder bereits ausgebrochener Konflikte zustande kommen, das heißt in Situationen, die komplexer und unwägbarer nicht sein können. Was der Krieg ist, beschrieb Carl von Clausewitz folgendermaßen:

> Der Krieg ist das Gebiet der Ungewissheit; drei Vierteile derjenigen Dinge, worauf das Handeln im Kriege gebaut wird, liegen im Nebel einer mehr oder weniger großen Ungewissheit.[2]

## Information und Erfolgskontrolle

Wenn einem militärischen Dienstleister ein Auftrag erteilt wird, stellt sich für den Auftraggeber immer das Problem der »unzureichenden Information«. Da er gleichsam in den Hintergrund tritt, erfährt er nicht mehr aus erster Hand, was vorgeht, sondern verfügt nur noch über die Informationen, die er von seinem Auftragnehmer erhält. Eine der wichtigsten Lehren, die aus der Welle der Privatisierungen in der Wirtschaft gezogen wurden, ist die Erkenntnis, wie wichtig es ist, das Informationsproblem mit Monitoring und Erfolgskontrolle in den Griff zu bekommen. Für den Auftraggeber bedarf es unabhängig gewonnener Informationen, will er seine Interessen wahren und Entscheidungen treffen, die nicht vom Auftragnehmer beeinflusst sind.[3] Weitere wichtige Voraussetzungen sind eindeutige und verifizierbare Leistungsmaßstäbe und Zahlungsmodalitäten, die mit Gewährleistungsklauseln verbunden sein müssen, ferner eine Ausstiegsklausel mit klar definierten Bedingungen und Modalitäten sowie eventuell leistungsbezogene Vergütungsanteile, die eine optimale Vertragserfüllung belohnen und eine schlechte bestrafen.[4]

Aber in der Praxis genügen die Verträge mit PMFs nur selten diesen Anforderungen.

## Probleme der Erfolgskontrolle

Werden Aufträge an PMFs vergeben, gibt es für den Auftraggeber viele eine Erfolgskontrolle erschwerende Faktoren. Das liegt in erster Linie an den Marktstrukturen. In dieser Branche sind die Mechanismen des freien Marktes, wie die klassische Ökonomie sie postuliert – etwa die Gesetze von Angebot und Nachfrage –, nicht gegeben. Aufträge an private Militärfirmen haben vielmehr Ähnlichkeit mit Aufträgen an so genannte konzentrierte oder »abgeschottete« Wirtschaftszweige.[5] In solchen Bereichen herrscht zum einen kein nennenswerter Wettbewerb und zum anderen stehen dem Auftraggeber im Falle ungenügender Vertragserfüllung nur beschränkte Sanktionsmöglichkeiten zur Verfügung. Angesichts der zunehmenden Spezialisierung in dieser Branche und der Beschränkungen, die sich die Auftraggeber unter Umständen selbst auferlegen (wenn z.B. die US-Streitkräfte gehalten sind, Aufträge aus Sicherheitsgründen nur an Firmen mit Sitz in den USA zu erteilen), ist schnell die Situation gegeben, dass vielleicht nur noch zwei konkurrierende Auftragnehmer in Frage kommen und man daher von einem Markt mit wirklichem Wettbewerb gar nicht mehr sprechen kann.[6] Vollends außer Kraft gesetzt wird der freie Wettbewerb, wenn Aufträge nur noch pro forma ausgeschrieben werden, wenn also vorher schon feststeht, dass eine bestimmte Firma den Auftrag erhalten wird. In den Genuss solcher Zuschläge sind dem Vernehmen nach schon Firmen mit guten politischen Verbindungen gekommen, etwa als der Auftrag für das Programm »Train and Equip« an MPRI ging oder als die Firma DynCorp bei Ausschreibungen des US-Außenministeriums immer wieder zum Zuge kam. Bei solchen Arrangements wird ignoriert, dass die Vorteile, die eine Privatisierung bringen soll, aus dem größeren Wettbewerbsdruck resultieren und nicht aus der bloßen Verlagerung in den privaten Sektor.[7]

Angesichts dessen haben sowohl Gegner als auch Fürsprecher der Branche die Forderung nach einer unabhängigen Erfolgskontrolle durch die öffentliche Hand ins Spiel gebracht.[8] Eine umfassende Erfolgskontrolle würde freilich nicht nur Geld kosten, sondern auch Zuständigkeiten verwischen und doppelte Verantwortlichkeiten schaffen. Der Effektivitätsgewinn, der mit der Privatisierung eigentlich erreicht werden sollte, würde damit aufgezehrt werden, und außerdem würde eine paradoxe Situation entstehen: Wenn man auf der einen Seite private Militärfirmen beauftragt, weil man staatlichen Institutionen nicht zutraut, dass sie die betreffenden Aufgaben bewältigen können, erscheint es, gelinde gesagt, widersinnig, die Tätigkeit der Privatfirmen durch staatliche Institutionen kontrollieren zu lassen.[9]

Viele an PMFs erteilte Aufträge sehen nur ein Minimum an Kontrolle und eindeutig definierten Anforderungen vor. Eines der grundlegenden Probleme besteht hier darin, dass selbst die besten Streitkräfte kaum oder gar nicht über Leitsätze für den Umgang mit privaten Vertragsfirmen, deren Ressourcen und effektive Einbindung verfügen. Die Balkankontingente der US-Armee hatten zwar ihre gesamte Logistik outgesourct, doch gab es innerhalb ihrer Kommandostruktur keine zentrale Stelle, die die Arbeit der beauftragten Firmen hätte beurteilen oder gar auf dem Markt nach Alternativen hätte suchen können. Methoden für eine systematische Leistungsbewertung oder Erfolgskontrolle standen nicht zur Verfügung; an ihre Stelle traten sporadische Überprüfungen zwischen Tür und Angel.[10] Nachträglich durchgeführte Analysen kamen zu dem Ergebnis, dass die militärischen Befehlshaber vor Ort infolge dieser Planungsdefizite häufig den Kostenaspekt ihrer Entscheidungen nicht bedachten und damit Budgetüberschreitungen provozierten.[11] Dieselben Probleme traten auch bei späteren Einsätzen in Zentralasien auf.

Weil Verträge mit privaten Militärfirmen häufig kaum konkrete, objektiv messbare Spezifikationen der zu erbringenden Leistungen enthalten, muss sich der Auftraggeber in den meisten Fällen auf das verlassen, was die beauftrage Firma ihm über den erfolgreichen Fortgang ihrer Arbeit und über die nächsten notwendigen Schritte sagt. Im Fall des in Bosnien durchgeführten Programms »Train and Equip« soll die beauftragte militärische Beratungsfirma das Vertrauen in ihre Kompetenz immer wieder dazu genützt haben, dem Auftraggeber zusätzliche Dienste zu verkaufen.[12]

Solche strukturellen Defizite sind nicht der einzige Grund, weshalb die Erfolgskontrolle bei PMF-Kontrakten besonders schwierig ist. Die Tätigkeit der PMFs geschieht unter den sehr komplexen und unsicheren Bedingungen des Krieges. Die Firmen unterliegen – anders als reguläre Truppen – keiner öffentlichen Begutachtung, ihre Zentrale sitzt oft in einem fernen Land. Erschwerend kommt hinzu, dass in vielen Fällen derjenige, der in den Genuss von PMF-Dienstleistungen kommt, nicht identisch mit dem Auftraggeber ist. Ein Beispiel ist die Praxis von Staaten, für den Schutz internationaler Organisationen private Militärfirmen anzuheuern. Innerhalb einer solchen Konstellation ist das ansonsten übliche Verhältnis zwischen Käufer und Verkäufer nicht mehr gegeben; der Akteur, der die Dienstleistung in Auftrag gibt und für sie bezahlt, ist nicht der Empfänger der Leistung und erlebt die Ausführung nicht unmittelbar mit. Das eröffnet dem Dienstleister die Möglichkeit, dem Empfänger der Leistungen einiges von dem, was bestellt wurde und wofür er bezahlt wird, vorzuenthalten.[13] So reduzieren PMFs zum Beispiel gerne das Anforderungsprofil ihres Personals, wann immer sich Gelegenheit dazu bietet. Bekannt ist, dass die Firma DynCorp die US-Regierung übervorteilte, indem sie für die UN-Friedenstruppe im Kosovo ungeeignete (nämlich überalterte und überforderte) Polizeikräfte bereitstellte.[14]

Ein weiterer Faktor, der die Erfolgskontrolle erschwert, hat mit den Personen zu tun, die normalerweise für die Durchführung von Aufträgen verantwortlich sind. Nur selten verfügt ein Auftraggeber, sei es ein Staat oder ein Unternehmen, über geschultes Personal für die Erfolgskontrolle; und weil diese Tätigkeit ein geringes Prestige hat, werden für die Überwachung von Kontrakten nur selten gute Leute eingesetzt.[15] Das US-Rechnungsprüfungsamt (GAO) kam in einem Bericht zu dem Schluss, eine wirksame Überwachung der Logistikkontrakte der US-Streitkräfte auf dem Balkan (deren Einsatz um mehrere hundert Millionen Dollar teurer wurde als veranschlagt) sei daran gescheitert, dass die mit der Erfolgskontrolle betrauten Personen für die Aufgabe nicht qualifiziert genug gewesen seien. Der höchstrangige Verbindungsoffizier zu den Vertragsfirmen war ein Offizier der Artillerie ohne Vorkenntnisse im Bereich der Auftragsabwicklung.[16] Hinzu kommt die hohe Personalfluktuation in den Streitkräften wegen der Ämterrotation mit der Folge, dass Offiziere, die sich Erfahrungen und Wissen im Umfang mit privaten Militärfirmen angeeignet haben, meist schon nach kurzer Zeit versetzt werden, so dass auf Seiten der Streitkräfte keine Kontinuität gewährleistet ist.

Eine strenge, unbestechliche Erfolgskontrolle wird oft auch durch das »Drehtürsyndrom« unmöglich gemacht. In nicht wenigen Fällen sind Mitarbeiter staatlicher Behörden, denen die Überwachung der privaten Militärbranche oblag, zu einer der Firmen übergewechselt, die sie in ihrer früheren Stellung als Beamte zu kontrollieren hatten. Und viele leitende Angestellte privater Militärfirmen pflegen enge Beziehungen zu ihren im Militär verbliebenen Exkollegen, mithin zu Leuten, die einstmals ihre Untergebenen waren.[17] Dienstränge, Auszeichnungen und Reputation, die sich pensionierte Offiziere während ihrer aktiven Dienstzeit erworben haben, können bewirken, dass Beamte (oder auch Abgeordnete) ihren lobbyistischen Bemühungen offener gegenüberstehen.[18] Damit soll keineswegs der Patriotismus der Mitarbeiter privater Militärfirmen in Zweifel gezogen, sondern lediglich darauf hingewiesen werden, dass ihre Interessenlage nach dem Überwechseln in den privaten Sektor eine andere ist. Die Interessenkonflikte sind einfach da, besonders wenn ehemalige Offiziere Empfehlungen unterbreiten oder Einfluss auf politische Entscheidungsprozesse nehmen, bei denen lukrative Aufträge für die Firma, in deren Dienst sie jetzt stehen, herausspringen können.

Viele PMF-Vorstände sind der aufrichtigen Überzeugung, sie stünden über den Versuchungen des Profitdenkens und handelten auch in ihrer Eigenschaft als Mitarbeiter einer privaten Firma noch ganz im Interesse ihres Landes. Eine Analytikerin schreibt hierzu:

> Der Hund liegt hier darin begraben, dass es zunehmend komplizierter wird zu definieren, was das nationale Interesse eines Landes ist.[19]

Viele Firmen operieren in Grauzonen, in denen nicht klar auszumachen ist, wie das nationale Interesse aussieht, womit es leichter wird, es mit dem privaten Vorteil zu vermengen, sei es auch unbewusst. Mitarbeiter von Privatfirmen haben eindeutig andere Beweggründe, andere Verantwortlichkeiten und Loyalitäten als die Angehörigen staatlicher Streitkräfte. Unabhängig davon, was sie früher gemacht haben, sind sie, solange sie von dem Unternehmen bezahlt werden, verpflichtet, dessen Interessen zu wahren; die Firma hat sie eingestellt und kann sie befördern, degradieren, entlassen, disziplinieren oder belohnen.[20]

Bloßes Vertrauen kann also kein Ersatz für angemessene Erfolgskontrollen sein. Das Dumme ist nur, dass eine sinnvolle Überwachung der Tätigkeit privater Militärfirmen ziemlich schwierig zu bewerkstelligen ist, selbst unter den günstigsten Umständen.

### Die Verlockungen des Profits

Eine wirksame Erfolgskontrolle mag schwer zu realisieren sein; sie ist nichtsdestoweniger notwendig. Ziel privater Unternehmen ist Gewinnmaximierung, deshalb werden sie jeden Spielraum, den man ihnen lässt, für die Steigerung ihrer Gewinne auf Kosten des Auftraggebers nutzen. Sie versichern zwar immer wieder, lediglich »zufriedenstellende« Gewinnmargen anzustreben, aber was für die Führungsriege dieser Branche zufriedenstellend ist, wird nicht in konkreten Zahlen definiert.

Die Notwendigkeit, Gewinne zu machen, hat großen Einfluss auf den »Output« der PMFs, der sich somit erheblich von den Ergebnissen unterscheidet, die staatliche Streitkräfte liefern würden. Die finanziellen Limits der Kontrakte entscheiden über Art und Umfang der Aktivitäten der beauftragten Privatfirma. Kostenzwänge diktieren Methoden und Techniken auf eine sehr viel direktere Weise, als das bei regulären Streitkräften der Fall ist. Private Firmen konzentrieren ihre Kräfte auf die effizienteste Lösung, um ihre Gewinne zu maximieren, während staatliche Militärbürokraten eher die »umfassendere« Lösung bevorzugen, ohne Rücksicht auf die Kosten.

Ein großes Problem sind überhöhte Rechnungen, die den Tatbestand des Betruges erfüllen. Abgesehen von Organisationsmängeln, die überall auftreten können und zu kostensteigernden Reibungsverlusten führen, bietet die Privatisierung von militärischen Dienstleistungen konkrete Anreize, die Kosten künstlich aufzublähen.[21] Auch wenn es sich hier um Dienstleistungen im sensiblen Bereich handelt, die die nationale Sicherheit insgesamt betreffen, schützt das den Auftraggeber nicht vor Betrug. Die Übervorteilung der öffentlichen Hand durch private Lieferanten ist so alt wie der Krieg selbst, man denke nur an die Kaufleute aus Philadelphia, die auf Kosten der halb verhungert in Valley Forge ausharrenden Revolutionsarmee zu unglaublichem Reichtum kamen. Die PMF-Branche ist nur die heutige Erscheinungsform dieses alten Phänomens. Aber zu den Betrügereien bei Warenlieferungen kommen heute noch die Möglichkeiten, Dienstleistungen überhöht abzurechnen, hinzu. In diesem Fall kann der Kunde während der gesamten Laufzeit eines Vertrages abgezockt werden, während er bei der Bezahlung einer überteuert abgerechneten Warenlieferung nur einmal über den Tisch gezogen wird.

Wenn Firmen einem öffentlichen Auftraggeber ein Leistungsangebot unterbreiten, berechnen sie den Preis dafür oft nicht aufgrund einer Kalkulation der Gestehungskosten, sondern legen ihn danach fest, wie viel der Kunde nach ihrer Einschätzung zu zahlen bereit ist. Das gilt in besonderem Maß für so genannte Cost-plus-Verträge, wie sie in der PMF-Branche typischerweise geschlossen werden, das heißt, die

Firmen schlagen einen satten Gewinn einfach auf ihre Kosten drauf – ein garantiert profitables Geschäft. Im allgemeinen Wirtschaftsleben sind diejenigen Firmen am erfolgreichsten, die ihre Kosten senken und ihre Leistungen optimieren. Solche Effizienzgewinne können in Form niedrigerer Preise an die Kunden weitergegeben werden. Im Bereich militärischer Dienstleistungen besteht dagegen ein Anreiz, der Ineffizienz fördert, denn hier macht eine Firma umso höhere Gewinne, je höhere Kosten sie abrechnet.[22]

Die Tatsache, dass auf dem Markt für militärische Dienstleistungen kein regulärer Wettbewerb herrscht, verschärft dieses Problem noch. Dazu kommt, dass viele Aufträge über relativ lange Laufzeiten abgeschlossen werden, namentlich Wartungsverträge für hochmoderne Waffensysteme. Solche Verträge verschaffen dem beauftragten Unternehmen quasi ein Monopol. PMFs, die sich solche Aufträge um jeden Preis sichern wollen, machen im Vergabeverfahren wissentlich unrealistisch niedrige Angebote: Ist der Auftrag erst einmal unter Dach und Fach, kommen sie prompt mit erheblichen Nachforderungen, für die sie unabweisbare Sachzwänge geltend machen und die für den Auftraggeber die Kosten hochtreiben.[23] Manchmal sichern sich Firmen Aufträge dadurch, dass sie unter Hinweis auf ähnliche Aufträge, die sie mit Erfolg durchgeführt haben, eine besondere, ja einzigartige Qualifikation für die Aufgabe reklamieren. Wenn sie damit Erfolg haben, können sie sich unter Umständen Nachfolgeaufträge sichern, die dann gar nicht erst ausgeschrieben werden, so dass Konkurrenzfirmen mit ihrem eventuell günstigeren Angebot keine Chance haben.

In dieser Konstellation kommt es zu einem Phänomen, das in der Wirtschaftstheorie als »Ex-post-Bargaining« bezeichnet wird.[24] Hat eine Firma den Auftrag erst einmal in der Tasche, eröffnen sich für sie jede Menge Anreize, den Kunden zu übervorteilen. Ist die Honorierung abhängig von der Dauer des Einsatzes, wird die Firma den Einsatz höchstwahrscheinlich auf die maximal mögliche Länge ausdehnen. Richtet sich die Bezahlung nach der Zahl der eingesetzten Mitarbeiter, wird die Firma möglichst viele Leute zu beschäftigen versuchen und ihre Mitarbeiterzahl durch »Pappkameraden« aufblähen.

Üblicherweise berechnen PMFs den erforderlichen Aufwand, um eine vertraglich vereinbarte Leistung zu erbringen, und die Zahl der dafür nötigen Mitarbeiter auf der Grundlage ihrer Erfahrungen und ihrer Vorgehensweise. Die Auftraggeber akzeptieren in der Regel die Einschätzungen der Firmen, das heißt, sie vertrauen dem Fachwissen der firmeneigenen Experten. Wird jedoch der von einer Firma betriebene Aufwand einmal hinterfragt und geprüft, kommen häufig Ausgaben in beträchtlicher Höhe zum Vorschein, für die keine sachliche Notwendigkeit besteht. 1999 privatisierte die US-Armee bestimmte Dienstleistungen auf ihren Stützpunkten in Bosnien. Die beauftragte Firma Brown & Root Services beschloss ohne jede Rücksprache mit dem örtlichen Befehlshaber, für die Durchführung der Aufgabe 116 Mitarbeiter einzusetzen; die US-Armee überprüfte daraufhin die Sachlage und kam zu dem Ergebnis, dass nur 66 Mitarbeiter erforderlich seien. Im Mai 2000 nahm der Kommandeur einer in Bosnien stationierten US-Brigade die Tätigkeit privater Firmen in seinem Verantwortungsbereich unter die Lupe. Er kam zu dem Ergebnis, dass 85 Prozent der von BRS eingesetzten Teams personell überbesetzt waren und dass 40 Prozent praktisch nichts zu tun hatten.[25]

Insider wissen zu berichten, dass Firmen in vielen Fällen auf Mitarbeiter zurückgreifen, die nicht den in der Auftragsausschreibung genannten Anforderungsprofilen entsprechen. So gab es den Fall, dass ein Mitarbeiter, den eine Firma für die Leitung eines Seminars für die Kommando- und Generalstabsebene bereitstellte, kein Studium an einer einschlägigen Militärakademie absolviert hatte. Andere Branchenkenner berichten von Lehrgangsleitern ohne jede eigene Gefechtserfahrung, die aber Soldaten über das Verhalten bei Kampfeinsätzen unterrichten sollten.[26] In anderen Fällen stellten hochrangige Firmenmanager ihre Geliebten als Bürokraft ein, obwohl die Frauen für diese Tätigkeit nicht qualifiziert waren.[27]

Ein an die Firma DynCorp ergangener Auftrag im Bereich der Flugzeugwartung kann als schlagendes Beispiel dafür dienen, wie Firmen bei der Personalausstattung zu tricksen versuchen. Unter den Mitarbeitern, die die Firma mit Wartungsarbeiten für US-Kampfflugzeuge betraute, waren etliche, die als bisherige berufliche Referenz Tätigkeiten wie Kellnerin, Wachmann, Koch oder Kassiererin vorweisen konnten. Ein Mechaniker von DynCorp, der im Rahmen des besagten Auftrags tätig war, schrieb:

> Wir haben hier Leute, die an Flugzeugen herumbasteln, ohne die geringste Luftfahrterfahrung und ohne zu wissen, wie mit den Werkzeugen des Bodenmechanikers umzugehen ist. Würden Sie lieber in einem von einer Kellnerin gewarteten Hubschrauber sitzen oder in einem, den ein erfahrener Flugzeugtechniker durchgecheckt hat? ... Das Management hier schaut auf die Geschäftszahlen, und es inter-

essiert die Herren offensichtlich nicht, was für Leute an den Hubschraubern arbeiten. Ich nehme an, das ist gut fürs Geschäft, aber in
meinen Augen darf es nicht auf Kosten unserer Soldaten und Solda-
tinnen gehen.[28]

Von Mitarbeitern der Firma DynCorp ist zu hören, es sei schon zu Flug-
zeugabstürzen gekommen, und zwar nicht durch feindlichen Beschuss,
sondern aufgrund mangelhafter Wartung; man könne dies darauf zurückführen, dass unqualifizierte Mitarbeiter privater Firmen eingesetzt
würden.[29]

Diese Probleme weisen Parallelen zu alltäglichen Erscheinungen auf,
wie sie in den Geschäftsbeziehungen zwischen öffentlichen Auftraggebern und ausführenden Firmen endemisch sind; kein noch so großer
und mächtiger Auftraggeber ist in der Lage, sich vor den genannten
Risiken des Outsourcens zu schützen. Viele Staaten, selbst die großen,
haben Probleme mit PMFs gehabt, die das in sie gesetzte Vertrauen zum
eigenen Vorteil missbrauchten. So soll BRS im Vollzug ihres Unter-
stützungsauftrages für die amerikanischen Balkankontingente die US-
Armee in vier der sieben ihr ursprünglich zugewiesenen Aufgabenbereichen erheblich übervorteilt haben bzw. Leistungen schuldig geblieben sein. Und von der Firma Sandline heißt es, sie habe dem Kleinstaat
Papua-Neuguinea Preise weit über Marktniveau in Rechnung gestellt.[30]

Fest steht, dass Outsourcing nicht immer und in jedem Fall Geld
spart; das gilt sowohl für die Wirtschaft im Allgemeinen als auch für
militärische Dienstleistungen im Besonderen. Die Wirtschaftsberatung
Deloitte & Touche veranstaltete eine Umfrage unter 1500 Vorstandsvorsitzenden, die Aufgaben an Fremdfirmen vergeben hatten; nur 31
Prozent der Befragten waren der Überzeugung, das Outsourcen habe
beträchtliche Einsparungen gebracht; 69 Prozent waren von den Effek-
ten des Outsourcens enttäuscht.[31] Eine Studie der Rand Corporation
über die Vergabe von Schulungsprogrammen für Berufssoldaten an Privatfirmen kam zu dem Ergebnis, dass dies keine Kosteneinsparungen
bewirkte.[32]

Das amerikanische Defense Science Board (DSB), ein beratendes
Gremium, das die Privatisierung militärischer Aufgaben propagiert (was
nicht verwundert, wenn man weiß, dass darin Industriebosse vertreten
sind), sagte Einsparungen im Verteidigungshaushalt von über 6 Milliarden Dollar als Folge der ersten militärischen Outsourcing-Welle in den
frühen 90er Jahren voraus; bis heute sind solche Einsparungen noch
nicht belegt. Das US-Rechnungsprüfungsamt (GAO) kam später zu

dem Ergebnis, dass der genannte Einsparungsbetrag um mindestens 75 Prozent zu hoch gegriffen war. Aber auch für Einsparungen in geringerer Höhe liegen bislang keine nachprüfbaren Belege vor, einmal wegen schlechter Buchführung, zum anderen wegen der zunehmend höheren Dotierung von Outsourcing-Kontrakten.[33] Auffällig ist, dass sich die US-Streitkräfte offenbar strukturell immer mehr großen Wirtschaftsunternehmen angleichen. Sie haben freilich noch nicht erforscht, ob diese Entwicklung wirklich Geld spart und/oder die Kampfkraft verbessert.[34]

*Warum verbissen kämpfen?*

Eine weitere Gefahr beim Outsourcen besteht darin, dass die beauftragten Firmen die Leistungen, für die sie bezahlt werden, gar nicht alle erbringen. Ein Auftraggeber kann nicht jederzeit und überall präsent sein (wenn er es könnte, bräuchte er ja nicht outzusourcen); er muss sich darauf verlassen, dass der Auftragnehmer den Vertrag tatsächlich erfüllt. Für den Auftragnehmer bestehen aber manchmal Anreize, den Kontrakt in die Länge zu ziehen und keine unnötigen Risiken einzugehen, um sein Betriebskapital intakt zu erhalten.[35]

Die Umstände dieses Geschäfts bringen es eben mit sich, dass es keine verlässlichen Kriterien gibt, um die Effektivität einer beauftragten PMF zu messen, da der Erfolg oder Misserfolg einer militärischen Operation ja auch vom Gegner abhängt. Ein Fehlschlag kann Folge der Unfähigkeit oder Nichtbereitschaft des Auftragnehmers sein, er kann aber auch durch feindliche Gegenmaßnahmen bedingt sein. Selbst die Aufstellung eindeutiger Kriterien für die Messung sowohl des getätigten Aufwandes als auch des eingetretenen Erfolges liefert ein unvollständiges Bild: Ein Auftraggeber ist unter Umständen geneigt, seine Kräfte für eindrucksvolle, aber kurzfristige Erfolge einzusetzen anstatt für wirklich nachhaltige Ziele.[36] So hebt eine häufig geäußerte Kritik an Minenbeseitigungsoperationen privater Militärfirmen darauf ab, dass sie meist nur entlang den großen Durchgangsstraßen tätig werden (wo die Minenräumung einfacher ist und mehr »Punkte« einbringt), während andere Operationen, die zwar riskanter, aber ebenso notwendig sind (wie das Freiräumen von Feldwegen auf dem Land oder der Umgebung von Schulen), oft unterbleiben.[37]

Am ungemütlichsten für die Sicherheit eines Auftraggebers kann es werden, wenn er einen Militärdienstleister beauftragt: Eine PMF, die in einer kriegerischen Situation ihren Kunden abzockt, riskiert damit, dass sie den Konflikt, um den es geht, verschärft oder in die Länge zieht oder andere Gefahren für die Sicherheit des Auftraggebers heraufbeschwört. So geschah es jedenfalls bei der Beauftragung von Privatfirmen im Biafrakonflikt in den 60er Jahren und auch im Konflikt zwischen Äthiopien und Eritrea 1997–1999.[38] Die Äthiopier mieteten eine kleine, aber ausgereifte Luftwaffe von der russischen Firma Suchoi. Nach Meinung mancher Beobachter führte diese gemietete Truppe den Krieg nicht mit letzter Konsequenz. Sie war zwar willens, zivile Ziele zu bombardieren, legte sich aber nur selten mit der Luftwaffe von Eritrea an (in deren Reihen Gerüchten zufolge angeheuerte russische und ukrainische Piloten kämpften).[39] Die Befürchtung, dass angeheuerte Kämpfer möglicherweise ungern auf eigene Landsleute schießen, die für die gegnerische Seite arbeiten, drängte sich im Jemen, in Kongo-Brazzaville und in der Demokratischen Republik Kongo (dem ehemaligen Zaire) auf.[40] Im Tschetschenienkonflikt hatten die russischen Streitkräfte schwerwiegende Probleme mit angeheuerten Truppen: 30 Prozent dieser Söldner suchten das Weite, bevor sie ihre vertraglichen Verpflichtungen erfüllt hatten. Die tschetschenischen Rebellen, die um die Kampfkraft solcher Legionäre Bescheid wissen, da sie ihnen täglich auf dem Schlachtfeld gegenüberstehen, berichten, angeheuerte Verbände zeigten die geringste Bereitschaft zu kämpfen, wenn sie angegriffen wurden, und ließen sich am leichtesten bestechen.[41]

Eine weitere branchenspezifische Besorgnis ist die Frage, ob nicht die Vernetzung mit anderen Unternehmen und Schwesterfirmen eine PMF zu Aktionen veranlassen kann, die vielleicht nicht im wohlverstandenen Interesse ihres Auftraggebers liegen, oder konkreter: ob ein Krieg womöglich nicht mit dem primären Ziel geführt wird, einen Konflikt zu bereinigen, sondern anderen Unternehmen etwas Gutes zu tun. Die Operationen von Executive Outcomes in Sierra Leone gaben Anlass, solches zu vermuten. Wie ein ehemaliger EO-Mitarbeiter berichtet:

> Nachdem Freetown gesichert war, wurden wir losgeschickt, den Bezirk Kono zurückzuerobern, damit Diamondworks dort mit dem Schürfen anfangen konnte. Die militärisch korrekte Entscheidung wäre die gewesen, den Rebellen in den Urwald zu folgen. Die wirtschaftlichen Interessen führten zu schlechteren militärischen Entscheidungen.[42]

Noch vernichtender sind die Vorwürfe, wonach bestimmte PMFs um wirtschaftlicher Vorteile willen mit beiden Konfliktparteien gekungelt hätten. Angeblich soll Lifeguard die Rebellen in Sierra Leone zu einer Zeit mit Waffen beliefert haben, in der die Firma bei mehreren Bergbaugesellschaften unter Vertrag stand und den Auftrag hatte, deren Betriebsstätten vor Angriffen der Rebellen zu schützen. Die Firma selbst behauptete, sie habe durch dieses Quidproquo erreicht, dass der Diamantenabbau in der vom Krieg zerrissenen Region ungehindert weitergehen konnte. Lifeguard war allerdings schon damals geschäftlich mit der Firma Sandline assoziiert, die von der Regierung von Sierra Leone dafür engagiert worden war, das Rebellenproblem zu lösen.[43] Ähnliches wurde über Sky Air Cargo berichtet; diese Firma, die im Rahmen des an Sandline vergebenen Auftrags Luftunterstützung für die Regierung von Sierra Leone leistete, soll dem Vernehmen nach zugleich die Rebellen mit Waffen versorgt haben.[44]

### Militärisches Outsourcing und Kontrollverlust

Der zweite große Risikofaktor beim Outsourcen besteht darin, dass sich der Auftraggeber möglicherweise in die Abhängigkeit der von ihm beauftragten Firma begibt – also in eine Situation gerät, die in der Wirtschaftstheorie als »Ex-post Hold-up« bezeichnet wird. Indem er sich weitgehend auf die Dienste einer privaten Firma verlässt, überantwortet er einen Kernbereich des eigenen strategischen Handelns dem Gutdünken eines gewinnorientierten Privatunternehmens; dessen Handeln richtet sich jedoch nicht zuletzt nach den Marktmechanismen, die sich ständig verändern können.

In diesem Zusammenhang stellt sich die Frage, ob eine Regierung outgesourcte Dienstleistungen schnell genug substituieren kann, wenn die beauftragte Firma ausfällt oder versagt. Die Leistungen, die im Rahmen des militärischen Outsourcing vergeben werden und die von einem möglichen Ausfall betroffen wären, sind in der Regel nicht trivial oder leicht verzichtbar. Wenn man diesen Gedanken weiterverfolgt, erkennt man zwei Risiken, die ganz entscheidend die Sicherheit des Auftraggebers beeinträchtigen können: (1) Die Firma lässt ihren Kunden in der Situation, in der er sie am dringendsten benötigt, im Stich. (2) Die Firma gewinnt die Oberhand über ihren Auftraggeber. Ersteres kann praktisch jedem Auftraggeber widerfahren, der einen Militärdienstleister oder einen militärnahen Dienstleister beauftragt; Letzteres kann wahrscheinlich nur einem relativ schwachen Auftraggeber durch eine mächtige PMF passieren. Interessenvertreter der PMF-Branche spielen solche Risiken herunter und verweisen darauf, dass Firmen, die Derartiges tun, ihren Ruf aufs Spiel setzten. Man kann sich freilich durchaus Situationen vorstellen, in denen kurzfristige Kostenrisiken bzw. Gewinnchancen schwerer wiegen können als die Sorge um den guten Ruf.

*Der im Stich gelassene Kunde:*
*Vertragsbrüche und Abhängigkeiten*

Für das Szenario des im Stich gelassenen Auftraggebers lassen sich mehrere Varianten ausmalen. So kann eine Firma ihren Vertrag einseitig aufkündigen, wenn ihr die Situation zu prekär wird, sei es in finanzieller oder operativer Hinsicht. Da PMFs ihren Sitz oft in einem anderen Land als dem des Auftraggebers haben, brauchen sie keine Sanktionen zu fürchten, wenn sie sich ihren vertraglichen Verpflichtungen entziehen. Ihr Ruf mag zwar Schaden nehmen, aber in bestimmten Situationen nehmen sie das vielleicht in Kauf, wenn schnelles Geld winkt.[45] In Begriffe der Spieltheorie übersetzt würde das heißen: Jede Interaktion mit einem privaten Auftragnehmer im internationalen Markt für Militärdienstleistungen fällt in eine Kategorie sui generis, konstituiert einen neuen und einzigartigen Fall. Es handelt sich gleichsam um Spiele, die in einem Durchgang entschieden werden, statt um solche mit garantierten Revancherunden.

Die gleiche Möglichkeit eines vorzeitigen Ausstiegs besteht für die einzelnen Mitarbeiter einer beauftragten Firma. Selbst wenn eine PMF ihren Auftrag erfüllt, kann es sein, dass etliche ihrer Angestellten sich vorzeitig aus dem Staub machen. Für den Auftraggeber kann das teuer, gelegentlich auch schmerzlich werden. Selbst wenn die »Deserteure« ersetzt werden können, kommt es zu zeitlichen Verzögerungen, sofern die Firma für diesen Fall keine Vorsorge getroffen hat. Und in einer krisenhaften Situation können die Folgen für den Auftraggeber verhängnisvoll sein.

Ein wesentlicher Unterschied zwischen einem in einer regulären Armee dienenden Soldaten und einem PMF-Angestellten ist der, dass Letzterer keine Fahnenflucht begeht, wenn er sich verdrückt. Er wird vor kein Kriegsgericht gestellt, ihm droht allenfalls eine Konventional-strafe, deren Vollstreckbarkeit sehr fraglich ist. Tatsache ist, dass private Militärfirmen über keine wirksamen Zwangsmittel verfügen, um ihre Angestellten bei der Stange zu halten und Deserteure zu bestrafen.

Bei angemieteten Truppen ist daher mit einem geringeren Maß an »Fahnentreue« und Disziplin zu rechnen als bei regulären Soldaten. Söldner lassen sich durch Rückschläge und Verluste schnell entmutigen und verweigern die Befehle ihres Vorgesetzten, wenn es für sie heikel wird.[46] Bislang hat sich jedenfalls die relativ starke Tendenz zu Diszi-plinlosigkeit und Flucht vor dem Feind als das größte Risiko erwiesen, mit dem bei angeheuerten Truppen zu rechnen ist. Im Unterschied zu Soldaten einer Wehrpflichtigenarmee drohten und drohen Mitgliedern einer Söldnertruppe, die sich aus dem Staub gemacht haben, bei ihrer Rückkehr nach Hause keine Sanktionen.[47]

Ferner ist zu befürchten, dass ausgelagerte staatliche Aufgaben zu Erpressungsmitteln eines fluktuierenden Marktes werden können.[48] Zumindest ist davon auszugehen, dass eine private Militärfirma Not-lagen ihres Auftraggebers als willkommene Gelegenheiten nutzen wird, ihm bestimmte Vertragsbedingungen aufzuzwingen. Typisch für die Outsourcing-Branche ist folgender Ablauf: Der Dienstleister macht ein günstiges Angebot, sichert sich die exklusive Verfügungsgewalt über eine ganze Abteilung und beschert dann dem Kunden ständige Kosten-überschreitungen. Dem Kunden bleibt keine Wahl als zu bezahlen, fühlt er sich doch nicht in der Lage, den Kontrakt kurzfristig zu kün-digen, ohne das Funktionieren seines eigenen Apparats zu gefährden. In vielen Wirtschaftszweigen haben Outsourcing-Firmen mit ihren »Sirenengesängen« ganze Unternehmen in den Ruin gelockt.[49]

Hat der Auftraggeber in einem Aufgabenbereich keine hauseigene Kompetenz mehr, wird er von den Leistungen des Kunden abhängig. Eine Episode aus der jüngeren Geschichte der kanadischen Streitkräfte illustriert, wie schnell unerwartete Probleme auftauchen können, wenn einer privaten Firma Kontrollvollmachten übereignet werden. Im Juli 2000 transportierte die GTS Katie (ein von den kanadischen Streit-kräften gechartertes, privat betriebenes Militärtransportschiff) einen Truppenverband der kanadischen Armee aus Bosnien zurück nach Kanada; an Bord befanden sich über 550 Fahrzeuge, darunter Panzer und gepanzerte Mannschaftstransporter, sowie 350 Container mit Mu-nition und anderer sensibler militärischer Ausrüstung. Weil es zwischen zwei beauftragten Firmen zu finanziellen Streitigkeiten kam und die

Schiffsbesatzung sich weigerte, ihre Ladung zu löschen, ehe nicht der Streit entschieden war, lief das Schiff außerhalb der kanadischen Hoheitsgewässer im Kreis. Die Schiffscrew hatte im Grunde genommen ein gutes Drittel des gesamten Inventars und Personals der kanadischen Streitkräfte in Geiselhaft genommen. Das Tauziehen hielt fast zwei Wochen lang an, und in dieser Zeit war ein nicht unerheblicher Teil des Arsenals der kanadischen Streitkräfte einfach nicht verfügbar, nur weil diese eine Transportaufgabe privatisiert hatten, um eine lächerliche Summe Geldes zu sparen. Ein Wehrexperte kommentierte dies mit den Worten:

> Das Ganze ist so peinlich, dass es schon wieder lustig ist. Aber was wäre passiert, wenn sich dies schon bei der Entsendung der Truppen und Ausrüstung und nicht erst bei ihrer Rückführung zugetragen hätte? Wir hätten ein Riesenproblem gehabt, um es gelinde auszudrücken.[50]

Wer im militärischen Bereich Personal und Dienstleistungen privatisiert, läuft immer Gefahr, in die Abhängigkeit der von ihm beauftragten Firma zu geraten. Auftraggeber, die sich ganz und gar in die Abhängigkeit eines Militärdienstleisters begeben haben, um damit das Fehlen eigener Streitkräfte zu kompensieren, sind dieser Gefahr offensichtlich am stärksten ausgesetzt. Dass die Regierung von Sierra Leone 1995 in eine Notlage geriet (aus der ihr dann Executive Outcomes heraushalf), lag nicht zuletzt daran, dass ihr damaliger Militärdienstleister GSG vertragsbrüchig geworden war und sich vorzeitig verabschiedet hatte. GSG war zu dem Schluss gekommen, eine Weiterarbeit im Sinne des Kontrakts mit der Regierung von Sierra Leone berge Risiken, die in keinem vernünftigen Verhältnis mehr zu den Ertragsaussichten stünden.[51] Indes sind auch Kunden anderen Kalibers gegen solche Gefahren nicht gefeit: Für die Planungsstäbe der US-Streitkräfte wirft das um sich greifende Outsourcen das Problem auf, dass ihre Truppen in immer größere Abhängigkeit von Spitzenbedarfskapazitäten geraten, die durch Privatfirmen abgedeckt werden. Doch nur die wenigsten Einsatzpläne und Kontrakte enthalten Vorkehrungen gegen diese Risiken, und die Kommandeure vor Ort agieren häufig, ohne sich dieser Verwundbarkeit überhaupt bewusst zu sein.

Wenn etwa eine im Auftrag der US-Armee tätige private Militärfirma beschließt, ihre Zelte vorzeitig abzubrechen, besteht für die USA keine rechtliche Handhabe, sie oder ihre Mitarbeiter zum vertragsgemäßen Verbleiben auf ihrem Posten zu zwingen.[52] Zivilisten unterliegen ausdrücklich nicht dem amerikanischen Militärrecht (auch nicht wenn sie militärisch bedeutsame Funktionen ausfüllen), es sei denn, der Kongress erklärt den Krieg. Förmliche Kriegserklärungen sind jedoch selten geworden, selbst in Konflikten, in denen alle Register der Kriegführung gezogen werden, wie etwa in Vietnam oder im ersten Golfkrieg. Würde die US-Regierung versuchen, ohne Vorliegen einer Kriegserklärung Mitarbeiter privater Militärfirmen unter Berufung auf das Militärrecht zwangszuverpflichten, käme das nicht nur einer eklatanten Verletzung staatsbürgerlicher Grundrechte gleich, sondern auch einem »Eingeständnis der politischen Führung, die eigenen Streitkräfte auf ein Maß reduziert zu haben, das die Aufstellung einer privat organisierten, aber fest eingeplanten Schattenarmee erfordert«.[53] Truppenbefehlshaber können jedenfalls nicht davon ausgehen, dass private Militärfirmen und deren Leute einfach nur aufgrund militärischer Notwendigkeiten oder personeller Engpässe die Stellung halten oder im Kampfgebiet verbleiben werden. Man kann ihnen zwar vorhalten, dass sie sich bei Auftragsannahme der Risiken bewusst gewesen seien, aber rechtlich ist das ohne Wirkung.[54]

Welche Konsequenzen können diese Unwägbarkeiten, die sich aus dem Mangel an Befehlsgewalt über die beauftragten Firmen ergeben, für die US-Streitkräfte haben? Denken wir nur an die immer häufiger geäußerte Befürchtung, dass in künftigen bewaffneten Auseinandersetzungen Massenvernichtungswaffen (selbst biologische und chemische Kampfstoffe) nicht nur von den Großmächten, sondern von jedem x-beliebigen Staat oder auf Geheiß irgendwelcher zahlungskräftiger Auftraggeber eingesetzt werden könnten. Obwohl also die Wahrscheinlichkeit zugenommen hat, dass Massenvernichtungswaffen zum Einsatz kommen könnten, kam eine Studie zu dem Ergebnis, dass nur in einem einzigen von 67 Kontrakten über militärische Dienstleistungen Bestimmungen zum Schutz angeheuerter Zivilisten vor chemischen oder biologischen Kampfmitteln enthalten waren. Daher ist es ziemlich wahrscheinlich, dass militärische Dienstleister und/oder eine erkleckliche Zahl ihrer Mitarbeiter in einer Situation, in der mit dem Einsatz solcher Waffen zu rechnen wäre, dieses Risiko als unzumutbar einschätzen und ihre Sachen packen würden.[55]

Es bedarf aber solcher extremer Szenarios nicht, um die Sorge vor unkalkulierbaren Verhaltensweisen militärischer Auftragnehmer zu begründen. Die schwersten Verluste, die die US-Streitkräfte im ersten

Golfkrieg 1991 erlitten, wurden durch eine verirrte Scud-Rakete verursacht, die, nur mit leichten Sprengmitteln bestückt, nachts in eine
Kaserne einschlug und eine ganze Reserveeinheit dezimierte. Die von
dieser Einheit verrichtete Aufgabe – Wasseraufbereitung, eine unver-
fängliche, aber sehr wichtige Arbeit – wurde später an eine Privatfirma
vergeben, ebenso wie Zehntausende weiterer militärnaher Dienstleistungen in kriegswichtigen Bereichen.

Falls es in einem künftigen Krieg zu einem ähnlichen Vorfall wie
dem beschriebenen käme, könnte die betroffene Privatfirma dies zum
Anlass nehmen, ihre Tätigkeit zu beenden und die kämpfende Truppe
im Stich zu lassen, die dann nicht über die Mittel verfügte, die betreffende Aufgabe selbst wahrzunehmen. Der springende Punkt ist, dass
bisher noch nie unter wirklichen Kriegsbedingungen erprobt worden
ist, wie sich die hochgradige Abhängigkeit von privaten Auftragneh-
mern in der Praxis auswirken würde.[56] Intuitiv ist man geneigt zu glauben, dass so manche Mitarbeiter privater Firmen in brisanten Situationen zu dem Schluss gelangen würden, sie bekämen einfach nicht genug
Geld, um einen so riskanten Job weiterzumachen.[57] Und selbst ohne
eine konkrete Gefährdung bestünde das Risiko, dass beauftragte Firmen oder einzelne ihrer Mitarbeiter bei Gelegenheit das Weite suchen
würden. Die kanadischen Streitkräfte vergaben Logistikdienste auf dem
Balkan an die Firma AT Frontec und mussten sich in der Folge mit
einer extrem hohen Mitarbeiterfluktuation herumschlagen; und dem
Vorhaben der britischen Marine, Wartungs- und Reparaturdocks für
Kriegsschiffe zu privatisieren, drohten von Anfang an mögliche Streiks
der gewerkschaftlich organisierten Werftarbeiter.[58]

Wenn man in der Vergangenheit nach Fällen sucht, in denen private
Hilfstruppen eine auf ihre Dienste angewiesene kämpfende Truppe im
Stich ließen – unter Inkaufnahme katastrophaler Folgen –, wird man
durchaus fündig. In Ersten Weltkrieg zum Beispiel betraute die britische
Admiralität zunächst zivil bemannte Fischtrawler mit der Aufgabe der
Minenräumung – man sah darin eine technisch-handwerkliche Tätigkeit außerhalb der eigentlichen Kriegführung und daher etwas, das nicht
unbedingt von der Marine selbst erledigt werden musste. Doch 1915,
als es vor der türkischen Küste bei Gallipoli zu ersten Seegefechten
kam, suchten die mit Zivilisten bemannten Trawler, die für die Entente
im Einsatz waren, das Weite, als sie unter Beschuss kamen. Damit blieb
die Aufgabe des Minenräumens unerledigt, mit der Folge, dass drei
Schlachtschiffe der Entente nach Kollisionen mit Minen untergingen

und drei andere schwer beschädigt wurden. Über 700 Seeleute fanden dabei den Tod.[59]

## Sensibel oder nicht? Heute eine irrelevante Frage

Bei der Privatisierung im militärischen Bereich besteht heute das Problem, dass die gesamte militärische Maschinerie binnen kurzer Zeit zusammenbrechen könnte, wenn eines der privatisierten Elemente – und das braucht noch nicht einmal in einem sensiblen Bereich zu sein – ausfällt. Die Soldaten der regulären Truppe verfügen heute womöglich nicht mehr über die Grundkenntnisse oder die Ausrüstung, um die den Privatfirmen überantworteten Aufgaben selbst zu bewältigen.[60] In der ganzen Privatisierungseuphorie ist diese Gefahr nicht beachtet worden.

Ein Beispiel: Ihrer eigenen Doktrin gemäß sollten die US-Streitkräfte nur solche Dienstleistungen privatisieren, die nicht zu den »im Ernstfall wesentlichen Unterstützungsaufgaben« gehören, das heißt nur Leistungen, deren momentaner Ausfall die Mobilmachung und den kriegsmäßigen Einsatz der Streitkräfte nicht beeinträchtigen würde.[61]

Die Wirklichkeit sieht anders aus. Der Generalinspekteur des US-Verteidigungsministeriums machte schon Anfang der 90er Jahre darauf aufmerksam, dass einige sensible militärische Aufgaben bereits teilweise oder ganz von zivilen Firmen übernommen worden waren und dass die US-Streitkräfte ein reibungsloses Funktionieren aller ihrer Bereiche im Ernstfall schon nicht mehr garantieren konnten.[62] Und in späterer Zeit scheint das Problem des Kontrollverlusts auch nicht diskutiert worden zu sein. Über eine Million Soldaten sind seither aus den US-Streitkräften ausgeschieden, und die Zahl der privatisierten Aufgaben hat entsprechend zugenommen. Bezeichnend für diese Entwicklung ist die Revision altbewährter Regeln für die Rüstungsbeschaffung. Galt früher die Regel, dass die Streitkräfte ein neues Waffensystem spätestens zwölf Monate nach seiner Einführung selbstständig warten und bedienen können müssten, so hat sich inzwischen eine neue Norm etabliert: Die Militärs haben den Anspruch aufgegeben, neue Waffensysteme vollständig beherrschen zu lernen; die Beschaffungsverträge sehen in der Regel vor, dass der Lieferant bestimmte Wartungs- und andere Serviceleistungen über die gesamte Lebenszeit des Systems hinweg erbringt.

Dieses Beispiel verdeutlicht, wie leichtsinnig es ist, bewährte Effizienzregeln aus der Wirtschaft für die Restrukturierung der Streitkräfte zu übernehmen. Wenn ein Militärapparat in der Lage sein soll, mit den Unwägbarkeiten des Krieges und des feindlichen Vorgehens fertig zu werden, muss ein bestimmtes, recht hohes Maß an Redundanz in das System eingebaut werden.[63] Den heutigen Soldaten fehlt es jedoch an Ausbildung und Fähigkeiten, den Ausfall privater Militärdienstleister in den eigenen Streitkräften zu kompensieren.[64] Wenn die Streitkräfte mit der Privatisierung militärischer Aufgaben fortfahren, könnten sie die ernüchternde Erfahrung machen, dass im Ernstfall der eine oder andere Militärdienstleister den vertraglich zugesicherten Anforderungen nicht genügt.

Hinzu kommt, dass die Mannschaften privater Militärdienstleister im Unterschied zu den regulären Soldaten nicht beliebig eingesetzt werden können, denn für zivile Firmenmitarbeiter, die kampfunterstützende Dienstleistungen erbringen, gelten bestimmte Standorteinschränkungen. Wenn immer größere Teile der im rückwärtigen Raum stationierten Truppen privatisiert werden, haben die Befehlshaber an der Front kaum noch die Möglichkeit, aus diesen Kontingenten Verstärkung für die Fronttruppen anzufordern, wenn die Gefechtslage es erfordert. Eine der klassischen Geschichten aus dem Zweiten Weltkrieg ist die von den US-Hilfstruppen, die 1944 im entscheidenden Stadium der Ardennenschlacht mit Waffen ausgerüstet und an die Front geschickt wurden, um dort die geschwächten Infanterieeinheiten aufzufüllen. Das waren Köche, Lastwagenfahrer, Mechaniker, Schreibkräfte und so fort, und ihr Fronteinsatz trug entscheidend dazu bei, den Verlauf der Schlacht zu wenden.[65] Solche Situationen gehören keineswegs der Vergangenheit an. Teilnehmer des Ranger-Einsatzes in Mogadischu im Jahre 1993 berichten, dass dort in ähnlicher Weise Versorgungseinheiten den umzingelten US-Truppen zu Hilfe kommen mussten. Ein Veteran dieses Einsatzes stellte fest:

> Genau wie ein Infanterist bereit sein muss, sich auf jede Veränderung auf dem Schlachtfeld einzustellen, müssen das auch unsere Versorgungseinheiten können. Sie müssen bereit sein, sich ihre Waffen zu schnappen, hinauszugehen und zu kämpfen.[66]

Wenn aber immer mehr militärische Versorgungsaufgaben privatisiert werden, hat ein Befehlshaber, dessen Truppe an der Front in Bedrängnis gerät, keine solchen Rückgriffsmöglichkeiten mehr. Die Mitarbeiter der auf dem Versorgungssektor tätigen Firmen sind häufig Spezial-kräfte, die keine militärische Grundausbildung haben und damit für Kampfeinsätze nicht in Frage kommen. Außerdem würde ihr ziviler Status aus juristischer Sicht einen Kampfeinsatz verbieten, denn wegen der Rechtsunsicherheiten könnten sie nach dem Völkerrecht als illegale Kämpfer angesehen werden und damit den mit bestimmten Privilegien verbundenen Status von Kriegsgefangenen verlieren.[67]

Und nicht zuletzt gibt es da noch die nicht unberechtigten Zweifel an den Sicherheitsstandards der jeweils gemieteten Militärdienstleister. In der Regel wird bei privaten Firmen, selbst wenn sie in sensiblen militärischen Bereichen tätig sind, die Geheimhaltung weniger streng gehandhabt als in einer Militärbürokratie, wo bewährte Mechanismen für den Umgang mit geheimhaltungsbedürftigen Informationen be-stehen.[68] Die Sicherheitslücken, die in den letzten Jahren bei einigen für das US-Energieministerium arbeitenden privaten Labors sichtbar wurden, belegen zur Genüge die Sicherheitsrisiken, die eine Privatisie-rung in sich birgt.[69] Und das hat auch zunehmende Bedeutung für den Bereich der informationellen Kriegführung. So sind die Kommunika-tionskanäle, über die die Streitkräfte einerseits und private Auftrag-nehmer andererseits Daten austauschen, trotz Verschlüsselung, Fire-walls und ähnlichen Vorkehrungen oft besonders anfällig. Wenn die weniger gut geschützten Systeme einer Firma von feindlicher Seite in-filtriert werden, birgt das nicht nur die Gefahr, dass die Firma einen Teil der ihrem Auftraggeber geschuldeten Leistungen nicht erbringen kann, sondern auch die noch größere Gefahr eines Eindringens der Gegenseite in die elektronischen Systeme des Auftraggebers.[70]

Unter Umständen bedarf es gar keiner Infiltrierung; es genügt manchmal schon, wenn eine Privatfirma an der falschen Stelle spart. Als Airscan von den US-Streitkräften den Auftrag erhielt, den Balkan mit »Spionen am Himmel« zu überwachen, setzte die Firma für die Datenübertragung preisgünstige, handelsübliche Relais ein, die die Bilder unverschlüsselt zur Erde funkten. In ganz Europa hätte jeder, der eine Satellitenantenne auf dem Dach hatte, Livebilder von den friedenserhaltenden und antiterroristischen Operationen der NATO auf dem Balkan anschauen können. Es war tatsächlich leichter, unver-schlüsselte Bilder amerikanischer Aufklärungssatelliten zu empfangen, als sich etwa Disney-Zeichentrickfilme (die verschlüsselt gesendet wer-den) anzuschauen.[71]

## Alle Macht den Auftragnehmern:
## die reale Gefahr des Kontrollverlusts

Manche Risiken geben noch mehr Grund zur Sorge als die Gefahr, vom Auftragnehmer im Stich gelassen zu werden. Ein besonders schwer wiegendes Problem ist ein mit allen Vollmachten ausgestatteter Militärdienstleister. Dieses spezielle Gefährdungspotenzial, das die Privatisierung militärischer Aufgaben in sich birgt, hat eine lange Tradition. Machiavelli drückte es so aus:

> Ein Söldnerführer ist entweder ein hervorragender Feldherr oder nicht. Im ersteren Falle kann sich der Fürst nicht auf ihn verlassen, denn er wird stets seine eigne Macht zu begründen suchen, indem er entweder seinen Herrn oder gegen dessen Willen andre niederwirft. Ist er aber nicht tüchtig, so führt er gewöhnlich den Untergang des Fürsten herbei.[72]

Ein unter Vertrag genommener Söldnerführer mag heute die Wünsche seines Kunden erfüllen; schon morgen kann er dem Kunden seine eigenen Wünsche aufzwingen.[73]

PMFs behaupten, da sie gewinnorientierte Unternehmen seien, halte sich diese Gefahr in engen Grenzen. Sie berufen sich auf die »Grundregel einer erfolgreichen Geschäftstätigkeit: dass der Auftragnehmer immer nur so gut ist wie sein letzter Kontrakt«.[74] Firmen, die das von ihren Kunden in sie gesetzte Vertrauen missbrauchten, würden ihre eigenen Geschäftsaussichten schmälern. Und weil sie das wissen, werden sie diesen Fehler nicht begehen.

Aber in einem schwachen oder abgewirtschafteten Staat ist ein gemieteter Militärdienstleister meist die schlagkräftigste oder überhaupt die einzige funktionierende militärische Kraft im Land, selbst wenn er nur eine zahlenmäßig kleine Truppe stellt. Außerdem birgt praktisch jedes Vertragsverhältnis zwischen Auftraggeber und Auftragnehmer ein gewisses Spannungspotenzial, so dass unter Umständen beide Parteien ungeduldig auf den Zeitpunkt warten, an dem ihr Vertrag ausläuft. Das Zusammengehörigkeitsgefühl zwischen angeheuerten Truppen und denen, die diese bezahlen, ist denn auch seit jeher nie besonders eng gewesen.[75]

Man muss also mit der Gefahr rechnen, dass eine PMF oder ein Teil ihres Personals sich gegen den Auftraggeber stellt. Einseitige Vertragskündigungen oder Unzufriedenheiten des einen mit der Liefer- bzw.

Zahlungsmoral des anderen Vertragspartners könnten sicher zu schweren Zerwürfnissen führen. Man kann grundsätzlich davon ausgehen, dass eine Firma, die für Geld Krieg führt, dies auf professionelle Art tut; dennoch wird man sich ihrer Loyalität nie sicher sein können, besonders wenn anderswo mehr Geld zu verdienen ist. Der Begriff »feindliche Übernahme« könnte im Umfeld der militärischen Privatisierung eine neue Bedeutung bekommen, nämlich wenn eine beauftragte Firma sich in Verfolgung ihrer eigenen Interessen gegen ihren Auftraggeber wendet.

Man kann drei Szenarios unterscheidet, die das Potenzial für einen »Putsch« durch angeheuerte Truppen in sich bergen: (1) Wenn ein Auftraggeber zu dem Schluss kommt, dass er die Dienste der beauftragten Firma nicht mehr benötigt, dieser aber keine Zusicherungen bezüglich seines künftigen Umgangs mit ihr macht. (2) Wenn die beauftragte Firma zu dem Schluss kommt, dass sie besser fährt, wenn sie sich vom politischen Gegenspieler ihres derzeitigen Auftraggebers unter Vertrag nehmen lässt. (3) Wenn eine angeheuerte Truppe oder deren Führer zu dem Schluss kommt, dass eine Gelegenheit besteht, die Macht des eigenen Auftraggebers an sich zu reißen.[76]

Fälle, in denen angeheuerte Truppen sich gegen ihren Auftraggeber stellten, hat es immer gegeben. Die hier schon beschriebenen »freien Kompanien« des ausgehenden Mittelalters (vgl. Kapitel 2), mit denen heutige Militärdienstleister eine gewisse Ähnlichkeit haben, hatten eine ziemlich gemischte Loyalitätsbilanz. Im 14. Jahrhundert erhob sich die Große Katalanische Kompanie gegen ihren Auftraggeber und errichtete in Athen ein eigenes Herzogtum; im selben Jahrhundert heuerte Papst Gregor VII. normannische Truppen an, die ihm helfen sollten, die Belagerung Roms durch Truppen des Kaisers Heinrich IV. zu beenden. Die päpstliche Vertragsarmee, die hauptsächlich aus von den Normannen angeheuerten Moslems bestand, konnte den Belagerungsring zwar sprengen, machte danach aber kehrt und fiel über die Stadt her: Tausende wurden massakriert, Abertausende versklavt. Nicht zu vergessen die Freibeuter des 18. Jahrhunderts, die oft genug die Schiffe ihrer Auftraggeber kaperten.

Um die Zuverlässigkeit angeheuerter Truppen scheint es auch in der jüngeren Geschichte nicht viel besser bestellt gewesen zu sein. Die »Söldnerrevolte« 1967 in Zaire und die Staatsstreiche auf den Komoren 1975 und 1990 zeugten ebenso davon wie die Revolte der französischen Fremdenlegion im Jahr 1961, in der Schlussphase des Algerienkriegs. Das letztere Beispiel illustriert, dass ausländische Söldner dazu neigen, auf eigene Faust gegen einheimische Kräfte loszuschlagen, selbst wenn sie unter dem Befehl nationaler Streitkräfte stehen.[77]

Die Unart angeheuerter Söldnertruppen, sich gegen ihren Auftraggeber zu stellen, verliert vielleicht etwas von ihrer Unerhörtheit, wenn man ihr die lange Liste der Fälle gegenüberstellt, in denen Auftraggeber die von ihnen angeheuerten Truppen hintergangen oder verraten haben. So sollen vor wenigen Jahren – um nur ein Beispiel zu nennen – in Tschetschenien 150 russische Vertragssöldner von den sie begleitenden regulären russischen Truppen erschossen worden sein, nachdem es zu Spannungen zwischen den beiden Fraktionen gekommen war.[78] Es kann auch ein prophylaktischer Akt der Selbsterhaltung sein, wenn eine Söldnertruppe sich gegen ihren Auftraggeber erhebt.

An belegbaren Beispielen aus dem Bereich der privaten Militärbranche herrscht aus offenkundigen Gründen Mangel, doch gibt es immerhin Anhaltspunkte dafür, dass Firmen unter bestimmten Umständen beschlossen haben, sich gegen ihren Auftraggeber zu wenden. Executive Outcomes spielte 1996 eine maßgebliche Rolle im innenpolitischen Geschehen von Sierra Leone. Man kann davon ausgehen, dass EO beim Sturz des Strasser-Regimes, das die Firma ins Land geholt hatte, maßgeblich mitwirkte, ebenso wohl auch an der Machtübernahme des Generals Bio, der in den Augen der Firmenleitung der bessere Regierungschef und der bessere Geschäftspartner war.[79] Wie tief EO tatsächlich in die Vorgänge verstrickt war, wissen nur Insider; es gilt jedoch als sicher, dass die Firma von dem bevorstehenden Putsch wusste und weder ihre Informationen weitergab noch gegen die Putschpläne opponierte; dabei war sie die vertragliche Verpflichtung eingegangen, die Regierung des Landes vor allen Gefahren zu schützen.[80]

Auch wenn eine private Militärfirma ihrem Auftraggeber treu bleibt, kann sich dieser der Loyalität aller Mitarbeiter der Firma niemals sicher sein. Reguläre Soldaten werden durch ein Gemisch aus Patriotismus, Korpsgeist und Angst vor Strafe davon abgehalten, abtrünnig zu werden oder Verrat zu begehen. Dennoch kommen Insubordination und Verrat auch in ihren Reihen vor. Aber die soldatischen Mitarbeiter privater Militärfirmen unterliegen solchen Abschreckungsmechanismen kaum. Patriotismus spielt bei ihnen so gut wie keine Rolle, schon gar nicht, wenn sie für einen ausländischen Kunden tätig sind. Manche mögen Loyalität zu ihrer Firma empfinden, aber sicher nicht im Sinne einer tiefen emotionalen Bindung. Korpsgeist mag vorhanden sein, aber womöglich kein besonders ausgeprägter, erst recht nicht, wenn Firmenmitarbeiter auf diverse Einheiten der regulären Truppe verteilt werden oder in Kontingente aufgeteilt sind (wenn z. B. Fliegerstaffeln der Nationalität X einer Infanterietruppe der Nationalität Y Luftunterstützung geben). So setzte EO bei einigen Einsätzen ukrainische Piloten zur Unterstützung ihrer südafrikanischen Bodentruppen ein. Die Mitglieder solcher Kontingente sehen einander unter Umständen nie von Angesicht zu Angesicht, und so kann natürlich keine Kameradschaft entstehen, die sie gegen von außen herangetragene Versuchungen immunisieren würde. Auch die Angst vor Sanktionen dürfte bei PMF-Mitarbeitern weniger ausgeprägt sein. Ein Firmenmitarbeiter, der Verrat am Auftraggeber begeht, könnte nur in seinem Heimatstaat angeklagt werden.

Die Loyalität angeheuerter Firmenmitarbeiter ist nicht nur für den Auftraggeber ein Problem; auch die betreffende Firma selbst sollte die Vertragstreue ihrer Mitarbeiter kontrollieren. Nach allem, was wir wissen, praktiziert jedoch keine Firma eine systematische interne Loyalitätskontrolle.

### Neuartige Anreize

Beauftragte Firmen lassen sich nur schwer kontrollieren, und es gehört zu den Risiken des militärischen Outsourcings, dass der »Kampfgeist« des Auftragnehmers nicht immer dem entspricht, was der Auftraggeber sich wünschen würde. Ein besonderes Problem haben Kunden, die einen Militärdienstleister unter Vertrag nehmen. Es liegt in der Natur der Dinge, dass diese Kunden oft am dringendsten auf die Dienste der PMF angewiesen sind, aber am wenigsten Geld in der Kasse haben. Die PMF muss sich daher Sorgen machen, ob sie das vereinbarte Honorar erhalten wird. In einer Reihe von Fällen hat dieses Dilemma zu eigenartigen Konstruktionen geführt, mit denen Auftraggeber und Auftragnehmer ihre Interessen in Übereinstimmung zu bringen versucht haben.

### *Faustischer Handel*

Ein Vertragsmodell, das auf eine Gewinnteilung im Erfolgsfall hinausläuft, wird gelegentlich als »faustischer Handel« bezeichnet. Die Firma erhält in diesem Modell den Status einer »verbrieften Gläubigerin« des

Auftraggebers, vergleichbar in etwa dem Status des Vorstandsvorsitzenden einer Aktiengesellschaft, dessen Entlohnung ausschließlich aus Aktien des eigenen Unternehmens bestünde. Etliche Auftraggeber haben in der Vergangenheit versucht, private Militärfirmen unverbrüchlich an sich zu binden, indem sie ihnen (oder bestimmten mit ihnen verbundenen Firmen) Vermögenswerte verpfändeten, oft im Rahmen verschleierter Privatisierungsprogramme.[81] Unter solchen Voraussetzungen haben die Firmen, um ihre Bezahlung sicherzustellen, ein ureigenes Interesse am Erfolg ihrer Mission, da nur dann das Pfand in der Verfügungsgewalt ihres Auftraggebers bleibt. Auf diese Weise werden die Geschicke der Firma fest mit denen des Kunden verschweißt.[82]

Dieses Vertragsmodell führt häufig zu einem »dreieckigen« System der Gewinnteilung. Die PMF, die durch Kapitalbeteiligung oder persönliche Beziehungen in eine größere Unternehmensgruppe eingeflochten ist, stellt militärische Sicherheit nicht nur ihrem staatlichen Auftraggeber zur Verfügung, sondern auch ihren eigenen Partnerunternehmen, soweit sie in dem betreffenden Land geschäftlich aktiv sind. Die Regierung liefert die Legitimität, während die Unternehmensgruppe das Geld bereitstellt, mit dem die PMF bezahlt wird (auf dem Umweg über die Staatskasse). Auf diese Weise wird aus der Aufgabe, eine in die Krise geratene Region zu stabilisieren, ein praktikables und für alle Beteiligten profitables Geschäft.[83]

Verschuldete Auftraggeber wie die Regierungen von Sierra Leone, Angola oder Papua-Neuguinea haben dem Vernehmen nach für die Finanzierung ihrer Militärdienstleister diesen Weg beschritten, indem sie Bergbau- oder Ölförderrechte direkt oder indirekt an Partnerunternehmen der beauftragten PMFs übertrugen. Gerüchten zufolge hatten die Rebellenbewegungen in Sierra Leone und Angola ähnliche Vereinbarungen mit konkurrierenden Konzernen geschlossen.[84] Eine Schlüsselrolle spielen hier die Verbindungen zu multinationalen Unternehmen und komplexen Finanzierungsnetzwerken, an die die betreffenden Regierungen über die beauftragten Firmen herankommen. Aus der Sicht der Firmen wiederum ist das Geniale an solchen Arrangements der Umstand, dass sie für ihre Dienste zum einen mit potenziell wertvollen Konzessionen, Rechten und Lizenzen belohnt werden, aus denen sich zudem exklusive geschäftliche Möglichkeiten für ihre Partner aus derselben Unternehmensgruppe entwickeln lassen.[85] Firmen, die in »zivileren« und einem härteren Wettbewerb unterworfenen Regionen der Weltwirtschaft zu den schwächeren Akteuren gehören, können durch die Partnerschaft mit der PMF-Branche Wettbewerbsvorteile in gefährlicheren Regionen erzielen.[86]

Die Bezeichnung »faustischer Handel« beinhaltet freilich auch den Aspekt, dass solche Arrangements dem Auftraggeber langfristig Verluste bescheren können, die er bei Vertragsabschluss womöglich nicht bedacht hat. Es liegt in der Natur eines solchen Vertrages, dass eine potenziell wertvolle nationale Ressource um eines kurzfristigen Vorteils willen aus der Hand gegeben wird. Die Firma nutzt die Notlage des Kunden aus, um sich die Verfügung über Vermögenswerte zu sichern, deren Wert die Regierung (oder ein Nachfolgeregime) unter Umständen sehr viel höher einschätzen wird. Indem eine Regierung heute nationale Vermögenswerte verpfändet, schmälert sie künftige Staatseinnahmen, mit dem Risiko, dass das Land und seine Bevölkerung über Generationen hinweg finanziell ruiniert sind.[87] In Sierra Leone verscherbelte die Regierung 1997 Diamantenschürfrechte mit einem langfristigen Wert von rund 200 Millionen Dollar für eine militärische Mission der Firma Sandline, die nach Schätzungen etwa 10 Millionen Dollar wert war, die Regierung allerdings vor dem Untergang bewahrte.

Solche Geschäfte bergen in sich die Gefahr einer Rückkehr zu überwunden geglaubten Praktiken der Ausbeutung von Bodenschätzen, die mit den Geboten einer nachhaltigen wirtschaftlichen und gesellschaftlichen Entwicklung unvereinbar sind. Der betreffende Staat bleibt zwar in die Weltwirtschaft integriert, aber vorwiegend durch ausländische Konzerne, die die Rohstoffe des Landes fördern und ausführen, wobei nur ein extrem geringer Teil der erwirtschafteten Erträge der Bevölkerung des Ursprungslandes zugute kommt.[88] Überhaupt laufen die Geldflusse im Zusammenhang mit PMF Kontrakten zum größten Teil am Fiskus der auftraggebenden Staaten vorbei, da bei diesem Typus der Vergütung durch Abtretung von Rechten an Dritte, die ihren Sitz oft an Offshore-Standorten haben, in aller Regel keine Steuern erhoben werden.[89]

## Strategische Privatisierung

Die Formel »strategische Privatisierung« steht für eine andere Variante dieser Umwegfinanzierung.[90] Wenn ein beauftragendes Regime im Moment nicht die tatsächliche Verfügungsgewalt über einen nationalen Vermögenswert besitzt (z.B. eine ergiebige Mine, die sich in den Händen von Rebellen befindet), hat es dennoch das völkerrechtlich verbriefte Recht, diesen zu privatisieren, indem es ihn etwa an eine PMF oder eine von deren Partnerfirmen verkauft. In dem vorherigen Szenario bestand die Aufgabe der Militärfirma darin, bedrohte Vermögenswerte zu verteidigen. Im Falle der »strategischen Privatisierung« muss sie das ihr als Vergütung versprochene Nutzungsobjekt erst einmal erobern. Gelingt dies, so haben die Rebellen sowohl eine Niederlage erlitten als auch eine wertvolle Finanzierungsquelle eingebüßt, auf die die Regierung bis dahin keinen Zugriff hatte.

In der Sprache der Wirtschaft heißt so etwas ein »Debt-Equity-Swap«. Die PMF (oder deren Mutterunternehmen) geht im Vertrauen auf die eigene militärische Überlegenheit ein kalkuliertes geschäftliches Risiko ein. Politisch gewendet handelt es sich um eine moderne Parallele zu Michael Doyles Idee eines »Imperialismus auf Einladung«, ein Modell, bei dem diejenigen, die die Verbindungen zu internationalen Märkten kontrollieren, die Oberhand über ihre lokalen Wettbewerber gewinnen.[91]

Die angolanische Regierung hat sich dieser Strategie in zweckmäßiger Weise bedient. Sie dachte sich 1996 eine politische Strategie aus, die besagte, alle multinationalen Unternehmen müssten selbst für ihren militärischen Schutz sorgen, anstatt sich darauf zu verlassen, dass die angolanischen Streitkräfte dafür sorgen würden. Abgesehen davon, dass diese Politik den staatlichen Streitkräften das Leben erleichterte, war die Regierung auch strategisch clever genug, Schürfrechte und Förderkonzessionen so zu vergeben, dass sich die Operationsgebiete der Bergbaugesellschaften mit den Kommunikations- und Verbindungswegen der Rebellenbewegung überschnitten.[92] Den Unternehmen und den von ihnen beauftragten Militärfirmen blieb kaum etwas anderes übrig, als die Rebellen zu bekämpfen, um sie von ihren Sicherheitszonen fern zu halten. Beobachter führen das Obsiegen der Regierung gegen die UNITA nicht zuletzt auf diese Strategie zurück.

Die PMF-Branche selbst bestreitet, dass Vereinbarungen im Sinne einer »strategischen Privatisierung« vorkommen, doch ihre engen Verflechtungen mit multinationalen Unternehmen sind unübersehbar, und der Tross assoziierter Firmen, der im Schlepptau von Militärdienstleistern in die jeweils betroffene Region einfällt, ist nur schwer zu ignorieren. (Man denke etwa an das in Kapitel 8 beleuchtete Auftauchen des Konzerns Branch-Heritage, immer wenn EO und Sandline einen größeren Einsatz fuhren.)[93] Selbst in Fällen, in denen keine förmlichen Kapitalverflechtungen bestehen, lässt sich zumindest feststellen, dass private Militärfirmen ihnen freundschaftlich verbundene Unternehmen ins Spiel bringen, die potenziell an Investitionen in solchen Konfliktzonen interessiert sind, die für die Zukunft die Perspektive einer stabilen Entwicklung bieten. Manchmal schanzen PMFs einer oder mehreren mit ihnen assoziierten Firmen auch Wettbewerbsvorteile zu, indem sie Verbindungen spielen lassen, die sie im Einsatzland aufgebaut haben. Die Regierung und die Behörden dieses Landes haben in der Regel größeres Vertrauen zu solchen an mehreren wirtschaftlichen Fronten operierenden Unternehmen, weil sie davon ausgehen können, dass diese mehrere Einsätze im Land getätigt und umso mehr zu verteidigen haben. Solche Unternehmensgruppen werden nicht bei jedem Vorzeichen einer Krise die Segel streichen, sondern vielmehr der Regierung helfen, Herausforderungen zu bestehen, und selbst etwas in die Erhaltung des Status quo investieren. Wenn man privaten Militärfirmen vorhält, sie brächten ihre Auftraggeber dazu, die Zukunft eines ganzen Landes zu verpfänden, bekommt man als Antwort meistens zu hören, die betreffenden Regierungen seien doch in keiner Weise gezwungen, die Dienste der Firmen in Anspruch zu nehmen oder ihre nationalen Vermögenswerte zu privatisieren. Nach ihrer Einschätzung lässt sich ihre Situation vielmehr mit der von Aktionären vergleichen, die neues Kapital in ein Unternehmen einbringen. Das mag zwar dazu führen, dass der Anteil des ursprünglichen Hauptaktionärs kleiner wird, doch nach ihrer Überzeugung wird es mehr als wettgemacht dadurch, dass sie der Regierung helfen, ein sicheres Investitionsumfeld zu schaffen, das auch andere Unternehmen anlockt.

### Schlussfolgerungen und Komplikationen

Die in diesem Kapitel erörterten Probleme der Vertragsgestaltung bilden nur einen kleinen Ausschnitt aus der Vielfalt der zu betrachtenden Komplikationen. Jede Privatisierung militärischer Dienstleistungen wirft einen Wust an Fragen auf: Welchen Einfluss haben Insolvenzen oder Fusionen auf die Kontinuität der dem Kunden zugesagten Dienstleistung? Was passiert, wenn das Mutterunternehmen von einem ausländischen Konzern übernommen wird, der aus einer der laufenden Operationen aussteigen will? Wäre es für einen ins Hintertreffen geratenen Bürgerkriegsgegner nicht die denkbar beste Strategie, eine Übernahme am grünen Tisch zu versuchen, anstatt sich einer Entscheidung auf dem Schlachtfeld zu stellen? Alle diese Fragen führen zu Erwägungen und Handlungsoptionen, die sich ziemlich stark von denen unterscheiden, die sich im Zusammenhang mit dem Einsatz regulärer Streitkräfte stellen.

## Kapitel 11

# Marktdynamik und Störungen der globalen Sicherheit

> Die Dissonanz zwischen dem Ernst der internationalen
> Politik und der Trivialität der Theorie der internationalen
> Beziehungen ist ziemlich schrill.
>
> R.B.J.Walker

Ein Grundsatz der internationalen Sicherheitspolitik besagt, Staaten seien die zentralen und einzig wirklich relevanten Akteure der Weltpolitik. Tatsächlich wird sich fast jeder, der ein Seminar über internationale Beziehungen absolviert hat, an die typische Einführungsvorlesung erinnern, in der die Weltpolitik mit den mechanischen Vorgängen auf einem Billardtisch verglichen wird: Dabei ist der Tisch die politische Weltbühne, die Kugeln sind die souveränen Staaten. Das »Spiel« der internationalen Politik besteht demnach aus Interaktionen zwischen den Staaten, und die Kräfteverhältnisse zwischen ihnen liefern die Antriebsenergie. Bei der Berechnung sowohl der politischen Ausgangsparameter als auch der voraussichtlichen Resultate eines Konflikts bleiben andere Akteure im Allgemeinen außer Betracht.[1]

Die Existenz einer privaten Militärbranche stellt diese Prämissen implizit in Frage. PMFs sind an Kriegen teilnehmende Akteure und widersprechen somit der vorausgesetzten staatlichen Monopolrolle. Außerdem haben die gängigen Theorien, die das weltpolitische Geschehen beschreiben, ihre grundlegenden Annahmen ursprünglich aus mikroökonomischen Modellen bezogen. Diese politischen Theorien sahen sicherlich nicht voraus, was geschehen würde, wenn eines Tages ein richtiger Markt für militärische Dienstleistungen – mit all seinen dynamischen Prozessen und Unwägbarkeiten – das traditionelle Sicherheitssystem unterminieren würde.[2]

## Der Militärmarkt

Märkte funktionieren nicht immer perfekt; sie unterliegen häufig Reibungen, Einmischungen und anderen äußeren Einflüssen, besonders wenn sie erst im Entstehen und ihre Strukturen noch ungefestigt sind. Die Bildung eines Marktes für militärische Dienstleistungen hatte zur Folge, dass der Bereich der internationalen Sicherheit um ein Potenzial erweitert wurde, das zu Komplikationen und Störungen der marktdynamischen Prozesse führen konnte. Die souveränen Staaten sind nicht mehr die einzigen handelnden Akteure; zu ihnen haben sich »interdependente Akteure gesellt, die sich innerhalb eines Netzwerks transnationaler Beziehungen und Transaktionen bewegen«.[3]

Die private Militärbranche verkörpert eine alternative Macht- und Autoritätsstruktur mit Verbindungen zum Weltmarkt anstelle der traditionellen Begrenztheit des Territorialstaats. Das hat Auswirkungen auf die Dynamik sowohl der zwischenstaatlichen als auch der innerstaatlichen Sicherheitsbeziehungen. Man könnte die Auffassung vertreten, diese neue Branche bringe keine wirkliche Veränderung der internationalen Sicherheitspolitik, da sie nur eine zusätzliche Ressource sei, die die Staaten zur Steigerung ihrer Macht benutzen können. Letzteres ist zwar insofern richtig, als viele Staaten private Militärfirmen angeheuert und von ihnen profitiert haben. Doch die gesamte Branche ist darüber hinaus auch ein unabhängiger, globalisierter Anbieter von Dienstleistungen, die ganz besonders sicherheitsrelevant sind. PMFs operieren außerhalb jeder exklusiven Kontrolle durch einen Staat. Der allgemeine Aufschwung, den die Branche nimmt, ist ja ein direktes Ergebnis der Schwächung staatlicher Macht, die nicht nur in bestimmten geografischen Regionen zu beobachten ist, sondern auch in bestimmten militärischen Funktionsbereichen. Die Nachfrage nach ihren Dienstleistungen lässt sich nicht durch eine ideologische Fixierung auf das Gewaltmonopol des Staates wegdiskutieren.[4]

Die Existenz einer neuen privaten Militärbranche bedeutet auch, dass heute sowohl staatliche als auch nichtstaatliche Akteure die Verfügung über militärische Fähigkeiten erlangen können, die früher ausschließlich starken Staaten vorbehalten waren. Wo die staatlichen Strukturen schwach sind, ist die staatliche Autorität in Frage gestellt – und damit auch die Fähigkeit dieses Landes, potenzielle Gegner militärisch zu besiegen. PMFs könnten zu einer Gefahr für die Interessen regionaler Mächte werden, wenn nicht sogar für die Hegemonie einer Großmacht. Denn Militärdienstleister können Kräfte unterstützen, auf die die Großmächte nicht gut zu sprechen sind.[5] Zu nennen wären hier PMFs, die für sogenannte Schurkenstaaten wie Libyen und Sudan, für kolumbianische und mexikanische Drogenkartelle und sogar für radikal-islamische Dschihad-Gruppen gearbeitet haben. Auf diese Beispiele wird hier noch näher eingegangen werden.

Der wichtigste Aspekt hat jedoch mit der Unternehmensstruktur dieser neuen militärischen Akteure zu tun. Selbst wenn eine private Militärfirma im unmittelbaren Auftrag eines Staates (oder einer Großmacht) arbeitet, bedeutet ihr Einsatz, dass die Entscheidung darüber, wie eine militärische Operation im Einzelnen durchgeführt wird, an einen Ort außerhalb der staatlichen Sphäre verlegt wird. Das Werkzeug staatlicher Gewaltanwendung ist unter den Bedingungen der Privatisierung nicht mehr eine staatliche Armee, sondern ein privater, gewinnorientierter Akteur. Die Motivlage ist damit eine andere, man könnte auch sagen, eine verzerrte. Es ergeben sich daraus gewisse Probleme im Verhältnis zwischen Auftraggeber und Auftragnehmer (vgl. Kapitel 10). Das führt dazu, dass sich das Verhältnis zwischen ihnen verändert und dass militärische Einsätze oft anders verlaufen, als es beim Einsatz regulärer nationaler Streitkräfte zu erwarten gewesen wäre. Was dabei herauskommt, widerspricht einer Reihe etablierter Grundsätze traditioneller Sicherheitspolitik, wie etwa der Annahme, dass Staaten stets nach Autarkie streben, um sich nicht in die Abhängigkeit von anderen zu begeben und dadurch an eigener Macht einzubüßen.[6] Eine von einem Staat beauftragte PMF engt dessen Autarkie allein schon dadurch ein, dass sie eben besseres Personal rekrutieren und effektiveres Gerät stellen kann.[7]

Die Existenz der PMF-Branche tangiert auch das allgemeine Verständnis von staatlicher Souveränität, wie sie Max Weber 1919 in einem Vortrag definiert hatte:

> Staat ist diejenige menschliche Gemeinschaft, welche innerhalb eines bestimmten Gebietes – dies: das ›Gebiet‹ gehört zum Merkmal – das Monopol legitimer physischer Gewaltsamkeit für sich (mit Erfolg) beansprucht.[8]

Das letztgültige Merkmal staatlicher Souveränität ist demnach die Kontrolle über die Mittel für die Ausübung innerer und äußerer Gewalt, das heißt über die Aufstellung, den Unterhalt und den Einsatz von Streitkräften.[9] Diese Definition staatlicher Souveränität liegt praktisch allen Ansätzen einer Theorie der internationalen Beziehungen zugrunde, die gegenwärtig die Szene beherrschen, ob es sich nun um realpolitische, liberale oder konstruktivistische Ansätze handelt. Sie alle gehen von internationalen Systemen aus, die aus souveränen Staaten bestehen.[10] Dass nun ein neuer, privater Akteur sein Gewicht in die Waagschale wirft, ist nicht weniger als ein Beleg dafür, dass »Souveränität kein absolutes, zeitloses und unveränderliches Attribut des Staates ist«.[11]

Es gibt immer wieder Veränderungen in der internationalen Politik: Neue Akteure treten auf den Plan, alte Akteure entwickeln sich weiter. Die Existenz einer privaten Militärbranche ist nur ein Aspekt dieses kontinuierlichen Wandels. Leider gibt uns die akademische Welt nur wenige analytische Werkzeuge an die Hand, die uns helfen können, diese jüngste Entwicklung und ihre Auswirkungen zu verstehen. Die gegenwärtig vorliegenden Theorien einer Politik des globalen Gleichgewichts, einer robusten Diplomatie mit Elementen wie Abschreckung, Dominanz in Offensive und Defensive oder Kriegsbeendigung, gehen allesamt davon aus, der Staat sei im internationalen System die einzige Quelle organisierter Gewalt. Die Etablierung potenter privater Militärfirmen bringt diese Annahme ins Wanken.

## Der private Militärmarkt und die »Fungibilität von Macht«

In der Theoriebildung zum Thema internationale Beziehungen wurde der Schwerpunkt beharrlich auf die Verteilung durchsetzungsstarker Macht unter den diversen Akteuren gelegt, worunter vor allem die militärischen Machtmittel verstanden wurden. Gewalt war und ist in den internationalen Beziehungen die Ultima Ratio; kein Staat kann seinen Fortbestand und seinen Wohlstand zuverlässig sichern, wenn er nicht in der Lage ist, den Machtmitteln seiner Nachbarn Paroli zu bieten, sei es aus eigener Kraft, sei es mit Hilfe von Bündnispartnern.[12]

Worauf die Fähigkeit, sich diese Machtmittel zu verschaffen, beruht, wird kontrovers diskutiert. Manche behaupten, es sei nicht ganz leicht, wirtschaftliche Stärke in militärische Fähigkeiten umzusetzen.[13] Finanzkraft schlägt sich nicht unbedingt und unmittelbar in Wehrkraft nieder. Eher scheint es so, dass mit zunehmender Abhängigkeit von Kapitalflüssen die Neigung wächst, zwischenstaatliche Konflikte zu vermeiden.[14] Die Vertreter dieser Denkschule behaupten, die zunehmende wechselseitige Abhängigkeit der Staaten voneinander im wirtschaftlichen Bereich sei kein Ausdruck von Verwundbarkeit, sondern einfach ein Faktor, der militärische Aggression teurer mache und den Anreiz,

Kriege zu führen, verringere. In dieser theoretischen liberalen Wirtschaftsordnung besteht kein Zusammenhang mehr zwischen dem Wohlstand eines Landes und der militärischen Durchsetzungskraft, die für die territoriale Kontrolle erforderlich ist. Damit ist eine der Hauptursachen für Kriege beseitigt.[15]

Die Privatisierung militärischer Dienstleistungen hat indessen zur Folge, dass militärische Ressourcen auf dem freien Markt erhältlich sind, oft zu niedrigeren Preisen und in einer besseren Kosten-Nutzen-Relation, als ein einzelner Staat sie realisieren könnte. Diese Entwicklung spricht gegen die These vom aufgehobenen Zusammenhang zwischen militärischer und wirtschaftlicher Macht. Macht ist heute leichter für Geld zu bekommen als je zuvor.[16] Militärische Machtmittel kann sich jeder beschaffen, der das Geld und das nötige Know-how hat, sie aufzutreiben. Die Schranken, die früher den Erwerb militärischer Stärke behinderten, sind nicht mehr so hoch. Oder anders ausgedrückt: Die privaten Militärdienstleister sorgen dafür, dass es heute wieder leichter ist, Pflugscharen zu Schwertern umzuschmieden.

Erforderte die Bereitstellung einer Streitmacht früher nachhaltige Investitionen in Form von Haushaltsmitteln und Zeit, ist es heute möglich, die ganze Bandbreite militärischer Schlagkraft, von Kommandospezialisten bis hin zu einer gefechtsklaren Luftwaffe, binnen weniger Wochen, wenn nicht binnen Tagen von einem Militärdienstleister geliefert zu bekommen. Dies ermöglicht es reichen, aber bevölkerungsarmen Staaten wie denen am Persischen Golf, militärische Schlagkraft auf einem Niveau einzusetzen, das sie nicht erreichen könnten, wenn es keine private Militärbranche gäbe. Ähnliches gilt für neue Staaten wie Kroatien oder für nichtstaatliche Hilfsorganisationen wie CARE, die nicht über die gewachsene institutionelle Struktur verfügen, einen langlebigen und schlagkräftigen eigenen Militärapparat aufzubauen.

Außerdem eröffnet der neue Militärmarkt Staaten und anderen Akteuren die Möglichkeit, sich zusätzliche spezialisierte Fähigkeiten zuzulegen, etwa im Bereich der informationellen Kriegführung, oder durch Rückgriff auf die in der militärischen Beraterbranche akkumulierte Expertise ganze militärische Entwicklungsschritte zu überspringen und ihre Streitkräfte auf den modernsten Stand zu bringen. Auf diese Weise war zum Beispiel der Sudan in der Lage, ein Geschwader aufzubieten mit Kampfjets vom Typ MiG-29, geflogen von mitgecharterten russischen Piloten. Mit dieser angeheuerten Luftflotte ist das unterentwickelte afrikanische Land in der Lage, die modernsten Waffen aus dem Luftarsenal der USA zu orten und abzuschießen, selbst Cruise-missiles vom Typ Tomahawk und Stealth-Bomber wie die F-117 und die B-2.[17]

Bislang bestand die übliche Antwort eines Staats auf innere und äußere Drohungen darin, sich selbst ein nachhaltiges militärisches Potenzial zuzulegen und Bündnisse mit anderen Staaten anzustreben. Heute können sich die Staaten – und auch andere internationale Akteure – die benötige Schlagkraft einfach auf dem internationalen Markt beschaffen. Mit der zugekauften Sicherheit erhöhen sie allerdings auch ihre Abhängigkeit von anderen.[18] Saudi-Arabien zum Beispiel hat sich die Dienste einer ganzen Phalanx privater Militärfirmen gesichert, die alle erdenklichen Aufgaben erfüllen, von Planung und Truppenaus-bildung bis zur Wartung und Reparatur von Waffensystemen. Damit versetzen diese Firmen das Königreich in die Lage, eine hochgradig mechanisierte Armee ins Feld zu schicken, die zu den modernsten im Nahen Osten gehört und jedenfalls weitaus schlagkräftiger ist, als es für ein Land mit der Bevölkerungszahl Saudi-Arabiens eigentlich not-wendig wäre. Die Kehrseite der Medaille aber ist, dass die saudischen Streitkräfte nun von den unter Vertrag genommenen Firmen abhängig sind und selbst für die Planung und Organisierung einfachster militä-rischer Übungen die Hilfe der PMFs benötigen.[19]

Seit militärische Schlagkraft zu einer Handelsware geworden ist, hat sich eine Palette unterschiedlicher Modelle und Strukturen für ihre Indienstnahme entwickelt. Darunter ist eine Variante, wie sie sich in ähnlicher Form auch bei den Söldnerkompanien fand, die zwischen dem 13. Jahrhundert und 1850 in Europa Konjunktur hatten.

> In dem Maß, wie Länder nach Mitteln und Wegen suchen, militäri-sche Bedarfsspitzen zu decken, ohne ein großes und teures Friedens-heer vorhalten zu müssen, und in dem Maß, wie es für sie schwieri-ger wird, Truppen aus der eigenen Bevölkerung zu rekrutieren, wird das Outsourcing zu einer attraktiven Option für die Schließung von Personallücken. Von Privatfirmen gestellte Armeen, Kriegsflotten, Luftwaffen und Nachrichtendienste könnten zu bedeutsamen Ak-teuren in den bewaffneten Konflikten des 21. Jahrhunderts werden. Dadurch werden sich neue strategische und politische Dimensionen eröffnen.[20]

Eine andere Variante weist Parallelen zu Konstellationen des frühen Mittelalters auf, als militärische Aufgaben, die ein hohes fachmännisches Können erforderten, wie Artillerie und Belagerungstechnik, häufig von angeheuerten Spezialkräften statt von regulären Soldaten erledigt wurden. Der Militärexperte Steven Metz schreibt:

> Heute, da die Kriegführung immer komplexer wird und die Kosten für die Ausbildung und Vorhaltung technischer Spezialisten eskalieren, vollzieht sich dieselbe Entwicklung.[21]

Eine dritte und letzte Variante könnte man als »postmodern« charakterisieren. Sie beinhaltet die Annahme, der Krieg der Zukunft könne von lockeren, heterogenen Netzwerken staatlicher und nichtstaatlicher militärischer Gruppen und Organisationen geführt werden. Manche würden eher politische oder ideologische Ziele verfolgen, andere nur das Ziel, Geld zu verdienen, aber alle würden in einem Kontinuum der Zusammenarbeit und des Konflikts mit oder gegeneinander operieren.[22]

An Beispielen für alle diese Varianten herrschte ausgangs des 20. Jahrhunderts kein Mangel. Im Konflikt mit seinem Nachbarn Eritrea entschied sich Äthiopien für eine Kombination aus angeheuerten Söldnertruppen und unter Vertrag genommenen hochspezialisierten Teams. Ein Krieg zwischen diesen beiden Ländern schien vielen damals eher unwahrscheinlich, da keines von ihnen genügend militärisches Potenzial oder Bündnispartner hatte, um eine glaubwürdige militärische Drohkulisse aufzubauen. Nach einigen Niederlagen zu Beginn des Krieges beschloss Äthiopien (wie zuvor Sierra Leone und Kroatien), sich Hilfe von dritter Seite zu beschaffen, nämlich aus dem privaten Sektor.[23] Die Regierung heuerte Militärexperten aus Russland an, die ihr halfen, ihre Luftverteidigung zu organisieren, schwere Geschütze einzusetzen und mit Radartechnik und elektronischer Kriegführung umzugehen. Die Firma Suchoi verkaufte der äthiopischen Regierung einen Verband russischer Kampfjets vom Typ Su-27. Wichtiger noch war, dass die Firma sich vertraglich verpflichtete, über 250 Piloten, Flugzeugmechaniker und anderes Bodenpersonal zu stellen – Crews, die die Flugzeuge fliegen und warten würden. Im Grunde stellte die Firma Äthiopien eine kleine, aber komplette Luftwaffe zur Verfügung.[24] Äthiopien nahm auch ein Team russischer Exgeneräle unter Vertrag, die bei der strategischen Planung mithalfen.[25] Nach Geheimdienstberichten fand keine einzige Sitzung des äthiopischen Generalstabs statt, an der nicht auch diese privaten russischen Militärberater bei der Planung und Durchführung der Operationen mitgemischt hätten.[26]

Diese halb privatisierte und komplett runderneuerte Armee bezwang in der »Operation Sunset« die Streitkräfte von Eritrea. Wie in Kroatien dauerte auch hier der Krieg nur ein paar Wochen. Militärexperten blieb nicht verborgen, welchen Beitrag die von privater Seite gewährte Unterstützung dazu leistete, Äthiopien zur führenden Macht in der Region zu machen, und sie sagten voraus, dass auch andere Staaten, die in ähnliche Grenzstreitigkeiten verwickelt waren, im Konfliktfalle solche private Unterstützung anfordern würden.[27]

Hier scheint sich ein neuer Standard für die schnelle Durchführung kleiner Kriege abzuzeichnen. 2001 sah Mazedonien sich mit einer separatistischen Aufstandsbewegung albanischer Nationalisten konfrontiert. Die Regierung beschaffte sich aus ukrainischen Quellen einige Kampfhubschrauber samt Besatzungen für den Kampf gegen die Guerilla. Ihr Plan war im Grunde eine Neuauflage dessen, was die Regierungen von Äquatorialguinea und Sierra Leone bereits vorexerziert hatten.[28] Auch der fortdauernde Krieg in Kolumbien gestattet uns einen Blick auf die postmoderne Netzwerkvariante, ein Szenario, in dem alle an einem Konflikt beteiligten Parteien sich mit privaten militärischen Hilfstruppen liiert haben. Während die Regierung und die im Land aktiven multinationalen Unternehmen private Militärfirmen engagiert haben, hat die Opposition einen erheblichen Teil ihrer nachrichtendienstlichen und militärischen Aktivitäten privaten Mitstreitern übertragen. Aufständische, Drogenkartelle, internationale Mafias, angeheuerte Berater und andere am kolumbianischen Dauerkrieg beteiligte Parteien, die finanziell meist aus dem Vollen schöpfen können, haben ihre jeweils eigenen Waffenbrüderschaften geschlossen. Sie können auf diese Weise das eigene Stammpersonal schonen und zugleich die jeweils modernste Waffentechnik zum Einsatz bringen.[29]

Dass militärische Macht inzwischen zu einer Handelsware geworden ist, hat offensichtlich tiefgreifende Auswirkungen. In dem Maß, wie militärische Schlagkraft weltweit und jederzeit eingekauft werden kann, können die volkswirtschaftlichen Kosten für die Vorhaltung militärischer Ressourcen auf den Militärdienstleister abgewälzt werden – und ebenso das Risiko bei Truppeneinsätzen und Verlusten, das bislang politische Konsequenzen für die Regierung hatte. Nicht auszuschließen ist aber auch, dass dies ein Signal für die Rückkehr zu Verhältnissen ähnlich wie in früheren Geschichtsepochen ist, in denen privater Reichtum und militärische Macht Hand in Hand gingen. In diesem Fall könnte die Zahl der Kriege zunehmen. Wie schon die alten Römer sagten: *pecunia nervus belli*.[30] Mit der Fähigkeit, Geld schnell in militärische Macht zu konvertieren, das heißt mit der Fungibilität von Macht, kehrt das internationale System in das gefährliche Fahrwasser niedriger Kriegskosten zurück.[31] Die Entfaltung des internationalen Marktes für private militärische Dienstleistungen bedeutet, dass wirtschaftliche Macht heute wieder einen bedrohlicheren Charakter bekommt.

Wir verbinden mit der Globalisierung der Märkte und dem Gewinnstreben oft nur positive Dinge, vor allem dass die Anreize und Motive für bewaffnete Auseinandersetzungen schwächer werden. In diesem Sinne werden die Entstehung globaler Märkte, einer weltumspannenden Zivilgesellschaft und neuer transnationaler, nichtstaatlicher Akteure als immanent positive Entwicklung gesehen.[32] Das Aufkommen eines neuen Typs transnationaler Firmen stellt diese liberalistischen Annahmen jedoch in Frage. Private Militärfirmen sind Unternehmen besonderer Art, Unternehmen, deren Existenz und Gewinne darauf gründen, dass es Konflikte gibt.

## Ein dynamischer Markt und das Gleichgewicht der Macht

Die private Militärbranche, wie sie sich in den letzten Jahren etabliert hat, erleichtert nicht nur die Umsetzung von Macht in militärische Bedrohung, sondern entzieht sich auch dem staatlichen Zugriff. Sie eröffnet damit Möglichkeiten, die außerhalb des Blickfelds der theoretischen Ansätze liegen, die sich ausschließlich mit dem Verhalten von Staaten befassen.

Mit dem Aufkommen der privaten Militärfirmen wurden und werden die ohnehin schon schwierigen Mechanismen des internationalen Machtgleichgewichts komplexer und durch die Unwägbarkeiten und die Dynamik des Marktgeschehens überlagert. Da die Militärdienstleister quasi von heute auf morgen militärische Schlagkraft bereitstellen können, wird eine Bedrohung der inneren und äußeren Sicherheit nicht nur immer wahrscheinlicher, sondern es wird auch zunehmend schwieriger, sich solcher Bedrohung zu erwehren. Die Existenz eines privatwirtschaftlich funktionierenden Marktes für Militärdienstleistungen erschwert auch die vergleichende Einschätzung von Machtpotenzialen. In der Vergangenheit ließ sich die Antwort auf die Frage, welche Seite in einem Krieg die Oberhand behalten würde, am zuverlässigsten dadurch finden, dass man ermittelte, welche Seite mehr militärische Machtmittel mobilisieren konnte.[33] Das war und ist nicht ganz einfach. Militärische Akteure haben gute Gründe, eine niedrigere oder auch höhere Schlagkraft vorzutäuschen, als sie wirklich besitzen. Das bloße Zählen vorhandener Waffen liefert zudem nicht unbedingt ein aussagekräftiges Kriterium für militärische Macht; vielleicht kommt es in diesem Bereich auf Qualität mehr an als auf Quantität.

So gesehen war es immer schon schwierig, das militärische Potenzial einer rivalisierenden Macht zuverlässig einzuschätzen. Heute sorgt der allgemein zugängliche Markt für militärische Dienstleistungen in Verbindung mit der neuen Heterogenität militärischer Akteure dafür, dass eine solche Einschätzung noch problematischer wird. Wenn ein potenzieller Kontrahent sich in einem ständig ändernden und anpassenden Markt bedienen kann, eröffnet ihm das ungeahnte Möglichkeiten, kurzfristig seine militärische Macht (oder auch sein Bluffpotenzial) stark zu verändern. Und das wiederum kann dazu führen, dass scheinbar berechenbare Machtgleichgewichte und Abschreckungsbeziehungen instabil werden.

Diese zusätzliche Dynamik, die in das System des Machtgleichgewichts hineingekommen ist, könnte eine Anzahl unterschiedlicher Szenarios in Gang setzen. Wenn es einem Akteur gelänge, sich unbemerkt die Dienste eines Militärdienstleisters zu sichern, könnte er kurzfristig ein Mehrfaches seiner bisherigen militärischen Schlagkraft aufbieten, sowohl quantitativ als auch in Bezug auf technisches Knowhow. Oder ein Akteur könnte sich Fähigkeiten zulegen, die er bis dahin nicht besaß. Denkbar wäre auch ein Staat ohne jedes Potenzial für informationelle Kriegführung, der sich insgeheim genau diese Möglichkeiten auf dem freien Markt beschaffen würde und dann einen wirklichen Überraschungsangriff führen könnte.[34] Selbst Firmen des militärnahen Dienstleistungssektors könnten einem Akteur helfen, seine Streitkräfte in einem Tempo oder auf eine Art und Weise in Stellung zu bringen, die seinen Gegner garantiert überrumpeln würde.

Durch die Inanspruchnahme umfassender militärischer Beratungsdienste könnte ein Akteur sein militärisches Potenzial auf eine andere, aber womöglich ebenso effektive Art und Weise aufrüsten. Mit Hilfe einer Beraterfirma kann er seine Streitkräfte besser ausbilden und organisieren und ihre Kampfkraft möglicherweise entscheidend erhöhen. In der praktischen Umsetzung könnte er dann das Kunststück vollbringen, das in der Fachsprache der internationalen militärischen Nachrichtendienste als »training surprise« bezeichnet wird: eine zügig durchgezogene Strukturreform der eigenen Streitkräfte mit Einübung vollkommen neuer Strategien und Doktrinen, ohne dass der potenzielle Gegner etwas davon mitbekommt.[35] Die Chance ist größer geworden, dass ein Staat einen Gegner mit dermaßen erworbenen neuen Fähigkeiten überraschen und überrumpeln kann. Das mussten die Serben schmerzlich erfahren, als ihr kroatischer Gegner (der sich von MPRI beraten ließ) sie mit der »Operation Sturm« überzog.[36]

Diese Möglichkeit extrem schneller Mobilmachung militärischer Potenziale kann die unterschiedlichsten Faktoren in den komplizierten Beziehungen, die dem Gleichgewicht der Kräfte und seiner Einschätzung zugrunde liegen, beeinflussen und damit das Risiko von Fehleinschätzungen erhöhen. Man kann sich beispielsweise ein Szenario vorstellen, in dem ein staatlicher oder nichtstaatlicher Akteur – angespornt von einer Firma, die ihre eigenen Leistungen überschätzt bzw. dem Kunden zu viel versprochen hat – im Vertrauen auf die vermeintliche Durchschlagskraft seiner runderneuerten Streitkräfte einen Krieg vom Zaun bricht, den er in Wirklichkeit nicht (oder nicht so leicht wie geglaubt) gewinnen kann.[37] Diese Sorge bestand im Zusammenhang mit der Beauftragung militärischer Beraterfirmen in den Krisengebieten auf dem Balkan.

Was auf der einen Seite die Sicherheitspolitik unberechenbarer macht, könnte auf der anderen Seite dazu beitragen, den Rüstungswettlauf in den offenen Markt hineinzuverlagern. Der Rüstungswettstreit könnte in dem Maß, wie private Militärfirmen involviert sind, zunehmend mehr Ähnlichkeit mit »Angebotskriegen« im Zuge einer Auftragsausschreibung bekommen, während der kontinuierliche Ausbau von Rüstungskapazitäten, wie wir ihn von früher her kennen, eher abnimmt. An die Stelle eines Rüstungswettlaufes tritt, so gesehen, ein Rekrutierungswettlauf. Das lässt sich am Beispiel des Konflikts zwischen Äthiopien und Eritrea zeigen, in dessen Anfangsphase beide Seiten sich einen Bieterwettkampf auf dem globalen Markt für militärische Dienstleistungen lieferten mit dem Ziel, möglichst als Erster und möglichst viel militärische Schlagkraft (vor allem aus ehemaligen sowjetischen Quellen) einzukaufen. Eine Folge dieser Entwicklung ist, dass das Tempo eines Rüstungswettlaufs sich beschleunigt und der Wettbewerbsvorteil desjenigen, der den ersten Stich macht, sich vergrößert. Das wiederum erhöht den Anreiz für kriegerische Initiativen.[38]

In einem engen Zusammenhang mit dem veränderten Charakter des Wettrüstens stehen die Auswirkungen der militärischen Privatisierung auf die Rüstungskontrolle. Kontrollmechanismen, die die Einhaltung geschlossener Abkommen (insbesondere im Bereich konventioneller Waffen) sicherstellen sollen, sind in einer Welt, in der private Militärfirmen eine wesentliche Rolle spielen, zunehmend schwerer zu implementieren. Die Privatisierung militärischer Dienstleistungen bedeutet, dass ein Staat militärische Potenziale nicht mehr selbst vorhalten muss. Er kann seine Truppen und Waffenarsenale reduzieren, ohne sein Drohpotenzial zu verringern. Ein Staat könnte zum Beispiel gemäß einem von ihm unterzeichneten Abrüstungsabkommen seine Verteidigungsausgaben reduzieren und zugleich private Militärfirmen engagieren, um zu einem bestimmten Zeitpunkt seine Kampfkraft genau in den von den Kürzungen betroffenen Bereichen schlagartig aufzustocken und zu einem gleich hohen oder höheren Bedrohungspotenzial zu gelangen. Es ist durchaus fraglich, ob ein solches Vorgehen den Buchstaben irgendeines Abrüstungsabkommens widersprechen würde, denn keines der bestehenden Verträge enthält Bestimmungen über das Anheuern privater Militärdienstleister.

Während die soeben genannten Beispiele Möglichkeiten aufzeigen, wie diese neue Dynamik Kriege wahrscheinlicher machen könnte, kann man sich auch Konstellationen vorstellen, in denen die Existenz der privaten Militärbranche und die ihr geschuldeten Komplikationen auch aggressionsabschreckend wirken. Die größere Unsicherheit, die aus der schwereren Bestimmbarkeit der Kräfteverhältnisse resultiert, könnte manche Akteure davon abhalten, einen Krieg zu beginnen.[39] Auch könnte die Nachricht, dass dieser oder jener Staat eine private Militärfirma unter Vertrag genommen hat, seine potenziellen Kriegsgegner verunsichern und zu einer friedlichen Lösung bewegen, anstatt sich auf einen Krieg einzulassen, der womöglich teurer und länger als erwartet wird.[40] Man kann sich demzufolge Szenarios vorstellen, in denen eine wirkungsvolle Markenstrategie einen abschreckenden Effekt bewirken würde, was der Diskussion über Kräfteverhältnisse und Machtgleichgewicht eine zusätzliche und neue Dimension der Raffinesse verleihen würde.[41] Rekrutierungswettläufe in einer Region könnten im Übrigen auch ähnliche Wettläufe anderswo dämpfen, indem sie den PMF-Markt entschlacken und die Preise für militärische Dienstleistungen in die Höhe treiben würden. Eine ähnliche Wirkung könnten Markteinbrüche, etwa durch spektakuläre Fehlschläge, zeitigen. Schließlich ist auch zu bedenken, dass private Militärfirmen, auch wenn sie generell die Rüstungskontrolle erschweren, in mancher Beziehung durchaus auch Fortschritte auf diesem Gebiet ermöglichen könnten, indem sie etwa Beobachtungsaufgaben übernehmen oder die Kontrolle der Einhaltung von Auflagen in ihrem Leistungssortiment anbieten.[42]

Das Fazit lautet: Die Dynamik des Marktes für militärische Dienstleistungen kann die Einschätzung von Kräfteverhältnissen noch schwieriger machen, als sie es jemals war. PMFs begünstigen die Entstehung neuer Strukturen und Dynamiken, die in die Theorie und Praxis der Rüstungskontrolle noch keinen Eingang gefunden haben.

## Der Markt für private Militärdienstleister und die Bündnispolitik

Ein besonders wichtiger Bereich, in dem private Militärfirmen das System internationaler Sicherheit unberechenbarer machen können, hat mit ihrem unvorhersehbaren Einfluss auf die Bündnissysteme zu tun. Der private Militärmarkt könnte neue Bündnisformen hervorbringen.

Lange Zeit war ein beherrschendes Element des globalen Sicherheitssystems das Verhältnis zwischen starken Staaten und schwächeren, auf militärischen Schutz angewiesenen Ländern, die häufig Entwicklungs- oder Schwellenländer waren. Ihr Verhältnis zueinander entsprach der Beziehung zwischen »Vormund« und »Schützling«.[43] In den Jahren des Kalten Krieges bildete sich ein Quidproquo-Schema heraus, das so funktionierte, dass der Vormund für die Sicherheit des Schützlings sorgte und dieser für diese Unterstützung einen Preis entrichtete – militärische Unterstützung und militärischer Schutz wurden »als Hebel benutzt, um gewisse vom Geberland gesetzte Ziele zu erreichen, die der Empfängerstaat von sich aus nicht angestrebt hätte«.[44] Zu diesen Zielen können etwa außenpolitische Gefolgschaft und Unterstützung des Geberlandes in internationalen Foren gehören. Das Geberland kann seine Unterstützung auch an bilateral vereinbarte Bedingungen knüpfen, etwa dass geleistete Militärhilfe nur für bestimmte Zwecke eingesetzt werden darf oder dass das Geberland bestimmte institutionelle oder politische Reformen verlangen darf. Für einen schwachen Staat bedeutet der Empfang von Auslandshilfe oft auch schmerzliche Zugeständnisse und nicht zuletzt das Risiko von Knebelverträgen oder die permanente Angst davor, irgendwann fallen gelassen zu werden.[45]

Der private Militärmarkt bringt die alten politischen Verhältnisse aus dem Gleichgewicht. Er tut das in erster Linie deshalb, weil er schwächeren Mitspielern die Möglichkeit eröffnet, aus der Vormund-Schützling-Beziehung auszusteigen, um die Rolle des Schützlings gegen die des Kunden einzutauschen. Sie müssen dann nicht mehr die vom Vormund auferlegten Beschränkungen akzeptieren, um in den Genuss von Militärhilfe, militärischem Training und Waffenlieferungen zu kommen, sondern können sich diese Dinge auf andere Weise beschaffen, oft in besserer Auswahl und zu günstigeren Konditionen.[46] Der Markt eröffnet kleinen Staaten also mehr Unabhängigkeit von der Hilfe größerer Staaten.[47] Das heißt für die Geberländer, dass sie ihre Militärhilfe nicht mehr in gewohnter Weise als Druckmittel einsetzen können.

Diese Entwicklung lässt sich beispielhaft am Verhältnis zwischen Papua-Neuguinea und seinem langjährigen Vormund Australien veranschaulichen. Von den 70er Jahren an war Australien für Papua-Neuguinea der wichtigste Geber von Militärhilfe. Das eigentliche Ziel, das Australien mit dieser Militärhilfe verfolgte, war die Aufrechterhaltung der australischen Hegemonie im Südpazifik. Was die Waffen und die Ausbildungshilfe betraf, die Australien seinem Schützling angedeihen ließ, so unterlagen sie bestimmten Einschränkungen. Als die Regierung von Papua-Neuguinea etwa um Hilfe für die Ausbildung von Antiguerillakämpfern bat, die gegen Separatisten auf der Insel Bougainville eingesetzt werden sollten, lehnte Australien dies ab, und zwar primär, weil Zweifel an der Achtung der Menschenrechte durch die Regierungstruppen bestanden. Auch die Bitte Papua-Neuguineas, das Land bei der Entwicklung seiner Fähigkeiten in elektronischer Kriegführung und seiner logistischen Kapazitäten zu unterstützen, wurde abgelehnt.[48] Die Regierung von Papua-Neuguinea hatte unter diesen Umständen stets das Gefühl, von Australien absichtlich militärisch klein gehalten zu werden.[49]

Private Militärdienstleister eröffneten Papua-Neuguinea dann jedoch die Chance, sich aus der australischen Bevormundung zu befreien. Jetzt konnte es sich die militärischen Fähigkeiten beschaffen, die es sich leisten wollte und konnte. Konfrontiert mit einer Rebellion, heuerte die Regierung 1997 Luftunterstützung und Kampfkommandos aus dem Arsenal der britischen Firma Sandline an. Wie Premierminister Julius Chan damals erklärte:

> Wir haben die Australier ersucht, uns bei der Beschaffung des notwendigen Materials und Spezialtrainings zu unterstützten. ... Sie

haben konsequent abgelehnt, und deshalb hatte ich keine andere Wahl, als mich an den privaten Sektor zu wenden.[50]

Das Beispiel zeigt, dass durch die Verfügbarkeit privater militärischer Optionen ein neues Moment in die Beziehungen zwischen Vormund und Schützling hineinkommt. Das Entscheidende dabei ist, dass dieser Wandel unter den gegenwärtig am Markt herrschenden Bedingungen den schwächeren Staaten zugute kommt.[51]

Auch noch in anderer Weise könnten Militärfirmen den Charakter von Bündnissen verändern. Studien über das Verhalten von Bündnispartnern identifizieren die »funktionale Differenzierung« als eine Methode, mit der Bündnisse institutionalisiert werden.[52] Verbündete Staaten neigen zu militärischer Aufgabenteilung und geraten damit quasi automatisch in Abhängigkeit voneinander. Jetzt jedoch hat sich in Gestalt der privaten Militärbranche ein alternatives Mittel zur Befriedigung militärischer Spezialbedürfnisse aufgetan. Das bedeutet, dass Bündnispartner potenziell wieder weniger aufeinander angewiesen sind als unter den früheren Bedingungen mit der Folge, dass sich ihre Bindung aneinander abschwächt.

Die Folgen sind gewichtig. Es ist zum Beispiel denkbar, dass die Entscheidung eines Verbündeten, einen Feldzug oder eine Invasion seines Partners nicht zu unterstützen, künftig keine hemmende Wirkung mehr hat. Lücken im militärischen Potenzial, die durch den Ausstieg oder Abzug des Verbündeten entstehen, lassen sich durch Spezialisten aus der PMF-Branche jederzeit schließen. Mitte der 90er Jahre mussten sowohl die Regierung von Angola als auch die UNITA damit fertig werden, dass ihre Verbündeten (die Sowjetunion und Kuba bzw. Südafrika) kurzfristig ihre Truppen abzogen. Beide Kontrahenten beantworteten dies damit, dass sie für militärische Spezialbereiche private Dienstleister anheuerten, die sich dann um alles Mögliche kümmerten, von der Kommandoinfrastruktur bis zur Luftabwehr.[53] Viele Teilbereiche, in denen sich die europäischen NATO-Partner heute noch darauf verlassen, dass die USA das Nötige bereitstellen – Airlift-Kapazitäten, Logistik, Nachrichtenbeschaffung und Nachrichtenanalyse –, kann man heute bis zu einem gewissen Grad bei privaten militärnahen Dienstleistern bestellen (u. a. auch bei solchen, die diese Aufgaben bereits seit Jahren für das US-Militär wahrnehmen). Das bedeutet, dass die Europäer ein mögliches Nein der Amerikaner zu auswärtigen Operationen nicht mehr so ernst zu nehmen brauchen, wie sie es bisher getan haben.[54]

Bei künftigen Kriegen und militärischen Interventionen muss also immer mit einer »Modularisierung« der Truppen gerechnet werden. Und es ist zu erwarten, das sich in Zukunft Koalitionen bilden, die aus einer Vielzahl militärischer Akteure, sowohl staatlicher als auch privater, bestehen.[55] Bündnisse werden sich folglich schneller bilden und wieder auflösen, ihre Zusammensetzung wird damit noch viel weniger vorhersehbar. Diese ständige Fluktuation wäre auch eine wirkliche Herausforderung für diejenigen, die in einem Krieg auf der politisch korrekten Seite eingreifen möchten. Angesichts einer so großen Vielfalt täte man sich zunehmend schwerer festzustellen, wer eigentlich »die Guten« sind.[56]

Der Markt ermöglicht auch neue Formen von Entwicklungshilfe und Entwicklungspartnerschaft. Militärische Beistandspakte waren lange Zeit die Option erster Wahl, wenn es darum ging, Bündnisse zu schmieden und zu stärken. Wenn ein mächtiger Staat enge Beziehungen zu einem schwächeren Staat anknüpfen will, bietet er diesem Waffenlieferungen an und militärische Berater, die die Streitkräfte des schwächeren Staates im Umgang mit diesen Waffen unterweisen. Diese Berater unterstützen die Truppen des Empfängerlandes oft auch unmittelbar bei militärischen Operationen. Umgekehrt werden Offiziere aus den Streitkräften des Empfängerlandes oft an Militärakademien des Geberlandes geschult.[57] Häufigster Zweck dieser Aktivitäten ist es, für eine enge Bindung zwischen den Streitkräften der Bündnispartner und für möglichst einheitliche Auffassungen zu sorgen.

Da der Markt jedoch unschwer die Verwandlung finanzieller Ressourcen in militärische Schlagkraft zulässt, haben sich die Mechanismen für die Unterstützung eines Bündnispartners zu verändern begonnen. Militärhilfe kann heute in der denkbar einfachen Form direkter Zuschüsse gewährt werden. So versuchten zum Beispiel 1995 einige gemäßigte arabischen Staaten (darunter Saudi-Arabien, Bahrein und Kuwait), der bosnischen Regierung zu helfen und gleichzeitig den radikalisierenden Einfluss der vom Iran gewährten Militärhilfe zu konterkarieren. Sie taten das nicht, indem sie eigenes Militärpersonal entsandten, sondern indem sie »Train and Equip« finanzierten, ein von der US-Firma MPRI durchgeführtes Schulungsprogramm.

Eine Überlegung, die hinter dieser neuen Form der Militärhilfe stehen könnte, ist die, dass der Hilfsgeber hier nicht Gefahr läuft, in die Kämpfe des Verbündeten verwickelt zu werden. Daraus folgt auch, dass die Geber von Militärhilfe nicht mehr unbedingt Staaten sein müssen.

Nichtstaatliche Akteure, ja sogar vermögende Einzelpersonen können zu wertvollen Bündnispartnern werden und mit ihren Finanzmitteln eine Armee aufrüsten oder regionale militärische Kräfteverhältnisse umkehren, unter Umständen aus sicherer Entfernung. Den Einsatz der Firma Sandline in Sierra Leone finanzierte Rakesh Saxena, ein thailändischer Geschäftsmann.[58] Man kann daraus schließen, dass der Aufstieg vermögender Einzelpersonen zu einflussreichen Gestaltern in der internationalen Finanzwelt, der »Soros-Effekt«, durchaus eine Entsprechung im internationalen Kriegswesen finden könnte.[59]

Die Bedeutung dieser Entwicklung für die Vereinigten Staaten besteht darin, dass Marktfaktoren inzwischen zu einem direkten Werkzeug der Bündnispolitik geworden sind, was früher selten der Fall war, obwohl privatwirtschaftliche Interessen die amerikanische Bündnispolitik immer schon geprägt haben. In den letzten Jahren sind jedoch viele militärische Hilfsprogramme der USA für neue Bündnispartner wie Mazedonien oder Nigeria an Privatfirmen vergeben worden. Kurz: An die Stelle von Kontakten des Typs »Streitkräfte zu Streitkräften« treten zunehmend solche des Typs »Privatwirtschaft zu Streitkräften«.

Das Bedenkliche daran ist, dass die Militärhilfe, die in der Bündnispolitik traditionell eine untergeordnete Rolle gespielt hat, infolge dieser Entwicklung einen neuen, weniger neutralen Charakter bekommen könnte. Eine keiner staatlichen Regulierung unterliegende privatisierte Militärhilfe stellt einen signifikanten Bruch mit staatlichen Unterstützungsprogrammen dar wie etwa die von den USA angebotenen Foreign Military Sales (FMS) oder International Military Education and Training (IMET). Aus Sicht der US-Regierung sind solche Hilfsprogramme, die unter die Rubrik »Streitkräfte zu Streitkräften« fallen, »eine wichtige Zutat für den Aufbau starker Allianzen«, wie ein ranghoher US-Offizier es ausgedrückt hat.[60] Im Rahmen eines neuen, privatisierten militärischen Paradigmas gerät jedoch dieser wichtige bindungsfördernde Mechanismus in Gefahr.[61] Noch schwerer als all dies wiegt, dass die eindeutige, für alle sichtbare Bündnisverpflichtung, die eine offizielle staatliche Militärhilfe darstellt, durch eine unverbindliche Geschäftsbeziehung ersetzt wird. Dadurch wird nicht nur die Aufgabe erschwert, das internationale Beziehungssystem zum Besseren hin zu verändern (ein Motiv, das maßgeblicher Bestandteil der US-amerikanischen Militärhilfestrategie war); auch die Fähigkeit, gemeinsame militärische Operationen durchzuführen, bei denen beide Seiten auf frühere Kooperationen im Ausbildungsbereich zurückgreifen könnten, wird beeinträchtigt.

Ein Gegenargument lautet, private Militärfirmen, insbesondere solche aus dem Beratungssektor, könnten durchaus im Sinne der staatlichen Militärhilfe agieren, indem sie etwa Doktrinen vermitteln, die denen ihres Heimatstaates entsprechen, oder ganz allgemein eine Professionalisierung vorantreiben. Freilich sind PMF-Kontrakte im Vergleich zu staatlichen Militärhilfen oft singuläre Geschäftsprojekte. Privat eingekaufte Militärhilfe ist nicht an politische Bedingungen geknüpft, was für den Empfänger den Vorteil hat, dass er das, was er bekommt, sofort und nach Gutdünken einsetzen kann, ohne sich für frühere oder künftige Hilfe erkenntlich zeigen zu müssen.[62] Wenn private Militärhilfe in Form von Schulungen erfolgt, kann sie einer ähnlich gelagerten staatlichen Militärhilfe täuschend ähnlich sehen; dennoch ist sie nicht genau dasselbe. Die private Variante ist unverbindlicher, untersteht eher dem Willen und den Wünschen des Empfängers, unterliegt finanziellen Beschränkungen, ist mit einer gewissen Wahrscheinlichkeit nicht auf dem neuesten Stand und führt mit Sicherheit nicht zum Aufbau nützlicher persönlicher Beziehungen zwischen zwei verbündeten Streitkräften.

## Der Markt und der Aufstieg nichtstaatlicher Akteure

Ein wichtiger Aspekt der privaten Militärbranche und ihres Aufstiegs ist, dass sie im Großen und Ganzen offen ist für Kunden aller Art. Das hat zur Folge, dass nichtstaatliche Gruppen, die unter den Bedingungen des früheren vom Staat dominierten Systems stark benachteiligt waren, heute über neue Optionen zur Truppengenerierung und über neue Wege zur Macht verfügen.

In der Weltpolitik, wie sie uns vertraut ist, müssen Individuen und Organisationen sich darauf verlassen können, dass die Regierung, in deren Zuständigkeitsbereich sie ansässig sind, kraft ihrer Macht und Autorität die Befriedigung ihrer grundlegenden Bedürfnisse sichert. Heute bieten sich auf dem internationalen Markt alternative Machtinstanzen an. Zumindest werden diese neuen privaten Militärpotenziale nichtstaatlichen Akteuren die Möglichkeit eröffnen, den wehrtechnischen Vorsprung der fortgeschrittenen Länder zu verringern.[63]

Gewiss werden sie niemals den US-Streitkräften gefährlich werden können, aber auf der anderen Seite sollte man die Fähigkeiten der privaten Militärbranche auch nicht unterschätzen. Etliche amerikanische Militärbeobachter sind zu der Einschätzung gelangt, die privaten Militärfirmen könnten Truppen auf die Beine stellen, die ebenso effektiv oder sogar effektiver als die Streitkräfte jedes beliebigen afrikanischen Staates wären, einschließlich der als sehr modern geltenden Streitkräfte Südafrikas.[64]

Manche PMF-Vorstände behaupten beharrlich, ihre Firmen arbeiteten nur für Staaten, und zwar nur für gut beleumundete Staaten.[65] Ihrer eigenen Logik gemäß würde eine verstärkte Zusammenarbeit mit staatlichen Auftraggebern sie gleichsam automatisch davon abhalten, weniger seriöse Aufträge anzunehmen. Aber die Struktur des Marktes und die bisherige Bilanz sprechen dagegen. Man kann die Situation mit dem bekannten Dilemma des Sträflings vergleichen, der den Anreiz, seine Haftzeit durch einen Ausbruch zu verkürzen, gegen das risikolose Absitzen der Reststrafe abwägt – in manchen Situationen könnte eine kurzfristig winkende Belohnung einfach zu verlockend sein.

Der gegenwärtige globale Markt für private Militärfirmen ist im Wesentlichen unkontrolliert, unterliegt weder förmlichen Einschränkungen noch staatlicher Beaufsichtigung. Es ist an den Firmen zu entscheiden, für wen sie arbeiten wollen. In der Vergangenheit haben sich manche dafür entschieden, gefährlichen Gruppierungen zu helfen, wenn es ihnen vorteilhaft erschien. Wenn es nicht zu irgendwelchen großen Fortschritten in Richtung auf eine internationale Kontrolle kommt, wird sich daran höchstwahrscheinlich nichts ändern.[66] In Kapitel 14 soll dieser Frage ausführlicher nachgegangen werden; hier soll nur so viel gesagt sein: Das Bedenkliche an der gegenwärtigen Verfassung dieses Marktsektors besteht darin, dass solche »Schurkenfirmen« ihre Macht mit der von Waffenschmugglern, Drogenhändlern und terroristischen Gruppen zusammenspannen und so eine unheilige Allianz nichtstaatlicher Akteure errichten könnten, die über die wirtschaftliche, militärische und politische Macht verfügen würde, Staaten und das Staatensystem im Allgemeinen in die Knie zu zwingen. Ein solches Kartell könnte auch Schurkenstaaten helfen, die vom internationalen Staatensystem keine Militärhilfe zu erwarten haben.[67]

Der einzige Grund, warum bislang PMFs von einer Zusammenarbeit mit gefährlichen Gruppen zurückschreckten, waren die strengen Verordnungen in den Ländern, in denen diese Firmen jeweils ansässig sind.[68]

Wenn eine PMF freilich solche ihre Vertragsfreiheit einschränkenden Bestimmungen nicht akzeptieren will, ist es ihr ein Leichtes, ihre Zelte abzubrechen und sich in einem ihr genehmeren Land niederzulassen. Executive Outcomes hatte das 1999 getan, nach Ansicht vieler aus eben diesem Grund. Die Firma löste sich auf, als in Südafrika Gesetze in Kraft traten, die ihr die Geschäfte erschwerten, und kurz danach nahmen mehrere Nachfolgefirmen unter neuen Namen in Staaten ohne nennenswerte Kontrollen den Betrieb wieder auf.

PMFs, die für militante nichtstaatliche Gruppen arbeiten, kommen wohl aus den unteren Etagen der PMF-Branche und gehören zu denjenigen, die auf dem hart umkämpften Markt Schwierigkeiten haben. Wie schon beschrieben, haben Rebellengruppen in Angola, Sierra Leone und der Demokratischen Republik Kongo dem Vernehmen nach Militärhilfe von privaten Unternehmen erhalten, die Defizite im Bereich spezialisierter soldatischer Fertigkeiten ausgleichen sollten (vgl. Kapitel 1). Undurchsichtige Firmen wie Stabilco, Niemoller Group oder GMR sind beschuldigt worden, illegale Waffen- und Diamantengeschäfte getätigt und Rebellengruppen unterstützt zu haben, manchmal auf beiden Seiten einer Konfliktfront.[69]

Aus der PMF-Branche heraus gab es in der Tat auch Verbindungen zu terroristischen Netzwerken. In den späten 90er Jahren betätigten sich etliche Unternehmen auf dem lukrativen Markt der Ausbildung junger Moslems, die von radikalen Gruppierungen in aller Welt rekrutiert wurden, um an Kriegsschauplätzen wie Tschetschenien und Afghanistan den »Dschihad« führen zu helfen. Sakina Security Ltd. war ein britisches Unternehmen, das diese Rekruten für den »heiligen Krieg« militärisch ausbildete und im Umgang mit Waffen unterwies. Das Training beinhaltete Nahkampftechniken und die »improvisierte Herstellung von Sprengmitteln«, beides Fähigkeiten, die Terroristen offensichtlich gut gebrauchen können.[70] Berichten zufolge war Sakina mit Trans-Global Security International liiert, einer weiteren britischen Firma, die ebenfalls militärische Trainingscamps für radikale Moslems unterhalten haben soll, in denen auch mit Maschinengewehren trainiert wurde.[71] In diesem Zusammenhang ist Kelvin Smith zu erwähnen, ein amerikanischer Regierungsangestellter, der nebenbei eine Firma mit Sitz im Westen Pennsylvanias betrieb, die militärische Trainingslehrgänge für Truppen durchführte, die anschließend als Kämpfer nach Bosnien und Tschetschenien gegangen sein sollen. Zum Ausbildungspensum gehörten simulierte Terroranschläge auf Kraftwerke. Smith besorgte für seine Klienten Sturmgewehre und Munition. Sechs Leute der von ihm trainierten Gruppe entpuppten sich später als Mitglieder von Al Qaida und wurden 1993 verurteilt, weil sie eine Reihe von Anschlägen im Raum New York geplant hatten. Smith erhielt nur eine Freiheitsstrafe von zwei Jahren wegen Verstoßes gegen amerikanische Waffengesetze.[72]

Einige international operierende Verbrecherorganisationen, darunter Drogenkartelle aus Kolumbien und Mexiko, sollen von »Schurkenfirmen« wie Spearhead Ltd. Unterweisung und Unterstützung in den Bereichen geheimdienstliche Aufklärung, elektronische Kriegführung und modernste Waffentechnik erhalten haben.[73] Spearhead und ähnliche Firmen vermittelten ihren Kunden Kompetenzen, die diese in die Lage versetzten, staatlichen Streitkräften oft nicht nur Paroli zu bieten, sondern ihnen einen Schritt voraus zu sein, und fügten damit »dem Antidrogenkrieg großen Schaden zu«.[74]

Das Beispiel der zahlreichen PMF-Ableger, die im Bürgerkrieg in der Demokratischen Republik Kongo für die diversen Kriegsparteien arbeiteten, lässt einen weiteren neuen Markttrend erkennbar werden. Selbst wenn eine Firma entschlossen ist, nicht für nichtstaatliche Auftraggeber zu arbeiten, können Mitarbeiter der Firma, nachdem sie genug Erfahrung mit der Abwicklung privater militärischer Einsätze und mit der Arbeitsweise privater Militärfirmen gesammelt haben, abspringen und sich auf der Suche nach dem großen Geld selbstständig machen. In einem nachfragestarken Markt werden solche Freelancer von nichtstaatlichen Gruppen, denen sie ihre Dienste anbieten, mit offenen Armen empfangen.

## Wenn PMFs intervenieren: eine Friedensdividende?

Dass die PMF-Branche auch seriöseren nichtstaatlichen Akteuren wie internationalen und regionalen Organisationen militärische Optionen eröffnet, ist ein anderer Aspekt dieser Entwicklung. Akteure, die früher nicht über die Fähigkeit zur Nachrichtensammlung verfügten, haben heute die Möglichkeit, auf dem freien Markt einschlägige Dienstleistungen zu akquirieren. Als Kunden kommen dafür internationale Institutionen in Frage, etwa die Vereinten Nationen oder Regionalorganisationen wie die South African Defence Community und die Westeuropäische Union (WEU), die ihr Tätigkeitsfeld ausgeweitet und deshalb einen zunehmenden Aufklärungsbedarf haben. In der Vergangenheit hatten diese Organisationen das Pech, dass nationale Empfindlichkeiten ihrer Mitgliederstaaten zu Streitigkeiten über Quellen und Methoden führten, so dass es zu keiner gedeihlichen Zusammenarbeit bei der Informationsbeschaffung kam. Heutzutage können diese Organisationen die entsprechenden Dienstleistungen auf dem Markt einkaufen und sind nicht mehr allein darauf angewiesen, was die Mitgliedsstaaten mit ihnen zu teilen bereit sind. Die Vereinten Nationen haben von dieser Möglichkeit bereits Gebrauch gemacht und eine Firma beauftragt, Informationen über die Waffen-gegen-Diamanten-Geschäfte der UNITA-Rebellen in Angola zu beschaffen; eine andere Firma überwachte im Auftrag der UN per Satellitentechnik irakische Waffenarsenale.[75] Der Internationale Währungsfonds (IWF) hat ebenfalls angefangen, seine eigenen Aufklärungskapazitäten durch Verträge mit Privatfirmen zu erweitern.[76]

Es gibt freilich einen Bereich, in dem das Aufkommen der privaten Militärbranche die Handlungsmöglichkeiten nichtstaatlicher oder überstaatlicher Organisationen grundlegender verändert als überall sonst, und das sind die friedenserhaltenden Interventionen. Bisher wurden, wenn es um Interventionen ging, die Optionen der UN und der ihr entsprechenden Organisationen auf regionaler Ebene meist durch das mangelnde Engagement der Mitgliedsstaaten klein gehalten, die entweder nicht fähig oder nicht bereit waren, Truppen zu stellen. Heute können solche Defizite auf Seiten der Organisation oder der Mitgliedsstaaten durch das Anheuern von Privatfirmen (aus dem Sektor der Militärdienstleister ebenso wie dem der militärnahen Dienstleister) ausgeglichen und die Organisationen in die Lage versetzt werden, Einsätze durchzuführen, die ihnen andernfalls nicht möglich gewesen wären.

Die Wirtschaftsgemeinschaft westafrikanischer Staaten (ECOWAS) ist eine Organisation, zu der sich einige ärmere Länder Westafrikas zusammengeschlossen haben. Die Streitkräfte der Mitgliedsländer sind in bestimmten, für die Interventionsfähigkeit der ECOWAS entscheidenden Spezialbereichen äußerst schwach besetzt, insbesondere was Luftunterstützung und Logistik betrifft. Dennoch konnte die ECOWAS sowohl in Liberia als auch in Sierra Leone militärisch intervenieren, und zwar im Wesentlichen dank der Mithilfe privater Militärfirmen wie ICI Oregon und PAE. Auch die Vereinten Nationen bedienen sich bei ihren Einsätzen in letzter Zeit zunehmend der Hilfe militärnaher Dienstleistungsfirmen, die Aufgaben im Bereich der Logistik, der Luftfracht, der Minenbeseitigung und der Beratung in Sicherheitsfragen übernehmen. Das in Osttimor stationierte UN-Kontingent umfasst Personal zweier südafrikanischer Firmen, nämlich KZN Security und Empower Loss Control Services, die vor Ort Aufklärungsaufgaben wahrnehmen, während DynCorp für funktionierende Infrastrukturen in den Bereichen Logistik, Transport und Kommunikation sorgt.

Verstärkt diskutiert wurde in letzter Zeit auch die Möglichkeit, Missionen zur Friedenserhaltung durch Übertragung der Aufgaben an Militärdienstleister zu privatisieren, was jedoch eine umstrittene Idee ist.[77] Die derzeitige Praxis der UN-Friedenssicherung leidet an schwerwiegenden Unzulänglichkeiten, vor allem daran, dass häufig nicht genug Truppen zur Verfügung stehen, weil Mitgliedsstaaten mauern (vgl. Kapitel 4). Und selbst wenn genug Truppen zugesagt werden, laufen Entsendung und Stationierung oft zu schleppend, und ebenso oft erweisen sich die Truppen, die schließlich vor Ort ankommen, als schlecht ausgebildet, schlecht ausgerüstet und im Ernstfall uneffektiv, sei es wegen mangelnder Motivation oder sei es wegen eines schwammig definierten Mandats. Lokale Kontrahenten zeigen sich demgemäß oft wenig beeindruckt von den UN-Friedenstruppen und agieren entsprechend. Im Jahr 2000 schafften es leicht bewaffnete, überwiegend minderjährige RUF-Truppen in Sierra Leone, Hunderte von UN-Blauhelmen in Geiselhaft zu nehmen; die Rebellen wurden nicht zur Rechenschaft gezogen.[78]

> Friedenserhaltende Missionen der UN entpuppen sich allzu oft als multilaterale und milliardenteure Fehlschläge aufgrund heillosen Kompetenzwirrwarrs und unklarer Einsatzbefehle.[79]

Manche Analytiker haben nach derlei Erfahrungen private Militärdienstleister bereits als die perfekte Lösung für das Problem friedenserhaltender Missionen propagiert – unter dem heftigen Applaus der PMF-Branche. Sie sind überzeugt, dass Privatfirmen diese Aufgabe »schneller, besser und billiger erledigen als die Vereinten Nationen«.[80] Im Zeichen der allgemeinen Frustration über die gegenwärtige Misere der UN-Friedensmissionen haben sich sogar zahlreiche Persönlichkeiten, die immer die Fahne der Vereinten Nationen hochgehalten haben, inzwischen dafür ausgesprochen, das Privatisierungskonzept zumindest zu prüfen, darunter die Kommandeure früherer UN-Friedenseinsätze, etliche Vertreter humanitärer Organisationen und sogar Sir Brian Urquart, der als Begründer der UN-Friedensmissionen gilt.[81] Nach wie vor gibt es jedoch auch einen starken institutionellen Gegenwind gegen die Idee, sowohl innerhalb der UN als auch bei den humanitären Organisationen.[82]

Eines der Argumente der Befürworter lautet, durch die Privatisierung zumindest einiger Aspekte der Friedenserhaltung ließen sich die Missionen effektiver und zielgerichteter abwickeln. Da sich private Militärfirmen nicht mit den langwierigen Verfahrenshemmnissen herumschlagen müssten, unter denen internationale Organisationen stöhnen, könnten sie für jede Aufgabe das geeignetste und fähigste Personal rekrutieren und seien weniger anfällig für interne nationale Reibungen, wie sie bei multinationalen Truppenkontingenten auftreten. Man könne ferner davon ausgehen, dass sie mit besserer Ausrüstung antreten und schneller und entschiedener zur Tat schreiten könnten.[83]

Der Kontrast zwischen dem EO-Einsatz in Sierra Leone und den multinationalen UN-Operationen wird in den Plädoyers für den Einsatz von Privatfirmen häufig als schlagendes Argument angeführt. Die EO-Mission belief sich nach Größe und Kosten nur auf den 25. Teil der UN-Operation und – wichtiger noch – sie war nach allgemeiner Meinung weitaus erfolgreicher. EO schlug die Rebellentruppen binnen Wochen in die Flucht und stellte in dem Land genügend Stabilität wieder her, um die Durchführung von Wahlen zu gewährleisten, etwas, wofür die Vereinten Nationen Jahre brauchten.[84]

Es liegen drei ernst zu nehmende Szenarios für eine Privatisierung von UN-Friedensmissionen vor; ich referiere sie hier sortiert nach der Wahrscheinlichkeit, mit der sie im Lauf der nächsten zehn Jahre in die Tat umgesetzt werden. Die erste Variante ist die, dass Privatfirmen für den Schutz humanitärer Kräfte und ihrer operativen »Hardware« (wie Konvois oder Lagerhäuser) zuständig werden.

> Die Aufgabe, humanitäre Hilfe zu leisten, ist zunehmend gefährlicher geworden. In fast jedem Teil der Welt sind diejenigen, die der notleidenden Bevölkerung zu Hilfe kommen, beraubt, geschlagen, vergewaltigt, entführt und ermordet worden.[85]

Tatsächlich kamen in den 90er Jahren mehr Rotkreuzmitarbeiter bei humanitären Einsätzen ums Leben als US-Soldaten.[86]

Es gab Zeiten, da mussten sich die humanitären Organisationen die privaten Militärfirmen vom Leib halten, nun könnte es bald so sein, dass sie zu den Stammkunden der PMF-Branche gehören. Im Rahmen eines von der Hilfsorganisation CARE und der UNO-Abteilung für humanitäre Angelegenheiten geförderten Projekts schrieb Janice Stein:

> NGOs sollten die Privatisierung von Sicherheit für humanitäre Zwecke in Betracht ziehen. … Da das eigentliche Dilemma, mit dem humanitäre Organisationen konfrontiert sind, die Freischärler sind, die willkürlich auf Zivilisten und NGO-Mitarbeiter schießen, und da die Staaten und Vereinten Nationen immer öfter zögern, die erforderlichen Mittel zur Gewährleistung dieser Sicherheit bereitzustellen, ist es Zeit, darüber nachzudenken, ob nicht angesichts der Privatisierung der Militärhilfe auch eine Privatisierung der Sicherheit angemessen wäre.[87]

Während humanitäre Organisationen nur sehr eingeschränkt in der Lage sind, für Verständigung und Konsens zu sorgen, würde es Militärdienstleistern wesentlich leichter fallen, Stützpunkten und Konvois genügend Schutz zu gewähren, um auch in einer kritischen Situation wirksame Hilfsaktionen durchzuführen.[88] Außerdem könnte der Schutz der humanitären Organisationen und ihrer Stützpunkte dazu beitragen, dass sich Drittstaaten nicht gezwungen sehen, nun ihrerseits einzugreifen, wodurch lokalen Rebellen militärisches Material in die Hände fallen könnte. Situationen wie die, die zur Intervention der USA und der Vereinten Nationen in Somalia führte, könnten auf diese Weise vermieden werden.[89] Dass sich dieses Szenario zu einer weithin geübten Praxis auswachsen könnte, ist so unwahrscheinlich nicht. Es gibt schon einzelne Beispiele. Mindestens sieben UN-Organe bedienen sich in diversen Sicherheitsbereichen bereits der Dienste von Firmen wie Amor-Group.[90] Auch die humanitäre Organisation World Vision profitierte vom Einsatz der Firmen Sandline und Lifeguard in Sierra Leone, die ihr Begleitschutz gaben.[91] Wenn man bedenkt, dass etwa in Somalia und anderswo operierende humanitäre Organisationen gezwungen waren, Vereinbarungen mit lokalen Warlords abzuschließen, könnte die vertraglich geregelte Zusammenarbeit mit Privatfirmen durchaus als die bessere Alternative erscheinen.

Ebenso könnten PMF-Einsätze internationalen Organisationen zugute kommen, wenn die beauftragte Firma im Rahmen friedenserhaltender Missionen als »schnelle Eingreiftruppe« fungiert. In diesem zweiten Szenario würde die internationale Gemeinschaft den Auftragnehmer dafür bezahlen, dass er die Friedensmission notfalls »robust«

durchsetzt. Auch wenn eine solche zugekaufte Eingreiftruppe zahlen-mäßig kleiner wäre als die zu schützende Mission, würde sie doch den häufig schlecht ausgerüsteten und wenig motivierten UN-Blauhelmen das Gefühl geben, von einer modern ausgerüsteten Truppe beschützt zu werden.[92]

Wenn feindselige lokale Elemente eine Operation bedrohen (wie in Sierra Leone, wo RUF-Rebellen die UN-Friedenstruppen blockierten) oder getroffene Vereinbarungen ignorieren, könnten diese Privatfirmen »mit den Muskeln spielen«, was die UN-Blauhelme derzeit noch nicht tun. Würde man die PMFs in dieser Rolle mit Bedacht als Element innerhalb einer längerfristigen Strategie des Konfliktmanagements ein-setzen, könnten sie kurzfristig die notwendige Hebelkraft beisteuern, die erforderlich wäre, um in kritischen Operationsphasen die Lage zu stabilisieren.[93] Die demonstrative Präsenz der britischen Streitkräfte vor der Küste von Sierra Leone im Herbst 2000, als die dortige UN-Operation bedroht war, macht deutlich, auf welche Weise selbst ein kleines Truppenkontingent entscheidend dazu beitragen kann, lokale Widersacher abzuschrecken und einer laufenden internationalen Friedensmission genügend Rückhalt zu geben.[94] Wie es heißt, waren es angemietete Kampfhubschrauber, die unter der Leitung von EO und Sandline im Auftrag der Regierung von Sierra Leone flogen und in zahlreichen Fällen den in Bedrängnis geratenen UN-Friedenstruppen zu Hilfe kamen.[95]

Das dritte und umstrittenste Szenario sieht die konsequente Priva-tisierung ganzer Operationen vor. Wenn kein Staat sich bereit findet, eine aus humanitären Gründen gebotene Intervention durchzuführen, und die Vereinten Nationen entweder nicht in der Lage oder nicht willens sind zu intervenieren, würde diese Aufgabe Privatfirmen über-tragen.[96] Diese würden in der betreffenden Region Stellung beziehen, jeden lokalen Widerstand niederhalten, Infrastrukturen errichten und schließlich, wenn sich die Lage stabilisiert hätte, den Stab an reguläre UN-Friedenstruppen übergeben.

Dieses Szenario war, so weit hergeholt es für manche klingen mag, im Verlauf der Flüchtlingskrise in Ruanda 1996 durchaus eine reale Option. Es wurde sowohl innerhalb der Vereinten Nationen als auch in einer Sitzung des Nationalen Sicherheitsrats der USA erörtert, als Alternative zur Entsendung von UN-Friedenstruppen, die kein Mit-gliedsland zu stellen bereit war. Konkret ging es darum, ob nicht EO beauftragt werden sollte, einen sicheren Korridor für humanitäre Hilfsmaßnahmen zu schaffen. Der Plan wurde verworfen, als die Frage auf den Tisch kam, wer die Zeche für eine solche Operation zahlen sollte.[97] Unabhängig davon wurde um die gleiche Zeit dem US-Heeresminister ein Angebot im Namen der Firma Sandline unterbreitet, in deren Diensten etliche frühere Kollegen und Geschäftspartner des Ministers standen. Der Plan wurde bis in die höheren Ebenen der US-Administration durchgereicht, schließlich aber verworfen.[98]

EO hatte in der Tat bereits eine innerbetriebliche Bestandsaufnahme gemacht, um festzustellen, ob die Kapazitäten für eine Intervention in Ruanda vorhanden waren – das war noch 1994, in unmittelbarer Reaktion auf den Beginn des Völkermords, dem weit über 500.000 Menschen zum Opfer fielen. Aus den internen Plänen geht hervor, dass EO damals binnen vierzehn Tagen in der Lage gewesen wäre, erste bewaffnete Kontingente ins Land zu bringen, und binnen sechs Wochen 1500 Mann mit eigener Luft- und Artillerieunterstützung. Das operative Konzept sah die Schaffung von »sicheren Inseln« vor, die Flüchtlingen sichere Zuflucht und Hilfsorganisationen geschützte Standorte hätten bieten können. Die Kosten für eine sechsmonatige Operation hätten schätzungsweise 600.000 Dollar pro Tag (150 Millionen Dollar insgesamt) betragen; dafür hätten Hunderttausende gerettet werden können.[99] Diese privatwirtschaftliche Option erscheint recht günstig im Vergleich mit der Operation, die die Vereinten Nationen verspätet, nach Ende des Mordens, zustande brachten. Diese vorwiegend humanitäre Operation verschlang letztlich rund 3 Millionen Dollar pro Tag, also das Fünffache dessen, was die vorgeschlagene private Intervention gekostet hätte.

Die Konzeption, die eine Einbindung privater Firmen in Friedenseinsätze vorsieht, hat das Potenzial, die Friedensarbeit der Vereinten Nationen von Grund auf zu verändern und neuartige Optionen zu eröffnen. Aus den Reihen der privaten Militärbranche kommen sogar Vorschläge wie der, Städte wie Mogadischu, die an Warlords gefallen oder im Chaos versunken sind, zurückzuerobern. Die Firmen bieten an, diese Städte zu stabilisieren und sie nach erfolgreicher Befriedung an eine legitime Regierung oder in die treuhänderische Verwaltung der UN zu übergeben; gescheiterte Staaten würden so die Chance erhalten, in die Staatengemeinschaft zurückzukehren.[100]

Die entscheidende Frage lautet jedoch, ob private Militärfirmen (gesetzt den Fall, sie könnten Interventionen effizienter durchführen als die UN) Konflikte nachhaltig aus der Welt schaffen können. Der

Schlüssel zu einem dauerhaften Frieden ist die Wiederherstellung der Rechtmäßigkeit, insbesondere die Wiederherstellung eines staatlichen Gewaltmonopols.[101] Würden Friedensinterventionen privatisiert, bestünde die Gefahr, dass die betreffenden Unternehmen zwar »Ordnung herstellen, aber nichts tun, um die tieferen Ursachen für Unruhe und Gewalt zu beseitigen«.[102]

Unter dem Strich könnte die Privatisierung von Friedensmissionen große Möglichkeiten eröffnen und den Vereinten Nationen sicherlich mehr Flexibilität verleihen, doch man muss sich immer vergegenwärtigen, dass diese potenziellen Vorteile nicht all die Probleme heraufbeschwören, von denen hier wiederholt die Rede ist. Die Firmen mögen im Auftrag der internationalen Gemeinschaft antreten, aber aufgrund ihrer Profitorientierung nimmt ihr praktisches Handeln womöglich eine ganz andere Richtung. Ein Risikofaktor ist auch, dass Mitarbeiter von Militärdienstleistern oft ungeübt im Rahmen der Friedenswahrung sind – die meisten von ihnen kommen aus Eliteeinheiten und haben im Wesentlichen gelernt zu kämpfen und nicht Frieden zu stiften.[103] Mit der Frage, wie schwierig es sein könnte, gut verdienende Mitarbeiter privater Militärfirmen in eine größere UN-Truppe zu integrieren, haben sich die Befürworter einer solchen Lösung nicht grundsätzlich befasst. Wahrscheinlich würde es in den Reihen der UN-Blauhelme viele Ressentiments gegen die PFMs geben, mit der Konsequenz eines nicht optimalen Friedens. Viele der Argumente, die stets gegen eine »stehende Truppe« der Vereinten Nationen vorgebracht worden sind, ließen sich ebenso gut gegen die Zusammenarbeit mit einer Privatarmee wenden (darunter die Vorherrschaft einer kleinen Anzahl von Staaten im UN-Sicherheitsrat oder das Risiko, dass die angeheuerten Truppen in eine ausweglose Lage geraten könnten).

Sollten die Vereinten Nationen trotz aller Bedenken die Privatisierung von Friedensmissionen vorantreiben, wäre eine besonders dringliche Sorge die, ob sie versuchen würden, begrenzte Vertragslaufzeiten durchzusetzen auf die Gefahr hin, dass die Firmen ihre Leute zum vereinbarten Zeitpunkt abziehen würden, ohne Rücksicht auf die politischen Kosten und Risiken für die auf ihren Schutz angewiesenen Menschen. (Eine Firma könnte aber auch ihren Einsatz so gestalten, dass der Konflikt sich in die Länge zöge, was genauso schlimm wäre.)[104] Diese Überlegung zeigt, dass es ganz wichtig ist, klar definierte Mechanismen der Rechenschaftslegung, Kontrolle und Transparenz einzurichten. Im Besonderen muss sichergestellt sein, dass die beauftragten

Firmen unabhängig sind, das heißt dass sie nicht geschäftlich mit Unternehmen oder Unternehmensgruppen verbunden sind, die ihre Motive verfälschen können. Des Weiteren muss gewährleistet sein: eine kontinuierliche Wettbewerbssituation als Anreiz für Qualität und reelle Preise, klare Vorgaben als Garantie dafür, dass ein Qualitätsprodukt abgeliefert wird, eine unabhängige Instanz für die Auswahl der Mitarbeiter, der Einsatz unabhängiger Beobachter und die Zusicherung, dass alle Firmenmitarbeiter die Zuständigkeit internationaler Kriegsverbrechertribunale anerkennen, falls es zu Kriegs- oder Völkerrechtsverstößen kommt.

## Machtzuwachs der Privatwirtschaft

In jedem der skizzierten Szenarios betätigen sich Privatfirmen im Bereich der internationalen Sicherheit; ihre Mitarbeiter übernehmen zunehmend tragendere Rollen im militärischen Geschehen. Diese Entwicklung birgt die Gefahr eines übermäßigen Machtzuwachses der Privatwirtschaft und einer potenziell schädlichen »Proliferation« militärischer Schlagkraft in eine Region des internationalen Systems.

Eine besonders schwerwiegende Folge könnte es haben, wenn PMFs in schwachen Staaten operieren. Wenn solche Firmen auch noch mit mächtigen Konzernen oder Staaten verflochten sind, wäre das privatwirtschaftlicher Imperialismus. Man muss sich daran erinnern, dass Großunternehmen auch in den USA bis zum Ende des 19. Jahrhunderts so etwas wie Staaten im Staate waren: Sie hatten ihre eigenen Truppen, wendeten ihre eigenen Gesetze an und scheuten vor schwerem Machtmissbrauch nicht zurück. Der Vorrang des Rechtsstaats gegenüber willkürlicher privater Rechtsetzung ist erst eine Errungenschaft des 20. Jahrhunderts.[105]

Was noch bis vor kurzem die Macht multinationaler Unternehmen beschränkte, war ihre physische Schwäche, weshalb sie auf staatlichen Schutz angewiesen blieben und nur in Zonen relativer Stabilität operieren konnten. Solange es der Staat war, der für diese Stabilität sorgte, hingen ihre Geschäftsaktivitäten, ja sogar ihr wirtschaftliches Überleben davon ab, dass der Staat seine Aufgaben erfüllte.[106]

Das gilt heute nicht mehr unbedingt. Private Militärdienstleister verfügen über ein militärisches Potenzial, das dem vieler Staaten nahe kommt oder es sogar übertrifft und mit dem sie ihre Kunden aus dem

Kreis der multinationalen Unternehmen entsprechend ausstatten können. Zusammen mit ihren verbündeten PMFs sind die Multis nun in der Lage, »Sicherheitsinvestitionen« zu tätigen, bei denen die physische Schwäche des Staates, auf dessen Territorium sie agieren, ihre Geschäftstätigkeit nicht mehr tangiert.

Etliche multinationale Unternehmen verfügen bereits über sichere Stützpunkte in schwachen oder von Bürgerkriegen zerrissenen Staaten und schützen diese mit eigenen, von Militärdienstleistern angeheuerten Truppen. Die Interessen, die solcherart ermächtigte Unternehmen vertreten, haben oft nichts mit den Interessen der Gesellschaft oder der Regierung des betreffenden Landes zu tun. Es ist denkbar, dass private Militärfirmen die Speerspitze einer neuen Ära privatwirtschaftlicher Dominanz werden oder, wie ein UN-Sonderberichterstatter es ausgedrückt hat, eines »multinationalen Neokolonialismus des 21. Jahrhunderts«.[107] Zumindest lässt sich über solche geschützten Bastionen der Privatwirtschaft sagen, dass sie Sicherheit nur den Mächtigen und den reichen Ausländern bieten und dass die Bedrohung selbst sich gegen die ärmeren Teile der einheimischen Gesellschaft richtet, die sich Sicherheit eben nicht kaufen können (vgl. Kapitel 14).

Private Militärfirmen verwahren sich gegen den Vorwurf, es gebe einen privatwirtschaftlichen Imperialismus neuen Typs, womöglich unter Verweis darauf, sie seien schließlich von einer legitimen Regierung eingeladen worden.[108] Dabei vergessen sie freilich, dass es eine Parallele zum Imperialismus des 19. Jahrhunderts gibt, bei dem häufig genug eine Einladung oder ein Hilfeersuchen eines schwachen Herrschers den Grundstein für ein Kolonialimperium bildete.[109] Man kann die Rolle privater Militärfirmen und ihrer Auftraggeber aus der Wirtschaft durchaus so interpretieren, dass sie aus bestehenden Machtrivalitäten Kapital schlagen, und das ist das Rezept aus kolonialer Vergangenheit. Dass sie häufig in große internationale Unternehmensgruppen und in ein Netzwerk vertraglicher Verpflichtungen eingebunden sind, macht die Parallele nur noch augenfälliger.[110]

Dass mächtige multinationale Unternehmen oft eine mehr oder weniger deutliche Kontrolle über schwache Staaten ausüben, ist unbestritten; bei privaten Militärfirmen erstreckt sich diese Kontrolle jedoch in den militärischen Bereich hinein. In den letzten Jahren sind mehrere multinationale Unternehmen mit dem Ausbruch gewalttätiger Konflikte in Verbindung gebracht worden; vor allem sollen sie sich durch Waffenlieferungen und Dienstleistungen die Gefolgschaft einheimischer

Truppen gesichert haben mit dem Ziel, bestimmte geschäftliche Interessen zu fördern.[111] Private Militärfirmen verkörpern den logischen nächsten Schritt auf der Anbieterseite und stellen, so gesehen, einfach eine direkte Projektion der Macht ausländischer Unternehmen dar. Solche Szenarios mögen in den Ohren derjenigen, die in einem sicheren Land mit einer funktionierenden staatlichen Ordnung leben, lächerlich klingen, doch man sollte sich klar machen, dass manche private Militärfirmen über abrufbereite Truppen verfügen, die den Streitkräften schwächerer Staaten zahlenmäßig und vor allem taktisch überlegen sind. Nach Ansicht vieler Beobachter könnten viele dieser Firmen genügend Schlagkraft mobilisieren, »um jede Regierung in Afrika zu stürzen«, Grund genug für jede Regierung, die sich mit ihnen anlegt, auf der Hut zu sein.[112]

Angesichts dieses Erstarkens privater Akteure und ihrer wirtschaftlichen Interessen erhöht sich für private Militärfirmen und ihre Partner aus der Wirtschaft auch die Gefahr, mit ihresgleichen in Konflikt zu geraten, nicht nur in einem geschäftlichen, sondern auch in einem militärischen Sinn. Die häufigen Kriege zwischen den Handelskompanien des 17. und 18. Jahrhunderts können als warnendes Beispiel dienen.[113] Heute, da wesentlich mehr militärische Schlagkraft zu Gebote steht und die Zahl der potenziellen Interessenkonflikte ebenso gewachsen ist wie die Einsätze, um die es geht, könnte es erneut zu Kriegen zwischen den Truppen privater Militärdienstleister kommen, was eine neue Runde in der Privatisierung des Krieges einläuten würde. Vielleicht hat sich dieses Szenario schon einmal in der Realität abgespielt: Angeblich kam es in Angola zu Scharmützeln zwischen EO und Truppen der Firma Omega Support Ltd., und aus der Demokratischen Republik Kongo und aus Sierra Leone wurden Zusammenstöße zwischen Militärfirmen gemeldet, bei denen es oft um umkämpfte Schürfrechte ging.[114]

Man kann sich auch unschwer eine Situation vorstellen, in der eine PMF in Kämpfe mit Truppen verwickelt wird, die unter der Regie einer militärischen Beraterfirma operieren, oder gezielt gegen gegnerische Infrastrukturen vorgeht, die von einem militärnahen Dienstleister bereitgestellt wurden. Ein anderes vorstellbares Szenario wäre, dass ein in UN-Auftrag operierendes Truppenkontingent in seinem Einsatzgebiet plötzlich einer angeheuerten Privatarmee gegenübersteht – damit wäre die Privatisierung des Krieges perfekt. Für die Vereinigten Staaten wirft ein solches Szenario eine Anzahl außenpolitischer Fragen auf, die beinahe zu abenteuerlich klingen, um ernsthaft erwogen zu werden.

In einem System, in dem Unternehmen oder Kartelle über eine Macht verfügen, die über den engen wirtschaftlichen Bereich hinausreicht, werden sich die Vereinigten Staaten entscheiden müssen, welche Art von Beziehung sie mit transnationalen Unternehmen oder multinationalen Kartellen haben möchten. Sollten die USA zum Beispiel Verträge, vielleicht sogar Nichtangriffspakte, mit mächtigen Multis schließen? Und falls solche Unternehmen eine reelle Gefahr für die Staatsmacht darzustellen scheinen, sollte dann die US-Regierung nicht eine Strategie verfolgen, die ausdrücklich darauf abzielt, die Zusammenballung außerökonomischer Macht in den Händen privater Unternehmen zu verhindern? Und wie sollte die US-amerikanische Politik gegenüber transnationalen Sicherheitsfirmen wie dem höchst erfolgreichen Unternehmen Executive Outcomes aussehen, das aus Veteranen der südafrikanischen Streitkräfte besteht? Klar ist: Wenn transnationale Unternehmen weiterhin Macht akkumulieren, werden die Vereinigten Staaten einige der Grundpositionen, auf denen sie ihre Sicherheits- und Weltpolitik stützen, überdenken müssen.[115]

Eine weitere Gefahr, die mit einem Machtzuwachs des privaten Sektors einhergeht, ist das im Zitat angedeutete Risiko, dass private Akteure, die sich eine Machtposition verschafft haben, in Konkurrenz nicht nur zu schwachen Staaten vor Ort treten können, sondern auch zu anderen Mächten – das eigene Herkunftsland nicht ausgenommen. Transnationale Unternehmen haben oft Interessen, die sich von denen des Staates, von dem sie ursprünglich ihren Ausgang nahmen, unterscheiden (z.B. die Frage, welche Länder als Handelspartner unbedenklich sind oder welcher lokale Politiker die Macht übernehmen soll). Manche dieser Firmen haben bewusst gegen die Interessen ihres Herkunftslandes gehandelt, auch wenn sie sich mit einem mächtigen Staat anlegten. Beispiele dafür, dass in den USA ansässige Rüstungsproduzenten und Technologiefirmen ihre Produkte an Feinde der USA verkauften, gibt es mehr als genug. Es gibt keinen Grund, weshalb PMFs, deren Aktivitäten in noch geringerem Maß einer staatlichen Kontrolle unterliegen, anders handeln sollten.

Die Wahrscheinlichkeit, dass ein privater militärwirtschaftlicher Komplex irgendwann einen mächtigen Staat herausfordern wird, ist in naher Zukunft gering; doch in der Geschichte gibt es Fälle, in denen eine Privatfirma zum direkten militärischen Gegenspieler eines Staates – manchmal sogar des eigenen Staates – wurde. So verhängte zum Beispiel die englische Ostindische Kompanie im Verlauf eines Streits über ein Gebiet, das ihre Truppen in Indien besetzt hatten, eine Blockade über die britischen Truppen, und in Kanada schoss die Hudson's Bay Company einmal mit Kanonen auf ein Geschwader der Royal Navy, um es von ihren Gestaden zu vertreiben. In ähnlicher Weise reklamierte die holländische Ostindien-Kompanie für sich selbst ein souveränes Recht, Territorien an Feinde der Vereinigten Provinzen zu verkaufen.[116]

Von PMFs hört man immer das Argument, sie hätten in ihrem Verhalten nachweisbar Verantwortung für das nationale Interesse ihres Herkunftslandes gezeigt. Sie stehen freilich auch gegenüber ihren Kunden in der Verantwortung (vgl. Kapitel 14). Deshalb besteht zu jeder Zeit die Möglichkeit, dass Profitinteresse und nationales Interesse in Konflikt miteinander geraten, und es ist dann keineswegs garantiert, dass die Firma nicht die Interessen ihres zahlenden Kunden über die ihres Heimatstaats stellt. Überdies bietet verantwortliches Verhalten in der Vergangenheit keine Gewähr dafür, dass das Unternehmen sich künftig ebenso verhalten wird (wenn sich vielleicht der Wettbewerb verschärft und die Auftragslage dünner wird). Diese Firmen verfügen über Fähigkeiten und Kapazitäten, die sie militärisch wie ein Staat auftreten lassen könnten; es gibt keine Garantie dafür, dass sie, wenn ihnen genug Geld angeboten wird, nicht versuchen würden, auch Staaten herauszufordern.

## Schlussfolgerungen: die neue Macht des Marktes

Während die Aktivität privater Militärfirmen nach Umfang und Bandbreite in den letzten fünfzehn Jahren regelrecht explodiert ist, hat die analytische Aufarbeitung damit nicht Schritt gehalten. An die Stelle des Theoriemodells, in dem Staaten wie harte Billardkugeln interagieren, könnte nach und nach das Schema einer vielschichtigen internationalen Ordnung treten, die in manchem an frühere Geschichtsepochen erinnert.[117] Ein Verständnis der internationalen Sicherheitskonstellation, das einzig und allein auf die Macht von Staaten abhöbe, würde einige der wichtigen Veränderungen außer Acht lassen, die sich mit dem Aufstieg der privaten Militärbranche abzeichnen. Wir sind mit dem Phänomen konfrontiert, dass Staaten, wie sie innerhalb unseres gegenwärtigen Weltsystems definiert sind, möglicherweise in einer vergleichbaren Situation sind wie die Dinosaurier gegen Ende der Kreidezeit: mächtig, aber schwerfällig, gewiss noch nicht mit ihrem Latein am Ende, aber auch nicht mehr die unumschränkten Herren ihrer Umwelt.[118]

Die Tatsache, dass es für militärische Gewalt heute einen Markt gibt, signalisiert eine Reihe potenzieller Veränderungen im internationalen Sicherheitssystem, die sowohl die Mittel als auch die möglichen Ausgänge bewaffneter Konflikte betreffen. Dabei steht das Phänomen »private Militärbranche« gerade erst am Anfang. Was bisher an Anhaltspunkten vorliegt, lässt darauf schließen, dass die PMFs in puncto Größe, Tätigkeitsspektrum, Auftragsvolumen und politischem Gewicht im Rahmen des internationalen Sicherheitssystems weiter wachsen werden. Insofern ist es wichtig, sich mit der Existenz und mit dem Potenzial dieser Unternehmen vertraut zu machen.

## Kapitel 12

# Privatfirmen und das Gleichgewicht zwischen Zivilgesellschaft und Militär

> Alle Mitglieder einer Gesellschaft sind an deren Sicherheit
> interessiert ..., doch nur das Offizierskorps ist ausschließlich
> für die militärische Sicherheit verantwortlich und hat keine
> anderen Aufgaben.
> Samuel Huntington, *The Soldier and the State: The Theory*
> *and the Politics of Civil-Military Relations, 1957*

Das Verhältnis zwischen Soldat und Staat ist schon immer problematisch gewesen. Der Staat braucht zum eigenen Überleben eine starke, funktionierende Streitmacht. Die zivile Führung muss den geschulten Offizieren genügend Freiraum gewähren, damit sie angemessene Entscheidungen treffen können, und ihnen die notwendigen Ressourcen zur Verfügung stellen, damit sie ihre Aufgabe erfüllen können. Dies nicht zu tun hieße, die Sicherheit des Landes aufs Spiel zu setzen oder einen Angriff von außen zu provozieren. Freilich: Ebenso wie ein starkes Militär ein Garant für die Sicherheit des Staates sein kann, kann es auch zu einer Gefahr für diesen selbst werden. Das Militär unter Kontrolle zu halten gehört zu den wichtigsten Aufgaben einer zivilen Regierung, aber in schwachen oder wenig entwickelten Staaten, wo die Macht oft aus den Gewehrläufen kommt, kann das ein Problem sein.

Mischt dann noch eine dritte Partei mit – etwa die PMF-Branche –, wird die Situation noch problematischer. Selbst in stabilen Gesellschaften, in denen die Gefahr eines Militärputschs oder einer Meuterei nicht gegeben ist, beschwört das Auftreten privater Militärdienstleister besorgte Fragen zum Verhältnis zwischen öffentlichen Institutionen und dem Militär herauf. PMFs bewirken nicht nur eine Umgestaltung des institutionellen Kräfteverhältnisses zwischen Regime und Militär, sie können auch das Verhältnis zwischen Zivilgesellschaft und Militär verändern, und zwar erheblich.

## »Operation Contravene«: die Machtverhältnisse verschieben sich

Die »Operation Contravene« in Papua-Neuguinea zeigt, wie grundlegend eine private Militärfirma das bestehende Kräfteverhältnis zwischen ziviler Regierung und Militär verändern kann. Im Zweiten Weltkrieg tobten in diesem Inselstaat im Südwestpazifik nahe Australien einige der heftigsten Schlachten zwischen den Alliierten und den Japanern. Das arme Land ist heute von ausländischer Hilfe abhängig und gehört mit seinen vier Millionen Einwohnern, die über 700 verschiedenen Sprachgruppen angehören, zu den ethnisch zersplittertsten Vielvölkerstaaten der Erde.[1]

Das politische Machtzentrum Papua-Neuguineas befindet sich in der Hauptstadt Port Moresby auf der Hauptinsel Neuguinea. Wichtigstes Exportgut (45 Prozent aller Exporterlöse) war das Kupfer aus der Mine Panguna auf der rund 1300 Kilometer weiter östlich gelegenen Insel Bougainville. Aber Ende der 80er Jahre verschlechterte sich das Verhältnis zwischen den Inseln. Eine Sezessionsbewegung formierte sich, angeführt von der Bougainville Revolutionary Army (BRA). Ihre zentralen Anliegen waren die Umweltverschmutzung durch die Mine und die großzügigen finanziellen Anreize, die ausländischen Bergbaugesellschaften gewährt wurden. Die Auseinandersetzung wurde schnell blutig. Die Rebellen hatten zwar zu keiner Zeit mehr als tausend Mann unter Waffen, aber sie hatten die Unterstützung der lokalen Bevölkerung. Wegen der schwer zu kontrollierenden Dschungel- und Berglandschaft, die den Rebellen ideale Bedingungen bot, und der Schwäche der eigenen Truppen (Papua-Neuguinea Defense Force) gelang es der Zentralregierung nicht, Bougainville unter ihre Kontrolle zu bringen. Bei den Kämpfen, die sich über die nächsten zehn Jahre hinzogen, kamen mehr als 10.000 Menschen ums Leben und 35.000 mussten flüchten – ein hoher Tribut für den Inselstaat mit seiner geringen Bevölkerungszahl.

Die Defense Force war häufig zahlungsunfähig und schlecht gerüstet. An schweren Waffen besaß die Armee nur ein paar gepanzerte Landrover, einige Mörser und Huey-Transporthubschrauber aus den Zeiten des Vietnamkriegs, die Australien gespendet hatte, allerdings mit der Auflage, dass sie nicht mit Waffen bestückt werden durften.[2] Die Regierung wandte sich mit der Bitte um Militärhilfe an verschiedene Staaten, erhielt jedoch nichts, und von Australien, das Papua-Neuguinea gegenüber eine ambivalente Politik betrieb, nichts Konkretes: Australien leistete in begrenztem Rahmen pauschale Militärhilfe, verweigerte aber seiner einstigen Kolonie jegliche konkrete Unterstützung, etwa moderne Waffensysteme oder die Ausbildung von Eliteeinheiten für die Aufstandsbekämpfung, und versuchte auf politischem Wege Rüstungslieferungen aus anderen westlichen Staaten zu blockieren.[3]

1996 war die Regierung Papua-Neuguineas unter Premierminister Julius Chan schwer unter Druck geraten. Eine kurz zuvor gestartete Offensive gegen die Rebellion war in einem Desaster geendet; die Aufständischen hatten Regierungssoldaten als Geiseln genommen. Da landesweite Wahlen bevorstanden, musste Chan die Rebellen entweder niederwerfen oder zumindest zurückzudrängen. Aus dieser Not heraus wurde die Operation Contravene geboren.

Jeder Hoffnung auf Militärhilfe seitens befreundeter Staaten beraubt, tat sich die Regierung auf dem privaten Militärmarkt um. Sie heuerte den Londoner Militärdienstleister Sandline International an, der die Ordnung auf Bougainville wiederherstellen sollte. An den ersten Sondierungsgesprächen nahmen neben Regierungsvertretern und Vorstandsmitgliedern von Sandline auch Vertreter des Bergbauunternehmens Branch Energy Ltd. teil, und dem Vernehmen nach wurde über Investitionen in der Kupferindustrie gesprochen.[4]

Im Januar 1997 kam es zum Vertragsabschluss. Sandline verpflichtete sich, Spezialkräfte auszubilden und die BRA auszuforschen. War dies erst einmal bewerkstelligt, würde die Firma geeignete Angriffsoperationen durchführen, um die Rebellen kampfunfähig zu machen, die Kupfermine Panguna zurückzuerobern und jedwede während und nach dem Einsatz erforderliche operative Unterstützung zu leisten (zum Wortlaut des Vertrags vgl. Anhang 2).[5] Der nationale Sicherheitsrat der Regierung Papua-Neuguineas segnete den Vertrag ab, bezeichnenderweise aber ohne jede öffentliche Debatte oder parlamentarische Beratung.

Abzüglich eines ausgehandelten »Rabatts« in Höhe von 1,3 Millionen Dollar belief sich die Auftragssumme auf 36 Millionen Dollar, wovon 50 Prozent vorab und die andere Hälfte spätestens 30 Tage nach der Stationierung des Sandline-Personals vor Ort gezahlt werden mussten. Die Vertragssumme entsprach ungefähr 150 Prozent des Jahresbudgets der staatlichen Streitkräfte.[6] Diese stattliche Summe stand in krassem Gegensatz zu der armseligen Finanzausstattung, die die Armee Papua-Neuguineas aus dem Landeshaushalt erhielt, und rief große

Empörung bei den einheimischen Truppen hervor, als sie öffentlich bekannt wurde.

Finanziert wurde der Sandline-Einsatz aus zwei Quellen: zum einen aus Einsparungen im regulären Staatshaushalt, die die Regierung ohne die notwendige Zustimmung des Parlaments vornahm, zum anderen aus der Verstaatlichung und dem Verkauf der Kupfermine Panguna. Da sich die Mine zu dem Zeitpunkt in dem von den Rebellen kontrollierten Gebiet befand und da schon früher bei anderen PMF-Operationen in Afrika ähnliche Vereinbarungen getroffen worden waren, vermuteten viele Beobachter, es hätte weiter reichende geheime Abmachungen gegeben. Sie unterstellen, dass Sandline oder vielmehr eine mit Sandline verflochtene Finanzgruppe (nämlich die Branch-Heritage Group) einen Anteil an der Mine bekommen sollte (entweder direkt oder über ein als Strohmann fungierendes Unternehmen) und dass die Firma somit ein eigenes finanzielles Interesse am Gelingen der Operation bekam.[7] Diese Vermutung wurde später erhärtet, als herauskam, dass der ehemalige Verteidigungsminister von Papua-Neuguinea fünf Tage nach Vertragsabschluss 500.000 Dollar auf sein Privatkonto eingezahlt hatte.[8] Man glaubt, dass er Schmiergelder an andere Minister verteilt hatte. Bezeichnenderweise erhielt auch der Befehlshaber der Streitkräfte, General Jerry Singirok, etwa zur gleichen Zeit Schmiergelder (allerdings von der konkurrierenden Rüstungsfirma JS Franklin, die verhindern wollte, dass Sandline den Zuschlag bekam).[9]

Der Vertag sah vor, dass Sandline eine aus 16 Mann bestehende Ausbildungseinheit entsenden würde, die später zu einer größeren kampffähigen Truppe in Kompaniestärke aufgestockt werden sollte. Diese »Eingreiftruppe« würde hauptsächlich aus Spezialkräften bestehen, und zwar Bodentruppen mit eigener Luft- und Artillerieunterstützung, darunter zwei sowjetische Kampfhubschrauber vom Typ Mi-24, zwei Transporthubschrauber vom Typ Mi-17, sechs Raketenwerfer und mehrere Granatwerfer. Die Truppe sollte außerdem die nötige Ausrüstung für elektronische Kriegführung, Nachrichtenbeschaffung und die ärztliche Versorgung von Verwundeten mitbringen.

Diese massive Aufrüstung im Bereich Taktik und Feuerkraft, wie Sandline sie vorhatte, hätte den Konflikt eskalieren lassen. Geplant war auch eine »Enthauptung« der BRA durch Ausschaltung ihres Führungspersonals mit anschließender »Vernichtung des Feindes«, wie es im Einsatzplan der Firma hieß.[10] Alles deutet darauf hin, dass Sandline mit schweren Kämpfen rechnete – es wurden große Mengen Munition herbeigeschafft, und Vertreter der Firma erkundigten sich in Kranken-häusern in der Region, wie gut diese für die Versorgung von Verwundeten gerüstet waren.[11]

Ein interessanter Passus des Vertrages bestimmte, dass Sandline-Mitarbeiter den rechtlichen Status von Polizeibeamten erhalten sollten, allerdings mit militärischen Dienstgraden – eindeutig der Versuch, sie vor möglicher internationaler Strafverfolgung zu schützen. Praktisch bedeutete diese Bestimmung, dass die Mitarbeiter von Sandline, obwohl sie keine Staatsbürger Papua-Neuguineas waren, das Recht haben würden, Waffen zu tragen, Zivilisten zu verhaften und sich »in Notwehr« mit der Waffe zu verteidigen (wobei die Tatbestandsfeststellung der Notwehr Sache der Firma selbst sein sollte).

Abgesehen von dem pensionierten Oberst Timothy Spicer, dem Firmengründe und Befehlshaber der Operation, bestand das gesamte Personal, das Sandline nach Papua-Neuguinea entsandte, aus EO-Mitarbeitern. Spicer erklärte später, Sandline habe EO als Subunternehmer engagiert, weil seine eigene gerade gegründete Firma so schnell nicht so viel Personal habe aufbieten können. Er erwähnte auch die Notwendigkeit, farbige Soldaten einzusetzen, damit nicht der Eindruck entstehen würde, das Ganze sei eine Veranstaltung von Weißen.[12] Bedenkt man die finanziellen Verflechtungen zwischen den Eigentümern der beiden Firmen und die Tatsache, dass Nic Van Den Bergh, EO-Präsident und später taktischer Befehlshaber der Operation in Papua-Neuguinea, den ursprünglichen Kontrakt schon mit unterzeichnet hatte, so könnte man die Beauftragung von EO ebenso gut als eine innerbetriebliche Umsatzverlagerung deuten.

Erst als die Sandline-Truppen vor Ort eintrafen, geriet das Kräfteverhältnis von Militär und ziviler Regierung in diesem Land aus dem Lot. Der Unmut der einheimischen Militärs über den Kontrakt und die Privatisierung ihres Krieges entzündete sich an mehreren Dingen. Vor allem monierten sie:

- dass es besser gewesen wäre, das viele Geld für die regulären Streitkräfte auszugeben statt für eine ausländische Firma;
- dass die Beauftragung der Firma Sandline nicht nur ein Affront gegen die Berufsehre der einheimischen Militärs sei, sondern auch die nationale Souveränität des Landes untergrabe;
- dass das enge Vertrauensverhältnis, das die Vorstände von Sandline zur zivilen Führung des Landes aufgebaut hatten, die Stellung der einheimischen Militärbefehlshaber unterhöhle;

- dass eine eventuelle Verbitterung über das Vorgehen von Sandline später auf die einheimischen Streitkräfte zurückfallen würde, die sich auf lange Sicht mit dem Konflikt herumschlagen müssten;
- dass der Firma die Funktion einer Palastwache zufallen und dass sie als Knute gegen die regulären Streitkräfte benutzt werden könnte.[13]

Im März 1997 spitzte sich die Lage zu. Oberbefehlshaber General Jerry Singirok brandmarkte den vom Regime erteilten Auftrag an Sandline öffentlich als korrupt und kritisierte die damit vollzogene Abtretung staatlicher Hoheitsrechte als falsch. Die Folge des Einsatzes von Sandline werde sein, dass es noch mehr Blutvergießen und zivile Opfer geben werde, sagte er.[14] Als Konsequenz forderte er den Rücktritt von Präsident Chan, also seines eigenen Dienstherrn. Daraufhin setzte Chan Singirok ab und kündigte eine Anklageerhebung gegen den General wegen Volksverhetzung an. Singirok aber verschanzte sich in seiner Kaserne, beschützt von ihm ergebenen Truppen. Er und der Präsident lieferten sich in der Folge einen Propagandakrieg, in dessen Verlauf der größte Teil der Streitkräfte sich auf die Seite ihres langjährigen Oberbefehlshabers schlug.

Einzelheiten des mit Sandline geschlossenen Vertrages wurden an die Öffentlichkeit lanciert. Dabei kam zwar auch heraus, dass General Singirok den Vertrag schon vor der Unterzeichnung gekannt hatte, aber darüber regte sich die Öffentlichkeit Papua-Neuguineas weit weniger auf als über das Ausmaß des Blutvergießens, mit dem die Vertragspartner offensichtlich gerechnet hatten. In der Hauptstadt kam es zu Demonstrationen, von den Streitkräften wohlwollend begleitet. Sie wuchsen sich schnell zu gewalttätigen Tumulten aus, die die Regierung niederzuschlagen versuchte. Zwischen den Streitkräften, mit denen die Demonstranten sympathisierten, und den Teilen der Sicherheitskräfte, die dem Präsidenten ergeben blieben, kam es zu wachsenden Spannungen und teilweise auch zu bewaffneten Auseinandersetzungen während der Massendemonstrationen. Das traditionelle Vertrauensverhältnis zwischen ziviler und militärischer Führung wie auch das zwischen Gesellschaft und Staat war vollkommen zerrüttet.[15] Glücklicherweise kam es nicht zu einem Bürgerkrieg. Die Regierung Chan gab auf und machte einem Übergangsregime Platz.

Während dieser Zeit hielten sich die Mitarbeiter von Sandline, deren schwere Waffen noch nicht eingetroffen waren, im Hintergrund. Nach dem Rücktritt von Präsident Chan wurden sie zügig aus dem Land ausgeflogen (mit Ausnahme von Spicer, der wegen eines geringfügigen Verstoßes gegen Waffenbestimmungen festgehalten wurde – man wollte auf diese Weise seine Aussage in dem anschließenden Ermittlungsverfahren sicherstellen).[16] Die Operation wurde Hals über Kopf abgebrochen, obwohl Hubschrauber und anderes für Sandline geordertes schweres Kriegsgerät bereits auf dem Frachtweg waren. Diese aus der Staatskasse bezahlten Waffen stellten nun für die Armee Papua-Neuguineas ein Problem dar, die sich eine Nutzungsmöglichkeit dafür ausdenken musste, obwohl sie weder über die Mittel noch über die Kompetenz verfügte, sie zu bedienen oder zu warten. Schließlich wurden die Waffensysteme und Munitionsvorräte zum größten Teil verhökert oder im Meer versenkt.

Die Firma Sandline blieb die Erfüllung ihres Auftrags schuldig, der auf einem Kontrakt von fragwürdiger Rechtskraft beruhte und den die Regierung ohne Parlamentsanhörung abgeschlossen hatte. Das neue Regime nach Chan verweigerte denn auch die Zahlung der zweiten Rate in Höhe von 18 Millionen Dollar. Im Gegenzug verklagte die Firma die neue Regierung und betrieb die Verpfändung staatlicher Vermögenswerte wie der diplomatischen Gesandtschaften von Papua-Neuguinea in den USA, auf den Philippinen, in Deutschland und Luxemburg. Sie verlangte ferner die Einfrierung der Bankkonten, auf die Erlöse aus Handelsgeschäften Papua-Neuguineas mit der EU überwiesen wurden. Beide Kontrahenten riefen entsprechend einer Vertragsklausel ein internationales Schiedsgericht an. Das Schiedsgericht folgte der Argumentation der Firma, ein Regierungswechsel befreie Papua-Neuguinea nicht von den Verpflichtungen, die das Land unter der Vorgängerregierung eingegangen war. Der Inselstaat bezahlte am Ende die vollständige Vertragssumme, weil das Schiedsgerichtsverfahren das Vertrauen internationaler Investoren zu erschüttern drohte und den Erfolg einer Staatsanleihe in Höhe von 250 Millionen Dollar gefährdete, die die Regierung von Papua-Neuguinea aufzulegen gedachte.[17]

Paradoxes Ergebnis der im Keim erstickten Operation Contravene war, dass die dadurch ausgelöste innere Krise gemäßigten Kräften auf beiden Seiten des Bougainville-Konflikts die Chance eröffnete, in Verhandlungen einzutreten. Da die Streitkräfte bereits bewiesen hatten, dass sie nicht in der Lage waren, die BRA zu besiegen, war ihr Einschreiten gegen den Sandline-Einsatz gleichbedeutend mit der endgültigen Aufgabe der militärischen Option für die Beendigung des Bürgerkrieges. Die Meuterei in der Armee, durch die wahrscheinlich ein Blutbad auf Bougainville verhindert wurde, war für die BRA ein klares

Zeichen, dass nicht alle Kräfte im Regierungslager die Rebellenbewegung um jeden Preis vernichten wollten.[18] So kam es zu einer Machtteilung auf dem Verhandlungsweg, mit internationalen Beobachtern als Geburtshelfern. Im Rahmen der kriegsgerichtlichen Aufarbeitung wurden drei Offiziere der regulären Streitkräfte wegen Meuterei schuldig gesprochen; General Singirok, den Anführer der Meuterer, schloss man auf Lebenszeit von allen staatlichen Ämtern aus, weil er Bestechungsgelder von einem konkurrierenden Rüstungslieferanten angenommen hatte.

### Institutionelle Machtverhältnisse und private Militärfirmen

Auch wenn in Papua-Neuguinea die Demokratie offenbar nicht auf der Strecke blieb, lassen sich aus dieser Episode einige wichtige Schlüsse ziehen. Private Militärfirmen können etablierte Konstellationen und Machtverhältnisse zwischen Zivilgesellschaft und Militär auf eine weder von Politikern noch von Theoretikern vorhersehbare Weise verändern.

Die Theorie basiert auf einer eher einfachen Konstruktion: Der Grundgedanke ist der, dass ein vernünftiges Verhältnis anzustreben ist zwischen einer notwendigen zivilen Kontrolle und dem Bedürfnis eines professionellen Militärapparats nach genügend Autonomie, um seine Aufgaben angemessen erfüllen zu können.[19] Trotz anhaltender Kontroversen darüber, wo genau die Grenzen ziviler Kontrolle verlaufen sollten, bekennen sich die Theoretiker allesamt und ungeachtet ihres weltanschaulichen Standpunkts zum Prinzip eines Machtdualismus zwischen Militär und Staat. Eine tatsächliche oder auch nur mögliche Rolle eines dritten Faktors oder einer dritten Macht in diesem dualistischen Kräftespiel ist in der derzeitigen Theorie nicht vorgesehen.

Welchen Einfluss Dritte auf die Beziehungen von Militär und Regierung nehmen oder welchen Beitrag sie zum Überleben von Regimen leisten können, ist noch kaum erforscht. Mir sind keine Studien bekannt, die sich mit privaten Militärfirmen in dieser Rolle beschäftigen.[20] Dieses wissenschaftliche Defizit ist insofern verständlich, als Außenseiter oder Außenstehende in den zivil-militärischen Beziehungen der neueren Zeit nur selten eine Rolle gespielt haben. Nur bei vier Prozent aller Meutereien und Staatsstreiche war eine militärische Intervention von außen im Spiel, und wenn, dann waren die »Täter« fast immer Supermächte oder das eigene koloniale Mutterland. Unter den heutigen Bedingungen sind Interventionen von dieser Seite jedoch zunehmend unwahrscheinlich.[21]

Dagegen bleibt die Frage, welche Faktoren und Bedingungen die internationalen Beziehungen stabilisieren oder destabilisieren können, von ausgeprägter Bedeutung für die zivil-militärischen Beziehungen, namentlich angesichts der Tatsache, dass in der unterentwickelten Welt ein Staatsstreich nach wie vor zum bevorzugten Mittel eines Machtwechsels gehört. Die Fieberkurve der gewaltsamen Regimewechsel erreichte ihren Höhepunkt zwar in den 60er Jahren, doch sind sie auch im 21. Jahrhundert eine konkrete Gefahr.[22] Die Militärputsche in Pakistan, den Fidschiinseln und in der Elfenbeinküste (alle im Jahr 2000) gemahnen uns daran, dass gewaltsame Auseinandersetzungen um politische Erbfolgen heute noch genauso oft vorkommen wie eh und je. In Anbetracht des relativen Rückgangs zwischenstaatlicher Kriege lauert für viele Regime die eigentliche Gefahr im Inneren.

Besteht indes wirklich die Notwendigkeit, in diesem Zusammenhang jede erdenkliche Rolle, die private Militärfirmen spielen könnten, zu erforschen, nur weil Staatsstreiche vielleicht weiterhin ein wichtiger Faktor bleiben werden? Tatsächlich sind doch nur die wenigsten Militärfirmen, so fähig sie auch sein mögen, in der Lage, mehr als eine Eingreiftruppe von Bataillonsgröße auf die Beine zu stellen. Daraus lässt sich das Argument ableiten, dass private Militärfirmen schon deswegen nur begrenzt wirksam werden können, weil ihre Personalstärke beschränkt ist (im Vergleich zu den nach Tausenden zählenden Soldaten einer regulären nationalen Streitmacht). Wenn dem so wäre, bräuchte man über sie im Kontext der zivil-militärischen Beziehungen erst gar nicht zu reden.

Die reale Erfahrung weist jedoch in eine andere Richtung. Operationen privater Militärfirmen haben trotz der relativ geringen Zahl eingesetzter Mitarbeiter in Angola, Kroatien, Äthiopien und Sierra Leone mitgeholfen, Konflikten eine entscheidende Wende zu geben. Sie können auch das Verhältnis zwischen Militär und Staat stark prägen, wie die Operation Contravene in Papua-Neuguinea gezeigt hat. Das liegt daran, dass das Eingreifen selbst einer kleinen, aber entschlossenen und fähigen Gruppe Außenstehender »in vielen unterentwickelten Ländern ein signifikanter Faktor sein kann, besonders wenn man bedenkt, dass Staatsstreiche oft nur mit ein paar Dutzend oder ein paar Hundert

Kämpfern durchgeführt worden sind«.[23] Tatsächlich gab es in Gabun, auf den Seychellen, in Ghana und Benin erfolgreiche Putsche mit höchstens ein paar Hundert aktiven Teilnehmern. Und auch in großen und fortgeschrittenen Staaten wie Südkorea gab es erfolgreiche Militärputsche, an denen sich weniger als ein Prozent aller Armeeangehörigen beteiligten.[24] Im Grunde spielt der Einsatz militärischer Gewalt bei einem Staatsstreich die Rolle eines Z- üngleins an der Waage. Wenn die richtige Kombination aus Beweggrund und Gelegenheit gegeben ist, benötigt man für einen Staatsstreich nur eine kleine Zahl von Mittätern und Unterstützern, diese allerdings an der richtigen Stelle. Private Militärfirmen wissen davon sicherlich einiges.

## PMFs und die Gefährdung des innerstaatlichen Gleichgewichts

Der Einfluss privater Militärfirmen auf die zivil-militärischen Beziehungen hängt hauptsächlich davon ab, um welchen Typ von Firma es sich handelt und worum es bei ihrem Einsatz geht. Mischt sich zum Beispiel ein Militärdienstleister oder ein militärisches Beratungsunternehmen in die stabilen Beziehungen zwischen der Regierung eines Landes und seinen Streitkräften ein, so kommt es zu einer Gefährdung des institutionellen Kräfteverhältnisses, und zwar in mehrfacher Hinsicht (vgl. die untenstehende Tabelle). Ein negativer Einfluss durch das Auftauchen einer PMF ist primär dann möglich, wenn die Firma den regulären Streitkräften zentrale Positionen oder Rollen streitig macht.

---

**Militärdienstleister und militärische Beraterfirmen können innerstaatliche Beziehungen destabilisieren, wenn:**

sie einen negativen Einfluss auf das Ansehen der einheimischen Streitkräfte ausüben,

ihre Mitarbeiter besser verdienen als einheimische Soldaten mit vergleichbarer Qualifikation,

sie sich von den einheimischen Streitkräften abschotten, statt mit diesen partnerschaftlichen Umgang zu pflegen,

ihre Vertreter mit Kommandoposten betraut werden oder die Beförderungschancen einheimischer Offiziere verringern,

sie Programme durchführen oder initiieren, die die einheimischen Streitkräfte der Gefahr aussetzen, als nicht mehr zeitgemäß eingestuft oder gar aufgelöst zu werden.

---

Wird eine PMF angemietet, kann das einen negativen Einfluss auf das Ansehen der einheimischen Streitkräfte haben und die Beziehungen zwischen Zivilgesellschaft und Militär in diesem Land vergiften. Wenn eine private Firma den Auftrag erhält, militärische Aufgaben zu übernehmen, wird dies häufig als Indiz dafür verstanden, dass die Regierung es den eigenen Streitkräften nicht zutraut, das zu tun, wofür sie eigentlich da sind. Die Beauftragung einer Militärfirma gilt meist als Misstrauensvotum der Regierung an die Adresse ihrer Militärs. Ein Offizier der Streitkräfte von Papua-Neuguinea räumte ein, er und seine Kameraden hätten es als »Niederlage« empfunden, dass ihre Regierung »jemanden anders holt, um an unserer Stelle zu kämpfen.«[25] Auf jeden Fall können durch die Tätigkeit einer von außen kommenden Militärfirma Schwächen und Unzulänglichkeiten der einheimischen Streitkräfte exponiert werden. Wird einer Armee auf diese Weise signalisiert, dass Zweifel an ihrer Fähigkeit bestehen, die Aufgaben zu erfüllen, für die sie schließlich da ist, muss sie befürchten, Prestige, politischen Einfluss und Ressourcen einzubüßen.[26]

PMFs können also dem Status einer regulären Armee schaden, und in diesem Falle werden sie in der Gesellschaft als Gefahr für das Ansehen und den Rang der eigenen Streitkräfte wahrgenommen. Einheimische Militärs (oder besonders betroffene Offiziere) können sich dadurch genötigt sehen zu handeln. Die Beauftragung einer PMF ist nicht nur im Sinne einer Erosion staatlicher Souveränität deutbar, sondern auch als Angriff auf die Stellung des Militärs als der Kraft, die diese Souveränität zu bewahren hat. Dieser Aspekt spielt eine entscheidende Rolle für die Entstehung von Putschstimmungen. Der »Korpsgeist« einer Armee, ihr aus Stolz auf ihre Autonomie und ihr Prestige gespeister Zusammenhalt, ist von enormer Bedeutung für ihre Moral; ein Angriff auf diesen Korpsgeist kann ein Aufbegehren gegen die eigene Regierung auslösen.[27]

Eine unter Vertrag genommene PMF als dritte Kraft mit besonders enger Beziehung zur politischen Führung kann der militärischen Führung auch das Gefühl vermitteln, abgekoppelt oder aus dem inneren Zirkel der Macht ausgeschlossen worden zu sein.[28] Verbitterung auf Seiten von Offizieren, die sich ausgebootet und in ihrem Ansehen betrogen fühlten, weil die Regierung eine neue »Paralleltruppe« ins Land geholt hat, war oft genug die Triebkraft hinter vielen Staatsstreichen in der Geschichte.[29] Meist haben die einheimischen Militärs einige Optionen, um die Beauftragung einer privaten Militärfirma in ihrem Land zu hintertreiben: vorbeugendes Handeln, wie 1997 in Papua-Neuguinea geschehen, oder strategisches Abwarten, wie 1997 von den Streitkräften von Sierra Leone praktiziert. In letzterem Fall versuchte die Militärführung auf Zeit zu spielen, nachdem die Regierung die Firma EO angeheuert hatte. Später, als EO das Land verlassen hatte und die Regierung nicht mehr schützen konnte, wurde diese von den Streitkräften gestürzt. Zuvor schon hatte die Militärführung heimlich mit den Rebellen konspiriert, die sie eigentlich hätte bekämpfen sollen.

Militärputsche werden häufig wegen der Durchsetzung vom Sonderinteressen initiiert oder weil Militärführer eine private Rechnung zu begleichen haben.[30] Wie wissenschaftliche Studien zeigen, sind persönliche, meist mit finanziellen Dingen vermengte Ressentiments (Soldkürzungen oder eingeschränkte Verdienstmöglichkeiten) Auslöser für rund 33 Prozent aller Militärputsche.[31] Wird eine PMF eingeschaltet, kann schon der Eindruck, diese Firma sei finanziell besser gestellt als das reguläre Militär oder bedrohe in Zukunft dessen Stellung, zu Frust in den Reihen der Streitkräfte führen und Umsturzgelüste wecken.[32]

Trotz der im Vergleich zu regulären Truppen geringen Personalstärke der PMFs verursachen die Kontrakte mit ihnen oft hohe Kosten. Um die Gelder aufzubringen, ist die beauftragende Regierung häufig gezwungen, Haushaltsmittel umzuschichten bzw. das Militärbudget zu kürzen, was für weitere Unzufriedenheit in der eigenen Armee sorgt. So beklagte der Stabschef der Streitkräfte von Papua-Neuguinea Monate nach dem Abbruch des Sandline-Einsatzes, dass die Ausgaben für diesen Militärdienstleister ein so großes Loch in die Finanzen gerissen hätten, dass die Armee kaum noch ihre Soldaten ernähren könne.[33]

PMFs zahlen ihren Mitarbeitern wesentlich bessere Gehälter, als Soldaten einer regulären Armee sie für gleiche Tätigkeiten erhalten. Mitarbeiter der südafrikanischen Firma EO zum Beispiel verdienten bis zu fünfmal so viel wie Offiziere vergleichbarer Dienstgrade in der Armee von Südafrika und zehnmal so viel wie Angehörige der Streitkräfte der Länder, in denen die Firma normalerweise operierte. Und natürlich können PMF-Mitarbeiter meist eine exzellente militärische Laufbahn vorweisen und präsentieren sich mit modernen militärischen Gerätschaften, von denen die wesentlich bescheidener ausgerüsteten Streitkräfte des Gastgeberlandes nur träumen können. Diese Unterschiede sind oft der Grund dafür, dass PMFs überhaupt engagiert werden; aber andererseits können sie die Ressentiments der einheimischen Soldaten nur verstärken.[34]

Eine verzweifelte Militärführung, die unter solchen Bedingungen ihre Felle wegschwimmen sieht, ist höchstwahrscheinlich schnell zum Losschlagen bereit. Auch wenn man in der Armee nicht gleich an einen Putsch denkt, so kann sich die Erbitterung unter den Soldaten jederzeit in kleineren Gewaltausbrüchen entladen. Wie es heißt, soll es während des Bürgerkrieges in Angola zu Konfrontationen zwischen EO-Mitarbeitern und angolanischen Regierungstruppen, vor allem mit Angehörigen der paramilitärischen »Ninja«-Einheit, gekommen sein, obwohl beide Parteien eigentlich auf derselben Seite der Front kämpften. Solche Zwischenfälle schränkten nicht nur den Handlungsspielraum von EO ein, sondern führten, wenn man den Gerüchten glauben darf, sogar zu mindestens einer Schießerei zwischen Angehörigen der beiden Kontingente. Zu ähnlichen Zwistigkeiten kam es im Vollzug eines Auftrags, den EO in der Demokratischen Republik Kongo (Zaire) durchführte. Und die Beispiele aus der Geschichte, in denen besser bezahlte Söldnertruppen mit schlechter bezahlten einheimischen Truppen Seite an Seite kämpften, ergeben das gleiche Bild: In den Schweizer Regimentern, die nach den Napoleonischen Kriegen im französischen Heer dienten, wurden Solde gezahlt, die um das Zwei- bis Dreifache höher lagen als bei den regulären französischen Regimentern. Wiederholt wurden die Schweizer von französischen Einheiten angegriffen, die in der Nähe stationiert waren. Am Ende entluden sich die Spannungen während der Revolution von 1830, die zum Sturz der Bourbonendynastie führte.[35]

Zu der Diskrepanz in der Bezahlung kommt, dass das kämpfende Personal angeheuerter Firmen möglicherweise als Beförderungshindernis für einheimische Offiziere wahrgenommen wird, die dann keine Möglichkeit mehr sehen, ihr persönliches Karriereziel zu erreichen. Dieses Problem stellt sich am ehesten, wenn Militärdienstleister unter Vertrag genommen werden, deren Mitarbeiter taktische Führungspositionen übernehmen, oder wenn Mitarbeiter militärischer Beraterfirmen in strategische Führungsrollen schlüpfen. Die historischen Beispiele für Offizierspütsche, bei denen dieses Motiv eine Rolle spielte, reichen vom Ägypten der 1840er bis zum Kongo der 1960er Jahre. Auch im Fall Papua-Neuguinea und Sandline spielte dieser Aspekt eine Rolle.[36]

Firmen aus der Beraterbranche können unter Umständen die einheimischen Militärs gegen sich aufbringen, wenn sie sich für eine Reform der Streitkräfte aussprechen oder ein Restrukturierungsprogramm vorschlagen. Meist werden darin bestimmte Teile der einheimischen Streitkräfte für nicht mehr zeitgemäß erklärt und ihre Auflösung empfohlen. Eine beauftragte Beraterfirma kann in den Augen traditionsbewusster Soldaten das antasten, was sie als die gottgegebene Ordnung ihrer Institution und ihrer Gesellschaft sehen. Von Privatfirmen vorgelegte Konzepte für eine Militärreform können also als Angriff auf höchst reale und handfeste Interessen und/oder auf das berufliche Selbstverständnis einheimischer Militärführer und ihre Rolle in der gesellschaftlichen Hierarchie verstanden werden. Die Geschichte kennt eine Reihe von Beispielen, in denen der Versuch, unter Federführung von Außenstehenden Militärreformen durchzuführen, in blutige interne Machtkämpfe mündete, vom Osmanischen Reich über Russland und Japan bis hin zu Ägypten.[37] Das Engagement von MPRI 1999 in Nigeria führte zu verschärften Spannungen innerhalb des nigerianischen Generalstabs und angeblich auch zu mehr als einem vereitelten Putschversuch.[38]

Andere Spannungen resultieren womöglich aus organisatorischen Unvereinbarkeiten in Bereichen wie Ausbildung, Doktrin, Kommandohierarchie und »Unternehmenskultur«. Im Kern lassen sich diese potenziellen Konfliktbereiche vielleicht alle auf unterschiedliche Erwartungen zurückführen, die in die Tätigkeit privater und staatlicher Truppen gesetzt werden und woraus sich Missverständnisse, wechselseitige negative Stereotypen, Misstrauen, Statusunterschiede und Konkurrenzdenken ergeben können. Da ausländische Militärs sich oft gleichgültig oder unsensibel gegenüber lokalen Sitten und Institutionen zeigen – und PMF-Mitarbeiter bilden hier keine Ausnahme –, verschärfen sich die Spannungen und Probleme noch.[39]

Wird eine private Militärfirma ins Land geholt, kann das schädliche Folgen für das Verhältnis zwischen Zivilgesellschaft und Militär zeitigen (vgl. S. 318). Sehen die einheimischen Militärs ihr Prestige, ihre Autonomie oder ihr Verbandsinteresse durch die Einbindung der PMF bedroht, kann es sein, dass die Streitkräfte darauf mit einer Kampfansage an die Firma oder die für ihre Beauftragung verantwortliche Regierung reagieren. Auch persönliche Ressentiments, gespeist von Karriereneid und Karrierefurcht, oder drohende Reformen können Einzelne oder Gruppen aus den Reihen der einheimischen Streitkräfte dazu bewegen, sich zu wehren. In allen diesen Fällen kann die Beauftragung einer von außen kommenden privaten Militärfirma massive Konsequenzen für das Verhältnis zwischen der Regierung und ihren Streitkräften haben. Allein schon das Gerücht, dass eine Privatfirma beauftragt werden soll, kann zu gewalttätigen Aktionen führen; so geschehen im Jahr 2000 auf den Salomonen.[40]

## Rückenstärkung für das Regime: das andere PMF-Gesicht

Wenngleich das Einschalten von Militärdienstleistern gewisse neue Gefahren für die zivil-militärischen Beziehungen in sich birgt, kann es doch auch zur Stabilisierung des allgemeinen Kräftegleichgewichts beitragen. Das gilt sicherlich nur in bestimmten Situationen (vgl. die untenstehende Tabelle) und je nachdem, welchem Sektor der Branche eine Firma angehört. Auch hier geht es darum zu zeigen, dass Bedingungsfaktoren eingeführt werden können, ohne dass man sich vom Kern der Theorie der zivil-militärischen Beziehungen verabschieden müsste. Es ist vielmehr so, dass diese Ergänzungen uns helfen, brauchbare Schlussfolgerungen aus den Erkenntnissen der Forschungsliteratur zu ziehen.

Ein grundlegendes Problem, vor dem Regierungen schwacher Staaten stehen, ist die Frage, wie sie die Notwendigkeit, eine kampffähige Armee zu haben, umsetzen und zugleich deren Loyalität sicherstellen können. Bedenkt man, dass es seit den 60er Jahren in Afrika fast hundert erfolgreiche Staatsstreiche gab, so wird die Angst der dortigen politischen Führer vor ihren eigenen Streitkräften verständlich.[41] Manche politischen Führer haben versucht, der Putschgefahr durch ethnische Ausrichtung ihrer Streitkräfte (d.h. indem sie überwiegend loyale Volks- oder Stammesgruppen rekrutierten) vorzubeugen. Andere versuchen dieser Gefahr dadurch zu begegnen, dass sie die Schlagkraft ihrer Streitkräfte absichtlich schwächen. In vielen Fällen bestand eine bewährte

---

**PMFs können zivil-militärische Beziehungen stabilisieren, wenn:**

sie als Militärdienstleister in der Lage sind, unmittelbar drohende Gefahren für die bestehende Ordnung abzuwenden,

sie als Beraterfirmen dazu beitragen, die einheimischen Streitkräfte zu professionalisieren und ihre Fähigkeiten zu verbessern,

sie als Erbringer militärnaher Dienstleistungen mithelfen, die einheimischen Streitkräfte von kommerziellen Aufgaben zu entlasten,

sie mithelfen, aus der Demobilisierung lokaler Streitkräfte resultierende Probleme zu entschärfen.

---

Lösung jedoch darin, mit einer Privatarmee oder einer paramilitärischen Organisation ein Gegengewicht zu schaffen in der Hoffnung, damit die von den regulären Streitkräften ausgehende Gefahr zu kompensieren. In der aktuellen Forschungsliteratur wird jedenfalls behauptet, dass für ein schwaches Regime die Strategie des Gegengewichts zur Herrschaftssicherung am zweckmäßigsten ist.[42]

In diesem Sinne fungieren ausländische Söldnerfirmen oft als Gegengewichte.[43] Autokratische Herrscher haben sich zu allen Zeiten mit Palastwachen umgeben, die sich aus Ausländern zusammensetzten; zu den bekanntesten geschichtlichen Beispielen gehören die byzantinische Warägergarde, die aus Wikingern bestand; die schottischen und schweizerischen Palastwachen der französischen Könige; die Mauren des spanischen Diktators Francisco Franco oder die Marokkaner des kongolesischen Diktators Mobutu.

Aus der Sicht in Bedrängnis geratener Regime sind Militärdienstleister eine verlockende Besetzung für diese Rolle. Man kann sie einsetzen, um potenzielle Konkurrenten um die Macht, selbst die eigenen Streitkräfte, einzuschüchtern und abzuschrecken. Eine unter Vertrag genommene ausländische Privatfirma erlaubt es einem schwachen Herrscher, sich von Offizieren zu trennen, die er für unzuverlässig hält, und Truppenteile, in denen er vielleicht schon die fünfte Kolonne der politischen Konkurrenz vermutet, zu marginalisieren.[44]

Betrachtet man die bisherige Erfolgsbilanz der PMF-Branche, so deutet sie darauf hin, dass Militärdienstleister für ein unmittelbar bedrohtes Regime ein probates Mittel der Machterhaltung sind. EO hat nach verbreiteter Einschätzung mindestens zwei Putschversuche gegen die Regierung von Sierra Leone vereitelt (vgl. Kapitel 7). Die Aktivitäten, die der Vereitelung solcher Putschversuche folgten, liefern weitere Anhaltspunkte dafür, wie viel eine effektive PMF bewegen kann und was geschieht, wenn dieses Gegengewicht wegfällt. Ende 1996 befand die neu gewählte Regierung Kabbah, sie benötige die Dienste von EO in Sierra Leone nicht mehr. Der Militärdienstleister warnte seinen Auftraggeber, dass die zivile Regierung ohne seine Dienstleistungen nicht länger als 100 Tage überleben werde. Davon unbeeindruckt entschied sich das Regime, den Kontrakt mit EO zu beenden. 95 Tage später stürzten unzufriedene Armeeoffiziere das Regime. Erst als die abgesetzte Regierung die Firma Sandline engagierte, konnte sie die Macht zurückgewinnen. Eine ähnliche Entwicklung soll es in Kongo-Brazzaville gegeben haben, wo 1994 ein neuer Präsident dank der Mithilfe der von ihm engagierten israelischen Firma Levdan eine neue Armee aufstellen konnte, die ihm treu ergeben war, während er ältere Einheiten ausmusterte, die loyal zum Vorgängerregime standen und zu denen er deshalb kein Vertrauen hatte.[45]

Denkbar ist auch, dass die Beauftragung militärischer Beraterfirmen Putschrisiken vermindern könnte, namentlich in einer Situation, in der solche Firmen ohne zeitlichen und politischen Druck eine Umstrukturierung der zivil-militärischen Beziehungen durchführen können. Samuel Huntington führt zwei Faktoren an, die mehr als alle anderen geeignet sind, langfristig stabile zivil-militärische Beziehungen zu gewährleisten: eine Politik, die die Kampfkraft und Professionalität regulärer Streitkräfte verbessert (etwa durch funktionale Spezialisierung und Konzentration auf die strategischen und technischen Anforderungen des Krieges statt auf innenpolitische Anliegen), und eine Stärkung der Institutionen, deren Aufgabe die politische Beaufsichtigung der Militärs ist.[46] Militärische Beraterfirmen können helfen, diese beiden Ziele zu erreichen, und zwar durch Kontrakte, die eine verbesserte militärische Ausbildung und konzeptionelle Unterstützung bei der Restrukturierung des Militärapparats vorsehen.

Beraterfirmen, die den großen potenziellen Nutzen ihrer Arbeit herausstellen wollen, verweisen häufig auf laufende Kontrakte, in deren Rahmen sie den Offizieren des beauftragenden Staates beibringen, wie sie sich mit einem von Zivilisten geführten demokratischen System arrangieren können. Die Firma MPRI zum Beispiel streicht gerne ihre laufenden Aktivitäten in Nigeria heraus, wo sie den Auftrag hat, an der »Professionalisierung« der nigerianischen Streitkräfte mitzuwirken, die Jahrzehnte einer korrupten Militärherrschaft hinter sich haben. Die Firma legte als Teil ihrer Arbeit 62 konkrete Empfehlungen für Maßnahmen vor, die das professionelle Niveau, das die nigerianischen Streitkräfte in der Vergangenheit besessen hatten, wiederherstellen und zugleich ein System der zivilen Beaufsichtigung schaffen sollten. Diese Empfehlungen sahen unter anderem die Einrichtung einer hochkarätigen Dienststelle vor mit ähnlichen Zuständigkeiten wie das politische Amt des Verteidigungsministers im Pentagon, nämlich Budgeterstellung, Ausarbeitung von Besoldungsregeln und Formulierung einer nationalen Strategie.[47]

An einem Kontrakt dieses Typs lässt sich ein wichtiger Vorbehalt aufzeigen: Professionalisierungsprogramme, die unter der Stabführung einer privaten Militärfirma stattfinden, werden die in sie gesetzten Erwartungen kaum erfüllen können, wenn sie nicht mit Anstrengungen verknüpft werden, funktionierende Kontrollmechanismen zu etablieren. Ohne politische Kontrolle besteht – das zeigen alle Erfahrungen – nicht nur die Gefahr, sondern eine erhöhte Wahrscheinlichkeit, dass Professionalisierungsmaßnahmen in Entwicklungs- oder Schwellenländern schief gehen und vielleicht sogar Putschgelüste der Militärs provozieren.[48]

Ein paar Schlussfolgerungen lassen sich aus den begrenzten empirischen Erfahrungen, die vorliegen, ableiten. Die Bereitschaft, von Ausländern durchgeführte Schulungsmaßnahmen zu akzeptieren, ist am ehesten bei neu aufgestellten Streitkräften und bei Truppen gegeben, die unter einer funktionierenden »subjektiven Kontrolle« stehen, das heißt von den Wertvorstellungen des Regimes durchdrungen sind, entweder als Folge früherer gemeinsamer Kämpfe oder weil die Truppe sich als politischer Arm der herrschenden Partei versteht. Am geringsten ist sie dagegen bei einer Armee, die auf althergebrachte militärische Traditionen zurückblickt.[49] Es scheint, als sei eine Armee immer dann relativ offen für PMF-Unterstützungsangebote, wenn sie einen Krieg verloren oder am Rande einer Niederlage gestanden hat oder wenn ein anderer Schock ihre Weltsicht erschüttert und ihr die Notwendigkeit einer Umorganisation vor Augen geführt hat. So akzeptierten zum Beispiel der Streitkräfte Bosniens und Kroatiens bereitwillig die Hilfe von Beraterfirmen, während dies in Nigeria und Kolumbien, wo die Militärs die Lage noch gut unter Kontrolle zu haben glaubten, nicht der Fall war. Ein anderer förderlicher Faktor kann das Angebot sein, die Truppe in den Umgang mit neuen Militärtechniken einzuweisen – unter Umständen ein probates Lockmittel, mit dem anfängliche Ressentiments von Berufssoldaten überwunden werden können, indem man an ihren beruflichen Ehrgeiz appelliert.[50]

Unternehmen, die militärnahe Dienstleistungen erbringen, können ebenfalls Einfluss auf die zivil-militärischen Beziehungen nehmen, wenn auch nicht so wirksam wie Firmen aus den beiden anderen Sektoren der Branche. Da ersteren Aufgaben aus sekundären Tätigkeitsfeldern übertragen werden, können sich die einheimischen Streitkräfte daraus zurückziehen, zumal diese Bereiche oft auch wirtschaftliche Aspekte haben und zur Korruption einladen. Schwere Korruption kann, wie sich unter der Herrschaft Mobutus in Zaire gezeigt hat, zur Bildung unabhängiger Machtbastionen und auf breiter Front zur Abwendung frustrierter Militärs vom System führen. In so manchen Armeen hat es sich eingebürgert, dass Offiziere mittlerer und unterer Dienstgrade bestimmte Aufgaben im Gegenzug für besondere Zuwendungen übernehmen, so dass das Regime stets um seine Autorität fürchten muss. Indem nun Privatfirmen militärnahe Dienstleistungen übernehmen, entziehen sie dem truppeninternen Wettbewerb um Schmiergelder ein Stück weit den Boden. Doch wie für die Firmen, die militärische Beratung anbieten, gilt auch für militärnahe Dienstleister, dass ihre Einflussmöglichkeiten beschränkt sind. Ein schrittweiser Übergang zur Privatisierung von Aufgaben kann vielleicht für mehr Stabilität sorgen als zu viel Outsourcing in großem Maßstab. Im ersteren Fall wird das Engagement einer Privatfirma nicht als direkte Bedrohung der Machtbefugnisse einheimischer Militärführer empfunden.

Ein weiterer Effekt, durch den die PMF-Branche zur Stabilisierung der zivil-militärischen Beziehungen beitragen könnte, liegt in dem Umstand, dass private Militärfirmen einfach aufgrund ihrer Präsenz als Überdruckventile fungieren können. Indem sie sich frustrierten Armeeangehörigen als Gesprächspartner und Blitzableiter anbieten, können sie der Gefahr, dass sich in den Streitkräften Widerstand formiert, indirekt entgegenwirken. Einige Staaten begrüßen insgeheim die Existenz der neuen privaten Militärbranche, sehen sie in ihr doch eine Beschäftigungsmöglichkeit für demobilisierte oder gerade pensionierte Soldaten. Schon die »normale« Arbeitslosigkeit bietet den Regierungen genug Anlass zur Sorge, aber arbeitslose ehemalige Soldaten verfügen schließlich über Fähigkeiten, die sie, wenn sie sich dem eigenen Staat gegenüber entfremden, zu besonders gefährlichen Gegnern machen können.

Dieses Phänomen lässt sich gut am Beispiel Südafrikas studieren. In Anbetracht der abenteuerlichen Vergangenheit der Soldaten in den Eliteeinheiten des südafrikanischen Apartheidregimes hatte die vom Afrikanischen Nationalkongress (ANC) gestellte neue Regierung unter Nelson Mandela gute Gründe, dafür zu sorgen, dass diese Soldaten nicht in innenpolitische Händel verwickelt wurden, vor allem nicht im Vorfeld der ersten wirklich demokratischen Wahlen im Jahr 1994. Hieraus mag sich erklären, dass die Regierung Mandela nicht einschritt, als EO erstmals im angolanischen Bürgerkrieg mitmischte. Öffentlich sprach sich die Regierung entschieden gegen den Einsatz der Firma aus, zumal die Aktivitäten von EO dem Bemühen des neuen Südafrika, die Rolle einer verantwortlichen Regionalmacht zu übernehmen, ins Gesicht schlugen.[51] Insgeheim jedoch duldete, ja förderte Mandela die

Rekrutierung dieser Exsoldaten durch EO. Dahinter stand die Überlegung, dass auf diese Weise »eine Anzahl von Personen aus Südafrika abgezogen wurden, die einen störenden Einfluss auf die bevorstehenden multirassischen Wahlen hätten nehmen können«.[52] Das Ergebnis war, dass die Wahlen reibungslos vonstatten gingen, während Hunderte potenzieller kriegstauglicher Agitatoren in sicherer Entfernung von Südafrika gutes Geld verdienten.

## Zivil-militärische Beziehungen in stabilen Staaten

Der Schwerpunkt unserer Erörterung lag bisher auf dem möglichen Einfluss privater Militärfirmen auf die zivil-militärischen Beziehungen in jenen Ländern, die von der akuten Gefahr innerer Konflikte zwischen Regierung und Militär bzw. von möglichen Putschversuchen bedroht sind. Die PMF-Branche übt aber auch einen potenziellen Einfluss auf die zivil-militärischen Beziehungen in stabilen Staaten wie den USA oder Großbritannien aus, in denen eine Bürgerkriegsgefahr nicht besteht.

Die gängige Theorie und Praxis der zivil-militärischen Beziehungen verlangt eine klare Unterscheidung zwischen den Streitkräften als Institution, der politischen Bühne und der Wirtschaft. Aber selbst in fortschrittlichen Staaten wie den USA hat diese Einteilung zu bröckeln begonnen. Wie der sicherheitspolitische Experte Chris Dietrich schreibt:

> Das traditionelle Ethos des Militärs als »mehr als nur ein Job« ist teilweise von einer unternehmerischen Sichtweise verdrängt worden, so dass sich das Militär in Ländern wie den Vereinigten Staaten gezwungen sieht, in seiner Eigenwerbung den Militärdienst als ideale Vorbereitung auf spätere Tätigkeiten in der Wirtschaft zu feiern.[53]

Immer mehr sind der Überzeugung, dass die traditionellen soldatischen Tugenden durch das zunehmende Outsourcen militärischer Aufgaben an die PMF-Branche und durch den hohen Anteil ehemaliger Soldaten im Personal dieser Firmen untergraben werden. Die Argumentation derer, die dies beklagen – unter ihnen sind viele derzeit noch in regulären Streitkräften dienende Offiziere –, lautet, die Professionalität der Verteidigungskräfte eines Landes dürfe nicht mit einer kommerziellen Geschäftstätigkeit vermengt oder durch diese kompromittiert werden; andernfalls bestehe die Gefahr, dass die gesellschaftliche Solidarität Schaden nehme.[54] Dies gelte insbesondere dann, wenn eine Firma, die ihr Personal hauptsächlich aus der Armee ihres Heimatstaates rekrutiere, in den Dienst eines anderen Staates trete. Um US-Oberst Bruce Grant zu zitieren:

> Wenn ehemalige Offiziere ihr professionelles Können auf dem internationalen Markt zu Geld machen, verliert der ganze Soldatenstand seine hohe moralische Stellung vor dem amerikanischen Volk.[55]

In den Vereinigten Staaten sind die Streitkräfte die am höchsten geachtete staatliche Institution; im Urteil der Öffentlichkeit rangieren sie immer vor anderen Berufsgruppen, die sich ebenfalls eines hohen Ansehens erfreuen.[56] Das liegt daran, dass die Bürger ihren Soldaten ein hohes Maß an Integrität und Wertebewusstsein zuschreiben und ihren Dienst für das Land als heldenhaft, patriotisch und selbstlos anerkennen. Im Verhältnis des Berufssoldaten zur Gesellschaft, heißt es bei Huntington, waltet »eine Gewissheit, dass seine Fähigkeiten nur für Zwecke eingesetzt werden dürfen, die die Gesellschaft durch ihr politisches Organ, den Staat, gutgeheißen hat«.[57]

In diese Vorstellungen passen private Militärfirmen nicht hinein. Im Grunde genommen vermarkten diese Firmen all die Erfahrungen, die ihre Mitarbeiter als ehemalige Soldaten in den aus Steuermitteln finanzierten Streitkräften gesammelt haben; doch die Verhaltenscodes, Regeln und Vorschriften der regulären Streitkräfte gelten in der neuen Umgebung nicht mehr. Die öffentliche Achtung vor dem Soldatentum wird aufs Spiel gesetzt, wenn Armeeangehörige aus den staatlichen Streitkräften ausscheiden und gleichwohl ihren Beruf als Soldat weiter ausüben. Oberst Grant äußert die Befürchtung, dass »die Privatisierung amerikanischer Militäraufgaben [...] unser Militär am Ende korrumpieren wird, sowohl in den Augen der Gesellschaft als auch von innen heraus«.[58]

Wohin das letzten Endes noch führen wird, bleibt abzuwarten. Klar ist schon heute, dass durch die Existenz der PMF-Branche der traditionelle Beruf des Soldaten zu einem Job mit Gewinnanreizen mutiert und sich damit diametral von jenen Werten fortentwickelt, die den Respekt der Öffentlichkeit vor dem Militär begründeten. Viele der regulären Soldaten, die heute miterleben müssen, wie ehemalige Kameraden ihre aus öffentlichen Mitteln bezahlte Ausbildung zu Geld machen, haben die Sorge, der Glaube der Bevölkerung an die lauteren Motive der eigenen militärischen Führer und ihr Respekt vor der Institution als solcher könnten Schaden nehmen. Die aktiv Dienenden fürchten außerdem, das System der Militärpensionen könne in Frage gestellt werden: Wird die Öffentlichkeit es auf Dauer akzeptieren, dass Veteranen aus dem Dienst, für den sich die Gesellschaft durch Zahlung einer lebenslangen Pension erkenntlich zeigt, auf dem freien Markt Kapital schlagen?

## Fazit: das private Zünglein an der Waage

Private Militärfirmen werden engagiert, weil sie Fähigkeiten und Mittel besitzen, die ihren Einsätzen eine größere Effektivität verleihen, als sie von herkömmlichen staatlichen Sicherheitsorganen und Streitkräften zu erwarten ist. Doch genau diese Pluspunkte, die die Firmen für eine in Bedrängnis geratene Regierung so attraktiv machen, können das Verhältnis zwischen einheimischen Streitkräften und ziviler politischer Führung eben auch tiefgreifend verändern.

Die Einbringung eines unternehmerisch handelnden dritten Elements in die zivil-militärische Beziehungskonstellation kann schwerwiegende Auswirkungen auf die Zuweisung von Rollen, Ressourcen und Status in der Gesellschaft zeitigen. Es ist daher dringend notwendig, private Militärfirmen als neuen Faktor in die zivil-militärische Gleichung einzuführen.

**Kapitel 13**

# Öffentliche Zwecke, private militärische Mittel?

> Die Geschichte dieser verdeckten Operationen flößt
> kein Vertrauen ein. Wenn Zivilflugzeuge vor aller Augen
> abgeschossen werden, fragt man sich, was bei verdeck-
> ten Operationen sonst noch angestellt wird.
>
> Andrew Miller, Amnesty International

Wenn es um den Vollzug von Politik geht, denkt man für gewöhnlich an den Staat oder eine seiner Behörden als vollziehende Instanzen. Doch wie der Aufstieg der PMF-Branche zeigt, müssen wir in diesem Punkt umdenken. Die privaten Militärfirmen eröffnen die Perspektive einer (in vielen Fällen politisch willkommenen) Privatisierung der Politik. Diese Entwicklung kann sowohl zum Guten als auch zum Schlechten ausschlagen.

## Die Privatisierung des »Kolumbien-Plans«

Die Operationen privater Militärfirmen in Kolumbien veranschaulichen recht gut, wie eine staatlich formulierte Politik mit Hilfe solcher Dienstleister privatisiert werden kann; sie können aber auch zeigen, mit welchen Gefahren das Outsourcing außenpolitischer Aufgaben verbunden ist. Kolumbien hat in letzter Zeit einen zunehmend höheren Stellenwert in der amerikanischen Außenpolitik bekommen, nicht nur wegen seiner wirtschaftlichen Bedeutung (mehr als 400 aller *Fortune*-500-Unternehmen machen Geschäfte mit Kolumbien, 25.000 US-Bürger leben dort), sondern auch wegen seiner Rolle als Drehscheibe des internationalen Drogenhandels.[1] Der kolumbianischen Regierung ist es in vier Jahrzehnten Bürgerkrieg nicht gelungen, die Kontrolle über große Teile des Staatsgebiets, die von Rebellen beherrscht werden, wiederzugewinnen. Sie hat sich als unfähig erwiesen, den Strom der Drogen einzudämmen, der aus Kolumbien durch dunkle Kanäle in die Vereinigten Staaten fließt und dort von einem blühenden Markt aufgesogen wird.

In der zweiten Hälfte der 90er Jahre fanden die USA, dass es in ihrem Interesse liege, der kolumbianischen Regierung bei der Rückgewinnung der Kontrolle über ihr Staatsgebiet zu helfen, nicht nur im Interesse von mehr regionaler Stabilität, sondern auch als Bestandteil eines langfristig angelegten »Antidrogenkriegs«. Ihren Niederschlag fand diese politische Absicht im »Kolumbien-Plan«, einer von den USA mit 7,5 Milliarden Dollar finanzierten Strategie mit dem Ziel, den Kokainhandel in Kolumbien auszutrocknen. Das »Hilfspaket« schließt den Einsatz militärischer Gewalt gegen Drogenproduzenten und Drogenschmuggler ebenso ein wie die Förderung alternativer landwirtschaftlicher Produktionen, so dass Bauern einen Anreiz haben, auf den Anbau von Kokapflanzen und Schlafmohn zu verzichten.

Aber diese Strategie ist insofern problematisch, als der US-Kongress sie mit strengen Auflagen verknüpft hat, in denen geregelt ist, was die US-Streitkräfte dürfen und was nicht. Diese Auflagen haben vor allem mit dem Wunsch zu tun, US-Soldaten keinen zu großen Risiken auszusetzen, und mit Bedenken hinsichtlich der Zusammenarbeit mit der kolumbianischen Armee, die eine äußerst missliche Bilanz im Umgang mit den Menschenrechten aufzuweisen hat, namentlich was die Duldung paramilitärischer Todesschwadronen angeht. Auf der einen Seite ist Kolumbien der drittgrößte Empfänger US-amerikanischer Militärhilfe, auf der anderen ist den US-Militärs verbindlich vorgeschrieben, welchen Einheiten der kolumbianischen Armee sie beispielsweise Ausbildungshilfe leisten dürfen (nämlich nur solchen, denen keine Menschenrechtsverletzungen nachgewiesen wurden) und welche Art von Operationen sie unterstützen können. US-Truppen dürfen sich an Antidrogeneinsätzen der Kolumbianer beteiligen, aber Operationen gegen Rebellen in keiner Weise unterstützen. Das Dumme ist, dass beide Einsatzformen oft nahtlos ineinander übergehen. Kolumbianische Rebellengruppen (insbesondere die FARC) haben sich zu ihrem eigenen Vorteil in den lukrativen internationalen Drogenhandel eingeklinkt; ihre Stützpunkte sind daher sowohl militärische Bastionen als auch Drogenumschlagplätze (vgl. Kapitel 4). Aus der Sicht der Guerillabewegungen ist der »Antidrogenkrieg« also ein Krieg gegen sie.[2]

Seit einiger Zeit werden PMFs zur Umgehung dieser von der Politik geforderten Einschränkungen eingesetzt. Die Privatisierung der Militärhilfe bietet die Möglichkeit, militärische Operationen der Aufsicht des Kongresse zu entziehen, und sie gewährt dem Weißen Haus politische Rückendeckung für den Fall, dass etwas schief geht.[3] Schon im

Verlauf der zweiten Amtszeit von Präsident Clinton leiteten die USA stillschweigend die Erteilung von Aufträgen an eine Reihe privater Militärfirmen ein; was diese in Kolumbien unternahmen, reichte weit über den engen Rahmen dessen hinaus, was den in Kolumbien zur Drogenbekämpfung eingesetzten regulären US-Truppen erlaubt war. Tatsächlich sollten und sollen die PMF-Operationen den kolumbianischen Streitkräften helfen, den seit Jahrzehnten andauernden Umtrieben der Rebellenbewegungen ein Ende zu bereiten. Was die Firmen im Einzelnen tun, wissen wir nicht genau, denn das US-Außenministerium hat bislang keine Zusammenstellung der Aufträge veröffentlicht, die im Zusammenhang mit dem »Kolumbien-Plan« an Privatfirmen erteilt worden sind. Einiges ist jedoch bekannt geworden. Nach Recherchen der Kongressverwaltung liegt die Summe der Zahlungen an diese Firmen zwischen 770 Millionen und 1,3 Milliarden Dollar.[4]

Was den Beratungssektor betrifft, so ist bekannt, dass MPRI das kolumbianische Verteidigungsministerium gründlich durchleuchtet hat und auf der Grundlage dieser Analyse die drei Phasen des »Kolumbien-Plans« festlegte. Leiter des aus 20 Mitarbeitern bestehenden MPRI-Teams in Kolumbien war ein US-Generalmajor a. D.[5] Der Kongress wurde über die MPRI-Mission in Kolumbien nicht auf dem Laufenden gehalten, und sowohl die Firma als auch das Pentagon lehnten alle öffentlich erhobenen Forderungen nach einer politischen Prüfung des Kontrakts ab.[6] Bekannt wurde ferner, dass die Firma Northrop Services die kolumbianischen Streitkräfte mit bestimmten Dienstleistungen unterstützte, etwa durch die Stellung von Bedienungspersonal für Radaranlagen.[7]

Wichtiger ist jedoch, was auf der operativen Ebene passiert. Mehrere Firmen aus dem Sektor der Militärdienstleister sind oder waren in Kolumbien tätig, darunter ArmorGroup und Silver Shadows. Unbestätigten Berichten zufolge waren auch Veteranen der US-Elitetruppe Navy Seals im Einsatz, und zwar im Sold der Firma Virginia Electronics, die entlang der kolumbianisch-peruanischen Grenze operierte. Angeblich leiteten diese Spezialisten das von den USA finanzierte Programm »Riverine«, das die Kappung der Nachschublinien der Rebellen durch Einsatz von Kanonenbooten beinhaltet.[8]

Die Hauptrolle im »Kolumbien-Plan« spielt jedoch die Firma Dyn-Corp aus Virginia, die zum Zeitpunkt meiner Recherchen mit 300 bis 600 Mitarbeitern in Kolumbien präsent war und unter anderem den Auftrag hatte, den Flugdienst für das US-Außenministerium zu betreiben. Offiziell bildet die Firma außerdem kolumbianische Piloten aus und leistet den Einheiten der kolumbianischen Nationalpolizei, die mit Entlaubungsmitteln die Koka- und Mohnernte vernichten sollen, technische Unterstützung. Dem Vernehmen nach steht DynCorp den kolumbianischen Streitkräften auch mit Luftaufklärung und schlachtfeldnaher Beratung zu Diensten. In mehreren Berichten war davon die Rede, dass Mitarbeiter der Firma (meistens Veteranen der US-Streitkräfte) auch direkt auf dem Schlachtfeld mitmischen, indem sie zum Beispiel an Operationen gegen Rebellen teilnehmen.[9] Vor Ort eilt den DynCorp-Mitarbeitern in der Tat der Ruf voraus, sie seien arrogant und geradezu erpicht darauf, sich »nass zu machen«, das heißt so oft wie möglich persönlich an Feuergefechten teilzunehmen.[10] In anonymen Gesprächen räumen DynCorp-Piloten ein, dass ihre Lufteinsätze äußerst riskant sind, weil ihre Maschinen militärische Ziele für die Guerillakämpfer sind. Doch für ein steuerfreies Jahreseinkommen von 90.000 Dollar sind sie bereit, dieses Risiko einzugehen.[11]

Die Gerätschaften, die DynCorp und die von ihr beauftragten Subunternehmer nach Kolumbien transportieren, bestätigen die Vermutung, dass die Firmen deutlich über das hinausgehen, was der Kongress für Einsätze der US-Armee billigt. So setzt DynCorp im Rahmen ihres Kontrakts mit der nationalen Antidrogenabteilung des US-Außenministeriums Maschinen vom Typ OV-10 ein, einen Flugzeugtyp, der ursprünglich für Aufklärungs- und Angriffsflüge gegen Guerilla gedacht war.[12]

Während den Angehörigen der US-Streitkräfte Kampfeinsätze gegen Rebellen untersagt sind, unterliegen die Privatfirmen offenkundig nicht diesen Beschränkungen. Die Mission von DynCorp in Kolumbien erschöpft sich sicherlich nicht im Versprühen von Entlaubungsmitteln; ihre Mitarbeiter liefern sich auch Gefechte mit einheimischen FARC-Rebellen. Als diese im Februar 2001 einen kolumbianischen Armeehubschrauber abschossen, schickte DynCorp ein Such- und Rettungsteam los, das aus Veteranen von US-Spezialeinheiten bestand. Das mit schweren Waffen anrückende Team landete und barg die Besatzung des abgeschossenen Hubschraubers, während firmeneigene Huey-Kampfhubschrauber Feuerschutz gaben. Erst bei dieser Gelegenheit kam heraus, dass die Firma über vier eigene Kampfhubschrauber verfügte und sich Feuergefechte mit Rebellen geliefert hatte, und zwar möglicherweise nicht nur in Beantwortung von Rebellenangriffen, sondern auch offensiv.[13] Das hatte mit dem Entlauben von Koka-

Plantagen nichts mehr zu tun. Wie ein Mitarbeiter der Kongressverwaltung kommentierte:

Wir nennen das das Outsourcen eines Krieges.[14]

Der Pressesprecher der Firma lehnte jede Stellungnahme zu diesen Vorgängen ab und berief sich dabei auf Vertragsbestimmungen; die DynCorp-Mitarbeiter haben strikte Anweisung durch die Firmenleitung, Kontakte zu Journalisten zu vermeiden. Es ist jedoch bekannt geworden, dass drei DynCorp-Piloten seit Beginn der Operation umgekommen sind. Die Firma behauptet, diese Verluste seien durch Unfälle und nicht durch Feindeinwirkung entstanden; doch wenn es Unfälle waren, drang nichts davon an die Öffentlichkeit und es gab auch keine Untersuchung der Unfallursache, wie das zumindest beim Absturz eines amerikanischen Militärflugzeuges der Fall gewesen wäre. Und als ein ehemaliger Angehöriger einer US-Elitetruppe, der bei DynCorp als Sanitäter arbeitete, im Oktober 2000 den Tod fand und ein Herzanfall als Todesursache diagnostiziert wurde, veröffentlichte die US-Botschaft keine Angaben zur Person, wie sie es jedenfalls hätte tun müssen, wenn es sich um einen aktiven US-Soldaten gehandelt hätte.[15]

Abgesehen davon, dass die Beauftragung privater Militärfirmen gegen einschlägige amerikanische Gesetze verstoßen würde, wenn es sich nachweisen ließe, dass damit ein vom Kongress erlassenes Verbot militärischer Operationen in Kolumbien umgangen werden soll, könnte daraus auch eine schwerwiegende Konsequenz für den weiteren Kriegsverlauf erwachsen. Die Einmischung privater Militärdienstleister führt nämlich zu einer Radikalisierung der Hardliner sowohl in den kolumbianischen Streitkräften als auch im Lager der Rebellen, und vermutlich sorgt die Tätigkeit dieser Firmen auch für eine Eskalation des Krieges, sei es für seine Intensivierung, sei es für seine geografische Ausweitung. PMFs haben in der Vergangenheit immer wieder grenzüberschreitend operiert, und mit zunehmender Eskalation wächst die Gefahr, dass Zivilisten, die sich vor den wachsenden Kriegsgefahren in Sicherheit bringen wollen, als Flüchtlinge in benachbarte Länder strömen.[16]

Aus amerikanischer Sicht muss auch bedacht werden, dass die Aktivitäten der Militärdienstleister die in der Region stationierten US-Soldaten (oder sogar Personen und Institutionen in den USA selbst, die sich durchaus nicht außerhalb der Reichweite kolumbianischer Rebellen befinden) zunehmend der Gefahr von Vergeltungsaktionen aussetzen. So klar der Unterschied zwischen DynCorp-Mitarbeitern und regulären US-Soldaten auf dem Papier sein mag, so klar ist, dass den kolumbianischen Rebellen das gleichgültig ist. Sie scheren alle »Yankees« über einen Kamm, ob sie nun für DynCorp oder für die US-Armee arbeiten. So gesehen könnte es sein, dass die in Kolumbien stationierten US-Soldaten einen hohen Preis für die vermeintlichen politischen Vorteile zahlen müssen, die sich die USA durch die Einschaltung von Privatfirmen erhoffen; auf jeden Fall sind die US-Soldaten nicht diejenigen, die von der Tätigkeit der Firmen profitieren.[17] Robert White, ehemaliger US-Botschafter in El Salvador und heute Leiter des Center for International Policy, schreibt:

> Wenn sich dieser Koloss erst einmal in Bewegung gesetzt hat, ist es extrem schwierig, ihm eine Stopporder zu geben. Sind erst einmal amerikanische Opfer zu beklagen, beginnen die Dinge meiner Erfahrung nach aus dem Ruder zu laufen. Und dann stellt man plötzlich fest, dass man tief drinsteckt.[18]

### Die Firma als alternatives Mittel der Politik?

Das Beispiel Kolumbien zeigt, dass die Beauftragung von Militärfirmen den militärisch Verantwortlichen neue Spielräume für die Entscheidung darüber eröffnet, wann, wo und in welchem Umfang sie militärische Gewalt anwenden wollen. Die erhebliche Mitwirkung amerikanischer Militärfirmen am Krieg gegen Drogenkartelle und Rebellen in Kolumbien und seinen Nachbarstaaten geschah und geschieht, ohne dass der US-Kongress darüber informiert wurde, Beschlüsse dazu gefasst hätte oder Kontrollbefugnisse besäße. Mit der privaten Militärbranche steht interessierten Parteien ein neues Werkzeug für Umgestaltungsversuche in anderen Ländern zu Gebote, noch dazu eines, das die Möglichkeit bietet, nach außen hin neutral zu bleiben und keine Risiken einzugehen. Überlegungen dieser Art wurden offenbar 1997 in Bezug auf Sierra Leone angestellt, wo sowohl die USA als auch Großbritannien ursprünglich den Einsatz der Firma Sandline, der dem Sturz des Koroma-Regimes galt, unterstützten, um kurze Zeit später jede Teilhabe daran zu leugnen, als nämlich deutlich wurde, dass die Operation gegen ein von den Vereinten Nationen verhängtes Waffenembargo verstieß.

Die Einschaltung privater Militärfirmen an Stelle des Einsatzes regulärer Truppen bietet auch die Möglichkeit eines »plausiblen Dementis«, was beim Einsatz regulärer Kräfte nicht gegeben wäre. Zwar wurden auch früher schon Tarnfirmen eingesetzt, um Spuren militärischer Vorgehensweisen zu verwischen, aber anders als deren Mitarbeiter, steht das Personal privater Militärfirmen auf keiner staatlichen Gehaltsliste und taucht in keinem Haushaltsplan der Regierung auf, jedenfalls nicht direkt. Die Kontrolle des Parlaments über verdeckte Operationen der Streitkräfte oder der Geheimdienste (etwa durch die zuständigen Kongressausschüsse), die schon vorher nicht sehr effektiv war, wird damit weiter eingeschränkt. Nach gegenwärtiger Rechtslage kann jede amerikanische Militärfirma – ohne dass dies dem Kongress angezeigt werden muss – im Ausland operieren, sofern ihre Mission einen Auftragswert von 50 Millionen Dollar nicht übersteigt.[19] Es ist klar, dass viele Kontrakte unterhalb dieser Schwelle liegen, und größere Aufträge lassen sich ohne weiteres so stückeln, dass dieses Limit nicht erreicht wird. Ohnehin neigt der Kongress dazu, sein Augenmerk hauptsächlich auf offizielle Hilfsprogramme zu richten, und selbst wenn einmal eine private Militärfirma ins Visier gerät, scheitert die parlamentarische Kontrolle häufig daran, dass die Firma ihre Aktivitäten verschleiert, indem sie als Teil eines undurchsichtigen, oft in einem Drittland ansässigen Firmennetzwerks auftritt.

> Eine Privatfirma kann die Truppen eines anderen Landes trainieren, ohne dass der Kongress davon informiert werden oder dem gar zustimmen müsste. Das bedeutet, dass selbst signifikante außenpolitische Aktivitäten, etwa im Bereich der Militärhilfe, nicht dem System der Kontrollen und Gegengewichte unterliegen, das in die politische Ordnung der USA eingebaut ist.[20]

Die Aktivitäten privater Militärfirmen betreffen demnach oft Bereiche, in denen eine offizielle Mitwirkung oder Einmischung politisch problematisch ist. Ein zusätzlicher Vorteil der Externalisierung ist, dass sie die Möglichkeit bietet, Kritik abzublocken. Wenn bei einer von einer Privatfirma durchgeführten Operation etwas schief geht, kann die beauftragende Regierung jede Verantwortung leugnen und den schwarzen Peter weiterschieben.[21] Bei gefährlichen Operationen zum Beispiel sind die politischen Erschütterungen im Fall des Scheiterns, oder wenn Todesopfer zu beklagen sind, geringer und leichter zu überstehen, wenn statt regulärer Truppen eben private Firmen involviert waren.

Es gibt auch Situationen, in denen eine Regierung nach außen hin den Anschein von Neutralität wahren muss, obwohl sie in Wirklichkeit ein Interesse am Obsiegen einer Konfliktpartei hat. PMFs eröffnen neue Auswege aus einem solchen Dilemma.

Dies gilt im Besonderen für Firmen des Beratungssektors, und so war diese Überlegung auch maßgeblich dafür, dass die US-Regierung 1995 für die Durchführung des Hilfsprogramms »Train and Equip« in Bosnien die Firma MPRI engagierte. Sowohl außenpolitische Zielvorstellungen der USA als auch innenpolitische Erwägungen sprachen entschieden dafür, die bosnischen Streitkräfte zu einer schlagkräftigen Truppe auszubauen. Gerade auch der damals schon von den Republikanern beherrschte Kongress war für die Wiederbewaffnung der Bosnier und drohte, die Zustimmung zur Entsendung der IFOR-Truppen zu verweigern. Aus der Sicht der Clinton-Administration bestand die Gefahr, dass sich dies zu einem Wahlkampfthema auswachsen würde. Die Vereinigten Staaten mussten aber zugleich den Eindruck wahren, unparteiisch zu sein, waren sie doch die führende Garantiemacht für das Abkommen von Dayton und steuerten das größte Truppenkontingent zur IFOR bei. So entschied sich die US-Regierung für die Outsourcinglösung, die die Möglichkeit bot, diese einander widersprechenden politischen Ziele zu erreichen.[22] Die bosnische Armee bekam ihre Ausbildung und Aufrüstung, während die US-Streitkräfte gegenüber ihren Kritikern vor Ort und zu Hause beteuern konnten, nicht direkt involviert zu sein – die Unterstützung für die bosnischen Streitkräfte war schließlich »Sache einer Privatfirma«.

Die Einbeziehung militärischer Beraterfirmen bietet darüber hinaus die Möglichkeit, auch fragwürdigen Verbündeten Militärhilfe angedeihen zu lassen, wofür die Zustimmung des Kongresses normalerweise nicht zu bekommen ist. Angola und Äquatorialguinea zum Beispiel waren und sind undemokratische Staaten mit sehr schlechter Menschenrechtsbilanz und somit nach US-Recht ausdrücklich von jeder amerikanischen Militärhilfe ausgeschlossen. Dank der Existenz privater Militärfirmen waren die USA jedoch in der Lage, beiden Ländern Militärhilfe in privatisierter Form zu verschaffen. Mit ähnlichen diskreten Manövern bewerkstelligte die Regierung Clinton in den Jahren 1996 und 1997 die Unterstützung nigerianischer Truppen in Liberia, ebenfalls widerrechtlich (in diesem Fall unter Verstoß gegen bestehende Sanktionen gegen die Abacha-Diktatur), aber entsprechend den außenpolitischen Interessen der USA.

Während für die Heranziehung privater Militärfirmen zu Missionen im Inland Effizienzüberlegungen maßgeblich zu sein scheinen, steht hinter der zunehmenden Neigung der US-Streitkräfte, für die Durchführung ad hoc anberaumter Auslandsoperationen auf die Hilfe militärnaher Dienstleister zurückzugreifen, offenbar die Überlegung, dass die Privatisierung es auch hier leichter macht, politisch gewollte Beschränkungen zu umgehen. So war zum Beispiel für die Beauftragung der Firma BRS auf dem Balkan nicht allein die Frage entscheidend, wie viel Geld man dadurch einsparen würde. Ebenso wichtig war der Aspekt, dass man durch die Privatisierung der Logistik die Festsetzung von Höchstwerten für die Truppenstärke durch den Kongress verhindern und sich der öffentlichen Diskussion und Kontroverse entziehen konnte, die eine Einberufung von Nationalgardisten und Reservisten unweigerlich ausgelöst hätte.[23]

Der potenzielle Vorteil einer Verschiebung hin zu einem privaten Politikvollzug ist der, dass die Regierung als Exekutive, indem sie eine öffentliche Debatte und eine legislative Kontrolle von vornherein unterbindet, sich mehr Freiraum für eine »rationale« Außenpolitik verschafft.[24] Sie kann geopolitische Interessen wahrnehmen, ohne ihre regulären Streitkräfte einer Gefahr auszusetzen. So gesehen werden die Grenzen, die dem Regierungshandeln in einem demokratischen System gesetzt sind (und die durchaus als Hemmnis für eine effiziente Politik empfunden werden können), durch die Privatisierung ein Stück weit beseitigt.

> Wenn fiskalische Zwänge und politische Rücksichtnahmen es als unklug erscheinen lassen, die Macht, das Ansehen und die Steuergelder der Vereinigten Staaten offen und direkt einzusetzen, hat eine Administration immer noch die Möglichkeit, ihre Außenpolitik durch Beauftragung von Privatfirmen voranzutreiben.[25]

## Negative Auswüchse bei der Privatisierung außenpolitischer Aufgaben

Der Rückgriff auf Privatfirmen als Mittel der Umgehung politischer Kontrollen wirft freilich potenzielle Probleme eigener Art auf. Gewöhnlich funktioniert diese Art des Outsourcings in der Theorie besser als in der Wirklichkeit. Denn in der Praxis gesellen sich häufig negative Folgewirkungen hinzu, die sich sowohl in den unmittelbaren

Ergebnissen privatisierter Operationen zeigen können als auch in ihren langfristigen Auswirkungen auf die demokratische Kultur.

Trotz aller Bemühungen, nach außen hin und auf dem Papier neutral zu bleiben, bietet diese auf plausible Dementierbarkeit ausgerichtete Strategie nicht immer einen wirksamen Schutz davor, dass eine Regierung für die Aktivitäten einer in ihrem Land ansässigen privaten Militärfirma mitverantwortlich gemacht wird. Die Zusammenarbeit mit manchen Unternehmen mag vielleicht sogar Anlass zu erhöhtem Argwohn geben, etwa wenn eine Firma eine Vorgeschichte hat, in der es von verdeckten Operationen und geheimen Abmachungen wimmelt. Die Einschaltung solcher Firmen kann für die Beziehungen zu den Ländern der betreffenden Region unter Umständen belastender sein, als ein offizielles Militärhilfeprogramm es wäre.

Das Problem hat nicht zuletzt damit zu tun, dass das handelnde Subjekt nicht immer eindeutig identifizierbar ist. Es gibt offensichtlich keine Gewähr dafür, dass die Kontrahenten auf einem lokalen Schlachtfeld erkennen und anerkennen, dass die Truppen, gegen die sie kämpfen, Söldner einer privaten Firma sind und nicht reguläre Soldaten. Insbesondere für Militärdienstleister gilt, dass sie oft Gründe haben, bei ihren Einsätzen ebenso viel Geheimhaltung zu üben, wie Geheimdienste es bei ihren verdeckten Operationen tun, und darüber hinaus oft dieselben Taktiken und dieselbe Ausrüstung benutzen wie die Armeeeinheiten, bei denen sie ihr Metier gelernt haben. Wenn eine lokale Rebellengruppe von Kampfhubschraubern eines amerikanischen Typs angegriffen wird, die von Amerikanern geflogen und gemäß amerikanischer Taktiken eingesetzt werden, ist es aus ihrer Sicht nur logisch anzunehmen, dass die Streitkräfte der USA hinter dem Angriff stecken. Selbst wenn amtliche Dementis folgen, die besagen, die Operation sei nicht von US-Soldaten durchgeführt worden, sondern von Mitarbeitern einer Privatfirma, wird das die Rebellen eher nicht überzeugen. Ihre Vergeltungsaktionen werden sich dann ebenso gut gegen Truppen und Einrichtungen der USA richten wie gegen die Firma und ihre Mitarbeiter. Tatsächlich haben kolumbianische Rebellen nach Zusammenstößen mit privaten Militärfirmen Angriffe auf US-Truppen angedroht.[26]

Auch bei Firmen, die lediglich beratend tätig sind, begründen gleichgerichtete Interessen und enge Verbindungen zwischen den Firmen und der Regierung ihres Herkunftslandes gewöhnlich eine Art Sippenhaftung. So hatte zum Beispiel die Beteuerung der US-Regierung, sie habe mit den Kontrakten der Firma MPRI in Kroatien und Bosnien überhaupt nichts zu tun, den großen Fehler, dass fast niemand in der Region ihr glaubte. Wie es der Leiter der UN-Mission in Bosnien ausdrückte:

Es ist eine ziemlich durchsichtige Fassade.[27]

Die europäischen Länder, die ebenfalls Kontingente für die IFOR stellten, übten allesamt Kritik an dem Schulungsprogramm und protestierten bei der US-Regierung dagegen, in der sie die treibende Kraft dahinter sahen. Auch die bosnischen Serben identifizierten die Tätigkeit von MPRI als quasioffizielle amerikanische Politik und als Beleg dafür, dass die USA bei der Umsetzung des Friedensabkommens gegen die Serben Partei nahmen. All das zeigte, dass die Einschaltung einer PMF kaum dazu beitrug, die Rolle der USA in den Augen der örtlichen Bevölkerung zu verharmlosen. Es machte die Situation einfach nur undurchsichtiger und verstärkte das Misstrauen der Bevölkerung vor Ort. Stellvertretend für die Art und Weise, wie die Tätigkeit von MPRI wahrgenommen wurde, lässt sich die Überschrift einer offiziellen kroatischen Pressemeldung anführen: »US-Militär soll Bundestruppen schulen.«[28]

Ähnliche Probleme haben auch anderen Staaten die außenpolitische Suppe versalzen. Als russische Firmen das äthiopische Militär im Krieg gegen Eritrea unterstützten, äußerten russische Politiker die Befürchtung, die Beziehungen des russischen Staates zu Eritrea könnten dadurch dauerhaft geschädigt und die Beziehungen zu anderen Staaten in der Region möglicherweise ebenfalls beeinträchtigt werden.[29] Die Regierung des neuen Südafrika bemühte sich im Hinblick auf ihre frühere Praxis der Interventionen in den benachbarten Staaten ganz besonders darum, sich das Image einer geläuterten, fairen regionalen Ordnungsmacht zu verschaffen. Doch wiederholt musste sich die Regierung Vorwürfe wegen der Aktivitäten ehemaliger Angehörigen der südafrikanischen Streitkräfte machen lassen, die in Angola und im Kongo als Söldner für private Militärfirmen arbeiteten. In Reaktion hierauf verurteilte das Außenministerium von Südafrika ausdrücklich die Firma Executive Outcomes, bezeichnete ihre Mitarbeiter als »Söldner« und forderte sie auf, Angola zu verlassen, da sie durch ihre dortige Präsenz das Image Südafrikas als neutraler Regionalmacht befleckten.[30]

Abgesehen von der Schwierigkeit des Unterscheidens zwischen staatlichen und privaten militärischen Missionen, wirft die Verwendung von

Privatfirmen als Mittel staatlicher Politik noch weitere Probleme auf. Sie schaltet bewährte parlamentarische und öffentliche Kontrollmechanismen aus, die integraler Bestandteil der politischen Kultur in einer Demokratie sind. Diese Mechanismen sind nicht ohne Grund entwickelt worden. Ihre Umgehung kann peinliche Folgen zeitigen oder negative Assoziationen wachrufen. So wurde zum Beispiel die Beauftragung der Firma Sandline 1997 in Sierra Leone, durch die ein UN-Waffenembargo und politisch festgesetzte Obergrenzen für die Truppenzahl ausgehebelt werden sollten, zu einem Debakel für die britische Regierung und ließ den britischen Außenminister Robin Cook nur knapp am Rücktritt vorbeischrammen. Die verdeckte Operation unter Regie des Außenministeriums wurde durch Ermittlungen der britischen Zollbehörde aufgedeckt, die von einem Abgeordneten des Oberhauses darauf aufmerksam gemacht worden war. Die Londoner *Times* sprach von einem »klassischen Beispiel dafür, wie schlecht Westminster eine Geheimoperation einfädeln kann«.[31] Ein anderer unbeabsichtigter Effekt stellte sich ein, als die kroatische Armee in der Krajina »ethnische Säuberungen« durchführte und ein Zusammenhang mit der vorausgegangenen Schulung der Truppe durch MPRI hergestellt wurde. Damit wurden sowohl die Firma als auch ihre Förderer in der US-Regierung in einen assoziativen Zusammenhang mit Kriegsverbrechen gebracht, was sicherlich keinem der Beteiligten gut tat.[32]

Das vielleicht bekannteste Beispiel für die unvorhersehbaren Stolperfallen, die sich bei der Privatisierung militärischer Operationen auftun, ereignete sich im Frühjahr 2001. Ein Überwachungsflugzeug der CIA flog in Peru Antidrogeneinsätze. Die Besatzung des Flugzeugs bestand aus Mitarbeitern der Firma Aviation Development Corporation aus Montgomery in Alabama. Durch ein tragisches Versehen löste die Besatzung den Abschuss eines privaten Passagierflugzeugs aus, das keine Drogenschmuggler an Bord hatte, sondern eine Missionarsfamilie. Eine amerikanische Frau und ihre sieben Monate alte Tochter kamen ums Leben.[33] Ein Beamter der US-Regierung sagte über die Firma:

> Ihre Mitarbeiter schätzen ihr eigenes taktisches und technisches Können höher ein, als es angemessen wäre. Keine einzige Person in diesem Flugzeug hatte einen Auftrag der US-Regierung, das zu tun, was sie taten. Keiner hatte einen Eid auf die Verfassung abgelegt. Sie waren nur Geschäftsleute.[34]

Lieferanten militärnaher Dienstleistungen ermöglichen unter Umständen die Durchführung von Operationen, die vielleicht besser unterblieben wären. Wenn ein Einsatz ohne die Mitwirkung von Privatfirmen nicht stattfinden kann, weil es sowohl an der öffentlichen als auch an der parlamentarischen Unterstützung für die Mobilisierung ausreichender Truppen fehlt, dann ist das Für und Wider des ganzen Unternehmens vielleicht nicht gründlich genug erörtert worden. Die mangelnde Zustimmung in der Bevölkerung könnte ein Anzeichen dafür sein, dass die gesetzten Ziele der Mission nicht mehrheitsfähig sind. Die halbherzige Unterstützung für den Einsatz von US-Truppen auf dem Balkan illustriert dies vielleicht.

### Implikationen für die Demokratie

Ein viel wichtigerer Aspekt ist jedoch, dass die Privatisierung militärischer Aufgaben ein völlig neues Kapitel in der Geschichte der Auslagerung öffentlicher Dienstleistungen in den privaten Sektor einleitet. Der Gedanke, dass Müllabfuhr, Strafvollzug und sogar Schulen von gewinnorientierten Firmen betrieben werden können, um den öffentlichen Sektor durch private Konkurrenz effizienter zu machen, erfreut sich inzwischen allgemeiner Akzeptanz. Beim Einsatz privater Militärfirmen geht es jedoch nicht nur um Einsparungen und ein besseres Kosten-Nutzen-Verhältnis. Hier werden eben auch ureigene Staatsangelegenheiten an Privatunternehmen delegiert und damit bewusst der öffentlichen Kontrolle entzogen. Dies birgt eine Menge potenzieller Gefahren.

Was Sorge bereitet, ist zunächst der Verlust an öffentlicher Kontrolle. Wenn eine Regierung sich für eine bestimmte Außen- und Militärpolitik entscheidet, greifen Kontrollmechanismen auf verschiedenen Ebenen – sowohl innerhalb der Exekutive als auch seitens der Legislative und der Judikative. Hier herrscht ein Kräftespiel, das die einzelnen Gewalten in das Korsett des Rechtsstaates zwingt und in Schach hält. Diese Gewaltenteilung ist eines der Fundamente einer erfolgreichen Demokratie.

Der Einsatz privater Militärfirmen erlaubt es der politischen Führung jedoch, demokratische Kontrollen zu umgehen, indem wichtige außenpolitische Aufgaben an Akteure übertragen werden, die den Kontrollmechanismen von Demokratie und Rechtsstaat nicht unterliegen.

Ein amerikanischer Journalist schrieb, eine Regierung, die militärische Berater als Söldner anheure, »um einen schmutzigen Auftrag auszuführen«, tue sich »leichter, die Konsequenzen zu ignorieren und der Verantwortung auszuweichen«.[35]

Die Einschaltung von Privatfirmen eröffnet der Exekutive die Möglichkeit, Geheimoperationen durchzuführen, ohne eine Einmischung der anderen Gewalten befürchten zu müssen. Der Kongress hat die Kontrollhoheit über das, was die Regierung tut, nicht aber über das Handeln privater Akteure. Außerdem besteht oft die Möglichkeit, einen PMF-Auftrag in der Weise als ein Dreiecksgeschäft einzufädeln, dass die Rechnung der Firma von einem Dritten bezahlt wird, oder für die Finanzierung Geldtöpfe anzuzapfen, die außerhalb der parlamentarischen Haushaltskontrolle liegen. Selten besteht daher irgendein Ansatzpunkt für eine parlamentarische Kontrolle.

In den USA ansässige Militärfirmen müssen in der Regel nur eine einzige bürokratische Hürde nehmen: nämlich die Einholung einer Exportlizenz von der zuständigen Abteilung des US-Außenministeriums. Die ist gewöhnlich leicht zu erhalten, das alles geschieht unter Ausschluss der Öffentlichkeit. Das Außenministerium darf keine Informationen über PMF-Kontrakte an die Öffentlichkeit geben – aus datenschutzrechtlichen Gründen, wie es so schön heißt. Die Firmen wiederum behaupten, sie dürften ohne Einwilligung der Regierung keine Informationen preisgeben. Auf diese Weise entsteht, was manche eine »Mauer des Schweigens« nennen.[36] Nicht einmal das Gesetz über Informationsfreiheit, mit dem sich Bürger Akteneinsicht notfalls erzwingen können, erweist sich bei der Suche nach Informationen über PMF-Kontrakte als tauglich. Wie gesagt, dem Kongress werden nur Kontrakte mit einer Vertragssumme über 50 Millionen Dollar angezeigt.[37] In vielen Fällen greift aber nicht einmal diese relativ schwache Vorschrift, da die meisten einschlägigen Firmen ihren Sitz bewusst in einem Land nehmen, in dem sie keiner staatlichen Kontrolle unterliegen.

Selbst wenn eine Regierung eine PMF direkt beauftragt, sind die Möglichkeiten einer parlamentarischen oder öffentlichen Einsichtnahme begrenzt. Während das Verteidigungsministerium verpflichtet ist, über jeden Einsatz amerikanischer Truppen im Ausland dem Kongress und auch der Presse Rede und Antwort zu stehen, gilt dies für Privatfirmen nicht. Sie können sich also etwaigen Auskunftsersuchen des Kongresses oder der Presse leicht entziehen. Fazit:

Indem die Einschaltung privater Vertragsnehmer eine neue Dimension der Geheimhaltung und der Nichtrechenschaftspflicht hinzufügt, eröffnet sie der Regierung zunehmend größere Möglichkeiten, eine verdeckte Außenpolitik zu betreiben.[38]

Wie Arthur S. Miller einmal geschrieben hat:

> Demokratisches Regieren ist *verantwortliches* Regieren – und das bedeutet: *rechenschaftspflichtiges* Regieren –, und das grundlegende Problem beim Outsourcing ist, dass Verantwortung und Rechenschaftspflicht stark eingeschränkt werden.

Durch die Beauftragung von Privatfirmen können Regierungen »den Einfluss auf – und manchmal auch die Kontrolle über – wichtige Entscheidungen um eine weitere Stufe von der Öffentlichkeit und ihren gewählten Vertretern weg verlagern«.[39] Diese Marginalisierung der parlamentarischen Kontrolle entspricht ganz und gar nicht der Rolle, die die Väter der US-Verfassung dem Kongress zugedacht haben. Ihrem Willen nach soll die Legislative den anderen Gewalten ebenbürtig sein und sicherstellen, dass Bürger an der politischen Willensbildung mitwirken können.

Diese spezielle Spielart der Privatisierung entzieht demnach militärisches Handeln ein Stück weit der öffentlichen Kontrolle; und indem sie das tut, beschädigt sie potenziell die Gewaltenteilung innerhalb der demokratischen Ordnung und verändert auch die Parameter der empfindlichen Clausewitzschen Dreiheit aus Staat, Militär und Volk.[40] Sie verwischt die Trennlinien zwischen einem Militär, das direkt für den Staat arbeitet, und einem, das für Geld und Profit arbeitet, unabhängig von Unterstützung und personeller Mitwirkung der einheimischen Bevölkerung. Unter dem Strich mögen private Militärfirmen große Vorteile bieten, indem sie die Exekutive in die Lage versetzen, eine aus ihrer Sicht vernünftige Außenpolitik unbehindert durchzuführen. Andererseits: Wenn es einer Regierung nicht gelingt, für eine Operation genügend Rückhalt in der Öffentlichkeit zu gewinnen, um den Einsatz regulärer Truppen durchsetzen zu können, dann liegt diese Operation vielleicht nicht so eindeutig im geopolitischen Interesse des Staates, wie dessen Führer es wahrhaben wollen.

## Kapitel 14

# Moral und private Militärfirmen

| Bettelmönche: | Gott gebe euch Frieden! |
|---|---|
| Sir John Hawkwood: | Gott nehme euch eure Almosen! |
| Bettelmönche: | Wir wollten euch nichts Böses, Sir. |
| Sir John Hawkwood: | Wie könnt ihr glauben, etwas Gutes zu sagen, die ihr zu mir kommt und sprecht, Gott möge mich verhungern lassen? Wisst ihr denn nicht, dass ich vom Kriege lebe und der Frieden mich ruinieren würde? |

Jean Froissart, *Chroniques de France*

Private Militärfirmen rufen ein erstaunliches Spektrum von Reaktionen hervor. Auf der einen Seite beruht ihre wirtschaftliche Existenz auf ihrer Fähigkeit, Völkern und Staaten bei der Lösung von Sicherheitsproblemen zu helfen. Es gibt daher viele Leute, die ein Loblied auf PMFs und ihre Dienste singen. Die Arenen, in denen viele PMFs (insbesondere solche aus dem Sektor der Militärdienstleister) operieren, sind oft Schauplätze der schlimmsten Gewaltexzesse, die die Welt heute kennt. Ihre Beauftragung ist für die Regierung oder Institution, die sich an sie wendet, selten die erste Wahl. Häufig genug resultiert sie aus dem Scheitern anderer, traditioneller Optionen. Wenn ein Staat seinen Bürgern keine Sicherheit und keinen Schutz mehr gewährleisten kann und keine andere gesellschaftliche Kraft einzuspringen bereit ist, wäre es unredlich, eine kategorische Absage an jede privatwirtschaftliche Option zu fordern.

Erfolgreiche PMF-Operationen haben gezeigt, dass solche Unternehmen in Regionen, in denen sie wirklich dringend gebraucht werden, ein immenses Maß an Unterstützung seitens der heimischen Bevölkerung erfahren können. Neutrale Beobachter erwarten typischerweise, dass PMFs wie geächtete Söldner behandelt werden, und zeigen sich schockiert, wenn einschlägige Firmen und ihre Mitarbeiter mit Ehrungen überhäuft werden. Wie ein Journalist in Sierra Leone es ausdrückte:

Kaum je, wenn überhaupt jemals, haben »Hunde des Krieges« so viel Ansehen genossen.[1]

Zugleich gilt jedoch, dass PMFs auf einem unsicheren, moralisch zwiespältigen Fundament stehen. Sie sind private Akteure, die dafür bezahlt werden, etwas zu tun, was üblicherweise Sache des Staates ist. Außerdem profitieren sie direkt von Krieg und menschlichem Leiden, denn das sind die Voraussetzungen ihrer Aufträge. Unbehagen bereitet auch, dass hier pensionierte oder ausgeschiedene Soldaten die Fähigkeiten zu Markte tragen, die sie im Zuge einer teuren, staatlich bezahlten Ausbildung erlangt haben. Schließlich provozieren Mitarbeiter von Militärfirmen häufig feindselige Reaktionen der Öffentlichkeit bis hin zu bösartigen Angriffen in den Medien, die deren Tätigkeit mit Begriffen aus der Sprache der Landsknechte beschreiben.

Die Wirklichkeit hinter allen diesen disparaten Eindrücken und Darstellungen ist sehr viel komplexer. Die ganze PMF-Branche als durch und durch gut oder durch und durch schlecht hinzustellen ist einfach falsch. Es handelt sich um private Akteure, die im öffentlichen Raum der Kriegführung operieren. Insofern bestehen Widersprüche zwischen dem positiven und dem negativen Potenzial ihrer Tätigkeit und deren Auswirkungen auf die Menschenrechte.

## Der moralische Aspekt bei der Privatisierung militärischer Aufgaben

Leitende Angestellte privater Militärfirmen wehren sich gegen jede negative Kennzeichnung ihres Geschäfts, namentlich gegen die Unterstellung, sie seien nichts anderes als moderne Söldner und hätten kaum Skrupel, Kriegsverbrechen zu begehen. Ihrer Überzeugung nach verdienen sie die gegenteilige Charakterisierung. Sie behaupten, die Gesetze des Marktes und des Wettbewerbs beugten solchen Negativtendenzen vor, weil die langfristige Profitabilität jeder Firma letztendlich von ihrem öffentlichen Ruf abhänge.

Der Gedanke, dass die Privatisierung militärischer Aufgaben in bestimmten Bereichen die Motivation für einwandfreies Verhalten erhöht, ist durchaus plausibel. PMF-Mitarbeiter bringen nicht ohne zwingenden Grund Leute um. Pauschale Vorwürfe an die Adresse der gesamten Branche, Ansporn ihres Geschäfts sei verwerfliche, gewalttätige Habgier, halten einer genaueren Nachprüfung nicht stand. PMFs sind Unternehmen, die bestimmte Ziele verfolgen. Militärdienstleister wenden natürlich Gewalt an, aber ihr Geschäftszweck ist nicht die Gewaltanwendung um ihrer selbst willen, sondern die Erledigung der Aufgabe, deretwegen sie angeheuert wurden. Tatsache ist auch, dass die Mitarbeiter solcher Firmen weit mehr militärische Professionalität an den Tag legen, als die meisten anderen an den zunehmend »schmutzigeren« Kriegen des 21. Jahrhunderts beteiligten Konfliktparteien. Die Disziplin ist bei ihnen gewöhnlich besser als bei unterbezahlten einheimischen Soldaten oder bei auf eigene Rechnung kämpfenden Rebellen, die oft zu plündernden Horden verkommen. Von einheimischen Truppen unterscheiden sie sich auch dadurch, dass sie als Ausländer in der Regel keine spezifische Abneigung gegen diese oder jene Volksgruppe oder politische Partei hegen und daher weniger Grund haben, zur Begleichung alter Rechnungen Gräueltaten zu verüben.[2]

Militärische Beraterfirmen können ebenfalls Positives bewirken, indem sie die Professionalisierung der Truppen ihres Auftraggebers vorantreiben. Sie können den einheimischen Soldaten etablierte militärische Verhaltensregeln nahe bringen und sie lehren, dass Brutalität kein Wesensmerkmal einer erfolgreichen Strategie sein muss. Solche Beraterfirmen bieten oft auch Schulungen an, bei denen die Gesetze und Bräuche des Krieges vermittelt werden, wenn der Auftraggeber dies wünscht.

Diesen Pluspunkten stehen jedoch moralische Risiken gegenüber, die unter Menschenrechtsgesichtspunkten zu negativen Folgen führen können. Eines der vom normativen Standpunkt aus fundamentalsten Probleme besteht darin, dass sich das, was für die Firma gut ist, nicht immer mit dem Gemeinwohl deckt. Treibendes Motiv eines Privatunternehmens ist es, Gewinn zu machen, während der Staat und seine Werkzeuge breiter gefächerte Missionen haben. Man könnte auch sagen: Private Militärfirmen haben eher Interesse, gut zu verdienen, als sich Verdienste zu erwerben.[3]

Dass PMFs aus neutraler Position in einen Konflikt hineingehen, stimmt zwar, aber sobald die Tinte ihrer Vertragsunterschrift getrocknet ist, werden sie eben doch zum interessierten Akteur, für den etwas auf dem Spiel steht. Der Umstand, dass sie von außen kommen, bietet keine Gewähr gegen ihre Beteiligung an Vergeltungsmaßnahmen. Die Geschichte kennt viele Beispiele dafür, dass ausländische Truppen für Aktionen gegen einheimische Bevölkerungsgruppen ins Land geholt wurden, die man den landeseigenen Streitkräften nicht zutraute.[4]

Überhaupt ist die Reichweite eines guten öffentlichen Images und dessen, was eine Firma dafür zu tun bereit ist, begrenzt. Als gewinn-

orientierte Konfliktpartei wird eine Militärfirma immer auch betriebs-
wirtschaftliche Gesichtspunkte in ihre operativen Entscheidungen einfließen lassen. So falsch es ist zu unterstellen, Militärdienstleister seien
einfach nur bezahlte Killer, so vorstellbar sind Situationen, in denen es
in ihrem unternehmerischen Interesse liegen mag, Menschenrechte zu
missachten. Die Firma EO zum Beispiel sammelte sicher PR-Punkte
durch die firmeneigenen Lazarette, die sie betrieb, aber zum Marktführer in ihrem Sektor wurde sie, indem sie ihren Kunden half, Kriege
zu gewinnen. Das war ihr operatives Ziel, und ihm ordnete sie ihre taktischen Entscheidungen unter, was auf Kosten gewisser anderer Ziele
ging. Mitarbeiter von Hilfsorganisationen warfen der Firma vor, EO-
Mitarbeiter hätten bei ihren Feldzügen in Sierra Leone und Angola
willkürliche und exzessive Gewalt angewandt.[5] Als die Piloten von
Kampfhubschraubern, die im Auftrag von EO flogen, ihren Kommandeuren meldeten, sie hätten beim Flug über das dichte Laubdach des
Dschungels Probleme, zwischen Guerillakämpfern und Zivilisten zu
unterscheiden, erhielten sie angeblich die Anweisung: »Bringt alle um.«
Berichten zufolge führten sie diesen Befehl aus, weil es ihr Job war,
Befehle auszuführen.[6] In diesem Zusammenhang spielt auch die Wahl
von Waffen eine Rolle. Von EO ist bekannt, dass sie bei ihren Einsätzen
in Angola Vakuumbomben einsetzte.[7] Manche internationalen Körperschaften betrachten diese Sprengmittel als unvereinbar mit der Men-
schenrechtscharta, weil sie flächendeckend wirken und den Opfern besonders grausame Schmerzen bereiten.[8]

Militärische Beraterfirmen haben die Erfahrung gemacht, dass die
Bilanz von Schulungsprogrammen, die den professionellen Standard
der Streitkräfte des Auftraggeberlandes erhöhen sollen, nicht eben er-
mutigend ist. Das überwiegende Interesse der Firmen ist, sicherzustellen, dass der Auftraggeber zufrieden ist. Dabei kann das Problem entstehen, dass dies nicht immer mit anderen wünschenswerten Zielen
harmoniert, etwa mit der Erziehung zum Respekt vor den Menschenrechten. Von MPRI-Mitarbeitern war zu erfahren, dass die Schulungen, die die Firma im Rahmen ihres Einsatzes in Bosnien zu Themen
wie »Haager Landkriegsordnung« oder »soldatischer Verhaltenskodex«
anbot, kaum nachgefragt wurden – die Kunden/Lehrgangsteilnehmer
konnten dem Thema nichts abgewinnen.[9]

Ferner gilt: Wenn ein Kunde ein militärisches Schulungsprogramm
durchlaufen hat, kann niemand mehr kontrollieren, welchen Gebrauch
er von seinen dabei erworbenen Fähigkeiten macht. Er mag einiges von

dem, was ihm vermittelt worden ist, in den Wind schlagen und sich aus dem Gelernten das herauspicken, was ihm passt. Man braucht nur an Idi Amin in Uganda oder an den »Kaiser« Jean-Bedel Bokassa in der Zentralafrikanischen Republik zu denken – beide westlich geschulte Militärs, die sich später zu Despoten schlimmster Art entwickelten –, um zu sehen, dass solche Programme nicht immer nur Gutes bewirken.[10] Auch Professionalisierungskurse, bei denen die Teilnehmer über alle Fragen des Kriegsrechts aufgeklärt werden, können ihre Wirkung verfehlen. Die große Zahl ausländischer Absolventen der von den US-Streitkräften getragenen School of the Americas, die später in ihren Herkunftsländern an Kriegsverbrechen mitwirkten, illustriert dies drastisch genug.[11]

Militärische Beratungs- und Schulungsleistungen können unerwünschte Konsequenzen haben, ja, die Absolventen können mit dem Gelernten vorsätzlichen Missbrauch treiben. Der springende Punkt ist der, dass unter dem Vorzeichen der Privatisierung jegliche Möglichkeit einer öffentlichen Kontrolle verlustig geht.

> Mit einem Unterricht ohne Sicherheitsleine die Fähigkeit zum Organisieren und Führen von Kriegen zu vermitteln ist fast dasselbe, wie den Geist aus der Flasche zu lassen. Niemand kann voraussagen, wie, wann oder aus welchem Anlass die gewonnenen Erkenntnisse genutzt werden. Die unbeabsichtigten Folgen einer auf breiter Front in aller Welt praktizierten privaten Militärhilfe könnten verheerend sein. Eine besser geschulte Armee könnte der Auslöser für einen regionalen Krieg oder einen Machtkampf sein, von der Möglichkeit innerer Unterdrückung gar nicht zu reden.[12]

Die Firma MPRI hat behauptet, sie habe die bosnischen Streitkräfte im Rahmen ihres Beratungsauftrages ausschließlich für defensive Operationen trainiert. Das mag so gewesen sein, aber am Ende stand eine gestärkte, besser ausgerüstete und selbstbewusstere Armee, die möglicherweise auf den Gedanken einer Offensive kommt, wenn die NATO-Friedenstruppen irgendwann einmal abgezogen sind. Auf ähnliche Weise könnte die Schulung der kroatischen Armee durch MPRI den Kosovokonflikt beeinflusst haben. Eine ganze Reihe kroatischer Offiziere, die zu den Absolventen des von MPRI durchgeführten Schulungsprogramms gehörten, kehrten der kroatischen Armee später den Rücken und schlossen sich der aufständischen UÇK im Kosovo an – der Oberkommandierende der UÇK, General Agim Çeku, war einer von ihnen. In den Jahren vor Beginn des Kosovoeinsatzes war die UÇK von maßgeblichen US-Politikern als prototerroristisch eingestuft worden, und ihre Aktivitäten verstießen nicht selten gegen außenpolitische Ziele, die die USA für die Region verfolgten. Auf jeden Fall entsprachen sie ganz und gar nicht dem, was MPRI den Leuten in ihrem Schulungsprogramm hatte vermitteln wollen. Es machten auch Gerüchte die Runde, Mitglieder der UÇK hätten an taktischen Schulungsprogrammen von MPRI in Bosnien teilgenommen, ohne dass der Firma bekannt gewesen sei, dass unter den Teilnehmern welche waren, die gar nicht den bosnischen Streitkräften angehörten.[13] In dem Maß, wie sich die Unzufriedenheit der UÇK mit den Friedensbemühungen der NATO in der Region steigerte, geriet die Organisation immer stärker in Konflikt sowohl mit den US-Truppen als auch mit den Streitkräften Mazedoniens, die zu dieser Zeit ebenfalls von MPRI militärisch geschult und beraten wurden.[14] Diese Dualität hat die Beziehungen der Vereinigten Staaten zu den Akteuren in der Region sowie zu ihren NATO-Partnern noch komplizierter gemacht.[15]

Vielleicht noch bedenklicher als unbeabsichtigte Folgen ist die Möglichkeit, dass direkte wirtschaftliche Anreize es einem Unternehmen lohnend erscheinen lassen könnten, zur »Schurkenfirma« zu werden. Firmen, die sich harter Konkurrenz ausgesetzt sehen, suchen oft nach Mitteln, sich vom Wettbewerb abzuheben. Eine Option ist der Aufbau eines positiven Markennamens; die eine oder andere Firma mag sich jedoch für den gegenteiligen Kurs entscheiden und sich bewusst ins weniger betuchte Viertel der Branche zurückziehen.[16]

Anstatt ausschließlich für seriöse Regierungen zu arbeiten, die auf professionelle Arbeit Wert legen, könnten solche »Schurkenfirmen« mit einem anderen Wettbewerbsvorteil hausieren gehen: der Bereitschaft, jeden Auftrag anzunehmen und für jeden zu arbeiten, der ihnen einen akzeptablen Preis bietet. Solche Auftraggeber wären beispielsweise Rebellenbewegungen, die der Regierung ihres Landes den Kampf angesagt haben, oder transnationale Gruppierungen wie Drogenkartelle oder terroristische Netzwerke. Schwächere Länder, die nicht genug Geld haben, um renommierte Unternehmen zu engagieren, könnten ihr Glück mit Firmen versuchen, die sich in den billigeren Ecken des Marktes tummeln.[17] Tatsache ist schlicht und einfach, dass keine Garantien dafür bestehen, wo und für wen private Militärfirmen zu arbeiten sich entschließen. Vergleichbar der Rolle, die »wild gewordene« Devisenhändler auf den internationalen Finanzmärkten spielen, können PMFs jederzeit ein ihren Geschäften förderliches wirtschaftliches Biotop finden, wo etwa in Ermangelung eines starken Staates kein wirksames Marktreglement existiert oder wo sie sogar als nützliches Werkzeug für die außenpolitischen Ziele des jeweiligen Gastgeberlandes willkommen sind.[18]

Neben den hier schon vorgestellten Firmen, die Trainingskurse für Dschihad-Gruppen abhielten, kann als weiteres schlagendes Beispiel für diesen Anbietertyp die PMF Spearhead Limited aus Israel gelten, die sich dem Vernehmen nach auf die Zusammenarbeit mit Rebellen und Drogenkartellen spezialisiert hat. Geleitet von einem ehemaligen Oberstleutnant der israelischen Streitkräfte, hat sich das Unternehmen durch militärische Hilfsdienste für die Truppen der kolumbianischen Drogenzaren Pablo Escobar und José Gonzalo Rodriguez Gacha einen Namen gemacht, die zu den gewaltbereitesten Bossen des Medellin-Kartells gehörten. Angeblich soll Spearhead Limited später auch Truppen des Cali-Kartells und rechtsradikale paramilitärische Todesschwadronen trainiert haben. Diese Gruppen waren in die Ermordung zweier kolumbianischer Präsidentschaftskandidaten und in einen Bombenanschlag auf ein Flugzeug verwickelt, bei dem 111 Menschen umkamen.[19] Im Kielwasser dieses Anschlags wurde der Präsident von Spearhead Limited von einem israelischen Gericht wegen des illegalen Verkaufs von Waffen und Informationen an eine paramilitärische Gruppe in Kolumbien angeklagt und verurteilt, allerdings nur zu einer Geldstrafe von 13.400 Dollar, von der wohl kaum eine abschreckende Wirkung auf andere an solchen Geschäften interessierte Firmen ausgehen dürfte.

## Die Privatisierung und die Verzettelung von Verantwortlichkeit und Rechenschaftspflicht

Die nächsten Sorgenkinder, die vom normativen Standpunkt aus in den Blick geraten, sind die Belange der Verantwortlichkeit und der Rechenschaftspflicht. Bei regulären Streitkräften bestehen allerlei bewährte Mechanismen für die Kontrolle ihrer Aktivitäten, von inneren Aufsichtsinstanzen und Prüfgremien über Rechtsvorschriften, die die Arbeitsweise der Truppe reglementieren, bis hin zur parlamentarischen Kontrolle, zur öffentlichen Meinung und schließlich auch zu den Normen des Völkerrechts.[20] PMFs hingegen unterliegen nur den Gesetzen des Marktes. Im Völkerrecht ist derzeit nur von der Rolle einzelner

Söldner traditionellen Typs die Rede, und es hat sich gezeigt, dass diese Gesetze nicht greifen, wenn es um die Tätigkeit von Militärfirmen geht.[21] Aus diesem Grund ist ein rechtliches Vorgehen gegen diese Unternehmen nur schwer möglich.[22] Es gibt auch keine behördliche oder parlamentarische Aufsicht wie gegenüber regulären Streitkräften. Verantworten muss sich eine PMF nur vor ihren Eigentümern.

Unter dem Strich ergibt sich somit als zusätzliches Resultat der Privatisierung militärischer Teilaufgaben, dass die Verantwortung für ein öffentliches Gut – Sicherheit – auf eine Anzahl öffentlicher und privater Akteure verzettelt wird; auch Rechenschaftspflichten werden aufgesplittet und sind daher zunehmend schwerer einklagbar. Die Frage, wer eine Firma oder deren Mitarbeiter überwacht, reglementiert oder bestraft, wenn sie Mist bauen, findet keine eindeutige Antwort, noch dazu wo viele Unternehmen ihren Firmensitz in exotischen Steuerparadiesen haben. Herkömmlicherweise sind die Sicherheits- und Verteidigungseinrichtungen eines Staates für den Vollzug seiner Gesetze innerhalb seines Hoheitsgebiets zuständig. Private Militärfirmen profitieren in der Regel von der Abwesenheit oder der Schwäche solcher öffentlichen Institutionen.

Die grundsätzlich unbeantwortbare Frage lautet dann: Wer soll zur Verantwortung gezogen werden, wenn im Zuge einer Mission einer privaten Militärfirma etwas schief geht? Nehmen wir als Beispiel einen Kontrakt, den die Firma DSL 1997 mit BP schloss und dessen Zweck die Bewachung der Ölpipelines des Konzerns in Kolumbien war. Berichten zufolge schulten DSL-Mitarbeiter eine Einheit der kolumbianischen Streitkräfte, die 14. Heeresbrigade, die in der Vergangenheit angeblich in Gräueltaten verwickelt war (darunter in ein Massaker an Zivilisten), in Techniken des Antirebellenkampfs, wobei Veteranen der SAS als Instruktoren dienten. Wie es heißt, versorgten Mitarbeiter der Firma die 14. Brigade auch mit nachrichtendienstlichen Erkenntnissen über einheimische Persönlichkeiten (darunter Umweltaktivisten und Lokalpolitiker), die gegen BP Front machten. Mit diesen Informationen aus privater Quelle gefüttert, gingen die kolumbianischen Streitkräfte direkt gegen die betreffenden Personen vor, sei es, dass sie diese entführten, folterten oder ermordeten. Manchmal übernahmen auch angeschlossene paramilitärische Gruppen diese Arbeit.[23] Ein andermal engagierten die Firmen Occidental Petroleum und Ecopetrol in Kolumbien die Firma Airscan; sie sollte den Luftraum sichern und durch Luftaufklärung mithelfen, die Pipelines der Unternehmen vor Anschlägen der Rebellen zu schützen. Im Vollzug dieses Auftrages koordinierten Airscan-Piloten einen Luftangriff, bei dem Piloten der kolumbianischen Luftwaffe an den Steuerknüppeln der Maschinen saßen. Sie bombardierten versehentlich das falsche Dorf und töteten achtzehn unbewaffnete Zivilisten, darunter neun Kinder.[24] In keinem dieser Fälle wurden PMF-Mitarbeiter wegen Fehlverhaltens zur Rechenschaft gezogen oder gar bestraft.

Das Dilemma, das diese Fälle aufwerfen, besteht darin, dass es schwer ist, die Grenzlinien der Verantwortung genau zu bestimmen. Wer kann, wer sollte für Verbrechen der geschilderten Art bestraft werden? Die Soldaten, die auf den Auslöser drückten? Ihre Regierung? Die Mitarbeiter der beteiligten PMFs als Individuen? Die Firmen als solche? Ihre Auftraggeber? Oder gar die Abnehmer des Öls, aus dessen Verkaufserlösen die Firmen bezahlt wurden, unter deren Regie das Blutvergießen geschah? Obwohl es offensichtlich sehr schwer fällt, genau zu bestimmen, wo die Grenzlinien der Verantwortung verlaufen und enden, ist eines klar: Die Privatisierung militärischer Aufgaben macht die Antwort auf diese Frage noch komplizierter.

### »Negative« Auswahl à la PMF

Der nächste Aspekt, der moralische Bedenken aufwirft, ist das Phänomen der »negativen« Auswahl. Es gibt sicher private Militärfirmen, die auf Seriosität bedacht sind, aber es liegt eben an den Dienstleistungen der PMFs selbst, dass der Markt auch unseriöse Akteure anlockt (die sich natürlich den Anschein der Legitimität geben). Die PMF-Branche bietet mehr als jeder andere Wirtschaftszweig Beschäftigungsmöglichkeiten für Leute, die sich schon immer zum Söldnerhandwerk hingezogen fühlten oder die wegen Verfehlungen aus den Streitkräften ihres Landes entlassen wurden.[25]

Es ist eben nicht gerade beruhigend, wenn man erfährt, dass viele, die in den Iran-Contra- und in den BCCI-Skandal involviert waren, heute in den Vorständen der privaten Militärdienstleister sitzen.[26] Und was die einfachen Angestellten dieser Branche betrifft, so bemühen sich die Firmen nicht immer um die qualifiziertesten Mitarbeiter, sondern stellen Leute ein, die in diesen Kreisen als »effektiv« bekannt sind. So haben viele ehemalige Mitglieder der berüchtigten und skrupellosen Spezialeinheiten des südafrikanischen Apartheidregimes und des Sowjetregimes in der PMF-Branche Arbeit gefunden. Sie agierten früher ohne Rücksicht auf die Menschenrechte und werden dies möglicherweise auch künftig tun. Doug Brooks, einer der Branchenführer und Vorreiter der organisierten PMF-Lobby, nahm kein Blatt vor den Mund, als er erklärte, die besten Mitarbeiter privater Militärfirmen seien oft »keine netten Kerle. Du würdest nicht wollen, dass einer von ihnen deine Schwester heiratet«.[27]

Dieses Phänomen der »negativen« Auswahl ist um so bedenklicher, wenn man es im Kontext der PMF-Branche und ihrer besonderen moralischen Risiken und unklaren Verantwortlichkeiten betrachtet. Selbst wenn man unterstellt, dass PMFs bei der Auswahl ihrer Mitarbeiter auch auf die Einhaltung der Menschenrechte achten (was in der Praxis kaum machbar ist, denn wer würde in einem Bewerbungsformular die Frage nach früher begangenen Kriegsverbrechen wahrheitsgemäß beantworten), bliebe noch immer die Schwierigkeit, das Verhalten der firmeneigenen Truppe auf dem Kriegsschauplatz lückenlos zu kontrollieren. Wenn PMF-Mitarbeiter Menschenrechtsverletzungen begehen, hat die Firma wenig Veranlassung, die eigenen Leute bei einer internationalen Behörde anzuzeigen; täte sie es, würde sie nicht nur ihre Auftraggeber vor den Kopf stoßen, sondern auch ihre Mitarbeiter und Bewerber verschrecken. Eine Vertuschung der Verbrechen oder die stillschweigende Entlassung der Betreffenden ist da die einfachere Lösung. Mitarbeiter, die wegen Verstößen gegen das Kriegs- oder Völkerrecht stillschweigend gefeuert werden, können allerdings leicht bei anderen Firmen wieder unterkommen, da diese von den Verbrechen in der Regel nichts wissen. Und sollte von dritter Seite Anzeige erstattet oder sollten tatsächlich einmal Ermittlungen aufgenommen werden, würde die betreffende PMF alles tun, um zu verhindern, dass ihre Mitarbeiter der Justiz eines schwachen Auftraggeberstaates überantwortet werden.

Bei den Einsätzen auf dem Balkan begingen einige DynCorp-Angestellte Sexualverbrechen wie Zuhälterei (manche der missbrauchten Mädchen waren erst zwölf Jahre alt) und handelten illegal mit Waffen. Der Leiter des DynCorp-Büros in Bosnien vergewaltigte zwei junge Frauen vor laufender Videokamera. Niemand wurde strafrechtlich belangt; man brachte die Verbrecher schnell außer Landes und entzog sie dem Zugriff der örtlichen Behörden. Anschließend feuerte die Firma diejenigen Mitarbeiter, die die Verbrechen angezeigt hatten. Später wurde in den USA gegen DynCorp entsprechend dem Gesetz zur Bekämpfung der organisierten Kriminalität (RICO) ermittelt.[28]

## Keine Tabus bei der Suche
## nach Auftraggebern

Die Frage, an wen genau die Militärfirmen ihre Dienste verkaufen oder verkaufen können, eröffnet ein weiteres Problemfeld. Von manchen Branchenvertretern ist zu hören, die privaten Firmen unterlägen zwar nicht derselben formellen Rechenschaftspflicht wie eine Staatsbehörde, würden aber durch zwei Mechanismen zu verantwortungsvollem Handeln gezwungen: nämlich durch die informelle Kontrolle, die ihre Heimatregierung über sie ausübe, und durch die Gesetze des Marktes. Diese beiden Faktoren sollen der Gefahr kriminellen Fehlverhaltens systematisch entgegenwirken.

Die Erfahrung zeigt freilich, dass das in der Wirklichkeit so nicht funktioniert. Manche PMFs behaupten zwar, dass sie dank der engen Beziehungen zu ihrer Heimatregierung zu jedem Zeitpunkt genau wüssten, welche Ziele diese verfolge, und dass sie ihr Geschäftsgebaren danach ausrichteten. Tatsächlich kam es häufig genug zu Kontrakten zwischen PMFs und Regimes oder nichtstaatlichen Gruppen, denen gegenüber die eigene Regierung oder die Öffentlichkeit erhebliche moralische Bedenken hatte. Die Firma Sandline zum Beispiel bahnte 1998 eine Zusammenarbeit mit der aufständischen Kosovo-Befreiungsarmee UÇK an und ließ von diesem Vorhaben erst auf Druck des britischen Außenministeriums ab. MPRI ersuchte 1997 um die Genehmigung, dem abgewirtschafteten und korrupten Mobutu-Regime Unterstützung leisten zu dürfen, was jedoch vom US-Außenministerium untersagt wurde. Hätten die angeblichen engen Beziehungen bestanden, dann wären diese Anträge gar nicht erst gestellt worden.[29]

Etliche weitere Firmen haben einschlägigen Berichten zufolge Aufträge unappetitlicher Kunden angenommen oder zumindest mit ihnen verhandelt, so etwa Airscan und Ronco, die den Rebellen von der Volksbefreiungsarmee Sudans und der Patriotischen Front Ruandas unter Verstoß gegen strikte Verbote der US-Regierung Waffenhilfe leisteten. Von der Firma NFD sagt man, sie habe sowohl für die libysche als auch für die sudanesische Regierung gearbeitet, zwei Regime, die sich bestimmt nicht der Sympathie Südafrikas oder der Vereinigten Staaten erfreuen.[30] Spearhead arbeitete mit Drogenkartellen zusammen, was mit Sicherheit nicht im Interesse der israelischen Außenpolitik lag, und dies, obwohl der Präsident der Firma damals noch Reserveoffizier der israelischen Armee war.[31]

In manchen Fällen kann eine Firma so viel Einfluss mobilisieren, dass es ihr mit der Zeit gelingt, Widerstände bei den Politikern ihrer Heimatregierung zu brechen und anfängliche Bedenken zu zerstreuen. Als Beispiel mag die Firma MPRI dienen, die nach zweijähriger Lobbyarbeit ihre Zusammenarbeit mit dem diktatorischen Militärregime in Äquatorialguinea durchboxte (vgl. Kapitel 8). Die Befürchtung, das amerikanische Unternehmen könne einen Auftrag an eine ausländische Firma verlieren, wog letzten Endes schwerer als die Bedenken der zuständigen außenpolitischen Abteilung gegen die Unterstützung einer repressiven Diktatur, die noch dazu mit Feinden der USA verbündet war. Ein probates Mittel, sich solchen Problemen zu entziehen, ist die Gründung von Tochterunternehmen im Auftraggeberstaat; die Heimatregierung hat dann formal keine Handhabe mehr, Einwendungen geltend zu machen.

Wenn die einzige Ebene, auf der Verantwortung und Kontrolle greifen können, die informelle Beziehung zwischen der Firma und ihrem Heimatstaat ist, dann wird die Sache umso problematischer, je schwächer die Regierung dieses Heimatstaates bzw. je schwieriger ihr Verhältnis zu der Firma ist.[32] EO hatte sicher ein sehr gespanntes Verhältnis zu den Regierungen Südafrikas nach Ende der Apartheidära, hatte doch der Regimewechsel erst den Impetus für die Gründung der Firma geliefert. Die Regierung äußerte denn auch offen ihre Zweifel an der nationalen Loyalität der Firmengruppe, von der EO ein Bestandteil war.[33] Bei dieser Sachlage konnte man nicht darauf bauen, dass die informellen Beziehungen zwischen Regierung und Firma irgendetwas Gutes bewirken würden. Von den Firmen Sakina und Trans-Global (vgl. Kapitel 11) ist nicht bekannt, dass sie Kontakte zur Regierung ihres Heimatstaats unterhielten.

Ferner soll das Marktgeschehen, wie die PMF-Branche behauptet, verantwortungsvolles Verhalten der Militärfirmen bewirkt. PMFs begegnen dem Vorwurf, »sie würden für ›Schurkenstaaten‹ arbeiten, Konflikte zwecks Gewinnsteigerung in die Länge ziehen, für zwei gegeneinander Krieg führende Parteien gleichzeitig arbeiten oder brutale Menschenrechtsverletzungen begehen, mit dem Verweis auf die disziplinierende Kraft des Marktes«.[34] Eine Firma, so die Logik dieser Argumentation, die unverantwortlich oder gewissenlos handelt, verderbe sich dadurch ihre langfristigen Marktchancen, und da dies nicht in ihrem Interesse liege, werde sie alles tun, um solche Dinge zu vermeiden.[35] Die Firma Control Risks soll einen lukrativen Kontrakt mit der

Militärregierung von Burma ausgeschlagen haben, weil sie Schaden für ihren Ruf befürchtete.[36]

Einsätze privater Militärfirmen in Zaire zeigen freilich, dass Marktmechanismen durchaus nicht immer ein verantwortliches Verhalten garantieren. 1997 erklärte der Direktor von EO, seine Firma werde nicht für das Mobutu-Regime arbeiten, da Zaire feindselige Schritte gegen Angola, den besten Kunden von EO, unternehme; auch bezeichnete er das Mobutu-Regime als »politisch verdächtig«. Entgegen dieser öffentlichen Verlautbarung, so wird kolportiert, hat sich die Firma bei Präsident Mobutu um Aufträge bemüht.[37] In der Zeit des Niedergangs des Mobutu-Regimes hatten mehrere Militärfirmen für beide Konfliktparteien in Zaire gleichzeitig gearbeitet; das galt für EO ebenso wie für Stabilco und Omega Support Ltd. Und wenn private Militärfirmen alle am Konflikt Beteiligten unterstützen, kann von Vertrauen in die disziplinierende Kraft des Marktes nicht die Rede sein. Auch im Sudan und in Angola waren PMFs jeweils auf beiden Seiten der Front gleichzeitig tätig.

Die disziplinierende Kraft des Marktes ist ein ziemlich schwaches Pflänzchen, wie jeder Aktionär von Enron oder Worldcom bestätigen könnte; sie beruht lediglich auf Lagebeurteilungen der Firmen selbst, die natürlich von Gewinnerwartungen getragen sind. Es gibt aber auch Konstellationen, die eine Firma veranlassen können, für »schnelles Geld« das Risiko eines längerfristigen Imageverlusts in Kauf zu nehmen. Wenn es um viel Geld geht (und Rebellen, kriminelle und terroristische Vereinigungen verfügen über Millionen, wenn nicht sogar über Milliarden), wird sich immer eine Firma finden, die ihr langfristiges Interesse einem kurzfristig zu erzielenden Reibach unterordnet. Umso eher, wenn sie auch hoffen kann, die Operation so geheim zu halten, dass ein Imageverlust gar nicht zu befürchten ist.

Die Entscheidung zwischen verantwortlichem Handeln oder Auftragsbeschaffung um jeden Preis liegt einzig bei den Firmen selbst – und das ist der springende Punkt. Eine immer wieder zu hörende Parole in der Branche lautet, legitime Firmen arbeiteten nur für legitime Regierungen.[38] Was aber ist eine »legitime« Regierung? Oft ist ja gerade die Infragestellung der Legitimität einer Regierung der Grund dafür, dass sie eine PMF anheuert.[39] Mit Legitimität meint man im Allgemeinen häufig nur den trivialen Umstand, dass das gemeinte Regime zur Zeit an der Macht ist. Würden PMFs ausschließlich für »legitime« Regierungen arbeiten, so würden sie stets als Bewahrer des Status quo fungieren; sie würden nur diejenigen unterstützen, die formal an der Macht sind und über genug finanzielle Mittel zur Aufrechterhaltung dieser Macht verfügen. Die Opposition oder Rebellenbewegung, gegen die eine Militärfirma im Auftrag eines solchen Regimes kämpft, hat möglicherweise vom moralischen Standpunkt aus eine höhere Legitimität. Um dies an historischen Beispielen zu illustrieren: Der ANC unter Nelson Mandela und die Väter der US-amerikanischen Verfassung waren in den Augen ihrer Gegenspieler Rebellen oder Terroristen; erst als sie den Umsturz geschafft hatten, wurden sie zu international anerkannten, demokratischen Regierungsparteien.

Auf der anderen Seite gilt, dass es einer Regierung, die von der Völkergemeinschaft förmlich anerkannt ist, in den Augen eines großen Teils ihrer eigenen Bevölkerung dennoch an Legitimität mangeln kann, oder sie hat vielleicht Defizite in puncto Rechtsstaatlichkeit. Es gibt Hinweise, dass EO 1994 ein Angebot der Hutu-Regierung in Ruanda auslotete, für sie gegen die mit den Tutsi sympathisierende Rebellenbewegung RPF zu kämpfen.[40] Die Firma konnte sich auf legalem Boden fühlen, wäre ihre Auftraggeberin doch eine anerkannte Regierung gewesen. Das Problem aber ist, dass Elemente eben dieser anerkannten Regierung damals gerade dabei waren, einen der schlimmsten Völkermorde des 20. Jahrhunderts zu planen.

Wenn Firmen auf Grundlage einer moralischen Definition von Legitimität eine Entscheidung zu treffen versuchen, für welche Regierungen sie zu arbeiten bereit sind und für welche nicht, liefert auch das nicht unbedingt eindeutige Kriterien. Tim Spicer, Vorstandsvorsitzender von Sandline und später von SCI, stellte sich diesem Problem 1999 in einem Interview. Er räumte ein, dass er auf die Frage, ob seine Firma für das herrschende Militärregime in Pakistan oder für die von diesem beseitigte zivile Vorgängerregierung arbeiten würde, keine schlüssige Antwort parat hätte. »Beide haben Macken und blinde Flecken.«[41] In der Regel wägen Staaten bei ihren Auslandshilfe- und Bündnisprogrammen nicht nach moralischen Kriterien ab, sondern billigen Legitimität zu, wie es ihrer Interessenlage entspricht. Wahrscheinlich verfahren PMFs ähnlich, nur dass bei ihnen das Profitinteresse an die Stelle der politischen und strategischen Überlegungen tritt, aus denen sich das Interesse des Staates ergibt.

Die Behauptung, private Militärfirmen würden bei der Wahl ihrer Auftraggeber stets moralische Gesichtspunkte berücksichtigen, ist längst widerlegt worden. Spicer hat großspurig behauptet, seine Firma gehorche einem »strengen, selbst auferlegten Verhaltenskodex«, der es ihr verbiete, mit Pariaregierungen zusammenzuarbeiten; aus diesem Grund habe er das Angebot, für Präsident Mobutu von Zaire zu arbeiten, abgelehnt.[42] Seiner Autobiografie ist indes zu entnehmen, dass Sandline eine Zusammenarbeit mit Mobutu ernsthaft in Erwägung zog und sogar eine Delegation zur Erkundung nach Zaire schickte, obwohl jeder wusste, wie korrupt das Regime war. Die Firma entschied sich schließlich gegen das Geschäft, und zwar deshalb, weil ihr mittlerweile klar geworden war, dass Mobutu den Krieg verlieren würde. Keinesfalls war dies eine Entscheidung aufgrund moralischer Bedenken.[43]

Auch der eherne Grundsatz der Militärfirmen, sie würden ausschließlich für Regierungen arbeiten, gilt nicht ausnahmslos. Sandline behauptet, nur Aufträge von Kunden zu akzeptieren, die eine »gute Sache« vertreten; daraus lässt sich entnehmen, dass die Firma unter Umständen auch für nichtstaatliche Akteure arbeiten würde, etwa für Rebellen, die gegen eine Regierung kämpfen.[44] Tatsächlich versuchte die Firma, mit der UÇK ins Geschäft zu kommen, und erklärte sich auch bereit, für die irakische Opposition gegen das Regime von Saddam Hussein zu arbeiten.[45] Der springende Punkt ist auch hier wieder der, dass allein die Firma – die nur ihren Eigentümern gegenüber verantwortlich ist – entscheidet, was eine »gute Sache« ist. Es gibt durchaus Firmen, die nicht sehr wählerisch waren und für Drogenkartelle gearbeitet haben, die wohl kaum für eine gute Sache kämpfen.

Selbst wenn sich eine Firma nach bestem Wissen und Gewissen für einen Auftraggeber entscheidet, weiß niemand, wohin die Reise gehen wird. Aus der Geschichte können wir lernen, dass diejenigen, die für eine »gute Sache« kämpften, oft eher finstere Pläne im Hinterkopf hatten und dass rechtschaffene und edle Vorhaben sich am Ende ins Gegenteil verkehrten. Staaten haben solche Erfahrungen machen müssen, private Militärfirmen können sie ebenso machen. Viele der afghanischen »Freiheitskämpfer«, die von den USA in den 80er Jahren unterstützt und trainiert wurden, schlossen sich später radikalen islamistischen Terrororganisationen an oder traten in die Miliz der Taliban ein. Die US-Firma Bechtel arbeitete für die Kabila-Rebellen in Zaire, die, kaum an die Macht gekommen, genauso korrupt und repressiv agierten wie das Regime, das sie verdrängt hatten.[46]

## Sicherheit: ein öffentliches
## oder privates Gut?

Eine der ureigensten Aufgaben jeder Regierung ist es, wie schon die US-Verfassung festlegt, »für die Verteidigung der Gemeinschaft zu sorgen«. Dahinter steht im Wesentlichen die Überzeugung, dass Sicherheit »eine grundlegende öffentliche Aufgabe« sei, die das »besondere Vertrauen der Öffentlichkeit« voraussetze.[47] Daraus folgt das allgemeine Postulat, dass diejenigen, die mit der Erfüllung einer solch wichtigen Aufgabe betraut sind, ausschließlich gegenüber der Öffentlichkeit Verantwortung tragen sollten.

Demzufolge stellt sich als ein besonders beunruhigender Aspekt der Delegierung von Sicherheitsaufgaben an private Militärfirmen die Frage, welche Rückwirkungen dies auf das Gemeinwohl hat. Wenn eine Regierung einen Teil der Aufgaben, die sie im Bereich der nationalen Sicherheit durch die Rekrutierung und Vorhaltung von Streitkräften zu erfüllen hat, an Privatfirmen abgibt, gibt sie auch einen wesentlichen Teil ihrer Verantwortung ab. Wenn die Mittel für die Verteidigung des Staatswesens aus privaten Quellen angeworben werden, können die Mitglieder der Gesellschaft nicht mehr das Gefühl haben, dank ihrer Zugehörigkeit zum Staatswesen genössen sie Schutz und Sicherheit. Tatsächlich hängt ihre Sicherheit von nun an von einem Zusammenspiel zwischen den Modalitäten des mit der Firma geschlossenen Vertrages, der Profitabilität der Firma und den spezifischen Interessen der Vertragspartner ab. Privatisierte Sicherheit deckt sich demnach häufig nicht mit dem Gemeinwohl, sondern ist teilweise eine Funktion privater Mittel und Zwecke.

Das eigentliche Bedenken, das man gegen das Outsourcing von Aufgaben, die eine so zentrale Rolle für den Schutz und die Stabilität einer Gesellschaft spielen, geltend machen muss, besteht darin, dass die Abhängigkeit von Firmen den Gesellschaftsvertrag untergraben könnte. Wenn für Teilbereiche der nationalen Sicherheit nicht mehr der Staat verantwortlich ist, könnte sich das unmittelbar auf die Loyalität der Bürger auswirken. Man kann sogar behaupten, dass in dem Maß, wie eine Regierung darauf verzichtet, ihr Gewaltmonopol wahrzunehmen, auch ihre Legitimität in Frage gestellt werden kann.[48] Die Politik ist dann nämlich direkt und offen mit wirtschaftlichen Interessen verknüpft, was zu einem Verlust an Achtung vor der staatlichen Autorität führen und ihr Mandat zum Regieren in Frage stellen kann.[49] Oder um es mit den markigeren Worten eines Experten für die PMF-Branche zu sagen:

> Diese Söldner in ihren Khaki- und Brooks-Brothers-Klamotten bestärken einen in der Vorstellung, dass die Macht dem gehört, der sie sich leisten kann.[50]

Jeder Verlust staatlicher Autorität weckt Besorgnis, denn wenn er eintritt, greifen Regierungen und ihre Vertreter oft verstärkt auf Zwangsmittel zurück, um ihre Macht zu erhalten.[51] Das gilt vielleicht erst recht, wenn der Autoritätsverlust etwas mit Geschäftemacherei zu tun hat. In der Geschichte führte die Abtretung von Kolonialgebieten an private Wirtschaftsunternehmen oft zu massivem Machtmissbrauch gegenüber den Einheimischen. Das gilt für die belgischen Unternehmen im Kongo ebenso wie für die portugiesischen Mosambik- und Njassa-Kompanien und für die britische Royal Niger Company ebenso wie für die Südafrika-Kompanie. Hier zeigte sich, zu welchen Perversionen es führt, wenn Regierungsverantwortung nur noch als Anhängsel kommerzieller Aktivitäten wahrgenommen wird.[52]

Die Privatisierung von Sicherheitsaufgaben beschwört auch die Gefahr herauf, dass bestehende innenpolitische Spannungen sich verschärfen. Ein Beispiel für diese Gefahr ist die Privatisierung öffentlicher Räume durch die Schaffung von Freihandelszonen. In schwachen oder von Konflikten zerrüttete Staaten betrachten multinationale Konzerne die Sicherheit als eine von vielen Aufgaben, die sie selbst lösen müssen, ähnlich wie sie auch für ihre Stromversorgung oder ihre Infrastruktur selbst sorgen müssen. Da diese Konzerne am bestmöglichen Schutz ihrer Vermögenswerte interessiert sind, greifen sie oft auf die Angebote von Militärdienstleistern zurück, besonders in Ländern, in denen ein Bürgerkrieg tobt.[53] Wenn aber Sicherheit zu einer Ware wird, die die einen sich leisten können, während sie für andere unerschwinglich ist, führt das zu einer Polarisierung der Gesellschaft.[54]

Das lässt sich am Beispiel des Krieges in Mosambik illustrieren. Das dort engagierte Finanzkonglomerat Lonrho engagierte für 15 Millionen Dollar die britische Firma DSL (die spätere ArmorGroup). Nach einiger Zeit wurden die relativ teuren, mit Veteranen britischer Elitetruppen bemannten DSL-Teams durch nepalesische Gurkha-Kämpfer von der Firma Gurkha Security Guards ersetzt. Zum Umfang der gelieferten Sicherheitsdienste gehörten eine 1400 Köpfe zählende Miliztruppe, Wachtürme und Panzer. Während sich für Lonrho die Investition glänzend rentierte, litt der Rest der Bevölkerung von Mosambik schwer unter den Übergriffen der Rebellen, die sich an den weniger gut geschützten Dörfern schadlos hielten.[55] Dasselbe Phänomen, dass internationale Unternehmen sich in gleichsam exterritorialen Enklaven verschanzen, die wesentlich besser geschützt sind als die Wohngebiete der einheimischen Bevölkerung, hat sich in den letzten fünfzehn Jahren auch an etlichen anderen Kriegsschauplätzen gezeigt, von Algerien über Angola und Sierra Leone bis zum Sudan.

Wenn Sicherheit zur Ware wird, haben nur die Wohlhabenden etwas davon. Diejenigen in der Gesellschaft, die sich die Ware Sicherheit leisten können, werden sich den bestmöglichen Schutz kaufen, und diesen bieten nun einmal vor allem Militärdienstleister. Die anderen, die sich Sicherheit nicht kaufen können, stehen womöglich ohne Schutz da. Die Unternehmen in ihren gut geschützten Enklaven oder Freihandelszonen halten sich die Bedrohung vom Leib, und dadurch erhöht sich für den Rest der Bevölkerung zwangsläufig die Gefahr, Opfer von Übergriffen zu werden; sie ist auf den Staat als Beschützer angewiesen, und das heißt in der Regel: auf im Verfall begriffene, instabile oder nur noch auf dem Papier existierende Sicherheitsorgane, deren beste Kräfte sich längst bei privaten Sicherheitsfirmen verdingt haben, wo sie mehr verdienen können.[56]

Unter dem Strich bedeutet dies, dass die Privatisierung der Sicherheit die Armen unverhältnismäßig benachteiligt und die bestehenden Ungerechtigkeiten in der Gesellschaft verschärft. Aber die Entscheidung, wer Schutz erhält und wer nicht, hat nicht nur eine wirtschaftliche Seite, sondern auch eine politische. Die Schaffung hermetisch abgeriegelter Enklaven ist gleichbedeutend mit der Ziehung innerer Grenzen. Solche privaten Enklaven verkörpern in einem gewissen Sinn eine Absage an das Prinzip des öffentlichen Raumes, eine »Sezession der Erfolgreichen« vom Rest der Gesellschaft.[57]

## Schlussfolgerungen: die dunkle Seite privatisierter Sicherheit

Die grundlegende Frage ist also, ob eine Gesellschaft den Schutz ihrer Vermögenswerte privaten, profitorientierten Firmen überlassen sollte. Wie wir gesehen haben, besteht eines der Hauptprobleme bei der Privatisierung von Sicherheitsaufgaben darin, dass der Markt für militärische Dienstleistungen weit davon entfernt ist, angemessen zu funktionieren. Die Tätigkeit privater Militärfirmen bringt Weiterungen verschiedenster Art mit sich, deren Auswirkungen nicht immer positiv sind.

Auf der einen Seite verweisen PMFs gern auf ihre Selbstdisziplin und die durch den Markt gegebenen Anreize für verantwortliches Handeln. Und es hat auf den ersten Blick auch den Anschein, als würde beides zumindest verwerfliches Geschäftsbegaren eindämmen, da die Möglichkeiten der Firmen, Geld zu verdienen, letzten Endes auch von ihrem Ruf in der Öffentlichkeit abhängen. PMFs verweisen ferner auch auf den positiven Einfluss, den sie ausüben können, indem sie einheimische Truppen professionell schulen oder unfähige Truppen, die es nicht geschafft haben, die Konflikte zu beenden, durch eigene Leute ersetzen. In von Kriegen zerrütteten Staaten wie Sierra Leone sind heute viele Menschen nur deshalb noch am Leben, weil private Militärfirmen dort aktiv waren oder es noch sind. In dem Kontext, in dem die Firmen operieren, können sie in der Tat oft Positives bewirken. Wenn ihre privaten, unternehmerischen Ziele nicht dem öffentlichen Interesse zuwiderlaufen, haben sie die Möglichkeit, die Probleme des Landes besser zu lösen, als es ohne ihre Mitwirkung je zu erwarten gewesen wäre.

Auf den zweiten Blick liegen die Dinge jedoch komplizierter. Militärdienstleister sind nun einmal keine Wohlfahrtsvereine. Wenn Sicherheit privatisiert wird, bleibt die Moral auf der Strecke. Wie im zivilen Geschäftsleben belegen auch im Geschäft mit dem Krieg diejenigen Firmen, die anständig bleiben, nicht die vorderen Plätze. Der Wunsch, als Unternehmen verantwortlich zu handeln und ein positives öffentliches Image aufzubauen, mag vorhanden sein, doch er wird womöglich der Notwendigkeit untergeordnet, vertragliche Verpflichtungen zu erfüllen oder als eine effiziente Firma dazustehen, die auch »was auf die Reihe bekommt«. Und selbst eine Firma, die redlich zu bleiben versucht (was in Anbetracht der Natur ihres Geschäfts ziemlich unmöglich ist), kann nie ausschließen, dass ihre Dienstleistungen unbeabsichtigte Folgen zeigen. Hinzu kommt, dass in der PMF-Branche die Verantwortlichkeiten oft unklar und undurchsichtig verteilt sind und niemand gezwungen ist, Rechenschaft abzulegen – schon gar nicht im unregulierten, globalisierten Markt von heute. Alles in allem ist es also sehr wahrscheinlich, dass sich einzelne Firmen oder deren Mitarbeiter wie »Schurken« verhalten – mit all den negativen Folgen für die Beachtung der Menschenrechte und mit den zunehmenden Gefahren für den gesellschaftlichen Zusammenhalt und für die Bewältigung staatlicher Aufgaben. Um es auf den Punkt zu bringen: Die Orientierung am Gemeinwohl erfordert moralische Maßstäbe, während eine Orientierung am Unternehmensgewinn im Prinzip amoralisch ist.

Daraus folgt, dass PMFs unter moralischen und ethischen Gesichtspunkten zwiespältige Unternehmungen sind. Über die gesamte PMF-Branche ein pauschales normatives Urteil zu fällen, wäre analytisch unzulässig und ethisch unfair, auch wenn das denen, die die Welt in Schwarzweißtönen sehen, nicht gefallen mag. Das Phänomen der Privatisierung militärischer Aufgaben sollte an seinen immanenten Maßstäben gemessen und im angemessenen Kontext betrachtet werden. Wie David Shearer, ein ehemaliger Berater der Vereinten Nationen, schreibt:

> Private militärische Verbände darf man nicht nach absoluten Kategorien bewerten; sie bewohnen eine Grauzone, die eine Provokation für das liberale Gewissen ist. Moralische Urteile über den Einsatz von Söldnern werden im Allgemeinen aus sicherer Entfernung von der Konfliktsituation gefällt, in die diese Truppen involviert sind. Diejenigen, die direkt mit Krieg und Niederlage konfrontiert sind, haben geringere moralische Skrupel.[58]

Im besten Fall können private Militärfirmen mit staatlichen Institutionen gleichziehen, was die Fähigkeit betrifft, die Gesellschaft vor Gefahren zu schützen. Die Privatisierung militärischer Aufgaben kann jedoch auch zusätzliche Anreize und Möglichkeiten für weitaus negativere Entwicklungen liefern, als die Fürsprecher der Branche es zugeben möchten. Vom Markt gehen praktisch keine regulierenden oder disziplinierenden Wirkungen aus, eher leistet er moralischen Verfehlungen Vorschub. Darin liegt der Zwiespalt. Ebenso wie die Einrichtungen des modernen Staates sowohl guten als auch schlechten Zwecken gedient haben, liegt das auch im Wesen der privaten Militärbranche.

## Kapitel 15

# Schlussfolgerungen

> Ehrlich gesagt, mir wäre es am liebsten, wenn der Staat
> sich künftig aus dem Krieg ganz heraushielte und das
> ganze Geplänkel der Privatwirtschaft überließe.
>
> Milo Minderbender, *Catch-22*

Als Executive Outcomes, eines der Pionierunternehmen der PMF-Branche, 1999 dicht machte, meinten einige Kommentatoren schon die Totenglocke für diesen gesamten Wirtschaftszweig läuten zu hören. Sie sahen in den privaten Militärfirmen eine ephemere Zeiterscheinung, verknüpft mit dem Ende des Kalten Krieges, aber aufgrund eines allgemeinen Defizits an Legitimität und fehlender Stetigkeit ihrer Aufträge zum Untergang verurteilt.[1] Andere vertraten den Standpunkt, die PMF-Branche werde bestehen bleiben, aber nicht über die Besetzung einer kleinen Marktnische hinauskommen. Nur isolierte, gescheiterte Staaten würden ihnen Aufträge erteilen. Nach vorherrschender Meinung würden sich die Aktivitäten einschlägiger Firmen fast ausschließlich in den an Bodenschätzen reichen, aber weitgehend gesetzlosen Ländern Afrikas südlich der Sahara abspielen.[2]

Aus heutiger Sicht waren diese Experten mit ihrem Urteil voreilig. Indem sie ihren Blick auf die Schließung einer bestimmten Firma konzentrierten, die innerhalb eines Branchensektors und in einer bestimmten Weltregion operiert hatte, übersahen sie die weltweiten Trends innerhalb eines breiter aufgestellten Wirtschaftszweigs, der vielfältige Geschäftsfelder beackerte, seine Aktivitäten diversifizierte und sich einen wachsenden Kundenstamm erarbeitet hatte.

## Die Zukunft der PMF-Branche

Solange es Kriege gibt, wird es eine Nachfrage nach militärischem Know-how geben. Und weil das so ist, wird für PMFs immer dann etwas abfallen, wenn traditionelle Garanten von Sicherheit irgendwo das Feld

räumen. So wie sich diese Branche relativ zu den staatlichen Militärapparaten entwickelt hat, drängt sich die Vermutung auf, dass sie auch
in den nächsten Jahrzehnten eine bedeutende und eher noch größere
Rolle im internationalen Sicherheitsgeschäft spielen wird. Wahrscheinlich wird sie das für Auftraggeber aller Kategorien tun. Der einfache
Grund dafür ist, dass die strukturellen Bedingungen, die das Wachstum
der Branche überhaupt erst möglich gemacht haben, offenbar weiter-
bestehen. Nur wenige Gegenkräfte sind zu erkennen, während die
Triebkräfte, die eine weitere Expansion befördern, auf dem Vormarsch
bleiben. Wie es in einem vor wenigen Jahren erschienenen Konferenzbericht heißt:

> Das Angebot an privaten Sicherheitskräften und die Nachfrage nach
> ihnen wachsen sprunghaft.[3]

Der Bedarf an Sicherheit, die den Aufstieg privater Militärfirmen
überhaupt erst ermöglicht haben, besteht weiterhin. Der internationale
Markt für Rüstungsgüter ist nach wie vor überschwemmt, und innerstaatliche und zwischenstaatliche Konflikte sorgen dafür, dass auch die
Nachfrage nicht erlahmt. Die regulären militärischen Kapazitäten der
Entwicklungsländer scheinen immer mehr zu schwinden, und wenig
spricht dafür, dass die Großmächte zu einem verstärkten militärischen
Engagement zurückkehren werden, es sei denn in Regionen von strategischer Bedeutung. Die Institutionen der Weltgemeinschaft, etwa die
Vereinten Nationen oder regionale Friedenskonsortien, sind allem Anschein nach weit davon entfernt, regionaler Instabilität wirksam begegnen zu können.

> In dreißig Jahren wird man die Periode zwischen den frühen 60er
> und den frühen 90er Jahren vielleicht als einen historischen Aus-
> rutscher betrachten, eine Zeit, in der die Super- und Großmächte
> vorübergehend bereit waren, vielerorts einen militärischen Druck
> auszuüben, der dem Markt für private Sicherheitsdienste die Luft
> abschnürte.[4]

Der immer schnellere Wandel in der Technik der Kriegführung wird
ein Übriges tun, das wirtschaftliche Wohlergehen der Branche zu fördern, denn Umwälzungen im Bereich der Waffentechnik machen in der
Regel diejenigen Staaten, die diese Entwicklungen nicht aus eigenen
Mitteln nachvollziehen können, immer verwundbarer und daher immer
abhängiger von technisch hochgerüsteten Privatfirmen.[5] In die gleiche

Richtung wirken Umstrukturierungen innerhalb der Streitkräfte, die fast immer zu Lasten der technischen und logistischen Kompetenz der Truppe gehen und im Endeffekt »den Rückgriff auf einen Logistikdienstleister wie Brown & Root fast unausweichlich machen«.[6] So haben sich nicht nur Nischen geöffnet, die es privaten Militärfirmen erlauben, in dieser früher rein staatlichen Sphäre Fuß zu fassen; der weltweit fortdauernde Trend zur Privatisierung lässt darüber hinaus auch vermuten, »dass die ›Vermarktung‹ militärischer Dienstleistungen für die absehbare Zukunft ein Wachstumsbereich bleiben wird«.[7]

Überdies neigen Staaten und andere internationale Akteure dazu, erfolgreiche militärische Modelle und Praktiken nachzuahmen.[8] Das bedeutet, dass jede erfolgreiche Operation einer PMF die Konjunktur in der Branche beleben wird. Es kann sein, dass das Phänomen, das die Ökonomen als das »Saysche Gesetz« bezeichnen, im Sicherheitsmarkt bereits praktische Wirkungen entfaltet: dass die bloße Existenz eines einschlägigen Angebots in Gestalt privater Militärfirmen eine zusätzliche Nachfrage nach ihren Dienstleistungen bewirkt.[9]

Ein ähnlicher Effekt könnte sich auch hinsichtlich der moralischen Bedenken bemerkbar machen, insofern als jeder erfolgreiche PMF-Einsatz einen neuen Präzedenzfall schafft und den Rahmen dessen, was machbar und denkbar ist, weiter steckt. Das Interesse nichtstaatlicher Akteure (einschließlich multinationaler Unternehmen und humanitärer Gruppen) an einer engeren Zusammenarbeit mit privaten Militärfirmen wird vermutlich in dem Maß zunehmen, wie sie ein zunehmend »schmutzigeres« operatives Umfeld vorfinden.[10] Jede Expansion des Marktes eröffnet anderen Akteuren mehr Spielraum für das Engagieren von PMFs.

> Auch Rebellenbewegungen und andere nichtstaatliche Akteure könnten erkennen, dass es für sie vorteilhaft wäre, ihre militärische Schlagkraft mit Hilfe angeheuerter Truppen zu verbessern, und man kann private Militärfirmen kaum daran hindern, für sie zu arbeiten.[11]

Nach den dramatischen Ereignissen vom 11. September, die in den Augen vieler Beobachter das gesamte Kräftespiel der globalen Sicherheitspolitik durcheinander brachten, haben sich die Aussichten der PMF-Branche nicht verschlechtert. Vielmehr machten die Terroranschläge nur ein weiteres Mal deutlich, dass der Krieg im Gegensatz zu den nach wie vor dominierenden Axiomen der politischen Theorie eben nicht mehr ausschließlich Sache uniformierter Staatsdiener ist, die für die politische Sache ihrer Regierung kämpfen. Die Kriegführung ist wieder zu dem geworden, was sie schon oft in der Geschichte war: einem facettenreichen Geschäft, in dem Männer und Frauen jeder Couleur mitmischen – innerhalb und außerhalb staatlicher Streitkräfte, im Kampf für eine ganze Palette möglicher Interessen, seien es politische, wirtschaftliche, religiöse, gesellschaftliche oder kulturelle, die oft nur wenig mit dem Staat zu tun haben.

Die private Militärbranche war im Grunde einer der ganz wenigen Wirtschaftszweige, deren wirtschaftliche Aussichten durch den 11. September nicht verdüstert, sondern gefördert wurden. Während das Gros der US-Wirtschaft und der Weltwirtschaft insgesamt unter dem Schock der Anschläge in Depression versank, stiegen die Aktien der privaten Militärfirmen um rund 50 Prozent – die Aktien des Mutterkonzerns von MPRI, L-3, verdoppelten sogar ihren Kurs. Dieser Anstieg war Ausdruck der Überzeugung, die Anschläge würden der Weltwirtschaft eine neue »Sicherheitssteuer« auferlegen.[12] Der 11.9. schuf eine erhöhte Sensibilität für Sicherheit und stärkte die Nachfrage nach militärischem Schutz, ein Trend, von dem klar war, dass die PMFs von ihm profitieren würden. Unter dem Eindruck der Anschläge wurden sogar etliche neue Firmen gegründet in der Hoffnung, sich in den expandierenden Markt einklinken zu können. Ein Beispiel hierfür ist Janusian, ein britisches Unternehmen, das Schutz vor Terroranschlägen und Kenntnisse über geplante terroristische Aktivitäten verspricht.

> Es ist eine vielleicht unbequeme, bestimmt aber beunruhigende Wahrheit, dass die Ereignisse vom 11. September, die so vielen Menschen so viel Schmerz und Tragik beschert haben, der privaten Sicherheitsbranche eine neue Lebenschance eröffnet haben.[13]

Die Reaktionen der Politik auf die Terroranschläge liefen tatsächlich auf eine Art Gesundungskur für die PMF-Branche hinaus. Bezeichnend der Kommentar eines Pentagon-Beamten zu den Auswirkungen des 11. September:

> Der Krieg gegen den Terrorismus ist ein Vollbeschäftigungsprogramm für diese Jungs. [...] Eine Menge Leute haben sich die Hände gerieben.[14]

Die Operationen der US-Streitkräfte in Afghanistan involvierten ebenso wie die humanitären Hilfsprogramme der Vereinten Nationen ein hohes Maß an zugekaufter Logistik; unter anderem baute BRS Militärstützpunkte quer durch Zentralasien, während DynCorp an ähnlichen Projekten auf den Philippinen arbeitete.[15] »Phase II« des amerikanischen Plans zur Ausrottung des Terrorismus beinhaltete eine Erhöhung der den Ländern in aller Welt gewährten Militärhilfe. Man kann davon ausgehen, dass militärische Beraterfirmen zu den größten Nutznießern dieser neuen Programme gehört haben und weiterhin gehören werden, da sie zum Beispiel maßgeblich am Aufbau der neuen afghanischen Armee mitwirken, der nach einem ähnlichen Muster erfolgt wie zuvor auf dem Balkan.[16] Die Millionenprämie, die für die Ergreifung Osama Bin Ladens ausgesetzt ist, hat, wie man hört, zur Gründung einiger privater »Projektgruppen« in Pakistan durch Militärdienstleister geführt, die in der Region bereits operative Erfahrungen gesammelt haben.[17] In diesem Zusammenhang sei erwähnt, dass einer Umfrage zufolge nur elf Prozent aller Amerikaner die Idee für schlecht halten, private Söldnertruppen mit der Jagd auf terroristische Rädelsführer zu betrauen; ein Abgeordneter des US-Kongresses brachte sogar einen Gesetzentwurf ein, mit dem er die alte Praxis des Freibeutertums wieder institutionalisieren wollte, ein Indiz für einen beginnenden Einstellungswandel gegenüber dem Privatsöldnertum.[18]

Profitieren dürfte die PMF-Branche auch von der Schwerpunkt- und Ressourcenverlagerung, die sich unter dem Eindruck der Anschläge vollzogen hat. Der Kampf gegen den Terrorismus bedeutet auch, dass die Vereinigten Staaten und ihre Verbündeten sich in Regionen engagieren, die vorübergehend aus dem Fokus der Politik geraten waren, nun aber eine neue strategische Relevanz erlangt haben – Beispiele dafür sind Afghanistan, der Jemen und die Philippinen, wo die USA eine neue bzw. verstärkte Truppenpräsenz aufgebaut haben. Das alles hat natürlich seinen Preis: Andere Regionen werden an Zuwendung und Truppenpräsenz verlieren, wodurch sich Lücken auftun werden, die die PMF-Branche füllen kann. Als zum Beispiel Luftaufklärungskapazitäten der US-Luftwaffe vom Balkan abgezogen und in aktivere Operationszonen im südwestlichen Asien verlagert wurden, erhielt die Firma Airscan den Auftrag, die entsprechenden Aufgaben für die NATO-Kontingente auf dem Balkan zu erfüllen. Derweil wird die Wahrscheinlichkeit immer geringer, dass westliche Länder ihre Streitkräfte zur Absicherung humanitärer Operationen, die nicht mit dem Krieg gegen den Terrorismus im Zusammenhang stehen, zur Verfügung stellen werden, was ebenfalls privaten Militärfirmen die Chance eröffnet, in neue sich auftuende Lücken zu stoßen.

All dies deutet darauf hin, dass sich der Trend zur Privatisierung militärischer Dienstleistungen in den vor uns liegenden Jahren nicht nur fortsetzen, sondern noch verstärken wird. Es gibt in der Tat Experten, die das weitere Anwachsen der PMF-Branche als »unausweichlich« bezeichnen.[19] Die Vorstellung, dass militärische Dienstleistungen von Privatfirmen erbracht werden könnten, mag vor wenigen Jahren noch viele schockiert haben; aus heutiger Sicht ist es nicht übertrieben zu sagen, diese Privatisierung sei »im Bereich der Verteidigung und Sicherheit der künftige Standard«.[20]

## Künftige Wege für Theorie und Forschung

Der Aufstieg dieser Branche wird das internationale Sicherheitssystem auf mannigfaltige und tiefgreifende Weise verändern. Diejenigen, die sich mit der Theorie dieses Systems beschäftigen, sollten sich an die höchst reale Existenz privatwirtschaftlicher Akteure gewöhnen, die eine direkte Rolle im militärischen Geschehen spielen. Mit am schwersten wiegt, dass PMFs eines der grundlegenden Axiome der Theorie der internationalen Sicherheit in Frage stellen: nämlich das Gewaltmonopol des Staates. Wer glaubt, diese Prämisse sei noch gültig, läuft Gefahr, sich in der theoretischen Arbeit ausschließlich mit dem Staat als Subjekt militärischen Handelns zu befassen. Wie hier ausgeführt, sind etliche der Annahmen, auf denen die Theorie von der ausschließlichen und für immer festgeschriebenen Exklusivrolle des Staates im Bereich der Sicherheit beruht, überholt. Sie müssen auf den Prüfstand gestellt und revidiert werden, wenn neuere Entwicklungen, insbesondere der Aufstieg der PMF-Branche, angemessene Berücksichtigung finden sollen.

Die Theorie der zivil-militärischen Beziehungen sollte erweitert werden, damit auch aus den Aktivitäten privater, nichtstaatlicher Akteure Impulse in die Gleichungen einfließen können; der Kern der bestehenden Theorien sollte nicht entwertet, sondern ausgeweitet werden. Die Berücksichtigung des Marktes für militärisches Outsourcing und seiner Auswirkungen würde im Übrigen auch den Theorien über Rüstungswettläufe und Konfliktentstehung zugute kommen. Das Beispiel Äthiopien/Eritrea illustriert, dass Prognosen, die auf der orthodoxen Theorie beruhen, wegen Auslassung wichtiger Parameter danebengehen können. Daraus folgt, dass weiter gehende, besser fokussierte

Planspiele zur Rolle und Funktion privater Militärfirmen zu den interessantesten Eckpfeilern künftiger Forschung und Theoriebildung gehören sollten, wenn es um Themenkomplexe wie Interventionswahrscheinlichkeit, Auswirkungen von Interventionen auf Rüstungswettläufe, Regionalkonflikte, Status der Menschenrechte oder die Evolution völkerrechtlicher Vorschriften und Normen geht.

Aus dieser Warte betrachtet, legen die in diesem Buch ausgebreiteten Erkenntnisse auch die Annahme nahe, dass unser Verständnis mangelhaft bleiben wird, wenn wir uns als Fachidioten betätigen. Jeder Wissenschaftler sollte bereit sein, Methoden und Erkenntnisse aus anderen Forschungsdisziplinen zu übernehmen, wo immer das nützlich erscheint. Da militärische Dienstleistungen heute auf dem Markt feilgeboten werden, wäre es wünschenswert, dass sich diejenigen, die sich mit dem internationalen Sicherheitssystem beschäftigen, nach brauchbaren Ansätzen aus verwandten Wissensgebieten umschauen, als da wären: unternehmerische Strategien, Durchdringung internationaler Märkte, Organisationsökonomie oder die Analyse von Geschäftsfeldern, in denen Ausschreibungsverfahren und Agenturen eine zentrale Rolle spielen.[21] So sollte zum Beispiel bei der theoretischen Beschäftigung mit Bündnissen und Koalitionen die potenzielle Rolle privater Militärfirmen berücksichtigt werden, unter Einschluss der neuen Möglichkeiten, die sich aus Netzwerken zwischen Staaten und Firmen oder aus Firmennetzwerken ergeben. Zu lernen, wie sich solche Netzwerke bilden und wie sie funktionieren könnten, wäre also von Nutzen. Auch die Frage, welche Rolle das Kreieren einer Marke spielt, könnte in bestimmten Konfliktsituationen relevant werden, etwa in Form der Frage, welche potenziell abschreckende oder provozierende Wirkung der einer PMF vorauseilende Ruf zeitigen kann. Einiges spricht auch dafür, dass seit dem Markteintritt privater Militärfirmen strategische Entscheidungen, die in Kriegen anstehen, möglicherweise nicht mehr im Hinblick auf ihre lokalen Folgen getroffen werden, sondern unter Berücksichtigung ihrer Wirkung als Marketinginstrumente für die Akquisition künftiger Kunden.[22]

### Empfehlungen für den Umgang mit PMFs

Eine grundlegende Prämisse dieses Buches ist die These, dass derjenige, der sich mit dem Studium der internationalen Beziehungen, oder überhaupt mit der Politik beschäftigt, generell nicht nur Theorien und Forschungsergebnisse studieren, sondern immer auch das Geschehen in der Welt im Auge behalten sollte. Die neue PMF-Branche trägt Fragen und Herausforderungen an uns alle heran, die von Regierungen, Streitkräften, humanitären Organisationen und natürlich auch von der Wissenschaft beantwortet werden müssen.

Der entscheidende erste Schritt hin zu einer erfolgreichen Politik besteht darin, zu einem umfassenderen Verständnis des hier angesprochenen Themenkomplexes zu kommen. Gefragt ist hier eine geschärfte Wahrnehmung des Potenzials, das in der PMF-Branche schlummert, sowie der dynamischen Prozesse und Herausforderungen, die die Branche bewegen. Mit anderen Worten: Jede Politik gegenüber den privaten Militärfirmen, die von Ignoranz bestimmt wird, kann kaum zum bestmöglichen Ziel führen.

Ebenso wie staatliche Streitkräfte in der jüngeren Vergangenheit Methoden der Zusammenarbeit mit NGOs und humanitären Gruppen entwickeln mussten, sollten sie auch anfangen, sich Gedanken darüber zu machen, wie sie bei ihren Einsätzen am besten mit diesen Firmen umgehen, denn sie werden ihnen auf den Kriegsschauplätzen immer öfter begegnen. Das Spektrum dessen, was zu entwickeln wäre, reicht von der Festlegung konkreter Einsatzregeln über die Abstimmung gemeinsamer Zielvorgaben bis zur Entwicklung von Regularien für den Status und die Behandlung von PMF-Mitarbeitern im Falle ihrer Gefangennahme.

Multilaterale und nichtstaatliche Organisationen müssen ihrerseits festlegen, wie sie mit PMFs umgehen wollen. Institutionen wie die UN, die Weltbank oder der IWF müssen sich klar darüber werden, dass sie es direkt und indirekt mit PMFs zu tun bekommen werden. Manche internationalen Organisationen haben solche Firmen bereits angeheuert, während andere Zweige derselben Organisationen dies ausdrücklich ausschließen. Vor allen Dingen müssen sich die Vereinten Nationen diese heuchlerische Doppelzüngigkeit vorhalten lassen. Und viele internationale Finanzorgane gewähren Darlehen, die am Ende für die Finanzierung von PMF-Kontrakten in Ländern mit geschwächtem Staatswesen verwendet werden. Solche Organisationen sollten unverzüglich eine eigene, gleichsam offizielle Politik gegenüber der PMF-Branche formulieren und sie dann auch durchhalten. Zumindest sollten sie Checklisten erstellen und PMFs daran messen, bevor sie in Vertragsgespräche mit ihnen eintreten.

Ich habe hier dargelegt, wie PMFs die herkömmlichen Erwartungen, die man an ein internationales Sicherheitssystem richtet, verändert haben (vgl. Kapitel 11). Daraus lässt sich ableiten, dass auch Nachrichtendienste die Existenz dieser Firmen zur Kenntnis nehmen müssen. Insbesondere müssen sie sich darüber im Klaren sein, dass solche Firmen durchaus die Fähigkeit besitzen, lokale Kräfteverhältnisse und Drohpotenziale zu verschieben. Ferner gilt, dass Marketing und die Etablierung von Marken sowie Netzwerke zwischen Staaten und Firmen und solche auf Firmenebene ein Potenzial in sich bergen, das nicht nur von akademischem Interesse ist. In bestimmten Konfliktsituationen kann all dies sehr wohl eine hohe praktische Relevanz gewinnen.

Viele Außenpolitiker und politische Aktivisten, besonders solche, die im humanitären Umfeld arbeiten, haben damit begonnen, über die PMF-Branche zu schreiben und sich mit ihr auseinander zu setzen. Manche lassen kein gutes Haar an der gesamten Branche, während andere einzelne Firmen über den grünen Klee loben, allerdings oft ungetrübt von jeder Sachkenntnis. Mit ihrer Schlagzeilengeilheit provozieren sie unter Umständen schädliche Wirkungen vor Ort. Es ist wichtig, die Widersprüche zu erkennen, die zwischen wirtschaftlicher Effizienz und militärischer Schlagkraft auf der einen und zwischen privater Motivation und politischer Verantwortung auf der anderen Seite bestehen. Aber auch gut informierte Bürger sollten sich bemühen, den Unterschied zwischen ehrlichen politischen Aktivisten und bezahlten Lobbyisten zu erkennen. Die Medien tragen Verantwortung dafür, eine gründlichere und aufrichtigere Auseinandersetzung mit der Branche voranzutreiben.

Ein drängendes politisches Problem ist die lasche und achtlose Art und Weise, in der manche Staaten in den letzten zehn Jahren Teile ihrer eigenen Streitkräfte privatisiert haben. Die Tatsache allein, dass die Möglichkeit des Outsourcings besteht, sollte nicht automatisch dazu führen, dass man auch von ihr Gebrauch macht. Jede Privatisierungsentscheidung sollte vielmehr wohl überlegt und erst nach Vorliegen einer erschöpfenden Abwägung der Risiken und Chancen getroffen werden.[23] Auf den höheren Entscheidungsgremien sollte die gesamte Praxis der Privatisierung militärischer Dienstleistungen auf den Prüfstand gestellt werden. Insbesondere die ranghöchsten Entscheider sollten die angeblichen Kosteneinsparungen und die übergreifenden Implikationen einer Politik, die wesentliche militärische Funktionen dem Markt überantwortet, kritisch überprüfen.

Eingedenk der Probleme bezüglich der Kontrolle privater Militär-firmen scheint es angebracht, die wichtigen schlachtfeldnahen Bereiche von jedweder Auslagerung an private Vertragsfirmen auszunehmen (vgl. Kapitel 10). Dies sind Bereiche, in denen die Befehlshaber die 100-prozentige Gewähr haben müssen, dass ihre Befehle ausgeführt werden. Wenn aus militärischer Sicht eine bestimmte Dienstleistung erforderlich ist, sollte die Führung zunächst prüfen, ob in den eige-nen Reihen Kapazitäten für die Bewältigung der Aufgabe vorhanden sind; wenn nicht, sollte zunächst bei anderen Waffengattungen und anschließend bei den Streitkräften vertrauenswürdiger Bündnispartner angefragt werden. Alle diese Optionen bieten die Sicherheit, die sich aus etablierten militärischen Strukturen ergibt. Entscheidet man sich für das Outsourcing, können sich aus der Kombination wirtschaft-licher Interessenlagen mit den üblichen Unwägbarkeiten des Krieges handfeste Gefahren ergeben, vor allem die Gefahr eines Verlustes der Befehlshoheit, der auf dem Schlachtfeld verheerende Folgen haben kann.[24]

Wenn die gründlich abgewogene Entscheidung getroffen wird, mili-tärische Aufgaben einer Privatfirma zu übertragen, dann muss dies auf eindeutige und durchdachte Weise erfolgen. Man muss sich sehr genau überlegen, wie man das Verhältnis zu der Firma so gestaltet, dass dem öffentlichen Interesse am besten gedient ist. Mit Vertrauen allein kommt man in der Unternehmenswelt, mit der der Staat nunmehr interagiert, nicht unbedingt sehr weit. Die Kostenvorteile, die sich aus dem Wett-bewerb ergeben, müssen bewahrt werden, denn sie waren der ent-scheidende Grund für die Inanspruchnahme privater Dienstleistungen. Die gegenwärtig noch häufig geübte Praxis, Kontrakte ohne Ausschrei-bung zu vergeben oder zu verlängern, sollte daher nach Möglichkeit aufgegeben werden, denn in ihr verbinden sich die Nachteile eines Monopols mit der Ineffizienz einer staatlichen Bürokratie. Anstelle eine Privatfirma als Generalunternehmerin zu beauftragen, sollten die verschiedenen Leistungen, die im Rahmen einer Mission benötigt wer-den, einzeln ausgeschrieben werden; auf diese Weise lassen sich Risi-ken minimieren und Einsparungen maximieren.[25] Auf der anderen Seite sollten beim Outsourcing aber auch keine redundanten Leistungen eingekauft werden. Es dürfte zum Beispiel nicht im Interesse der US-Streitkräfte liegen, für jede ihrer vier Waffengattungen jeweils an-dere, parallel arbeitende Logistikdienstleister zu verpflichten (wie es im Rahmen des LOGCAP-Programms der Fall war). Die vorzuziehende

Alternative wäre ein integriertes, aber gleichwohl in einzelne Leistungsbereiche aufgespaltenes System.

Auch dem Prozess der Vertragsgestaltung kommt große Bedeutung zu. Die heute übliche Praxis, sich erst von einer Firma eine Analyse erstellen zu lassen und dann dieselbe Firma für die praktische Umsetzung ihrer eigenen Empfehlungen zu engagieren, steckt voller Risiken. In einem ersten Schritt sollten potenzielle Auftraggeber in eigenem Ermessen abschätzen, welche Kosten vernünftigerweise zu erwarten sind (d.h. welche Ausgaben eine seriöse Firma für die Durchführung der betreffenden Mission unter Wettbewerbsbedingungen veranschlagen würde). Auf der Basis einer solchen soliden Kostenschätzung können dann Angebote eingeholt werden.

Durch jeden Outsourcingkontrakt wird die beauftragte Firma zu einem Arm staatlicher Politik, und bei Einsätzen im Ausland wird sie auch zu einer diplomatischen Vorhut des Entsendelandes. Und weil der Firma ein Ruf vorauseilt – ein guter oder ein schlechter –, kann dieser auf das Herkunftsland abfärben. Aus diesem Grund sollte jede Regierung schon bei der Sichtung von Angeboten bedenken, welche Konsequenzen der Ruf der betreffenden Firma für das Land haben kann. Die von DynCorp-Mitarbeitern auf dem Balkan begangenen Sexualverbrechen haften nun dem internationalen Image dieser Firma an. (So erbringt eine Internetsuche auf Anhieb über 1000 Fundstellen für das Begriffspaar »DynCorp« und »sex trade«.) Und wenn heute ein Staat Aufträge an diese Firma vergibt, produziert die Presse prompt Überschriften wie diese: »In Bosnien in Sexskandale verwickelte US-Firma Favorit für die Vergabe von Pentagon-Kontrakten«.[26]

Regierungen sind also gut beraten, verbindliche Kriterien für ein akzeptables, solides Geschäftsgebaren festzulegen, so dass die Referenzen der bietenden Firmen hinterfragt werden können und man sich nicht auf schöngefärbte Selbstdarstellungen der Bewerber verlassen muss. So genannte Ausschreibungen, bei denen der Auftragnehmer längst feststeht, haben für die Auftraggeber selten besondere Vorteile; sie sollten die absolute Ausnahme bleiben. In Auftragsausschreibungen sollten motivierende Elemente eingebaut werden. Bestehen für die Firmen und ihre Mitarbeiter Erfolgsanreize, dann werden sie auch gute Leistung bieten. Als Gegengewicht zu solchen Anreizen sollten freilich auch Sanktionen für vermeidbare Kostenüberschreitungen vereinbart werden.

Verträge und die zugehörigen Pflichtenhefte können noch so perfekt ausgearbeitet sein, ein überaus wichtiges Mittel, unerwünschten Nebeneffekten vorzubeugen, die sich aus der Profitorientiertheit des Auftragnehmers ergeben können, ist und bleibt eine wirksame Überwachung und Erfolgskontrolle. Das gilt im besonderen Maß für den militärischen Bereich. Eine komplexe, über einen langen Zeitraum laufende Kontrakterfüllung zu managen ist unmöglich ohne klare Vorgaben für die Messung der Resultate. Eine notwendige Voraussetzung dafür ist ein vorab erstelltes Pflichtenheft oder Leistungsverzeichnis, das die Aufgaben und Verantwortlichkeiten sowohl der Firma als auch des Auftraggebers und die angestrebten Arbeitsergebnisse unmissverständlich darlegt. Erstrebenswert ist auch ein einvernehmlich festgelegter Mechanismus für Leistungsbewertungen und Bestandsaufnahmen in bestimmten zeitlichen Intervallen.[27]

Wirksame Vorkehrungen, um Vertragserfüllung zu erzwingen, müssen ebenfalls im Voraus eingebaut werden. Wenn sich während der Vertragslaufzeit herausstellen sollte, dass die Firma betrügt oder von der Fahne geht, dann müssen die Vertragspartner nicht erst um die Interpretation der Vertragsbestimmungen streiten, sondern es können sofort Sanktionen gegen die vertragsbrüchige Partei verhängt werden. Diese Sanktionen sollten schwerwiegend genug sein, um auch eine vorbeugend abschreckende Wirkung zu haben.[28] Am wichtigsten ist jedoch: Militärische Aufgaben zu privatisieren bedeutet keinesfalls eine Übertragung von Kontrollmacht. Auf allen Ebenen – der taktischen, der operativen, der strategischen – müssen funktionierende Kommunikationskanäle eingerichtet werden, die gewährleisten, dass der Auftraggeber seine Interessen jederzeit geltend machen kann.

Solche Regeln für eine professionelle Vorbereitung und Abwicklung militärischer Outsourcingverträge verlangen den dafür zuständigen Sachbearbeitern womöglich neue Fähigkeiten ab. Wenn grundsätzlich entschieden wird, dass die Privatisierung militärischer Dienstleistungen die bevorzugte Option für die Realisierung von Einsparungsmöglichkeiten sein soll, müssen die öffentlichen Institutionen etwas in die Entwicklung derjenigen neuen Kompetenzen ihres Personals investieren, die diese neue Aufgabe erfordert. Verhandlungsgeschick, Kommunikationsfähigkeit und Beschlagenheit in strategischer Planung, Projektmanagement und vielleicht sogar Marketing werden wichtige Qualifikationen für diejenigen sein, die mit dem Outsourcing militärischer Aufgaben betraut sind, wichtiger vielleicht als herkömmliche bürokratische und planerische Fähigkeiten. Es sollte sichergestellt sein, dass diejenigen, die auf Auftraggeberseite Kontrakte mit privaten Militärfirmen überwachen, selbst Erfahrungen im Geschäftsleben gesammelt haben. Das könnte dadurch erreicht werden, dass man Offiziere längere Praktika in avancierten Unternehmen absolvieren lässt, deren wirtschaftliches Florieren ebenfalls von erfolgreichem Outsourcing abhängt. Das würde den Streitkräften mehr institutionelles Fachwissen in Sachen Privatisierung bescheren.[29] Die Zahl dieser für Staat und Streitkräfte tätigen Personen sollte in einem adäquaten Verhältnis zu ihrer immer wichtiger werdenden Funktion stehen, den Erfolg militärischer Operationen mit sicherzustellen. Zurzeit gibt es in den US-Streitkräften nur wenige für die Beaufsichtigung privater Militärfirmen ausgebildete Offiziere. Wie die Erfahrungen auf dem Balkan und in Zentralasien gezeigt haben, sind es selbst für das aktuelle, relativ geringe Ausmaß an praktiziertem Outsourcing zu wenige, von künftigen Entwicklungen ganz zu schweigen.[30]

Wenig spricht dafür, dass die Implikationen, die dem Trend zur Privatisierung wichtiger militärischer Gefechtsfunktionen innewohnen, in ausreichender Weise angegangen werden.[31] So ist zum Beispiel zu bedenken, dass die Schnittstellen zwischen staatlichen Streitkräften und Vertragsfirmen womöglich verwundbare Ziele sind, die ein Gegner mit großer Schadwirkung angreifen könnte, sei es physisch oder elektronisch. Truppenkommandeure müssen sich auch der Risiken bewusst sein, die aus den grundsätzlichen Problemen des Outsourcings erwachsen (vgl. Kapitel 10), und müssen die nötigen Maßnahmen zur Entschärfung dieser Probleme in die Wege leiten können, die eine Streitmacht im schlimmsten Fall lahm legen werden.

Der erfolgreiche Einsatz privater Militärfirmen beginnt damit, dass die wichtigen militärischen Funktionsträger sich mit den brennenden Fragen schon »zu Hause«, am Heimatstützpunkt, auseinander setzen, anstatt etwa erst im Moment einer sich zuspitzenden Krise damit konfrontiert zu werden. Wie ein US-Oberst schreibt:

> Bei jeder militärischen Operation gilt die Grundregel: Rechtzeitige Planung beugt schlechter Ausführung vor. Der Auftraggeber muss in den Planungsprozess einbezogen werden, andernfalls werden im Verlauf der militärischen Operation größere Unstimmigkeiten auftreten.[32]

Pilotstudien und gemeinsame Manöver unterschiedlichen Umfangs sollten durchgeführt werden, um Mängel und potenzielle Schwachpunkte bei der Zusammenarbeit mit PMFs zu identifizieren. Durch gründliche Analyse wird man herausfinden, welche Änderungen erforderlich sind, um zu optimalen Outsourcingresultaten zu gelangen und klare Vorgaben und Ziele zu definieren.[33] Zu den Problemaspekten, die einer konkreten Klärung bedürfen, gehören die Fragen, wie sich die Risiken der Abhängigkeit und des Vertragsbruchs verringern lassen und wie man zu Regularien und Standards kommt, die der neuen Realität, nämlich dem Einsatz von Zivilisten im Gefecht, gerecht werden. Dazu gehören detailliert ausgearbeitete Regeln für das Verhalten auf dem Schlachtfeld und Vorschriften für die Identifizierbarkeit von Personen und für die eindeutige Zuordnung von Kommandogewalten. Wenn Mitarbeiter von Firmen, die militärnahe Dienstleistungen erbringen, aus rechtlichen Gründen keine Waffen tragen, muss man sich über die Notwendigkeit Gedanken machen, zu ihrem Schutz zusätzliche Truppen aufzubieten, um sicherzustellen, dass Kräfte, die wichtige Dienstleistungen beitragen, nicht zur Achillesferse der kämpfenden Truppe werden. Dass beteiligte PMFs an solchen Vorkehrungen mitarbeiten sollten, liegt auf der Hand; ebenso klar scheint jedoch, dass die Umsetzung dieser Überlegungen in konkrete Anweisungen nicht auch mit outgesourct werden sollte, wie es in der Vergangenheit mitunter geschehen ist.

### Rechtliche Manöver

Wenn sich die PMF-Branche in den nächsten Jahrzehnten am Markt behauptet, dann sollte es ein wichtiges Anliegen für uns alle sein, für ihre Beaufsichtigung zu sorgen. Die einschlägigen Definitionen in der völkerrechtlichen Sphäre beziehen sich unglücklicherweise auf individuelle Söldner und finden auf PMFs keine Anwendung. Dazu kommt, dass in allen Definitionen, die das Völkerrecht für die Identifizierung von Söldnern bereithält (Artikel 47 der 1977 in Kraft getretenen Zusatzprotokolle zu den Genfer Konventionen und die 1989 verabschiedete Internationale Konvention gegen die Rekrutierung, Verwendung, Finanzierung und Ausbildung von Söldnern), eine ganze Reihe schwammiger, aber doch restriktiver Kriterien genannt werden. Damit ist es fast unmöglich, irgendjemanden zu finden, der alle Kriterien eines Söldners erfüllt.[34] Ein Vertreter der PMF-Branche hat dies mit der süffisanten Bemerkung kommentiert, derjenige, der es fertig bringe, nach den geltenden Antisöldnerbestimmungen angeklagt zu werden, habe nichts anderes verdient, als »erschossen zu werden, und sein Anwalt gleich nach ihm«.[35] Und selbst wenn diese rechtlichen Definitionen nicht schwammig wären, würden sie wenig nützen, weil nur wenige ernst zu nehmende Mechanismen zur Verfügung stehen, um sie auf internationaler Ebene durchzusetzen.

Die auf nationaler Ebene vorhandenen Rechtsmittel stellen ein Abbild der Schwächen des Völkerrechts dar. Die überwältigende Mehrzahl der nationalen Rechtsvorschriften in aller Welt nehmen entweder von der Existenz privater Militärfirmen gar keine Notiz, begnügen sich mit der Bestimmung, dass für dieses Problem die Instanzen des Völkerrechts zuständig seien, oder belassen es bei rudimentären, in der Praxis fast wirkungslosen Ansätzen, die Militärbranche gesetzlich zu regulieren.[36] Nur in ganz wenigen Ländern gibt es gesetzliche Bestimmungen, die sich überhaupt auf die PMF-Branche anwenden lassen, doch für eine wirksame Überwachung dieser Firmen reichen die rechtlichen Handhaben nirgendwo aus. Ein Beispiel: PMFs mit Sitz in den USA müssen in Fällen, in denen ihre Kontrakte auch Waffenlieferungen vorsehen, gemäß den International Traffic in Arms Regulations (ITAR) eine staatliche Genehmigung im Rahmen der gesetzlichen Bestimmungen über den internationalen Waffenhandel beantragen. Das Genehmigungsverfahren stellt sich in der Praxis jedoch als willkürlich heraus.[37]

> Die Abteilungen des Verteidigungs- und des Außenministeriums, die in das Verfahren einbezogen sind, wechseln von Fall zu Fall, und weder auf Seiten der Firmen noch bei unabhängigen Beobachtern herrscht Klarheit darüber, wie das Verfahren abläuft.[38]

Hinzu kommt, dass nach gegenwärtiger Rechtslage in den USA jede amerikanische Militärfirma im Ausland tätig werden kann, ohne das Parlament auch nur informieren zu müssen, solange die Vertragssumme unter 50 Millionen Dollar liegt.[39]

Hat sich eine PMF eine Genehmigung gesichert, stehen den US-Behörden keine Instrumente oder Rechtsmittel zu Gebote, um überwachen zu können, wie der Auftrag praktisch ausgeführt wird. Zwar erhält die US-Botschaft in dem jeweiligen Land in der Regel den Auftrag, das Geschehen zu beobachten, aber kein Beamter hat eine ausdrückliche und definierte Verantwortung, die Firmen oder ihre Aktivitäten zu überwachen. Viele im diplomatischen Dienst würden das auch als unvereinbar mit ihrer eigentlichen Mission betrachten. Ein Beamter des US-Außenministeriums antwortete auf die Frage, ob seine Behörde gegen die Mitarbeiter der Firma Airscan vorgehen würde, die in Kolumbien Luftschläge koordiniert hatten, durch die Zivilisten ums Leben gekommen waren (darunter neun Kinder):

> Unsere Aufgabe ist es, Amerikaner zu schützen, nicht gegen Amerikaner zu ermitteln.[40]

Selbst wenn mehr Staaten bessere Gesetze hätten, sieht die Wirklichkeit so aus, dass viele PMFs zu weltweit operierenden Unternehmensgruppen gehören und Aufträge in aller Herren Länder durchführen. Viele PMFs operieren in Regionen mit schwach ausgeprägter Staatlichkeit, etwa in Ländern, in denen die staatliche Ordnung zusammengebrochen ist und die Regierung weder über den Willen noch über die Mittel verfügt, für die Einhaltung der Gesetze zu sorgen. Das bedeutet, dass für eine Kontrolle der Firmen und für die Durchsetzung von Regeln, an die sie sich halten müssten, ohnehin nur ihre Heimatregierung infrage kommt. Solche grenzüberschreitenden Kontrollen und Sanktionen lassen sich jedoch in der Praxis kaum durchführen. Außerdem sind die meisten PMFs so organisiert, dass sie sich rechtlichen Sanktionen entziehen können. Als global operierende Dienstleister, die für ihr Funktionieren oft nur wenig Infrastruktur benötigen, können PMFs ohne weiteres ihren Sitz in ein anderes Land verlagern oder bei Bedarf in eine neue Haut schlüpfen.

Das Resultat, zu dem sich diese diversen Faktoren summieren, ist ein rechtsfreier Raum. Private Militärfirmen können heute relativ unbehelligt von jeglicher gesetzlichen Kontrolle agieren; es gibt keine Handhabe, um Verbrechen, die sie oder ihre Mitarbeiter begehen, ahnden oder verhüten zu können. Um diesem Zustand abzuhelfen, haben mehrere interessierte Seiten eine Reihe von Entwürfen für Kontrollmechanismen vorgelegt. Auch aus der Branche selbst kamen zahlreiche Vorschläge, sehen doch die Firmen in einer funktionierenden Aufsicht ein Mittel, ein besseres Image zu erlangen oder gar einen Wettbewerbsvorsprung zu gewinnen (durch Verdrängung derjenigen Firmen vom Markt, die den zu vereinbarenden Normen nicht genügen).[41] Bei näherem Hinschauen zeigt sich jedoch, dass diese Vorschläge nicht viel mehr beinhalten als eine freiwillige Selbstkontrolle nach Leitlinien, die zu sehr am Eigeninteresse orientiert und zu wenig konkret sind, um den Praxistest bestehen zu können.

Bedenkt man, dass PMFs Dienstleistungen erbringen, die die Gesellschaft insgesamt angehen, so möchte man meinen, dass der von Wirtschaftsunternehmen gewöhnlich in Anspruch genommene Schutz der

Vertraulichkeit in dieser Branche nicht in vollem Ausmaß angebracht ist. Militärfirmen müssen erkennen, dass sie der Öffentlichkeit mehr Transparenz gewähren müssen – vor allem Einblick in ihre Eigentümerstruktur und ihre Kundenliste. Die geringe Transparenz, die sie bislang praktiziert haben, hat sich als Eigentor erwiesen, denn sie lädt zu Mutmaßungen über die eigentlichen Beweggründe ein und steht einer Anerkennung ihres Metiers als eines legitimen Geschäfts sicherlich im Wege.[42]

In einem ersten Schritt sollten branchenweite Normen für Transparenz, Achtung der Menschenrechte und Verhältnismäßigkeit der Mittel entwickelt werden, analog zu den Normen für Gesundheit, Sicherheit und Umweltschutz, denen sich die Ölindustrie in den späten 80er Jahren unterworfen hat.[43] Dieses Beispiel illustriert freilich, dass eine Selbstkontrolle der Wirtschaft zwar ein willkommener Fortschritt ist, aber nicht das letzte Wort in dem Bemühen sein kann, öffentliche Bedenken zu zerstreuen. Freiwillige Gebote und Verbote bieten sicherlich eine Handhabe für die Stigmatisierung von Firmen, die gegen selbst gesetzte Regeln verstoßen, aber sie sind oft einfach zu schwach, um die Schamlosen zu beschämen. Nur Kontrollen durch eine unabhängige Instanz, durch ein Organ des Staates oder der internationalen Gemeinschaft sind in der Lage, den Firmen wirksam Zügel anzulegen.

Wenn die Staaten das, was die Militärbranche tut, schärfer überwachen wollen, bedarf es einer strengeren und eindeutigeren Reglementierung sowohl der Firmen, die ihren Sitz im Inland haben, als auch ihrer Auftraggeber. Zu den wesentlichen Voraussetzungen gehören transparentere Genehmigungsverfahren, die Verpflichtung, Kontrakte der Regierung des Heimatlandes vorzulegen, und die Einführung eines finanziellen und operativen Berichtswesens bei den Firmen.[44] Die von den PMFs erbrachten Dienstleistungen sind ihrem Charakter nach militärischer Art, wirken aber auch in die Sphäre der Außenpolitik hinein. Die Aufsicht sollte daher ressortübergreifend stattfinden, unter Beteiligung des Wirtschafts-, des Außen- und des Verteidigungsministeriums, um sicherzugehen, dass kein Aspekt der Aufmerksamkeit der Kontrolleure entgeht.

Eine solche Verschärfung der Aufsicht ist selbst in den wenigen Staaten nötig, in denen schon Gesetze in Kraft sind, die für die PMF-Branche gelten. So sollte zum Beispiel der US-Kongress ein konsistenteres und transparenteres Genehmigungsverfahren etablieren, das spezifiziert, welche Bestimmungen für in den USA ansässige PMFs gelten, und festschreibt, dass Firmen der Öffentlichkeit Rechenschaft über ihre Tätigkeit ablegen müssen. Die fragwürdigen Aktivitäten bestimmter PMFs in Kolumbien sollten der Politik Anlass geben, einen in diese Richtung gehenden Willensbildungsprozess einzuleiten. Die derzeit geltende hohe Vertragssumme, bis zu der Kontrakte ohne Benachrichtigung des Kongresses abgeschlossen werden können, sollte gesenkt werden, damit es nicht mehr so leicht ist, militärische Kontrakte hinter dem Rücken der Öffentlichkeit abzuwickeln.[45] Ferner sollte geltendes Recht so modifiziert werden, dass auch die Auslandsaktivitäten von PMFs, die ihren Sitz in den USA haben, oder von PMF-Mitarbeitern, die US-Bürger sind, von der US-Regierung überwacht werden können, egal für welchen Auftraggeber sie arbeiten. Bisher greifen die einschlägigen Vorschriften nur, wenn zivile Auftragnehmer direkt für das US-Verteidigungsministerium und an Einrichtungen der US-Streitkräfte tätig werden; sie gelten nicht für Firmen, die außerhalb US-amerikanischer Einrichtungen arbeiten, nicht für solche, die für eine nichtmilitärische US-Behörde (wie etwa die CIA) tätig sind, und auch nicht für US-Staatsbürger, die außerhalb der USA für die Regierung eines anderes Landes oder für eine nichtamerikanische Organisation arbeiten.

Wenn diese weiterentwickelten nationalen Normen die komplexen rechtlichen Aspekte der PMF-Branche tatsächlich besser in den Griff bekämen, dann würden die führenden Staaten gut daran tun, einen Prozess der internationalen Harmonisierung in Gang zu setzen.[46] Die britische Regierung verfolgte eine Zeit lang den Plan, im Rahmen einer nationalen Regelung PMF-Kontrakte genehmigungspflichtig zu machen, und legte in einem »Grünbuch« eine Liste denkbarer Optionen vor.[47] Freilich dauerte allein die Erarbeitung dieses Grünbuchs volle zwei Jahre, und als es vorlag, geriet es sofort unter parlamentarischen Beschuss.[48] Alles deutete darauf hin, dass dem britischen Plan das Schicksal bevorstand, verwässert zu werden. Doch der britische Gesetzgeber wird nicht darum herumkommen, für die private Militärbranche das Reglement zu verschärfen, und je mehr Aufsicht und Transparenz der Branche auferlegt werden, desto besser. Welche Regelung auch immer zustande kommt, dem Interesse Großbritanniens wäre am besten gedient, wenn sichergestellt würde, dass die gefundene Lösung auf breiter Front kommuniziert und den Verbündeten und anderen interessierten Staaten erläutert wird. Vielleicht kann sie sogar in ein breiteres politisches Vorhaben der EU einfließen, das anschließend im Zuge einer Harmonisierung mit dem bis dahin geschaffenen US-amerikanischen Recht abgestimmt werden könnte.

Solche Maßnahmen auf nationaler Ebene haben jedoch nur eine Lückenbüßerfunktion. Solange nicht jeder einzelne Staat ausreichende gesetzliche Kontrollen einführt – was nicht sehr wahrscheinlich ist –, werden ruchlose PMFs nach wie vor in der Lage sein, durch die Maschen zu schlüpfen. Eine global operierende Branche erfordert eine global funktionierende Aufsicht.

Wie ein solches internationales Kontrollsystem aufgebaut sein soll, wird Gegenstand kontrovers geführter Debatten sein; dementsprechend müsste schon der Prozess, der ein solches System hervorbringt, sorgfältig ausgedacht sein. Eine Kompromisslösung, die eine gewisse Gewähr für die Wahrung des öffentlichen Interesses böte, wäre die Einberufung einer Art Projektgruppe unter der Schirmherrschaft des UN-Generalsekretärs und seines Sonderberichterstatters für das Söldnerwesen.[49] Eine solche aus internationalen Experten zusammengesetzte Gruppe, der alle interessierten Parteien (Regierungen, die Wissenschaft, NGOs und die Militärfirmen selbst) Input zuliefern würden, könnte die Parameter des Problems festlegen, eine international anerkannte Datenbank aller Firmen der Branche erstellen und dann daran gehen, mögliche Formen von Kontrolle, die besten Evaluationswerkzeuge und einen Verhaltenskodex auszuarbeiten. Die politisch Verantwortlichen in den einzelnen Staaten könnten die Arbeitsergebnisse der Projektgruppe bewerten und darüber beschließen. Aus der Projektgruppe könnte am Ende der Kern einer dauerhaften internationalen Behörde hervorgehen, zu deren Routineaufgaben es gehören würde, sich mit Problemen der PMF-Branche zu befassen.

Im Einzelnen könnte diese Behörde die Bücher privater Militärfirmen prüfen, was diesen helfen würde, sich als legitime Wirtschaftsunternehmen zu etablieren; ein Vorbild hierfür gibt es ja bereits in Form einer Liste der von den Vereinten Nationen geprüften und zugelassenen Auftragnehmer. Des Weiteren würde die Behörde das Personal der PMFs auf frühere Menschenrechtsverletzungen hin durchleuchten. Nach der »Beförderung« zum legitimen Wirtschaftsunternehmen könnte eine PMF nicht nur im Auftrag der Vereinigten Staaten tätig werden, sondern wäre auch in einer besseren Position, Aufträge von anderer Seite zu erhalten, etwa von humanitären Organisationen oder von großen multinationalen Unternehmen, denen es um ihren guten Ruf geht. Von daher werden PMFs durchaus motiviert sein, ein solches System zu unterstützen, da es geeignet ist, ihnen die Tür zu lukrativen Aufträgen zu öffnen.

Die Behörde könnte ferner alle von diesen für unbedenklich erklärten Firmen geschlossenen Kontrakte überprüfen, und sie hätte das Recht, sie zu blockieren. Damit wäre eine Handhabe gegen die Neigung mancher PMFs gegeben, für »schurkische« Auftraggeber zu arbeiten oder sich auf Kontrakte einzulassen, die dem Gemeinwohl abträglich sind. Die Behörde könnte, wenn sie für einen Kontrakt grünes Licht gegeben hat, dessen Durchführung nach eigenem Ermessen überwachen. In bestimmten Fällen, vor allem dort, wo Militärdienstleister sich an Kämpfen beteiligen, könnten Teams aus neutralen und unabhängigen Militärbeobachtern an den Kriegsschauplatz entsandt werden, um sicherzustellen, dass die betreffende Firma nicht nur die Regeln des Kriegsrechts befolgt, sondern sich auch an ihre vertraglichen Verpflichtungen hält. Diese unabhängigen Beobachterteams sollten die Befugnis haben, nicht nur die Aktivitäten der Firma zu beobachten, sondern auch Zahlungen auszusetzen; dies würde ihrer Autorität Nachdruck verleihen.

Eine Firma, die bei Verstößen gegen ihre vertraglichen Verpflichtungen oder gegen kriegsrechtliche Normen ertappt würde, müsste mit Sanktionen rechnen. Wie solche Sanktionen genau aussehen könnten, ist indes ebenfalls ein umstrittenes Thema; die bis dato vorliegenden Projektbeschreibungen erhalten hierzu keine konkreten Vorschläge. Den PMFs selbst wäre es am liebsten, wenn nur immaterielle Sanktionen verhängt werden könnten, etwa die Streichung der betreffenden Firma von der Liste der für unbedenklich erklärten Unternehmen. Das mag angemessen sein in Fällen, in denen eine Firma vertragsbrüchig geworden ist, aber es erscheint nicht ausreichend als Sanktion für schwerwiegende Menschenrechtsverletzungen. Außerdem hätte eine solche Sanktion keine ausreichende abschreckende Wirkung auf individuelle PMF-Mitarbeiter. Eine denkbare Lösung wäre, dass jeder Kontrakt eine Klausel enthält, in der sowohl die Firma als auch ihre Mitarbeiter darauf aufmerksam gemacht werden, dass sie sich der Rechtsprechung des Internationalen Gerichtshofs oder eines anderen zuständigen Rechtsprechungsorgans unterwerfen müssen.[50]

Es wird Zeit und politische Willenskraft brauchen, um solche Mechanismen und Verfahren der politischen und rechtlichen Aufsicht zu entwickeln. Hoffentlich bedarf es nicht erst der katalytischen Wirkung eines schwerwiegenden Fehlverhaltens einer PMF, um den Prozess in Gang zu setzen.

## Schlussbetrachtungen

Kein politisches Handeln in Bezug auf die Privatisierung militärischer Dienstleistungen kann zu einem guten Ende führen, wenn es nicht auf einem Verständnis der PMF-Branche, ihrer Dynamik und des Spektrums ihrer Möglichkeiten und Probleme beruht. Im Idealfall könnte das vorliegende Buch die erste Etappe im Prozess der Errichtung eines solchen Wissensfundaments sein.

Im Verlauf des letzten halben Jahrhunderts hat sich die internationale Szenerie verändert. Viele neue Akteure sind hinzugekommen, internationale Organisationen ebenso wie multinationale Konzerne, NGOs und transnationale Netzwerke. In den einander überschneidenden Sphären von Politik, Wirtschaft, Wissenschaft, Justiz, Kommunikation, Handel, Finanzen, Verbrechen und Lobbyarbeit haben sich alle diese Akteure neue Funktionen und Kompetenzen auf der globalen Bühne erkämpft. Sie teilen diese heute mit den souveränen Staaten, von denen sich allerdings viele ebenso gründlich gewandelt haben. Innerhalb der aufgezählten Sphären gibt es unter den genannten Akteuren einige, die schwächer als Staaten sind, und andere, die stärker sind. Sie alle interagieren, feilschen, kooperieren und streiten miteinander.[51] Heute, angesichts der Existenz privater Militärfirmen, ist die Fähigkeit, Krieg zu führen, ebenfalls zu einer globalisierten Funktion geworden.

Vor fünfzehn Jahren wäre ein Buch, das von privaten Militärfirmen als einem relevanten Faktor innerhalb des globalen Sicherheitssystems gehandelt hätte, schlicht und einfach Fiktion gewesen. Heute ist die PMF-Branche eine Realität. Ihr Aufstieg eröffnet Chancen und wirft zugleich große Probleme auf, die nicht nur aus theoretischer Sicht bedeutsam sind, sondern auch von brisanter realpolitischer Relevanz. Es ist daher überaus wichtig, dass wir unser Wissen über die privaten Militärfirmen kontinuierlich weiterentwickeln.

Ein vertrauter Aphorismus besagt: Der Krieg ist viel zu wichtig, um ihn den Generälen zu überlassen. Für das 21. Jahrhundert könnte es nötig sein, einen neuen Sinnspruch zu kreieren: Der Krieg ist viel zu wichtig, um ihn der Privatwirtschaft zu überlassen.

# Nachwort

## Der Irak und die PMF-Branche

Am 19. März 2003 marschierten US-Truppen im Irak ein. Es war ein einschneidender Schritt für die Außenpolitik der USA mit schlimmen Konsequenzen für das Ansehen Amerikas in der Welt, die noch Jahre nachwirken werden. Eine Zäsur war der Irakkrieg aber auch für die PMF-Branche. Die Trends, die ich in diesem Buch skizziert habe, haben sich in allen ihren Spielarten bewahrheitet, und das schon wenige Monate nach Erscheinen des Buches in den USA.

Schon vorher florierte das Geschäft mit militärischen und militärnahen Dienstleistungen, aber im Irak hat es seinen bisher größten Umfang erreicht. Ein Jahr nach Kriegsbeginn war die Zahl der Privatsöldner im Irak auf 20.000 gestiegen, die Zahl der sie beschäftigenden Firmen auf 60. Für das Jahr 2005 gehen Beobachter von noch höheren Zahlen aus, manche sprechen von über 25.000 PMF-Mitarbeitern. Das bedeutet, dass die PMF-Branche praktisch das zweitgrößte Truppenkontingent innerhalb der internationalen »Koalition der Willigen« stellt, die Truppen für den Irakkrieg bereitgestellt hat, mehr als alle andern Mitglieder der Koalition außer den USA selbst. (Man könnte, so gesehen, von einer »Koalition der Liquidierenden« sprechen.) Diese gestiegenen Zahlen gehen freilich mit gestiegenen Menschenverlusten einher. Bis zum Sommer 2005 haben im Irak schätzungsweise mehr als 200 Söldner den Tod gefunden, 800 bis 1000 dürften verwundet worden sein. Auch in dieser Statistik liegt die PMF-Branche weit vor allen anderen nichtamerikanischen Truppenkontingenten, aber auch vor jeder einzelnen US-Division.[1]

Der Einsatz privater Militärfirmen im Irakkrieg schlägt mit immensen Summen zu Buche. Größter Auftragnehmer war in dieser Hinsicht der US-Konzern Halliburton, der zu der Mission die Logistik beisteuerte. Er hatte bis Mitte 2005 nach Schätzungen Vertragsleistungen in einem Volumen von etwa 13 Milliarden Dollar erbracht. Um diese Zahl ins richtige Verhältnis zu rücken: Der Gesamtbetrag, den Halliburton für den Irakkrieg in Rechnung stellen wird, dürfte etwa zweieinhalbmal höher sein als die Gesamtkosten des ersten Golfkriegs von 1991 für die amerikanische Staatskasse. Rechnet man die Kosten früherer Kriege in heutige Dollar-Gegenwerte um, ergibt sich, dass das Geld, das die US-Regierung alleine dem Halliburton-Konzern überweisen wird, ausgereicht hätte, um die nachfolgend genannten Kriege insgesamt zu finanzieren: den amerikanischen Unabhängigkeitskrieg, den Krieg von 1812–1814 (gegen England), den Krieg gegen Mexiko (1846–1848) und den Krieg gegen Spanien 1898. (Ganz nebenbei: die 1,8 Milliarden Dollar, die die US-Armee von Halliburton wegen angeblich überhöhter Rechnungen zurückgefordert hat, entsprechen genau den in heutige Dollar umgerechneten Kosten des amerikanisch-mexikanischen Krieges.)

Noch wichtiger als die Zahlen ist die Analyse der diversen Funktionen, die private Söldner im Irakkrieg innehatten und haben – jede davon entscheidend für das Gelingen oder Misslingen der Operation. Vor dem Einmarsch leiteten PMFs die Kriegsspiele und Manöver, mit denen die Invasion geübt wurde – mit zunächst, so schien es, durchschlagendem Erfolg. Die Firmen errichteten und betrieben auch die »Startrampe« für die Invasion, das Camp Doha, einen gigantischen Stützpunkt in der Wüste von Kuwait. PMF-Mitarbeiter hatten während der Kampfhandlungen diverse kriegsentscheidende Aufgaben, von Logistik und Unterstützung der Koalitionstruppen bis zur Wartung, Betankung und Munitionierung technisch fortgeschrittenster Waffensysteme wie der Stealth-Jagdflugzeuge vom Typ F-117, der Apache-Kampfhubschrauber, der F-15-Düsenjäger und der U2-Aufklärungsflugzeuge. Sie halfen auch mit bei der Bedienung von Hightech-Waffensystemen wie den unbemannten Fluggeräten vom Typ Global Hawk oder den Patriot-Abwehrraketen und den Luftabwehrsystemen an Bord zahlreicher Kriegsschiffe der US-Marine.

In der sich anschließenden Periode der Besetzung des Irak wuchsen den Militärfirmen noch weiter reichende Aufgaben zu. Während der US-Präsident bei seinem inzwischen berüchtigten PR-Auftritt auf einem Flugzeugträger am 1. Mai 2003 die Mission im Irak für erfüllt erklärte, eskalierte in den folgenden Monaten und Jahren im besetzten Irak die Gewalt. In dem Maß, wie die Mission schwieriger wurde und eine nennenswerte Truppenverstärkung seitens der Koalitionspartner ausblieb, begannen die USA private Militärfirmen als Lückenbüßer einzusetzen, um nicht noch mehr reguläre Truppen mobilisieren zu müssen. PMF-Mitarbeiter übernahmen Schlüsselfunktionen. Erbringer militärnaher Dienstleistungen steuerten logistische und andere technische Unterstützung bei, militärische Beraterfirmen übernahmen die Ausbildung der neuen irakischen Polizei-, Streitkräfte- und Sondertruppen und betätigten sich im Bereich der militärischen Aufklärung, und Militärdienstleister vervielfachten ihre Präsenz dort, wo gekämpft werden musste. Sie stellten Eskorten für Konvois und Schutztruppen für wichtige öffentliche Gebäude und Einrichtungen. Selbst Paul Bremer, Chef der provisorischen Zivilverwaltungsbehörde und damit ranghöchster US-Beamter im Irak, wurde von einer privaten Einheit beschützt, die über nicht weniger als drei Hubschrauber verfügte. Man kann ohne Übertreibung sagen, dass die Operation Irak ohne die Mitwirkung privater Militärfirmen nicht hätte durchgeführt werden können.

Tatsache ist aber auch, dass an den finsteren Kapiteln des Irakkrieges private Militärfirmen beteiligt waren. Dazu gehörten neben überhöhten Rechnungen und anderen Formen der Profitschinderei durch den Halliburton-Konzern und seine Tochter Brown & Root auch die Tragödie der vier Mitarbeiter des Militärdienstleisters Blackwater, die in Falludscha vor laufender Videokamera verstümmelt und abgeschlachtet wurden, und der Folterskandal im Abu-Ghraib-Gefängnis, wo sich Mitarbeiter privater Militärfirmen an der Misshandlung von Gefangenen beteiligten.

Wenn künftige Historiker die Geschichte des Irakkrieges schreiben, wird die private Militärbranche zwangsläufig eine große Rolle darin spielen. Die lange Zeit im Verborgenen blühende Branche, die durch dieses Buch ins Blickfeld der Weltöffentlichkeit gerückt wird, hatte im Irakkrieg ihr »Coming-out«.

Vielleicht noch bedenklicher ist, dass sich viele Trends und Implikationen, vor denen ich in diesem Buch warne, mittlerweile bestätigt haben. Während die PMF-Branche sich rasant weiterentwickelt hat, haben sich Staaten und internationale Organisationen nur unzureichend und mit Verzögerung auf die Existenz privater Militärdienstleister eingestellt. Im heute geltenden Völkerrecht ist lediglich vom individuellen Söldner die Rede, die Militärbranche als solche kommt darin kaum vor; und auf nationaler Ebene gibt es für PMFs nur rudimentäre Kontrollmöglichkeiten. Militärfirmen und ihre Mitarbeiter operieren also nach wie vor in einer Grauzone, mit ungesichertem rechtlichen

Status und minimaler Rechenschaftspflicht. So waren im Irakkrieg bis zu 100 Prozent der Dolmetscher und bis zu 50 Prozent der Verhörspezialisten Mitarbeiter der Privatfirmen Titan bzw. CACI. Nach Feststellungen der US-Armee waren PMF-Angestellte an 36 Prozent aller bestätigten Misshandlungsfälle beteiligt; namentlich identifiziert wurden sechs Mitarbeiter, die an Misshandlungen aktiv und schuldhaft mitgewirkt hatten. Während die regulären US-Soldaten, die an den Ausschreitungen im Abu-Ghraib-Gefängnis beteiligt gewesen waren, kriegsrechtlich angeklagt und verurteilt wurden, ist bis heute gegen keine einzige der in den Ermittlungsberichten der US-Armee identifizierten Zivilpersonen Anklage erhoben oder irgendeine Sanktion verhängt worden – die US-Armee war (so gerne sie es auch getan hätte) zu rechtlichen Schritten gegen diesen Personenkreis nicht befugt. In einem anderen Fall nahmen US-Soldaten Mitarbeiter des Unternehmens Zapata fest, denen vorgeworfen wurde, sie hatten auf irakische Zivilisten und auf US-Marines geschossen. Auch diese Leute wurden nicht angeklagt, weil formalrechtliche Fragen nicht geklärt werden konnten. Private Militärfirmen mögen ein Teil der militärischen Operationen sein, aber sie und ihre Mitarbeiter gehörten nicht dem Militär an; demzufolge unterliegen sie weder der militärischen Kommandogewalt noch der Militärjustiz.[2]

Im vorliegenden Buch habe ich zu beschreiben versucht, welche Implikationen sich aus dem Profitstreben der Privatfirmen und den Unwägbarkeiten des Krieges ergeben können: im Irak konnte und kann man sie alle besichtigen. Die Gewinnanreize, die sich aus einem kriegerischen Geschehen für eine private Firma ergeben, decken sich eben nicht zwangsläufig mit den Interessen des Auftraggebers oder mit dem Gemeinwohl. In einer idealen Welt würden ein funktionierender Wettbewerb, ein gutes Management und eine angemessene Kontrolle für finanzielle und qualitative Effizienz sorgen, doch in der realen Welt sind staatlich vergebene Kontrakte nicht immer so strukturiert, dass sie dies alles gewährleisten. Die Bedenken und Gefahren, die für jede Form des Outscourcings von Aufgaben gelten (überhöhte Rechnungen, Einsatz ungenügend qualifizierten Personals, fehlende Qualitätskontrolle usw.), treten natürlich auch (oder erst recht) im militärischen Bereich auf. Um diese Probleme kreisen die Bereicherungsvorwürfe, die gegen Firmen wie Brown & Root erhoben werden. Diese Firmen operieren im Irak unter vertraglichen Bedingungen, die zum Missbrauch einladen – die Beispiele reichen von der Berechnung überhöhter Treibstoffpreise bis zur Rechnungsstellung für Leistungen, die gar nicht erbracht wurden, wie etwa für Verpflegungsrationen, die nicht ausgeliefert wurden, oder für das Transportieren von »Segelbootbenzin« (so die flapsige Bezeichnung, die die Fahrer von Halliburton-Lkws benutzten, wenn sie leere Paletten von einem Stützpunkt zum anderen kutschierten). Die US-Streitkräfte vergaben einen Auftrag nach dem anderen, ohne allzu strenge Prüfmaßstäbe anzulegen (auch an fragwürdige Charaktere wie den im Buch mehrfach erwähnten Tim Spicer, der für seine neue Firma Aegis einen Auftrag über 293 Millionen Dollar ergatterte), woraus deutlich wurde, dass sie aus den Fehlern der Vergangenheit wenig gelernt haben.[3]

Da PMFs nicht der Kommandogewalt staatlicher Streitkräfte unterliegen, müssen sich ihre Auftraggeber Gedanken darüber machen, wie sie Ersatz für deren Dienste beschaffen können, wenn einmal alle Stricke reißen sollten oder wenn die Firma oder ihre Angestellten in einer kritischen Situation die Mitarbeit aufkündigen. Im Irak sahen sich die US-Streitkräfte im Sommer 2003, im April 2004 (als eine neue Welle der Gewalt einsetzte) und im Juli 2004 (als ständig PMF-Mitarbeiter entführt wurden) mit einer »Kündigungswelle« konfrontiert: Nicht wenige Firmen suspendierten oder beendeten ihren Einsatz oder zögerten Operationen hinaus, weil ihnen die Lage zu gefährlich erschien – und das sorgte für erhebliche Probleme bei der Versorgung der regulären Truppen.

Nicht unbedeutend ist auch der Umstand, dass durch die privaten Militärfirmen eine neue Entscheidungsebene ins Spiel gekommen ist – die des einzelnen PMF-Mitarbeiters bzw. Soldaten. Während ein regulärer Soldat vom Augenblick seiner Vereidigung an keinen individuellen Entscheidungsspielraum mehr hat, kann ein PMF-Mitarbeiter selbst entscheiden, für wen er arbeiten möchte, an welchem Einsatzort, zu welcher Zeit und zu welchem Preis. Auch während eines laufenden Einsatzes können PMF-Mitarbeiter noch jederzeit die Wahl treffen, zu bleiben oder sich zu verabschieden (sei es dass sie einen besser bezahlten Job bei einer Konkurrenzfirma angeboten bekommen, sei es dass sie einfach genug haben und ihre Familie wiedersehen möchten).

Wie in anderen Wirtschaftszweigen darf man auch in der PMF-Branche nicht alle Firmen und deren Personal über einen Kamm scheren. Manche PMF-Mitarbeiter sind größere Risiken eingegangen und haben sich in gefährlichere Situationen begeben als die Soldaten regulärer Truppen. Im Irak gab es Gefechte, bei denen PMF-Leute für die Koalitionstruppen die Kohlen aus dem Feuer holten. Ausführlich berichtet wurde in der Presse über ein Gefecht in Nadschaf. Mitarbeiter der Firma Blackwater halfen mit, einen Stützpunkt der provisorischen Zivilverwaltungsbehörde gegen angreifende Rebellen zu schützen und einen verwundeten US-Soldaten zu retten. Sie setzten dabei firmeneigene Hubschrauber für Versorgungsflüge ein. Andererseits war aber die Personalfluktuation bei vielen Firmen ziemlich groß; Flugzeuge, die den Irak verließen, waren oft voll mit PMF-Leuten, die beschlossen hatten, das Weite zu suchen, nachdem sich ihr Bankkonto gut gefüllt hatte und solange sie den Kopf noch zwischen den Schultern trugen. Zusätzliche Komplikationen können daraus entstehen, dass viele Firmen Leute rekrutieren, die nie vorher zusammengearbeitet haben, oder multinationales Personal aufbieten. (Im Irak reichen die Nationalitäten der Mitarbeiter privater Militärfirmen von Amerikanern und Briten über Salvadorianer und Serben bis hin zu Einwohnern von den Fidschiinseln.) Den Kostenvorteilen, die durch die Beauftragung von PMFs erzielt werden, stehen also möglicherweise Nachteile gegenüber wie geringere Bindungen durch Loyalität oder Patriotismus innerhalb der Truppe.

Der Markt für private militärische Dienstleistungen ist global und de facto nicht reguliert. Das bedeutet, dass ein breites Spektrum militärischer Ressourcen frei zugänglich ist, unbehelligt von staatlicher Aufsicht. Die Entscheidung, wer in den Genuss dieser Ressourcen kommt, treffen die privaten Militärfirmen, die diese Dienstleistungen anbieten. Es existiert keine nennenswerte behördliche Kontrolle darüber, wer für die Firmen arbeiten kann und für wen sie arbeiten können. Unter dem PMF-Personal findet man oft hoch dekorierte Veteranen, aber auch Leute, mit denen sich keine Regierung freiwillig schmücken würde. Zu den negativen Beispielen im Irak gehörte eine Firma, die einen ehemaligen Soldaten der britischen Armee anheuerte, der gerade aus dem Gefängnis kam, wo er eine Strafe wegen Komplizenschaft mit irischen Terroristen abgesessen hatte. Eine andere Firma hatte Veteranen des südafrikanischen Apartheidregimes eingesetzt, darunter einen, der sich damit brüstete, in Südafrika die Häuser von über 60 politischen Aktivisten mit Brandbomben abgefackelt zu haben. Die Ermittler der US-Armee, die die Missstände im Abu-Ghraib-Gefängnis untersuchten, fanden heraus, dass »rund 35 Prozent des privat angeheuerten Vernehmungspersonals über keine formelle Schulung oder Ausbildung in Verhörtechniken verfügten«.

Den Mängeln bei der Personaleinstellung entsprechen ähnliche Probleme bei der Auftragssuche; hier legen die Firmen höchst unterschiedliche, manchmal auch widersprüchliche Maßstäbe an. Eine nachgefragte Dienstleistung vom Typus »gekaufter Umsturz«, vor kurzem in Äquatorialguinea von einer privaten Militärfirma erbracht, zeigt, wie schwierig es unter Umständen sein kann, als Auftragnehmer »sauber« zu bleiben, wenn keine von außen auferlegten Regeln und Orientierungsmarken vorhanden sind. Auf der einen Seite wurden die betreffende Firma – Logo Logistics – und ihre Finanziers (darunter angeblich Sir Mark Thatcher, der Sohn der früheren britischen Premierministerin) verurteilt, weil sie aus finanziellen Beweggründen ein Komplott zum Sturz einer Regierung geschmiedet hatten. Auf der anderen Seite war das auserkorene Opfer, Präsident Teodoro Obiang, ein korrupter Diktator, der, um an die Macht zu kommen, seinen Onkel ermordet hatte und eines der unappetitlichsten Regime auf dem afrikanischen Kontinent anführt.

Im Buch habe ich dargelegt, dass und wie die PMF-Branche die neuartige Möglichkeit geschaffen hat, staatspolitische Anliegen mit privaten militärischen Mitteln durchzusetzen. Dies verschafft Regierungen die Option, Interessen auf Wegen geltend zu machen, für die sie unter normalen Umständen keine parlamentarischen Mehrheiten und keine öffentliche Zustimmung erwarten könnten. Das kann ein Vorteil sein, wenn es darum geht, auf unerkannte oder von der Öffentlichkeit nicht verstandene strategische Herausforderungen zu reagieren, es kann aber auch zu einer Entfremdung der Außenpolitik von der eigenen Bevölkerung führen. Wie sich an der Polarisierung der öffentlichen Meinung durch den Irakkrieg gezeigt hat, kann das für Politik und Politiker durchaus gefährlich werden. Wenn sich eine Operation der Öffentlichkeit nur dadurch schmackhaft machen lässt, dass man ihre wahren Kosten verheimlicht, sollte man sie vielleicht gar nicht erst durchführen. Was die langfristige Perspektive betrifft, so muss man sich ernsthafte Gedanken darüber machen, was die Existenz privater Militärdienstleister für den Soldatenberuf bedeutet und ob es dadurch nicht für nationale Streitkräfte zunehmend schwieriger wird, gute Soldaten bei der Stange zu halten.

Der Irakkrieg hat die im vorliegenden Buch ausgebreiteten Erkenntnisse bestätigt und erweitert. Das Wachstum der PMF-Branche ist phänomenal und in seinen quantitativen und finanziellen Dimensionen fast mit dem Siegeszug des Internets zu vergleichen. Tatsächlich werden wir den Irakkrieg vielleicht eines Tages als »Blase« der PMF-Branche betrachten (insofern als viele Start-up-Firmen dieser Branche, die im Irak viel und schnelles Geld machten, pleite gehen dürften, sobald das Land befriedet ist). Die gesamte Branche zeigt jedoch vor dem Hintergrund der derzeitigen internationalen Sicherheitsprobleme keine Anzeichen wirtschaftlicher Schwäche. Die Kräfte von Angebot und Nachfrage, die den Aufstieg der privaten Militärdienstleister ermöglicht haben, sind weiter vorhanden. Am Horizont tun sich neue Dimensionen militärischer Effizienz und neue waffentechnische Möglichkeiten auf, doch ohne Gesetze und Kontrollen für die neuen globalen Akteure auf den Märkten und Kriegsschauplätzen dieser Welt sehen unsere Zukunftsaussichten eher bedenklich aus. Die private Militärbranche ist aus dem Bereich der Fiktion herausgetreten und Wirklichkeit geworden. Es ist an uns, mit ihr zu Rande zu kommen, indem wir Antworten auf die ungeklärten Fragen und Lösungen für die drängenden Probleme finden. Das vorliegende Buch wird hoffentlich dazu beitragen.

# Anhang

## 1: Private Militärfirmen im Internet

Die hier vorgestellte Liste privater Militärfirmen, wie sie zur Zeit der Publikation dieses Buches im Internet vertreten sind, soll lediglich einen Eindruck von den Dimensionen dieser Branche vermitteln; sie erhebt keinen Anspruch auf Vollständigkeit oder Aktualität.

| | |
|---|---|
| AKE Limited | www.akegroup.com |
| Airscan | www.airscan.com |
| Alpha | www.alfa-m1.ru/about/about-eng.html |
| AMTI | www.amti.net |
| Archangel | www.antiterrorconsultants.org/ |
| ArmorGroup | www.armorgroup.com |
| ATCO Frontec | www.atcofrontec.com |
| Aviation Development Corp. | www.aviationdevelopment.com |
| Beni Tal | www.beni-tal.co.il |
| Betac | www.betac.com |
| Blackwater USA | www.blackwaterusa.com/ |
| Blue Sky | www.blueskysc.com |
| BRS (Halliburton) | www.halliburton.com |
| CACI Systems | www.caci.com |
| DFI International | www.dfi-intl.com |
| Chilport Ltd. | www.chilport.co.uk |
| Combat Support Associates | www.csakuwait.com/ |
| Control Risks Group | www.crg.com |
| Cubic | www.cai.cubic.com |
| Custer Battles | www.custerbattles.com |
| Drum Cussac | www.drum-cussac.com |
| DynCorp International | www.dyn-intl.com |
| Eagle Group International | www.eaglegroupint.com/index.asp |
| EFFACT | www.effact.i110.de/home.htm |
| E. G. & G. Services | www.egginc.com |
| Erinys | www.erinysinternational.com/ |

| | |
|---|---|
| Evergreen Helicopters | www.evergreenaviation.com |
| Global Impact | www.closeprotection.ws |
| Global Univision | www.globalunivision.com |
| Gormly | www.gormlyintl.com |
| Gray Security | www.graysecurity.com |
| The Golan Group | www.grupogolan.com |
| Groupe Earthwind | www.groupe-ehc.com/ |
| Hart Group | www.hartgrouplimited.com |
| HSS International | www.hikestalkshoot.com |
| I-Defense | www.idefense.com |
| International Charter Inc. | www.icioregon.com |
| International SOS | www.internationalsos.com/company/ |
| L-3 Communications | www.l-3com.com |
| Logicon | www.logicon.com |
| Marine Risk Management | www.marinerisk.com |
| Mideast Security | www.globalic.net/security.htm |
| MPRI | www.mpri.com |
| NFD | www.nfddesigns.com |
| Northbridge | www.northbridgeservices.com |
| Olive Security | www.olivesecurity.com |
| Pacific Architects and Engineers | www.paechl.com |
| Pistris | www.pistris.com |
| Ronco | www.roncoconsulting.com/index.html |
| Rubicon | www.rubicon-international.com/ |
| SAIC | www.saic.com |
| Sandline | www.sandline.com |
| SCS | www.southerncross-security.com |
| SOA | www.specialopsassociates.com |
| Strategic Consulting International | www.sci2000.ws |
| Sukhoi | www.sukhoi.org/eng/home.htm |
| TASK International | www.task-int.com |
| THULE Global Security | www.brainstemdowry.com/work/ thule/intro.html |
| Trident | www.trident3.com |
| Trojan Security International | www.trojansecurities.com |
| Vector Aerospace | www.vectoraerospace.ca |
| Vinnell | www.vinnell.com |

## 2: Vertrag zwischen Sandline und Papua-Neuguinea

Der folgende Vertrag, den die Firma Sandline mit der Regierung von Papua-Neuguinea schloss, ist exemplarisch für Verträge, wie Militärdienstleister sie abschließen. Er wurde aktenkundig, als beide Parteien wegen finanzieller Meinungsverschiedenheiten ein internationales Schiedsgericht anriefen. Das Papua-Neuguinea-Projekt an der Australian National University konnte sich eine Kopie des Vertrages beschaffen (http://coombs.anu.edu.au/SpecialProj/PNG/htmls/Sandline.html).

VERTRAG ÜBER DIE BEREITSTELLUNG MILITÄRISCHER HILFE, AUSGEFERTIGT AM 31. JANUAR 1997 ZWISCHEN DEM UNABHÄNGIGEN STAAT PAPUA-NEUGUINEA UND SANDLINE INTERNATIONAL

Dieser Vertrag wird an diesem Tag des Januars 1997 geschlossen zwischen dem unabhängigen Staat Papua-Neuguinea (im Folgenden: »Staat«) einerseits und Sandline International (im Folgenden: »Sandline«), vertreten durch dessen britische Niederlassung, 535 Kings Road, London SW10 OS2, andererseits.

In diesem Vertrag

• ist Sandline eine Gesellschaft, die auf die Bereitstellung militärischer und Sicherheitsdienstleistungen operativer, ausbildender und unterstützender Art spezialisiert ist, insbesondere in internen Konfliktsituationen und nur im Auftrag und im Namen anerkannter Regierungen und in Übereinstimmung mit internationalen Doktrinen und in Einhaltung der Genfer Konventionen,
• und bedarf der Staat, verwickelt in einem Konflikt mit der illegalen und nicht anerkannten Bougainville Revolutionary Army (BRA), externer militärischer Dienstleistungen zur Unterstützung seiner Streitkräfte beim Schutz seines Hoheitsgebiets und zur Wiedergewinnung der Kontrolle über wichtige nationale Vermögenswerte, insbesondere die Mine Panguna. Sandline wird vorrangig dafür engagiert, Personal und damit zusammenhängende Dienste und Ausrüstungen zu beschaffen, um:
    – die Spezialtruppen des Staates (SFU) in zielspezifischen taktischen Fähigkeiten zu schulen;

- Erkenntnisse zu sammeln, die geeignet sind, einen effektiven Kräfteeinsatz und effektive Operationen zu unterstützen;
- zusammen mit den Verteidigungskräften des Staates offensive Operationen in Bougainville durchzuführen mit dem Ziel, die Streitkräfte der BRA militärisch auszuschalten und die Mine Panguna wieder in Besitz zu nehmen; sowie
- nachfolgende operative Unterstützung zu leisten in einer Weise, die noch zu konkretisieren und zwischen den Parteien einvernehmlich auszuhandeln ist; diese Leistungen unterliegen separaten Anforderungsprofilen und Honorarverhandlungen.

Demgemäß wird Folgendes vereinbart:

Der Staat erklärt sich hiermit bereit, die Dienste von Sandline vertraglich zu verpflichten und einzusetzen, so dass Sandline alle erforderlichen und verlangten Dienstleistungen erbringen kann, wie sie nachstehend im Einzelnen beschrieben werden:

*Laufzeit und Fortführung*

Die Laufzeit dieses Vertrages soll beginnen am Tag des Eingangs der Abschlagszahlung, wie in Abs. 5.2 dieses Vertrages festgelegt, und zunächst maximal drei Kalendermonate umfassen (die »anfängliche Vertragslaufzeit«) oder bis zu dem Zeitpunkt gelten, an dem die primären Ziele erreicht sind, nämlich die Ausschaltung der militärischen Schlagkraft der BRA, wenn dies vor Ablauf von drei Monaten erreicht ist. Der Staat hat die Option, diese Vereinbarung entweder vollständig oder in Teilen um weitere Laufzeiten zu verlängern, je nach Erforderlichkeit.

Eine beabsichtigte Verlängerung, Beendigung oder Abänderung dieses Vertrages muss der Staat Sandline mindestens 45 Kalendertage vor Ablauf der aktuellen Vertragslaufzeit in schriftlicher Form mitteilen. Beim Ausbleiben einer Mitteilung wird Sandline von einer automatischen Verlängerung der relevanten Teile des Vertrages um eine weitere Drei-Monats-Periode ausgehen, zu denselben Konditionen, und dieselbe Prozedur soll danach weiterhin zur Anwendung kommen.

*Lieferumfang*

Sandline wird die folgenden Leistungen in den Bereichen Personal, Ausrüstung und Dienstleistungen erbringen:

(a) Ein 16-köpfiges Kommando-, Administrations- und Schulungs-team (KAST), das in Papua-Neuguinea (im Folgenden »PNG«) statio-niert wird und Stützpunkte am Jackson Airport und im Jungle Training Centre in Wewac errichtet. Dies soll innerhalb einer Woche nach Lauf-zeitbeginn dieses Vertrages geschehen, definiert als der Tag, an dem die Abschlagszahlung gemäß Abs. 5.2 dieses Vertrages ohne Abzüge und Vorbehalte auf dem von Sandline benannten Bankkonto gutgeschrie-ben wird. Die Aufgaben des KAST bestehen darin, (i) Verbindungen zu den Streitkräften von PNG einzurichten, (ii) die erforderliche Infra-struktur in den Bereichen Logistik und Kommunikation herzustellen, (iii) die materiellen Voraussetzungen für den Antransport der vertrags-gemäß bereitzustellenden Ausrüstung zu schaffen, einschließlich Luft-kapazitäten, (iv) nachrichtendienstliche Aufklärungsoperationen zu starten und (v) mit der Ausbildung der SFU zu beginnen.

(b) Zusätzliche Spezialkräfte, die spätestens 10 Tage nach Ankunft des KAST in PNG stationiert werden, zusammen mit Hubschraubern und Luft- und Bodenpersonal für Flugzeuge, Aufklärungs- und Aus-rüstungsspezialisten, Einsatzkräften, Technikern und medizinischen Hilfskräften. In dieser Truppe wird das KAST-Personal aufgehen, so dass sich die Gesamtzahl der Eingreiftruppe auf 70 Personen belaufen wird. Der Eingreiftruppe wird die Verantwortung für die Erreichung des primären Ziels, wie in Abs. 1.1 dieser Vereinbarung definiert, ob-liegen, und sie wird in voller Personalstärke für die Dauer der anfäng-lichen Vertragslaufzeit, wie sie ebendort festgelegt ist, im Land bleiben.

Nota bene: Zu keiner Zeit werden Mitarbeiter von Sandline das souveräne Territorium eines anderen Staates betreten oder gegen die für bewaffnete Auseinandersetzungen geltenden Gesetze und Regeln verstoßen. Sobald die Operation erfolgreich abgeschlossen ist, werden die Mitarbeiter von Sandline für die kontinuierliche Schulung, Ver-besserung und Ausrüstung der Streitkräfte von PNG zur Verfügung stehen.

(c) Waffen, Munition und Ausrüstung, einschließlich Hubschrau-bern und Flugzeugen (die für bis zu 50 Stunden Flugzeit pro Gerät und Monat einsatztauglich sein müssen) sowie Gerätschaften für die elek-tronische Kriegführung und Kommunikationssysteme, alles wie in der Anlage zu diesem Vertrag aufgeführt oder gleichwertig zu den dort aufgeführten Posten. Wird die Vertragsbeziehung zwischen dem Staat und Sandline beendet, gehen alle Ausrüstungsgegenstände, die nach Eingang aller Zahlungen und nach dem Abzug von Sandline aus dem

Einsatzgebiet im Land verblieben sind, in den Besitz des Staates über. Ausgewählte Sandline-Mitarbeiter werden im Land bleiben, um die betreffenden Ausrüstungsgegenstände zu warten und zu übergeben; hierüber kann eine separate Vereinbarung geschlossen werden.

Nota bene: Der Antransport der auftragsgemäß zu stellenden Ausrüstung wird per Luftfracht über den Jackson Airport oder eine andere als geeignet erscheinende derartige Einrichtung erfolgen. Die Ausrüstung wird in voll einsatzfähigem Zustand gemäß den Spezifikationen der Hersteller angeliefert. Danach wird jedes Ausrüstungsteil, das während der Dauer des Sandline-Einsatzes verloren geht, beschädigt oder zerstört wird, auf Kosten des Staates unverzüglich ersetzt werden.

(d) Personaluniformen für Sandline-Mitarbeiter, darunter Dschungel-Tarnkleidung nach US-Standard, Stiefel und Gurtzeug.

(e) Sämtliche internationalen Frachtvorgänge für den An- und Abtransport von Ausrüstung und Sandline-Mitarbeitern ins Land und aus dem Land, aber nicht für die Verfrachtung von Ausrüstung und Personal innerhalb des Landes, wenn zu diesem Zweck kommerzielle Dienstleister herangezogen werden müssen.

(f) Ärztliches Personal zur Versorgung eventueller Verletzten aus den Reihen des Sandline-Personals und für ihren eventuell erforderlichen Abtransport.

(g) Einen Projektkoordinator, der zusammen mit dem Kommandeur der Eingreiftruppe und seinem ranghöchsten Aufklärungsoffizier die Verbindung mit dem Premierminister, dem Verteidigungsminister, [...] dem Befehlshaber der Streitkräfte von PNG und den von ihm beauftragten Offizieren halten und ihnen periodisch, je nach Notwendigkeit oder Anforderung, über die strategische und operative Lage Bericht erstatten und sie beraten wird. Sandline wird sicherstellen, dass alle an diesem Auftrag beteiligten Mitarbeiter im Rang von Hilfspolizisten förmlich eingestellt werden und dass sie jederzeit die entsprechenden Ausweise mit sich führen, um die ihnen jeweils zugewiesenen Aufgaben rechtmäßig auszuführen.

*Pflichten von Sandline*

Sandline wird die SFU in taktischer Hinsicht schulen, unter besonderer Berücksichtigung der für die Erreichung des Ziels besonders förderlichen Fähigkeiten, zum Beispiel Feindberührung im Gefecht, Techniken des Hinterhaltlegens, Überfalltechniken, Methoden der Informationsgewinnung für eine optimierte Stationierung und Planung, der direkten Teilnahme an und des Durchführens solcher Operationen am Boden, zu Wasser und in der Luft, die nötig sind, um das primäre Ziel zu erreichen.

Beide Parteien erkennen hiermit an und vereinbaren, dass die Fähigkeit der Eingreiftruppe, auf alle Notfallsituationen und feindlichen Schritte zu reagieren, durch die Personalstärke und den Ausrüstungsstandard, wie sie kraft dieser Vereinbarung festgelegt sind, beschränkt wird. Die Erreichung des primären Ziels kann nicht als eine Pflichtaufgabe im Rahmen dieses Vertrages angesehen werden, wenn Sandline demonstrieren kann, dass das Ziel aus triftigen Gründen innerhalb der vorgegebenen Zeit und mit den zur Verfügung stehenden Mitteln nicht erreicht werden kann.

Sandline wird das gesamte Personal und alle Dienstleistungen und Ausrüstungen, wie in Abs. 2.1 beschrieben, zur Verfügung stellen und garantiert, dass alle Elemente dem Niveau an Professionalität und Einsatzbereitschaft entsprechen, wie man es im Allgemeinen von hochkarätigen, professionellen Streitkräften erwarten kann.

Sandline wird ferner einen Projektkoordinator stellen, der als Verbindungsoffizier zwischen der Firmenleitung und den vom Staat benannten Vertretern fungieren wird. Dieser Offizier wird regelmäßig Sitzungen einberufen und an ihnen teilnehmen; diese können an Orten stattfinden, die der Staat benennt.

Sandline wird für alle Kosten, die sich aus dem Verlust oder der Verwundung irgendeines ihrer Mitarbeiter während der Laufzeit des Vertrages ergeben, selbst aufkommen, es sei denn, die genannten Kosten resultierten aus Fahrlässigkeiten oder Pflichtversäumnissen des Staates, seiner Mitarbeiter oder Vertreter; in solchen Fällen wird Sandline alle anfallenden Kosten billigerweise dem Staat in Rechnung stellen und sie unverzüglich zum Wohl der betroffenen Personen begleichen.

Sandline wird sicherstellen, dass der Inhalt dieser Vereinbarung streng vertraulich bleibt, und wird ihn keinem Dritten zur Einsichtnahme überlassen. Sandline wird die Existenz dieses Vertrages nicht öffentlich bestätigen, ehe nicht der Staat gemäß Abs. 4.11 eine entsprechende Bekanntmachung herausgibt. Sandline wird auch nicht die Verantwortung für irgendeine erfolgreiche Aktion übernehmen, solange darüber kein Einvernehmen zwischen den Vertragsparteien besteht. Im Übrigen gilt, dass Sandline und seine Mitarbeiter über genügend Erfahrung in der Geheimhaltung aller Aspekte ihrer Tätigkeit verfügen, um alles zu unterlassen, was eigene Operationen gefährden könnte, und dass die nötigen Sicherungen eingebaut und beachtet werden.

*Pflichten des Staates*

Mit der Unterzeichnung dieser Vereinbarung gewährt der Staat Sandline und seinen Mitarbeitern unverzüglich sämtliche Genehmigungen, Autorisierungen, Rechte und Bescheinigungen, die sie benötigen, um Waffen tragen, ihre Operationen durchführen und ihren vertraglichen Verpflichtungen unbehindert nachkommen zu können. Dazu gehört auch, dass die Streitkräfte von PNG Weisung erhalten, rückhaltlos mit den Kommandeuren von Sandline und den von ihnen benannten Vertretern zusammenzuarbeiten. Alle Offiziere und Mitarbeiter von Sandline, die im Rahmen dieses Vertrages rekrutiert werden, werden im Rang von Hilfspolizisten eingestellt; unabhängig davon bekleiden sie militärische Ränge entsprechend denen, die sie innerhalb der Kommandostruktur von Sandline inne haben, und haben das Recht, Soldaten niedrigeren Ranges Befehle zu erteilen, soweit dies für die Erfüllung ihrer Aufgaben und Pflichten erforderlich ist.

Der Staat wird sicherstellen, dass die Mitarbeiter seiner Behörden und Organisationen, wie der Streitkräfte von PNG, rückhaltlos mit Sandline kooperieren. Die Befehlshaber der Streitkräfte von PNG und die Kommandeure von Sandline werden für die Dauer der Laufzeit dieses Vertrages einen gemeinsamen Verbindungs- und Planungsstab bilden. Über die Stationierung und den Einsatz von Sandline-Personal und dessen Ausrüstung entscheiden der Oberbefehlshaber der Streitkräfte von PNG und der Kommandeur der Sandline-Eingreiftruppe gemeinsam nach Maßgabe ihrer Einschätzung der Risiken und des zu erwartenden Nutzens.

Der Staat anerkennt, dass die Sandline-Kommandeure die nötigen Befugnisse haben müssen, um die ihnen zugewiesene Rolle effizient und wirksam ausfüllen zu können; dies schließt ein, beschränkt sich aber nicht auf die Befugnis, feindliche Truppen anzugreifen und zu bekämpfen, Angriffe von deren Seite zurückzuschlagen, jedes Individuum festzunehmen, das verdächtig ist, feindselige Handlungen zu begehen oder an solchen mitzuwirken, hoheitliche Vermögenswerte und Territorien zu sichern, die allgemeine Bevölkerung vor jedweder Aggression oder Bedrohung zu schützen und die eigenen Leute sowie die Streitkräfte des Staates vorsorglich vor jeder Form von Aggression oder Bedrohung zu schützen. Der Staat erklärt ausdrücklich, dass er

Sandline von jeder Haftung für Folgen legitimer Handlungen der Firma und ihrer Vertragsnehmer und Mitarbeiter, wie sie in diesem Vertrag spezifiziert sind, freistellt und jedwede Ansprüche, die gegen die Firma aufgrund ihrer vertragsgemäßen Tätigkeit geltend gemacht werden, übernimmt.

Der Staat erklärt sich bereit, Gebühren und Kosten, wie sie sich aus diesem Vertrag ergeben und in Abs. 5.1 niedergelegt sind, zu bezahlen bzw. deren Bezahlung zu veranlassen. Diese Gebühren und Kosten sowie alle weiteren Zahlungsverpflichtungen gemäß Abs. 5.2 werden ohne jeden Abzug von Steuern, Gebühren oder Abgaben vom Staat übernommen, und die betreffenden Beträge dürfen unbegrenzt und unbehindert aus PNG ausgeführt werden. Alle Zahlungen erfolgen in US-Dollar.

Der Staat sorgt dafür, dass Sandline sowie alle von ihr den Behörden benannten Schwester- oder Partnerfirmen bei der Einfuhr von Ausrüstungen und bei der Erbringung von Dienstleistungen von allen lokalen, regionalen oder nationalen Steuern, Lohnsteuern, Abgaben, Gebühren, Zuschlägen, Lagergebühren, Zoll- und Abfertigungsgebühren, gleich von wem diese erhoben werden, freigestellt werden und dass Ausrüstungslieferungen ohne jede Verzögerung durch den Zoll abgefertigt werden. Darüber hinaus werden für sämtliche Sandline-Mitarbeiter die jeweils erforderlichen Einreisevisa (gültig für Mehrfach-Einreisen und ohne Stempelung des Reisepasses) ausgestellt, die garantieren, dass sie jederzeit ungehindert ins Land ein- und aus dem Land ausreisen können. Sie werden von jeglicher Steuer auf die Vergütung, die sie von Sandline erhalten, freigestellt.

Der Staat wird Sandline und allen ihren Schwester- oder Partnerfirmen unverzüglich und kostenlos sogenannte End User Certificates und ähnliche Papiere zur Verfügung stellen, um ihnen den rechtmäßigen Erwerb der spezifizierten Ausrüstungsgegenstände in den jeweiligen Lieferländern und deren Ausfuhr nach PNG zu erleichtern.

[4.7] Der Staat wird für alle Sandline-Mitarbeiter angemessene Unterkünfte bereitstellen, einschließlich der dazugehörigen Annehmlichkeiten, Dienstpersonal für Aufgaben wie Botengänge oder Arbeiten im Haushalt, sichere Abstellräume und Lagerplätze für Ausrüstung, qualifizierte Handwerker und Arbeiter für die Räumung und Herstellung benötigter Operationsflächen, sämtliche benötigten Treib- und Schmierstoffe für Boden- und Luftfahrzeuge, Fahrzeuge für den Güter- und Personentransport in einer den militärischen und personellen Anforderungen angemessenen Menge, Lebensmittel und Marschrationen, frisches Trinkwasser sowie sanitäre und andere erforderliche Einrichtungen und Dienste und sonstigen Bedarf, den Sandline im Verlauf der Operation möglicherweise anfordert, wenn es ihr zur reibungslosen Durchführung ihrer Aufgaben nötig erscheint.

Wenn irgendwelche hier aufgeführten, vom Staat gemäß Abs. 4.7 zu stellenden Dienstleistungen, Ressourcen oder Ausrüstungsgegenstände nicht erbracht werden, hat Sandline das Recht, sich diese auf anderem Weg zu beschaffen und die Kosten hierfür dem Staat in Rechnung zu stellen; Sandline kann in diesem Fall seine Operationen, soweit sie von der besagten Nichtverfügbarkeit betroffen sind, einschränken oder verschieben, bis die Zahlung eingegangen ist und die betreffenden Ausrüstungen oder Dienstleistungen zur Verfügung stehen.

Der Staat erklärt sich ausdrücklich bereit, während der Laufzeit dieses Vertrags und für die Dauer von 12 Monaten nach Ablauf der Laufzeit keinem der Mitarbeiter, die Sandline im Rahmen dieses Vertrages aufbietet, oder anderen bei Sandline oder einer ihrer Partnerfirmen beschäftigten Personen eine Anstellung anzubieten oder ihn zu beschäftigen, weder direkt noch indirekt. Jede derartige Beschäftigung wird als eine Verlängerung des Vertrages für die betreffenden Mitarbeiter angesehen, und demgemäß wird Sandline Anspruch auf eine anteilmäßige Vergütung haben.

Der Staat und die Streitkräfte von PNG werden sicherstellen, dass Informationen über geplante Operationen, Stationierungen und damit zusammenhängende Aktivitäten ausschließlich den Personen zugänglich gemacht werden, die aus zwingenden Gründen in den Informationsfluss einbezogen werden müssen. Angemessene Vorkehrungen müssen getroffen werden, um Meldungen in der Presse, sowohl der in- als der ausländischen, zu verhindern, desgleichen jeden Verstoß gegen Sicherheitsrichtlinien und jede Weitergabe von Informationen, die die erfolgreiche Durchführung einer Operation und/oder das Leben daran beteiligter Personen potenziell gefährden könnte. Die Kommandeure von Sandline haben das Recht, jedwede oder alle geplanten Operationen abzubrechen, die sie als Folge eines Informationslecks als unsicher ansehen.

Der Staat ist verpflichtet, wenn äußere Rücksichten dies erforderlich erscheinen lassen, die internationale Gemeinschaft, einschließlich der Vereinten Nationen und der Vertreter anderer Regierungen, zu geeignet erscheinenden Zeitpunkten über den wesentlichen Inhalt dieses

Vertrages und den ihm zu Grunde liegenden Zweck, nämlich die Bewahrung und Schadloshaltung des hoheitlichen Territoriums von Papua-Neuguinea, seiner Bevölkerung, seiner Bodenschätze und seiner Investoren, zu informieren und auf dem Laufenden zu halten. Inhalt und Zeitpunkt solcher förmlichen Mitteilungen müssen vor ihrer Herausgabe mit Sandline erörtert und abgesprochen werden.

*Honorare und Zahlungen*

Die Pauschalvergütung für Sandline für die Bereitstellung von Personal und Dienstleistungen gemäß Abs. 2.1 dieses Vertrages und gemäß der Anlage zu diesem Vertrag beträgt für die anfängliche Vertragslaufzeit USD 36.000.000 (sechsunddreißig Millionen US-Dollar).

Als Zahlungsmodalitäten werden festgelegt: Alle Zahlungen erfolgen in Geldform, entweder in Form elektronischer Banküberweisungen oder durch beglaubigte Bankschecks.

Mit Vertragsunterzeichnung werden 50 Prozent der Vertragssumme, das sind USD 18.000.000, unverzüglich fällig; sie gelten als »Abschlagszahlung«.

Der Restbetrag von USD 18.000.000 wird fällig spätestens 30 Tage nach Stationierung des KAST.

Dieser Vertrag tritt in Kraft, wenn die Abschlagszahlung vollständig auf dem von Sandline dafür genannten Bankkonto eingegangen ist. Zahlungen werden dann als »eingegangen« anerkannt, wenn sie auf dem besagten Konto ohne Deckungsvorbehalt gutgeschrieben sind; auf dieser Definition beruht unsere Anerkennung des Zahlungseingangs.

Alle Honorare für zu erbringende Dienstleistungen müssen vor Beginn des Zeitraums, in dem sie zur Erbringung vorgesehen sind, überwiesen werden. Sandline behält sich das Recht vor, sich aus dem Einsatzgebiet zurückzuziehen, wenn die für eine Verlängerung der ursprünglich vereinbarten Vertragslaufzeit fälligen Honorare nicht rechtzeitig eingehen.

Welche finanziellen Auswirkungen allfällige Änderungen, Aufstockungen oder Zuschläge zu der in diesem Vertrag vereinbarten Bereitstellung von Personal und Ausrüstung haben, wird von den Parteien einvernehmlich festgestellt, und jedwedes fällige Zusatzhonorar wird an Sandline überwiesen, bevor die vereinbarte Änderung in die Tat umgesetzt wird. Im Falle einer notwendig werdenden Reduktion der Leistungen oder eines vorzeitigen Abbruchs des Einsatzes innerhalb einer laufenden Vertragsperiode können keine Rabatte oder Erstattungen gewährt werden.

*Anwendbare Gesetze*

Falls aus diesem Vertrag oder im Zusammenhang damit ein Streit oder eine Meinungsverschiedenheit entsteht, werden die Vertragsparteien zunächst alles versuchen, um zu einer gütlichen Lösung zu gelangen, auch in Anbetracht des sensiblen Charakters dieser Vereinbarung.

Die reklamierende Partei soll die andere Partei auf die Gründe ihrer Reklamation schriftlich hinweisen und, wenn es nicht gelingt, innerhalb von 30 Tagen eine gütliche Einigung zu erzielen, die Angelegenheit in Übereinstimmung mit dem UNCITRAL-Reglement (United Nations Commission on International Trade Law) einer Schiedsstelle vortragen.

Diese Vereinbarung soll gemäß den Gesetzen Großbritanniens interpretiert und durchgeführt werden und die Verkehrssprache zwischen den Vertragsparteien soll Englisch sein.

*Änderungen und Ergänzungen*

Änderungen und Ergänzungen dieser Vereinbarung durch die Vertragspartner können nur in schriftlicher Form vorgenommen werden und bedürfen der Unterschrift beider Parteien.

Anlage 1 (»Oyster« Costings) bildet einen Bestandteil dieser Vereinbarung.

ZUR BEURKUNDUNG DIESES VERTRAGES haben die Vertragsbeteiligten an dem eingangs genannten Tag und Jahr eigenhändig ihre Unterschrift hierunter gesetzt.

Für den unabhängigen Staat Papua-Neuguinea:
Name: Chris S. Haiveta
Zeuge: (unleserlich)
Name: Vele Iamo
Position: Stellvertretender Minister

Für Sandline International:
Name: Tim Spicer, OBE
Zeuge: (unleserlich)
Name: J. N. Van Den Bergh
Position: Berater

## Kontrakt zwischen Sandline und PNG 1997: Ausrüstungsliste für Operation Contravene

| Gerätetyp | Menge | Preis (in US-$) |
|---|---|---|
| Eingreiftruppe | | Zwischensumme: 7.100.000 |
| Manpower | 40 plus 2 Ärzte | 4.500.000 |
| Stationierung | | 100.000 |
| Ausrüstung | | 2.500.000 |
|   AK-47 Sturmgewehr | 100 | |
|   PKM leichtes MG | 10 | |
|   RPG-7 Granatwerfer | 10 | |
|   Mörser 60mm | 10 | |
|   Mörser 82mm | 6 | |
|   AGS-17 automatischer Granatwerfer 30mm | 4 | |
|   Makarow-Pistole | 20 | |
|   7.62 x 39 (für AK-47) | 500.000 | |
|   Magazin für AK-47 | 1000 | |
|   7.62 x 54 (für PKM) | 250.000 | |
|   Patronen 12,7mm | 100.000 | |
|   Leuchtspurpatrone 12,7mm | 25.000 | |
|   Munitionsgurt | 250.000 | |
|   PG-7 raketengetriebene Granate | 1000 | |
|   Granate für AGS-17 30mm | 2000 | |
|   Mörsermunition 60mm HE | 2500 | |
|   Mörsermunition 82mm HE | 2500 | |
|   Leuchtgranate | 200 | |
|   Rauch-/Splittergranate | 800 | |
|   Persönliche Ausstattung und Uniformen | 100 | |
| Operatives Unterstützungsteam: | | Zwischensumme: 29.170.000 |
| Mi-24 Kampfhubschrauber | 2 | 8.200.000 |
| Munition: | | 2.500.000 |
|   Raketenlafette 57mm | 6 | |
|   Sprengrakete 57mm | 1000 | |
|   Patronen 23mm | 20.000 | |
|   Leuchtspurpatrone 23mm | 5000 | |
|   Munitionsgurt 23mm | 125.000 | |
| Besatzung für Mi-24 | 6 | 680.000 |
| Mi-17 Transporthubschrauber | 2 | 3.000.000 |
| Besatzung für Mi-17 | 6 | 860.000 |
| Ersatzteile Hubschrauber | | 1.500.000 |
| Überwachungsplattform (ÜP) CASA-12 | 1 | 2.400.000 |
| »On Board Systems« | 1 | 4.850.000 |
| ÜP-Crew | 4 | 280.000 |
| ÜP-Ausbilder | inklusiv | 120.000 |

| Gerätetyp | Menge | Preis (in US-$) |
|---|---|---|
| ÜP-Ersatzteile | | 600.000 |
| Bodensystem | 1 | 600.000 |
| Einsatzkräfte | 5 | 480.000 |
| Bodenpersonal | 5 | 270.000 |
| Ausbilder für Elektronische Kriegführung | inklusiv | 120.000 |
| Projektkoordinator | 1 | inklusiv |
| Personalausstattung | 30 | 250.000 |
| Personentransport | | 250.000 |
| Versicherungen | | inklusiv |
| Logistische Unterstützung | | Aufgabe des Kunden |
| Kommunikationsausrüstung | | Zwischensumme: 1.100.000 |
| HF-Funksystem | 1 + 15 | 400.000 |
| Gehärtete Taktische Funksysteme | 1 + 16 | 500.000 |
| Satellitenfunk-Einheiten | 15 | 200.000 |
| Auftragssumme Gesamt | | 37.370.000 |
| Paketpreis-Rabatt | | -1.370.000 |
| Effektiv zu zahlendes Honorar | | 36.000.000 |

# Anmerkungen

## Vorwort

[1] Unter den Medien, die über private Militärfirmen berichtet haben, sind *ABC, BBC, CNN, Fox News, Australian Broadcasting Company, Voice of America, International Herald Tribune, New York Times, National Post, Wall Street Journal, Washington Times, Sunday Times, Sunday Telegraph, Guardian, Independent, Johannesburg Star* und *CNS News.*

[2] Von dem liberalen Kommentator Michael Kinsley und dem Kolumnisten William Pfaff bis zu Ivan Eland, Direktor für verteidigungspolitische Analysen am konservativen Cato Institute.

[3] Jonathon Broder, »Mercenaries: The Future of U.N. Peacekeeping?« *Fox News*, 26. Juni 2000.

[4] Global Coalition for Africa, *African Social and Economic Trends*, Annual Report 1999/2000. »Sierra Leone – Soldiers of Fortune«, Dokumentarfilm der Australian Broadcasting Corporation, prod. v. Mark Corcoran, August 2000.

[5] Australian Broadcasting Corporation, »Dogs of War«, *Lateline*, 18. Mai 2000. www. abc.net.au/lateline/archives/s128621.htm (zuletzt besucht am 5. Juli 2005).

[6] Näheres zur IPOA auf www.ipoaonline.org.

[7] Beispiele für wissenschaftliche Arbeiten sind David Isenberg, *Soldiers of Fortune Ltd.: A Profile of Today's Private Sector Corporate Mercenary Firms*, Center For Defense Information, November 1997; David Shearer, *Private Armies and Military Intervention*, International Institute for Strategic Studies, Adelphi Paper Nr. 316, London, Februar 1998; Peter Lock, »Military Downsizing and Growth in the Security Industry in Sub-Saharan Africa«, *Strategic Analysis* 22, Nr. 9, Dezember 1998. Thomas Adams, »The New Mercenaries and the Privatization of Conflict«, *Parameters*, Sommer 1999, S. 103–116. Zu finden auf http://carlisle-www.army.mil/usawc/Parameters/99summer/adams.htm (zuletzt besucht am 3. Juli 2005).

[8] »Zahlreiche Beiträge über die neuen privaten Sicherheitstruppen beginnen mit dem Hinweis darauf, dass sie sich in Bezug auf ihre privatwirtschaftliche Rechtsform und ihre Professionalität von den alten ›dogs of war‹ unterscheiden. Doch über diese Feststellung hinaus ist bisher wenig Arbeit in eine tief greifende Analyse des Wesens privater Militärfirmen und des Marktes, auf dem sie sich tummeln bzw. den sie geschaffen haben, investiert worden.« Jeffrey Herbst, »The Regulation of Private Security Forces«, in: Greg Mills and John Stremlau (Hg.), *The Privatisation of Security in Africa*, Pretoria 1999, S. 117.

[9] Jackkie Cilliers, »Book review: Sean Dorney, The Sandline Affair – Politics and Mercenaries and the Bourgainville crisis«, *African Security Review* 9, Nr. 1, Februar 2000.

[10] Doug Brooks und Hussein Solomon, »From the Editor's Desk«, *Conflict Trends* 6, Juli 2000.

[11] Ein Autor gebraucht im Zusammenhang mit Militärfirmen sogar den Begriff »Messias«. Doug Brooks, »Messiahs or Mercenaries?« *International Peacekeeping* 7, Nr. 4,

2000, S. 129–144. Siehe ferner Doug Brooks, »Write a Cheque, End a War Using Private Military Companies to End African Conflicts«, *Conflict Trends* Nr. 6, Juli 2000; William D. Hartung, »Mercenaries, Inc.«, Committee Against Corruption in Saudi Arabia 1996; Ken Silverstein, »Privatizing War«, *The Nation*, 7. Juli 1998; Abdel-Fatau Musah und Kayode Fayemi, *Mercenaries: An African Security Dilemma*, London 2000.

[12] Peter Fabricus, »Private Security Firms Can End Africa's Wars Cheaply«, *Saturday Star*, Johannesburg, 23. September 2000. Siehe auch die Website der Firma Sandline: www.sandline.com.

[13] So schreibt ein ehemaliger Koordinator von Einsätzen der US-amerikanischen Drug Enforcement Agency (DEA) in Kolumbien: »Um jemanden zu finden, der solche Operationen durchführen will und kann, ist es fast unabdingbar, dass man so eine dunkle Vergangenheit hat.« Ted Robberson, »U.S. Launches Covert Program to Aid Colombia«, *Dallas Morning News*, 19. August 1998.

[14] In dem Maß, wie in der Branche Strukturen und Geschäftspraktiken aus der zivilen Wirtschaft einkehren und sie erkennen, dass ihr geschäftlicher Erfolg nicht zuletzt von einer ihnen wohlgesonnenen öffentlichen Meinung abhängt, setzen sie auf mehr Offenheit, um ihr bislang negatives Image in der Öffentlichkeit los zu werden. Sandline und MPRI sind auf diesem Weg am weitesten fortgeschritten, wovon man sich durch einen Besuch auf ihren Webseiten überzeugen kann.

## Kapitel 1

[1] James Traub, »The Worst Place on Earth«, *New York Review of Books*, 29. Juni 2000, UN Development Programme, UN Human Development Index 2000. Nachzulesen unter www.undp.org/hdr2000/english/HDR2000.html (zuletzt besucht am 5. Mai 2005).

[2] Laura Silber und Allan Little, *Yugoslavia: Death of a Nation*, New York 1997, S. 357; Samantha Knight u. a., »The Croatian Army's Friends«, *U.S. News & World Report*, 21. August 1995, S. 41.

[3] Roger Cohen, »After Aiding Croatian Army, U.S. Now Seeks to Contain It«, *The New York Times*, 28. Oktober 1995, S. 5.

[4] Charlotte Eager, »Invisible U.S. Army Defeats Serbs«, *Observer*, 5. November 1995.

[5] Interviews mit Beamten des kroatischen Verteidigungsministeriums, Herbst 1996; David Halberstam, *War in a Time of Peace*, New York 2001, S. 335–336.

[6] Interview mit einem Mitglied der US-amerikanischen Verhandlungsdelegation, Herbst 1996.

[7] Siehe ausführlicher bei Halberstam, *War in a Time of Peace*; siehe auch Michael O'Hanlon und Ivo Daalder, *Winning Ugly: NATO's War to Save Kosovo*, Washington, D.C., 2000: »It's Off to War Again for Big U.S. Contractor«, *Wall Street Journal*, 14. April 1999.

[8] Zitat zu finden auf www.halliburton.com

[9] Trevor Jones und Tim Newburn, *Private Security and Public Policing*, Oxford 1998, S. 30; Elliott Sclar, *Selling the Brooklyn Bridge: The Economics of Public Service Privatization*, New York 1999.

[10] Jones und Newburn, *Private Security and Public Policing*, S. 29.

[11] Die vielleicht beste Arbeit zu diesem Thema war Coases Studie über die Geschichte der Leuchttürme. Leuchttürme gehörten für viele Ökonomen zu den wenigen Ein-

richtungen (neben allem, was mit nationaler Sicherheit zu tun hatte), bei denen eine eindeutige Indikation für eine staatliche Trägerschaft zu bestehen schien. Dann stellte sich jedoch heraus, dass es sehr wohl Zeiten gegeben hat, in denen auch Leuchttürme privat betrieben wurden. Ronald Coase, »The Lighthouse in Economics«, *Journal of Law and Economics* 17, S. 357–376.

[12] Paul Taibel, »Outsourcing & Privatization of Defense Infrastructure«, *A Business Executives for National Security Report*, 1998. Nachzulesen unter www.bens.org/pubs%5F0397 (zuletzt besucht am 5. Mai 2005).

[13] J. Michael Brower, »Outland: The Vogue of DOD Outsourcing and Privatization«, *Acquisition Review Quarterly* 4, Herbst 1997, S. 383–392; Adam Smith, *The Wealth of Nations*, 1776 (dt.: *Der Wohlstand der Nationen*, München 1993).

[14] Vor dem Erscheinen des bürgerlichen Staates im 17. Jahrhundert wurden Truppen privat ausgerüstet; die Soldaten waren verpflichtet, ihre Waffen und sonstige Ausrüstung mitzubringen. Die Entstehung eines »allzuständigen« Staatsapparats machte diese Praxis obsolet; der Staat rekrutierte einheitlich ausgerüstete und eingekleidete Truppen als Teil des »öffentlichen Dienstes«, und sogar die Waffen wurden in direkter staatlicher Regie produziert, von Schwertern bis zu Schlachtschiffen. Das sollte jedoch kein Dauerzustand bleiben. Als im späten 19. Jahrhundert deutlich wurde, dass die öffentlichen Arsenale kosten- und qualitätsmäßig nicht mit privaten Rüstungsproduzenten wie Krupp oder Vickers mithalten konnten, wurde die Herstellung von Waffen wieder dem privaten Sektor anvertraut. Siehe William McNeill, *Krieg und Macht. Militär, Wirtschaft und Gesellschaft vom Altertum bis heute*, München 1984, S. 300ff.

[15] Max Weber, *Politik als Beruf*, Ditzingen 1992. Siehe auch Martin Van Creveld, *Aufstieg und Untergang des Staates*, München 1999, und John Hoffman, *Beyond the State*, Cambridge 1995.

[16] David Friedman, *The Machinery of Freedom: Guide to Radical Capitalism*, Lasalle 1989, S. 143–159. Murray Rothbard, *Eine neue Freiheit. Das libertäre Manifest*, Berlin 1999.

[17] Bruce Grant, »U.S. Military Expertise for Sale: Private Military Consultants as a Tool of Foreign Policy«, National Defense University Institute for National Security Studies, Strategy Essay Competition, 1998, zu finden auf www.ndu.edu/inss

[18] Samuel P. Huntington, *The Soldier and the State: The Theory and Politics of Civil-Military Relations*, New York 1957, S. 37; siehe auch Charles Moskos und F. Wood (Hg.), *The Military: More Than Just a Job?*, Washington, D.C., 1988.

[19] Tim Spicer, *An Unorthodox Soldier: Peace and War and the Sandline Affair*, Edinburgh, S. 15.

[20] Doug Brooks und Hussein Solomon. »From the Editor's Desk«, *Conflict Trends*, Nr. 6, Juli 2000.

[21] Al J. Venter, »Market Forces: How Hired Guns Succeeded Where the United Nations Failed«, *Jane's International Defense Review*, März 1998.

[22] Gurkhas waren ursprünglich Gebirgskrieger im Himalaja, benannt nach einem kleinen Fürstentum in Zentralnepal. Ihre Bezeichnung ging auf nepalesische Söldner über, die Großbritannien nach dem Protektoratsvertrag von 1860 für seine eigene und die indische Armee aus den regionalen Stämmen rekrutierte. Die Gurkhas galten als zäh und genügsam und kämpften in vielen Teilen des britischen Empires. Im 2. Weltkrieg dienten etwa 50.000 Gurkhas in der indischen Armee und rund 10.000 in britischen Divisionen. Sie waren mit ihren Krummdolchen, den *Kukris*, als lautlose Nahkämpfer gefürchtet. Auch heute noch dienen Gurkhas in der britischen Armee

und sind aufgrund ihres Rufes als besonders furchtlose Kämpfer gern rekrutiertes Personal von privaten Militärfirmen.

23 Kevin O'Brien, »Military-Advisory Groups and African Security: Privatised Peacekeeping«, *International Peacekeeping* 5, Nr. 3 (Herbst 1998), S. 78–105.

24 Einer Anekdote zufolge wandte sich Prinzessin Diana nach einem Besuch der Minenfelder in Angola an die Soldaten ihrer Eskorte, dankte ihnen überschwänglich für ihre Dienste und posierte mit ihnen für ein Erinnerungsfoto. Es heißt, sie habe sie für britische Soldaten gehalten. In Wirklichkeit waren sie Mitarbeiter einer PMF. Daniel McGrory und Nicholas Woods, »Soldiers for Sale«, *The Times*, 9. Mai 1998.

25 Al Venter, »Out of State and Non-State Actors Keep Africa Down«, *Jane's Intelligence Review*, 11, 1. Mai 1999.

26 Geolink war möglicherweise eine Tarnfirma des französischen Geheimdienstes. O'Brien, »Military Advisory Groups and African Security«.

27 Dena Montague und Frida Berrigan, »The Business of War in the Democratic Republic of Congo: Who Benefits?« *Dollars and Sense* (Juli/August 2001).

28 Khareen Pech, »South African Mercenaries in Congo«, *Electronic Mail & Guardian*, 28. August 1998. Der Chef von Stabilco ist ein früherer EO-Mitarbeiter namens Mauritz Le Roux.

29 Mit kriegsentscheidend war die Rückeroberung des von ugandischen Truppen, die die Rebellen unterstützten, gehaltenen Inga-Staudamms durch Kommandoeinheiten der Firma. Das war deshalb so wichtig, weil der Damm und seine Umgebung zu den strategisch wichtigsten Zonen des Landes gehören. Der Einsatz endete jedoch mit einem anderen Ergebnis, als es bei anderen Operationen von EO in Afrika die Regel war: Kabila zahlte seine Rechnungen nicht, und seine Truppen überließen etliche Mitarbeiter der Firma im Kampfgebiet ihrem Schicksal, woraufhin die Firma ihre militärischen Aktivitäten für ihn einstellte. Das war einer der Gründe dafür, dass der Krieg im Kongo weiterging. Quelle: Gespräch mit einem leitenden Manager einer PMF, Juni 2001.

30 United Nations Commission on Human Rights. »Report on the question of the use of mercenaries as a means of violating human rights and impeding the exercise of the right of peoples to self-determination«, 57. Session, Item 7, Sonderberichterstatter, Jan. 2001; Andrew Parker und Francesco Guerrera, »Ex-Soldiers Find There Is Money to Be Made Out of Wars«, *Financial Times*. 17. April 2001.

31 Charles Smith, »Wars and Rumors of Wars: Russian Mercenaries Flying for Ethiopia: Advisers, Pilots, Artillerymen Engaged in ›Large-scale Offensive‹ against Eritrea«, *World Net* 257, 18. Juli 2000; Thomas Adams, »The New Mercenaries and the Privatization of Conflict«, *Parameters*, Sommer 1999, S. 103–116. »Russians Fly for Both Sides in Horn of Africa«, *The Times*, 19. Februar 1999. Gennady Charodeev, »Foreign Wars: Russian Generals Involved in a War between Ethiopia and Eritrea«, *Iswestija*, 26. Mai 2000, S. 1, 4.

32 O'Brien, »Military Advisory Groups and African Security«.

33 Venter, »Market Forces«, und David Shearer, *Private Armies and Military Intervention*, Adelphi Paper 316, International Institute for Strategic Studies, London, Februar 1998, S. 36.

34 »SA Mercenaries Teach Ivorians How to Fly«, Sapa-AFP, 12. November 2002.

35 Human Rights Watch, *Landmine Monitor: Africa Report*, 1999. www.icbl.org/lm/1999/africa.html (zuletzt besucht am 6. Mai 2005).

36 »Puntland Elders Oppose British Maritime Firm's Plans to Set Up Base«, *BBC Summary of World Broadcasts*, 29. Juli 2000.

37 World Vision wurde 1950 als überkonfessionelles christliches Kinderhilfswerk von dem Journalisten und Theologen Bob Pierce gegründet; 2004 hatte World Vision in 99 Ländern mehr als 20.000 Mitarbeiter.

38 Deborah Avant, »The Market for Force: Exploring the Privatization of Military Services«, erstellt für: Council on Foreign Relations Study Group on Arms Trade and the Transnationalization of the Defense Industry: Economic versus Security Drivers, 1999, S. 1.

39 Chris Stephen, »KLA trains refugees to recapture border territory«, *Irish Times*, 7. April 1999; Christian Jennings, »Private U. S. Firm Training Both Sides in Balkans«, *Scotsman*, 3. März 2001.

40 »Canadian, Anglo-Italian Firms to Train UK Navy«, *Reuters*, 25. Juli 2000.

41 Simon Sheppard, »Soldiers for Hire«, *Contemporary Review*, August 1999. »RAF Puts Refuel Job on Market«, *The Times*, 22. Dezember 2000.

42 »UK Outlines Revised Plans to Privatise Defence Research«, *Jane's Defence Weekly*, 26. März 2000.

43 House of Commons, Private Military Companies: Options for Regulation, HC 577, 12. Februar 2002.

44 Shearer, *Private Armies and Military Intervention*, S. 24. Nach Überzeugung vieler liegt die wirkliche Zahl der Mitarbeiter, auf die die Firma zurückgreifen kann, näher an einer Million, zumal angesichts offenbarer Verflechtungen mit der russischen Mafia.

45 »British-Russian Security Venture«, *Intelligence Newsletter*, Nr. 304, 30. Januar 1997.

46 »Russian Contract Soldiers in Chechnya Poor Quality, Often Quit«, *Russia Today*, 2. Oktober 2002. Schätzungen besagen, dass im Jahr 2000 Vertragssöldner bis zu 40 % der russischen Truppen in Tschetschenien ausmachten. Allerdings verlässt rund ein Drittel der Vertragssöldner die Armee, bevor ihr Vertrag ausgelaufen ist, was zu den vielen Schwierigkeiten der Russen in diesem Konflikt beiträgt.

47 O'Brien, »Military Advisory Groups and African Security«.

48 Ken Silverstein, »Mercenary, Inc.?«, *Washington Business Forward*, 26. April 2001; Jonathan Wells, »U. S. Ties to Saudi Elite May Be Hurting War on Terrorism«, *Boston Herald*, 10. Dezember 2001.

49 Ken Silverstein, »Privatizing War«, *The Nation*, 7. Juli 1998; Yves Goiulet, »Mixing Business with Bullets«, *Jane's Intelligence Review*, September 1997.

50 Juan Tamayo, »U. S. Civilians Taking Risk in Drug War for Colombia«, *Miami Herald*, 26. Februar 2001.

51 Kate Taylor und Terry J. Gander, »Mine Clearance in Cambodia«, *International Defense Review*, 1. Februar 1996, S. 5.

52 Yves Goulet, »Mixing Business with Bullets«, *Jane's Intelligence Review*, September 1997.

53 Michael Sheridan, »Briton Quits Indonesia over ›Psych War‹ Claims«, *Sunday Times*, 6. August 2000.

54 Paul Daley, »Civilians Mai Form Special Reserve«, *The Age*, Melbourne, 28. April 2000.

55 Christopher Bowe, »Agency Aims to Swell the Ranks«, *Financial Times*, 10. August.

56 Marcia Triggs, »Army Contracts Out Recruiting«, *Officer*, Nr. 3, 1. April 2002; »Britain Uses Agency to Recruit for Military«, *Reuters*, 12. März 2001.

57 »A Bill before the U. S. Congress Would Prohibit the Use of Private Firms in the Fight Against Drugs«, *Bogota Semana*, 7. Mai 2001.

58 Ted Robberson, »U. S. Launches Covert Campaign to Aid Colombia«, *Dallas Mor-*

*ning News,* 19. August 1998. Ted Robberson, »Contractors Playing Increasing Role in U.S. Drug War«, *Dallas Morning News,* 27. Februar 2000.

[59] André Linard, »Mercenaries SA«, *Le Monde Diplomatique,* August 1998, S. 31; Christopher Goodwin, »Mexican Drug Barons«, *Sunday Times,* 24. August 1997; Patrick J. Cullen, »Keeping the New Dogs of War on a Tight Leash«, *Conflict Trends,* Nr. 6, Juli 2000; Stefaans Brummer, »SA Arms ›Stoke‹ the Burundi Fire«, *Mail & Guardian,* 5. Dezember 1997.

[60] Juan Toro, »Colombia Militia Enjoys Support«, AP, 6. September 2000; »Mercenaries and Arms Dealers in the Post-Cold War World: Interview with Ken Silverstein«, *Connection,* 11. August 2000. Nachzulesen auf www.theconnection.org/archive/2000/08/0811a.shtml

[61] Wie ein Experte für die Region feststellte, »Das ist die Privatisierung der kolumbianischen Streitkräfte. Wem schulden sie Loyalität – der BP oder dem kolumbianischen Staat?« Eduardo Gamerra, Professor an der Florida International University, zitiert nach Diana Jean Schemo, »Oil Companies Buy an Army to Tame Colombia's Rebels«, *New York Times,* 22. August 1996.

[62] David Pugliese, »Canadians Turn to Private Firms for EW Training, Combat Support«, *Defense News,* 7. September 2000. Für den betreffenden Kontrakt, der einen Auftragswert von 42 Millionen kanadischen Dollars repräsentiert, ist vorderhand eine Laufzeit von zehn Jahren vereinbart

[63] Tamayo, »U.S. Civilians Taking Risks«.

[64] William Arkin, »The Underground Military«, *Washington Post,* 7. Mai 2001.

[65] Douglas Farah, »Cartel Hires Mercenaries to Train Security Forces«, *Washington Post,* 4. November 1997. Ob die eingesetzten Spezialisten tatsächlich Mitarbeiter von Sicherheitsfirmen sind, ist unklar, so dass dieses Beispiel möglicherweise nicht triftig ist. Aber schon die Tatsache, dass man sich eine solche Zusammenarbeit heute vorstellen kann, spricht Bände.

[66] Kevin Sullivan, »Tequila Shooters Take Aim at Cactus Rustlers«, *Washington Post,* 11. August 2000, S. A01.

[67] International Consortium of Investigative Journalists, »Making a Killing: The Business of War«, *The Center for Public Integrity,* 28. Oktober 2002.

[68] Gordon Lubold, »Privatization Means Fewer Corps Cooks«, *Marine Corps Times,* 8. Januar 2001, S. 9.

[69] »Improving the Combat Edge through Outsourcing«, *Defense Viewpoint,* Bd. 11, Nr. 30, März 1996.

[70] Steven Myers, »U.S. Spy Sub Said to Record Torpedo Blast Aboard Kursk«, *New York Times,* 29. August 2000. Das Schiff war die Loyal, ein Schiff der Kategorie »Special Mission Support« (SMS).

[71] Silverstein, »Privatizing War«.

[72] Steve Alvarez, »MPRI: A Private Military«, *Stars and Stripes,* 30. Oktober 2000.

[73] Christian Lowe, »Navy, Marine Corps Consider Privatizing Some Aerial Refueling«, *Defense Week,* 21. August 2000, S. 1; Christian Lowe, »Services Look to Contractors to Fly ›Adversary‹ Aircraft«, *Defense Week,* 25. September 2000, S. 1.

[74] Steven Saint, »NORAD Outsources«, *Colorado Springs Gazette,* September 1, 2000.

[75] Jeder 50. Amerikaner, der 1990 am Persischen Golf stationiert war, war Zivilist in Diensten einer Militärfirma. Zum Zeitpunkt des Einsatzes in Bosnien (1995/6) betrug das Verhältnis bereits nur noch 1:10. Es wird weiter sinken, denn immer mehr Aufgaben werden in den privaten Sektor ausgelagert. Siehe dazu Stephen Zamparrelli, »Contractors on the Battlefield: What Have We Signed Up For?« *Air War College*

*Research Report*, März 1999, S. 8; Department of the Army, *Contractors on the Battlefield*, FM 100–21, Washington Headquarters, S. iii, FM 100–21.

76 Noch bedeutsamer ist jedoch die Zahl der Konflikte der 90er Jahre, an denen keine größeren US-Truppenkontingente beteiligt waren, sondern private Militärfirmen, die im Interesse des westlichen Lagers eingriffen (in Kolumbien, Sierra Leone, Angola usw.). Vielleicht erübrigte sich dank dieser privaten Einsätze jeweils eine »offizielle« Intervention.

77 South African Institute of International Affairs, »Private Security: Phantom Menace or Evil Empire?«, *Intelligence Update*, 11. Mai 2000.

78 Robert Wall, »Army Leases ›Eyes‹ To Watch Balkans«, *Aviation Week & Space Technology*, 30. Oktober 2000, S. 68.

79 Robert Little, »American Civilians Go Off to War, Too«, *Baltimore Sun*, 26. Mai 2002.

80 »Dyncorp's Assignment: Protect Afghan Leader«, *Washington Post*, 2. Dezember 2002.

81 Interview mit Mitarbeiter einer privaten Militärfirma, März 2002.

82 Carol Rosenberg, »Building of Prison at Guantanamo Begins«, *Miami Herald*, 28. Februar 2002.

83 Venter, »Out of State and Nonstate Actors Keep Africa Down«. EO lehnte das Angebot schließlich ab, und wenig später im selben Jahr erledigte sich die Sache durch den Tod Abachas.

84 Janice Thomson, *Mercenaries, Pirates, and Sovereigns: State Building and Extraterritorial Violence in Early Modern Europe*, Princeton 1994.

85 O'Brien, »Military Advisory Groups and African Security«.

86 Weber, *Politik als Beruf*; Van Creveld, *Aufstieg und Untergang des Staates*, München 1999, S. 448.


## Kapitel 2

1 Von den »Zehntausend« des Xenophon zu der Welle von Söldnerdramen im Kino der späten 60er Jahre bis zu den TV-Serien von heute. Als Leseprobe zu empfehlen ist Xenophon, *Der Zug der Zehntausend*, ins Deutsche übersetzt von Helmuth Vretska, Stuttgart 1999. Im Bereich der Fiktion wäre zu nennen Frederick Forsyth, *Die Hunde des Krieges*, München 1990, als Filme *Dark of the Sun* (1968), *Katanga* (1968) und *Die Wildgänse kommen* (1977), als TV-Serie *Die Schattenkrieger*. Das meistverkaufte Computerspiel auf CD-ROM war 1999 »Mercenaries, Mech Warrior 2«.

2 Janice Thomson, *Mercenaries. Pirates to Sovereigns: State Building and Extraterritorial Violence in Early Modern Europe*, Princeton 1994.

3 Jeffrey Herbst, »The Regulation of Private Security Forces«, in: Greg Mills und John Stremlau, *The Privatization of Security in Africa*, South Africa Institute of International Affairs, Pretoria 1997, S. 117.

4 Frederic C. Lane, *Profits from Power: Readings in Protection Rent and Violence Controlling Enterprises*, Albany 1979.

5 Larry Taulbee, »Reflections on the Mercenary Option«, *Small Wars and Insurgencies* 9, Nr. 2, Herbst 1998, S. 145–163.

6 Lane, *Profits from Power*, S. 83.

7 Martin Van Creveld, *Aufstieg und Untergang des Staates*, München 1999, S. 40f., 159.

8 Taulbee, »Reflections on the Mercenary Option«, S. 145.

9 G.T. Griffith, *The Mercenaries of the Hellenistic World*, Groningen 1968, S. 4.

[10] Xenophon, *Der Zug der Zehntausend*, Bücher I–VII.

[11] Greg Yocherer, »Classic Battle Joined«, *Military History*, February 2000.

[12] Hans Delbrück, *Geschichte der Kriegskunst im Rahmen der politischen Geschichte*, Berlin 1936, Bd. 2.

[13] John Haldon, *Warfare, State, and Society in the Byzantine World, 565–1204*, London 1999.

[14] John Glubb, *Soldiers of Fortune: The Story of the Marmalukes*, London 1973.

[15] Genuesische Armbrustschützen gehörten zu den begehrtesten und waren bei den meisten großen Schlachten dabei, bis sie 1346 bei Crecy von englischen Longbow-Einheiten dezimiert wurden.

[16] Genua überließ die Verteidigung seiner mittelmeerischen Besitzungen zur Gänze einer Privatfirma. G. V. Scammell, *The English Trading Companies and the Sea*, London 1982, S. 5.

[17] Philippe Contamine, *Krieg und Macht*. München 1982, S. 79–81.

[18] William McNeill, *The Pursuit of Power*, University of Chicago Press, Chicago 1982, S. 77.

[19] 1342 bestand die florentinische Streitmacht aus 2000 Söldnern und nur 40 berittenen Bürgern. C. C. Bayley, *War and Society in Renaissance Florence: The »De Militia« of Leonardo Bruni*, Toronto 1961, S. 15.

[20] Die feudalen Truppenaufgebote und städtischen Milizen bestanden zum größten Teil aus Infanteristen und waren nicht in der Lage, einem Angriff schwerer Kavallerie standzuhalten. Anders angeheuerte Berufssoldaten: Sie hatten in langjähriger gemeinsamer Kampferfahrung die nötige Elastizität entwickelt, um solch einen Angriff parieren zu können. »Innerhalb des Militärs griff eine zunehmende Spezialisierung Platz. Die Armbrust führte z. B. zu schwereren Panzerungen, die teurer waren und ihren Trägern mehr Kraft abverlangten. Bei Söldnern war eher zu erwarten, dass sie mit dem technischen Fortschritt im Waffenbereich Schritt hielten.« David A. Latzko, »The Market for Mercenaries«, Arbeitspapier, vorgetragen auf der Konferenz der Eastern Economic Association, Crystal City, Virginia, 4. April 1997.

[21] Van Creveld, *Aufstieg und Untergang des Staates*, S. 182.

[22] David Ormrod, *The Reign of Edward II*, New Haven 1990, S. 103.

[23] David Ralston, *Importing the European Army*, Chicago, S. 6.

[24] Contamine, *War in the Middle Ages*, S. 158.

[25] Anthony Mockler, *The New Mercenaries*, London 1985, S. 28.

[26] Michael Howard, *Der Krieg in der europäischen Geschichte*, München 1981, S. 20ff.

[27] Anthony Mockler, *Mercenaries*, London 1969, S. 39.

[28] Contamine, *War in the Middle Ages*, S. 159.

[29] Mockler, *Mercenaries*, 1969, S. 44.

[30] Ebd., S. 42.

[31] Howard, *Der Krieg in der europäischen Geschichte*, S. 30ff.

[32] Mockler, *Mercenaries*, S. 30f.

[33] Ebd., S. 65.

[34] Ebd., S. 54.

[35] Howard, *Der Krieg in der europäischen Geschichte*, S. 30ff.

[36] Ebd., S. 25f.

[37] V. G. Kiernan, »Foreign Mercenaries and Absolute Monarchy«, in: Trevor Aston (Hg.), *Crisis in Europe, 1560–1660*, London 1965, S. 70.

[38] Ralston, *Importing the European Army*, S. 5.

[39] Howard, *Der Krieg in der europäischen Geschichte*, S. 27.

40 Ebd., S. 35.

41 Ebd., S. 160.

42 »Kein Geld, keine Schweizer.« Van Creveld, *Aufstieg und Untergang des Staates*, S. 448f. Howard, *Der Krieg in der europäischen Geschichte*, S. 56. Van Creveld vergleicht die betreffende Periode ausdrücklich mit der Gegenwart und prophezeit einen Wiederaufstieg des Militärunternehmertums.

43 Howard, *Der Krieg in der europäischen Geschichte*, S. 44. Siehe auch Fritz Redlich, *The German Military Enterpriser and His Work Force: A Study in European Economic and Social History*, Wiesbaden 1964.

44 Kiernan, *Foreign Mercenaries and Absolute Monarchy*, S. 132.

45 Howard, *Der Krieg in der europäischen Geschichte*, S. 43ff.

46 Martin Van Creveld, *Supplying War: Logistics from Wallenstein to Patton*, Cambridge 1977, S. 6.

47 Jeremy Black, *European Warfare 1453–1815*, London 1999, S. 61.

48 Ebd., S. 54.

49 Robert L. O'Connell, *Of Arms and Men: A History of War, Weapons, and Aggression*, New York 1989, S. 111.

50 Latzko, *The Market for Mercenaries*. Siehe auch McNeill, *The Pursuit of Power*, S. 137.

51 Van Creveld, *Aufstieg und Untergang des Staates*, S. 170.

52 Mary Kaldor, *Neue und alte Kriege. Organisierte Gewalt im Zeitalter der Globalisierung*, Frankfurt 2000, S. 19.

53 Deborah Avant, »From Mercenaries to Citizen Armies: Explaining Change in the Practice of War«, *International Organization* 54, Nr. 1, Winter 2000, S. 43.

54 Eliot Cohen, *Citizens and Soldiers: The Dilemmas of Military Service*, Ithaca 1985; John Gooch, *Armies in Europe*, London 1980; Barry Posen, »Nationalism, the Mass Army, and Military Power«, *International Security* 18, Nr. 2.

55 Avant, »From Mercenaries to Citizen Armies«, S. 41.

56 Thomson, *Mercenaries, Pirates, and Sovereigns*, S. 19.

57 So distanzierte sich Königin Elizabeth I. von den Operationen ihrer Freibeuter gegen die Spanier oder die Schweiz von den Umtrieben ihrer Söldnertruppen. Avant, »From Mercenaries to Citizen Armies«, S. 44f.

58 Van Creveld, *Aufstieg und Untergang des Staates*, S. 184.

59 Ebd., S. 185.

60 Thomson, *Mercenaries, Pirates, and Sovereigns*, S. 38; C. C. Bayley, *Mercenaries for the Crimea: The German, Swiss, and Italian Legions in British Service, 1854–56*, Montreal 1977.

61 Richard Smith, *Mercenaries and Mandarins: the Ever-Victorious Army in Nineteenth Century China*, Millwood 1978.

62 Alle Angaben nach Thomson, *Mercenaries, Pirates, and Sovereigns*, S. 28–31.

63 Hector MacDonnell, *The Wild Geese of the Antrim MacDonnells*, Dublin 1999.

64 Mockler, *The New Mercenaries*, S. 14.

65 Mockler, *Mercenaries*, S. 127. Übrigens erteilten die Amerikaner in diesem Krieg »Lizenzen« an über 800 Freibeuter.

66 So heißt es in der Unabhängigkeitserklärung: »Er ist, zu dieser Zeit, beschäftigt mit Herübersendung großer Armeen von fremden Mieth-Soldaten, um die Werke des Todes, der Zerstörung und Tyranney zu vollführen, die bereits mit solchen Umständen von Grausamkeit und Treulosigkeit angefangen worden ...«

67 Van Creveld, *Aufstieg und Untergang*.

[68] David Isenberg, *Soldiers of Fortune, LTD: A profile of today's private sector corporate mercenary firms*, Center for Defense Information, November 1997.

[69] Es existierte auch eine französische Ostindien-Kompanie, desgleichen diverse Westindien-Kompanien – und natürlich die Hudson's Bay Company in Kanada.

[70] Howard, *Der Krieg in der europäischen Geschichte*, S. 63.

[71] Thomson, *Mercenaries, Pirates, and Sovereigns*, S. 32.

[72] James Tracey (Hg.), *The Rise of Merchant Empires*, New York 1990, S. 39.

[73] Zitiert nach Tracy, *Rise of Merchant Empires*, S. 196.

[74] Russell Miller, *Die Ostindienfahrer*, Amsterdam 1980.

[75] Thomson, *Mercenaries, Pirates, and Sovereigns*, S. 37.

[76] Tracey, *Rise of Merchant Empires*, S. 87.

[77] Howard, *Der Krieg in der europäischen Geschichte*, S. 64.

[78] Ebd., S. 63.

[79] Charles Jenkinson, zitiert nach Lucy Sutherland, *The East India Company in Eighteenth Century Politics*, Oxford 1979, S. 137.

[80] Thomson, *Mercenaries, Pirates, and Sovereigns*, S. 39.

[81] Sepoy: Bezeichnung für indische Soldaten der ehemaligen britischen Kolonialarmee in Indien, von pers. *sipahi* (Soldat).

[82] Tracey, *Rise of Merchant Empires*, S. 163. Siehe auch Adam Hochschild, *Schatten über dem Kongo. Die Geschichte eines fast vergessenen Menschheitsverbrechens*, Reinbeck 2002.

[83] Mike Hoare diente während des Zweiten Weltkriegs in der britischen Armee in Nordafrika als Waffenoffizier und erreichte den Rang eines Oberst. Nach dem Krieg wanderte er nach Durban, Südafrika, aus, wo er unter anderem mit Safaris sein Geld verdiente. In Afrika führte er zwei Mal (1960 und 1964) Söldnertruppen an und fädelte im November 1981 einen fehlgeschlagenen Putschversuch auf den Seychellen ein. Hoare wurde von der Südafrikanischen Regierung festgenommen und wegen Luftpiraterie angeklagt. Er hatte während des Putschversuches eine Maschine der Air India auf dem Flughafen von Mahé entführt. Er wurde zu 10 Jahren Gefängnis verurteilt, kam aber nach 3 Jahren wieder frei.

[84] Dieser Erzglücksritter ruinierte seinen Ruf freilich, als er im Sommer 2000 bei den Vorbereitungen zu einem Coup ertappt wurde, mit dem er eine Reihe profitabler FKK-Kolonien übernehmen wollte. Siehe Henri Quetteville, »French Mercenary ›Is Behind Nudist Coup‹«, *Electronic Telegraph*, 11. August 2000, zu finden auf www.telegraph.co.uk

[85] United Nations General Assembly, »Report on the question of the use of mercenaries as a means of violating human rights and impeding the exercise of the right of peoples to self-determination, submitted by the Special Rapporteur of the Commission on Human Rights«, 51st Session, Item 106, 29. August 1995.

[86] Valery Yakov, »Russia's ›Wild Geese‹ – or, an Evening with a Mercenary«, *Current Digest of the Post-Soviet Press*, 5. Mai 1993.

[87] Douglas Porch, *The French Foreign Legion*, New York 1991; Adam Nathan and Michael Prescott, »Gurkhas Called Up to Fill Army Ranks«, *Sunday Times*, London, 11. Juni 2000.

[88] Im britischen Verteidigungsministerium gibt es immerhin ein Loan Service Department, das britische Soldaten an die Streitkräfte anderer Länder ausleiht. Tim Spicer, *An Unorthodox Soldier: Peace, War and the Sawdune Affair*, Edinburgh 1999, S. 39; Thomson, *Mercenaries, Pirates, and Sovereigns*, S. 91.

[89] Thompson, *Mercenaries, Pirates, and Sovereigns*, S. 90f.

[90] Latzko, »The Market for Mercenaries«.

[91] Lock, »Military Downsizing«.

[92] H.W. Parke, *Greek Mercenary Soldiers: From the Earliest Times to the Battle of Ipsus*, Oxford 1933, S. 18.

[93] George Wilnius, *The Merchant Warrior Pacified*, New York, S. 11.

[94] Lock, »Military Downsizing«.

[95] Mockler, *Mercenaries*, S. 279.

[96] Lester Langley und Thomas Schoonover, *The Banana Men: American Mercenaries and Entrepreneurs in Central America, 1880–1930*, Lexington 1995.

[97] Thomson, *Mercenaries, Pirates, and Sovereigns*, S. 2.

## Kapitel 3

[1] Von anderen, wie EO, Sandline oder Ibis Air, wird vermutet, dass sie ebenfalls größeren Konglomeraten angehören; offiziell bestreiten sie das, und das Betreiben von Schwesterunternehmen an Offshore-Standorten bietet vielfältige Möglichkeiten, solche Beteiligungen zu verschleiern.

[2] Peter Tickler, *The Modern Mercenary*, London 1987, S. 15.

[3] Der große Brockhaus in 12 Bänden, 18. Aufl., Wiesbaden 1980.

[4] Zusatzprotokolle zu den Genfer Konventionen (1977), Artikel 47.

[5] Anthony Mockler, *The New Mercenaries*, London 1969, S. xiii.

[6] Contamine, *War in the Middle Ages*, 99.

[7] Mockler, *The New Mercenaries*, S. 21.

[8] Ebd.

[9] In einer hieß es: »Körperlich fitte junge Männer, die eine Beschäftigung suchen, bei der sie mindestens 100 Pfund monatlich mehr verdienen können, sollten zu den üblichen Bürozeiten die Nummer 838-5203 wählen. Eine Anstellung wird zunächst für sechs Monate angeboten. Einstieg sofort.« Zitiert nach Mockler, *The New Mercenaries*, S. 61.

[10] Mockler, *The New Mercenaries*, S. 62. Die Unverfrorenheit, mit der die Kongo-Söldner sich ihrer Unprofessionalität rühmten, steht in krassem Kontrast zu der Art, wie heutige PMFs ihre Mitarbeiter charakterisieren würden.

[11] Kevin O'Brien, »PMCs, Myths, and Mercenaries: The Debate on Private Militaries Companies«, *RUSI Journal*, Februar 2000.

[12] Kevin O'Brien, »Military Advisory Groups and African Security: Privatized Peacekeeping«, *International Peacekeeping* 5, Nr. 3, Herbst 1998.

[13] »Foreign Special Operations Forces«, *Special Warfare: Professional Bulletin of the John F. Kennedy Special Warfare Center and School*, 11, Nr. 2, Frühjahr 1998. Die massiven Truppenkürzungen, die wirtschaftliche Entwurzelung und die rapide Zunahme der Kriminalität, wie sie sich in der Ukraine in den 1990er Jahren vollzogen, waren offenbar die treibenden Kräfte hinter diesem Trend.

[14] Zur »Weißen Legion« siehe Sean Boyne, »The White Legion: Mercenaries in Zaire«, *Jane's Intelligence Review* 9, Nr. 6, Juni 1997, S. 278–281; Alex Vines, »Mercenaries and the Privatisation of Security in Africa in the 1990s«, in: Greg Mills und John Stremlau (Hg.), *The Privatisation of Security in Africa*, South Africa Institute of International Affairs, Pretoria 1999; O'Brien, »Military Advisory Groups and African Security«; »Serb Snatched by Rogue NATO Bounty Hunter«, *Sunday Times*, 23. Juli 2000.

[15] Abdel-Fatau Musah und Kayode Fayemi, *Mercenaries: An African Security Dilemma*, London 2000. Auch Guy Arnold und Anna Leander stehen kritisch zu den PMFs und sehen keinen Wesensunterschied. Guy Arnold, *Mercenaries*, London 1999; Anna Leander, »Global Ungovernance«, Arbeitspapier des Peace Research Institute in Kopenhagen, 2002.

[16] United Nations Commission on Human Rights, »Report on the question of the use of mercenaries as a means of violating human rights and impeding the exercise of the right of peoples to self determination.« 53rd Session, Item 7, Sonderberichterstatter, 20. Februar 1997.

[17] Juan Carlos Zarate, »The Emergence of a New Dog of War: Private International Security Companies, International Law, and the New World Order«, *Stanford Journal of International Law* 34, Winter 1998: S. 75–156.

[18] Siehe Anhang 1.

[19] Zitiert nach Andrew Gilligan, »Inside Lt. Col. Spicer's New Model Army«, *Sunday Telegraph*, 24. November 1998.

[20] Russell Miller, *Die Ostindienfahrer*, Amsterdam.

[21] David Shearer, *Private Armies and Military Intervention*, International Institute for Strategic Studies, Adelphi Paper Nr. 316, London, Februar 1998, S. 21.

[22] Xavier Renou, »Promoting Destabilization and Neoliberal Pillage: The Utilization of Private Military Companies for Peacekeeping and Peace Enforcement Activities in Africa«, Thesenpapier, vorgetragen auf der ISA/APSA International Security Conference, Denver, November 2000.

[23] Zu diesen CIA-Tarnfirmen siehe Christopher Robbins, *Air America: The Story of the CIA's Secret Airlines*, New York 1979.

[24] Ken Silverstein, »Mercenary, Inc.?« *Washington Business Forward*, 26. April 2001.

[25] Damit soll aber nicht behauptet werden, man brauche sich keine Gedanken darüber zu machen, ob eine nach außen hin private Firma nicht in Wirklichkeit eine Tarnfassade sein könnte. Von mehreren französischen Firmen wie Iris Service oder ABAC wird allgemein angenommen, sie seien nicht selbstständig, sondern institutionell mit dem französischen Geheimdienst verbunden. Aus diesem Grund sind sie in die für das vorliegende Buch angestellten Überlegungen nicht einbezogen worden. Renou, »Promoting Destabilization«, und O'Brien, »Military Advisory Groups«.

## Kapitel 4

[1] Zu ähnlichen Konstellationen sowohl auf der Angebots- als auch auf der Nachfrageseite kam es, wie in Kap. 2 ausgeführt, auch schon in früheren Geschichtsepochen sowie nach Beendigung einschneidender Konflikte.

[2] Oberst Tim Spicer, zitiert nach Andrew Gilligan, »Inside Lt. Col. Spicer's New Model Army«, *Sunday Telegraph*. 22. November 1998.

[3] Die Kontroversen darüber, was ein Krieg oder eine Konfliktzone ist, gehören zu jenen akademischen Ritualen, die verwunderlich erscheinen, weil der betreffende Sachverhalt eigentlich leicht zu klären sein müsste. Viele Wissenschaftler greifen auf grobschlächtige statistische Größen zurück, etwa den Schwellenwert von 1000 Todesopfern; das erscheint einerseits willkürlich, und zum anderen sind die Verlässlichkeit und Triftigkeit vorliegender Zahlen oft zweifelhaft. Für die vorliegende Arbeit bedienen wir uns des NDCF-Index, der politische, gesellschaftliche, wirtschaftliche und militärische Parameter sowohl quantitativer als auch qualitativer Art kombiniert,

um zu entscheiden, ob ein Land sich in einem »Konflikt« befindet oder nicht. Dieser Index liefert mit die besten Prognosen für künftige Konflikte. National Defense Council Foundation (NDCF), *World Conflict List 2001*. Siehe auch Chris Gray, *Postmodern War: The New Politics of Conflict*, New York 1997, S. 49.

[4] Mark Duffield, »Internal Conflict: Adaptation and Reaction to Globalisation«, *Cornerhouse*, Briefing 1999, www.thecornerhouse.org.uk/item.shtml?x=51968 (zuletzt besucht am 10. Mai 2005); Ted Robert Gurr, Monty G. Marshall und Deepa Khosla, *Peace and Conflict 2001: A Global Survey of Armed Conflicts, Self-Determination Movements, and Democracy*, : Center for International Development and Conflict Management, University of Maryland, College Park (Md.) 2001, www.bsos.umd.edu/cidcm/peace.htm (zuletzt besucht am 10. Mai 2005); Taylor B. Seybolt in Zusammenarbeit mit dem Uppsala Conflict Data Project, »Major Armed Conflicts«, *SIPRI Yearbook 2000*, Oxford 2000, S. 15–75; Peter Wallensteen und Margareta Sollenberg, »Armed Conflict 1989–99«, *Journal of Peace Research*, 37, Nr. 5, Mai 2000, S. 649–653.

[5] Crawford Young, »The African Colonial State Revisited« *Governance*, 11, Nr. 1, Januar 1998, S. 114.

[6] Michael Brown, »The Cause of Internal Conflict«, in: Michael Klare and Yogesh Chandrani (Hg.), *World Security: Challenges for a New Century*, New York 1998, S. 181.

[7] William Thom, »Africa's Security Issues through 2010«, *Military Review*, Department of the Army Professional Bulletin 100–99–5/6, Bd. 80, Nr. 4, Juli–August 2000.

[8] William Reno, »Welthandel, Warlords und die Wiedererfindung des afrikanischen Staates«, in: Welttrends e. V. (Hg.), *Afrika jenseits des Staates*, Berlin 1997.

[9] Jeremy M. Weinstein, »Africa's ›Scramble for Africa‹«: Lessons of a Continental War«, *World Policy Journal*, 17, Nr. 2, Sommer 2000.

[10] Duffield, *Internal Conflict*.

[11] Michael Renner, »The Global Divide: Socioeconomic Disparities and International Security«, in: Michael Klare und Yogesh Chandrani (Hg.), *World Security: Challenges for a New Century*, New York 1998, S. 275.

[12] P. W. Singer, »Caution: Children at War«, *Parameters*, 31, Nr. 4, Winter 2001.

[13] Thomas Homer-Dixon. »Environmental Scarcities and Violent Conflict: Evidence from Cases«, *International Security*, 19, Nr. 1, Sommer 1994, S. 5–40.

[14] Ian Lesser, *Countering the New Terrorism*, Santa Monica 1999.

[15] Ralph Peters, »The New Warrior Class«, *Parameters*, 24, Sommer 1994, S. 24; John Keegan, »Natural Warriors«, *Wall Street Journal*, 27. März 1997, S. A20.

[16] Wie General Barry MacCaffrey, ehemaliger Drogenbekämpfungszar der USA, über die FARC sagte: »Sie haben in einem einzigen ihrer Bataillone mehr automatische Waffen als die ganze kolumbianische Armee.« *BBC*, 11. November 2000. Die Drogenkartelle haben sich sogar U-Boote aus russischer Produktion zugelegt. Jan Mckirk, »Drug Sub in Andes Linked to Russians« *The Independent*, 10. September 2000.

[17] André Linard, »Mercenaries SA«, *Le Monde Diplomatique*, August 1998, S. 31. Christopher Goodwin, »Mexican Drug Barons Sign Up Renegades from Green Berets«, *Sunday Times*, 24. August 1997; Patrick J. Cullen, »Keeping the New Dog of War on a Tight Leash«, Conflict Trends, Nr. 6, Juli 2000; James Adams, *The Next World War*, New York 1998, S. 105.

[18] Samia Aoul u. a., »Towards a Spiral of Violence? The Dangers of Privatizing Risk Management in Africa«, Memorandum der Working Group on Human Rights in Congo, Development and Peace, Mining Watch Canada, Februar 2000.

[19] Shearer, *Private Armies and Military Intervention*, S. 27.

[20] C. J. Van Bergen Thirion, »The Privatisation of Security: A Blessing or a Menace?«, *South African Defence College Paper*, Mai 1999.

[21] Lock, »Military Downsizing«, 1998. Eine Firma, die sich Centre for Counterintelligence and Security Studies nennt, wird sogar von Ex-KGB-Agenten und ihren alten Kontrahenten vom FBI gemeinsam betrieben.

[22] Stephen Zamparrelli, »Contractors on the Battlefield: What Have We Signed Up For?«, *Air War College Research report*, März 1999.

[23] Allein in den letzten paar Jahren ist es zu einem Anstieg der militärischen Auslandseinsätze der US-Streitkräfte um 300 Prozent gekommen, und ein Rückgang ist nicht abzusehen. Donald T. Wynn, »Managing the Logistics-Support Contract in the Balkans Theater«, *Engineer*, Juli 2000.

[24] Bonn International Center for Conversion (BICC), »An Army Surplus – The NVA's Heritage«, *BICC Brief* Nr. 3, 1995. Nachzulesen unter www.bicc.de/publications/briefs/brief03/content.html (zuletzt besucht am 10. Mai 2005).

[25] BICC, »An Army Surplus«.

[26] Greg Mills und John Stremlau, »The Privatisation of Security in Africa: An Introduction«, in Greg Mills and John Stremlau (Hg.), *The Privatisation of Security in Africa*, Pretoria 1999, S. 4.

[27] Stephen Metz, *Refining American Strategy in Africa*, U.S. Army War College, Strategic Studies Institute, Carlisle, April 2000, S. 24.

[28] Michael Ruppert, »When the Children of the Bull Market Begin to Die«, *From the Wilderness*, Oktober 2000.

[29] Michael Klare, »The Kalashnikov Age«, *Bulletin of the Atomic Scientists*, 55, Nr. 1, Januar/Februar 1999.

[30] Robert Neild, »Expose the Unsavory Business behind Cruel Wars«, *International Herald Tribune*, 17. Februar 2000.

[31] Jasit Singh, *Light Weapons and International Security*, Institute for Defense Studies and Analysis, New Delhi 1995.

[32] United Nations, Bericht des vom Generalsekretär eingesetzten Experten Graça Machel, »Impact of Armed Conflict on Children.« Document A/51/306 & Add. 1, 26. August 1996.

[33] David Kaiser, *Krieg in Europa*, Hamburg 1992.

[34] Lock, »Military Downsizing«.

[35] Van Creveld, *Aufstieg und Untergang*.

[36] Thomas Friedman, *Globalisierung verstehen. Zwischen Marktplatz und Weltmarkt*, Berlin 1999.

[37] Besonders drastisch fiel der Rückgang für Staaten wie Sudan, Somalia und Zaire aus, die bis dahin von beiden Supermächten umworben gewesen waren. Sie erhielten bis zu 60 Prozent weniger Wirtschaftshilfe.

[38] Metz, *Refining American Strategy*, S. 8.

[39] Van Creveld, *Aufstieg und Untergang*, S. 369.

[40] Neild, »Expose the Unsavory Business behind Cruel Wars«.

[41] William Thom, »The African Military: Problems and Prospects«, *Africa Digest*, 18.

[42] Herbert Howe, *Ambiguous Order: Military Forces in African States*, Boulder 2001, S. 40–61.

[43] Anthony D. Marley, »Problems of Terminating Wars in Africa«, *Small Wars and Insurgencies*, 8, Nr. 3, Winter 1997, S. 109–115.

[44] Global Coalition for Africa, *African Social and Economic Trends*, Annual Report

2000; Herbert Howe, *Ambiguous Order: Military Forces in African States*, Boulder 2001.

[45] Metz, *Refining American Strategy*, S. 10.

[46] Herbert Howe, »To Stabilize Tottering African Governments«, *Armed Forces Journal International*, November 1996.

[47] Das US-Verteidigungsministerium stellte in einer Studie fest, dass von 46 Streitkräften afrikanischer Staaten nur sieben in der Lage wären, wenigstens ein einziges Bataillon für einen Auslandseinsatz bereitzustellen; keine einzige konnte den Transport von Personal und Material auf längere Dauer gewährleisten. Howe, *Ambiguous Order*.

[48] Jason Sherman, »Arm's Length«, *Armed Forces Journal International*, September 2000.

[49] »South Africa – Nigeria: Military relationship«, IRIN, 18. April 2000.

[50] Ivan Watson, »Aiming at African Peace«, *San Francisco Chronicle*, 26. Januar 2001, S. 12.

[51] »South Africa's Army ›Unfit‹«, *BBC News*, 15. Juli 2002. Siehe http://news.bbc.co.uk/hi/english/world/africa/newsid_2129000/2129563.stm (zuletzt besucht am 11. Mai 2005).

[52] P. W. Singer, »AIDS and International Security«, *Survival* 44, Nr. 1, Frühjahr 2002.

[53] U. S. International Response to HIV/AIDS, Washington, Department of State, März 1999, www.state.gov/www/global/oes/health/1999_hivaids_rpt/contents.html (zuletzt besucht am 11. Mai 2005).

[54] Claire Bisseker, »Africa's Military Time Bomb«, *Johannesburg Financial Mail*, 11. Dezember 1998.

[55] Herbert Howe, »Global Order and Security Privatization«, *Strategic Forum*, Nr. 140, Mai 1998, Institute for National Strategic Studies, National Defense University, www.ndu.edu/inss/strforum/SF140/forum140.html (zuletzt besucht am 11. Mai 2005).

[56] So kam zum Beispiel im »National Interest Report« der USA für das Jahr 2000, der die nach Ansicht beider politischen Lager für die Interessen der des Landes bedeutsamen Regionen auflistete, der afrikanische Kontinent kein einziges Mal vor. The Commission on America's National Interests, *America's National Interest*, Juli 2000.

[57] Edward N. Luttwark, »Where Are the Great Powers? At Home with the Kids«, *Foreign Affairs*, Juli/August 1994.

[58] James Adams, *The Next World War*, S. 279.

[59] Hohn Diamond, »Wary U. S. Offers Little Help in Sierra Leone Crisis«, *Chicago Tribune*, 18. Mai 2000.

[60] Maria Dowling und Vincent Feck. »Joint Logistics and Engineering Contract«, *Contractors on the Battlefield*, Air Force Logistics Management Agency, Dezember 1999.

[61] Jeffrey Ulbrich, »French No Longer Africa Gendarmes«, *AP*, 23. Mai 2001. Shearer, *Private Armies and Military Intervention*, S. 29.

[62] General Jean-Paul Raffene. Hinter der Entscheidung der Franzosen standen mehrere Gründe, unter anderem ein politischer Führungswechsel und der Entschluss, die französischen Streitkräfte zu verkleinern und zu einer Freiwilligenarmee umzugestalten, die, um noch einmal Raffene zu zitieren, »die Fähigkeit Frankreichs, im Ausland zu intervenieren, beeinträchtigen wird«. Jim Fisher-Thompson, »French General Details Renewed Commitment to Africa«, *USIS*, 3. Juni 1999, zu finden unter www.eucom.mil

[63] Gilligan, »Inside Lt. Col. Spicer's New Model Army«.

[64] Dennis Jett, *Why Peacekeeping Fails*, New York 1999, S. 18.

[65] Margaret Karns und Karen Mingst, »The Evolution of United Nations Peacekeeping and Peacemaking: Lessons from the Past and Challenges for the Future«, in: Michael Klare und Yogesh Chandrani (Hg.), *World Security: Challenges for a New Century*, New York 1998.

[66] Stephem Mbogo, »Mercenaries? No, PMCs«, *West Africa Magazine*, 18. September 2000, S. 10–13.

[67] Mark Malan, »Lean Peacekeeping Turns Mean: Crisis and Response in Sierra Leone«, Arbeitspapier, vorgetragen beim Sicherheitsseminar der ISS, Südafrika, 18. Mai 2000.

[68] So waren zum Beispiel an der UN-Intervention in Sierra Leone folgende Länder beteiligt: Bangladesh, Bolivien, Kanada, China, Kroatien, die Tschechische Republik, Dänemark, Ägypten, Frankreich, Gambia, Guinea, Indien, Indonesien, Jordanien, Kenia, Kirgisien, Malaysia, Mali, Nepal, Neuseeland, Nigeria, Norwegen, Pakistan, die Russische Föderation, die Slowakei, Schweden, Tansania, Thailand, Großbritannien, Uruguay und Sambia.

[69] Chris Mcgreal, »Nigerian Peace Force Accused of Sabotage«, *The Guardian*, 14. September 2000.

[70] Van Creveld, *Aufstieg und Untergang*, S. 423.

[71] Christopher Piening, *Global Europe: The European Union in World Affairs*, Boulder 1997; Kenichi Ohmae, *The End of the Nation State: The Rise of Regional Economies*, New York 1995.

[72] Mehr über ACRI auf www.usinfo.state.gov/regional/af/acri (zuletzt besucht am 12. Mai 2005).

[73] Charles Tilly, *The Formation of National States in Western Europe*, Princeton 1975.

[74] Jessica Matthews, zitiert nach »It's Not Just Governments That Make War and Peace Now«, *The New York Times*, 28. November 1998.

[75] Stephen Metz, *Armed Conflict in the Twenty-first Century: The Information Revolution and Postmodern Warfare*, Strategic Studies Institute, U.S. Army War College, 2000, S. 62.

[76] Neild, »Expose the Unsavory Business behind Cruel Wars«.

[77] Metz, *Armed Conflict*, S. 54. Mehr zur technischen Überlegenheit dieser Gruppen gegenüber staatlichen Behörden bei Paul Kaihla, »The Technology Secrets of Cocaine Inc.« *Business* 2.0, Juli 2002, www.business2.com (zuletzt besucht am 11. Mai 2005).

[78] William Broad, »Private Ventures Hope for Profits on Spy Satellites«, *New York Times*, 10. Februar 1997, S. 1.

[79] Chris Westwood, »Military Information Operations in a Conventional Warfare Environment«, *Arbeitspapiere des Air Power Studies Centre*, Nr. 47, 1995. Tom Regan, »Wars of the Future ... Today«, *Christian Science Monitor*, 24. Juni 1999.

[80] Metz, *Armed Conflict*, S. 14.

[81] Michael Mandelbaum, »Is Major War Obsolete?« *Survival*, 40, Winter 1998, S. 35.

[82] Martin Van Creveld, *Technology and War*, New York 1989, S. 1.

[83] Ebd., S. 378.

[84] »RMA Data Base«, getragen vom Project on Defense Alternatives, www.comw.org/rma (zuletzt besucht am 12. Mai 2005).

[85] Das Pentagon verlässt sich schon heute auf eine kommerzielle Telekommunikationsinfrastruktur, bei der aus wirtschaftlichen Gründen stets die Systeme mit der besten Kosten-Nutzen-Relation zum Einsatz kommen, nicht unbedingt die sichersten. Metz, *Armed Conflict*, xiii; »$ 2.4 Billion Needed for Pentagon Computer Security.« *UPI*, 13. September 2000.

[86] »NSA Head: Tech Weakness Makes U.S. Vulnerable«, *CNN.com*, 12. Februar 2001.

[87] Das beste Beispiel war das Manöver »Eligible Receiver«, bei dem sich zeigte, was private Gruppen in diesem Bereich anrichten können. Ein Team aus 36 Könnern aus der Hackerszene schaffte es, bis in die Kontrollebene von 36 staatlichen Computernetzen vorzudringen. Sie wären in der Lage gewesen, zum Beispiel die Stromversorgung jeder Großstadt der USA abzuschalten, militärische Kommunikationsstränge durchzuschneiden und sogar die Computersysteme von Schiffen der US-Marine auf hoher See zu knacken. Dass die NSA diese Leute gleichsam von der Straße weg engagiert hatte, zeigt, dass jedermann ein solches Team zusammenstellen und für sich arbeiten lassen könnte. Chris Westwood, »Military Information Operations in a Conventional Warfare Environment«, *Arbeitspapier des Air Power Studies Centre*, Nr. 47, 1996.

[88] Rathmell, »Privatization of Intelligence«.

[89] Metz, *Armed Conflict*, S. 76.

[90] Carl Conetta und Charles Knight, »Defense Sufficiency and Cooperation: A U.S. Military Posture for the Post-Cold War Era«, Bericht für das Project on Defense Alternatives Briefing, 9, 1. März 1998, S. 31.

[91] Ein paar Zahlen mögen diese Aussage veranschaulichen. Unter den 2,3 Millionen Menschen, die als Vollzeitkräfte für das US-Verteidigungsministerium arbeiten, gehören nur 200.000 der kämpfenden Truppe an. Auf jeden von ihnen kommen vier Zivilisten in irgendwelchen unterstützenden Funktionen. Business Executives for National Security Tooth to Tail Commission, »Defense Department Headquarters – Too Many Chiefs, Not Enough Warriors«, Update Nr. 7, 14. November 1997. Zu finden unter www.bens.org (zuletzt besucht am 12. Mai 2005).

[92] Westwood, *Military Information Operations*.

[93] Thomas Adams, »The New Mercenaries«, S. 115. Adams schlägt die privaten Militärfirmen allerdings der traditionellen »Söldner«-Kategorie zu; in Kap. 3 dieses Buches wird dazu das Nötige gesagt.

[94] Eugene Smith, »The New Condottieri and U.S. Policy«, *Parameters*, Winter 2002, S. 116.

[95] James Adams, *The Next World War*, S. 113.

[96] Earle Eldridge, »Civilians Put Expertise on the Front Line«, *USA Today*, 8. Dezember 2001.

[97] Loren Thompson, zitiert nach Robert Little, »American Civilians Go Off to War, Too«, *Baltimore Sun*, 26. Mai 2002.

[98] Bryan Bender, »Defense Contracts Quickly Becoming Surrogate Warriors«, *Defense Daily*, 28. März 1997, S. 490.

[99] Michael Ignatieff, *Die Zivilisierung des Krieges*, Hamburg 2000.

[100] Mats Berdal and David Malone (Hg.), *Greed and Grievance: Economic Agendas in Civil Wars*, Boulder 2001.

[101] Metz, *Armed Conflict*, S. 24.

[102] Mary Kaldor, *Neue und alte Kriege*, S. 7.

[103] Blaine Harden, »Africa's Gems: Warfare's Best Friend«, *The New York Times*, 6. April 2000.

[104] Paul Collier and Anke Hoeffler, »Greed and Grievance in Civil War«, *World Bank Policy Research Paper*, Nr. 2355, Mai 2000.

[105] Kaldor, *Neue und alte Kriege*, S. 163.

[106] Duffield, »Internal Conflict«.

[107] Ein typisches Beispiel ist die FARC in Kolumbien, die als marxistisch-revolutionäre Gruppierung anfing und heute zu den führenden Kräften im internationalen Kokain-

geschäft gehört. Michael Klare, »The Kalashnikov Age«, *Bulletin of the Atomic Scientists*, 55, Nr. 1, Januar/Februar 1999, http://www.bullatomsci.org/issues/1999/jf99/jf99klare.html (zuletzt besucht am 12. Mai 2005).

[108] Eric Berman, »Re-Armament in Sierra Leone«, *Small Arms Survey Occasional Paper* 1, Dezember 2000.

[109] »Sierra Leone: Briefing on the Civil War«, *IRIN*, 31. Mai 2000.

[110] Douglass C. North, *Institutions, Institutional Change, and Economic Performance*, Cambridge 1990; Geoffrey Garrett und Barry Weingast, »Ideas, Interests, and Institutions«, in: Judith Goldstein and Robert Keohane (Hg.), *Ideas and Foreign Policy*, Ithaca 1993.

[111] Harvey Feigenbaum und Jeffrey Henig, »Privatization and Political Theory«, *Journal of International Affairs* 50, Winter 1997, S. 338.

[112] »The Thatcher Revolution«, *The Economist*, 21. September 1996, S. 8.

[113] In Italien wurde zum Beispiel zwischen 1983 und 1989 Staatsvermögen im Wert von 4 Milliarden Euro privatisiert, und in Frankreich, das so lange abseits gestanden hatte, beliefen sich die Privatisierungserlöse allein für 1987 auf 10 Milliarden Euro; die Zahl der öffentlich Bediensteten fiel um 800.000. Van Creveld, *Aufstieg und Untergang*, S. 407.

[114] Duffield, »Internal Conflict«.

[115] Van Creveld, *Aufstieg und Untergang*.

[116] *Privatization '98, Reason Public Policy Institute*, 12. jährlicher Bericht über Privatisierung und Staatsreform, 1998.

[117] *Privatization 1997: A Comprehensive Report on Contracting, Privatization, and Government Reform*, Reason Public Policy Institute, 11th Annual Report on Privatization, 11. jährl. Bericht über Privatisierung, 1997.

[118] Lock, »Military Downsizing.«

[119] William Reno, »Foreign Firms, Natural Resources, and Violent Political Economies«, *Social Science Forum*, 21. März 2000.

[120] Lock, »Military Downsizing«.

[121] *Privatization '98*.

[122] Eine Erörterung dieser Dynamik liefern David Held, Anthony McGrew, David Goldblatt und Jonathan Perraton, *Global Transformations: Politics, Economics, and Culture*, Stanford 1999, S. 103–123.

[123] Duffield, *Internal Conflict*.

[124] »Outsourcing 2000«, *Fortune*, 29. Mai 2000, Ausfalter.

[125] Paul Taibel, »Outsourcing and Privatization of Defense Infrastructure«, A Business Executives for National Security Report, 1998.

[126] Business Executives for National Security Tooth to Tail Commission, »After Kosovo: Operation »Restore Balance.« Update Nr. 33, 25. Mai 1999.

[127] »Outsourcing 2000«.

[128] Business Executives for National Security Tooth to Tail Commission, »Logistics Transformation: DoD's Opportunity to Partner with the Private Sector«, Issue Brief, Oktober 1999.

[129] Taibel, *Outsourcing and Privatization of Defense Infrastructure*, 1999.

[130] Business Executives for National Security Tooth to Tail Commission, »Logistics Transformation«.

[131] Van Creveld, *Aufstieg und Untergang*, S. 456–459.

[132] Ebd., S. 444f.

[133] Jenny Irish, *Policing for Profit*, ISSS Monograph Series, Nr. 39, 1999, S. 6.

[134] Edward Blakely und Mary Snyder, *Fortress America: Gated Communities in the United States*, Washington, D.C., 1997, S. 126.

[135] Ebd., S. 133.

[136] Zitiert nach Elizabeth Rubin, »An Army of One's Own«, *Harper's Magazine*, Februar 1997.

[137] Jack Kelley, »Safety at a Price: Security Is a Booming, Sophisticated, Global Business«, *Pittsburgh Post-Gazette*, 13. Februar 2000.

[138] Martin Schoneich, »Fighting Crime with Private Muscle: The Private Sector and Crime Prevention«, *African Security Review* 8, Nr. 5, 1998, S. 17.

[139] Irish, *Policing for Profit*, S. 5.

[140] Christopher Coker, »Outsourcing War«, *Cambridge Review of International Affairs* 13, Nr. 1, 1998, S. 95–113.

[141] Blakely gehört zu denen, die die erstgenannte Meinung vertreten.

[142] Kenneth Binmore und Larry Samuelson, »An Economist's Perspective on the Evolution of Norms«, *Journal of Institutional and Theoretical Politics* 150, Nr. 1, 1994; Geoffrey Garrett und Barry Weingast, »Ideas, Interests, and Institutions«, in Judith Goldstein and Robert Keohane, *Ideas and Foreign Policy*, Ithaca 1993.

[143] Van Creveld, *Aufstieg und Untegang*, S. 450.

[144] Richard Sennett, *Verfall und Ende des öffentlichen Lebens*, Frankfurt 2002.

[145] Ruppert, »When the Children of the Bull Market Begin to Die«.

[146] Sinclair Dinnen, »Trading in Security: Private Security Contractors in Papua New Guinea«, in: ders. (Hg.), *Challenging the State: The Sandline Affair in Papua New Guinea*, Canberra 1997, S. 11.

[147] Juan Tamayo, »Colombian Guerrillas Fire on U. S. Rescuers«, *Miami Herald*, 22. Februar 2001.

## Kapitel 5

[1] »Can Anybody Curb Africa's Dogs of War?«, *Economist*, 16. Januar 1999.

[2] Ebd.

[3] David Isenberg, »The New Mercenaries«, *Christian Science Monitor*, 13. Oktober 1998, S. 19.

[4] Jeffery Herbst, »The Regulation of Private Security Forces«, in: Greg Mills und John Stremlau (Hg.), *The Privatisation of Security in Africa*, Pretoria 1999, S. 118.

[5] Daniel McGrory und Nicholas Woods, »Soldiers for Sale«, *The Times*, 9. Mai 1998.

[6] Ebd. Nach McGrory und Woods zahlt etwa die Firma European Security Operatives aus Westgate in Kent bei Einsätzen in Kampfzonen Tagesgagen bis zu 450 Dollar. Bei anderen Autoren werden Tagessätze von 1000 Dollar genannt. Natürlich variiert die Besoldung je nach Tätigkeitsbereich und Einsatzort.

[7] Die SAS, eine reine Freiwilligentruppe, hatte es bis dahin nie nötig gehabt, aktiv Leute anzuwerben. Michael Evan, »SAS Struggles for Recruits as Who Pays Wins«, *The Times*, 26. Februar 2002.

[8] Paul De La Garza und David Adams, »Military Know-How Finds Niche – And Some Critics«, *St. Petersburg Times*, 3. Dezember 2000.

[9] Ebd.

[10] Esther Schrader, »Companies Capitalize on War on Terror«, *Los Angeles Times*, 14. April 2002 14, 2002; Lock, »Military Downsizing«, 1998; Gumisai Mutume, »Private Military Companies Face Crisis in Africa«, *Inter Press Service*, 11. Dezember 1998;

Korrespondenz mit Frost & Sullivan Investments, Sept. 2000. Für einige Subsektoren lassen sich Umsatzpotentiale angeben; so liegt etwa das Marktvolumen der Minenräumbranche bei jährlich 400 Mio. Dollar, und mit von Privatfirmen angebotenen militärischen Schulungsprogrammen wurden 1999 in den USA 2 Mrd. Dollar umgesetzt.

[11] International Alert, *The Politicisation of Humanitarian Action and Staff Security*, Workshop Report, 24. April 2001.

[12] Armorgroup verzeichnete innerhalb eines einzigen Quartals ein Umsatzwachstum von 27 Prozent, im selben Geschäftsjahr waren es immerhin 35 Prozent. »Armor Holdings, Inc. Reports Record Third Quarter Operating Results Of $ 0.22 per Diluted Share Before Merger & Integration Charges and Other Unusual Expenses«, *PR Newswire*, 14. November 2000.

[13] Jack Kelley, »Safety at a Price: Security Is a Booming, Sophisticated, Global Business«, *Pittsburgh Post-Gazette*, 13. Februar 2000.

[14] Angaben nach Armor Holdings. »Proxy Statement; Annual Meeting of Stockholders to be held on June 15, 2000«, Geschäftsbericht vom Juni 2000, S. 12.

[15] Gopal Ratman, »Defense News Top 100«, *Defense News*, 30. Juli 2001, S. 49.

[16] Ken Silverstein, »Mercenary, Inc.?«, *Washington Business Forward*, 26. April 2001.

[17] Cyril Zenda, »Mine Tech Earns World Honours«, *Financial Gazette*, Harare, 3. Mai 2002.

[18] Justin Brown, »The Rise of the Private-Sector Military«, *Christian Science Monitor*, 5. Juli 2000.

[19] Korrespondenz mit Frost & Sullivan, 2000.

[20] David Isenberg, *Soldiers of Fortune Ltd.: A Profile of Today's Private Sector Corporate Mercenary Firms*, Monografie, Center For Defense Information, November 1997.

[21] C. J. Van Bergen Thirion, »The Privatisation of Security: A Blessing or a Menace?« *South African Defence College*, Mai 1999.

[22] »Ex-SAS men in secret rescue«, *New Zealand Herald*, 9. März 2000. Die Operation fand unter den Augen der in der Region stationierten regulären neuseeländischen Truppen, aber ohne deren Einwilligung statt – ein weiteres Beispiel dafür, dass Firmen unter Umständen gegen die Interessen ihrer eigenen Regierung handeln.

[23] Bezeichnung für Aktien mit einer extrem geringen Markkapitalisierung.

[24] Kevin O'Brien, »PMCs, Myths and Mercenaries: The Debate on Private Military Companies«, *RUSI Journal*, Februar 2000.

[25] »Risky Returns: Doing Business in Chaotic and Violent Countries«, *Economist*, 20. Mai 2000.

[26] Alexi Barrionuevo, »Threat of Terror Abroad Isn't New for Oil Companies like Occidental«, *Wall Street Journal*, 7. Februar 2002; Alfredo Rangel Suarez, »Parasites and Predators: Guerillas and the Insurrection Economy of Colombia«, *Journal of International Affairs* 53, Nr. 2, Frühjahr 2000: 577–601; Nancy Dunne, »Dope Wars, Part II: Crackdown on Colombia«, *Financial Times*, 9. August 2000.

[27] Jimmy Burns, »Corporate Security: Anxiety Stirred by Anti-Western Sentiment«, *Financial Times*, 11. April 2002.

[28] »Corporate Security: Risk Returns«, *Economist*, 20. November 1999.

[29] »Risky Returns: Doing Business in Chaotic and Violent Countries«, *The Economist*, 20. November 1999.

[30] Zitiert nach Kelley, »Safety at a Price«. Sterling Lines hat sich auf Risikoanalysen und den Schutz von Firmenchefs spezialisiert.

[31] William Reno, »Foreign Firms, Natural Resources, and Violent Political Economies«, *Social Science Forum*, 21. März 2000. Der Kontrakt wurde durch Kredite der US-Regierung und der Weltbank abgesichert.

[32] »Corporate Security: Risk Returns«.

[33] www.airpartner.com. Ein weiterer Marktteilnehmer ist International SOS, eine Firma, die weltweite ärztliche Hilfe anbietet: www.internationalsos.com.

[34] Herbst, »The Regulation of Private Security Forces«, S. 125.

[35] Korrespondenz mit der Firma Frost & Sullivan.

[36] Anna Leander, »Global Ungovernance: Mercenaries, States and the Control over Violence«, Arbeitspapier für das Copenhagen Peace Research Institute, 2002.

[37] Colum Lynch, »Private Firms Aid U.N. on Sanctions: Wider Intelligence Capability Sought«, *Washington Post*, 20. April 2001.

[38] Antony Barnett, »Anger at Kosovo Mines Contract: Firm Accused of Human Rights Abuses Wins Million-pound Government Deal«, *Observer*, 7. Mai 2000.

[39] Kelley, »Safety at a Price«.

[40] Juan Carlos Zarate, »The Emergence of a New Dog of War: Private International Security Companies, International Law, and the New World Order«, *Stanford Journal of International Law* 34, Winter 1998, S. 75–156.

[41] Armor Holdings, »IBNet Announces Joint Marketing Agreement with Armorgroup«, Armorgroup, Pressemitteilung vom 7. April 2000. Zu finden auf www.armorholdings. com. »Princes of Private U.S. Intelligence«, *Intelligence Newsletter*, 8. Februar 2001.

[42] Delta Force ist eine US-amerikanische militärische Spezialeinheit, deren offizielle Aufgabenbeschreibung bewusst vage gehalten ist; sie umfasst schnelle, punktgenaue Operationen mit weitgefächerten Fähigkeiten. Dabei soll die Delta Force in der Lage sein, so unentdeckt vorzugehen wie keine andere US-Einheit. Es ist davon auszugehen, dass Delta Force ganz besonders auf den Kampf gegen Terroristen, vor allem in Städten, ausgerichtet ist.

[43] Speznas ist ein Elitekommando des russischen militärischen Geheimdienstes, deren Hauptaufgaben Feindaufklärung, Sabotage und Terrorismusabwehr sind. Gegründet 1950, wurden die Mitglieder zunächst aus den Reihen des militärischen Geheimdienstes rekrutiert, 1970 wurde eine spezielle Schule für Speznasoffiziere eingerichtet, und man begann, Soldaten aus den südlichen Sowjetrepubliken zu rekrutieren, die auch die Sprachen möglicher Feinde beherrschten. Speznas war in Afghanistan, Baku, Osetien, Bergkarabach, Iguschetien und Tschetschenien tätig.

[44] Alpha war besonders geschult in Taktiken der Tiefenpenetrierung und in der Verübung von Anschlägen auf nukleare Anlagen der NATO. Sie spielte aber auch eine active Rolle bei sowjetischen Auslandsinterventionen, einschließlich des Einmarsches in Afghanistan. Gespräch mit einem ehemaligen Militärattaché an der US-Botschaft in Moskau, Juni 2000.

[45] ArmorGroup Company Brief. ArmorGroup Marketing Presentation, Februar 2000.

[46] »America's 100 Fastest-Growing Companies«, *Fortune*, 6. September 1999; »100 Fastest-Growing Companies«, *Fortune*, September 2000.

[47] ArmorGroup Company Brief. ArmorGroup Marketing Presentation, Februar 2000.

[48] Brian Shepler, Analyst für Equity Research bei der SunTrust Equitable Securities Corporation, zitiert nach ArmorGroup Company Brief.

[49] »Securicor to acquire Gray Security Services«, *London Stock Exchange Regulatory News Service*, 15. September 2000.

[50] »L-3 Communications Announces Acquisition of MPRI«, *Business Wire*, 18. Juli 2000.

51 Silverstein, »Mercenary, Inc.?«

52 South African Institute of International Affairs, »Private Security: Phantom Menace or Evil Empire?«, *Intelligence Update*, 11. Mai 2000.

53 Vines, »Business of Peace«, S. 2. So geschah es in Sierra Leone, wohin Executive Outcomes Personal aus ihrem Angola-Kontingent abzog, um es beim Schlussansturm auf die Hochburgen der RUF einzusetzen.

54 Frederic C. Lane, *Profits from Power: Readings in Protection Rent and Violence Controlling Enterprises*, Albany 1979, S. 41, 44, 46.

55 South African Institute of International Affairs, »Private Security«.

## Kapitel 6

1 Aoul u. a., »Towards a Spiral of Violence?«.

2 Zarate, *Emergence*.

3 Doug Brooks und Hussein Solomon, »From the Editor's Desk«, 2000.

4 Spicer, S. 41; O'Brien 2000; Doug Brooks, »Hope for the ›Hopeless Continent‹: Mercenaries«, *Traders: Journal for the Southern African Region*, Nr. 3, Juli – Oktober 2000.

5 South African Institute of International Affairs, »Private Security: Phantom Menace or Evil Empire?«, *Intelligence Update*, 11. Mai 2000.

6 Andere Autoren haben versucht, die Unterscheidung zwischen privaten Militärfirmen und privaten Sicherheitsdiensten anhand der jeweiligen Kundenlisten vorzunehmen, doch das erscheint angesichts der Tatsache, dass sich die Klientel beider Sektoren stark überschneidet, nicht sehr sinnvoll. International Alert, *Private Military Companies and the Proliferation of Small Arms: Regulating the Actors*, Januar 2002.

7 Robert Mandel, »The Privatization of Security«, *Armed Forces & Society* 28, Nr. 1, Herbst 2001, S. 129–152.

8 International Alert, *The Politicisation of Humanitarian Action and Staff Security*, Workshop Report, 24. April 2001; Sean M. Lynn-Jones, »Offense-Defense Theory and Its Critics«, *Security Studies* 4, Nr. 4, Sommer 1995, S. 660–691; Stephen Van Evera, »Offense, Defense, and the Causes of War«, *International Security* 22, Nr. 4, Frühjahr 1998, S. 5–43.

9 James W. Davis, Jr., »Correspondence: Taking Offense at Offense-Defense Theory«, *International Security* 24, Nr. 3, Winter 1998; Keir Lieber, »Grasping the Technological Peace: The Offense Defense Balance and International Security«, *International Security* 25, Nr. 1, Sommer 2000, S. 179–206.

10 Department of the Army, *Contracting Support on the Battlefield*, FM 100–10–2, 15. April 1999.

11 *Privatization 1997: A Comprehensive Report on Contracting, Privatization, and Government Reform*, Public Policy Institute, 11. jährl. Bericht zur Privatisation, S. 17.

12 Spicer, *Unorthodox Soldier*, S. 43.

13 »Can Anybody Curb Africa's Dogs of War«, *Economist*, 16. Januar 1999.

14 Jay M. Garner, »The Next Generation of Threat to U.S. Military Superiority: ›Asymmetric Niche Warfare‹«, *Phalanx* 30, Nr. 1, März 1997; Alvin und Heidi Toffler, *War and Anti-War: Survival at the Dawn of the 21st Century*, Boston 1993; Ralph Peters, »The New Warrior Class«, *Parameters* 24, Sommer 1994.

15 Chris Gray, *Postmodern War: The New Politics of Conflict*, New York 1997, S. 126.

16 »Can Anybody Curb Africa's Dogs of War?«

[17] Eine historisches Beispiel war die Verstärkung französischer Truppen durch Schweizer Pikeniere im Jahr 1479. Die Schweizer Söldnertrupps, die damals schon als die besten Kavalleristen und Artilleristen Europas galten, verschafften den Franzosen eine klare Überlegenheit über alle Gegner in allen Waffengattungen und halfen so mit, eine französische Dominanz zu begründen, die über Jahrzehnte anhielt. McNeill, *Krieg und Macht*.

[18] Doug Brooks, »Write a Cheque, End a War Using Private Military Companies to End African Conflicts«, *Conflict Trends*, Nr. 6, Juli 2000.

[19] Daniel McGrory und Nicholas Woods, »Soldiers for Sale«, *The Times*, 9. Mai 1998.

[20] Global Coalition for Africa, *African Social and Economic Trends*, Annual Report 1999/2000.

[21] Justin Brown, »The Rise of the Private-Sector Military«, *Christian Science Monitor*, 5. Juli 2000.

[22] Interessanterweise gibt es Firmen, zum Beispiel Booz-Allen & Hamilton, die sowohl eine zivile als auch eine militärische Consultingabteilung haben.

[23] Spicer, *Unorthodox Soldier*, S. 42.

[24] Bill Burnham, »Traction Doesn't Lie«, *Inter@ctive Investor*, 1. Februar 2000.

[25] Auf die Beweggründe, aus denen heraus Firmen so handeln, wird in Kap. 11 näher eingegangen.

[26] »Zuallererst sind wir Militärberater, namentlich auf der Ebene des Kommando- und Steuerungswesens, der Kommunikation und der Aufklärung.« Spicer, *Unorthodox Soldier*, S. 21.

[27] Peter Tickler, *The Modern Mercenary*, London 1987, S. 126.

[28] Esther Schrader, »U.S. Companies Hired to Train Foreign Armies«, *Los Angeles Times*, 14. April 2002.

[29] Tim Cross, »Logistic Support for UK Expeditionary Operations«, *RUSI Journal*, Februar 2000.

[30] Department of the Army, *Contractors on the Battlefield*, FM 100–21, Washington: Headquarters, S. 1f.; Vincent Transano, »History of the Seabees«, Naval Historical Center, Nov. 2000; William Huie, *Can Do! The Story of the Seabees*, New York 1944, S. 5.

[31] Mira Wilkins (Hg.), *The Free-Standing Company in the World Economy, 1830–1996*, Oxford 1998, S. 3.

[32] Craig Copetas, »It's Off to War Again for Big U.S. Contractor«, *Wall Street Journal*, 4. April 1999, S. A21.

[33] Andrew Goodpaster, *When Diplomacy Is Not Enough*. Bericht für die Carnegie Commission on Preventing Deadly Conflict, Juli 1996, S. 26.

[34] Thomas J. Milton, »The New Mercenaries – Corporate Armies for Hire«, *Foreign Area Officers Association Journal*, 1997.

[35] Bob Gilmour, »St. Albert Officer to Lead Forces' First Private Contract on Overseas Mission«, *Edmonton Journal*, 6. Juli 2000.

[36] Ian McDougall, »The New Supply Motto for the Canadian Forces Could Be ›Welcome to Wal-Mart‹«, *Toronto Sun*, 13. März 2002; »Military Outsourcing Plan Draws Fire from Unions«, *Canadian Broadcasting Corporation*, 16. Mai 2002.

[37] General Omar Bradley drückte es so aus: »Amateure studieren Strategie, Profis studieren Logistik.« *Air Force Field Manual 1–1, Basic Aerospace Doctrine of the United States Air Force*, U.S. Government Printing Office, Washington, D.C., 1992, 1, S. 14.

[38] Jack Kelley, »Safety at a Price: Security is a Booming, Sophisticated, Global Busi-

ness.« Die Detektei Pinkerton, die auch kriminalpolizeiliche Aufgaben wahrnahm, führte Neuerungen wie das Fahndungsfoto und das Vorstrafenregister ein.

[39] Justin Brown, »Internet Challenges Old Assumptions About Spying«, *Christian Science Monitor*, 6. April 2000.

[40] Andrew Rathmell, »The Privatisation of Intelligence: A Way Forward for European Intelligence Cooperation«, *Cambridge Review of International Affairs* 11, Nr. 2, Frühjahr 1998, S. 199–211.

[41] James Risen, »CIA Instructs Agencies to Use More Commercial Satellite Photos«, *New York Times*, 26. Juni 2002.

[42] Toffler, *War and Anti-War*, S. 161.

[43] Martin Chulov, »Anger over Private Spies«, *Australian*, 5. Juli 2001.

[44] »I Could Tell You, But I'd Have to Kill You: The Cult of Classification in Intelligence«, Weekly Global Intelligence Update, *Stratfor.com* 18. September 2000, zu finden auf www.stratfor.com

[45] Stan Correy, »The Business of Cybersecurity – The War Against Privacy?« *Australian Broadcasting Corporation*, 20. August 2000. »The World War Web?« *Industry Standard*, 12. Februar 1999.

[46] Tom Regan, »Wars of the Future ... Today«, *Christian Science Monitor*, 24. Juni 1999.

[47] Correy, »Business of Cybersecurity«.

[48] Carl Franklin, »SAS General Dares to Fight Cyber–Terrorists«, *U.K. Sunday Business*, 26. Juni 1999. Siehe auch www.idefense.com.

[49] Itochu ist ein japanisches Firmenkonglomerat mit 1027 Tochter- und assoziierten Unternehmen; es gehört zu den größten Konzernen der Welt. Mehr dazu unter www.itochu.co.jp

**Kapitel 7**

[1] United Nations Commission on Human Rights. »Report on the question of the use of mercenaries as a means of violating human rights and impeding the exercise of the right of peoples to self determination«, 53. Sitzungsperiode, Item 7, Sonderberichterstatter, 20. Februar 1997.

[2] Eine inoffizielle Homepage über die Geschichte des 32. Bataillons findet sich auf: www.netcentral.co.uk/~cobus/32BAT/32BAT.htm (zuletzt besucht am 20. Mai 2005).

[3] Angeblich fanden auch einige Veteranen aus dem militärischen Arm des ANC Beschäftigung bei EO, Seite an Seite mit ihren damaligen Todfeinden. Das ist jedoch ein unbestätigtes Gerücht.

[4] Andrew Donalson, »Like Nails from Rotting Wood«, *Sunday Times*, Johannesburg, 1. Oktober 2000; Emsie Ferreira, »Koevoet: It Was a Luvverly War«, *Dispatch*, 28. September 2000.

[5] Shearer, S. 42; Isenberg, *Soldiers of Fortune*; Howe 2001.

[6] Al J. Venter, »Market Forces: How Hired Guns Succeeded Where the United Nations Failed«, *Jane's International Defense Review*, März 1998.

[7] Elisabeth Rubin, »An Army of One's Own«, *Harper's Magazine*, Februar 1997.

[8] Jim Hooper, »Diamonds Are a Guerilla's Best Friend«, *Fielding Worldwide*, 1998.

[9] Rubin, »Army of One's Own.«

[10] Executive Outcomes unterhält keine aktuelle Website mehr, doch Kopien früherer Versionen der Site finden sich in diversen Webarchiven, die im Anhang aufgelistet sind.

[11] Die Angaben in diesem Abschnitt basieren auf: Yves Goulet, »Mixing Business with Bullets«, *Jane's Intelligence Review*, September 1997; Chris Gordon, »Mercenaries

Grab Gems«, *Weekly Mail & Guardian*, 9. Mai 1997; Shearer, *Private Armies*, S. 43; Isenberg, *Soldiers of Fortune*.

[12] Tim Spicer, *An Unorthodox Soldier: Peace and War and the Sandline Affair*, Edinburgh 1999; Jonathon Carr-Brown, »Sandline ›Paid Bribe‹ to Win War Contract«, *Sunday Times*, 2. Juli 2000.

[13] Center for Democracy and Development, »The Impasse in Sierra Leone«, London, Dezember 1999, zu finden auf www.cdd.org.uk (zuletzt besucht am 20. Mai 2005).

[14] Zitiert nach Gordon, »Mercenaries Grab Gems«.

[15] »The Impasse in Sierra Leone«.

[16] Shearer, *Private Armies*; Venter, »Market Forces«.

[17] »The Impasse in Sierra Leone«.

[18] Spicer, »Unorthodox Soldier«, S. 190.

[19] Goulet, »Mixing Business«; Pech and Beresford, 1997; Al J. Venter, »Gunships for Hire«, *Flight International*, 21. August 1996, S. 32; Al J. Venter, »Sierra Leone's Mercenary War«, *Jane's International Defense Review*, November 1995.

[20] Rubin, »Army of One's Own«, S. 46.

[21] Website von Executive Outcomes.

[22] Ebd.

[23] »Crude Awakening: The Role of the Oil and Banking Industries in Angola's Civil War and the Plunder of State Assets«, *Global Witness*, Februar 2000. Zu finden auf www.oneworld.net

[24] Ebd.; UN Development Programme, UN Human Development Index 2000. Zu finden auf www.undp.org/hdr2000/english/HDR2000.html (zuletzt besucht am 20. Mai 2005).

[25] Arnaldo Simoes, *Africa Portuguesa: A Colonizacao Construiu e a Descolonizacao?*, Torres Novas 1998; *Angola em chamas*, Queluz (Portugal) 1977; Blaine Harden, »Africa's Gems: Warfare's Best Friend«, *New York Times*, 6. April 2000.

[26] Spicer, *Unorthodox Soldier*, S. 144, O'Brien, »Military Advisory Groups«, S. 98.

[27] Spicer, *Unorthodox Soldier*, S. 144.

[28] O'Brien, »Military-Advisory Groups«, S. 98.

[29] Stephaans Brummer, »Investing in the Bibles and Bullets Business«, *Weekly Mail & Guardian*, 16. September 1994.

[30] Spicer, *Unorthodox Soldier*, S. 46.

[31] Shearer, *Private Armies*. Viele EO-Mitarbeiter hatten das Gefühl, Clinton habe im Grunde die US-Firma MPRI ins Geschäft bringen wollen. Gespräche mit PMF-Vorständen, Mai 2000, Juni 2001.

[32] Spicer, *Unorthodox Soldier*, S. 44.

[33] Philip van Niekerk, zitiert nach Shearer, *Private Armies*, S. 48.

[34] Ebd. Auch regionale Beobachter vertraten diese Ansicht: »Unbestreitbar ist, dass die Südafrikaner, die sich um Aufklärung, Logistik, Kommunikation, Ausbildung und Planung kümmern, den ganzen Unterschied zwischen einer kämpfenden Truppe und einer disziplinlosen Horde ausgemacht haben.« Zitiert nach Herbert Howe, »Global Order and Security Privatization«, *Strategic Forum*, Nr. 140, Mai 1998, S. 38.

[35] Marina Jimenez, »Canadians Seek Fortune in Land of Anarchy, Violence«, *The National Post*, Toronto, 23. August 1999.

[36] International Crisis Group (ICG), *Sierra Leone: Time for a New Military and Political Strategy*, ICG Africa Report Nr. 28, 11. April 2001.

[37] United Nations Development Programme, UN Human Development Index 2000, zu finden auf www.undp.org

[38] Ryan Lizza, »Sierra Leone, the Last Clinton Betrayal«, *The New Republic*, Juli 2000. Zu finden auf www.tnr.com

[39] Siehe dazu ausführlicher P. W. Singer, »Caution: Children at War«, *Parameters* 31, Nr. 4, Winter 2001.

[40] Dies hatte seinen Ursprung in der Praxis der Rebellen, die Bevölkerung durch Terror vom Wählen abzuhalten. Die Regierung hatte die Menschen mit dem Slogan »Die Zukunft liegt in euren Händen« zur Stimmabgabe aufgefordert. ICG, April 2001, S. 10.

[41] Al J. Venter, »Sierra Leone's Mercenary War«, *Jane's International Defense Review*, November 1995.

[42] Rubin, »Army of One's Own«, S. 47.

[43] Alex Vines, »Mercenaries and the Privatisation of Security in Africa in the 1990s«, in Greg Mills und John Stremlau (Hg.), *The Privatisation of Security in Africa*, Pretoria 1999, S. 70. Diese Episode demonstriert zweierlei: dass es eine erhebliche Variationsbreite gibt, was die Effektivität privater Militärfirmen betrifft, und dass es ein Risiko ist, sich auf eine Privatfirma zu verlassen, da sie jederzeit unter Bruch vertraglicher Abmachungen die Segel streichen kann (mehr hierzu in Kap. 11). Die Firma GSG erntete im Gefolge dieses Einsatzes so viel Negativpublizität, dass sie anschließend keine lukrativen Kontrakte mehr erhielt. Nach neuestem Informationsstand scheint GSG fast nur noch eine Briefkastenfirma zu sein.

[44] Vines, »Mercenaries«, in: Mills and Stremlau (Hg.), *Privatisation*, S. 53. Dem Vernehmen nach erhielt Branch (inzwischen Diamondworks) die Konzessionen im Rahmen eines Deals zu den folgenden Konditionen: Die Firma zahlte 250.000 US-Dollar »Stützpunktmiete« pro Jahr an die Regierung, zusätzlich 50.000 Dollar an den lokalen Häuptling, und verpflichtete sich, der Regierung 5 Prozent der geförderten Diamanten sowie 37 Prozent ihrer Nettoerträge aus dem Diamantengeschäft abzutreten. Der Vollständigkeit halber muss gesagt werden, dass die Beteiligten dies alles dementieren. Offen bleibt dabei die Frage, wie anders die Regierung von Sierra Leone an das benötigte Geld gekommen ist.

[45] William Reno, »Foreign Firms, Natural Resources, and Violent Political Economies«, *Social Science Forum*, 21. März 2000.

[46] Peter Fabricus, »Private Security Firms Can End Africa's Wars Cheaply«, *Saturday Star*, Johannesburg, 23. September 2000.

[47] Stuart McGhie, »Private Military Companies: Soldiers of Fortune«, *Jane's Defense Weekly*, 22. Mai 2002.

[48] Glenn McKenzie, »Unruly Militia Defends Sierra Leone«, *Associated Press*, 5. Juli 2000.

[49] Shearer, *Private Armies*, S. 51.

[50] Khareen Pech und David Beresford, »Africa's New Look«; Khareen Pech und Yusef Hassan, »Sierra Leone's Faustian Bargain«, *Weekly Mail & Guardian*, 20. Mai 1997.

[51] ICG, »Sierra Leone«, April 2001.

[52] Marina Jimenez, »Canadians Seek Fortune in Land of Anarchy, Violence«, *National Post*, Toronto, 23. August 1999.

[53] Allan Robinson u. a., »Mercenaries Eye Sierra Leone«, *Globe & Mail*, Toronto, 1. August 1997; Colum Lynch, »U. S., Britain Implicated in Africa Coup«, *Boston Globe*, 9. Mai 1998.

[54] Die Regierung Kabila blieb die Zahlung der vertraglich vereinbarten Summe schuldig und ließ am Ende einen Teil der von EO ins Land geschickten Truppen im Operationsgebiet verkümmern, für die Firma Grund genug, den Kontrakt aufzukündigen und sich aus dem Land zurückzuziehen.

[55] Douglas Brooks, »The Business End of Military Intelligence: Private Military Companies«, *Military Intelligence Professional Bulletin*, September 1999.

[56] Alex Vines, »The Business of Peace: ›Tiny‹ Rowland, Financial Incentives and the Mozambican Settlement«, 1998, *Accord. An International Review of Peace Initiatives*, zu finden auf www.c-r.org/accord/index.shtml (zuletzt besucht am 22. Mai 2005).

[57] Reno, »Foreign Firms«, S. 47.

[58] O'Brien, »Military-Advisory Groups«, S. 50–53.

[59] Isenberg, *Soldiers of Fortune*.

[60] Vines, »The Business of Peace«, S. 2.

[61] Chris Gordon, »Mercenaries Grab Gems«, *Weekly Mail & Guardian*, 9. Mai 1997.

[62] Herbert Howe, »To Stabilize Tottering African Governments«, *Armed Forces Journal International*, November 1996.

[63] Brummer, »Investing«.

[64] Zitiert nach Daniel Burton-Rose und Wayne Madsen, »Government of, by, and for the Corporations: Corporate Soldiers: The U.S. Government Privatizes the Use of Force«, *Multinational Monitor* 20, Nr. 3, März 1999. Zu finden auf http://multinationalmonitor.org (zuletzt besucht am 22. Mai 2005).

[65] Republik Südafrika, Foreign Military Assistance Bill Nr. 54 of 1997, Pretoria: Ministry of Defence, April 1997.

[66] Gespräche mit PMF-Vorständen, Februar und Juni 2001.

[67] Kim Nossal, »Bulls to Bears: The Privatization of War in the 1990s«, in: Gilles Carbonnier (Hg.), *War, Money, and Survival*, ICRC, Genf, Februar 2000; Christopher Clapham, »Africa Security Systems: Privatisation and the Scope for Mercenary Activity«, in: Mills und Stremlau (Hg.), *Privatisation of Security in Africa*, S. 40; Chris Dietrich, »The Commercialisation of Military Deployment in Africa«, *African Security Review* 9, Nr. 1, Januar 2000.

[68] »Executive Outcomes implicated in recruiting mercenaries«, *SABC News*, 27. Juli 2000, zu finden auf www.sabcnews.com

[69] Korrespondenz mit einem Vorstandsmitglied einer PMF, Juli 2000.

## Kapitel 8

[1] Colum Lynch, »For U.S. Firms War Becomes a Business«, *Boston Globe*, 1. Februar 1997.

[2] David Shearer, *Private Armies and Military Intervention*, International Institute for Strategic Studies, Adelphi Paper Nr. 316, London, Februar 1998, S. 39. Entscheidend ist der ganz andere Lebenshintergrund der Mitarbeiter. Die Firma MPRI rekrutiert ihr Personal ganz überwiegend aus höherrangigen pensionierten Offizieren, die in der Regel nicht unmittelbar ins Geschehen auf dem Schlachtfeld eingreifen würden, selbst wenn sie noch im aktiven Militärdienst wären.

[3] Steve Alvarez, »MPRI: A Private Military«, *Stars and Stripes*, 30. Oktober 2000.

[4] Marco Mesic, »Croats Trained by Pentagon Generals«, *Balcanica*, Mai 1996.

[5] Paul De La Garza und David Adams, »Military Aid ... From the Private Sector«, *St. Petersburg Times*, 3. Dezember 2000.

[6] Ed Soyster, zitiert nach Paul De La Garza und David Adams, »Military Know-How Finds Niche – And Some Critics«, *St. Petersburg Times*, 3. Dezember 2000.

[7] Ken Silverstein, »Privatizing War«, *The Nation*, 7. Juli 1998.

[8] John Donahue, *The Privatization Decision: Public Ends, Private Means*, New York

1989, S. 218. Dass der Auftrag an MPRI gehen würde, war schon vor der Bekanntgabe der Zuteilung ein offenes Geheimnis. U.S. House of Representatives, »The Current Situation in Bosnia and the Former Yugoslavia and Preparations of U.S. Forces for Operation Joint Endeavor – Moliani-Levin Delegation«, 4. Dezember 1995.

[9] Gespräche mit NATO-Offizieren, Sarajevo, November 1996 und Juli 1999.

[10] Sewall unternahm in dieser Funktion 1995 mehrere Reisen nach Bosnien and Kroatien; nach Ansicht vieler Beobachter waren er und seine Mitarbeiter den neuen Bündnispartnern der USA mit militärischer Beratung zu Diensten, unter Verstoß gegen das geltende UN-Embargo. MPRI stand zu der Zeit in dem Verdacht, den kroatischen Streitkräften Waffenhilfe zu leisten. Ein französischer Kommandeur kommentierte die Besuche Sewalls und dessen Teams im ehemaligen Jugoslawien so: »Wenn sie nicht mit militärischen Planungen befasst sind, was tun sie dann dort? Sollen wir etwa glauben, Sewall und seine Leute seien Touristen?«, Silverstein, »Mercenary, Inc.«.

[11] Website der Firma Military Professional Resources Incorporated (MPRI), www.mpri.com.

[12] Shearer, *Private Armies*.

[13] Raymond Bonner, »War Crimes Panel Finds Croat Troops ›Cleansed‹ the Serbs«, *New York Times*, 20. März 1999.

[14] Interessanterweise hat MPRI auf die Kritik in www.mprisucks.com nicht wie die meisten Unternehmen, die in der Öffentlichkeit so angegangen werden, mit den üblichen Dementis und der Androhung rechtlicher Schritte reagiert, sondern hat sich dem Vernehmen nach darauf konzentriert, die kritische Site und ihre anonymen Autoren mit elektronischen Mitteln auszuforschen und lahm zu legen. Gespräch mit dem Administrator von www.mprisucks.com, Juli 2000. Das Gespräch wurde per E-Mail geführt, vermittelt durch ein »Anonymisierungsprogramm«, um die Identität der Interviewten nicht preiszugeben.

[15] Alvarez, *MPRI*. Deborah Avant, »Privatizing Military Training: A Challenge to U.S. Army Professionalism«, in: Don Snider (Hg.), *The Future of the Army Profession*, New York 2002.

[16] Marcia Triggs, »Army Contracts Out Recruiting«, *Officer*, 78, Nr. 3, 1. April 2002.

[17] Department of the Army, *Contracting Support on the Battlefield*. FM 100–10–2, 15. April 1999; Department of the Army, *Contractors on the Battlefield*, FM 100–21, Washington, September 1999.

[18] »Operation Storm«, *New York Review of Books*, 22. Oktober 1998; Richard Holbrooke, *Meine Mission. Vom Krieg zum Frieden in Bosnien*, München 1999, siehe insbesondere das Kapitel über die Konferenz von Washington.

[19] U.S. Senate, Bericht des Untersuchungsausschusses zu den Waffenlieferungen Iran/Bosnien, 1996. Nachzulesen auf www.parascope.com/articles/0197/bosnia.htm (zuletzt besucht am 18. Juli 2005); Maud Beelma, »Dining with the Devil: America's ›Tacit Cooperation‹ with Iran in Arming the Bosnians«, *APF Reporter*, 18, Nr. 2, 1996; »Hypocrisy in Action: What's the Real Iran-Bosnia Scandal?« *The New Yorker*, 13. Mai 1996.

[20] David Isenberg, *Soldiers of Fortune Ltd.: A Profile of Today's Private Sector Corporate Mercenary Firms*, Monographie, Center for Defense Information, November 1997.

[21] Shearer, *Private Armies*, S. 58.

[22] Mesic, »Croats Trained by Pentagon Generals«.

[23] Vereinte Nationen, »Report of the Monitors of European Union on Violations of Human Rights of the Serbs during and after Operation ›Storm‹«, 17. Oktober 1995.

[24] Raymond Bonner, »U.S. Reportedly Backed British Mercenary Group in Africa«, *New York Times*, 13. Mai 1998.

[25] Gespräch mit einem Vertreter der US-Regierung in Sarajevo, November 1996.

[26] Roger Charles, pensionierter Oberst der U.S. Marines und Militärforscher, zitiert nach Silverstein, »Mercenary, Inc.«.

[27] Zitiert nach Paul Harris, »Bosnians Sign for U.S. Military Expertise«, *Jane's Sentinel Pointer*, Juli 1996. Siehe auch De La Garza, »Military Know-How«, und ders., »Operation Storm«, *New York Review of Books*, 22. Oktober 1998; Samantha Knight u.a., »The Croatian Army's Friends«, *U.S. News & World Report*, 21. August 1995, S. 41.

[28] Zitiert nach Laura Silber und Alan Little, *Yugoslavia: Death of a Nation*, New York 1997, S. 357. Diese Beurteilung ist leicht nachvollziehbar, wenn wirklich MPRI die Finger im Spiel hatte, denn unter den heutigen Mitarbeitern der Firma sind etliche, die an den Lehrbüchern und Lehrplänen der Führungsakademien mitgeschrieben haben.

[29] Zitiert nach Juan Carlos Zarate, »The Emergence of a New Dog of War: Private International Security companies, International Law, and the New World Order«, *Stanford Journal of International Law*, 34, Winter 1998, S. 75–156.

[30] Halberstam, *War in a Time of Peace*, S. 335f.

[31] Silverstein, »Mercenary, Inc.«.

[32] De La Garza, »Military Know-How«.

[33] Zarate, »Emergence«.

[34] Zitiert nach Halberstam, *War in a Time of Peace*, S. 336.

[35] Berichten zufolge hatte »Staatssekretär Holbrooke vorgeschlagen, eine US-amerikanische Beratungsfirma, Military Professional Resources Incorporated [MPRI] aus Alexandria in Virginia, mit der Durchführung des Programms zu beauftragen. Er gab nicht preis, durch welche rechtlichen und anderen Mechanismen das erreicht werden könnte.« U.S. House of Representatives, »The Current Situation in Bosnia and the Former Yugoslavia and Preparations of U.S. Forces for Operation Joint Endeavor«, Reisebericht der Moliari-Levin-Delegation, 11. Dezember 1995. Das war lange vor der Ausschreibung des Auftrags und der Konferenz von Ankara.

[36] Gespräch mit General i.R. William Boice in Sarajevo, 7. November 1996.

[37] U.S. Department of State, Transkript eines Briefings durch Botschafter Pardew, 24. Juli 1996.

[38] Tammy Arbucki, »Building a Bosnian Army«, *Jane's International Defense Review*, August 1997.

[39] Mündliche Mitteilung, Sarajevo, November 1996.

[40] Thomas Valasek, »Bosnia: Five Years Later«, *Defense Monitor*, Dezember 2000.

[41] Zitiert nach Bradley Graham, »Ex-GIs Work to Give Bosnian Force a Fighting Chance«, *Washington Post*, 29. Januar 1997.

[42] Stephen Hedges, »Out of D.C., Cheney Still Carried Clout«, *Chicago Tribune*, 10. August 2000.

[43] Stavros Tzimas, »U.S. Trains Both Camps in FYROM«, *Kathimeini*, 20. Juli 2001. Die kroatischen Streitkräfte nahmen Bewerber jeder Nationalität auf, solange diese gegen die Serben waren; daher dienten in ihren Reihen zahlreiche ethnische Albaner, die den Serben verübelten, wie sie im Kosovo mit ihnen umgegangen waren.

[44] Yves Goulet, »MPRI: Washington's Freelance Advisors«, *Jane's Intelligence Review*, Juli 1998.

[45] Zarate, »Emergence of a New Dog«.

[46] EO behauptete später, massiver Druck seitens der US-Regierung (bis hin zu Telefonanrufen von Präsident Clinton persönlich) habe sie den Auftrag gekostet. Ein maßgeblicher Faktor war aber wohl auch die Weigerung Savimbis, dem Abkommen von Lusaka beizutreten, ehe nicht Executive Outcomes das Land verlassen hatte.

[47] Shearer, *Private Armies*, S. 63.

[48] »Generals Accused of Corruption: American Defense Firms Gives Up Angolan Contract.« *Jornal Digital*, 25. Oktober 2000. Die Zahlung von »Boni« ist im Wirtschaftsleben Angolas normal. Nach Angaben des US-Energieministeriums erhielten angolanische Beamte von ausländischen Ölfirmen allein innerhalb eines Jahres »Boni«, sprich Schmiergelder, in Höhe von insgesamt 900 Millionen Dollar.

[49] Weitere Informationen zu ACRI sind auf diversen amtlichen Websites des US-Militärs und des US-Außenministeriums abrufbar: www.defenselink.mil/policy/isa/africa/acri_factsheet.pdf; http://usinfo.state.gov/regional/af/acri/ (zuletzt besucht am 23. Mai 2005).

[50] Weitere Informationen zu ACSS sind abrufbar auf www.africacenter.org/ (zuletzt besucht am 23. Mai 2005).

[51] Jason Sherman, »Arm's Length«, *Armed Forces Journal International*, September 2000, S. 30.

[52] Justin Brown, »The Rise of the Private-Sector Military«, *Christian Science Monitor*, 5. Juli 2000.

[53] Nach den Kriterien des Freedom House lag bzw. liegt Äquatorialguinea am untersten Ende der Skala freiheitlicher Länder, auf einer Ebene mit Nordkorea und dem Irak Saddam Husseins. Siehe www.freedomhouse.org/ratings/index.htm (zuletzt besucht am 23. Mai 2005). An vorderster Stelle vertreten ist das Land auch in den Jahresberichten von Amnesty International, im vom US-Außenministerium erstellten »World Report on Human Rights« und in den Berichten der UN-Kommission für Menschenrechte.

[54] Brown, »Rise of the Private-Sector Military«. Der Einsatz lief später im Jahr 2000 an. MPRI wurde von der Regierung von Äquatorialguinea bezahlt, doch das Geld kam dem Vernehmen nach von Amerada Hess, Mobil Oil und anderen multinationalen Konzernen, die vor kurzem mit Offshore-Ölbohrungen begonnen haben – daher das Bedürfnis nach einer besseren Küstenwache. Näheres zu den Ölförderkontrakten bei Ken Silverstein, »U.S. Oil Politics in the ›Kuwait of Africa‹«, *The Nation*, 22. April 2002, www.thenation.com (zuletzt besucht am 23. Mai 2005).

[55] Steven Dudley, »Colombia Vows End To Abuses«, *Washington Post*, 22. Juli 2000, S. 15.

[56] Paul De La Garza und David Adams, »Military Aid … From the Private Sector«.

[57] Ebd.; Gespräch mit einem Vertreter der US-Regierung, Juni 2001.

[58] De La Garza und Adams, »Contract's End Hints of Colombia Trouble«, *St. Petersburg Times*, 13. Mai 2001.

[59] »L-3 Communications Announces Acquisition of MPRI«, *Business Wire*, 18. Juli 2000.

[60] Ebd.

[61] Neue Aufträge beinhalten zum Beispiel Planungsleistungen für den Bundesstaat South Carolina im Bereich des sogenannten Heimatschutzes. Siehe »L-3 Communications Announces First Quarter 2002 Results«, *Cambridge Telecom Report*, 29. April 2002.

# Kapitel 9

[1] Zitiert nach Tom Ricks und Greg Schneider, »Cheney's Firm Profited From ›Overused‹ Army«, *Washington Post*, 9. September 2000, S. 6.

[2] George Cahlink, »Army of Contractors«, *Government Executive*, Februar 2002.

[3] Tim Cross, »Logistic Support for UK Expeditionary Operations«, *RUSI Journal*, Februar 2000.

[4] Nachzulesen in den firmengeschichtlichen Abschnitten der Halliburton-Website: www.halliburton.com (zuletzt besucht am 23. Mai 2005).

[5] Finanzinformationen über Halliburton (Börsenkürzel: HAL) finden sich z. B. auf www.etrade.com oder in den Geschäftsberichten des Konzerns auf der Website www.halliburton.com.

[6] Diana Henriques, »Mixed Reviews for Cheney in Chief Executive Role at Halliburton«, *New York Times*, 24. August 2000.

[7] Ebd.

[8] »Das war der Wendepunkt. Er hätte nicht ins Rennen gehen können ohne das Geld und die Flugzeuge von Brown & Root. Und die Wahl von 1948 ebnete Lyndon den Weg zur Präsidentschaft.« Ronnie Dugger, zitiert nach Robert Bryce, »The Candidate From Brown & Root«, *Austin Chronicle*, 25. August 2000.

[9] Zitiert nach Bryce, »Candidate From Brown & Root«. Näheres zu den Querverbindungen zwischen der Firma und Johnson bei Robert A. Caro, *The Path to Power*, New York 1990; Ronnie Dugger, *The Politician: The Life and Times of Lyndon Johnson*, New York 1982.

[10] Ricks und Schneider, »Cheney's Firm Profited from ›Overused Army‹«.

[11] Zitiert nach Stephen Hedges, »Out of D. C., Cheney Still Carried Clout«, *Chicago Tribune*, 10. August 2000.

[12] Karen Gullo, »Peacekeeping Helped Cheney Company«, *Associated Press*, 28. August 2000.

[13] Donald T. Wynn, »Managing the Logistics-Support Contract in the Balkans Theater«, *Engineer*, Juli 2000. Zu finden auf http://call.army.mil

[14] Wynn, »Managing the Logistical Support«.

[15] Nathan Hodge, »Brown & Root Poised to Win Base Work in Central Asia«, *Defense Week*, 29. April 2002, S. 1.

[16] Zitiert nach Ricks und Schneider, »Cheney's Firm Profited from ›Overused Army‹«.

[17] Gespräche mit US-Soldaten in Bosnien, August 1999. Ich nahm auch mehrere Mittagessen in den von BRS betriebenen Verpflegungseinrichtungen ein; dort gab es unter anderem das beste Steak, das ich in Bosnien gegessen habe, wobei die Konkurrenz zugegebenermaßen schwach war.

[18] General Accounting Office, »Contingency Operations: Army Should Do More to Control Contract Cost in the Balkans«, NSDIAD–00–225, 6. Oktober 2000, zu finden auf www.gao.gov/ (zuletzt besucht am 23. Mai 2005); Gullo, »Peacekeeping Helped Cheney Company«.

[19] Larry Margasak, »Report on Cheney, Bathrooms«, *Associated Press*, 10. September 2000. Die Firma verwies auf »kulturelle Unterschiede« in bezug auf die Art der Toilettennutzung.

[20] Scott Schonauer, »Hacker Sends Costly Virus to Brown & Root«, *European Stars and Stripes*, 7. Februar 2001, S. 3.

[21] Pratap Chatterjee, »Soldiers of Fortune«, *San Francisco Bay Guardian*, 6. Mai 2002, zu finden auf www.sfbg.com (zuletzt besucht am 23. Mai 2005).

[22] Halliburton, Geschäftsbericht für das Jahr 1999, zu finden auf http://www.halliburton.com

[23] »Cheney, Halliburton Sued«, *CNN.com*, 9. Juli 2002; »Halliburton Falls on SEC Probe«, *CNN.com*, 29. Mai 2002.

[24] Bryce, »Candidate from Brown & Root«.

[25] Terry Allen-Mills, »France's Scandal Trail Leads to U.S.«, *Sunday Times*, 31. Dezember 2000.

[26] General Accounting Office, »Contingency Operations: Opportunities to Improve the Logistics Civil Augmentation Program«, GAO/NSIAD-97-63, Februar 1997.

[27] Bryce, »The Candidate from Brown & Root«.

[28] Ricks und Schneider, »Cheney's Firm Profited from ›Overused Army‹«.

[29] Ebd.

[30] General Accounting Office, »Contingency Operations: Opportunities to Improve«.

[31] Angaben nach der Darstellung auf der Halliburton-Website www.halliburton.com.

[32] Wynn, »Managing the Logistics-Support«; Gullo, »Peacekeeping Helped Cheney Company«.

[33] Wynn, »Managing the Logistics-Support«.

[34] Ebd.

[35] Ebd.

[36] Ebd. Viele der Männer und Frauen, die dank dieser Privatisierung von Aufgaben nicht gebraucht wurden, hätten andernfalls aus der Nationalgarde oder aus Reserveeinheiten heraus mobilisiert werden müssen, und dafür Mehrheiten im Kongress zu gewinnen, wäre entsprechend schwieriger gewesen. Dieser Aspekt wird in Teil III dieses Buches näher beleuchtet.

[37] Gespräch mit dem Vorstand einer PMF, Juni 2001.

[38] General Accounting Office, »Contingency Operations: Army Should Do More«.

[39] Hodge, 2002, S. 1.

[40] Chris Hawley, »Contractor Aids U.S. Afghan Base«, *Newsday*, 6. Oktober 2002.

[41] Wie Vizepräsident Cheney im Wahlkampf erklärte: »Im Verlauf des letzten Jahrzehnts sind unsere weltweiten Verpflichtungen um 300 Prozent gewachsen, während unsere Truppenstärke um 40 Prozent gekürzt worden ist.« Zitiert nach Ricks und Schneider, »Cheney's Firm Profited form ›Overused Army‹«.

[42] Zitiert nach Gullo, »Peacekeeping Helped Cheney Company«.

[43] Ebd.

[44] Halliburton, Geschäftsbericht für das Jahr 1999.

[45] »U.S. Firm to Retrieve Russian Sub«, *Guardian*, 3. Oktober 2000.

**Kapitel 10**

[1] John Donahue, *The Privatization Decision*, New York 1989, S. 38.

[2] Carl von Clausewitz, *Vom Kriege*. München 2000, S. 64

[3] *Privatization 1997: A Comprehensive Report on Contracting, Privatization, and Government Reform*, Reason Public Policy Institute, 11th Annual Report on Privatization 1997.

[4] John D. Hanrahan, *Government By Contract*, New York 1983, S. 115.

[5] Ebd., S. 122.

[6] Dazu kommt, dass der Hauptauftragnehmer Subunternehmer aus dem Einsatzland

oder aus einem Drittland einschalten kann. Siehe Department of the Army, *Logistics, Army Contractors on the Battlefield*, Regulation 715–XX, 31. Januar 1999.

[7] Donahue, *Privatization Decision*, S. 218.

[8] Doug Brooks, »Write a Cheque, End a War: Using Private Military Companies to End African Conflicts«, *Conflict Trends*, Nr. 6, Juli 2000; Spicer 1999.

[9] David Shichor, *Punishment for Profit: Private Prisons/Public Concerns*, Thousand Oaks 1995; Abdel Fatau Musah und Kayode Fayemi, *Mercenaries: An African Security Dilemma*, London 2000.

[10] General Accounting Office, »Contingency Operations: Opportunities to Improve the Logistics Civil Augmentation Program«, GAO/NSIAD-97–63, Februar 1997.

[11] General Accounting Office, »Contingency Operations: Army Should Do More to Control Contract Cost in the Balkans«, NSDIAD-00–225, 6. Oktober 2000. Gregory Piatt, »GAO Report: Balkans Contracts Too Costly«, *European Stars and Stripes*, 14. November 2000, S. 4.

[12] Gespräche mit einem Beamten der US-Regierung, Sarajevo, Juli 1999. Es überrascht nicht, dass auch Kunden der militärischen Beraterbranche sich immer wieder mit Problemen dieses Typs konfrontiert sehen. Gespräch mit Managementberatern, Januar 1999.

[13] Shichor, *Punishment for Profit*, S. 122.

[14] Gespräch mit UNMIK-Mitarbeitern, Sommer 1999; O'Meara, »DynCorp Disgrace.« *Insight*, 4. Februar 2002.

[15] Hanrahan, *Government By Contract*, S. 59.

[16] General Accounting Office, »Contingency Operations: Army Should Do More«.

[17] Das wäre wohl ein Verstoß gegen geltendes US-amerikanisches Recht, das geschäftliche Kontakte pensionierter Offiziere mit aktiven Militärangehörigen untersagt; dieses Verbot schließt ausdrücklich jede vertragliche Zusammenarbeit in Bereichen ein, die irgendetwas mit ihrer früheren Tätigkeit bei den Streitkräften zu tun hat. Offenbar ist aber noch niemand deswegen strafrechtlich belangt worden. Hanrahan, *Government by Contract*, S. 32.

[18] Deborah Avant, »In Focus: Privatizing Military Training«, *Foreign Policy In Focus* 5, Nr. 17, Mai 2000. www.foreignpolicy-infocus.org/briefs/vol5/v5n17mil.html (zuletzt besucht am 9. Juni 2005).

[19] Thomas J. Milton, »The New Mercenaries – Corporate Armies for Hire«, *Foreign Area Officers Association Journal*, 1997.

[20] Dass Mitarbeiter privater Militärfirmen über keine gewerkschaftliche Interessenvertretung verfügen, erhöht nur ihre Abhängigkeit vom guten Willen der Firmenleitung und bestärkt sie in der Motivation, den Profit der Firma im Auge zu behalten. Shichor, *Punishment for Profit*, S. 56.

[21] Donahue, *Privatization Decision*, S. 54.

[22] Ashton Carter und John White, *Keeping the Edge*, Cambridge 2001, S. 187.

[23] Donahue, *Privatization Decision*, S. 105.

[24] Jean Tirole, *Industrieökonomik*, München und Wien 1999, S. 48f.

[25] General Accounting Office, »Contingency Operations: Army Should Do More to Control Contract Cost in the Balkans«, NSDIAD-00–225. 6. Oktober 2000.

[26] Gespräche mit einem PMF-Angestellten und einem Beamten der US-Regierung, Sarajevo, Juli 1999.

[27] Ebd.; Katie Merx, »Cop Fired From Kosovo Job«, *Detroit News*, 25. Februar 2000.

[28] Zitiert nach Kelly Patricia O'Meara, »Broken Wings«, *Insight*, 8. April 2002.

[29] Ebd.

[30] General Accounting Office, »Contingency Operations: Opportunities to Improve the Logistics Civil Augmentation Program«; Piatt, »GAO Report: Balkans«, S. 4; Alex Vines, »Mercenaries and the Privatisation of Security in Africa in the 1990s«, in: Greg Mills und John Stremlau (Hg.), *The Privatisation of Security in Africa*, Johannesburg 1999, S. 62.

[31] William Washington, »Subcontracting as a Solution, Not a Problem in Outsourcing«, *Acquisition Review Quarterly*, Winter 1997, S. 79–86.

[32] Avant, »In Focus: Privatizing Military Training«; siehe auch Susan Gates und Albert Robert, »Comparing the Cost of DoD Military and Civil Service Personnel«, *RAND Report*, MR-980-OSD, 1998.

[33] Duncan Showers, »Are We Ready to Fight and Win the Next War?« *Contractors on the Battlefield*, Air Force Logistics Management Agency, Dezember 1999. General Accounting Office, »Outsourcing DoD Logistics: Savings Achievable But Defense Science Board's Projections Are Overstated«, NSIAD-98-48, 8. Dezember 1997.

[34] James Murphy, »DoD Outsources $500m in Spare Parts Work«, PlanetGov.com, 29. September 2000.

[35] Hauptsächlich aus diesem Grund lehnte Machiavelli das Anheuern von Söldnertruppen ab.

[36] Im englisch-französischen Krieg in Nordamerika wandten beide Kontrahenten die denkbar eindeutigste Methode für die Messung und Belohnung militärischer Erfolge an, indem sie ihren jeweiligen indianischen Verbündeten »Stückprämien« pro abgeliefertem Skalp zahlten. Allein, nicht einmal dieses scheinbar narrensichere System konnte das grundsätzliche Problem im Verhältnis zwischen Auftraggeber und Söldner lösen – es kamen Zweifel auf, ob die abgelieferten Skalpe wirklich von Soldaten des Feindes stammten, denn »der Skalp eines Franzosen war nicht vom Skalp eines Engländers zu unterscheiden und ließ sich mit weniger Aufwand erbeuten«. Francis Parkman, *France and England in North America*, New York, Library of America, Bd. II, S. 217.

[37] United Nations, Report of the Panel on United Nations Peace Operations, A/55/305, S/2000/809, 21. August 2000.

[38] Herbert Howe, »Global Order and Security Privatization«, *Strategic Forum*, Nr. 140, Mai 1998. Im Biafrakrieg unterließ es Nigerias angeheuerte Luftwaffe, den einzigen Flughafen in Biafra zu bombardieren – ihre Gehälter waren nicht erfolgsabhängig, sondern wurden pro Monat der Einsatzdauer berechnet. Mallett weist auf ein ähnliches Phänomen hin, das es im Mittelalter gab: »Der Staat wollte schnelle und preiswerte Siege; die *Condottieri* wollten ihren Lebensunterhalt verdienen und ihre Haut retten.« Michael Mallett, *Mercenaries and their Masters: Warfare in Renaissance Italy*, Totowa 1974, S. 101f.

[39] Kevin Whitelaw, »The Russians Are Coming«, *U. S. News and World Report*, 15. März 1999; Thomas Adams, »The New Mercenaries and the Privatization of Conflict«, *Parameters*, Sommer 1999: S. 103–16. http://carlisle-www.army.mil/usawc/Parameters/99summer/adams.htm (zuletzt besucht am 9. Juni 2005). Die Firma verkaufte Jagdflugzeuge vom Typ Su-27 (die russischen Pendants zur F-15) und stellte auch Piloten, Techniker und Bodenkontrollpersonal für ihren Einsatz.

[40] Gennady Charodeev, »Foreign Wars: Russian Generals Involved in a War between Ethiopia and Eritrea«, *Iswestija*, 26. Mai 2000, S. 4; Whitelaw, »The Russians Are Coming.«; Greg Noakes, »Israeli Commandos' Congo Connection«, *Washington Report on Middle East Affairs*, April/Mai 1994, S. 22, www.washington-report.org/backissues/0494/9404022.htm (zuletzt besucht am 9. Juni 2005).

[41] Wie ein tschetschenischer Rebell es ausdrückte: »Mit Geld ist alles möglich.« Siehe »Russian Contract Soldiers in Chechnya: Poor Quality, Often Quit«, *RFE/RL*, 2. Oktober 2000. »Arms, Money, and the Men: A Year of War in Chechnya«, *Agence France Press*, 28. September 2000.

[42] Corbus Claassens, zitiert nach Marcia Lutyens, »Military Operations, ex VAT«, *De Volkskrant*, 17. Februar 2001.

[43] Nicholas Rufford und Pete Sawyer, »Death Crash and ›Secret UK Arms Deals‹«, *Sunday Times*, 19. November 2000.

[44] »British Firms Arming Sierra Leone Rebels«, *Sunday Times*, 10. Januar 1999. Sky Air Cargo belieferte auch Rebellentruppen im Kongo.

[45] Avinash Dixit und Susan Skeath, *Games of Strategy*, New York 1999,

[46] Anthony Mockler, *Mercenaries*, London 1969.

[47] Die Angst, angeheuerte Kräfte könnten sich davonstehlen, war besonders ausgeprägt in Bezug auf Spezialverbände, auf die die Truppe besonders angewiesen war; die französische Armee gestattete zum Beispiel keine Ausweitung der Fremdenlegion auf die Artillerie oder Kavallerie, um den Rest ihrer Truppen nicht von Legionären abhängig zu machen. Douglas Porch, *The French Foreign Legion*, New York 1991.

[48] J. Michael Brower, »Outsourcing at DoD: All It's Cracking People Up to Be?« *Military Review* 77, November–Dezember 1997, S. 67f.

[49] Kathleen Melymuka, »Kaboom! The Field of IT Outsourcing Is Dotted with Land Mines«, *Computerworld*, 17. März 1997. www.computerworld.com/news/1997/story/0,11280,1331,00.html (zuletzt besucht am 9. Juni 2005).

[50] David Pugliese, »Canadian Troops Trapped in Shipping Dispute«, *Ottawa Citizen*, 25. Juli 2000.

[51] GSG kam danach nicht mehr ins Geschäft, aber für ihre Mitarbeiter war es wahrscheinlich wichtiger, dass sie wohlbehalten aus der Geschichte herauskamen.

[52] Stephen Zamparrelli, »Contractors on the Battlefield: What Have We Signed Up For?« Air War College Research report, März 1999.

[53] Gordon Campbell, »Contractors on the Battlefield: The Ethics of Paying Civilians to Enter Harm's Way and Requiring Soldiers to Depend upon Them«, Joint Services Conference on Professional Ethics 2000, Springfield, 27.–28. Januar 2000.

[54] Zamparrelli, »Contractors on the Battlefield«, S. 28.

[55] Im Golfkrieg von 1991 kam es tatsächlich in Einzelfällen vor, dass zivile Mitarbeiter von Vertragsfirmen sich aus dem Staub machten, nachdem Warnungen vor Angriffen mit chemischen Waffen ergangen waren; ebd., S. 21. Siehe auch Maria Dowling und Vincent Feck, »Joint Logistics and Engineering Contract«, Contractors on the Battlefield, Air Force Logistics Management Agency, Dezember 1999.

[56] Zamparrelli, »Contractors on the Battlefield«, S. 22.

[57] Gespräch mit einem PMF-Mitarbeiter, Juni 2001.

[58] Howard Michitsch, »Armed Forces Program Hits Snag«, *Ottawa Citizen*, 25. August 2001; Michael Evans, »Navy Dock Workers Threaten to Strike Over Privatisation Plans«, *The Times*, 26. März 2002.

[59] John Keegan, *Der Erste Weltkrieg. Eine europäische Tragödie*, Reinbeck 2000, S. 337.

[60] Zamparrelli, »Contractors on the Battlefield«, S. 7.

[61] Department of the Army, »Logistics: Army Contractors on the Battlefield«, Regulation 715-XX, 31. Januar 1999.

[62] Zamparrelli, »Contractors on the Battlefield«, S. viii.

[63] Martin Van Creveld, *Aufstieg und Untergang*.

[64] Zamparrelli, »Contractors on the Battlefield«, S. 18.

[65] John Toland, *Ardennenschlacht*, Bergisch Gladbach 1978.

[66] »Und nach allem, was ich in Somalia erlebt habe, ... könnten sie leicht in die Lage kommen, dass sie ihre Schraubenschlüssel wegwerfen und ihre Laptops zuklappen und sich eine Waffe schnappen müssen. Wir dürfen nicht glauben, dass es nur die Ranger oder nur die Infanteristen sind, die die Schlachten schlagen werden. Es werden alle sein. [Black Hawk Down] erzählt nicht, ... wie unsere Köche ihre Panzerwesten und ihre Waffen herausholen und in die Stadt rausgehen und als Teil dieser Truppe kämpfen mussten. Er erzählt nicht von den Mechanikern, die rausgehen und die Fahrzeuge reparieren mussten, die praktisch zerstört waren. Er erzählt nicht von all den Kommunikationsjungs, die malochten, um die Kommunikation in Gang zu bringen, damit alle die verschiedenen Elemente miteinander sprechen konnten.« Sgt. Eversmann, U.S. Army, zitiert nach Franklin Fisher, »Somali Ranger Veteran Stresses Value of Support Troops«, *Stars & Stripes*, 3. April 2001.

[67] Campbell, *Contractors on the Battlefield: Ethics.*

[68] Hanrahan, *Government by Contract*, S. 195. Ein ehemaliger KGB-Agent nannte die Sicherheitsvorkehrungen von Privatfirmen einen »Witz«; er verschaffte sich über eine Firma Zugang zu US-amerikanischen Militärgeheimnissen und stahl sie.

[69] Showers, »Are We Ready to Fight?«

[70] Joseph Michels, »A Civil Sector Force Multiplier for the Operational Commander«, in: Air Force Logistics Management Agency, *Global Thinking, Global Logistics*, Dezember 1999.

[71] Duncan Campbell, »Now Showing on Satellite TV: Secret American Spy Photos«, *Guardian*, 13. Juni 2002.

[72] Niccolo Machiavelli, *Der Fürst*, Stuttgart 1984, Kap. 12, S. 82f.

[73] Larry Taulbee, »Reflections on the Mercenary Option«, *Small Wars and Insurgencies*, 9, Nr. 2, Herbst 1998, S. 145–163.

[74] Spicer, *Unorthodox Soldier*, 25.

[75] William McNeill, *Krieg und Macht*, München 1984, S. 77.

[76] Anthony Mockler, *The New Mercenaries*, London 1985, S. 205. Mockler erklärt sogar, eine Revolte sei in einer solchen Situation so gut wie »unvermeidlich«.

[77] Mockler, *Mercenaries*, S. 31.

[78] »Russia Betrays 150 Mercenaries«, www.qoqaz.net, 19. November 2000. Man muss zu bedenken geben, dass es sich dabei um einen unbestätigten Bericht aus tschetschenischer Quelle handelt.

[79] Gespräche mit einem PMF-Manager, Februar 2000.

[80] Ebd.

[81] Khareen Pech und Yusef Hassan, »Sierra Leone's Faustian Bargain«, *Weekly Mail & Guardian*, 20. Mai 1997.

[82] Die Analogie dazu in der zivilen Wirtschaft ist beispielsweise das »consulting for equity«, bei dem die Beraterfirma in Aktien der beauftragten Firma bezahlt wird.

[83] Chris Dietrich, »The Commercialisation of Military Deployment in Africa«, *African Security Review* 9, Nr. 1, Januar 2000.

[84] Venter, »Market Forces«.

[85] Goulet, »Mixing Business With Bullets«.

[86] William Reno, »Welthandel, Warlords und die Wiedererfindung des afrikanischen Staates«, in: Welttrends e.V. (Hg.), *Afrika – jenseits des Staates*, Berlin 1997.

[87] »Crude Awakening: The Role of the Oil and Banking Industries in Angola's Civil War and the Plunder of State Assets«, Bericht aus *Global Witness*, Februar 2000,

nachlesbar auf www.globalwitness.org/reports/show.php/en.00016.html (zuletzt besucht am 9. Juni 2005).

[88] Samuel Aoul u.a., »Towards a Spiral of Violence? The Dangers of Privatizing Risk Management in Africa«, Memorandum, Working Group on Human Rights in Congo Development and Peace, Mining Watch Canada, Februar 2000.

[89] »Crude Awakening«.

[90] Der Begriff stammt aus dem Dienstleistungsvertragsrecht. Im vorliegenden Zusammenhang zielt eine »strategische Privatisierung« auf die Reduzierung des kollektiven Raums des »allmächtigen Staates«, im Gegensatz zu einer »taktischen Privatisierung«, die auf die Reduzierung von Budgetkosten zielt. PMFs verwenden den Ausdruck »strategisch« im militärischen Sinn, aber die Absicht, den kollektiven Raum des Gegners zu reduzieren, spielt ebenfalls eine Rolle. Siehe Donahue, *Privatization Decision*, S. 136.

[91] Reno, »Welthandel, Warlord«, S. 26; Michael Doyle, *Empires*, Ithaca 1986.

[92] William Reno, »Foreign Firms, Natural Resources, and Violent Political Economies«, *Social Sciences Forum*, 21. März 2000. Ein Auftrag ging damals an International Defense and Security (IDAS), ein belgisch-holländisches Unternehmen, das für seine militärischen Dienste Diamantenschürfrechte in einem Gebiet erhielt, das größer war als Belgien. Aoul, »Towards a Spiral of Violence?«, 2000.

[93] Dinnen 1997. *Challenging the State: The Sandline Affair in Papua New Guinea*, Australian National University Pacific Policy Paper 30, 1997. Im Kongo-Brazzaville erhielt die israelische Firma Levdan von der Regierung Lissouba die Hälfte der Anteile an der Ölförderkonzession Marine III – zufällig trainierte Levdan zu dieser Zeit die Truppen dieses Regimes.

## Kapitel 11

[1] John Mearsheimer, »The False Promise of International Institutions«, *International Security* 19, Nr. 3, Winter 1994, S. 3–49.

[2] Zum Beispiel in dem vereinfachten Modell vom »Staat als mikroökonomischer Firma«, aus dem die neorealistische Theorie ihre Erkenntnisse ableitet. Kenneth Waltz, *Theory of International Relations*, New York 1979; Richard D. Auster und Morris Silver, *The State as a Firm: Economic Forces in Political Development*, Boston 1979.

[3] Jean-Michel Guéhenno, »The Impact of Globalisation on Strategy«, *Survival* 40, Winter 2000, S. 6.

[4] Greg Mills und John Stremlau, »The Privatisation of Security in Africa: An Introduction«, in: Greg Mills und John Stremlau (Hg.), *The Privatisation of Security in Africa*, Pretoria 1999, S. 13.

[5] Jason Nisse, »Cash for Combat«, *Independent*, 21. November 1999; Juan Carlos Zarate, »The Emergence of a New Dog of War: Private International Security Companies, International Law, and the New World Order«, *Stanford Journal of International Law* 34, Winter 1998, S. 75–156. Ein Beispiel lieferte der Kongo, wo Firmen sowohl für das Mobutu-Regime als auch für die darauf folgende Regierung unter Joseph Kabila sen. arbeiteten, obwohl die USA die mit Ruanda und Uganda liierten Rebellentruppen unterstützten. Ein weiteres Beispiel ist die Unterstützung gewisser Firmen für Drogenkartelle.

[6] Waltz, *Theory of International Relations*, S. 88. Diese Autoren glauben, das Herz-

stück der internationalen Sicherheit sei »die Bewahrung einer Autonomie der Politik und des Verhaltens – die Minimierung äußerer, einengender Einflüsse auf Politik und Verhalten«. Andrew L. Ross, »Arms Acquisition and National Security: The Irony of Military Strength«, in: Edward E. Azar und Chun-in Moon (Hg.), *National Security in the Third World: The Management of Internal and External Threats*, Hants 1988, S. 154.

[7] Zarate, »Emergence.« Tatsächlich musste die U. S. Air Force sogar besondere Programme installieren (»stop-loss« programs), um die Truppen davon abzuhalten, die Armee zu verlassen und sich bei PMFs zu verdingen. Marni McEntee, »High Civilian Salaries Lure Away Many Security Troops«, *European Stars and Stripes*, 3. Februar 2002.

[8] Max Weber, *Politik als Beruf*, Stuttgart 1992, S. 6.

[9] Anthony Giddens, A *Contemporary Critique of Historic Materialism*, Berkeley 1995, S. 121. Nicht nur bei Giddens, auch bei anderen Autoren ist der Aspekt der Legitimität nicht Bestandteil der Definition staatlicher Souveränität; siehe zum Beispiel Tilly, der sie als »Verfügungsgewalt über die hauptsächlichen Zwangsmittel in einem bestimmten Territorium« definiert. David Isenberg, *Soldiers of Fortune, Ltd.: A Profile of Today's Private Sector Corporate Mercenary Firms*, Center for Defense Information, November 1997, S. 1; Charles Tilly, *The Formation of National States in Western Europe*, Princeton 1975, S. 638.

[10] Janice Thomson, *Mercenaries, Pirates, and Sovereigns: State-building and Extraterritorial Violence in Early Modern Europe*, Princeton 1994, S. 12. Alexander Wendt, *Social Theory of International Politics*, New York 1999, S. 8f.

[11] Thomson, *Mercenaries, Pirates*, S. 151.

[12] Thucydides, *Der Peloponnesische Krieg* (Auswahl), Übers. und Anm. von Helmuth Vretska und Werner Rinner, Stuttgart 2005. Seyom Brown, »World Interests and the Changing Dimensions of Security«, in: Michael Klare und Yogesh Chandrani (Hg.), *World Security: Challenges for a New Century*, New York 1998, S. 2.

[13] Keohane zum Beispiel hebt hervor, Macht sei nicht sehr »fungibel«: Robert Keohane, »Theory of World Politics«, in: Robert Keohane (Hg.), *Neorealism and Its Critics*, New York 1986. Andere, wie Gilpin, sind anderer Meinung. Robert Gilpin, *War and Change in World Politics*, Cambridge 1981.

[14] Richard Rosecrance, *The Rise of the Virtual State: Wealth and Power in the Coming Century*, New York 1999.

[15] Barry Buzan, »Rethinking East Asian Security«, in: Klare und Chandari (Hg.), *World Security*, S. 103.

[16] Weitere Beiträge zur Diskussion über die Fungibilität der Macht finden sich bei Robert Keohane, *International Institutions and State Power*, Boulder 1989, insbes. Kap. 4, 9, 10; David Baldwin, »Force, Fungibility, and Influence«, *Security Studies* 8, Nr. 4, Sommer 1999; Robert Art, »Force and Fungibility Reconsidered«, *Security Studies* 8, Nr. 4, Sommer 1999.

[17] Charles Smith, »Russian Migs in Sudan«, *Newsmax.com*, 4. Januar 2002.

[18] Ungeachtet der gegenteiligen theoretischen Prognosen von Waltz (siehe Anm. 2).

[19] Gespräch mit einem PMF-Mitarbeiter, März 2002.

[20] Metz, *Armed Conflict in the 21st Century, The Information Revolution and Postmodern Warfare*, Strategic Studies Institute, U. S. Army War College, April 2000, http://carlisle-www.army.mil/ssi/pubs/display.cfm?PubID=226 (zuletzt besucht am 10. Juni 2005).

[21] Ebd., S. 19.

[22] Alvin und Heidi Toffler, *War and Anti-War: Survival at the Dawn of the 21st Century*, New York 1993, S. 85.

[23] »Russian Generals Behind Ethiopian Victory«, *Izvestia*, 25. Mai 2000; »Ethiopia-Eritrea: Eritrea Accuses Ethiopia of Using Mercenaries«, *IRIN*, 31. Mai 2000.

[24] Wie ein Sprecher der Regierung von Eritrea nach dem Abschuss eines eritreischen Jets durch eine Su-27 mit russischer Besatzung erklärte: »Da sind jede Menge russische Berater, die aktiv eingreifen. Die sitzen nicht nur an einem Schreibtisch.« Charles Smith, »Wars and Rumors of Wars: Russian Mercenaries Flying for Ethiopia«, *World Net Daily*, 18. Juli 2000. Siehe auch Thomas Adams, »Russians Fly for Both Sides in Horn of Africa«, 1999.

[25] Gennady Charodeev, »Foreign Wars: Russian Generals Involved in a War between Ethiopia and Eritrea«, *Izvestia*, 26. Mai 2000, S. 1, 4; Peter Biles, »Bitter Foes«, *World Today*, 56, Nr. 7, Juli 2000; Kevin Whitelaw, »The Russians Are Coming«, *U.S. News and World Report*, 15. März 1999.

[26] Charodeev, »Foreign Wars«, S. 1, 4.

[27] Und tatsächlich sind ehemalige sowjetische Kampfpiloten zügig dabei, zu dominanten Playern auf dem afrikanischen Militärmarkt zu werden; sie verdrängen die Konkurrenz vor allem, weil sie weniger Geld fordern und nicht so hohe Ansprüche an die Flugzeugwartung stellen. Wie Joe Sala, ein ehemaliger Afrikaspezialist im U.S. State Department, schreibt, sieht es fast so aus, dass »du, wenn du nicht russisch sprichst, in Zentralafrika nicht fliegen kannst«. Kevin Whitelaw, »The Russians Are Coming«, *U.S. News and World Report*, 15. März 1999.

[28] Rosalind Russell, »Macedonia Pounds Hills, World Urges Restraint«, *Reuters*, 24. März 2001. Gespräch mit einem US-Offizier, 24. März 2001.

[29] Metz, *Armed Conflict*, S. 14.

[30] »Geld ist die Triebfeder des Krieges«, oder wie die Franzosen sagen: »Pas d'argent, pas de Suisses!« (»Kein Geld, keine Schweizer!«) Michael Howard, *Der Krieg in der Europäischen Geschichte*, München 1981, S. 42.

[31] Immanuel Kant, *Zum ewigen Frieden. Ein philosophischer Entwurf*, Königsberg 1795. Nachlesbar auf http://philosophiebuch.de/ewfried.htm (zuletzt besucht am 10. Juni 2005).

[32] Jessica Matthews, »Power Shift: The Rise of Global Civil Society«, *Foreign Affairs* 76, Nr. 1, Januar/Februar 1997; Richard Rosecrance, »A New Concert of Powers«, *Foreign Affairs* 71, Nr. 2, Frühjahr 1992; Dale Copeland, »Economic Interdependence and War«, in: Michael Brown u. a. (Hg.), *Theories of War and Peace: An International Security Reader*, Cambridge 1998.

[33] Siehe Carl von Clausewitz, *Vom Kriege*, ungekürzter Text, München 2000. Siehe auch John J. Mearsheimer, »Assessing the Conventional Balance: The 3:1 Rule and Its Critics«, *International Security* 13, Nr. 4, Frühjahr 1989: S. 54–89.

[34] Westwood 1995. Nach Expertenschätzungen würde eine fähige Firma eine Vorlaufzeit von nur 3 bis 12 Monaten brauchen, um einen Informationskrieg mit durchschlagender Wirkung zu koordinieren, und weniger als einen Monat, um einen Angriff mit mittelprächtig inkommodierender Wirkung zu fahren.

[35] »Top Science Advisers Calling For Higher Premium On Military Training«, *Washington Post*, 8. Februar 2000, S. 1.

[36] Richard Betts, *Surprise Attack*, Washington, D.C., 1982; Roberta Wohlstetter, *Signale und Entscheidungen*, Zürich und Stuttgart 1966.

[37] Jack L. Snyder, *The Ideology of the Offensive: Military Decision Making and the Disasters of 1914*, Ithaca 1984; Stephen Van Evera, »The Cult of the Offensive and the

Origins of the First World War«, *International Security* 9, Nr. 1, Sommer 1984, S. 58–107.

[38] Randolph M. Siverson und Paul F. Diehl, »Arms Races, the Conflict Spiral, and the Onset of War«, in: Manus I. Midlarsky (Hg.), *Handbook of War Studies*, Boston 1989, S. 195–218; Samuel Huntington, »Arms Races: Prerequisites and Results«, in: Carl J. Friedric und Seymour E. Harris (Hg.), *Public Policy*, Cambridge 1958; Stephen Van Evera, *The Causes of War: Power and the Roots of Conflict*, Ithaca 1999, insbes. Kap. 2 und 3.

[39] Thomas Schelling, *Arms and Influence*, New Haven 1966, Kap. 2–4. Siehe auch Robert Jervis u. a., *Psychology and Deterrence*, Baltimore 1985.

[40] James D. Fearon, »Rationalist Explanations for War«, *International Organization* 49, Nr. 3, Sommer 1995, S. 379–414.

[41] So wurde zum Beispiel in amerikanischen Expertenkreisen der Gedanke erörtert, ob nicht der »Mythos der Unbesiegbarkeit«, der Executive Outcomes vorauseilt, mithalf, den Frieden in Westafrika mindestens für eine gewisse Zeit zu sichern. »U.S. Backs Role for Rebels in West Africa«, *Washington Post*, 18. Oktober 1999.

[42] Brown & Root wurde als Vertragsfirma mit der Verschrottung russischer Interkontinentalraketen betraut, einer Aufgabe, zu deren Bewältigung sich die russische Regierung nicht in der Lage sah.

[43] Einige Werke, in denen das Verhältnis zwischen Vormund und Schützling thematisiert wird, sind: Barry Buzan, »People, States, and Fear: The National Security Problem in the Third World«, *Azar* 1988, S. 14–43; Stephen R. David, »Explaining Third World Alignment«, *World Politics* 43, Nr. 2, Januar 1991, S. 233–256; Jack S. Levy und Michael M. Barnett, »Alliance Formation, Domestic Political Economy, and Third World Security«, *Jerusalem Journal of International Relations* 14, Nr. 4, Dezember 1992, S. 19–40; Alexander Wendt und Michael Barnett, »Dependent State Formation and Third World Militarization«, *Review of International Studies* 19, Nr. 4, August 1993, S. 321–347.

[44] Olav Stokke, »Aid and Political Conditionality: Core Issues and State of the Art«, in: Olav Stokke (Hg.), *Aid and Political Conditionality*, London 1995, S. 12.

[45] Jack Levy und Michael Barnett, »Alliance Formation« 1992.

[46] Chris Spearin, »The Commodification of Security and Post-Cold War Patron Client Balancing«, Arbeitspapier, präsentiert auf der Globalization and Security Conference, University of Denver, 11. Nov. 2000.

[47] Zarate, »Emergence«.

[48] Sean Dorney, *The Sandline Affair: Politics and Mercenaries and the Bougainville Crisis*, Sydney 1998, S. 63.

[49] Ebd., S. 229.

[50] Zitiert nach Sinclair Dinnen, »Militaristic Solutions in a Weak States. Internal Security, Private Contractors, and Political Leadership in Papua New Guinea«, *Contemporary Pacific* 11, Nr. 2, Herbst 1999, S. 286. Wie in Kap. 13 berichtet, nahm der Kontrakt nicht den geplanten Verlauf, was aber weniger an äußeren Bündnisproblemen lag als an internen Spannungen in den Streitkräften von Papua-Neuguinea.

[51] Spearin, »Commodification«.

[52] Celeste Wallander und Robert Keohane, »Risk, Threat, and Security Institutions«, in: Helga Haftendorn, Robert O. Keohane und Celeste A. Wallander (Hg.), *Imperfect Unions: Security Institutions over Time and Space*, Oxford 1999; Stephen Walt, *The Origins of Alliances*, Ithaca 1990.

[53] Buchizya Mseteka, »Angola Strained by War at Home and Abroad«, *Reuters*, 20. Mai 1999.

[54] Ambrose Evans-Pritchard, »EU force May Rent Ukraine Planes«, *Electronic Telegraph*, 14. Februar 2001.

[55] Toffler und Toffler, *War and Anti-War*, S. 85.

[56] Khareen Pech, »South African Mercenaries in Congo«, *Electronic Mail & Guardian*, 28. August 1998.

[57] Yves Goulet, »MPRI: Washington's Freelance Advisors«, *Jane's Intelligence Review*, Juli 1998.

[58] Er tat dies, während er unter der Anklage stand, die Zentralbank von Thailand bestohlen zu haben. Brian Wood und Johan Peleman, *The Arms Fixers*, PRIO Report, März 1999.

[59] John Horvath, »The Soros Effect on Central and Eastern Europe«, *Telepolis*, Juni 1997, www.heise.de/tp/english/inhalt/te/1292/2.html (zuletzt besucht am 10. Juni 2005).

[60] *A Force for Peace and Security*, Report from the Peace through Law Education Fund, 2002, S. 20.

[61] Bruce Grant, »U.S. Military Expertise for Sale: Private Military Consultants as a Tool of Foreign Policy«, National Defense University, Institute for National Security Studies, Strategy Essay Competition, 1998, zu finden auf www.ndu.edu/inss

[62] Zarate, »Emergence«.

[63] Metz, *Armed Conflict*, S. 20; Westwood, »Military Information«.

[64] Gespräche, Frühjahr 1999.

[65] Tim Spicer, *An Unorthodox Soldier: Peace and War and the Sandline Affair*, Edinburgh 1999, S. 18.

[66] Martin Van Creveld, *Aufstieg und Untergang*, München 1999, S. 446f.

[67] Zarate, »Emergence«; »United Nations Commission on Human Rights«, »Report on the question of the use of mercenaries as a means of violating human rights and impeding the exercise of the right of peoples to self determination«, 53. Session, Item 7, Special Rapporteur, 20. Februar 1997, S. 90.

[68] 1999 schritt zum Beispiel das britische Außenamt ein, um eine Zusammenarbeit zwischen Sandline und der Kosovo-Befreiungsarmee zu unterbinden; Sandlines Beteuerung, man arbeite nur für Staaten, war damit erledigt.

[69] Stefaans Brummer, »SA Arms ›Stoke‹ the Burundi Fire«, *Weekly Mail & Guardian*, 5. Dezember 1997; Bernedette Muthien, »Corporate Mercenarism in Southern Africa«, Arbeitspapier des Centre for Conflict Resolution, Südafrika 1999.

[70] Mohammad Bazzi, »British Say Islamic Group Taught Combat Courses in U.S.«, *Newsday*, 4. Oktober 2001; »›Holy War‹ Website Shut Down«, *BBC Online*, 4. Oktober 2001.

[71] »Did ›Jihad‹ Arms Course visit U.S.?« *MSNBC.com*, 27. Dez. 2001.

[72] U.S. Department of Justice, Office of the U.S. Attorney, Middle District of Pennsylvania, Press Release, 30. September 1998.

[73] O'Brien 1998; André Linard, »Mercenaries S.A.«, *Le Monde Diplomatique*, August 1998, S. 31, www.monde-diplomatique.fr/1998/08/Linard/10806.html (zuletzt besucht am 10. Juni 2005); Goodwin 1997; Cullen, »Keeping the New Dog«; Arieh O'Sullivan, »Israeli Mercenaries in Congo May Face Fellow Israelis«, *AP Worldstream*, 3. Februar 1994; Tim Kennedy, »Israeli Legislators Seek to Halt Export of Arms, Mercenaries to Congo«, *Moneyclips*, 24. Februar 1994. Die Vereinten Nationen haben ihre Sorge darüber bekundet, dass »Drogenschmuggler und Söldner bei

der Durchführung gewalttätiger Aktionen [zusammenarbeiten], die die verfasste Ordnung von Staaten untergraben«. International Convention Against the Recruitment, Use, Financing and Training of Mercenaries, G. A. Res. A/44/34, U. N. GAOR, 44. Session, 72. Debatte, 1989.

[74] Goodwin, »Mexican Drug Barons«.

[75] »Wir haben keine besonderen Skrupel, uns an den Privatsektor zu wenden, wenn wir gute und wirksame Instrumente bekommen«, sagte der Vorsitzende von UNSCOM. »UN Hires Detective to Probe UNITA«, *Globe and Mail*, Toronto, 19. April 2001; Colum Lynch, »Private Firms Aid U. N. on Sanctions: Wider Intelligence Capability Sought«, *Washington Post*, 21. April 2001.

[76] Ebd. Siehe auch »The IMF's Intelligence Helper«, *Intelligence Newsletter*, 5. April 2001.

[77] Stephen Mbogo, »Mercenaries? No, PMCs«, *West Africa Magazine*, Nr. 4244, 18. September 2000, S. 10–13.

[78] Malan 2000.

[79] Jeffrey Lee, »Give a Dog of War a Bad Name«, *The Times*, 4. Mai 1998.

[80] Doug Brooks, »Write a Cheque, End a War Using Private Military companies to End African Conflicts«, *Conflict Trends*, Nr. 6, Juli 2000. Zu finden auf www.accord.org.za. Siehe auch Jonathon Broder, »Mercenaries: The Future of U.N. Peacekeeping?« *Fox News*, 26. Juni 2000. Zu finden auf www.foxnews.com; Australian Broadcasting Corporation, »Dogs of War«, *Lateline*, 18. Mai 2000. Zu finden auf www.abc.net.au. Auch die britische Regierung entwickelte diesen Plan in ihren »Grünbuch« (vgl. Kap. 15, Anm. 47), House of Commons, Private Military Companies: Options for Regulation, HC 577, 12. Februar 2002.

[81] Australian Broadcasting Corporation, »Dogs of War«.

[82] Mbogo, »Mercenaries? No, PMCs«.

[83] Brooks, »Hope for the ›Hopeless Continent‹«, 2000; Howe 1998; Mbogo, »Mercenaries? No, PMCs«.

[84] Doug Brooks, »Creating the Renaissance Peace«, Arbeitspapier, präsentiert auf der Konferenz zum 40. Geburtstag des Africa Institute, Pretoria, 30. Mai 2000.

[85] M. Bradbury, *Aid Under Fire: Redefining Relief and Development Assistance in Unstable Situations*. Wilton Park Paper, unterstützt von DHA, ODI, und ActionAid, London 1995.

[86] Sean Greenaway und Andrew J. Harris, »Humanitarian Security: Challenges and Responses«, Arbeitspapier, präsentiert auf der Forging Peace Conference, Harvard University, 13.–15. März 1998 S. 5.

[87] Janice Stein, Michael Bryans und Bruce Jones, *Mean Times: Humanitarian Action in Complex Political Emergencies – Stark Choices, Cruel Dilemmas*, Toronto (University of Toronto Program on Conflict Management and Negotiation) 1999.

[88] James Fennell, »Private Security Companies: The New Humanitarian Agent«, vorgetragen auf der Conference on Interagency Co-ordination in Complex Humanitarian Emergencies, Cranfield University/Royal Military College of Science, Shrivenham (GB), 19. Oktober 1999.

[89] Howe, »Global Order«.

[90] Isenberg, »Soldiers of Fortune Ltd.«.

[91] Center for Democracy and Development, *The Impasse in Sierra Leone*.

[92] Brooks, »Hope for the ›Hopeless Continent‹«.

[93] Global Coalition for Africa and International Alert, »The Privatization of Security in Africa«, Konferenzbericht, Washington D. C., 12. März 1999.

[94] Tim Butcher, »UN Force Is Upstaged by British Expertise«, *Telegraph,* 12. Mai 2000; Malan, »Lean Peacekeeping«.

[95] Australian Broadcasting Corporation, ABC, »Sierra Leone – Soldiers of Fortune«, Dokumentation, produziert von Mark Corcoran, August 2000.

[96] Isenberg 1999; Toffler und Toffler, *War and Anti-War,* S. 229; Spicer, *Unorthodox Soldier,* S. 52.

[97] Elizabeth Rubin, »Army of One's Own«, *Harper's Magazine,* Februar 1997, S. 55. Nach wochenlangen Debatten zwischen den Mitgliedsstaaten zogen die UN schließlich die Entsendung einer Truppe unter kanadischer Führung in Erwägung, doch sie setzte sich nie in Bewegung. Man geht davon aus, dass nach diesem Zeitpunkt noch Tausend Hutu-Flüchtlinge abgeschlachtet wurden.

[98] Ebd.

[99] Gespräch mit einem PMF-Manager, April 2001. Siehe auch Mbogo, »Mercenaries? No, PMCs«; »Report of the Independent Inquiry into the Actions of the United National During the 1994 Genocide in Rwanda«, vorgelegt von Ingvar Carlsson, 15. Dez. 1999. Wie viele Leben durch eine Intervention hätten gerettet werden können, ist natürlich eine offene Frage. Alan Kuperman, »Rwanda in Retrospect«, *Foreign Affairs* 79, Nr. 1, Januar 2000, S. 94–118.

[100] Spicer, *Unorthodox Soldier,* S. 233.

[101] Mary Kaldor, *Neue und alte Kriege,* S. 21.

[102] Jack Kelley, »Safety at a Price: Military Expertise for Sale or Rent«, *Pittsburgh Post-Gazette,* Februar 2000.

[103] Der Einsatz kanadischer Elitetruppen im Rahmen der Somalia-Operation zeigte, dass das Missbrauchspotential groß ist, wenn man solche Truppen von der Kette lässt.

[104] David Shearer, »Private Armies and Military intervention«, International Institute for Strategic Studies, Adelphi Paper Nr. 316, Februar 1998, S. 70.

[105] Peter Lock, »Military Downsizing and growth in the Security Industry in Sub-Saharan Africa«, *Strategic Analysis* 22, Nr. 9, Dezember 1998.

[106] Hedley Bull, *The Anarchical Society: A Study of Order in World Politics,* New York 1977, S. 263.

[107] United Nations Commission on Human Rights, »Report on the Question«, 1997. Siehe auch David Francis, »Mercenary Intervention in Sierra Leone: Providing National Security of International Exploitation?«, *Third World Quarterly* 20, Nr. 2, Sommer 1999, S. 319–338.

[108] Oder, wie es Michael Grunberg, Direktor von Sandline, formuliert: »Die Behauptung, es gehe hier um eine Rekolonisierung durch große Multis, ist Quatsch.« Marcia Lutyens, »Military Operations, ex VAT«, *De Volkskrant,* Niederlande, 17. Februar 2001.

[109] Michael Doyle, *Empires,* Ithaca 1986.

[110] Im Bericht des UN-Sonderberichterstatters heißt es dazu weiter: »Sobald ein höherer Grad an Sicherheit erreicht ist, beginnt die Firma die Zugeständnisse, die ihr gemacht worden sind, zu ›melken‹, indem sie eine Reihe von Partnern und Geschäftsfreunden unterbringt ... und damit eine bedeutsame, wenn nicht hegemoniale Präsenz im Wirtschaftsleben des Landes erlangt, in dem sie operiert.« Zitiert nach Dinnen, »Militaristic Solutions«, S. 118. Beschränkt sich diese beherrschende Stellung auf das Wirtschaftsleben, könnte man das mit dem Kunstbegriff »Emporialismus« kennzeichnen, nach dem lateinischen Wort für Marktplatz, »emporium«. George Wilnius, *The merchant Warrior pacified,* Oxford und New York 1991, S. 5.

[111] Scott Pegg, »Corporate Armies for States and State Armies for Corporations: Addressing the Challenges of Globalization and Natural Resource Conflict«, Arbeitspapier zum Vortrag auf dem Jahrestreffen 2000 der American Political Science Association, Washington, D.C., 31. August – 3. September 2000; »BP Accused of Backing ›Arms for Oil‹ Coup«, *Sunday Times*, London, 26. März 2000; Christian Aid, *The Scorched Earth: Oil and War in Sudan*, März 2001, www.christian-aid.org. uk/indepth/0103suda/sudanoil.htm (zuletzt besucht am 10. Juni 2005); Alex Yearsly, »Oriental Timber Company Smuggles Weapons to RUF«, *Radio France International*, 10. Mai 2001.

[112] Palayiwa Millius, Berater bei den Friedensverhandlungen in Sierra Leone, zitiert nach McGrory 1998. James Woods, Exstaatssekretär im US-Verteidigungsministerium, charakterisierte die Firmen so: »Diese Unternehmen dürften stärker werden als einige der souveränen Staaten, für deren Schutz sie angeheuert werden.« Zitiert nach Diane Alden, »Soldiers R Us: The Corporate Military«, *SpinTech*, 12. September 1999.

[113] Lucy Sutherland, *The East India Company in Eighteenth-Century Politics*, Oxford 1979, S. 77.

[114] Ian Douglas, »Fighting for Diamonds – PMCs in Sierra Leone«, in: Jakkie Cilliers und Peggy Mason, *Peace, Profit or Plunder? The Privatisation of Security in War-Torn African Societies*, Pretoria, Januar 1999, S. 175–200; Alex Vines, »The Business of Peace: ›Tiny‹ Rowland, Financial Incentives and the Mozambican Settlement«, in: *Accord: An Internatinal Review of Peace Initiatives*, S. 78; Center for Democracy and Development, »The Impasse in Siera Leone«, Dezember 1999, auffindbar auf www.cdd.org.uk (zuletzt besucht am 10. Juni 2005). Siehe auch private Korrespondenz mit PMF-Mitarbeitern, Mai 2000. Cullen, »Keeping the New Dogs«; Alex Vines, »Mercenaries and the Privatisation of Security in Africa in the 1990s«, 1999, S. 78. Center for Democracy and Development 1999.

[115] Steven Metz, »Strategic Horizons: The Military Implications of Alternative Futures«, Strategic Studies Institute, U.S. Army War College, 7. März 1997, S. 21.

[116] Thomson, *Mercenaries, Pirates*, S. 67.

[117] Siehe zum Beispiel Robert Cooper, *The Post Modern State and the World Order*, Demos paper Nr. 19, 1996; Stephen Korbin, »Back to the Future: Neomedievalism and the Postmodern Digital World Economy«, *Journal of International Affairs*, Frühjahr 1998, S. 361–86; Phillip Cerny, »Neomedievalism, Civil War, and the New Security Dilemma: Globalisation as Durable Disorder«, *Civil Wars* 1. Nr. 1, Sommer 1999; Barry Buzan, »From International System to International Society: Structural Realism and Regime Theory Meet the English School«, *International Organization* 47, Sommer 1997, S. 327–352.

[118] Steven Metz, *Armed Conflict*, S. 13.


### Kapitel 12

[1] CIA World Factbook, »Papua New Guinea«, 1999, www.cia.gov/cia/publications/ factbook/geos/pp.html#People (zuletzt besucht am 11. Juni 2005)

[2] Tim Spicer, *An Unorthodox Soldier: Peace and War and the Sandline Affair*, Edinburgh 1999, S. 155.

[3] Juan Carlos Zarate, »The Emergence of a New Dog of War: Private International Security Companies, International Law, and the New World Order«, *Stanford Journal of International Law* 34, Winter 1998, S. 75–156.

[4] Sinclair Dinnen, *Challenging the State: The Sandline Affair in Papua New Guinea*, Australian National University, Pacific Policy Paper 30, 1997.

[5] Als jedoch erste Presseberichte erschienen, räumte die Regierung von Papua-Neuguinea nur die Sache mit der Ausbildung ein. Dass eine kleine Gruppe von Ministern hinter dem Rücken der Öffentlichkeit die strategische Entscheidung traf, Sandline zu engagieren, möglicherweise mit dem Gedanken an persönliche finanzielle Vorteile im Hinterkopf, wirft Bedenken hinsichtlich der Firmen und der Rechenschaftspflicht von Regierungen auf. Dinnen, *Challenging the State*, S. 3.

[6] Dinnen, *Challenging the State*, S. 123.

[7] David Isenberg, *Soldiers of Fortune Ltd.: A Profile of Today's Private Sector Corporate Mercenary Firms*, Center for Defense Information Monograph, November 1997; David Shearer, *Private Armies and Military Intervention*, International Institute for Strategic Studies, Adelphi Paper Nr. 316, Februar 1998; Peter Lewis Young, »Bougainville Conflict Enters Its Ninth Year«, *Jane's Intelligence Review*, Juni 1997.

[8] Jonathon Carr-Brown, »Sandline ›Paid Bribe‹ to Win War Contract«, *Sunday Times*, 2. Juli 2000.

[9] Dinnen, *Challenging the State*.

[10] Anthony Regan, »Preparation for War and Progress Towards Peace«, in: Sinclair Dinnen (Hg.), *Challenging the State: The Sandline Affair in Papua New Guinea*, Australian National University, Pacific Policy Paper 30, 1997, S. 61.

[11] Young, »Bougainville Conflict«.

[12] Spicer, *Unorthodox Soldier*, 167.

[13] Regan, »Wars of the Future ... Today«, S. 67; Ron May, »The Military Factor«, in: Dinnen (Hg.), *Challenging the State*, S. 103.

[14] Regan, »Wars of the Future ... Today«, S. 67.

[15] Bill Standish, »Paradoxes in PNG«, in: Dinnen, *Challenging the State*, S. 75.

[16] Spicer wurde wegen illegaler Einfuhr von Devisen und illegalen Besitzes einer Pistole angeklagt – grotesk angesichts der Tagsache, dass er kurz davor 50 Tonnen Waffen ins Land gebracht und die Regierung ihm 18 Millionen Dollar dafür bezahlt hatte. Spicer, *Unorthodox Soldier*, S. 184.

[17] Allein die Zinsbelastung belief sich auf 5000 Dollar pro Tag. Simon Sheppard, »Soldiers for Hire«, *Contemporary Review*, August 1999; Sebastien Berger, »Sandline Sues to Seize Nation's Assets«, *Sunday Telegraph*, 7. März 1999.

[18] Regan, »Wars of the Future ... Today«, S. 64.

[19] Samuel Huntington, *The Soldier and the State: The Theory and Politics of Civil-Military Relations*, New York 1957; Morris Janowitz, *The Professional Soldier: A Social and Political Portrait*, New York 1960. Peter D. Feaver, »The Civil-Military Problematique: Huntington, Janowitz, and the Question of Civilian Control«, *Armed Forces and Society* 23, Nr. 2, Winter 1996, S. 149–178; Samuel E. Finer, *The Man on Horseback: The Role of the Military in Politics*, New York 1962.

[20] Stephen David, *Defending Third World Regimes from Coups d'Etat*, New York 1985.

[21] Charles Tilly, *Coercion, Capital, and European States, AD 990–1990*, Cambridge 1990, S. 213. Siehe auch Christopher Coker, *NATO, the Warsaw Pact, and Africa*, London 1985.

[22] Stephen David, *Third World Coups d'Etat and International Security*, Baltimore 1987.

[23] Isenberg, »Soldiers of Fortune Ltd.«.

[24] Finer, *Man on Horseback*, S. 188.

[25] Regan, »Wars of the Future ... Today«, S. 97.

<sup>26</sup> Christopher Clapham, »Africa Security Systems: Privatisation and the Scope for Mercenary Activity«, in: Greg Mills und John Stremlau (Hg.), *The Privatisation of Security in Africa*, Johannesburg 1999, S. 37.

<sup>27</sup> Amos Perlmutter, *The Military and Politics in Modern Times*, New Haven 1977, S. 90–102.

<sup>28</sup> Das ist eine der Erklärungen für die Meuterei in Papua-Neuguinea. Siehe Spicer, *Unorthodox Soldier*, S. 165.

<sup>29</sup> Herbert Howe, »African Private Security«, *Conflict Trends* Nr. 1/2000, Juni 2000, zu finden auf www.accord.org.za/ct/2000-1.htm (zuletzt besucht am 12. Juni 2005).

<sup>30</sup> Samuel Decalo, *The Stable Minority: Civilian Rule in Africa*, Gainesville 1998. Samuel Decalo, »Praetorianism, Corporate Grievances, and Idiosyncratic Factors in African Military Hierarchies«, *Journal of African Studies* 2, Nr. 2, Sommer 1975, S. 247–273.

<sup>31</sup> William Thompson, *The Grievances of Military Coup Makers*, Beverly Hills 1973.

<sup>32</sup> Herbert Howe, »African Private Security«.

<sup>33</sup> Dinnen, *Challenging the State*, S. 2.

<sup>34</sup> Wie ein Mitglied der kolumbianischen Nationalgarde, der in der Nähe eines Dyn-Corp-Hauptquartiers stationiert war, klagte: »Ein Vietnamveteran ordnet sich niemals einem kolumbianischen Polizeibeamten unter, deshalb hat es Probleme gegeben.« Ignacio Gómez, »U.S. Mercenaries in Colombia«, *Colombia Report*, 16. Juli 2000.

<sup>35</sup> Douglas Porch, *The French Foreign Legion*, New York 1991, S. 245.

<sup>36</sup> Ralston, *Importing the European Army*, Chicago 1990, S. 94.

<sup>37</sup> Ebd., S. 174.

<sup>38</sup> Gespräch mit einem US-amerikanischen Militärexperten, Juni 2001; Sherman, »Malu Counsels the Federal Government to Be Cautious of U.S. Aid Pledge to Military«, *Vanguard*, 22. Januar 2001.

<sup>39</sup> Howe, »Global Order and Security Privatization«.

<sup>40</sup> Auf den Salomoneninseln verbreitete sich im Juni 2000 das Gerücht, eine Gruppe kubanischer Kämpfer sei im Anmarsch. Daraufhin verbündeten sich Elemente der regulären Streitkräfte der Salomonen mit lokalen Guerillas zwecks Stürzung der zivilen Regierung. Am Ende konnte zwar niemand beweisen, dass dies der Wahrheit entsprach, aber die Gerüchte genügten, um einen Coup auszulösen. »Rebels Shell Rivals from Australian Patrol Boat«, *The Age*, 7. Juni 2000.

<sup>41</sup> Howe, »African Private Security«.

<sup>42</sup> Jendayi Frazer, »Sustaining Civilian Control: Armed Counterweights in Regime Stability in Africa«, Dissertation, Stanford University, März 1994; David Goldsworthy, »Civilian Control of the Military in Black Africa«, *African Affairs* 80, Nr. 318, Januar 1981, S. 49–74; Cynthia Enloe, *Ethnic Soldiers: State Security in Divided Societies*, Athens 1980.

<sup>43</sup> Edward Luttwak, *Coup d'Etat: A Practical Handbook*, Cambridge 1968, S. 90.

<sup>44</sup> William Reno, in: *Afrika – jenseits des Staates*, Berlin 1997.

<sup>45</sup> Yosi Walter, »Shadaq in the Congo«, *Ma'ariv*, Tel Aviv, 7. Oktober 1994 (aus dem Hebräischen übersetzt durch Foreign Broadcast Information Services).

<sup>46</sup> Sherman, »Arm's Length«, S. 30.

<sup>47</sup> Huntington, *The Soldier and the State*.

<sup>48</sup> Perlmutter, *Military and Politics*. Finer, *Man on Horseback*, S. 25–28. Feaver, »Civil-Military Problematique«, S. 149–178.

<sup>49</sup> Frazer, »Sustaining Civilian Control«; Huntington, *The Soldier and the State*.

<sup>50</sup> Douglas Brooks, »The Business End of Military Intelligence: Private Military Companies«, *Military Intelligence Professional Bulletin*, September 1999.

[51] Elizabeth Rubin, »An Army of One's Own«, *Harper's Magazine*, Februar 1997, S. 54.

[52] Khareen Pech und David Beresford, »Africa's New-Look Dogs of War«, *Weekly Mail & Guardian*, 24. Januar 1997.

[53] Chris Dietrich, »The Commercialisation of Military Deployment in Africa«, *African Security Review* 9, Nr. 1, Januar 2000, S. 3–17.

[54] Gespräche mit Offizieren der US-Armee, Juni 1998, Juli 2000. *British Security 2010*, Conference Proceedings, Church House, Westminster, November 1995, S. 60.

[55] Bruce Grant, »U.S. Military Expertise for Sale: Private Military Consultants as a Tool of Foreign Policy«, National Defense University Institute for National Security Studies, Strategy Essay Competition, 1998.

[56] David King und Zachary Karabell, »The Generation of Trust: Public Confidence in the U.S. Military Since Vietnam«, Arbeitspapier, erstellt für das Projekt »Visions of Governance in the 21st Century«, December 1999. Zu finden auf www.ksg.harvard. edu/prg/king/gentrust.pdf (zuletzt besucht am 12. Juni 2005); Gallup Organization, »Military on Top, HMOs Last in Public Confidence Poll«, 14. Juli 1999.

[57] Huntington, *The Soldier and the State*, S. 15.

[58] Grant, »U.S. Military Expertise«.


## Kapitel 13

[1] David Passage, *The United States and Colombia: Untying the Gordian Knot*, U.S. Army War College, Strategic Studies Institute, März 2000.

[2] Joshua Hammer und Michael Isikoff, »The Narco-Guerrilla War«, *Newsweek*, 9. August 1999.

[3] Paul De La Garza und David Adams, »Military Aid … From the Private Sector«, *St. Petersburg Times*, 3. Dezember 2000.

[4] Niles Lathem, »America's Drug War Mercenaries«, *New York Post*, 29. April 2001.

[5] Steven Dudley, »Colombia Vows End To Abuses«, *Washington Post*, 22. Juli 2000, S. 15; Nancy Dunne, »Dope Wars, Part II: Crackdown on Colombia«, *Financial Times*, 9. August 2000; De La Garza und Adams, »Military Aid«.

[6] De La Garza und Adams, »Military Aid«. Die Firma beruft sich auf das Gebot der Geheimhaltung operativer Details und auf vertragliche Verpflichtungen.

[7] »A Bill Before the U.S. Congress Would Prohibit the Use of Private Firms in the Fight Against Drugs«, *Bogota Semana*, 7. Mai 2001.

[8] Peter Gorman, »Ex-Navy Seals on Pay Per Kill Mission Plan Colombia's Mercenaries«, *Narconews*, 19. Februar 2001.

[9] Ted Robberson, »U.S. Launches Covert Program to Aid Colombia«, *Dallas Morning News*, 19. August 1998; Ted Robberson, »Contractors Playing Increasing Role in U.S. Drug War«; De La Garza und Adams, »Military Aid«; Paul De La Garza und David Adams, »Military Know-How Finds Niche – And Some Critics«, *St. Petersburg Times*, 3. Dezember 2000.

[10] Daniel Burton-Rose und Wayne Madsen. »Governments of, by, and for the Corporations: Corporate Soldiers«, *Multinational Monitor* 20, Nr. 3, März 1999, www. essential.org/monitor/mm1999/mm9903.07.html#rose (zuletzt besucht am 15. Juni 2005).

[11] Juan O. Tamayo, »U.S. Civilians Taking Risks in Drug War for Colombia«, *Miami Herald*, 22. Februar 2001.

[12] Sogar die Piloten selbst räumen ein, dass die zweimotorige Propellermaschine OV-10 für die Giftbestäubung von Feldern schon von ihrer Bauart her nicht besonders geeignet ist, denn ihre zwei Propeller verwirbeln das ausgeblasene Herbizid, so dass es sich verdünnisiert. Siehe Salisbury 1998; Ignacio Gómez, »U.S. Mercenaries in Colombia«, *Colombia Report*, 16. Juli 2000.

[13] Jeremy McDermott, »U.S. Crews Involved in Colombian Battle«, *Scotsman*, 23. Februar 2001. Ähnlich bei Juan Tamayo, »Colombian Guerrillas Fire on U.S. Rescuers«, *Miami Herald*, 22. Februar 2001.

[14] Tamayo, »Colombian Guerrillas Fire on U.S. Rescuers«.

[15] Ebd. Dyncorp verlor dem Vernehmen nach weitere zwei Piloten beim Fliegen von Einsätzen gegen peruanische Guerrillas. Siehe Ken Silverstein, »Mercenary, Inc.?«, *Washington Business Forward*, 26. April 2001.

[16] Dunne, »Dope Wars«.

[17] »Colombian Rebels Threaten U.S. Civilian »Mercenaries«, *Reuters*, 4. April 2001.

[18] Zitiert nach Jared Kotlet, »Americans Work in Danger Zone in Colombia«, *Associated Press*, 25. Februar 2001.

[19] Bruce Grant, »U.S. Military Expertise for Sale: Private Military Consultants as a Tool of Foreign Policy«, National Defense University Institute for National Security Studies, Strategy Essay Competition, 1998.

[20] Ebd.

[21] So beobachtete es David Isenberg bereits in der Amtszeit von Präsident Clinton. »Die Regierung sieht es gern, weil es ihr die Angst vor einem Skandal nimmt, wenn [etwas schief läuft]«, zitiert nach Justin Brown, »The Rise of the Private-Sector Military«, *Christian Science Monitor*, 5. Juli 2000, zu finden im Onlinearchiv der Zeitung auf http://csmonitor.com.

[22] Mark Thompson, »Generals for Hire«, *Time*, 15. Januar 1996.

[23] General Accounting Office, »Contingency Operations: Opportunities to Improve the Logistics Civil Augmentation Program«, GAO/NSIAD-97–63, Februar 1997; Donald T. Wynn, »Managing the Logistics-support Contract in the Balkans Theater«, *Engineer*, Juli 2000; zu finden auf http://call.army.mil

[24] Theodore Lowi, »Making Democracy Safe for the World: On Fighting the Next War«, in: John G. Ikenberry (Hg.), *American Foreign Policy: Theoretical Essays*, New York 1989, S. 258–292.

[25] Grant, »U.S. Military Expertise«.

[26] »Colombian Rebels Threaten«.

[27] General a. D. Peter Jones, Gespräch in Sarajevo, 11. November 1996.

[28] Croatian Foreign Press Bureau, *Daily Bulletin*, 15. Juli 1996.

[29] Gennady Charodeev, »Foreign Wars: Russian Generals Involved in a War between Ethiopia and Eritrea«, *Izvestia*, 26. Mai 2000, S. 1, 4.

[30] Stephaans Brummer, »Investing in the Bibles and Bullets Business«, *Weekly Mail & Guardian*, 16. September 1994.

[31] »More Weasel Words«, *The Sunday Times*, 22. Oktober 2000.

[32] Raymond Bonner, »War Crimes Panel Finds Croat Troops ›Cleansed‹ the Serbs«, *New York Times*, 20. März 1999.

[33] William Arkin, »The Underground Military«, *Washington Post*, 7. Mai 2001.

[34] Christopher Marquis, »Inquiry on Peru Looks at a C.I.A. Contract«, *New York Times*, 28. April 2001; www.nytimes.com/2001/04/28/world/28PLAN.html (zuletzt besucht am 15. Juni 2005).

[35] Thompson, »Generals for Hire«.

[36] Duncan Campbell, »War on Error: A Spy Inc. No Stranger to Controversy«, *Center for Public Integrity Report*, 12. Juni 2002.

[37] Grant, »U.S. Military Expertise«.

[38] Silverstein, »Mercenary, Inc.?«.

[39] Zitiert nach Hanrahan 1983, S. 317.

[40] Grant, »U.S. Military Expertise«.

## Kapitel 14

[1] Elizabeth Rubin, »An Army of One's Own«, *Harper's Magazine*, Februar 1997.

[2] David Shearer, *Private Armies and Military Intervention*, International Institute for Strategic Studies, Adelphi Paper Nr. 316, Februar 1998, S. 71; Tim Spicer, *An Unorthodox Soldier: Peace and War and the Sandline Affair*, Edinburgh 1999, S. 24.

[3] David Shichor, *Punishment for Profit: Private Prisons/Public Concerns*, Thousand Oaks 1995, S. 67.

[4] Jeremy Black (Hg.), *European Warfare: 1453–1815*, London 1999.

[5] Abdel-Fatau Musah und Kayode Fayemi, *Mercenaries: An African Security Dilemma*, London 2000; Xavier Renou, »Promoting Destabilization and Neoliberal Pillage: The Utilization of Private Military Companies for Peacekeeping and Peace Enforcement Activities in Africa«, Arbeitspapier, präsentiert auf der ISA/APSA International Security Conference, Denver November 2000.

[6] Rubin, »An Army of One's Own«. Dieselben Piloten wurde später dabei gefilmt, wie sie offenbar wahllos ein Dorf mit Raketen und Maschinengewehrfeuer eindeckten, in dem angeblich Rebellen von der RUF Unterschlup gefunden hatten. Fran Abrams, »British Officer Advised Gunship Killers«, *The Independent*, 7. September 2000.

[7] Die international gebräuchliche Bezeichnung für Vakuumbomben ist Fuel Air Explosives (FAE). Alex Vines, »The Business of Peace: ›Tiny‹ Rowland, Financial Incentives, and the Mozambican Settlement«, *Accord: An International Review of Peace Initiatives*, 1999.

[8] Die Defense Intelligence Agency (DIA) schreibt Vakuumbomben mit kühlem Understatement einen »einzigartigen und unangenehmen Tötungsmechanismus« zu, der »mittels einer brennstoffinduzierten Explosion die Lungenflügel zerreißt«. Weil die »Schock und Druckwellen nur minimale Schäden am Hirngewebe hervorrufen …, besteht die Möglichkeit, dass die Opfer von Vakuumbomben durch die Detonation nicht ohnmächtig werden, sondern mehrere Sekunden oder Minuten lang leiden, während sie infolge von Lungenrissen ersticken.« DIA-Bericht, zitiert nach Human Rights Watch, »Backgrounder on Russian Fuel Air Explosives«. www.hrw.org/press/2000/02/chech0215b.htm (zuletzt besucht am 30. Juni 2005).

[9] Gespräch mit einem ehemaligen Mitarbeiter der Firma, Sommer 1999.

[10] Anthony Daniels, »There's Nothing We Can Do to Help Sierra Leone«, *Sunday Telegraph*, 3. September 2000.

[11] Unter den Absolventen dieser angesehenen Institution waren so berüchtigte Diktatoren wie Manuel Noriega und Omar Torrijos (Panama), Leopoldo Galtieri und Roberto Viola (Argentinien), Juan Velasco Alvarado (Peru), Guillermo Rodriguez (Ecuador) und Hugo Banzer Suarez (Bolivien). SOA-Veteranen niedrigeren Ranges waren an der Ermordung von Erzbischof Oscar Romero in El Salvador und an der Massakrierung von 900 Zivilisten in El Mozote beteiligt. Sicher kann man sagen, diese Beispiele stellten Einzelfälle unter den Tausenden Absolventen der Schule dar,

aber die erstklassige militärische Ausbildung, die die Schule ihnen bot, und die Beziehungen, die sie ihnen vermittelte, waren sicher hilfreich für ihre Karriere. Siehe School of the America's Watch, www.soaw.org/new/.

12 Bruce Grant, »U.S. Military Expertise for Sale: Private Military Consultants as a Tool of Foreign Policy«, National Defense University Institute for National Security Studies, Strategy Essay Competition, 1998.

13 Chris Stephen, »KLA Trains Refugees to Recapture Border Territory«, *Irish Times*, 7. April 1999.

14 Christian Jennings, »Private U.S. Firm Training Both Sides in Balkans«, *The Scotsman*, März 2001.

15 »Das Doppelspiel der Amerikaner«, *Der Spiegel*, 30. Juli 2001, www.spiegel.de/spiegel/0,1518,147569,00.html (zuletzt besucht am 16. Juni 2005).

16 Jeffrey Herbst, »The Regulation of Private Security Forces«, in: Greg Mills und John Stremlau (Hg.), The Privatisation of Security in Africa, Pretoria 1999, S. 121.

17 Global Coalition for Africa, *African Social and Economic Trends*, Annual Report 1999/2000.

18 »Rogue Wave – Rogue Trader: Financial Storms Heading Towards the U.S. Economy«, Financial Sense Online, 26. Oktober 2000. www.financialsense.com/series2/rogue.htm (zuletzt besucht am 30. Juni 2005).

19 »Who Is Yair Klein and What Is He Doing in Colombia and Sierra Leone?« Democracy NOW! Program, Pacifica Radio, 1. Juni 2000; *Colombia Bulletin* 3, Nr. 1, Frühjahr 1998.

20 Damien Lilly, »From Mercenaries to Private Security Companies: Options for Future Policy Research«, *International Alert Brief*, November 1998.

21 Juan Carlos Zarate, »The Emergence of a New Dog of War: Private International Security Companies, International Law, the New World Order«, *Stanford Journal of International Law* 34, Winter 1998, S. 75–156.

22 Samia Aoul u.a., »Towards a Spiral of Violence? The Dangers of Privatizing Risk Management in Africa«, Memorandum der Working Group on Human Rights in Congo, Development and Peace, Mining Watch, Februar 2000.

23 Antony Barnett, »Anger at Kosovo Mines Contract: Firm Accused of Human Rights Abuses Wins Million-Pound Government Deal«, *Observer*, 7. Mai 2000; Partap Chatterjee, »Mercenary Armies and Mineral Wealth«, *Covert Action Quarterly*, Herbst 1997.

24 Ken Penhaul, »Americans Blamed in Colombia Raid«, *San Francisco Chronicle*, 15. Juni 2001; Phil Stewart, »U.S. Pilots Summoned in Colombian Bombing Probe«, *Reuters*, 14. Juni 2001; T. Christian Miller, »A Colombian Town Caught in a Crossfire«, *Los Angeles Times*, 17. März 2002.

25 Brian Wood und Johan Peleman, *The Arms Fixers*, PRIO Report, März 1999; »Mercenaries and Arms Dealers in the Post-Cold War World: Interview with Ken Silverstein«, *Connection*, 11. August 2000. Transkript per Archivsuche auffindbar unter www.theconnection.org/shows (zuletzt besucht am 15. Juni 2005).

26 Wood und Peleman, »The Arms Fixers«, S. 9; Alejandro Bustos, »Critics of Plan Colombia Denounce Washington's ›Secret War‹ in South America«, *Vancouver Province*, 18. Juni 2001.

27 Peter Fabricius, »Private Security Firms Can End Africa's Wars Cheaply«, *Saturday Star*, Johannesburg, 23. September 2000.

28 Robert Capps, »Outside the Law«, *Salon*, 28. Juni 2002, http://archive.salon.com/news/feature/2002/06/26/bosnia/ (zuletzt besucht am 16. Juni 2005); Antony Bar-

nett, »British Firm Accused in Sex Scandal«, *Guardian*, 29. Juli 2001. Das britische Schwurgericht, das in der Klagesache der Kathryn Bolkovac, einer Dyncorp-Mitarbeiterin, die entlassen worden war, nachdem sie die von Dyncorp-Angestellten im Vollzug ihres Einsatzes im Kosovo (wo sie Teil der internationalen Polizeitruppe waren) begangenen Sexualverbrechen zur Anzeige gebracht hatte, zeigte sich besonders betroffen. Wie der vorsitzende Richter Charles Twiss erklärte: »Wir haben die von Dyncorp vorgebrachte Erklärung für die Entlassung [...] von Frau Bolkovac zur Kenntnis genommen und sie für vollkommen unglaubwürdig befunden. Es kann keinerlei Zweifel darin bestehen, was der wirkliche Grund für ihre Entlassung war: dass sie von der Möglichkeit der geschützten Enthüllung Gebrauch machte.« Sava Radovanovic, »The Seamy Side of Peacekeeping: Whistle-Blower Vindicated«, *Associated Press*, 11. August 2002.

29 Patrick J. Cullen, »Keeping the New Dog of War on a Tight Leash«, *Conflict Trends*, Nr. 6, Juli 2000.

30 »Guns for Hire Again«, *Africa Confidential*, 23. November 2001.

31 Cullen, »Keeping the New Dog of War«.

32 Jeffrey Herbst, »The Regulation of Private Security Forces«.

33 Philip Winslow, »Why Africa's Armies Open Arms to Elite Fighters from South Africa«, *Christian Science Monitor*, 19. Oktober 1995, S. 1.

34 Cullen, »Keeping the New Dog of War«.

35 Doug Brooks, »Creating the Renaissance Peace«, Arbeitspapier, präsentiert auf der Konferenz zum 40. Geburtstag des Africa Institute, Pretoria, 30. Mai 2000; Doug Brooks, »Write a Cheque, End a War: Using Private Military Companies to End African Conflicts«, *Conflict Trends*, Nr. 6, Juli 2000.

36 Gespräch mit einem PMF-Manager, Juni 2001. Dass dieser Gewährsmann nicht im Sold der Firma Control Risks stand, erhöhte seine Glaubwürdigkeit.

37 Cullen, »Keeping the New Dog of War«.

38 Spicer, *Unorthodox Soldier*, S. 18.

39 Lilly, »From Mercenaries«.

40 Gespräch mit einem PMF-Manager, Februar 2001.

41 Jason Nisse, »Cash for Combat«, *Independent*, 21. November 1999.

42 »Why We Help Where Governments Fear to Tread«, *Sunday Times*, 24. Mai 1998.

43 Spicer, *Unorthodox Soldier*, S. 159; Peta Thorycroft, »Mobutu Couldn't Afford SA Mercenaries«, *Weekly Mail & Guardian*, 18. Juli 1997.

44 Spicer, *Unorthodox Soldier*, S. 50.

45 Nisse, »Cash For Combat«.

46 William Hartung, »Deadly Legacy Update: U.S. Arms and Training Programs in Africa«, World Policy Institute Documents, 22. März 2001.

47 Ashton Carter und John White, *Keeping the Edge*, Cambridge 2001, S. 176.

48 Eine philosophische Exploration dieses Themas findet sich bei Thomas Hobbes, *Leviathan*, Kap. 30, Stuttgart 1983.

49 John Hoffman, *Beyond the State*, Cambridge 1995, S. 78.

50 Zitiert nach Jack Kelley, »Safety at a Price: Military Expertise for Sale or Rent«, *Pittsburgh Post-Gazette*, 15. Februar 2000.

51 Hoffman, *Beyond the State*, S. 83; Michael McManus, *From Fate to Choice: Private Bobbies, Public Beats*, Aldershot 1995, S. 11.

52 Nach Schätzungen wurden in der Zeit, in der der belgische Kongo von Privatunternehmen regiert wurde, acht bis zehn Millionen Menschen umgebracht. Adam Hochschild, *King Leopold's Ghost: A Story of Greed, Terror, and Heroism in Colonial*

*Africa*, New York 1999 (dt.: *Schatten über dem Kongo*); Christopher Clapham, *Africa and the international System: The Politics of State Survival*, Cambridge 1996, S. 26.

[53] Blaine Harden, »Africa's Gems: Warfare's Best Friend, *The New York Times*, 6. April 2000.

[54] Peter Lock, »Military Downsizing and Growth in the Security Industry in SubSaharan Africa«, *Strategic Analysis* 22, Nr. 9, Dezember 1998.

[55] Alex Vines, »The Business of Peace: ›Tiny‹ Rowland, Financial Incentives and the Mozambican Settlement«, *Accord: An International Review of Peace Initiatives*, 1998.

[56] Martha Huggins, »Armed and Dangerous«, *Americas. Org*, November 2000, www.americas.org/item_117 (zuletzt besucht am 16. Juni 2005).

[57] Edward Blakely und Mary Snyder, *Fortress America: Gated Communities in the United States*, Washington, D.C., 1997, S. 24.

[58] Shearer, *Private Armies and Military Intervention*, S. 13.

## Kapitel 15

[1] »Der vorrangige Grund für den Niedergang privater Militärfirmen wie EO ist, dass der Markt für privatisierte Kriegführung am Problem der mangelnden Legitimität in den Augen der internationalen Gemeinschaft gescheitert ist.« Kim Nossal, »Bulls to Bears: The Privatization of War in the 1990s«, in: Gilles Carbonnier (Hrsg.), *War, Money, and Survival*, Genf, Februar 2000. »An der Wende zum 21. Jahrhundert hat es den Anschein, als hätten die privaten Militärfirmen ihren Wettbewerbsvorsprung in Afrika eingebüßt. [...] Firmen wie Executive Outcomes sind offenbar von den Marktkräften selbst an die Wand gedrückt worden.« Chris Dietrich, »The Commercialisation of Military Deployment in Africa«, *African Security Review* 9, Nr. 1, Januar 2000.; s. a. David Isenberg, *Soldiers of Fortune Ltd.: A Profile of Today's Private Sector Corporate Mercenary Firms*, Center for Defense Information, November 1997.

[2] Christopher Clapham, »Africa Security Systems: Privatisation and the Scope for Mercenary Activity«, in: Greg Mills und John Stremlau (Hg.), *The Privatisation of Security in Africa*, Pretoria 1999; Jeffery Herbst, »The Regulation of Private Security Forces«, ebd., S. 123; Gumisai Mutume, »Private Military Companies Face Crisis in Africa«, *Inter Press Service*, 11. Dezember 1998.

[3] »Are Private Security Forces Sometimes Preferable to National Military Forces?« Resümee des Symposiums der Moore Society on International Law zum 15. Jahrestag ihres Bestehens, University of Virginia, 24. Februar 2001.

[4] Herbst, »The Regulation of Private Security Forces«, S. 126.

[5] Thomas Adams, »The New Mercenaries and the Privatization of Conflict«, *Parameters*, Sommer 1999, S. 103–116.

[6] Donald T. Wynn, »Managing the Logistics-Support Contract in the Balkans Theater«, *Engineer*, Juli 2000.

[7] Doug Brooks and Hussein Solomon, »From the Editor's Desk«, Conflict Trends, Nr. 6, Juli 2000.

[8] Kenneth Waltz, Theory of International Relations, New York 1979, S. 76f. and 127f. Siehe auch João Resende-Santos, »Anarchy and the Emulation of Military Systems: Military Organization and Technology in South America, 1870–1914«, *Security Studies* 5, Nr. 3, Frühjahr 1996, S. 193–260.

[9] »The very existence of such companies has boosted demand«, United Nations Commission on Human Rights, Report on the question of the use of mercenaries as a means of violating human rights and impeding the exercise of the right of peoples to self determination.« 57th Session, Item 7, Special Rapporteur, Januar 2001.

[10] Isenberg, »Soldiers of Fortune, Ltd.«.

[11] Global Coalition for Africa and International Alert, »The Privatization of Security in Africa«, Konferenzbericht, Washington, D.C., 12. März 1999.

[12] Sarah Lunday, »Firms Join Security Drive«, *Charlotte Observer*, 13. Februar 2002.

[13] Jimmy Burns, »Corporate Security: Anxiety Stirred by Anti-Western Sentiment«, Financial Times, 11. April 2002.

[14] James Des Roches, Sprecher der Security Cooperation Agency des Pentagon, zitiert nach Esther Schrader, »U.S. Companies Hired to Train Foreign Armies«, *Los Angeles Times*, 14. April 2002.

[15] Rick Scavetta, »Brown & Root to Begin Making Improvements to Uzbekistan Base«, *European Stars and Stripes*, 2. Mai 2002. BRS übernahm auch wichtige US-Stützpunkte in Afghanistan wie Bagram und Khandahar.

[16] P. W. Singer und Anja Manuel, »A New Model Afghan Army«, *Foreign Affairs* 81, Nr. 4, Juli 2002, S. 44–59; Schrader, »U.S. Companies Hired to Train Foreign Armies«.

[17] David Leppard, »Mercenaries Chase 20 Million Prize for the Head of Bin Laden«, *Sunday Times*, 30. September 2001; Paul Bedard, »A Bounty Hunt for Bin Laden Yields Heads, Ears«, *U.S. News and World Report*, 29. Juli 2002.

[18] U.S. House of Representatives, HR 3076, »The September 11 Marque and Reprisal Act of 2001«, eingebracht vom Abgeordneten Ron Paul, 10. Oktober 2001.

[19] Global Coalition for Africa, *African Social and Economic Trends*, Jahresbericht 1999/2000.

[20] Elizabeth Rubin, »An Army of One's Own«, *Harper's Magazine*, Februar 1997.

[21] Solche Ansätze finden sich etwa bei Ronald Coase, »The Nature of the Firm«, *Economica* 4, 1937, S. 386–405; Thrain Eggertson, *Economic Behavior and Institutions*, New York 1990; Douglass C. North, *Institutionen, institutioneller Wandel und Wirtschaftsleistung*, Tübingen 1992; Roland Vaubel und Thomas Willett, *The Political Economy of International Organizations*, Boulder 1991; »War, Chaos, and Business: Modern Business Strategy«, Kettle Creek Corporation Report, 2001.

[22] Man denke etwa an EOs Eintreten für Wahlen in Sierra Leone oder an die von mancher Seite geäußerte Vermutung, hinter den Aktivitaten mancher Firmen im humanitären Bereich – z. B. bei der Beseitigung von Minen –, stünden nicht herkömmliche wirtschaftliche oder militärische Beweggründe, sondern der Wunsch, das eigene Image in der Öffentlichkeit aufzupolieren. William Reno, *Warlord Politics and African States*, London 1998; Antony Barnett, »Anger at Kosovo Mines Contract: Firm Accused of Human Rights Abuses Wins Million-Pound Government Deal«, *Observer*, 7. Mai 2000, auffindbar über www.guardian.co.uk/Archive (zuletzt besucht am 3. Juli 2005).

[23] Stephen Zamparelli, »Contractors on the Battlefield: What Have We Signed Up For?« Air War College Research Report, März 1999.

[24] Susan Davidson, »Where Is the Battle-Line for Supply Contractors?« U.S. Air Force Air Command and Staff College Research Report, April 1999.

[25] General Accounting Office, »Contingency Operations: Army Should Do More to Control Contract Cost in the Balkans«, NSDIAD-00–225, 6. Oktober 2000. Zum Government Accountability Office (US-Rechnungsprüfungsamt) siehe www.gao.gov.

[26] Jamie Wilson und Kevin Maguire, »American Firm in Bosnia Sex Trade Row Poised to Win MoD Contract«, *Guardian*, 29. November 2002.

[27] »Outsourcing 2000«, *Fortune*, 29. Mai 2000.

[28] Stephen Newbold, »Competitive Sourcing and Privatization: An Essential USAF Strategy«, *Contractors on the Battlefield*, Air Force Logistics Management Agency, Dezember 1999.

[29] R. Philip Deavel, »Political Economy of Privatization for the American Military«, *Air Force Journal of Logistics* 22, Sommer 1998: 3–9.

[30] Gespräche mit einem für Auftragsvergaben zuständigen Offizier der U.S. Air Force, Juni 2002.

[31] Zamparrelli, »Contractors on the Battlefield«, S. 37.

[32] Wynn, »Managing the Logistics-Support«.

[33] Joseph Michels, »A Civil Sector force Multiplier for the Operational Commander«, *Global Thinking, Global Logistics*, Air Force Logistics Management Agency, Washington, Dezember 1999.

[34] Doug Brooks und Hussein Solomon, »From the Editor's Desk«.

[35] Private Mitteilung, September 2000.

[36] Greg Mills und John Stremlau, »The Privatisation of Security in Africa: An Introduction«, in: Mills und Stremlau (Hg.), *Privatisation of Security*, S. 14.

[37] Die ITAR-Bestimmungen sind einsehbar auf www.pmdtc.org/reference.htm (zuletzt besucht am 3. Juli 2005).

[38] *Avant*, 2000.

[39] Bruce Grant, »U.S. Military Expertise for Sale: Private Military Consultants as a Tool of Foreign Policy«, National Defense University Institute for National Security Studies, Strategy Essay Competition, 1998.

[40] Zitiert nach Russell Miller, *Die Ostindienfahrer*, Amsterdam 1981.

[41] Siehe dazu »Private Military Companies – Independent or Regulated?« Sandline White Paper, März 1998, zu finden unter »White Papers« auf www.sandline.com/site/index.html (zuletzt besucht am 3. Juli 2005); Herbert Howe, »Global Order and Security Privatization«, *Strategic Form*, Nr. 40, Mai 1998; Isenberg, *Soldiers of Fortune Ltd.*; Doug Brooks, »Write a Cheque, End a War Using Private Military Companies to End African Conflicts«; Stephen Mbogo, »Mercenaries? No, PMCs«, *West Africa Magazine*, 18. September 2000, S. 10–13; Global Coalition for Africa and International Alert, »The Privatization of Security in Africa«, Konferenzbericht, Washington, D.C., 12. März 1999.

[42] Brooks und Solomon, »From the Editor's Desk«.

[43] Alex Vines, »The Business of Peace: ›Tiny‹ Rowland, Financial Incentives, and the Mozambican Settlement«, *Accord: An International Review of Peace Initiatives*. Der von der IPOA vorgeschlagene Verhaltenskodex ist zumindest ein gut gemeinter erster Schritt.

[44] »In Focus: Privatizing Military Training«, *Avant*.

[45] Ebd.

[46] Global Coalition for Africa and International Alert, »Privatization«; Anne-Marie Slaughter, »The Real New World Order«, *Foreign Affairs*, September 1997.

[47] Ein »Grünbuch« ist ein politisches Papier, das die Fragen, um die es geht, erörtert, ohne förmliche Empfehlungen auszusprechen. »Private Military Companies: Options for Regulation«, House of Commons, 12. Februar 2002.

[48] Paul Waugh, »Mercenaries as Peacekeepers Plan Under Fire«, *Independent*, 14. Februar 2002.

⁴⁹ Das ist eine erweiterte Version des von Mills und Stremlau (Hg.), *Privatisation of Security*, S. 19, vorgeschlagenen Ansatzes.
⁵⁰ Mbogo, »Mercenaries? No, PMCs«.
⁵¹ Martin Van Creveld, *Aufstieg und Untergang des Staates*, München 1999, S. 460.

## Nachwort

¹ Mehr über die Rolle privater Militärfirmen im Irak bei P. W. Singer, »Outsourcing War«, *Foreign Affairs*, 1. März 2005, sowie ders., »Warriors for Hire in Iraq«, *Salon*, 15. April 2004.
² Zum Fall Abu Ghraib siehe P. W. Singer, »Above the Law«, *The Guardian*, 3. Mai 2004.
³ P. W. Singer, »Nation Builders and Low Bidders in Iraq«, *The New York Times*, 15. Juni 2004.

# Literatur

## 1. Bücher, Artikel, Dokumente

Abrams, Fran, »British Officer Advised Gunship Killers«, *The Independent*, 7. September 2000

Adams, James, *The Next World War*, New York 1998

Adams, Thomas, »The New Mercenaries and the Privatization of Conflict«, *Parameters* (Sommer 1999), S. 103–116

Air Force Field Manual 1-1, Basic Aerospace Doctrine of the United States Air Force, Washington D. C.: U. S. Government Printing Office 1992

Alden, Diane, »Soldiers R Us: The Corporate Military«, *SpinTech*, 12. September 1999

Allen-Mills, Terry, »France's Scandal Trail Leads to US«, *The Times*, 31. Dezember 2000

Alvarez, Steve, »MPRI: A Private Military«, *Stars and Stripes*, 30. Oktober 2000

Aning, Emmanuel Kwesi, »Africa's Security in the New Millennium: State or Mercenary Induced Stability?«, *Conflict Trends*, Nr. 6 (Juli 2000)

Aoul, Samia, et al., »Towards a Spiral of Violence? – The Dangers of Privatizing Risk Management in Africa«, Memorandum, Working Group on Human Rights in Congo, Development and Peace, Mining Watch Canada, Februar 2000

Arbucki, Tammy, »Building a Bosnian Army«, *Jane's International Defense Review*, August 1997

Arkin, William, »The Underground Military«, *Washington Post*, 7. Mai 2001

Armorgroup – Company Brief, Armorgroup Marketing Presentation, erhalten im Februar 2000

Armor Holdings, »Armor Holdings, Inc., Reports Record Third Quarter Operating Results of $ 0.22 Per Diluted Share before Merger and Integration Charges and Other Unusual Expenses«, *PRNewswire*, 14. November 2000

–, »IBNet Announces Joint Marketing Agreement with Armorgroup«, Armorgroup press release, 7. April 2000

–, »Proxy Statement: Annual Meeting of Stockholders to Be Held on June 15, 2000«, Company report, Juni 2000

Arnold, Guy, *Mercenaries*, London 1999

Art, Robert, »Force and Fungibility Reconsidered«, *Security Studies* 8, Nr. 4 (Sommer 1999)

Art, Robert J. und Robert Jervis (Hg.), *International Politics: Anarchy, Force, Political Economy, and Decision Making*, Glenview 1985

Aston, Trevor (Hg.), *Crisis in Europe, 1560–1660*, London 1965

Auster, Richard D., und Morris Silver, *The State as a Firm: Economic Forces in Political Development*, Boston 1979

Australian Broadcasting Corporation, »Dogs of War«, *Lateline*, broadcast 18. Mai 2000

–, »Sierra Leone – Soldiers of Fortune«, Australian Broadcasting Corporation Documentary, Producer Mark Corcoran, August 2000

Avant, Deborah, »From Mercenaries to Citizen Armies: Explaining Change in the Practice of War«, *International Organization* 54, Nr. 1 (Winter 2000)

–, »In Focus: Privatizing Military Training«, *Foreign Policy in Focus* 5, Nr. 17 (Mai 2000)

–, »The Market for Force: Exploring the Privatization of Military Services«, Paper prepared for discussion at the Council on Foreign Relations Study Group, the Arms Trade and the Transnationalization of the Defense Industry: Economic versus Security Drivers, 1999

Azar, Edward E., und Chun-in Moon (Hg.), *National Security in the Third World: The Management of Internal and External Threats*, Hants 1988

Baldwin, David, »Force, Fungibility, and Influence«, *Security Studies* 8, Nr. 4 (Sommer 1999)

Barnett, Antony, »Anger at Kosovo Mines Contract: Firm Accused of Human Rights Abuses Wins Million-Pound Government Deal«, *Observer*, 7. Mai 2000

Bates, Robert, *Prosperity and Violence*, New York 2001

Bayley, C. C., *Mercenaries for the Crimea: The German, Swiss, and Italian Legions in British Service, 1854–56*, Montreal 1977

–, *War and Society in Renaissance Florence: The »De Militia« of Leonardo Bruni*, Toronto 1961

Bedard, Paul, »A Bounty Hunt for Bin Laden Yields Heads, Ears«, *U. S. News and World Report*, 29. Juli 2002

Beelma, Maud, »Dining with the Devil: America's ›Tacit Cooperation‹ with Iran in Arming the Bosnians«, *APF Reporter* 18, Nr. 2 (1996)

Bender, Bryan, »Defense Contracts Quickly Becoming Surrogate Warriors«, *Defense Daily*, 28. März 1997, S. 490

Berger, Sebastien, »Sandline Sues to Seize Nation's Assets«, *Sunday Telegraph*, 7. März 1999

Berman, Eric, *Re-Armament in Sierra Leone*, Small Arms Survey Occasional Paper 1, Dezember 2000

Betts, Richard, *Surprise Attack*, Washington, D. C. 1982

Biles, Peter, »Bitter Foes«, *The World Today* 56, Nr. 7 (Juli 2000)

Binmore, Kenneth, und Larry Samuelson, »An Economist's Perspective on the Evolution of Norms«, *Journal of Institutional and Theoretical Politics* 150, Nr. 1 (1994)

Bisseker, Claire, »Africa's Military Time Bomb«, *Johannesburg Financial Mail*, 11. Dezember 1998

Black, Jeremy (Hg.), *European Warfare: 1453–1815*, London 1999

Blakely, Edward, und Mary Snyder, *Fortress America: Gated Communities in the United States*, Washington, D. C., 1997

Bonn International Center for Conversion (BICC), *An Army Surplus – The NVA's Heritage*, BICC Brief Nr. 3, 1997

Bonner, Raymond, »U.S. Reportedly Backed British Mercenary Group in Africa«, *New York Times*, 13 Mai 1998

– »War Crimes Panel Finds Croat Troops ›Cleansed‹ the Serbs«, *New York Times*, 20. März 1999

Bowe, Christopher, »Agency Aims to Swell the Ranks«, *Financial Times*, 10. August 2000

Boxer, C.R., *Jan Compagnie in Oorlog en Vrede*, London 1979

Boyne, Sean, »The White Legion: Mercenaries in Zaire«, *Jane's Intelligence Review*, Juni 1997

Bradbury, M., *Aid Under Fire: Redefining Relief and Development Assistance in Unstable Situations*, Wilton Park Paper, supported by with DHA, ODI, and ActionAid, London 1995

*British Security 2010*, Conference Proceedings Church House, Westminster, November 1995

Broad, William, »Private Ventures Hope for Profits on Spy Satellites«, *New York Times*, 10. Februar 1997, S. 1

Broder, Jonathon, »Mercenaries: The Future of U.N. Peacekeeping?«, *Fox News*, 26. Juni 2000

Brooks, Douglas, »The Business End of Military Intelligence: Private Military Companies«, *Military Intelligence Professional Bulletin*, September 1999

Brooks, Doug, »Creating the Renaissance Peace«, Paper presented at Africa Institute's 40th Anniversary Conference, 30. Mai 2000, Pretoria

–, »Hope for the ›Hopeless Continent‹: Mercenaries«, *Traders: Journal for the Southern African Region* Nr. 3 (Juli–Oktober 2000)

–, »Messiahs or Mercenaries?«, *International Peacekeeping* 7, Nr. 4 (2000), S. 129–144

–, »Write a Cheque, End a War: Using Private Military Companies to End African Conflicts«, *Conflict Trends*, Nr. 6 (Juli 2000)

Brooks, Doug, und Hussein Solomon, »From the Editor's Desk.« *Conflict Trends*, Nr. 6 (Juli 2000)

Brower, J. Michael, »Outland: The Vogue of DOD Outsourcing and Privatization«, *Acquisition Review Quarterly*, Nr. 4 (Herbst 1997)

–, »Outsourcing at DOD: All It's Cracking People Up to Be?«, *Military Review*. Vol. 77, November–Dezember 1997, S. 67–68

Brown, Justin, »Internet Challenges Old Assumptions About Spying«, *Christian Science Monitor*, 6. April 2000

–, »The Rise of the Private-Sector Military«, *Christian Science Monitor*, 5. Juli 2000

Brown, Michael, et al. (Hg.), *Theories of War and Peace: An International Security Reader*, Cambridge 1998

Brummer, Stephaans, »Investing in the Bibles and Bullets Business«, *Weekly Mail & Guardian*, 16. September 1994

–, »SA Arms ›Stoke‹ the Burundi Fire«, *Weekly Mail & Guardian*, 5. Dezember 1997

Bryce, Robert, »The Candidate from Brown & Root«, *Austin Chronicle*, 25. August 2000

Bull, Hedley, *The Anarchical Society: A Study of Order in World Politics*, New York 1977

Burns, Jimmy, »Corporate Security: Anxiety Stirred by Anti-Western Sentiment«, *Financial Times*, 11. April 2002

Burton-Rose, Daniel, und Wayne Madsen, »Governments of, by, and for the Corporations: Corporate Soldiers«, *Multinational Monitor* 20, Nr. 3 (März 1999)

Business Executives for National Security Tooth to Tail Commission, »After Kosovo: Operation ›Restore Balance‹«, Update Nr. 33, 25. Mai 1999, www.bens.org/pubs

–, »Defense Department Headquarters – Too Many Chiefs, Not Enough Warriors«, Update Nr. 7, 14. November 1997, www.bens.org/pubs

Butcher, Tim, »UN Force Is Upstaged by British Expertise«, *The Telegraph*, 12. Mai 2000

Cahlink, George, »Army of Contractors«, *Government Executive*, Februar 2002

Campbell, Gordon, *Contractors on the Battlefield: The Ethics of Paying Civilians to Enter Harm's Way and Requiring Soldiers to Depend upon Them*, Joint Services Conference on Professional Ethics 2000, Springfield, Virginia, 27.–28. Januar, 2000

Carbonnier, Gilles, *War, Money, and Survival*, Genf, IKRK, Februar 2000

Caro, Robert A., *The Path to Power*, New York 1990

Carr-Brown, Jonathon, »Sandline ›Paid Bribe‹ to Win War Contract«, *The Sunday Times*, 2. Juli 2000

Carter, Ashton, und John White, *Keeping the Edge*, Cambridge 2001

Center for Democracy and Development, *The Impasse in Sierra Leone*, Dezember 1999

Cerny, Philip, »Neomedievalism, Civil War and the New Security Dilemma: Globalisation as Durable Disorder«, *Civil Wars* 1, Nr. 1 (Sommer 1999)

Charodeev, Gennady, »Foreign Wars: Russian Generals Involved in a War between Ethiopia and Eritrea«, *Izvestia*, 26. Mai 2000, S. 1, 4

Chatterjee, Partap, »Mercenary Armies and Mineral Wealth«, *Covert Action Quarterly* (Herbst 1997)

Christian Aid, *The Scorched Earth: Oil and War in Sudan*, März 2001

Cilliers, Jakkie, »Book Review: Sean Dorney, The Sandline Affair – Politics and Mercenaries and the Bourgainville Crisis«, Sydney 1999

–, und Peggy Mason, *Peace, Profit or Plunder? The Privatisation of Security in War-Torn African Societies*, Pretoria: Institute for Security Studies, Januar 1999

Clapham, Christopher, *Africa and the International System: The Politics of State Survival*, Cambridge 1996

Clausewitz, Carl von, *Vom Kriege*, ungekürzter Text, München 2000

Coase, Ronald, »The Lighthouse in Economics«, *Journal of Law and Economics* 17 (Oktober 1974), S. 357–376

–, »The Nature of the Firm«, *Economica* 4 (1937), S. 386–405

Cohen, Eliot, *Citizens and Soldiers: The Dilemmas of Military Service*, Ithaca 1985

Cohen, Roger, »After Aiding Croatian Army, U.S. Now Seeks to Contain It«, *New York Times*, 28. Oktober 1995, S. 5

Coker, Christopher, *NATO, the Warsaw Pact, and Africa*, London 1985

Collier, Paul, und Anke Hoeffler, »Greed and Grievance in Civil War«, World Bank Policy Research Paper, Nr. 2355, Mai 2000

Conetta, Carl, und Charles Knight, *Defense Sufficiency and Cooperation: A U.S. Military Posture for the Post-Cold War Era*, Project on Defense Alternatives Briefing Report 9, 1. März 1998

Contamine, Phillipe, *War in the Middle Ages*, New York 1984

Copetas, Craig, »It's Off to War Again for Big U.S. Contractor«, *Wall Street Journal*, 4. April 1999, S. A 21

Correy, Stan, »The Business of Cybersecurity – the War Against Privacy?«, Australian Broadcasting Corporation, 20. August 2000

Croatian Foreign Press Bureau, *Daily Bulletin*, 15. Juli 1996

Cross, Tim, »Logistic Support for UK Expeditionary Operations«, *RUSI Journal*, Februar 2000

Cullen, Patrick J., »Keeping the New Dog of War on a Tight Lease«, *Conflict Trends*, Nr. 6 (Juli 2000)

Daley, Paul, »Civilians May Form Special Reserve«, *The Age* (Melbourne), 28. April 2000.

David, Stephen R., *Defending Third World Regimes from Coups d'Etat*, New York 1985

–, »Explaining Third World Alignment«, *World Politics* 43, Nr. 2 (Januar 1991), S. 233–256

–, *Third World Coups d'Etat and International Security*, Baltimore 1987

Davis, James W. Jr., »Correspondence: Taking Offense at Offense-Defense Theory«, *International Security* 24, Nr. 3 (Winter 1998/99)

Deavel, R. Philip, »Political Economy of Privatization for the American Military«, *Air Force Journal of Logistics* 22 (Sommer 1998), S. 3–9

Decalo, Samuel, »Praetorianism, Corporate Grievances and Idiosyncratic Factors in African Military Hierarchies«, *Journal of African Studies* 2, Nr. 2 (Sommer 1975), S. 247–273

–, *The Stable Minority: Civilian Rule in Africa*, Gainesville 1998

De La Garza, Paul, und David Adams, »Contract's End Hints of Colombia Trouble«, *St. Petersburg Times*, 13. Mai 2001

–, »Military Aid … From the Private Sector«, *St. Petersburg Times*, 3. Dezember 2000

–, »Military Know-How Finds Niche – And Some Critics«, *St. Petersburg Times*, 3. Dezember 2000

Delbrück, Hans, *Geschichte der Kriegskunst im Rahmen der politischen Geschichte*, Berlin 1936, Bd. 2

Diamond, Hohn, »Wary U.S. Offers Little Help in Sierra Leone Crisis«, *Chicago Tribune*, 18. Mai 2000

Dietrich, Chris, »The Commercialisation of Military Deployment in Africa«, *African Security Review* 9, Nr. 1 (Januar 2000)

Dinnen, Sinclair, *Challenging the State: The Sandline Affair in Papua New Guinea*, Australian National University, Pacific Policy Paper 30, 1997

–, »Militaristic Solutions in a Weak State: Internal Security, Private Contractors, and Political Leadership in Papua New Guinea«, *The Contemporary Pacific* 11, Nr. 2 (Herbst 1999)

Dixit, Avinash, und Susan Skeath, *Games of Strategy*, New York 1999

Donahue, John, *The Privatization Decision: Public Ends, Private Means,* New York 1989

Dorney, Sean, *The Sandline Affair: Politics and Mercenaries and the Bougainville Crisis*, Sydney 1998

Doswald-Beck, Louise, »Implementation of International Humanitarian Law in Future Wars«, *Navy War College Review* (Winter 1999)

Dowling, Maria, und Vincent Feck, »Joint Logistics and Engineering Contract«, *Contractors on the Battlefield,* Air Force Logistics Management Agency, Dezember 1999

Doyle, Michael, *Empires*, Ithaca 1986

Dudley, Steven, »Colombia Vows End to Abuses«, *Washington Post*, 22. Juli 2000, S. 15

Duffield, Mark, »Internal Conflict: Adaptation and Reaction to Globalisation«, *The Cornerhouse*, Briefing 12, 1999

Duffy, Andy, »SA Mercenaries Working for the UN«, *Electronic Mail & Guardian*, 17. Juli 1998

Dugger, Ronnie, *The Politician: The Life and Times of Lyndon Johnson*, New York 1982

Dunne, Nancy, »Dope Wars (Part II): Crackdown on Colombia«, *The Financial Times*, 9. August 2000

Eggertson, Thrain, *Economic Behavior and Institutions*, New York 1990

Enloe, Cynthia, *Ethnic Soldiers: State Security in Divided Societies*, Athens 1980

Evans-Pritchard, Ambrose, »EU Force May Rent Ukraine Planes«, *The Electronic Telegraph*, 14. Februar 2001

Fabricus, Peter, »Private Security Firms Can End Africa's Wars Cheaply«, *Saturday Star* (Johannesburg), 23. September 2000

Farah, Douglas, »Cartel Hires Mercenaries to Train Security Forces«, *Washington Post*, 4. November 1997

Fearon, James D, »Rationalist Explanations for War«, *International Organization* 49, Nr. 3 (Sommer 1995), S. 379–414

Feaver, Peter D., »The Civil-Military Problematique: Huntington, Janowitz, and the Question of Civilian Control«, *Armed Forces and Society* 23, Nr. 2 (Winter 1996), S. 149–178

Feigenbaum, Harvey, und Jeffrey Henig, »Privatization and Political Theory«, *Journal of International Affairs* 50, Winter 1997, S. 338–57

Fennell, James, »Private Security Companies: The New Humanitarian Agent«, Presentation to the Conference on Interagency Co-ordination in Complex Humanitarian Emergencies, 19. Oktober 1999, Cranfield University/Royal Military College of Science Shrivenham, GB

Finer, S. E., *The Man on Horseback: The Role of the Military in Politics*, New York 1962

Fisher, Franklin, »Somali Ranger Veteran Stresses Value of Support Troops«, *Stars & Stripes*, 3. April 2001

Fisher-Thompson, Jim, »French General Details Renewed Commitment to Africa«, USIS, 3. Juni 1999

»Foreign Special Operations Forces«, *Special Warfare: The Professional Bulletin of the John F. Kennedy Special Warfare Center and School* 11, Nr. 2, Frühjahr 1998

Forsyth, Frederick, *Die Hunde des Krieges*, München 1990

Fox, Robert, »Fresh War Clouds Threaten Ceasefire: Secret U.S. Military Advice Helps ›Cocky‹ Croats Push Towards Eastern Slavonia«, *Sunday Telegraph*, 15. Oktober 1995

Francis, David, »Mercenary Intervention in Sierra Leone: Providing National Security or International Exploitation?«, *Third World Quarterly* 20, Nr. 2, April 1999

Frazer, Jendayi, *Sustaining Civilian Control: Armed Counterweights in Regime Stability in Africa*, Stanford University Dissertation, März 1994

Friedman, David, »The Machinery of Freedom: Guide to Radical Capitalism«, *Open Court Press*, Lasalle (Ill.) 1989

Friedman, Thomas L., *The Lexus and the Olive Tree: Understanding Globalization*, New York 1999

Friedric, Carl J., und Harris, Seymour E. (Hg.), *Public Policy*, Cambridge 1958

Gallup Organization, »Military on Top, HMOs Last in Public Confidence Poll«, Poll Releases 14. Juli 1999

Garner, Jay M., »The Next Generation of Threat to US Military Superiority ... ›Asymmetric Niche Warfare‹«, *Phalanx* 30, Nr. 1, März 1997

Garrett, Geoffrey, und Barry Weingast, »Ideas, Interests, and Institutions«, in: Goldstein, Judith und Robert Keohane, *Ideas and Foreign Policy*, Ithaca 1993

General Accounting Office, »Contingency Operations: Army Should Do More to Control Contract Cost in the Balkans«, NSDIAD-00-225, 6. Oktober 2000

–, »Contingency Operations: Opportunities to Improve the Logistics Civil Augmentation Program«, GAO/NSIAD-97-63, Februar 1997

–, »Outsourcing DoD Logistics: Savings Achievable But Defense Science Board's Projections Are Overstated«, NSIAD-98-48, 8. Dezember 1997

»Generals For Hire«, *Serbia Bulletin*, Ausgabe März 1996

Giddens, Anthony, *A Contemporary Critique of Historic Materialism*, Berkely 1995

Gill, Stephen, »Globalisation, Market Civilisation, and Disciplinary Neoliberalism«, *Millennium* 24, Nr. 3 (Winter 1995)

Gilligan, Andrew, »Inside Lt. Col. Spicer's New Model Army«, *Sunday Telegraph*, 22. November 1998

Gilmour, Bob, »St. Albert Officer to Lead Forces' First Private Contract on Overseas Mission«, *The Edmonton Journal*, 6. Juli 2000

Gilpin, Robert, *War and Change in World Politics*, Cambridge 1981

Glaser, Charles L., und Chaim Kaufmann, »What Is the Offense-Defense Balance and Can We Measure It?«, *International Security* 22, Nr. 4 (Frühjahr 1998), S. 44–82

Global Coalition for Africa, *African Social and Economic Trends*, Annual Report 1999/2000

–, und International Alert, »The Privatization of Security in Africa«, Conference Report, Washington, D.C., 12. März 1999

Glubb, John, *Soldiers of Fortune: The Story of the Marmalukes*, London 1973

Goldstein, Judith und Keohane, Robert (Hg.), *Ideas and Foreign Policy*, Ithaca 1993

Goldsworthy, David, »Civilian Control of the Military in Black Africa«, *African Affairs* 80, Nr. 318 (Januar 1981), S. 49–74

Gómez, Ignacio, »U.S. Mercenaries in Colombia«, *Colombia Report*, 16. Juli 2000

Gooch, John, *Armies in Europe*, London 1980

Goodenough, Patrick, »Are Guns-for-Hire the Answer in Sierra Leone?«, CNSNews.com, 11. Mai 2000

Goodpaster, Andrew, *When Diplomacy Is Not Enough*, Report to the Carnegie Commission on Preventing Deadly Conflict, Juli 1996

Goodwin, Christopher, » Mexican Drug Barons Sign Up Renegades from Green Berets«, *Sunday Times*, 24. August 1997

Gorman, Peter, »Ex-Navy Seals on Pay Per Kill Mission Plan Colombia's Mercenaries«, *Narconews*, 19. Februar 2001

Goulet,Yves, »DSL: Serving States and Multinationals«, *Jane's Intelligence Review*, 1. Juni 2000

–, »Mixing Business with Bullets«, *Jane's Intelligence Review*, September 1997

–, »MPRI: Washington's Freelance Advisors«, *Jane's Intelligence Review*, Juli 1998

Graham, Bradley, »Ex-GIs Work to Give Bosnian Force a Fighting Chance«, *Washington Post*, 29. Januar 1997

Grant, Bruce, »U.S. Military Expertise for Sale: Private Military Consultants as a Tool of Foreign Policy«, National Defense University Institute for National Security Studies, Strategy Essay Competition 1998

Gray, Chris, *Postmodern War: The New Politics of Conflict*, New York 1997

Greenaway, Sean, und Andrew Harris, *Humanitarian Security; Challenges and Responses*, Paper presented to Forging Peace Conference, Harvard University, März 1998

Griffith, G. T., *The Mercenaries of the Hellenistic World*, Groningen 1968

Gullo, Karen, »Peacekeeping Helped Cheney Company«, *AP*, 28. August 2000

Guéhenno, Jean-Michel, »The Impact of Globalisation on Strategy«, *Survival* 40 (Winter 2000)

Haftendorn, Helga, Robert O. Keohane, und Celeste A. Wallander, *Imperfect Unions: Security Institutions over Time and Space*, Oxford 1999

Halberstam, David, *War in a Time of Peace*, New York 2001

Haldon, John, *Warfare, State, and Society in the Byzantine World 565–1204*, London 1999

Halliburton, *Halliburton 1999 Annual Report to Investors*

Hammer, Joshua, und Michael Isikoff, »The Narco-Guerrilla War«, *Newsweek*, 9. August 1999

Hanrahan, John D., *Government By Contract*, New York 1983

Harden, Blaine, »Africa's Gems: Warfare's Best Friend«, *New York Times*, 6. April 2000

Harris, Paul, »Bosnians Sign for U.S. Military Expertise«, *Jane's Sentinal Pointer*, Juli 1996

Hartung, William, »Deadly Legacy Update: U.S. Arms and Training Programs in Africa«, World Policy Institute Documents, 22. März 2001

Hedges, Stephen, »Out of D.C., Cheney Still Carried Clout«, *Chicago Tribune*, 10. August 2000

Held, David, Anthony McGrew, David Goldblatt, und Jonathan Perraton, *Global Transformations: Politics, Economics, and Culture*, Stanford 1999

Henriques, Diana, »Mixed Reviews for Cheney in Chief Executive Role at Halliburton«, *New York Times*, 24. August 2000

Henry, Ryan, und C. Edward Peartree, »Military Theory and Information Warfare«, *Parameters* (Herbst 1998), S. 121–135

Hobbes, Thomas, *Leviathan*, Stuttgart 1983

Hochschild, Adam, *Schatten über dem Kongo. Die Geschichte eines fast vergessenen Menschheitsverbrechens*, Reinbek b. Hamburg 2002

Hoffman, John, *Beyond the State*, Cambridge 1995

Holbrooke, Richard, *Meine Mission. Vom Krieg zum Frieden in Bosnien*, München und Zürich 1999

Homer-Dixon, Thomas, »Environmental Scarcities and Violent Conflict: Evidence from Cases«, *International Security* 19, Nr. 1 (Sommer 1994), S. 5–40

Horvath, John, »The Soros Effect on Central and Eastern Europe«, *Telepolis* (Juni 1997)

House of Commons, *Private Military Companies: Options for Regulation*, HC 577, 12. Februar 2002

Howard, Michael, *Der Krieg in der europäischen Geschichte*, München 1981

Howe, Herbert, »African Private Security«, *Conflict Trends*, Nr. 6 (Juli 2000)

–, *Ambiguous Order: Military Forces in African States*, Boulder 2001

–, »Global Order and Security Privatization«, *Strategic Forum*, Nr. 140, Mai 1998

–, »To Stabilize Tottering African Governments«, *Armed Forces Journal International*, November 1996

Huie, William, *Can Do! The Story of the Seabees*, New York 1944

Human Rights Watch, »Backgrounder on Russian Fuel Air Explosives«, 20. März 2000

Human Rights Watch, *Landmine Monitor: Africa Report*, 1999

Huntington, Samuel, *The Soldier and the State; The Theory and Politics of Civil-Military Relations*, New York 1957

Ignatieff, Michael, *Die Zivilisierung des Krieges. Ethnische Konflikte, Menschenrechte, Medien*, Hamburg 2000

Ikenberry, G. John (Hg.), *American Foreign Policy: Theoretical Essays*, New York 1989

Irish, Jenny, *Policing for Profit*, ISSS Monograph Series, Nr. 39, 1999

Isenberg, David, »Have Lawyer, Accountant, and Guns, Will Fight: The New, Post-Cold War Mercenaries«, Paper prepared for International Studies Association Convention, 19. Februar 1999

Isenberg, David, »The New Mercenaries«, *Christian Science Monitor*, 13. Oktober 1998, S. 19

–, *Soldiers of Fortune Ltd.: A Profile of Today's Private Sector Corporate Mercenary Firms*, Center FOR Defense Information Monograph, November 1997

Jackson, Robert H., *Quasi-states: Sovereignty, International Relations, and the Third World*, New York 1990

Janowitz, Morris, *The Professional Soldier: A Social and Political Portrait*, New York 1960

Jennings, Christian, »Private U.S. Firm Training Both Sides in Balkans«, *The Scotsman*, 2. März 2001

Jervis, Robert, »Cooperation Under the Security Dilemma«, *World Politics* 30, Januar 1978

Jervis, Robert, et al., *Psychology and Deterrence*, Baltimore 1985

Jones, Trevor, und Tim Newburn, *Private Security and Public Policing*, Oxford 1998

Kaiser, David, *Kriege in Europa : Machtpolitik von Philipp II. bis Hitler*, Hamburg, 1992

Kaldor, Mary, *Neue und alte Kriege. Organisierte Gewalt im Zeitalter der Globalisierung*, Frankfurt 2000

Kant, Immanuel, *Zum ewigen Frieden. Ein philosophischer Entwurf*, Königsberg 1795

Kaplan, Robert, »The Coming Anarchy«, *Atlantic Monthly*, Februar 1994

Katzenstein, Peter (Hg.), *The Culture of National Security: Norms and Identity in World Politics*, New York 1996

Keegan, John, *Der Erste Weltkrieg. Eine europäische Tragödie*, Reinbek b. Hamburg 2000

–, »The Warrior's Code of No Surrender«, *U.S. News & World Report*, 23. Januar 1995, S. 47

Kelley, Jack, »Safety at a Price: Military Expertise for Sale or Rent«, *Pittsburgh Post-Gazette*, 15. Februar 2000

–, »Safety at a Price: Security Is a Booming, Sophisticated, Global business«, *Pittsburgh Post-Gazette,* 13. Februar 2000

Kemp, Kenneth W., und Charles Hudlin, »Civilian Supremacy over the Military: Its Nature and Limits«, *Armed Forces and Society* 19, Nr. 1, Herbst 1992

Kennedy, Tim, »Israeli Legislators Seek to Halt Export of Arms, Mercenaries to Congo«, *Moneyclips*, 24. Februar 1994

Keohane, Robert, *International Institutions and State Power*, Boulder 1989

–, (Hg.), *Neorealism and Its Critics*, New York 1986

Kiernan, V. G., »Foreign Mercenaries and Absolute Monarchy«, in: *Crisis in Europe 1560–1660*, hg. von Trevor Aston, S. 117–140, London 1965

King, David, und Zachary Karabell, »The Generation of Trust: Public Confidence in the U.S. Military Since Vietnam«, Paper prepared for Visions of Governance in the 21st Century project, Dezember 1999

Klare, Michael, »The Kalashnikov Age«, *Bulletin of the Atomic Scientists* 55, Nr. 1 (Januar/Februar 1999)

Klare, Michael, und Yogesh Chandrani, *World Security: Challenges for a New Century*, New York 1998

Knight, Samantha, et al., »The Croatian Army's Friends«, *U.S. News & World Report*, 21. August 1995, S. 41

Kohn, Richard, »Out of Control: The Crisis in Civil-Military Relations«, *The National Interest*, Nr. 35 (Frühjahr 1994), S. 3–17

–, »An Exchange on Civil-Military Relations«, *The National Interest*, Nr. 36 (Sommer 1994), S. 23–31

Korbin, Stephen, »Back to the Future: Neomedievalism and the Postmodern Digital World Economy«, *Journal of International Affairs* (Frühjahr 1998), S. 361–386

Kotlet, Jared, »Americans Work in Danger Zone in Colombia«, *AP*, 25. Februar 2001

Krause, Keith, und Michael Williams, »Broadening the Agenda of Security Studies: Politics and Methods«, *Mershon International Studies* Review 40 (Oktober 1996)

Kuperman, Alan, »Rwanda in Retrospect«, *Foreign Affairs* 79, Nr. 1, Januar 2000, S. 94–118

Lane, Frederic C., *Profits from Power: Readings in Protection Rent and Violence Controlling Enterprises*, Albany 1979

Langley, Lester, und Thomas Schoonover, *The Banana Men: American Mercenaries and Entrepreneurs in Central America, 1880–1930*, Lexington 1995

Lathem, Niles, »America's Drug War Mercenaries«, *New York Post*, 29. April 2001

Latzko, David A., »The Market for Mercenaries«, Paper presented at the Eastern Economic Association Meetings, Crystal City, Virginia, 4. April 1997

Leander, Anna, »Global Ungovernance: Mercenaries, States, and the Control over Violence«, Copenhagen Peace Research Institute Working Paper, 2002

Lee, Jeffrey, »Give a Dog of War a Bad Name«, *The Times*, 4. Mai 1998

Lesser, Ian, *Countering the New Terrorism*, Santa Monica 1999

Levy, Jack S., und Michael M. Barnett, »Alliance Formation, Domestic Political Economy, and Third World Security«, *Jerusalem Journal of International Relations* 14, Nr. 4 (Dezember 1992), S. 19–40

Lieber, Keir, »Grasping the Technological Peace: The Offense Defense Balance and International Security«, *International Security* 25, Nr. 1 (Sommer 2000), S. 179–206

Lilly, Damien, »From Mercenaries to Private Security Companies: Options for Future Policy Research«, *International Alert brief*, November 1998

Linard, Andre, »Mercenaries SA«, *Le Monde Diplomatique,* August 1998, S. 31

Little, Robert, »American Civilians Go Off to War, Too«, *Baltimore Sun*, 26. Mai 2002

Lizza, Ryan, »Sierra Leone, the Last Clinton Betrayal«, *New Republic*, Juli 2000

Lock, Peter, *Illicit Small Arms Availability*, Third International Berlin Workshop, Consolidating Peace through Practical Disarmament Measures and Control of Small Arms – From Civil War to Civil Society, Berlin, 2.–5. Juli 1998, www. ssaa.org.au/berlinwksp.html

–, »Military Downsizing and Growth in the Security Industry in SubSaharan Africa«, *Strategic Analysis* 22, Nr. 9 (Dezember 1998)

Lowe, Christian, »Navy, Marine Corps Consider Privatizing Some Aerial Refueling«, *Defense Week*, 21. August 2000, S. 1

–, »Services Look to Contractors to Fly ›Adversary‹ Aircraft«, *Defense Week*, 25. September 2000, S. 1

Lubold, Gordon, »Privatization Means Fewer Corps Cooks«, *Marine Corps Times*, 8. Januar 2001, S. 9

Luttwak, Edward, *Coup d'Etat: A Practical Handbook*, Cambridge 1968

–, »Towards Post-Heroic Warfare«, *Foreign Affairs* 74, Nr. 3, Mai/Juni 1995

Lutyens, Marcia, »Military Operations (ex VAT)«, *Volkskrant* (Niederlande), 17. Februar 2001

Lynch, Colum, »For U. S. Firms War Becomes a Business«, *Boston Globe*, 1. Februar 1997

–, »Private Firms Aid U.N. on Sanctions: Wider Intelligence Capability Sought«, *Washington Post*, 21. April 2001

Lynn-Jones, Sean M., »Offense-Defense Theory and Its Critics«, *Security Studies* 4, Nr. 4, Sommer 1995), S. 660–691

MacDonnell, Hector, *The Wild Geese of the Antrim MacDonnells*, Dublin 1999

Machiavelli, Niccolò, *Der Fürst*, Stuttgart 1984

Malan, Mark, »Lean Peacekeeping Turns Mean: Crisis and Response in Sierra Leone«, Paper presented to ISS security seminar, South Africa, 18. Mai 2000

–, und Jakkie Cilliers, *Mercenaries and Mischief: The Regulation of Foreign Military Assistance Bill*, Institute for Security Studies Occasional Paper Nr. 25, September 1997

Mallett, Michael, *Mercenaries and their Masters: Warfare in Renaissance Italy*, Totowa 1974

Mandel, Robert, »The Privatization of Security«, *Armed Forces & Society* 28, Nr. 1 (Herbst 2001), S. 129–152

Mandelbaum, Michael, »Is Major War Obsolete?«, *Survival* 40 (Winter 1998), S. 35–47

Margasak, Larry, »Report on Cheney, Bathrooms«, *AP*, 10. September 2000

Marley, Anthony D., »Problems of Terminating Wars in Africa«, *Small Wars and Insurgencies* 8, Nr. 3, Winter 1997

Marquis, Christopher, »Inquiry on Peru Looks at a CIA Contract«, *New York Times*, 28. April 2001

Martin, Brendan, *In the Public Interest*, London 1993

Matthews, Jessica Tuchman, »Power Shift: The Rise of Global Civil Society«, *Foreign Affairs* 76, Nr. 1, Januar/Februar 1997

–, »Redefining Security«, *Foreign Affairs* (Frühjahr 1989), S. 163–177

Mbogo, Stephen, »Mercenaries? No, PMCs«, *West Africa Magazine*, 18. September 2000, S. 10–13

McDermott, Jeremy, »U.S. Crews Involved in Colombian Battle«, *The Scotsman*, 23. Februar 2001

McGreal, Chris, »Sierra Leone Peace Force Accused of Sabotage«, *The Guardian*, 20. August 2000

McGrory, Daniel, und Nicholas Woods, »Soldiers for Sale«, *London Times*, 9. Mai 1998

McKirk, Jan, »Drug Sub in Andes Linked to Russians«, *The Independent*, 10. September 2000

McManus, Michael, *From Fate to Choice: Private Bobbies, Public Beats*, Aldershot 1995

McNeill, William, *Krieg und Macht. Militär, Wirtschaft und Gesellschaft vom Altertum bis heute*, München 1984

Mearsheimer, John, »The False Promise of International Institutions«, *International Security* 19, Nr. 3, (Winter 1994), S. 3–49

Melymuka, Kathleen, »Kaboom! The Field of IT Outsourcing Is Dotted with Land Mines«, *Computerworld*, 17. März 1997

Merx, Katie, »Cop Fired from Kosovo Job«, *Detroit News*, 25. Februar 2000

Mesic, Marco, »Croats Trained by Pentagon Generals«, *Balcanica*, Mai 1996

Metz, Steven, *Armed Conflict in the Twenty-first Century: The Information Revolution and Postmodern Warfare*, Strategic Studies Institute, U.S. Army War College, April 2000

–, *Refining American Strategy in Africa*, U.S. Army War College, Strategic Studies Institute, April 2000

–, *Strategic Horizons: The Military Implications of Alternative Futures*, Strategic Studies Institute, U.S. Army War College, 7. März 1997

Michels, Joseph, »A Civil Sector Force Multiplier for the Operational Commander«, *Global Thinking, Global Logistics*, Air Force Logistics Management Agency, December 1999

Midlarsky, Manus I. (Hg.), *Handbook of War Studies*, Boston 1989

Miller, Russell, *Die Ostindienfahrer*, Amsterdam, 1980

Millett, Allan R., *The American Political System and Civilian Control of the Military: A Historical Perspective*, Columbus 1979

Mills, Greg, und Stremlau, John (Hg.), *The Privatisation of Security in Africa*, Pretoria, South Africa Institute of International Affairs, 1999

Milton, Thomas J., »The New Mercenaries – Corporate Armies for Hire«, *Foreign Area Officers Association Journal*, 1997

Mockler, Anthony, *Mercenaries*, London 1969

–, *The New Mercenaries*, London 1985

Morrow, James D., *Game Theory for Political Scientists*, Princeton 1994

Moskos, Charles, und F. Wood (Hg.), *The Military: More Than Just a Job?*, Washington, D.C. 1988

Mseteka, Buchizya, »Angola Strained by War at Home and Abroad«, *Reuters*, 20. Mai 1999

Mueller, John, »The Common Sense«, *The National Interest*, Frühjahr 1997

Murphy, James, »DoD Outsources $500m in Spare Parts Work«, *PlanetGov.com*, 29. September 2000

Musah, Abdel-Fatau,und Kayode Fayemi, *Mercenaries: An African Security Dilemma*, London 2000

Mutume, Gumisai, »Private Military Companies Face Crisis in Africa«, *InterPress Service*, 11. Dezember 1998

Myers, Laura, »Pentagon's Computers Fail Hired Hackers' Test«, *Seattle Times*, 17. April 1998

Myers, Steven, »U.S. Spy Sub Said to Record Torpedo Blast Aboard Kursk«, *New York Times*, 29. August 2000

Nathan, Adam, und Michael Prescott, »Gurkhas Called Up to Fill Army Ranks«, *Sunday Times* (GB), 11. Juni 2000

Neild, Robert, »Expose the Unsavory Business behind Cruel Wars«, *International Herald Tribune*, 17. Februar 2000

Newbold, Stephen, »Competitive Sourcing and Privatization: An Essential USAF Strategy«, *Contractors on the Battlefield*, Air Force Logistics Management Agency, Dezember 1999

Nisse, Jason, »Cash for Combat«, *The Independent*, 21. November 1999

Noakes, Greg, »Israeli Commandos' Congo Connection«, *Washington Report on Middle East Affairs* (April/Mai 1994), S. 22

North, Douglass C., *Institutionen, institutioneller Wandel und Wirtschaftsleistung*, Tübingen 1992

Nossal, Kim, »Bulls to Bears: The Privatization of War in the 1990s«, in: *War, Money and Survival*, hg. von Gilles Carbonnier, Genf, IKRK, Februar 2000

O'Brien, Kevin, »Military-Advisory Groups and African Security: Privatised Peacekeeping«, *International Peacekeeping* 5, Nr. 3 (Herbst 1998), S. 78–105

–, »PMCs, Myths, and Mercenaries: The Debate on Private Militaries Companies«, *RUSI Journal*, Februar 2000

O'Callaghan, »Enemies Within – Papua New Guinea, Australia, and the Sandline Crisis: The Inside Story, Doubleday, Netley, 1999«, *African Security Review* 9, Nr. 1, Februar 2000

O'Connell, Robert L., *Of Arms and Men: A History of War, Weapons, and Aggression*, New York 1989

Ohmae, Kenichi, *The End of the Nation State: The Rise of Regional Economies*, New York 1995

O'Hanlon, Michael und Daalder, Ivo, *Winning Ugly: NATO's War to Save Kosovo*, Washington, D.C., 2000

O'Meara, Kelly, »Dyncorp Disgrace«, *Insight*, 4. Februar 2002

Ormrod, David, *The Reign of Edward II*, New Haven 1990

O'Sullivan, Arieh, »Israeli Mercenaries in Congo May Face Fellow Israelis«, *AP Worldstream*, 3. Februar 1994

Parke, H. W., *Greek Mercenary Soldiers: From the Earliest Times to the Battle of Ipsus*, Oxford 1933

Parker, Andrew, und Francesco Guerrera, »Ex-Soldiers Find There Is Money to Be Made Out of Wars«, *Financial Times*, 17. April 2001

Parkman, Francis, *France and England in North America*, New York 1983

Passage, David, *The United States and Colombia: Untying the Gordian Knot*, U.S. Army War College, Strategic Studies Institute, März 2000

Pech, Khareen, »South African Mercenaries in Congo«, *Electronic Mail & Guardian*, 28. August 1998

– und David Beresford, »Africa's New-Look Dogs of War«, *Weekly Mail & Guardian*, 24. Januar 1997

– und Yusef Hassan, »Sierra Leone's Faustian Bargain«, *Weekly Mail & Guardian*, 20. Mai 1997

Pegg, Scott, »Corporate Armies for States and State Armies for Corporations: Addressing the Challenges of Globalization and Natural Resource Conflict«, Paper prepared for delivery at the 2000 Annual Meeting of the American Political Science Association, Washington, D.C., 31. August – 3. September 2000

Penhaul, Karl, »Americans Blamed in Colombia Raid«, *San Francisco Chronicle*, 15. Juni 2001

Perlmutter, Amos, *The Military and Politics in Modern Times*, New Haven 1977

Peters, Ralph, »The New Warrior Class«, *Parameters* 24, Sommer 1994

Piatt, Gregory, »GAO Report: Balkans Contracts Too Costly«, *European Stars and Stripes*, 14. November 2000, S. 4

Piening, Christopher, *Global Europe: The European Union in World Affairs*, New York 1997

Porch, Douglas, *The French Foreign Legion*, New York 1991

Porter, Gareth, »Environmental Security as a National Security Issue«, *Current History* 94, Nr. 592 (Mai 1995), S. 218–222

Posen, Barry, »Nationalism, the Mass Army, and Military Power«, *International Security* 18, Nr. 2, Sommer 1993

Power, Samantha, »The Croatian Army's Friends«, *U. S. News and World Report*, 21. August 1995, S. 41

Priest, Dana, »Special Alliances: The Pentagon's New Global Entanglements«, *Washington Post*, 12. Juli 1998

*Privatization 1997: A Comprehensive Report on Contracting, Privatization, and Government Reform*, Reason Public Policy Institute, 11th Annual Report on Privatization 1997

*Privatization '98*, Reason Public Policy Institute, 12th Annual Report on Privatization and Government Reform, 1998

Pugliese, David, »Canadian Troops Trapped in Shipping Dispute«, *The Ottawa Citizen*, 25. Juli 2000

–, »Canadians Turn to Private Firms for EW Training, Combat Support«, *The Ottawa Citizen*, 7. September 2000

–, »Hire Mercenary Peacekeepers: General«, *The Ottawa Citizen*, 6. April 1998

Quetteville, Henri, »French Mercenary ›Is Behind Nudist Coup‹«, *The Electronic Telegraph* (GB), 11. August 2000

Ralston, David, *Importing the European Army*, Chicago 1990

Rangel Suarez, Alfredo, »Parasites and Predators: Guerrillas and the Insurrection Economy of Colombia«, *Journal of International Affairs* 53, Nr. 2 (Frühjahr 2000), S. 577–601

Rathmell, Andrew, »The Privatisation of Intelligence: A Way Forward for European Intelligence Cooperation«, *Cambridge Review of International Affairs* 11, Nr. 2 (Frühjahr 1998), S. 199–211

Raum, Tom, »Wars Rage in Third of World Nations«, *Associated Press*, 30. Dezember 1999

Redlich, Fritz, *The German Military Enterpriser and His Work Force: A Study in European Economic and Social History*, Wiesbaden 1964

Rees, Philip, »Colombia-Drug Wars«, *BBC*, 11. November 2000

Regan, Tom, »Wars of the Future ... Today«, *Christian Science Monitor*, 24. Juni 1999

Reno, William, »Foreign Firms, Natural Resources, and Violent Political Economies«, *Social Science Forum*, 21. März 2000

–, »Welthandel, Warlords und die Wiedererfindung des afrikanischen Staates«, in: Welttrends e.V. (Hg.), *Afrika – jenseits des Staates*, Berlin 1997

Renou, Xavier, »Promoting Destabilization and Neoliberal Pillage: The Utilization of Private Military Companies for Peacekeeping and Peace Enforcement Activities in Africa«, Paper presented at ISA/APSA International Security Conference, Denver, November 2000

Resende-Santos, João, »Anarchy and the Emulation of Military Systems: Military Organization and Technology in South America, 1870–1914«, *Security Studies* 5, Nr. 3 (Frühjahr 1996), S. 193–260

Ricks, Tom, und Greg Schneider, »Cheney's Firm Profited From ›Overused‹ Army«, *Washington Post*, 9. September 2000, S. 6

Robberson, Ted, »Contractors Playing Increasing Role in U.S. Drug War«, *Dallas Morning News*, 27. Februar 2000

–, »Shedding Light on a Dark War«, *Dallas Morning News*, 3. Mai 2001

–, »U.S. Launches Covert Program to Aid Colombia«, *Dallas Morning News*, 19. August 1998

Robbins, Christopher, *Air America: The Story of the CIA's Secret Airlines*, New York 1979

Rosecrance, Richard, »A New Concert of Powers«, *Foreign Affairs* 71, Nr. 2 (Frühjahr 1992)

–, *The Rise of the Virtual State: Wealth and Power in the Coming Century*, New York 1999

Rothbard, Murray, *Eine neue Freiheit. Das libertäre Manifest*, Berlin 1999

Rubin, Elizabeth, »An Army of One's Own«, *Harper's Magazine*, Februar 1997

Rufford, Nicholas, und Pete Sawyer, »Death Crash and ›Secret UK Arms Deals‹«, *Sunday Times*, 19. November 2000

Russell, Rosalind, »Macedonia Pounds Hills, World Urges Restraint«, *Reuters*, 24. März 2001

Sadowski, Yahya, *The Myth of Global Chaos*, Washington, D.C., 1998

Saint, Steven, »NORAD Outsources«, *Colorado Springs Gazette*, 1. September 2000

Scammell, G. V., *The English Trading Companies and the Sea*, London 1982

Schelling, Thomas, *Arms and Influence*, New Haven 1966

Schemo, Diana Jean, »Oil Companies Buy an Army to Tame Colombia's Rebels«, *New York Times*, 22. August 1996

Schonauer, Scott, »Hacker Sends Costly Virus to Brown & Root«, *European Stars and Stripes*, 7. Februar 2001, S. 3

Schoneich, Martin, »Fighting Crime with Private Muscle: The Private Sector and Crime Prevention«, *African Security Review* 8, Nr. 5, Mai 1998

Schrader, Esther, »U. S. Companies Hired to Train Foreign Armies«, *Los Angeles Times*, 14. April 2002

Sclar, Elliott, *Selling the Brooklyn Bridge: The Economics of Public Service Privatization*, New York 1999

Sennett, Richard, *Verfall und Ende des öffentlichen Lebens*, Frankfurt 2002[13]

Shearer, David, *Private Armies and Military Intervention*, London, International Institute for Strategic Studies, Adelphi Paper Nr. 316, Februar 1998

Sheppard, Simon, »Soldiers for Hire«, *Contemporary Review*, August 1999

Sheridan, Michael, »Briton Quits Indonesia over ›Psych War‹ Claims«, *Sunday Times*, 6. August 2000

Sherman, Jason, »Arm's Length«, *Armed Forces Journal International* (September 2000), S. 30

Sherwell, Phillip, und Julius Strauss, »Nigerian Troops in Sierra Leone Are Kept Waiting for Wages«, *London Sunday Telegraph*, 18. Juni 2000

Shichor, David, *Punishment for Profit: Private Prisons/Public Concerns*, Thousand Oaks 1995

Showers, Duncan, »Are We Ready to Fight and Win the Next War?«, *Contractors on the Battlefield*, Air Force Logistics Management Agency, Dezember 1999

Silber, Laura, und Alan Little, *Yugoslavia: Death of a Nation*, New York 1997

Silverstein, Ken, »Mercenary, Inc.?«, *Washington Business Forward*, 26. April 2001

–, »Privatizing War«, *The Nation*, 7. Juli 1998

Simoes, Arnaldo, *Africa Portuguesa: A Colonizacao Construiu e a Descolonizacao?*, Torres Novas 1998

Singer, P. W., »Caution: Children at War«, *Parameters* 31 (Winter 2001), S. 40–56

Singh, Jasit, *Light Weapons and International Security*, New Delhi: Institute for Defense Studies and Analysis, 1995

Slaughter, Anne-Marie, »The Real New World Order«, *Foreign Affairs* (September 1997)

»Small But Victorious War«, *Izvestia*, 31. Mai 2000

Smith, Adam, *Der Wohlstand der Nationen*, München 1993

Smith, Charles, »Russian MIGs in Sudan«, *Newsmax.com*, 4. Januar 2002

–, »Wars and Rumors of Wars: Russian Mercenaries Flying for Ethiopia«, *World Net Daily*, 18. Juli 2000

Smith, Richard, *Mercenaries and Mandarins: The Ever-Victorious Army in Nineteenth Century China*, Millwood 1978

Snider, Don (Hg.), *The Future of the Army Profession*, New York, 2002

Snyder, Jack L., *The Ideology of the Offensive: Military Decision Making and the Disasters of 1914*, Ithaca 1984

South African Institute of International Affairs, »Private Security: Phantom Menace or Evil Empire?«, *Intelligence Update*, 11. Mai 2000

Spearin, Christopher, »The Commodification of Security and Post-Cold War Pabitron-Client Balancing: New Actors, New Objectives, and New Consequences«, ISA/APSA International Security Conference, Denver, November 2000

Spicer, Tim, *An Unorthodox Soldier: Peace and War and the Sandline Affair*, Edinburgh 1999

Stein, Janice, mit Michael Bryans und Bruce Jones, *Mean Times: Humanitarian Action in Complex Political Emergencies – Stark Choices, Cruel Dilemmas*, Toronto, University of Toronto Program on Conflict Management and Negotiation, 1999

Stephen, Chris, »KLA Trains Refugees to Recapture Border Territory«, *Irish Times*, 7. April 1999

Stokke, Olav (Hg.), *Aid and Political Conditionality*, London 1995

Sullivan, Kevin, »Tequila Shooters Take Aim at Cactus Rustlers«, *Washington Post*, 11. August 2000

Sun Tzu, *The Art of War*, New York 1971

Sutherland, Lucy, *The East India Company in Eighteenth Century Politics*, Oxford 1979

Taibel, Paul, »Outsourcing & Privatization of Defense Infrastructure«, *Business Executives for National Security Report*, 1998

Tamayo, Juan O., »Colombian Guerrillas Fire on U. S. Rescuers«, *Miami Herald*, 22. Februar 2001

–, »U. S. Civilians Taking Risks in Drug War for Colombia«, *Miami Herald*, 26. Februar 2001

Taulbee, Larry, »Myths, Mercenaries and Contemporary International Law«, *California Western International Law Journal* 15, Nr. 2 (Frühjahr 1985), S. 339–363

–, »Reflections on the Mercenary Option«, *Small Wars and Insurgencies* 9, Nr. 2 (Herbst 1998), S. 145–63

Taylor, Kate, und Terry J. Gander, »Mine Clearance in Cambodia«, *International Defense Review*, 1. Februar 1996, S. 5

Taylor, Paul, »The European Community and the State: Assumptions, Theories, and Propositions«, *Review of International Studies* 17 (1991), S. 109–125

The Commission on America's National Interests, *America's National Interest*, Juli 2000

Thom, William, »The African Military: Problems and Prospects«, *Africa Digest* 18, Nr. 2, (September 1995), S. 8

–, »Africa's Security Issues through 2010«, *Military Review,* Headquarters, Department of the Army, Professional Bulletin 100–99–5/6, Vol. 80, Nr. 4, Juli–August 2000

Thompson, Mark, »Generals for Hire«, *Time*, 15. Januar 1996

Thompson, William, The *Grievances of Military Coup Makers*, Beverly Hills 1973

Thomson, Janice, *Mercenaries, Pirates, and Sovereigns: State-building and Extra-territorial Violence in Early Modern Europe*, Princeton 1994

Thorycroft, Peta, »Mobutu Couldn't Afford SA Mercenaries«, *Weekly Mail & Guardian*, 18. Juli 1997

Thucydides, *Der Peloponnesische Krieg* (Auswahl), Stuttgart 2005

Tickler, Peter, *The Modern Mercenary*, London 1987

Tilly, Charles, *Coercion, Capital, and European States, A. D. 990–1990*, Cambridge 1990

–, *The Formation of National States in Western Europe*, Princeton 1975

Tirole, Jean, *Industrieökonomik*, München und Wien 1999

Toffler, Alvin, und Heidi Toffler, *War and Anti-War: Survival at the Dawn of the Twentyfirst Century*, New York 1993 (dt.: *Überleben im 21. Jahrhundert*, Stuttgart 1994)

Toland, John, *Ardennenschlacht*, Bergisch Gladbach 1978

Toro, Juan, »Colombia Militia Enjoys Support«, *AP*, 6. September 2000

Tracey, James (Hg.), *The Rise of Merchant Empires*, New York 1990

Transano, Vincent, »History of the Seabees«, *Naval Historical Center*, November 2000

Traub, James, »The Worst Place on Earth«, *New York Review of Books*, 29. Juni 2000

Tuck, Christopher, »›Every Car or Moving Object Gone‹: The ECOMOG Intervention in Liberia«, *African Studies Quarterly* 4, Nr. 1, Februar 2000

Ulbrich, Jeffrey, »French No Longer Africa Gendarmes«, *AP*, 23. Mai 2001

Ullman, Richard H., »Redefining Security«, *International Security* 8, Nr. 1 (Sommer 1983), S. 129–153

United Nations, Report of the Expert of the Secretary-General, Graça Machel, »Impact of Armed Conflict on Children«, Document A/51/306 & Add 1, 26. August 1996

–, Report of the Monitors of European Union on Violations of Human Rights of the Serbs during and after Operation »Storm«, 17. Oktober 1995

–, *Report of the Panel on United Nations Peace Operations*, A/55/305, S/2000/809, 21. August 2000

–, »Transcript of Press Conference By Secretary General Kofi Annan at UN Headquarters on 12 June, 1996«

United Nations Commission on Human Rights, »Report on the question of the use of mercenaries as a means of violating human rights and impeding the exercise of the right of peoples to self-determination, submitted by the Special Rapporteur of the Commission on Human Rights«, 51st Session, Item 106, 29. August 1995

–, »Report on the question of the use of mercenaries as a means of violating human rights and impeding the exercise of the right of peoples to self determination«, 53d Session, Item 7, Special Rapporteur, 20. Februar 1997

–, »Report on the question of the use of mercenaries as a means of violating human rights and impeding the exercise of the right of peoples to self determination«, 57th Session, Item 7, Special Rapporteur, Januar 2001

United Nations Development Programme, »UN Human Development Index 22000«, erhältlich auf http://undp.org/hdr2000/english/HDR2000.html

U.S. Department of the Army, *Contracting Support on the B*attlefield, FM 100-10-2, 15. April 1999

–, *Contractors on the Battlefield*, FM 100–121, Washington: Headquarters, September 1999

–, *Logistics: Army Contractors on the Battlefield*, Regulation 715–XX, 31. Januar 1999

U.S. Department of State, Transcript of Briefing by Ambassador Pardew, 24. Juli 1996

U.S. House of Representatives, *The Current Situation in Bosnia and the former Yugoslavia and Preparations of U.S. Forces for Operation Joint Endeavor – Moliari-Levin Delegation*, Trip Report, 11. Dezember 1995

U.S. Senate, »U.S. Senate Select Committee Report on Iran/Bosnia Arms Transfers«, 1996, erhältlich auf www.parascope.com/articles/0197/bosnia.htm

Valasek, Thomas, »Bosnia: Five Years Later«, *Defense Monitor*, Dezember 2000

Van Bergen Thirion, C. J., »The Privatisation of Security: A Blessing or a Menace?«, South African Defence College Paper, Mai 1999

Van Creveld, Martin, *Aufstieg und Untergang des Staates*, München 1999

–, *Supplying War: Logistics from Wallenstein to Patton*, Cambridge 1977

–, *Technology and War*, New York 1989

Van Evera, Stephen, *The Causes of War: Power and the Roots of Conflict*, Ithaca 1999

–, »The Cult of the Offensive and the Origins of the First World War«, *International Security* 9, Nr. 1 (Sommer 1984), S. 58–107

–, »Hypotheses on Nationalism and War«, *International Security* 18, Nr. 4 (Frühjahr 1994), S. 5–39

–, »Offense, Defense, and the Causes of War«, *International Security* 22, Nr. 4 (Frühjahr 1998), S. 5–43

Van Vauuren, Ian, »The Changing Nature of Warfare: Implications for Africa«, *African Security Review* 7, Nr. 1, Januar 1998

Vaubel, Roland, und Thomas Willett, *The Political Economy of International Organizations*, Boulder 1991

Venter, Al J., »Market Forces: How Hired Guns Succeeded Where the United Nations Failed«, *Jane's International Defense Review*, März 1998

–, »Out of State and Non State Actors Keep Africa Down«, *Jane's Intelligence Review* 11, 1. Mai 1999

–, »Sierra Leone's Mercenary War«, *Jane's International Defense Review*, November 1995

–, »U.S. Forces Guard Angolan Oilfields«, *Weekly Mail & Guardian*, 10. Oktober 1997

Vines, Alex, »The Business of Peace: ›Tiny‹ Rowland, Financial Incentives and the Mozambican Settlement«, Accord: An International Review of Peace Initiatives, www.c-r.org

Walker, R. B. J., »Genealogy, Geopolitics, and Political Community.« *Alternatives* 13. Januar 1988

Wall, Robert, »Army Leases ›Eyes‹ To Watch Balkans«, *Aviation Week & Space Technology*, 30. Oktober 2000, S. 68

Walt, Stephen, *The Origins of Alliances*, Ithaca 1990

Walter, Yosi, »Shadaq in the Congo«, *Tel Aviv Ma'ariv*, 7. Oktober 1994, FBIS translation

Waltz, Kenneth, *Theory of International Relations*, New York 1979

Washington, William, »Subcontracting as a Solution, Not a Problem in Outsourcing«, *Acquisition Review Quarterly* (Winter 1997), S. 79–86

Watson, Francis, *Wallenstein: Soldier under Saturn*, London 1938

Weber, Max, *Politik als Beruf*, Ditzingen 1992

Weiner, Myron (Hg.), *International Migration and Security*, Boulder 1993

Weinstein, Jeremy M., »Africa's ›Scramble for Africa‹: Lessons of a Continental War«, *World Policy Journal* 17, Nr. 2 (Sommer 2000)

Wendt, Alexander, *Social Theory of International Politics*, New York 1999

Wendt, Alexander, und Michael Barnett, »Dependent State Formation and Third World Militarization«, *Review of International Studies* 19, Nr. 4 (August 1993), S. 321–347

Westwood, Chris, »Military Information Operations in a Conventional Warfare Environment«, Air Power Studies Centre Paper, Nr. 47, 1995

Whitelaw, Kevin, »The Russians Are Coming«, *U. S. News and World Report*, 15. März 1999

Wilkins, Mira (Hg.), *The Free-Standing Company in the World Economy, 1830–1996*, Oxford 1998

Wilnius, George, *The Merchant Warrior Pacified*, New York 1991

Wohlstetter, Roberta, *Signale und Entscheidungen*, Zürich und Stuttgart 1966

Wood, Brian, und Johan Peleman, *The Arms Fixers*, PRIO Report, März 1999

Wynn, Donald T, »Managing the Logistics-Support Contract in the Balkans Theater«, *Engineer*, Juli 2000

Xenophon, *Der Zug der Zehntausend*, Stuttgart 1999

Yakov, Valery, »Russia's ›Wild Geese‹ – Or, An Evening with a Mercenary«, *Current Digest of the Post-Soviet Press*, 5. Mai 1993

Yearsly, Alex, »Oriental Timber Company Smuggles Weapons to RUF«, Radio France International, 10. Mai 2001

Yocherer, Greg, »Classic Battle Joined«, *Military History*, Februar 2000

Young, Crawford, »The African Colonial State Revisited«, *Governance* 11, Nr. 1 (Januar 1998), S. 101–120

Young, Peter Lewis, »Bouganville Conflict Enters Its Ninth Year«, *Jane's Intelligence Review*, Juni 1997

Zamparrelli, Stephen, »Contractors on the Battlefield: What Have We Signed Up For?«, Air War College Research report, März 1999

Zarate, Juan Carlos, »The Emergence of a New Dog of War: Private International Security Companies, International Law, and the New World Order«, *Stanford Journal of International Law* 34 (Winter 1998), S. 75–156

## 2. Artikel ohne Autorennennung

»A Bill before the U.S. Congress Would Prohibit the Use of Private Firms in the Fight against Drugs«, *Bogota Semana*, 7. Mai 2001

»African Peacekeeping ›Could Be Privatized‹«, *Ananova.com*, 26. September 2000

»America's 100 Fastest-Growing Companies«, *Fortune*, 6. September 1999

»Are Private Security Forces Sometimes Preferable to National Military Forces?«, Conference Notes, Fiftieth Anniversary Symposium of the Moore Society on International Law, University of Virginia, 24. Februar 2001

»Arms, Money, and the Men: A Year of War in Chechnya«, *Agence France Presse*, 28. September 2000

»BP Accused of Backing ›Arms for Oil‹ Coup«, *London Sunday Times*, 26. März 2000

»Britain Uses Agency to Recruit for Military«, *Reuters*, 12. März 2001

»British Firm Is Offering Shipping Companies the Services of Up to 300 Ex-British Army Gurkhas to Combat Piracy, Particularly in Asia«, *Reuters*, 24. Februar 2000

»British Firms Arming Sierra Leone Rebels«, *London Sunday Times*, 10. Januar 1999

»British-Russian Security Venture«, *Intelligence Newsletter*, Nr. 304, 30. Januar 1997

»Canadian, Anglo-Italian Firms to Train UK Navy«, *Reuters*, 25. Juli 2000

»Can Anybody Curb Africa's Dogs of War«, *The Economist*, 16. Januar 1999

»CIS Pilots Fight in Ethiopia«, *Izvestia*, 23. Mai 2000, S. 4

»Colombian Rebels Threaten U.S. Civilian ›Mercenaries‹«, *Reuters*, 4. April 2001

»Corporate Security: Risk Returns«, *The Economist*, 20. November 1999

»Crude Awakening: The Role of the Oil and Banking Industries in Angola's Civil War and the Plunder of State Assets«, A report by Global Witness, Februar 2000

»Ethiopia Eritrea: Eritrea Accuses Ethiopia of Using Mercenaries«, *IRIN*, 31. Mai 2000

»Ex-SAS Men in Secret Rescue«, *New Zealand Herald*, 9. März 2000.

»Hypocrisy in Action: What's the Real Iran-Bosnia Scandal?«, *The New Yorker*, 13. Mai 1996

»I Could Tell You, But I'd Have to Kill You: The Cult of Classification in Intelligence«, *Stratfor.com*., Weekly Global Intelligence Update, 18. September 2000

»Improving the Combat Edge through Outsourcing«, *Defense Viewpoint* 11, Nr. 30, März 1996

»It's Not Just Governments That Make War and Peace Now«, *New York Times*, 28. November 1998

»It's Off to War Again for Big U.S. Contractor«, *Wall Street Journal*, 14. April 1999, S. A21

»L-3 Communications Announces Acquisition of MPRI«, *Business Wire*, 18. Juli 2000

»More Weasel Words«, *London Times*, 22. Oktober 2000

»NSA Head: Tech Weakness Makes U. S. Vulnerable«, CNN.com, 12. Februar 2001

»100 Fastest-Growing Companies«, *Fortune*, September 2000

»Operation Storm«, *New York Review of Books*, 22. Oktober 1998

»Outsourcing 2000«, *Fortune*, 29. Mai 2000, pullout section

»Princes of Private U. S. Intelligence«, *Intelligence Newsletter*, 8. Februar 2001

»Private Military Companies – Independent or Regulated?«, Sandline »White Paper«, März 1998

»Puntland Elders Oppose British Maritime Firm's Plans to Set Up Base«, *BBC Summary of World Broadcasts*, 29. Juli 2000

»RAF Puts Refuel Job on Market«, *London Times*, 22. Dezember 2000

»Rebels Shell Rivals from Australian Patrol Boat«, *The Age*, 7. Juni 2000

»Risky Returns: Doing Business in Chaotic and Violent Countries«, *The Economist*, 20. Mai 2000

»Russia Betrays 150 Mercenaries«, www.qoqaz.net, 19. November 2000

»Russian Contract Soldiers in Chechnya Poor Quality, Often Quit«, *RFE/RL*, 2. Oktober 2000

»Russians Fly for Both Sides in Horn of Africa«, *London Times*, 19. Februar 1999

»Russian Generals behind Ethiopian Victory«, *Izvestia*, 25. Mai 2000

»Securicor to Acquire Gray Security Services«, *London Stock Exchange Regulatory News Service*, 15. September 2000

»Serb Snatched by Rogue NATO Bounty Hunter«, *The Sunday Times*, 23. Juli 2000

»Sierra Leone: Briefing on the Civil War«, *IRIN*, 31. Mai 2000

»Soldier of Fortune – The Mercenary as Corporate Executive«, *African Business*, Dezember 1997

»South Africa-Nigeria: Military Relationship«, *IRIN*, 18. April 2000

»The IMF's Intelligence Helper«, *Intelligence Newsletter*, 5. April 2001

»The Thatcher Revolution«, *The Economist*, 21. September 1996, S. 8

»The World War Web?«, *The Industry Standard*, 12. Februar 1999

»Top Science Advisers Calling for Higher Premium on Military Training«, *Washington Post*, 8. Februar 2000, S. 1

»UK Outlines Revised Plans to Privatise Defence Research«, *Jane's Defence Weekly*, 26. März 2000

»UN Hires Detective to Probe UNITA«, *Globe & Mail*, 19. April 2001

»US Backs Role for Rebels in W. Africa«, *Washington Post*, 18. Oktober 1999

»U. S. Firm to Retrieve Russian Sub«, *The Guardian*, 3. Oktober 2000

»War, Chaos, and Business: Modern Business Strategy«, Kettle Creek Corporation briefing, 2001, www.belisarius.com/

»William Shawcross Interviewed by Jennifer Byrne«, Australian Broadcasting Corporation, 29. August 2000, nachzulesen auf www.abc.net.au/foreign/interv/shawcross.htm

»$ 2.4 Billion Needed for Pentagon Computer Security«, *UPI*, 13. September 2000

# Register und Abkürzungsverzeichnis

Ango-Segu Ltd. 36
Angola 31, 33, 82, 96, 101, 104, 137,
   141, 143, 146, 148f., 154, 159, 173,
   176, 178, 180–184, 187ff., 193, 195f.,
   203, 217, 233, 270, 272, 289, 294,
   296, 305, 321, 327, 338, 341, 349,
   358, 363
Apollo 13  227
Arbeitslosigkeit  327
Ardennen  264
Arellano Felix  39
Armada  64
Armenien  35
Armor Holdings  138, 146f.
ArmorGroup  35, 38, 77, 129, 131,
   134, 145–148, 151f., 154, 159, 299,
   333, 362
Army Experimentation Campaign
   Plan  206
Aserbeidschan  35, 141
Asia-Pacific Center  218
Asmara  152
AT&T (American Telephone and
   Telegraph Company)  121
AT Frontec  241, 262
Athen  47, 55, 267
Atom-U-Boot  35, 40, 242
Atomwaffen  123, 242
Aufklärung  63, 65
Austin (Texas)  226
Australien  38, 123, 167, 242, 288, 310f.
Aviano (Italien)  236
Aviation Development Corporation
   39, 342
Avient  33

Bahamas  132, 177
Bahrein  290
Bain  163
Baker, James  88
Barlow, Eben  171ff., 179
Bates, Bob  17
Bates, Jared L.  201
Bauxit  142
BCCI-Skandal  354

BDM  36, 40, 88, 140, 212
Bechtel  32, 360
Belfer Center for Science and Inter-
   national Affairs (BCSIA)  17
Belgisch-Kongo  72
Belgrad  208
Benin  318
Berg-Karabach  82
Bergbaugesellschaften  73, 171, 176,
   182, 188, 272, 310f.
Bergh, Nic Van Den  313
Berliner Mauer  35
Bernhard von Sachsen-Weimar, Her-
   zog  59
Betac  40
Betacls  89
Biafra  256
Bibel  47
Bicocca  58
Bin Laden, Osama  95, 101, 370
Bio, Julius  190, 268
Blackwater  389, 392
Blair, Tony  35
Blue Sky  145
Blücher, Gebhard Leberecht  64
Bodenschätze  36, 177, 180, 184
Boeing Services  167
Bogotá  220
Boice, William  213
Bokassa, Jean-Bedel  350
Booz-Allen Hamilton  36, 129
Borneo  70
Bosnien  11, 23f., 34, 82, 106, 166, 177,
   202, 210–213, 224, 231, 253, 290,
   294, 326, 338, 349, 351
Bougainville  288, 310f., 315
Bougainville Revolutionary Army
   (BRA)  310ff., 315, 339
BRA → Bougainville Revolutionary
   Army (Papua-Neuguinea)
Branch-Heritage Group  176f., 181,
   188, 192, 195, 272, 312
Branch Energy Ltd.  311
Brasilien  71
Brazier, Hugh  142

Bremer, Paul 389
Bridge International 176
Bridge Resources 139
Brignais 54
Brioni 211
British Aerospace 120
British Petroleum (BP) 38, 141
Brookings Institution 17
Brown, George, und Herman Brown 226
Brown & Root Construction and Engineering Company 226
Brown & Root Services (BRS) 26, 43, 140, 152, 166, 224–242, 253 f., 368 f., 389 f.
BRS → Brown & Root Services
Brunei 213
Buckingham, Anthony 176, 181 f., 188
Bürgerkrieg 186 f., 190, 327, 362
Bundesamt für Wehrbeschaffung 35
Burma 37, 358
Burundi 33
Buschkriege 172
Bush, Georges W. 105, 230, 240, 388
Business Risk Services 169
Byzanz 49, 324

Cable and Wireless 36
CACI 390
CAE Electronics 139
Cali-Kartell 352
Cambinda 142
Cameron, Gavin 17
Camp Bondsteel 237
Camp Doha 388
Campbell, Kurt 170
Cape International 197
CARE 279, 299
Carlucci, Frank 88
Carlyle Group 88
Castro, Fidel 39
Cayman-Inseln 132
CCB → Civil Corporation Bureau von Südafrika
Çeku, Agim 34, 350

Chambers, James 202
Chan, Julius 288, 311, 314 f.
Chandernagore 70
Cheney, Richard »Dick« 224, 227 f., 230, 233, 240
Cheyenne Mountain 41
Chiapas 43
Children Associated with the War 172
China 65, 75, 123
Chrysler 121
CIA (Central Intelligence Agency) 39, 88, 169 f., 203, 342
Citigroup 170
Civil Air Transport 88
Civil Corporation Bureau (CCB) 172 f.
Clausewitz, Carl von 38, 111, 115, 246, 345
Clinton, Bill 120, 184, 230, 240, 333, 338
CNN 92, 146
Coen, Jan 45
Colonna 55
Coltan 116
Combined Arms and Services Staff School 206
Combined Arms Support Command 206
Command and Senior Stall College 206
Compagnic française d'assistance spécialisée (COFRAS) 37
Computersicherheit 146
Condotta/Condottieri 50 f., 53, 55
Contras 202
Control Risks 357
Cook, Robin 192 (Sandline-Affäre), 342
Corey, Scott 17
Corporate Trading International 139
Corpus Christi 226
Cost-plus-Vertrag 251
Cousens, Elizabeth 17
Cubic 34
Cyberkrieg 111, 170

Kenia 33, 99, 193, 229

KFOR → Kosovo Force: Kosovo-streitkräfte; 1999 nach Beendigung des Kosovokrieges aufgestellte multinationale militärische Formation unter der Führung der NATO

KGB → Komitee für Staatssicherheit (Komitet gossudarstwennoi besopasnosti), Auslandsgeheimdienst der ehemaligen Sowjetunion

Khafji 165

Kindersoldaten 186

Koalition der Willigen 387

Kokain 219, 332

Kolumbien 36, 38, 95f., 99, 116, 125, 141f., 147, 180, 220, 282, 295, 326, 331–336, 353f., 383

Kolumbien-Plan 219, 331ff.

Komitee für Staatssicherheit (KGB) 35, 97

Komoren 73, 267

Kompanie, freie 52–55, 76

Kongo/Demokratische Republik Kongo 32ff., 73, 79, 82, 94, 96, 101, 104, 108, 116, 120, 136, 141, 193, 256, 294f., 305, 321, 341, 362

Kongo-Brazzaville 33, 256, 324

Kono 188f., 192, 256

Kontrolle, öffentliche/parlamentarische 326, 343ff., 350, 352f., 356f.

Koroma-Regime 336

Korruption 36, 102f., 185f., 218, 326f.

Kosovo 25, 34f., 41, 43, 82, 108, 143, 166, 216, 224, 231, 236–239, 242, 249, 350f.

Kosovo-Befreiungsarmee (UÇK) 34, 82, 216, 350f., 360

Kosovo Force (KFOR) 42, 166, 237

Kostenersatzvertrag 231

Krajina 208f., 211, 342

Kreta 47

Kreuzzüge 50

Krieg 64 (Monopolisierung), 114 (Zivilisierung), 117 (Kriminalisierung)
– elektronischer 39, 111

– informationeller 40f., 111–114, 170, 265, 279, 284
– psychologischer 38

Krieg gegen den Terrorismus 240, 369f.

Kriegsgefangene 64

Kriegsrecht 350, 355

Krimkrieg 65

Kroatien 23f., 82, 155, 209, 211f., 216, 224, 236, 279, 285, 326

Kuba 39, 219, 240, 289

Kupfer 310ff.

Kursk 40, 242

Kuwait 37, 213, 216, 224, 227, 235, 290, 388

KZN Security 297

L-3 Communications 138f., 148, 221f., 369

Landsknecht 57ff., 87

Lane, Frederick 150

Lange Kerls 66

Lanza, Frank 221

Legionär 45, 65f., 69, 78

»Les Affreux« 73, 78, 83

Levdan 136, 152, 163, 325

Lewis, Vernon 201

Liberia 33, 82, 95, 101, 106, 108, 120, 160, 185f., 296, 338

Libyen 233, 276

Lifeguard 34, 175, 177, 191, 195, 197, 257, 299

Limon-Covenaqs-Pipeline 141

Livno 214f.

LLL → L-3

Lockheed 221

Lockheed Martin 139, 148

Lösegeld 53, 64

LOGCAP-Programm (Logistics Civil Augmentation Program: entstand 1992 als Outsourcing-Programm der US-Armee) 206, 236, 239f., 375

Logicon Services 41, 138

Logo Logistics 393

London 71, 132, 138, 176f., 192

# Titel zu Politik und Zeitgeschehen
## Nur bei Zweitausendeins

»Wenn ein Buch ein Anti-Kriegs-Buch ist, dann dieses. Ich kann mich an kein vergleichbares Buch in den letzten 30 Jahren erinnern. Und dieses Buch ist so notwendig wie brillant.«
*Lutz Bunk, Deutschlandradio Kultur*

Evan Wright
### Generation Kill

Zwei Monate lang begleitete der amerikanische Journalist Evan Wright – ausgerüstet mit Stift, Papier und einem Schutzanzug gegen chemische Waffen – eine Einheit des First-Recon-Battalion im Irakkrieg. Diese Elite-Einheit mit dem selbst gewählten Kampfnamen »Erstes Selbstmord-Kommando« operierte vor den vordersten Frontlinien und fungierte als eine Art Köder, um Gegner aus ihren Verstecken zu locken. Vom ersten Tag des Krieges an war dieses Kommando auf sich gestellt, bewegte sich direkt in irakische Stellungen hinein und spürte »Hinterhalte« auf.

Wright war als »eingebetteter Journalist« Teil der Truppe. Aus umittelbarer Nähe erzählt er die beunruhigende Geschichte junger Menschen, die zu Killern ausgebildet und von ihrer Regierung in diesen »Krieg gegen den Terror« geschickt wurden. »Wir sind nicht hierher gekommen, um dieses Land zu befreien, es ist jetzt genauso beschissen wie vorher«, so ihr desillusioniertes Fazit. Wright lässt nichts aus, beschönigt

nichts – die Siege und die Niederlagen, die Euphorie und das Grauen, die physischen, moralischen und emotionalen Spannungen, unter denen die Soldaten leben – und widersteht damit den Erwartungen der Pentagon-Strategen, die den Journalisten zum regierungsfreundlichen Vermittler der Frontereignisse instrumentalisieren wollten.

Wright schreibt nicht nur das Porträt einer an der Invasion beteiligten Kampftruppe, sondern das Porträt einer ganzen Generation. Die 23 Männer, zum Teil Afghanistan-Veteranen, sind erst Anfang 20, manche auch jünger, und sie gehören der ersten Generation amerikanischer Soldaten an, die mit Videospielen, Reality-TV und Internetpornografie groß geworden ist. Sie schießen jetzt auf lebende Ziele, so wie sie als Jugendliche virtuell geschossen haben; ihr »War Game« findet jetzt im richtigen Leben statt. Sie putschen sich mit weichen Drogen auf, um ohne Schlaf durchhalten zu können. Das höchste Lob für einen Kameraden ist: »Du bist ein eiskalter

Killer.« Diese Jungen sind keine Idealisten, die im Krieg ihre Unschuld verlieren; sie sind »Krieger«, denen es gleichgültig ist, wofür sie kämpfen.

»Unbestechlich, brillant geschrieben … bewegend« (3sat Kulturzeit). »Das Buch stellt eine bittere Lektüre für die Falken im Weißen Haus dar. Dass es in den USA mit Auszeichnungen überhäuft wurde, lässt hoffen« (Heilbronner Stimme). »Eine überragende Reportage mit dem Zeug zum Klassiker« (The Guardian). Ausgezeichnet mit dem L. A. Times Book Award, dem Lukas Book Prize (Harvard und Columbia Universities), dem General Wallace Green Book Prize (steht dem U. S. Marine Corps nahe!) und dem National Magazine Award for Excellence in Reporting.

Evan Wright »Generation Kill. Das neue Gesicht des amerikanischen Krieges«. Deutsche Erstausgabe. Aus dem Englischen von Andreas Simon dos Santos. 33 Fotos. 429 Seiten. Fadenheftung. Fester Einband. 22 €. Nummer 200 258.

»Dieses Buch ist ein Muss für jeden, der die Anarchie verstehen will, die heute im Irak herrscht« *Business Week*

Jon Lee Anderson
## Die verwundete Stadt

Jon Lee Andersons packend geschriebene Reportage schildert die jüngere Geschichte Bagdads – von den letzten Tagen des Saddam-Regimes über die verheerenden Bombenangriffe bis zum Widerstand gegen die Besatzer. Weil Anderson nicht die üblichen Reporterwege geht, entsteht ein vielschichtiges Panorama des vom Konflikt gezeichneten Zweistromlands. Typisch, dass er am Vorabend des Kriegs ein Hauskonzert besucht. Oder dass er sich einer Rückenbehandlung unterzieht, um mit den Ärzten zu politisieren.

Anderson trifft Saddams Lieblingschirurgen, Fanatiker, Friseure, Angehörige von Bombenopfern. Frühzeitig tritt dabei zutage, was inzwischen zur Gewissheit geworden ist: dass sich der Irak nicht durch eine neokoloniale Besatzungsmacht kontrollieren lässt.

Andersons Beobachtungen sind präzise, sein Stil ist bildreich, so dass der Leser glaubt, selbst dabei zu sein: die Sandstürme, die letzten Friedenstage, das folgende Chaos, und mittendrin der Tigris, der im Bombenhagel »so ruhig dahinfließt wie Olivenöl«. »Die verwundete Stadt. Begegnungen in Bagdad« ist literarischer Journalismus und Kriegsreportage zugleich.

Jon Lee Anderson »Die verwundete Stadt. Begegnungen in Bagdad.« Aus dem Englischen von Norbert Juraschitz und Antoinette Gittinger. 535 Seiten. Fadenheftung. Lesebändchen. Fester Einband. Rogner & Bernhard. 22,90 €. Nummer 270 093.

»Ein herausragendes Buch, das ›Die Logik der Folter‹ konzise und bestechend entlarvt und wohl zum Besten zählt, was gegenwärtig darüber zu lesen ist.« *Frankfurter Rundschau*

## Alfred W. McCoy
## Foltern und foltern lassen

Die Fotos und Berichte von Guantánamo und Abu Ghraib zeigen kein Fehlverhalten einzelner Soldaten, keine Disziplinlosigkeit, sagt Alfred McCoy in seinem neuen Buch. Die USA, angeblich Bollwerk der Demokratie, foltern systematisch. Denn, so zeigt McCoy, Geschichtsprofessor an der Universität Madison, Wisconsin, und Autor dieser Dokumentation: Folter ist seit vielen Jahrzehnten staatliche Politik und Praxis der USA, von CIA und US-Streitkräften.

Die Methoden basieren auf Techniken, die seit 1950 von der CIA mit einem Aufwand von über 13 Milliarden Dollar erforscht, trainiert, praktiziert und perfektioniert wurden und werden. Nach Experimenten mit Drogen, Elektroschocks etc. wurde die moderne »berührungslose«, aber nicht weniger brutale Folter entwickelt. McCoy nennt diese Folter »die erste wirkliche Revolution auf dem Feld der grausamen Wissenschaft seit dem 17. Jahrhundert«. Sie fand ihren Niederschlag in mehreren Folterhandbüchern.

Eine dieser Folteranleitungen ist 1.000 Seiten dick. Der Boston Globe: »In Abu Ghraib wurde nach Vorschrift gefoltert.« Die Enthüllungen führten nicht zum Ende der Folter, sondern zum Outsourcing ins Ausland, »im globalen Gulag der geheimen CIA-Gefängnisse, die seit Beginn des Krieges gegen den Terror auf Anordnung der Exekutive betrieben werden« (McCoy). McCoys »erschütternde Erkenntnisse« (ARD-Kulturweltspiegel) zeigen, dass die moderne Folter so routinemäßig angewendet wurde und wird, dass den Folterern oft gar nicht mehr bewusst ist, dass sie foltern. Der US-Historiker liefert ein leidenschaftliches, überaus überzeugendes Plädoyer gegen den Einsatz von Foltermethoden, ohne sich auf eine rein moralische Entrüstung zu beschränken. Sein Hauptargument: Wenn Demokratien auf Foltermethoden zurückgreifen, übertreffen deren negative Auswirkungen ein Vielfaches des möglichen Nutzens. Simpler gesagt: Folter zahlt sich überhaupt nicht aus. (Frankfurter Rundschau).

Alfred McCoy »Foltern und foltern lassen. 50 Jahre Folterforschung und -praxis von CIA und US-Militär«. Aus dem Englischen von Ulrike Bischoff. 258 Seiten. Broschur. 14,90 €. Nummer 200265.

»Diese gut durchdachte und sorgfältig dokumentierte Studie ist traurig und hart, aber notwendig.« *Noam Chomsky*

Michael Mandel
## Pax Pentagon

Der Irakkrieg im Jahr 2003 war der dritte illegale Krieg der Vereinigten Staaten in nur vier Jahren, wobei der Krieg gegen Saddam besonders blutig und eklatant rechtswidrig war. Auch die Sorge um die Menschenrechte ließ sich als Interventionsmotiv der USA kaum ernst nehmen, nachdem sie die Iraker zwölf Jahre lang mit inhumanen Sanktionen bestraft hatten. Und wo blieb die Menschlichkeit in Krieg und Vorkrieg, die so viele unschuldige Menschenleben forderten?

Den Kosovokrieg rechtfertigten die USA als »humanitäre Intervention«, den Afghanistankrieg als »Selbstverteidigung« und für den Irakkrieg behaupteten sie, durch den UN-Sicherheitsrat autorisiert zu sein. Jeder dieser Kriege, sagt Rechtsprofessor Mandel, muss nach Völkerrecht und UN-Charta als »größtes internationales Verbrechen« eingestuft werden. Aber wie kommt es, dass es nicht gelingt, die USA vor internationalen Kriegsverbrechertribunalen zur Verantwortung zu ziehen, sondern dass nur die Gegner der USA für ihre Taten büßen müssen?

In seinem neuen Buch analysiert der renommierte Rechtswissenschaftler Michael Mandel die Debatte um die ethischen und rechtlichen Aspekte der Kriege im Kosovo, in Afghanistan und im Irak und liefert eine kritische Analyse der internationalen Verfolgung und Nichtverfolgung von Kriegsverbrechen und »Kollateralschäden«, die in Wahrheit Morde sind. Mandel ist Vorstandsmitglied von Lawyers Against the War. Für die deutsche Ausgabe, die exklusiv bei Zweitausendeins erscheint, hat er ein neues Vorwort geschrieben.

Michael Mandel »Pax Pentagon«. Aus dem Englischen von Ulrike Bischoff. 441 Seiten. Paperback. 15 €. Nummer 200266.

Einer der angesehensten Journalisten der Welt: Reporter of the Year, Emmy Award, Media Personality of the Year.

John Pilger
## Verdeckte Ziele.
## Über den modernen Imperialismus

Wie ist es möglich, dass westliche Regierungen den wahren Charakter ihrer Macht und ihres Terrorismus der Öffentlichkeit gegenüber ins Gegenteil umkehren können? »Die Antwort ist einfach«, sagt Pilger in seinem neuen Buch: »Weil es in Großbritannien und in den Vereinigten Staaten als Sakrileg gilt, eine westliche Demokratie als Terrorstaat zu bezeichnen. Diese Ehre bleibt Staaten wie Libyen und dem Iran vorbehalten, kleine Fische auf der Bühne des Terrorismus natürlich. Klischees wie der ›muslimische Fanatiker‹ werden oft und gerne bemüht. In Wirklichkeit sind Muslime nur für einen Bruchteil der Terrorismusopfer in der Welt verantwortlich, und sie sind überdies diejenigen, die am schwersten unter staatlichem Terrorismus zu leiden hatten: in Palästina, im Irak, in Bosnien, Tschetschenien und Somalia. Heerscharen westlicher Denker und Wissenschaftler, Kriegsberichterstatter und Kulturschaffender sorgen dafür, dass die Verbannung dieser Wahrheiten aus der öffentlichen Diskussion gerechtfertigt scheint.«

Pilger untersucht die geopolitischen Hintergründe des westlichen Imperialismus. Menschliches Leid, internationales Recht oder Menschenleben zählen kaum. Pilger erinnert z.B. an die kleine Insel Diego Garcia im Indischen Ozean. Sie wurde völkerrechtswidrig annektiert, die Bevölkerung deportiert. Das Archipel dient jetzt als Tankstelle für amerikani-sche Langstreckenbomber. Kissinger ließ in den 1970ern das neutrale Kambodscha bombardieren und Zehntausende Menschen töten. Rechtmäßig gewählte Regierungen wurden auf Betreiben der USA in Asien, Süd- und Mittelamerika gestürzt, die terroristische Herrschaft von Diktatoren und ihrer Todesschwadronen gestützt. Westliche Regierungen verfolgen im Namen hehrer Ziele einen ungezügelten Imperialismus und errichten ein riesiges globales Apartheidsystem, das Wohlstand nur für wenige zulässt.

Unterstützt wird dies, so zeigt Pilger, durch die Entwicklungen auf dem Medienmarkt: Die großen multinationalen Konzerne verdrängen immer mehr kleine und unabhängige Verlage, Sender und Zeitungen. Das führt zur schleichenden Vernichtung von Presse- und Informationsfreiheit.

Im Zeitalter der neuen Medien haben Desinformation und Meinungskontrolle in den USA und Europa alarmierende Ausmaße angenommen, wie Pilger an Beispielen zeigt: »Der Enthüllungsjournalismus in den USA kann seine Rolle nicht mehr erfüllen, weil ihm durch massive Sparmaßnahmen der Boden entzogen wurde. In dem Maße, in dem Redaktionsbelegschaften schrumpfen, nimmt das PR-Geschäft zu. Nach Aussage des Herausgebers der PR Week, erhalten die großen Tageszeitungen heute – abgesehen von den Sportnachrichten – 50 Prozent ihres Materials aus PR-Agenturen. Die PR-Leute liefern den Journalisten den Stoff; aber wenn sie schlau sind, nehmen sie den Journalisten auch noch das Denken ab.« Von Interessenverbänden finanzierte »Denkfabriken« übernehmen die Meinungsführerschaft, bereiten politische Veränderungen vor.

John Pilger »Verdeckte Ziele. Über den modernen Imperialismus«. Deutsche Erstausgabe. Aus dem Englischen von Waltraud Götting. 348 Seiten. Halbleinen. 19,90 €. Nummer 200215.

»Dieses Buch wird bei vielen Lesern Bestürzung und Fassungslosigkeit auslösen.« *Nürnberger Nachrichten*

Michel Chossudovsky
## GLOBAL BRUTAL
### Der entfesselte Welthandel, die Armut und der Krieg

Michel Chossudovsky, einer der intellektuellen »Aktivisten« der Bewegung von Seattle und Genua, macht in diesem Buch eine entschiedene Gegenrechnung zu den Glücksverheißungen einer rein marktrationalen Globalisierung auf. Er hat sich in Somalia ebenso umgesehen wie in Ruanda, die Verhältnisse in Indien und Vietnam studiert, sich mit Lateinamerika, der Russischen Föderation und den Staaten des ehemaligen Jugoslawien befasst – und er kommt in seinen Beispielen aus allen Teilen der Welt immer zu demselben Schluss:

Die weltweite Handelsfreiheit führt mitnichten zur besten aller Welten, sondern zu Unsicherheit, Armut und Krieg. Die vom Westen beherrschte Finanzindustrie verdient an instabilen Finanzmärkten. Die internationalen Konzerne, unter dem Druck der von ihnen selbst verschuldeten Überproduktion, setzen auf die Ausweitung der Märkte in den Entwicklungs- oder Transformationsländern – was nur geht, wenn sie deren produktive Basis zerstören.

Allein durch die Fülle der harten Fakten und die Weite seines Blickwinkels gelingt es Chossudovsky, den aggressiven, antidemokratischen Geist der Globalisierung durch die reichen Länder so deutlich ans Licht zu zerren, wie es bislang noch kaum jemandem gelungen ist. »Nichts an diesen Entwicklungen ist unabwendbar. Die Einsichten, zu denen Chossudovskys Untersuchungen verhelfen, sind ein bedeutsamer Schritt hin zu jenem hingebungsvollen Kampf, der nötig sein wird, diese Entwicklungen umzukehren«, sagt Noam Chomsky.

Für unsere Ausgabe hat Chossudovsky ein zusätzliches Kapitel geschrieben, in dem er nachweist, dass die USA den Schock vom 11. September sehr schnell zu ihren Gunsten ausgenutzt haben. Schließlich hatte der US-Kongress erst ein halbes Jahr zuvor den »Silk Road Strategy Act« verabschiedet und damit das strategische Interesse der USA an der Ölförderung und der Pipelinehoheit in dieser Region angemeldet. Gut möglich, dass der »Kampf gegen den inter-

**www.Zweitausendeins.de**

nationalen Terrorismus« nur ein propagandistisch überhöhter Eroberungskrieg ist. »So kritisch wie hier ist die augenblickliche Weltlage noch selten analysiert worden. Die Studie sollte Pflichtlektüre jedes verantwortungsbewussten Politikers werden« (Das Parlament).

Michel Chossudovsky »Global brutal. Der entfesselte Welthandel, die Armut, der Krieg«. Deutsche Erstausgabe. Aus dem Englischen von Andreas Simon dos Santos. 477 Seiten. Broschur. 12,75 €. Nummer 200 141.

»Faszinierend und unterhaltsam ... wird jeden berühren, der noch über einen Rest von Gewissen verfügt, und jeden zum Lachen bringen, der Sinn für Humor besitzt.« *San Francisco Examiner*

34 Filmpreise:
# The Corporation
DVD-Premiere

»Ein Unternehmen ist juristisch gesehen eine Person, aber was für eine? Ein kanadischer Dokumentarfilm kommt zu dem Ergebnis, dass sich Konzerne in der Regel wie klinische Pychopathen verhalten.« So fasste Spiegel online den Inhalt des mit internationalen Preisen überhäuften Dokumentarfilms zusammen. Sein Titel: »The Corporation. Das pathologische Streben der Konzerne nach Geld und Macht«.

Der Film, berichtete die N. Y. Sun nach der Premiere, gilt als »einer der spannendsten Filme dieses Jahres aller Genres, nicht nur der Dokumentation ... sensationell.« Die Seattle Times gibt höchstes Lob: »Fünf Sterne. Einer der Dokumentarfilme der letzten 100 Jahre, die man gesehen haben muss.«

»The Corporation« stellt die Frage nach der geistigen Gesundheit einer Institution, die im Geschäftsverkehr die Rechte eines Menschen genießt, ohne sich um menschliche Werte zu kümmern. Der Film führt den psychopathischen Charakter der Institution »Groß-

konzern« anhand von haarsträubenden Fallstudien vor. Diese zeigen, wie Unternehmen uns beeinflussen, unsere Umwelt, unsere Kinder, unsere Gesundheit, die Medien, die Demokratie und selbst unsere Gene. Unter den 40 im Film Interviewten sind Konzernchefs und leitende Manager aus verschiedenen Wirtschaftsbereichen: Öl- und Pharmaindustrie, Reifenherstellung, Schwerindustrie, PR, Branding, Werbung und verdecktes Marketing. Darüber hinaus stehen ein mit dem Nobelpreis ausgezeichneter Ökonom, der erste Managementguru, ein Industriespion sowie eine Reihe von Wirtschaftswissenschaftlern, Kritikern, Historikern und Intellektuellen Rede und Antwort.

»Kühl und sachlich im Tonfall ... bezieht der Film seine unglaubliche Kraft daraus, dass er Insider zur Sprache kommen lässt und so den Wahnsinn des Systems in deren eigenen Worten enthüllt« (Seattle Weekly). »Absolut aufregend ... Beunruhigend und faszinierend« (ABC, At the Movies). The Economist, das renommierte Wirtschaftsmagazin, rät: »Beide Lager der Globalisierungsdebatte sollten aufmerken. The Corporation ist ein überraschend rationaler und intelligenter Angriff auf die wichtigste Institution des Kapitalismus.« Das Online-Magazin des Spiegel freut sich: »Intelligenter als Michael Moore … beachtenswert gut durchargumentiert.«

»The Corporation« wurde mit 34 internationalen Preisen ausgezeichnet, 10 davon Publikumspreise, u. a. dem *Publikumspreis für Dokumentarfilm beim Sundance Film Festival 2004.* Der Film ist, so Movie Show, »wunderbar gemacht … packend. Diese Dokumentation sollte Pflicht sein für jeden Erdbewohner.«

»Corporation«. Original mit deutschen Untertiteln. Film von Achbar, Abbott und Bakan. DVD. 145 Minuten. Format 16:9. Dolby Digital. FSK ab 12. 14,90 €. Nummer 230022.

Stand 2/2006
*Preise können sich ändern, Titel vergriffen sein.*

**www.Zweitausendeins.de**